大清重臣李鸿章

关河五十州 著

人民文学出版社

图书在版编目（CIP）数据

大清重臣李鸿章 / 关河五十州著. ——北京：人民文学出版社，2024
ISBN 978-7-02-018310-4

Ⅰ.①大… Ⅱ.①关… Ⅲ.①传记文学-中国-当代 Ⅳ.①I25

中国国家版本馆CIP数据核字（2023）第202229号

责任编辑　李　宇　樊晓哲
装帧设计　黄云香
责任印制　张　娜

出版发行　人民文学出版社
社　　址　北京市朝内大街166号
邮政编码　100705

印　　刷　三河市宏盛印务有限公司
经　　销　全国新华书店等

字　　数　648千字
开　　本　890毫米×1290毫米　1/32
印　　张　21.875　插页3
印　　数　1—6000
版　　次　2024年1月北京第1版
印　　次　2024年1月第1次印刷

书　　号　978-7-02-018310-4
定　　价　79.00元

如有印装质量问题，请与本社图书销售中心调换。电话：010-65233595

目 录

第 一 章	翰林变绿林	001
第 二 章	二杆子精神	034
第 三 章	儒生事业	066
第 四 章	攻　捻	093
第 五 章	洋务运动	127
第 六 章	黑头宰相	152
第 七 章	无奈的选择	179
第 八 章	新牌局	211
第 九 章	颠倒的法则	233
第 十 章	王牌在手	261
第十一章	龟兔赛跑	290
第十二章	一个人的战争	317
第十三章	黄海海战	355
第十四章	十万火急	390
第十五章	罪与罚	434
第十六章	挺　经	488
第十七章	环球之旅	538
第十八章	运气会更好吗	584
第十九章	危机四伏	620
第二十章	不归之旅	651

第一章　翰林变绿林

　　北京琉璃厂一带原来称作海王村，清朝建立后这里逐渐有了书肆，成了读书人经常光顾、挑选和搜罗善本古籍的地方。1853年2月的某一天，李鸿章在海王村逛书摊，偶然遇到一位安徽同乡，此人见他气定神闲，当即惊讶地对他说："少荃（李鸿章号少荃，亦作少泉），你难道不知道咱们的省城已经失陷了吗？怎么还有闲情逸致买这些无用的东西？"

　　安徽当时的省城是安庆，根据这位同乡得到的最新消息，太平军从武昌顺流东下，刚刚攻占安庆，安徽当地已是一片混乱。李鸿章一听，顿时浑身热血沸腾，想到应该赶紧促请朝廷发兵"剿贼"，拯救桑梓。

　　李鸿章时为翰林院编修，官职不高，资历又浅，从他本身来说，并不具备直接与朝廷对话、为皇帝出谋划策的资格和条件。退一步来说，就算他上疏奏本，人微则言轻，能不能受到重视，也是个未知数。

　　自己不够格不要紧，还可以搬动大佬。京城有很多安徽籍的名人及高官，在这些人当中，工部右侍郎兼署刑部左侍郎吕贤基与李家是世交，很早就认识李鸿章，而且因为这位同乡后生写得一手好文章，人又聪明伶俐，对他非常喜爱和看重，一直把他当笔杆子用，遇到上疏言事，总是请他捉笔代刀。李鸿章当时的差使比较清闲，不用处理各种繁杂公务，有的是时间代草奏折，李鸿章自己也常常乐在其中，故而此事早已成为一种习惯。

　　吕贤基既为乡贤，又是老资格的朝中大吏，若是以他的名义上书朝廷，必能事半而功倍。李鸿章打定主意后，离开海王村，直奔吕贤基家中。这个时候他还不知道，他和吕贤基的命运都将由此发生翻天覆地的变化。

你可把我给害苦了

在李鸿章慷慨激昂的鼓动下，吕贤基的爱乡情绪果然也立即被调动起来，他一口答应为此上疏，并让李鸿章连夜代草奏疏，以便次日一早呈递上去。

李鸿章素有才气，但不以文学才华见长，他的才气主要就表现在撰写行政文稿等应用文体上，他最拿手的也是起草书牍和奏折。回到家后，李鸿章即刻钻进书房，翻阅书籍，查找资料，经过一番精心构思，至深夜时分，终于将一篇洋洋洒洒的长文写成并誊写完毕。清代上朝时间早，他一写好，就赶紧派人将奏疏送往吕府。

李鸿章忙了差不多一个通宵，事情办完，倒头就睡。他本有爱睡懒觉的习惯，加上又困，一觉醒来时已是午后。这时他首先惦记的便是奏疏的事，大臣们的上疏结果一般都会反映在朝报上，一读便知，但朝报当天是看不到的，李鸿章便找车夫驾车，直接到吕府探听消息。

马车到了吕府门口，让人意料不及的是，里面竟然传来一片哭喊声。李鸿章莫名其妙，惊愕不已，可是既然来了，也不好再退回去，只得从车上下来，硬着头皮走进了吕府。

刚刚跨进院门，吕贤基从里面跳着脚冲了出来，一把扯住李鸿章的衣领，瞪着眼睛吼道："少荃！你可把我给害苦了，朝廷无兵，皇上如今命我去安徽！你害我，我也要害你，我已经奏请皇上批准，让你跟我一道回乡！"

害苦吕贤基的，正是昨晚那篇由李鸿章捉笔、吕贤基署名的奏折。李鸿章不愧是笔杆子，由他起草的奏折，后来都被公认具有文思缜密、见识独具、气势恢宏的特点，其中足以传世的名篇不少。这道奏折虽非其成熟时期的作品，但也很打动人，国家在丢失安庆后所面临的危急形势，朝廷必须出兵的理由，都被一一列举出来，可谓引证充分、文句精妙。据称，咸丰皇帝阅后，极为动容，当场失态大哭，随后便决定派大员前往安徽，督兵"剿贼"。

只是被咸丰点名的大员不是别人，恰恰就是上疏的吕贤基。吕贤基是一名文官，从来没有带过兵打过仗，而且当年已经五十岁，所谓"恂恂儒者"，让他上战场，不等于把他往火坑里推，让他去白白送死吗？

其实这也不能怪皇帝冷酷，但凡他要有一点办法，也不至于点一个老书生上阵御敌。事实是，自鸦片战争以来，大清国曾经"以武定天下"的雄壮气势已彻底化为尘烟，当年几乎横扫一切、无敌天下的八旗军颓势尽显，绿营更不中用。至太平军兴，整个王朝几乎已找不出一支像样的部队可与之抗衡。在既无可用之兵又无足够之饷的窘境之下，朝廷不得不转而依靠地方团练来进行防御和抵抗。

从头一年夏天开始，咸丰就尝试在那些"贼氛逼近"的地区，直接委任在籍大员帮同地方官办理本籍团练事宜。所谓在籍官员，也就是因为丁忧（为父母奔丧）或请假，离职回到家乡，但仍保留官籍的官员。曾国藩就是这种情况，他当时已奉命在家乡湖南办理团练，同为文官，在皇帝看来，曾国藩去得湖南，吕贤基当然也能去得安徽。

吕贤基不能埋怨皇帝，他只能把一股怨气发泄在李鸿章身上，认为若不是受了这个不知轻重的小子的怂恿，绝不至于主动送上门，被皇帝给抓了差。他一方面是要出口气，另一方面也确实想把李鸿章带在身边，做个帮手，于是便以李鸿章籍隶安徽、熟悉乡情为由，奏调李鸿章随行。

抛开能不能带兵打仗一事不说，赴前线办理团练一事，本身就艰险异常。吕贤基料定此去必然性命难保，所以回家后即向家人作最后的告别。全家人闻讯，顿时哭成了一团。

等到弄清楚事情原委，李鸿章蒙了。能够用自己的如花妙笔打动皇帝，本是一件值得庆祝和得意的事，但"害苦"吕贤基，却是他万万想不到也无意去做的事。同样想不到的，还有自己人生道路的改变——作为一个低级文官，如果不是被吕贤基硬拉下水，皇帝再怎么点兵点将，也很难点到他身上。

不管内心愿不愿意，终究圣命难违，不久，李鸿章便遵旨离开翰林院，随同吕贤基星夜就道，奔赴安徽，从此开始了以儒生充军旅的坎坷历程。

日照龙鳞万点金

在今合肥以东三十里外，有一个叫磨盘乡的村庄，此处即为李氏家族世代所居之地。李氏家族本以耕读为业，到李鸿章祖父时，家里都还很穷困。据李鸿章自己回忆，家里一到年终之时，上门要债的人"几如过江之鲫"。直至李鸿章的父亲李文安这一代，李家才进入仕途，成为庐州望族（合肥古称庐州）。李文安读书晚，资质也仅为中下，近四十岁时才考取进士，在此之前，多次参加乡试都名落孙山，一度不得不借酒浇愁，赋诗自嘲。

李文安生了一个聪明的儿子，李鸿章自幼便天资异于常人。据说在他六岁的时候，父亲吟了一句"风吹马尾千条线"，他立即应对："日照龙鳞万点金。"父亲听了又惊又喜，虽然李鸿章此时年龄尚小，但仍决定把他送入"棣华书屋"读书。

"棣华书屋"是李家所开设的私塾。李鸿章小时候在家门口的水塘里洗澡，私塾先生把他换下来的衣服挂在树上，随口道"千年古树当衣架"，李鸿章开口就接"万里长江作浴盆"。还有一次，李文安看到书房中的账本，感慨"年用数百金，对付不易"，一旁的李鸿章脱口而出："花开千万朵，色彩无穷。"

李鸿章聪颖勤奋，十八岁考中秀才，岁试被拔为第一名；二十一岁又在庐州府学被选为优贡；同年，应顺天恩科乡试，中试第四十八名举人。

其后也有小挫，李鸿章第一次入京参加会试就落第了，不过他的诗文仍获得了会试同考官的青睐。他自己也依旧意志风发，清代笔记中记载，有一次他和友人谈及志向，说道我将来不求别的，就希望得到七间玻璃大厅，大厅四周全是明亮的窗户，我能够在其中办理公务。如此考究的玻璃大厅，在当年可不易得，难怪连笔记的作者都感叹，李鸿章的胸襟抱负果有他人不及之处。

李鸿章第二次参加会试时，突患疟疾，幸亏得到同号举子徐家杰的照料，才没有被迫中途退场。翌日早晨，考题发下来，李鸿章马上说："这个题目我写过！"

虽然押中了题目，但此时的李鸿章已处于半昏迷状态，身体和手都在不停哆嗦，哪里还能顺利地提笔答卷。考到一半时，徐家杰提前交卷，便溜到李鸿章的考舍"串门"，只听李鸿章叹息着说，这一科算是没戏了。徐家杰问他一共作了几篇，李鸿章说只誊清了一篇，还有两篇虽然完成了草稿，但已无力修改誊写。徐家杰很仗义，说这个不怕，我帮你誊了交上去试试。

其后揭榜，李鸿章不仅中试，还脱颖而出，被列为二甲第十三名。这一年李鸿章才二十四岁，是安徽当时最年轻的进士。值得一提的是，徐家杰予人玫瑰，手有余香，那科也中了。后来李鸿章回忆，某天晚上，他在会馆押题写文章，突见桌案上灯花如斗，两者一联系，便觉得已有祥兆在前。

其实说到底，李鸿章能够在得病的情况下高榜得中，除了得徐家杰及时相助外，最主要还得归功于他本人的扎实功底——明清科举都是考八股文，李鸿章写八股文，不落笔便罢，一落笔便能写得花团锦簇、文采飞扬，也因此早就被外界公认为八股名家了。

会试之后，必须经过由皇帝亲自主持的朝考，才能分配官职，李鸿章由此被录用为翰林院庶吉士。在科举时代，读书人梦寐以求的就是"中进士，点翰林"，翰林院乃朝廷储备人才之地，按清制，只有翰林出身的大臣，才有资格入阁为大学士，能够进入翰林院研习，今后的仕途自然不可限量。

三年后，翰林院散馆，李鸿章因成绩优异而改授翰林院编修，次年，充武英殿纂修、国史馆协修。其间他阅览群书，纵横经史，与同僚切磋艺文，和友人吟诗作答，一边过着怡然自乐的精神生活，一边按部就班地等待升迁机会的到来。

这一切，突然之间都被改变了。不过在经历短时间的错愕后，李鸿章并没有陷入沮丧之中，相反，他像以往奔赴考场一样意气风发，潜意识里一个声音仿佛正在告诉他：投笔从戎、建功立业的时机到了！

办　团

"丈夫只手把吴钩，意气高于百尺楼。一万年来谁著史，三千里外欲封侯。"

这是李鸿章北上进京时所写的诗句，意思很明白：我要在青史留名，青史留名的标志就是封侯，如果我给国家打仗立功，就能拜将封侯。

虽说诗以言志，但彼时的李鸿章所想要抒发的，还是一种文人式的豪情壮志，他并没有真的以为自己今后会走这条道路，其原本的人生规划，也绝不是靠着舞刀弄枪去获得能在玻璃大厅办公的资格。可是命运的奇妙之处，就在于它常常会通过打破人们习惯的生活轨迹，创造出另外一种可能。李鸿章很痛快地接受了这种安排，于是曾经写过的金句也就被赋予了一层新的意义：男儿胸怀天下、志在四方，要像汉代班超那样，披上戎装，纵马驰骋，通过立功边疆而封侯留名！

李鸿章倒是很想得开，吕贤基就未必了，据传他揪住李鸿章后还不解气，认为既然是家乡的事，徽籍京员都别想脱得干系，遂又奏调数员同行。这一传闻真伪待考，但当时确有成批的徽籍京官，随吕贤基一同返里办团，这也反映出安徽形势有多么紧张——整个省都处于大风暴的激荡之中，外有太平天国的严重威胁，内有捻军前身捻党的不断起义。他们与清军绞杀在一块，以致遍地烽火，对朝廷而言，此处已实实在在地成了首要的战争重灾区。

1853年3月底，吕贤基一行到达安徽前线宿州，李鸿章先在吕贤基左右帮办，次月，经吕贤基奏请，单独返回老家庐州办团。

官军在安徽的兵力极为单薄，境内无强兵劲旅不说，全省能够动用的兵额总共也不过四千余，像庐州这样的重镇，居然只有守兵五十余人。官方虽招募了一千余勇丁，但都未经训练，军纪散漫，武器也不齐整，无法承担防"剿"之责。不仅如此，因为经费不足，还时时都有作鸟兽散的危险，在这种情况下，团练乡勇便更加显得不可或缺了。

安徽团练由来已久。从地理上划分，安徽大致可分为皖北、皖中、皖南：皖北所在的淮河两岸地区，由于自然灾害频繁，即便在和平时期，也常是盗寇横行之地，更不用说动乱时期了，所谓"天下未乱淮先乱，天下已治淮后治"，此处也因此成了捻党的发源地和活动中心。皖中的自然条件较皖北优越，经济富足，士族也相对集中，吕、李两家以及此次受朝廷委派回籍办团的官员，大部分都是皖中人。为求自保，皖中士族从很早开始就已倡办团练，以与太平军、捻党对抗，庐州亦是如此。

就其性质而言，民团可分为两部分：一部分是由府县官吏和士绅出面约集的官团，另一部分是结寨自保的民团。庐州官团多兴于东乡、北乡（李氏家族即在东乡），民团多兴于西乡。庐州民风强悍，其俗尚武，故而不管是官团还是民团，都具有好勇斗狠的特点，打起仗来比官府招募的勇丁要好使得多。李鸿章等于走了一个捷径，回东乡后几乎不费手脚，便得以选带可以出境作战的数百乡勇。

受朝廷之命，在安徽主办团练的大员，除了吕贤基，还有兵部侍郎周天爵。李鸿章随即成为周天爵的幕僚，随其征战。

吕贤基虽然"一片热肠"，有着舍生赴死的决心，但终究是书生谈兵，一旦涉及军事布置，便很难说到点子上。周天爵与之不同，他乃地方大吏出身，太平天国运动最早爆发时，即在广西参与镇压太平军，同时他也是安徽团练的最早倡办人，对付太平军和捻军，比吕贤基要在行得多。

其时太平军正忙于巩固南京外围阵地，尚未派兵北伐、西征，势力也尚未伸入安徽腹地，而皖北捻党在太平天国的影响下，却越来越活跃，并逐渐成为抗清主力。捻党活动时，往往数十人或数百人为一股，谓之一捻，此为捻党的来由，随着"捻"的数量不断剧增，捻党迅速向捻军转化。针对这一情况，周天爵与李鸿章等人便把"剿办"皖北捻军，防止其与太平军联合放在了首位。

北面与庐州相接的定远为九省通衢之区，定远人陆遐龄率万余捻军在当地活动，定远知县督兵进击，两战两败。定远城内的团练看到官军都奈何不了捻军，更是隔岸观火，将作战"事同儿戏"。不唯如此，他们甚至公然乘机渔利，弄一支竹枪，就要在公费开支上列出八百文的高价。

陆遐龄军声威大振，庐州人夏金书与之联络，"约期大举"，南北呼应。李鸿章闻讯，立即率百余乡勇前往围捕，杀了夏金书父子，解散起义武装千余人，又在东乡、北乡增加防御设施和力量，从而堵住了陆遐龄军南下的通道。

紧接着，李鸿章又与三弟李鹤章督率团练，随同周天爵在定远等地连续击败陆遐龄军，并设计诱杀了陆氏父子。事后，李鸿章因功被周天爵奏请朝廷，赏以六品衔。

在不足两个月的时间里，李鸿章还随同周天爵镇压了陈学曾、纪黑壮所率捻军，后者部众多达四千余。不过说到底，这些捻军的力量都不强，打仗的时候，李鸿章也只是在周天爵身边起一个出谋划策的作用，他在战场上还没有能够真正得到历练。

实 战

1853年5月初，安徽巡抚李嘉端行抵庐州，不久即将李鸿章从周天爵处调来，协办团练，于是李鸿章又做了李嘉端的幕僚。

李嘉端的运气很不好，他在庐州没待上几天，太平军就开始北伐了。太平军北伐以攻取北京为目标，安徽首当其冲。太平军可不是尚在发展成长中的捻军，尤其北伐军皆为太平军精锐，5月16日，滁州被攻破，18日，又攻克了临淮关，直逼凤阳。

面对太平军的凌厉攻势，李嘉端胆战心惊，寝食难安。他一面吁请咸丰速调江西、湖北官兵赶赴庐州救急；一面兵分三路前往凤阳组织防御，即李登洲部三百人先行，李鸿章等率团勇继之，他带兵两百余后续前进。

从旁观者的角度来看，周天爵、李嘉端、吕贤基在军事方面皆属庸庸者流，当然三人之间也尚有高下之分，李嘉端处于周、吕之间，比吕强点，但还不如周。有人评论李嘉端，说他处理大事时过于急躁，往往考虑不够周全。然而实际情况是，都还谈不上什么急不急的，李嘉端所部署的三路人马刚刚出动，北伐军就一举拿下了凤阳。

先行的李登洲闻讯慌忙退却，李嘉端自己也无勇气率兵直逼凤阳，可是又不好啥都不干，只得虚张声势，让李鸿章等人率团勇远远地放放枪炮。好在北伐军攻克凤阳后，并没有挥师南下，李嘉端、李鸿章等这才侥幸躲过了灭顶之灾。

北伐军意在继续北上，随后便向豫皖边界挺进，就在皖省官吏士绅们眼巴巴地指望他们赶快离境的时候，想不到的是又有"凶神"杀来——太平军发动西征，西征军长驱直入安徽境内。

6月10日，北伐军、西征军分别占领亳州和安庆，这使李嘉端陷于两路牵制、腹背受敌的窘境。虽然北伐军很快就弃亳州,北进入豫,但西征军却以安庆为大本营,屯着不走了。

起初西征军采取南攻北守的策略,重点放在稳定南京东北门户局势,并为北伐军解除后顾之忧上,庐州方面压力还不是太大。尽管如此,为防止北伐军北上夺取庐州,李嘉端仍派李鸿章等带领庐州团勇数百人,会同巢县团练一千五百人,驻守于集贤关和运漕、东关。

李鸿章负责驻守的运漕、东关,不仅是巢湖一带和庐州的门户,同时还是漕粮的集散地和运输孔道。西征军虽然尚不急于攻下巢湖和庐州,但他们要取得粮食以接济南京和安庆,就势必不会坐视运漕、东关于不顾。

这是李鸿章第一次率部站在最前沿,而且还是和太平军对峙,因此心情非常紧张。太平军进攻运漕,尚未现身,上流有人放河灯,李鸿章就以为是大队人马打过来了,惊得他赶紧退防东关。东关为险要之地,如果是有军事经验的将领,就会托东关以守,但李鸿章又莫名地激昂起来,率部到三十里外迎击太平军,结果先头部队被打得大败,败卒溃逃,又把大部队给冲乱了,巢县因此被太平军轻松拿下。太平军既已取得粮饷,也就未再对东关采取大规模军事行动,东关这才得以无恙。

李鸿章用兵缺乏章法,有人便以畏怯逃跑和打仗无脑,"专以浪战为能"相讥讽。李嘉端为给自己脸上贴金,还是讳败为胜,并以李鸿章冒着炎热领兵作战,既有功劳又有苦劳为由,为之请功,使李鸿章获得了六品蓝翎顶的赏赐。

好景不长,翼王石达开奉命到安庆主持西征战事,他在皖北改守为攻,大军所到之处,清军望风而溃,望风而逃。随后,太平军步步进逼,直取集贤关、桐城。

吕贤基原在桐城督办团练,后见桐城势不可守,便在城池失守前两天冒雨回驻舒城大营。舒城距庐州只有一百多里,李鸿章闻讯,忙带着数百团勇,从庐州赶到舒城,协助吕贤基守城。未几,太平军连下集贤关、桐城,其前锋部队直抵庐州。

当是时,除李鸿章带来的团勇外,舒城守军仅有总兵恒兴所统的一千余人,舒城危在旦夕。未等太平军攻城,恒兴已经丧胆,偷偷地带着亲兵溜往庐州，很多兵勇也纷纷散去。

吕贤基奉命办团，并不需要死守城池，有人便劝他继续退守，以图再举。吕贤基退到舒城后，就不愿再退了，他认为如果再退下去，安徽全境很快就会全部交代，遂大骂道："我奉命办团杀'贼'，应当以死报国，怎能故意避敌以求生呢？"随后，他便亲率剩余官兵及团勇，登城进行防御。

马已备

明眼人都看得出，舒城根本就守不住，守城的人就算殉了城，也阻止不了太平军继续向皖省扩展。李鸿章是个很实际的人，他当然懂这个道理，但他毕竟是个读圣贤书的人，知道"忠义"二字怎么写，吕贤基在前面死守，他岂能弃之而去？再说，要他像恒兴和那些兵勇一样逃跑，一时之间还真做不出来。

李鸿章来舒城时，随身带了一个老家仆，名叫刘斗斋。就在李鸿章打算随吕贤基赴死的时候，刘斗斋把他拉到僻静处，压低声音对他说："他们（指吕贤基等人）死也就死了，无法避免，公子你又何必把自己的命给搭进去呢？你就算自己不惜命，难道就不可怜你父亲么？他老人家可是天天靠着家门，向远处眺望，盼着你归来啊！"

刘斗斋话语不多，却很有效，对生命的眷恋以及对父母家人的不舍，全都交织在一起，让李鸿章差点落泪。是啊，就算死，也得死得有价值呀，这样白白地死在舒城，以后就啥事也干不成了。

带着惶恐不安的表情，李鸿章问刘斗斋接下来该怎么办。刘斗斋知道他已经心动，忙答道："马已备！"原来他早已预先藏好了一匹马，就准备关键时候启用。

当夜，刘斗斋把马牵了出来。李鸿章喜上眉梢，但还有些扭扭捏捏，不好意思，刘斗斋见状，不由分说地把他扶上了马，李鸿章遂策马急驰而去，奔向庐州。

就在李鸿章离开舒城的次日，太平军便对舒城发动了进攻。舒城应声而下，吕贤基走投无路，投水自杀。

吕贤基受命离京，至舒城陷落而死，其间尚不足一年。他出发时"无兵无饷，赤手空拳"，身死前还是一样，人们对他深表同情。有人扼腕叹息，认为吕贤基只是一个不知兵的老书生，朝廷却硬要他靠着空名和所谓忠义去办团制敌，难度实在是太大了，作为吕贤基本人来说，他所能自主的事，恐怕也就只有以死报国这一项了。

对于吕贤基战死沙场一事，李鸿章深表惋惜和沉痛，在给一位名士的唱和诗中，他用"追怆同胞烈士魂"一句，寄托了自己的哀思。很多人会以为李鸿章与吕贤基之间已有隔阂，因为当初如果不是被吕贤基拉下水，李鸿章也不至于回乡受苦。但实际上，李鸿章从不觉得是吕贤基害了他，相反，他还非常感激吕贤基——"谏草商量捍吾圉"，没有吕贤基的促成，自己的人生道路就不会发生如此全新的变化，即使能够想到，也未必下得了这个决心"捍吾圉"，通过征战疆场来建功立业。

舒城一役是李鸿章军旅生涯中最危险的一次，若不是刘斗斋在关键时刻相救，李鸿章绝难逃过此劫，他的人生将就此画上句号。李鸿章知恩图报，等到日后发达，便出钱买下舒城附近一百多顷良田，由刘斗斋的儿子代为收租。

老仆人忠心，其子却未必，后来连续十年，刘子一文租金都未上缴给李鸿章。李鸿章将他找来质问，刘子拿出一本账簿诉苦，说田地没有盈利不说，还要追加三千多两银子，才能做到收支平衡。李鸿章何等精明，岂能受人这么蒙蔽，当即大怒，将刘子踢出了门外。不过气消之后，李鸿章还是让人将那三千多两银子给了刘子，想来他是认为，这些田租和多掏出来的银子，用来交换自己年轻时候的一条性命，已是足够了，恩人终是恩人，不能怪罪。

事实证明，李鸿章确实没必要把性命过早地丢在舒城。舒城失陷的次月，太平军即挥师直取庐州城。新任安徽巡抚江忠源抵达庐州后仅仅两天，便被困于孤城。

江忠源可不是一般人，他和曾国藩等同为湘军的创始人，甚至曾国藩还没有弄出眉目的时候，他已经在江湖上叱咤风云了。曾国藩与江忠源是生死之交，他和李鸿章则有师生之谊，因江忠源、李鸿章彼此不熟，曾国藩便分别致书二人，希望他们彼此配合，相互救援，共挽狂澜。

此时李鸿章驻于庐州城的外围，他很听老师的话，也有心救援江忠源和庐州城，只可惜力不从心，凭他那点微不足道的力量，根本冲不破太平军的防线。李鸿章心急如焚，特地前去晋见率军来援的清军大帅。

其时城外援军已达万余，奈何诸将不和，各军无法统一指挥，太平军又破城坚决，进攻势头极其猛烈，致使清军的救援行动终成泡影。1854年1月，庐州城易手，江忠源被迫步吕贤基的后尘，投水自尽。至此，李鸿章也无法在庐州再待下去了，只得率勇北撤，他对此愤懑不已，数年之后，他写下了"当时愧乏蚍蜉救"的诗句，表明他仍旧耿耿于怀，遗恨难消。

拣了一条性命

太平军攻克庐州后，皖北局势为其进一步掌握。为挽救皖北危局，朝廷急派漕运总督福济继任安徽巡抚。

福济是李鸿章第二次参加会试时的副考官，按照科举时代的规矩，参加这次会试的考生都应尊称副考官为座师，也就是说，福济和李鸿章亦有师生之谊。由于这层关系，李鸿章被召入幕，所部团勇也归福济辖制。

庐州地近南京，为双方必争之地，朝廷催促福济等尽快收复，福济遂令秦、郑二部进攻庐州。太平军对庐州亦势所必争，倾全力予以固守，援军、粮饷也源源而至，其间还多次主动出击，反守为攻，致使清军连连受挫。福济在军事方面也是个外行，既不懂得用兵之道，也缺乏指挥作战所必不可少的应变之才，看到连克庐州不下，他一时也没了主意。

李鸿章在经受一段时间的战争磨炼后，对于打仗的诀窍和为将之道都已有所领悟，在此关键时刻，他以幕僚的身份为福济出谋划策，建议改变原先强攻庐州的做法，先阻断太平军的援兵和粮饷，然后再乘庐州守军陷于困顿之机发动进攻。福济对李鸿章非常倚重，遇到军事大计，都与之共同商量，对于他的每一项建议，都会认真地予以考虑和采纳，遂决定分兵向东南的含山、巢县以及西南的舒城出击。

李鸿章不仅出主意，还主动请战，"慷慨请行"。福济很高兴，认为其勇气可嘉，遂从官军中拨出步骑兵，由李鸿章率领，绕道攻击含山。

1855年2月，李鸿章督率兵勇向含山进发。当时，曾国藩的湘军正在湖南、湖北、江西等地发动全力反击，太平军主力部队受到牵制，李鸿章乘机利用内应，攻占了含山县城，他也因功赏加知府衔。

接着，李鸿章又配合副都统忠泰进攻巢县，这次太平军抵抗得很顽强，双方相持不下，形成胶着状态。持续至当年7月，李鸿章突然收到了父亲李文安去世的消息。

就在李鸿章回乡的第二年，李文安经人奏保，也回籍督带练勇。李文安一向看似身强体健，他的猝然长逝，殊出人意料。有一个说法是，民团由于不属于经制之师，没有官方经费，军饷只能依靠地方募捐或强行摊派，李氏父子因此没少挨乡亲的骂，李鸿章还被指为"翰林变绿林"。李文安心情忧郁，便常常借酒浇愁。当时正值夏季，李文安身体肥胖，喝了酒后便露宿在外，结果引发隐疾而终。

李鸿章惊闻噩耗，悲痛万分，急忙离开军营，赶回家料理丧事。李文安临死前，还念念不忘与太平军、捻军干到底，他曾手书遗训给李氏兄弟："贼"势猖獗，民不聊生。我们父子世受国恩，此"贼"不灭，何以家为，你们要努力完成我的志愿！

李文安的去世，在精神上给李鸿章造成的打击不小，他后来写了很多悼念父亲的诗文，同时对于父亲的遗训，他也铭记在心，时刻不敢懈怠。不过让他想不到的是，父亲这一死，在无意中救了他一命——就在李鸿章暂别军营后，巢县太平军出动万人，对清军营垒发动突袭，忠泰全军覆灭，仅以身免，李鸿章因不在军中而拣了一条性命。

李鸿章从军以来，先在舒城躲过一劫，太平军打庐州城时，他因为在城外，也没事，加上这次，已经是第三次从死神手中逃脱了。

8月，按照李鸿章之前所定之策，清军在打击太平军增援线路的基础上，进逼庐州城，重返军营后的李鸿章亦率部加入。太平军援兵为援救庐州，采取围魏救赵之计，直扑清军集中在柘皋的营垒。李鸿章受了巢县遭袭的教训，一发现不对劲，就率先撤退，不料这一退不要紧，部队约束不住，竟形成率先溃退之势，以致清军数十座营垒均被攻破，兵勇死伤者不计其数，最后仅剩总兵吉顺的营垒尚存。

太平军包围了吉营，彻夜猛攻，情况万分危急。与福济并列的另一个清军大帅和春闻报，亲率精兵数千，星夜驰援，才解了吉营之围。次日，李鸿章前去晋见和春，称誉道："声威大震，以军门为最。"军门是李鸿章对和春的尊称，谁知和春并不买账，毫不客气地揶揄他："畏葸溃逃，当以阁下为先。"李鸿章无言以对，红着脸退出了营帐，此事一时间被传为笑谈。

套　路

虽然在柘皋之战中出了糗，但有福济扶植庇护，李鸿章并没有受到任何处分。11月，福济、和春等督兵勇进攻庐州城，由于湖北战事紧迫，太平军援兵被迫回师援鄂，庐州守军独木难支。随营行动的李鸿章重施含山一役的故技，联络城内士绅，纠众千余作为内应，以白头巾为标志强占城门，庐州城遂被攻陷。

这一仗让李鸿章彻底翻了身，既往的所有不佳表现都被人们迅速忘却，不但如此，他还博得了"以翰林知兵"，善于用兵打仗的美誉。福济立即奏请朝廷，授予李鸿章道员官衔，并赏顶戴花翎。

李鸿章进入了他自帮办团练、统带团勇以来最得意的时期。然而人生无常，还没等他细细品味这一来之不易的顺境就又瞬间消逝了。

收复庐州城后，福济、和春乘胜兵分两路，西南直指舒城等地，东南进击巢县等地。仗开始变得难打起来，除舒城小胜外，清军在其余各地均一无所获。李鸿章参与的是东南战役，也同样因为到处碰壁，被弄得灰心丧气，懊丧不已。

时间一晃到了1856年，战局依旧毫无起色。屈指一算，李鸿章的戎马生涯已历四个春秋，虽然不断升职，但他自己明白，其中有很大成分都来自运气和福济的庇护，他的事业其实是很黯淡的，与"三千里外欲封侯"的理想不是越来越近，而是越来越远了。

"昨梦封侯今已非"，处于人生低谷的李鸿章，陷入了与父亲死前一样的心境。有一天，当他路经明光镇时，越想越沮丧，遂感怀赋诗，留下了"四年牛马走风尘"和"杯酒藉浇胸磊块"的句子，其悲凉之情，溢于言表。

似乎人越衰，越难被霉气星所放过。1856年4月至6月，太平军分别摧毁了清军江南、江北大营，之后乘胜在安徽境内展开强大攻势。各路清军皆望风而逃，避之唯恐不及，李鸿章急于挽回颓势，仍在福济面前主张主动出击，欲通过大举反攻，夺回失去的城池。福济的部将郑魁士，一向看不起年轻书生，于是便用激将法对李鸿章说："敌人如此强大，你却要出战迎敌，能够保证一定获胜吗？你敢不敢立军令状？"

李鸿章毕竟年轻气盛，一冲动，就上了郑魁士的当，竟然真的立下军令状，率军出战。结果可想而知，落了个大败而归的下场。

正常情况下，立军令状又不能完成任务是要倒霉的，纵使死罪可免，活罪也难逃。还是幸亏上面有个福济给罩着，福济这个老官僚，打仗虽然不行，操纵人事却颇有些手腕。福济当时能依赖的部下，除了被其视为心腹的李鸿章，只有秦定三、郑魁士二将。乱世之中，武将拥兵自重的现象很常见，违抗军令的例子亦屡见不鲜，福济为了控制秦、郑，以便能够顺利调遣和指挥，便将两支部队的饷银全都掌控在自己手中，同时又想方设法地挑拨两人的关系，使其彼此猜疑，以此达到分而治之、唯其命是从的目的。

因为能够控制住郑魁士，福济采取大事化小、小事化了的办法，把"军令状"的事给摆平了。他把这一套路也教给了李鸿章，告诉他要"时时以不肖之心待人"，李鸿章牢牢地记住了这一点，以后治军即承其衣钵，注意不使帐下诸将和睦相处，预防他们合起伙来架空甚至谋害主帅。

就在安徽清军被太平军压得喘不过气的时候，1856年9月，太平天国领导集团发生著名的"洪杨内讧"，太平军因此元气大伤，被迫从战略进攻转入战略防御。福济、和春乘机督军打通庐州东南和西南通路，李鸿章奉命参战，因功赏加按察使衔。年底，鉴于皖北战局暂趋稳定，李鸿章又回籍将亡父葬于新坟，并为之守墓。

天国固然在走下坡路，但它仍具备爆发的潜能，作为太平军的后起之秀，李秀成、陈玉成开始双双崛起。1857年2月，李、陈协同作战，在皖北发动了防御中的攻势，分两路向庐州进击。此次进击，来势非常之猛，将福济倚为支柱的秦定三、郑魁士二部打得落花流水，李鸿章部也一败涂地。团勇全都在惊骇中逃散了，李鸿章总算机敏，第四次逃得性命。

经过这次败逃，李鸿章不仅将自收复庐州城后所获得的声誉，又都整整齐齐地还了回去，而且他所统带的团勇，也不再受到各方重视。只有福济还依旧袒护着李鸿章，李鸿章不仅没有因打了败仗而受到处分，反而通过累计过往的战绩，获得了一个记名道的实衔。

福济如此护着李鸿章，自然不可能不遭到众人的忌恨。为了平息众怒，兼能使李鸿章以在籍士绅的身份继续带勇，福济玩了一个花招，奏报朝廷，说李鸿章还在给亡父服丧，等他把手头的事务都料理完后，就让他回京供职。朝旨的回复是将李鸿章交军机处记名，遇道员缺出，再请旨简放。

看上去李鸿章的团练生涯已经结束了，但事后，李鸿章须"料理"的事务总也没有完结的时候，福济也未再给朝廷打报告，令李鸿章回京，这实际上就是让李鸿章继续赖下去，而又让别人对此无话可说。

表　白

不管福济在清军内部怎样长袖善舞，他在战场上终究还是一筹莫展。1858年7月，福济被朝廷免职，继任者翁同书与李鸿章并非故交，之前连面都没见过，这也就等于李鸿章在安徽军政高层已失去了依靠。

屋漏偏逢连阴雨，8月，太平军集中兵力，一举攻克庐州城。清军兵勇此时已毫无战斗力可言，出战时未及交锋，便已溃散无遗，这中间自然也包括李鸿章所统团勇。李鸿章只好第五次仓皇溃逃，携家眷远走至明光镇栖身，而李家在庐州的祖宅则被太平军焚毁一空。

明光镇就是李鸿章早先写感怀诗的地方。写感怀诗的时候，距其赴皖办团是四年，现在是五年有余，一年多过去了，自己的处境不但没有变好，相反变得更加凄惨：战场受挫，仕途维艰，同僚侧目，两手空空……

"河山破碎新军纪，书剑飘零旧酒徒。国难未除家未复，此身虽去也踟蹰。"李鸿章在明光镇写下新诗，以寄托他一恨未消又添一恨的恶劣情绪。

虽然表现得茫茫然不知所从，但有一点很明确，那就是李鸿章对独自办团和打仗已完全丧失信心,既干不下去,也待不去了,鉴于明光镇并非可久留之地,他只得又带着家眷逃往江苏境内的镇江。

"我是无家失群雁,谁能有屋稳栖乌。"李鸿章虽如此慨叹,但他对于今后的去处,其实是有所考虑的。这还得说到他的父亲李文安,李文安快四十岁才中进士,这个进士中得不早不晚,正好曾国藩也是同一年考中进士。这种关系那时称为"同年",它与座师一样,都是一种极其微妙而又重要的人际关系纽带。李文安本人资质平平,但眼力不差,在"同年"中始终跟曾国藩走得很近。在曾国藩还只是一个普通京官时,他就早早地安排大儿子李瀚章、二儿子李鸿章去拜曾国藩为师,跟着曾国藩学习八股文、试帖诗和经世之学。

曾国藩就这样成了李鸿章的老师,后来李鸿章第一次参加会试,曾国藩又正好出任同考官,虽然那次李鸿章落了榜,但他的诗文和才学都受到了老师的肯定。曾国藩后来曾对李瀚章说:令弟少荃,自乙未之际(即李鸿章参加会试的这一年),我就知道他才可大用。

李鸿章中进士的那一科为丁未科,丁未科考生里面有不少曾门弟子,其中最为曾国藩所器重的一共有四人,称为"丁未四君子",为首的就是李鸿章,足见曾氏对他的欣赏。

正是因为将李鸿章视为自己的得意弟子,曾国藩才会对他予以高度关注。早在李鸿章回皖办团之初,曾国藩就一再予以勉励,并将自己编练湘军的心得坦诚相告,足见期望之殷。前任安徽巡抚江忠源坐镇庐州时,曾国藩又写信给他,向其大力推荐李鸿章,强调李鸿章乃"大有用之才",并说如果江忠源有需要,可随时携其征战。

就在庐州城被太平军攻克的当天,也是李鸿章决定携家眷逃离庐州的前几天,李鸿章给曾国藩写了一封亲笔信。这是一封带有总结和检讨意义的长信,信中一方面对曾国藩编练和指挥湘军的不俗成绩,表示由衷的敬佩和向往,另一方面又自承现在一无所成,有负老师的栽培和期许。后者也确实是李鸿章的真心话,曾国藩曾写信劝告他仿效湘军,用戚继光的练兵法来精练淮勇,但李鸿章却没能按照老师的话去做,直至自己的兵勇被太平军屡次打到溃散。

李鸿章写这封信，实际是在做试探性表白，以期曾氏接纳，毕竟他是在办团不成的情况下去投靠的，不免悲愧交集。一个月后，曾国藩收到信件，得知李鸿章因庐州二度失守而流离失所，他立即寄去一笔费用，作为李氏兄弟的安家之资。

曾国藩以礼贤下士著称，他的幕府内人才济济，但他仍不遗余力，千方百计地网罗人才。李瀚章本来也是曾国藩的学生，之前在湖南当代理知县时，为曾国藩所识拔，早已将其纳入麾下。李鸿章乃"丁未四君子"之首，自然更为曾国藩所看重，他因此给正在南昌办理湘军粮台的李瀚章写信：少荃弟（李鸿章）要是肯来我这里帮忙的话，你就让他赶快出发前来。

却说李鸿章写信后，并不敢百分之百地指望曾国藩接纳他，避难镇江期间，他前去晋见江南大营的诸统帅，以图再举，但人家却并不认可他。对于李鸿章来说，他还有一个出路，就是北上入京，老老实实地等待朝廷给他分配官职，可他又心有不甘。正在走投无路之际，李瀚章捎来了曾国藩相召的口信，这让李鸿章喜出望外，顿有绝处逢生之感，于是立即动身前往江西。

考　察

对于曾李会面，许多清代野史笔记都有一个绘声绘色的描述。按其所述，李鸿章到江西后，曾非常自信地认为，曾国藩是一个很念旧情的人，又是自己的老师，对自己比较了解和赏识，所以必将录用他为幕宾。可是没想到他在客栈住下后，已经将近一个月过去了，左等右等，仍毫无动静，曾国藩也没有约他见面。

李鸿章不免有些着急，恰巧曾幕中的陈鼐亦为前翰林院庶吉士，与李鸿章还是丁未科的同年，曾国藩所评的"丁未四君子"之一，李鸿章便托他前去探听曾国藩的意思。陈鼐先是旁敲侧击，在不得要领的情况下，只好直接替李鸿章当起了说客："少荃是您的学生，这次特地前来侍奉老师，是希望在您手下学习本领，得到历练。"曾国藩这才慢条斯理地说："少荃可是翰林呀！志大才高，是办大事的人，我这里地方小，犹如潺潺小溪流一般，恐怕容纳不了他那样的艨艟巨舰吧？他为什么不回京供职呢？"发现曾国藩有如此想法，陈鼐连忙进言："少荃这些年吃了不少苦头，经历了许多磨难，再不像以前那样意气用事、好高骛远了，老师为什么不能试用一下呢？"经陈鼐如此一说，曾国藩方才答应让李鸿章入幕。

这段记载虽然很具可读性，令人兴味盎然，但据专家考证，却漏洞百出，与史实并不相符。首先，曾李会已有约定，并非李鸿章单方面一厢情愿，曾国藩既将李鸿章叫来，有什么理由和必要再冷落他呢？更不用说还给李鸿章吃闭门羹，推脱不予接见了。其次，陈鼐进入曾幕，甚至比李鸿章还晚了将近一年，根本不可能反过来替李鸿章当说客。再者，即使陈鼐已在曾幕，也轮不到他来当说客，李瀚章本人当时就在曾国藩大营，由他出面疏通关系，岂不更为方便？

正史记载，1859年1月，在李瀚章的引荐下，李鸿章抵达江西建昌府曾国藩大营。曾国藩欣喜不已，立即予以接见，并与之久谈。之后一连数日，或是下午，或是晚间，反正只要曾国藩白天处理完事务，或是晚上改完奏折和阅毕各处文件，师生便在一起开怀畅谈，足见曾国藩的思贤若渴。

当然野史笔记中的故事，也不是完全的捕风捉影、空穴来风。如故事中所言，李鸿章身上确实存在不少缺点和毛病，譬如他自恃有才，心高气傲，而且懒散成性，日常生活无规律，后者甚至影响到他在安徽办团的效果。"翰林变绿林"的传言也是在讽刺他的团练纪律松散，犹如土匪。世传曾国藩曾作《冰鉴》，用以识人、相人，后虽经考证为伪托之作，但亦可见曾氏之知人善任。他对自己学生的优缺点是看得很清楚的，对于李鸿章的来归，他一方面是热情接纳，另一方面也没有忘记进行考察和打磨，李鸿章正式入幕的时间也由此被大大推迟了。

李鸿章刚来的那几天，曾国藩和他谈的最多的，便是福济、和春在安徽处置军政的情形，以及江南江北的军务。这时曾国藩已奉命移师援皖，通过与李鸿章的谈话，他更真切地了解到安徽的形势，同时也考察了李鸿章在这几年里面，学识、见地和能力是否已有长进。

除了通过谈话来考察李鸿章的识见外，曾国藩还试之以事，派他去皖北招募马勇千人，以编练马队。李鸿章当初回乡办团，是捡了现成便宜，并没有亲自一手一脚地招募过乡勇，更不用说与陆勇有所区别的马勇了，而且皖北也不是原籍所在，地理人情都没有那么熟悉，考虑再三，他没敢一口应承下来。

曾国藩对此有些失望，他的评价是李鸿章虽有才气，看上去似乎足以统领一军，但由于长期在吕贤基、福济手下任职，办理过的事务太多，反而变得懒散，不能担当大事了。随后他调整计划，决定先让李鸿章招五百人。李鸿章仍然感到为难，为此专程前往南昌，与大哥李瀚章商议。李瀚章也觉得湘军以前没有马队，现在要从头开始组建，难度不小，李鸿章初来乍到，没有经验，恐非其能力所及，于是便致函曾国藩，代为辞谢。

曾国藩没有接受，他写信对李氏兄弟说：组建马队、招募马勇一事，确实是破天荒头一遭，别说"少荃"没有信心，就连我也心中无数。不过万事开头难，当初湘军兴办水师，同样是摸着石头过河，结果大获成功，连我最初都没有想到会做到这么好。马队也一样，不试一试，怎么就知道事情办不成呢？你们兄弟可不能有这种畏难情绪。

话已至此，李鸿章只得应命，派专人前往皖北招募马勇。不出所料，当时太平军正在皖北与捻军协同作战，声势雄壮，清军完全处于被动挨打的局面，派去招勇的人处处受限，最终空手而归。

招不到马勇，曾国藩建立马队的计划也就只能暂时搁置。这是曾国藩对李鸿章试之以事的第一次考察，结果李鸿章却交了张白卷。

事情办不成也就算了，在此期间，李鸿章还借到南昌与李瀚章商磋之机，离开湘军大营，到九江、湖口等地，随处游逛了两个多月，直到曾国藩屡次致函，催其速回，李鸿章才慢悠悠地回到大营。

敲　打

李鸿章的漫不经心，当然让曾国藩很不高兴，但他并未就此放弃对李鸿章的进一步考察和培养。1859 年 6 月，曾国荃带兵攻打景德镇，曾国藩将李鸿章安置于曾国荃部的营务处，同往办理营务。

曾国荃是曾国藩的胞弟，李鸿章自恃有才，心高气盛，你让他在曾国藩手下做事，自然没的说，换成别人就不一样了——曾国荃能独统一军，为什么我不能？要知道我在安徽时，也是拥有独立指挥权，打过不少仗的！

李鸿章不愿寄人篱下，有推却之意。曾国藩看在眼里，他虽赏识李鸿章之才，却对他的虚骄之气很不以为然，于是仍令其与曾国荃同行，临别时又特意对他劝诫，让他好好把握机会，学习行军作战的要领。

这样一来，李鸿章只得从命。李鸿章要叫曾国荃"师叔"，但这个师叔只比李鸿章大一岁，而且他的功名顶到头只是一个贡生，仍属于秀才，李鸿章可是翰林，所以他打心眼儿里不太瞧得起曾国荃。不过初至曾国荃军营，他还是请曾国荃给他题词，以示尊重。

题词云云，在李鸿章想来，只是一种假客套，曾国荃若是知趣一点的话，在他这位翰林面前，起码应该推脱一下。谁知曾国荃似乎根本不知谦虚为何意，真的就端起架子，提笔给李鸿章写了一副对联。那联语，李鸿章不看便罢，一看顿时被气了个半死，只见上面写的是："门多将相文中子，身系安危郭令公。"

王通，道号文中子，乃隋朝名儒，房玄龄、魏徵、李靖等一大批唐朝开国将相皆出自其门下，所以有"门多将相"一说。郭令公也就是郭子仪，有了他，"安史之乱"后的唐朝局势才得以稳定，堪称"身系安危"于一身。

当然此联也并非曾国荃原创，但他能够拿这个来题赠李鸿章，毫无疑问就是在以王通、郭子仪自许。李鸿章对此颇为不满，有了情绪之后，与曾国荃之间也就很难相处融洽，随军不久，他就接连向曾国藩写信发牢骚。

曾国藩在回信中晓之以理，对他说你不要只会发牢骚，而是要多留心察看和分析各营的情形，他们好，好在哪里，坏，坏在何处，制度方面有没有需要改进的地方，营中是否有足当大任的将领。

其时已有朝命下来，让李鸿章赴安徽军营，曾国藩上疏荐举李鸿章，说他"久历戎行，文武兼资，堪以留营襄办"，把他留在了大营，同时明示李鸿章：你这次随军，既是一个很好的学习机会，同时也是对你的考察，看看你究竟能胜任做什么事务。在你，可以自己衡量一下；在我，也好对你做个合适的安排。

李鸿章收到信后，仍没有完全想通，在接下来的十天内，又连发两函，继续发他的牢骚。这回曾国藩可不客气了，直截了当地对他说：你太骄傲了，锋芒毕露，这可不是什么长处。你如果实在对我这里不满意，大可以用你的翰林招牌，去投奔其他大帅，反正任凭东西南北，随你高飞。

曾国藩的敲打，顿时让李鸿章清醒了许多。之前在镇江时，他又不是没去拜访过那些大帅，他们的能力、声望和见识，没一个可以和曾国藩相提并论，而且湘军也确有大异于他军之处，远非昔日所见的安徽清军和自己所带的民团可比，这一点，李鸿章也看出来了。

李鸿章嘴上犟，爱发牢骚，但他其实是一个非常善于学习和乐于接受新事物的人。曾国荃考试能力一般，打仗却很厉害，所部吉字营则为湘军嫡系和主力精锐，李鸿章为吉字营办理营务，又亲历了攻打景德镇的战斗，对于湘军的技战术打法，也就有了很直接的体验和感悟。他后来对别人说："我还以为湘军作战有什么奇妙的战术呢，现在才知道他们的战术没别的，就是敌人一来，就马上站到墙子后面。"

所谓墙子，也就是湘军安营扎寨时所筑的土墙。湘军的规矩是每到一处安营，无论风雨寒暑，队伍一到，便立刻修挖墙子等防御设施，限时修成，未修成之前，不许休息，亦不许主动向敌人挑战，此即所谓"结硬寨，打呆仗"，乃湘军的作战心法和精髓所在。

过去李鸿章所率民团经常被打得稀里哗啦，即缘于行家所批评的，只会"浪战"，也就是不管有没有把握，就闭着眼睛往上冲。尽管李鸿章在对别人说的时候，有意轻描淡写，但在拿自己的失败教训与湘军的成功经验做了对比之后，其用兵理念所受冲击和震撼之大，是完全可以想见的。

早起事件

虽然对于曾国藩的安排不满意，然而李鸿章也明白，若就此弃之而去，他并没有更好的去处，同时还将失去深入学习和造就的机会，给自己造成终生遗憾。

正在李鸿章思前想后、进退两难之际，朝廷来了新的指令，命他到福建兴化去担任官职。李鸿章自己拿不定主意，便在曾国荃占领景德镇后，离开吉字营，前往南昌与李瀚章商议。李瀚章是铁了心要跟着曾国藩干的，自然要他继续留营，这时曾国藩又再次给李鸿章写信，对他进行慰留，于是李鸿章也就顺水推舟地留了下来。

虽然勉强留在了湘军军营，但李鸿章又从一个极端走向另一个极端，变得有些垂头丧气，意志消沉。曾国藩迅速捕捉到了他的这一情绪变化，随后便将自己荐举李鸿章的奏留片稿发给李鸿章看。见曾国藩仍然一如既往地器重和赏识自己，李鸿章的精神一下子振奋起来，也让他下定决心，自此不再犹豫动摇。

1859年8月，曾国藩从南昌前往湖北，李氏兄弟随行，这标志着李鸿章真正加入曾国藩幕府，成了湘军的正式成员。此时距李鸿章初到建昌，与曾国藩见面，已相隔七个多月。

李鸿章加入曾幕后，主要负责文案，刚开始只是抄抄写写，后来便直接代曾国藩起草公文和向朝廷拟定奏折。他早在京城时就已代吕贤基等拟奏，握管行文驾轻就熟，加上又有军事知识，故而不管是批阅公文，还是起草书牍或奏折，都甚为得体。

曾国藩自身就以文章老辣闻名于世，应该说，他评定别人文章的标准还是比较苛刻的，但对李鸿章写的东西仍是赞不绝口，甚至常常当着别人的面夸奖李鸿章："少荃天资聪明，文才出众，办理公牍事务最适合，所拟文稿都远远超过了别人，将来一定建树非凡，或许青出于蓝而胜于蓝，超过我也说不定。"

李鸿章既管曾幕的方案，自然不能不参与机密，曾国藩所到之处，也必携之同行，此后碰到一些重大决策，李鸿章均参与其中。曾幕虽然人才不少，但缺乏文武兼备、能够起到重要赞襄作用的幕僚，也因此，曾国藩对李鸿章越来越倚重，以致他在给友人的信件中也说："此间一切取办于国藩与少荃之手。"

与此同时，李鸿章在跟随曾国藩的过程中，也深得曾国藩的言传身教，其中最著名的一个例子就是"早起事件"。

曾国藩是一个自律很严的人，他的日常起居颇有规律，一直秉承着早睡、早起、早吃饭、早做事的原则，每天都是黎明即起，查营完毕，大概在六点的时候即吩咐伙房开饭。

一开始，李鸿章对此很不适应，早在投笔从戎之前，他就有爱睡懒觉的习惯，日上三竿才肯起床。现在当然不能那么做了，但他还是总因为贪睡赶不上吃早饭，有时从床上爬起来后，只能匆匆漱洗一下，脑子还没完全醒过来，便头重脚轻地跑去饭厅报到。

最好是等众人吃完之后，自己晚一点再去吃，李鸿章希望如此，但曾国藩偏偏又非常看重这顿早饭，坚持只要有一人不按时起床，就不开饭。没过多久，李鸿章就有些吃不消了，他宁愿不吃早饭也想多睡一会，于是有一天便以头疼为名，赖在床上不起来。他以为这次能够名正言顺地躲过去了，没想到的是，不一会就有好几批差役络绎前来，都是催他起床吃早饭的。又过了一会，连曾国藩的亲兵也来了，对李鸿章说，大帅已放下话来，必须等所有幕僚全部到齐后，才能开饭。

李鸿章不得已，只好起床披衣，跟跟跄跄地赶到饭厅。饭厅里的气氛跟平常不同，曾国藩板着脸，一言不发地吃饭，吃完后，他放下筷子，表情严肃地对李鸿章说："少荃，你既然进入了我的幕府，我有一句话要告诉你，我们这里崇尚的，唯有一个'诚'字。"说完，不等李鸿章答话，扭头就走，众人随即四散。李鸿章则如芒刺在背，好长时间都呆立原处，动弹不得。

自此以后，李鸿章便再不敢睡懒觉了，时间一长，慢慢地适应下来，形成习惯后，也不觉得有多辛苦了。客观上，早起确实能够让人精神饱满，并保证充裕的工作时间，后来李鸿章自己主持事务，也都能够坚持早起。

"早起事件"不是偶然的，实际就是曾国藩要将李鸿章由一个可塑之才，变成真正的可用大材的过程，其中贯穿着曾国藩的两个极其重要的人生信条，即"诚敬"。所谓"诚"，是不欺己不欺人；所谓"敬"，是勤慎有恒。在曾国藩看来，一个人只有做到"诚敬"二字，方能负巨艰、当大难，否则一切都无从谈起。

在加入湘军之前，李鸿章可谓毛病一箩筐，但重点还是集中在"诚敬"不够上，其事业不成功，很大程度上亦肇源于此。曾国藩对症下药，通过

"早起事件"这样看似微不足道的事情,来对他进行严格的管束和教导——督促李鸿章早起,是在"敬"字上下功夫,帮助他改变自由散漫的习气,形成良好的生活和工作习惯;当着众人的面揭穿李鸿章的谎言,是在"诚"字上下功夫,告诉他要以诚待人,无论对自己还是对别人,都不能撒谎。

曾国藩的这些工夫没有白费,李鸿章终身从中受益,以致多年后他仍对曾国藩感佩至极,说我的老师实在厉害,我现在能够有所成就,都是我的老师一手造就出来的。

心　病

"中兴将相多起家幕僚",此为公论,据统计,曾供职于曾国藩幕府,或往来其中而有名于世者,连同李氏兄弟在内,竟有近九十人之多,所以有人称曾幕实为晚清人才的宝库。

这些杰出之士全都经过曾国藩的感化教导。据李鸿章后来回忆,他在营中时,曾国藩总是随时、随地、随事地给他以启示,就连吃完饭后,曾国藩也要把大家召集在一起,谈经论史,商量事务。其间众人可以各抒己见,曾国藩作为主持者,也会就学问、时政等,发表属于他个人的见解,按李鸿章自己的话说,"吃一顿饭,胜过上一回课"。

曾幕人才各有所长,曾国藩都能按照其特点进行培养和任用,这里面有治兵、参与机要的,有治饷、处理杂务的,还有制造军火、办理捐输甚至搜集太平军情报的。曾国藩将李鸿章放到曾国荃的营务处,其实就是把他作为将才来培养,因为湘军的营务处本身就是曾氏用以训练将才的地方,凡在营务处当差和学习军务的人,多数都是将领的预备人选。

如前所述,李鸿章在营务处期间,发现湘军的安营、操练、行军、作战,与他过去的认知完全不同,之后正式加入曾幕,耳濡目染之下,更是印象深刻,也由此把湘军的一套办法和本事都学到了手。李鸿章自从戎以来,先后跟随过吕贤基、周天爵、李嘉端、福济,这些上司对他也不赖,但这些大帅能力和见识都很有限,战场之上,连他们自己都茫茫然,又如何能够指导李鸿章?李鸿章直言,他是到了曾国藩这里后,才如同突然获得了指南针一样，不仅眼界大开，而且受益无穷。

经过曾氏的着意培养和具体事务的锻炼，李鸿章的能力增长很快，但与此同时，其独当一面的志向和渴望也会时不时地冒出头，让他感到失意与压抑。

湘军官佐以湖南人为主，因其根深蒂固的地域和门户观念，非湘籍人员往往遭到排挤。时人有云："当是时湘军之锋甚锐，鸡犬皆有升天之望，客籍混入其中，颇难出人头地。"李鸿章寄身湘幕，也免不了要受些闲气。某次湘籍将领彭玉麟前来谒见曾国藩，会后将领幕僚们闲坐聊天，聊着聊着，话题便扯到了安徽人身上，语多调笑，彭玉麟也在其中。李鸿章身为安徽人，自然要站出来为家乡辩护，可是因为寡不敌众，渐渐地便落了下风。李鸿章急于挽回颓势，便以彭玉麟父亲曾在安徽当官为"突破口"，阴一句阳一句地进行反击。彭玉麟一听大为恼火，当即报以老拳，李鸿章的脾气也很火爆，马上还以颜色，两人你给我一拳，我踢你一脚，扭打在一起，还滚到了地上。其他人见势不好，急忙上前劝解拉架，一场闹剧方才收场。

李鸿章在湘军中除了与曾国荃处不到一块外，和彭玉麟也不契合，据说就是因为打了这一架，正如他日后所说，彭玉麟此人"有许多把戏"。凡此种种，都让李鸿章觉得，如果有机会的话，还是应该重新开辟出一片自己的天地。

1859年11月，李鸿章奉旨授福建延津邵道遗缺。对于李鸿章而言，这是一个离幕履任的机会，曾国藩看出他去意踌躇，也一度产生了索性打发他赴任的念头，但此时湘军集团已定计进兵安徽，曾国藩身边缺少人手，没法说放就放，于是就以"赞襄需人"为由，奏准将他继续留在了戎幕。

李鸿章未能如愿走成，肯定有情绪，曾国藩不得不两次找他谈心，对他进行安抚，之后李鸿章的情绪表面上是稳定下来了，可是心病并没有全然解除。

湘军中的另一个大帅胡林翼，同样知人善任，他也认识到李鸿章能力超群，不可能久安于幕宾之位，于是极力劝说曾国藩放手重用李鸿章，以便在留住李鸿章的同时，为湘军添一大将。适在此时，重新组建起来的江南江北大营相继覆灭,东南大局全面崩溃,由湘军出来收拾局面,已是大势所趋,朝廷遂升任曾国藩为署理两江总督,两个月后予以实授,并命为钦差大臣,督办江南军务。

胡林翼在与曾国藩会商新的作战计划时,一连四次致函曾国藩,说李鸿章知兵善战,又带勇多年,第三次甚至搬出相术理论,力保其才堪大用。按照胡林翼的设想,应由曾国藩奏保,让李鸿章督师扬州,后又改奏保江宁或江苏实缺。

以曾国藩对李鸿章的了解,其实不需要胡林翼作如此推荐,他也知道李鸿章已具备挑负重担的素质。真正让他发愁的是,当时湘军集团的主力部队都集中在安庆战场,他勉强凑出万人的兵力,也只能随身带到皖南,暂时根本无力兼顾东南,当然也就不可能把李鸿章派到江浙去了。

判　断

胡林翼的另一个计划,则得到了曾国藩的认可,这就是筹设太湖、宁国、淮扬三支水师。不过太湖尚在太平军的占领区内,宁国河窄木少,都难办成,所能够付诸实施的,只有创建淮扬水师一项。

曾国藩组织幕僚对此进行讨论,李鸿章提出了一个经营淮扬的具体方案,他建议由曾国藩亲赴淮安,办一支大水师。曾国藩深以为然,跟胡林翼一说,胡林翼也很赞同。

由于皖南这里一时还抽不开身,曾国藩就是去淮安,也得等到第二年,当年只能派员先行。曾国藩决定放手用人,派李鸿章先赴淮安,并从湘军水师抽调营官黄翼升同去。在奏疏中,他说李鸿章"劲气内敛,才大心细",荐保其为两淮盐运使,领办淮扬水师,黄翼升则被奏请为淮扬镇总兵。

湘军兴办淮扬水师的一个重要目的,是想以苏北盐利来补充军饷。这时朝廷只要曾国藩派兵遣将去支援淮扬,却不愿把盐利交给他来掌握,所以黄翼升的保奏很快获准,但李鸿章的两淮盐运使却迟迟未有下文。

就在李鸿章的去向悬而未决之际,因为处境危急,曾国藩又奏留李鸿章。这下是真走不成了,李鸿章吃了一记闷棍,只得暗自嗟叹,继续留充幕宾。

曾国藩署理两江总督后,为尽速扫清皖境,亲率大军进驻安徽祁门。祁门四周山丘环抱,李鸿章认为其形如锅底,是兵家所谓的绝地,大营建在此处,等于自寻死路,故而主张趁早转移他处,选择有利地形重新扎营,以便进退自如。曾国藩则以为只要占领了四周制高点,分兵扼守要路,就可万事大吉、高枕无忧。

曾国藩坚持己见,李鸿章虽为僚属,却极有主见,对幕主并不盲从。围绕此事,两人反复争论,互不相让,最后,曾国藩生起气来,对幕僚们说:"诸位如果胆怯,可以即刻散去,各奔前程!"

闹到这般地步,李鸿章只好服从,但事实证明他的话是对的。祁门大营很快就遭到太平军的重重包围,曾国藩坐困祁门,几乎天天都处在被太平军攻击的惊涛骇浪之中。若不是湘军悍将鲍超等殊死奋战,曾国荃、胡林翼在安庆、太湖方面进行牵制,太平军早已攻入祁门,至此,曾国藩才后悔没有听从李鸿章的劝告。

这时随着第二次鸦片战争的爆发,英法联军攻克天津,直逼北京城下。咸丰在逃往热河途中,命曾国藩速派鲍超带兵北援。曾国藩焦虑万分,他自己是忠君思想浓厚的理学大家,无法置君难于不顾,而且北援事关"勤王",无可推诿,若怪罪下来,恐怕会吃不了兜着走。但另一方面,若抽调鲍超北上,与太平军作战将因此失去一颗重要棋子,既往的努力都会功亏一篑,皖南局势也将重新变得严峻起来。

在举棋不定、左右为难的情况下,曾国藩遂召集文武僚属讨论对策,结果多数人都主张派兵入卫,只有李鸿章力排众议,提出了不同看法。他认为英法联军业已逼近北京,湘军北上实属缓不救急,保卫京城已然沦为一句空话;再者,据他判断,英法联军就算占领了京城,此役也将以"金帛议和"告终,即只要给了赔款,答应了对方条件就能予以了结。

真正危及大清社稷的是谁?在李鸿章看来,并不是气势汹汹的英法联军,而是造反的太平军。湘军现在肩负镇压太平军的重任,可谓天下大局安危系于一身,绝不能因为无效的分兵,影响到部队的战斗力或给自己造成损失。

　　李鸿章的方案是，找个按兵不动的借口，对朝廷进行搪塞，同时不露半点北援的迹象，以便稳住军心，等待时局变化再作决定。曾国藩虽然忠君，但并不是腐儒，一听李鸿章言之有理，便马上痛快地采纳了他的意见。

　　随后，曾国藩即上疏表示鲍超因人地生疏，不便北援，可改由他本人或胡林翼进京入卫，但究竟派他们两人中谁去，由朝廷定夺，他们也等谕旨定夺后，再采取行动。这实际上是一种拖延敷衍的态度，结果正如李鸿章所料，两个月后，曾国藩收到的不是朝廷确定由谁入卫的指令，而是中外"和议"已成，毋庸北援的廷寄。

　　北上"勤王"事件，充分证明了李鸿章思考能力的成熟和判断的准确。通过这次事件，曾国藩对他更加器重，两人关系也越来越紧密，然而就在这个当口，李元度案却又使他们差点走向了决裂。

芥　蒂

　　李元度是从曾国藩幕府走出来的湘将，曾国藩派他领兵驻防徽州，临别时和他约法五章，并嘱咐他坚壁自守，不要轻易出战。可是当太平军前来攻城时，李元度却将与曾国藩的约定及其嘱咐置于脑后，擅自出城应战，结果一触即溃，徽州被太平军占领，祁门大本营也因此重陷危机。事后李元度又不经允许，私自徘徊于浙赣边境多时，后来虽然回到祁门，不久又只身离开。

　　曾国藩对此愤恨交加，一怒之下，便要李鸿章代拟奏章，准备弹劾李元度误军失城之罪。曾国藩是个极有主见的人，而且他在军中向来令行禁止，一经动议，谁都不敢说个"不"字，但这次却意外地遭到了文武官员的群起反对，这其中又数李鸿章的态度最为坚决。

　　李元度与曾国藩渊源颇深，他是曾国藩在湖南一起举办团练的伙伴，处曾幕五年，劳苦备尝不说，还救过曾国藩的命，二人堪称患难之交。李鸿章认为，曾国藩对这样有恩于己的人，不应说翻脸就翻脸，即便对方有错，也应网开一面，此其一。其二，李元度虽博览群书，才气过人，也爱拍胸脯、放豪言、说大话，但他擅长文学而不知兵，不是一个能够临阵打仗、独当一面的将才。

李元度在湘军中人缘很好，李鸿章自进入曾幕后，与其相知颇深。他一针见血地指出，李元度"其血性足以干事，却不善于识别观察；其才识足以谋事，带勇却非其所长"。曾氏本人其实也知道李元度的这些缺点，要不然也不会在李元度临去徽州时，叨叨叨地说那么多了，他只是出于私情，才对李元度委以重任。那么，既然如此，在李元度兵败的问题上，曾国藩也就不能摆脱知人不明、用人不当的责任，又怎么能让李元度单独受过呢？

按照李鸿章等人的意见，于公于私，曾国藩都不应严劾李元度，而应放其一马，但曾国藩却不肯让步。他觉得现在到了这个地步，就只能挥泪斩马谡了：如果李元度违令失机之罪可以不究，将来人人效法，湘军的军纪如何还能维持？

在众议被否决的情况下，李鸿章又拉上另外一个幕僚，当面劝说曾国藩，并声称："老师一定要劾奏李次青（李元度字次青），门生实在不敢拟稿。"曾国藩一听，腾地就火了，马上回答："我自己拟稿。"李鸿章又说："这样的话，门生只得告辞回家，不能侍奉老师了。"曾国藩更加生气，当即撂下话来："听你自便！"

经过这场激烈的争吵，曾国藩郁闷不已，按他的说法，是整整一天什么事都没能做成。在当天的日记中，他本来是想写"少荃不明大义，不达事理"，后来又把"少荃"涂掉，改成"同人"，变成了"同人不明大义，不达事理"。

李鸿章不顾个人进退，也要为李元度力争的做法，在同僚间受到好评，亦给外界以深刻印象，"曾国藩前后幕僚，多知名之士，其能争议是非者，李鸿章一人而已"。在此之后，曾国藩虽仍坚持要参劾李元度，但态度已明显软化。幕友陈鼐见机行事，作一说帖，并当面向曾国藩再三陈情，曾国藩就势删去了奏稿中弹劾语气较重的几句话，这样李元度才未被朝廷严办，仅予以革职的处分。

纵然如此，曾国藩、李鸿章之间的芥蒂已成，双方都很尴尬。过去曾国藩在日记和书信中，很少有不提及李鸿章的，如今则一个字都不涉及，仿佛大营已无此人。李鸿章既说了要辞职，泼出去的水也难以收回，没有立刻辞职，只是顾及曾国藩的脸面而已，一个月后，他终于还是以省亲为名，离开祁门，前往其兄李瀚章在南昌的家中栖身。

李鸿章与曾国藩闹崩，除了为李元度打抱不平外，研究者认为还有一个潜在原因，即李鸿章由于自身迟迟得不到重用而心中不平，进而对曾国藩产生了怨气。

据说李鸿章辞幕后，曾在去南昌的途中走访胡林翼，说明辞幕原委。胡林翼一直都觉得李鸿章是个难得的人才，但若没有曾国藩给他机会，恐怕还是走不远，因此语重心长地劝导道："我料定你日后必然显贵，不过我希望你不要离开涤生（曾国藩的号），否则你在仕途上是不会有前途的。"

这句话有些伤了李鸿章的自尊心，因此他马上答道："我开始还把老师（曾国藩）当成豪杰之士，不用别人帮助，就能崛起，今天才知道不是那么回事！"随即拂衣而起，返回旅馆，收拾行李，准备出发。此时胡林翼又派人来，请他再回去一叙，李鸿章扭捏了一下，经对方力邀，才同意前往胡府。

胡林翼将李鸿章留住数日，因为知道他一时转不过弯来，所以只是与之喝酒闲聊，不再提那些不愉快的事，直到李鸿章辞别前往南昌。

好马也吃回头草

李鸿章辞幕离营之时，正值祁门大营困厄之际，曾国藩对此又生气又伤心，偶一提及，便不禁感叹："此君难与共患难。"

还是胡林翼了解曾国藩，在写信安慰他的同时，劝他说："李某迟早会知道自己不对的一天的，你应该继续对他进行引导，这样对我们湘军的发展大有好处。"

曾国藩经过冷静思考，认为胡林翼言之有理，便写信给李鸿章，请他出任南昌城守事宜，以抗拒南路西征的太平军。李鸿章也念及昔日师生、幕主之情，直接写信或由胡林翼代劝，让曾国藩及早移军，先清江西内地，再图他处。看到曾国荃、左宗棠也都赞同李鸿章的意见，曾国藩终于决定将大本营移于东流，始终环绕不去的危情至此才逐渐得以消除。

李鸿章自回南昌闲居后，亦常有"济时谁识栋梁才"的伤怀，也考虑了自己除湘军以外的出路。一年前，李鸿章曾被朝廷授以福建延津邵道遗缺，为此他写信向同年好友、正告养在籍的福建人沈葆桢诉苦，并打听是否可以到福建去任道员之缺。沈葆桢回信劝阻："福建方面的事糟糕到了极点，你到这里来做官只是徒自枉费了你的才能。"

李鸿章的另一个同年、时任福建学政的徐树铭，也力劝他不要去闽。这使李鸿章颇为惆怅，他在写给徐树铭的回信中说："鸿章从军八年，渐渐也体察到了时事的艰难、世路的崎岖，如今书生意气，已消磨殆尽。"

福建去不成了，李鸿章只得继续滞留南昌，在此期间，他收到了郭嵩焘的一封信。郭嵩焘与李鸿章是好友，与曾国藩也私交甚笃，乃儿女亲家，他恳辞劝慰李鸿章，认为还是重回曾国藩身边为好："试想今日之天下，除了曾公，还有谁是你可以依靠的人呢？即便你们过去有过误会，但你最终还是要依赖他的提携，才能功成名就。"

朋友的肺腑之言，令李鸿章内心受到极大震动。其实这本是他刚刚辞幕时，胡林翼对他的告诫，只是当时他头脑发热，听不进去，如今在家闲居，百无聊赖，感受就大不相同了。

重回曾幕，对李鸿章而言，已经成了最佳选择，但既已辞幕，如今复归，总还觉得有些难为情。李鸿章的处置方式，是一面逐渐增加与曾国藩的书函往来，向其献计献策；一面又作矜持状，在曾国藩一再函催其归幕的情况下，均借故不行。

1861年6月25日，曾国藩再次致书李鸿章，情词恳切地请他回营相助一切："你好长时间都不到我的大营里来了，实在不知是何缘故……如果不是嫌我对你不够尊敬，则请你火速来我这里相助，才是正理。"

凡事都有个火候，到这个时候，曾国藩已经给足了面子，李鸿章于是"好马也吃回头草"，即刻整理行装，赶至东流，重新投身曾幕。

此番分手后重聚，曾李这对师生不仅各自都已捐弃前嫌，而且重新认识和发掘到了对方的价值。以前李鸿章在幕府时，虽然曾国藩也对他极为倚重，但还没到身边非他不可的程度，这次李鸿章复归，简直被曾国藩当成了个宝，曾国藩对待他不仅比以前更亲热，而且一切军政要务，都要与之筹商。

是年9月，湘军攻占安庆，曾国藩也随即将大本营迁至安庆。在安庆的那些天，几乎每天早饭后，曾国藩必要与李鸿章久谈一次，晚上又要再长谈一次。据曾国藩在日记中说，有一次晚上交谈时，李鸿章谈到了曾国藩的缺点，且毫不隐讳，徐徐道来，而曾国藩也欣然倾听，两人越谈兴味越浓，至二更天方散，

湘军初占安庆时，适逢咸丰病逝，事务繁杂，但曾国藩仍坚持与李鸿章商定后才处理。后来因为李鸿章丧妻，他在赶回南昌办理丧事，竟然造成了大营诸事堆积，而其他幕僚又无一人能够插手的情形，足见曾国藩倚任李鸿章之专。

对李鸿章而言，在经过八个月的赋闲之后，他也完全接受了胡林翼、郭嵩焘所告诉他的道理，即光靠其个人奔波，在功名仕宦上终究无望，他唯一的出路就是投靠曾国藩。明白了这个道理后，李鸿章不再像初入曾幕时那样焦躁，也不再有苦闷和不平之气，他平时安心辅佐曾国藩，在选将用兵、整军治饷方面都调理得井井有条，真正成为曾国藩身边一个不可或缺的得力助手。

曾国藩看在眼里，喜在心头，对李鸿章也更加信任，凡是他所掌握和研究的军政要诀，都一一悉心传授，实际已把李鸿章看成了他在军政方面的衣钵传人。

第二章 二杆子精神

1861年下半年，太平军在浙东、浙西战场连获大捷，直逼杭州、上海，力图把苏浙变成支撑太平天国的战略基地。面对太平军的凌厉攻势，上海官绅一面倡议向英法等国"借师助剿"，一面派代表到安庆向曾国藩乞师求援。

1861年11月8日，上海方面筹银二十万两，雇佣外国轮船，派遣钱鼎铭等以苏浙乡绅的名义，顺长江到达安庆晋见曾国藩。钱鼎铭的父亲与曾国藩是同年，钱鼎铭的陈情让曾国藩颇为动容，但他却并没有痛快地应允下来。究其原因，一是曾国藩考虑到上海同安徽相距较远，一旦发生紧急情况，大本营和上海驻军之间无法形成呼应；二是湘军克复安庆后，正打算倾全力围攻南京，客观上也无兵可分。

钱鼎铭哪肯就此罢休，他打听到李鸿章乃曾国藩的亲信幕僚，深受曾的器重。钱父与李鸿章的父亲李文安亦是同年，关系密切，借着这个由头，钱鼎铭又专程拜访李鸿章，希望他能够出面劝说曾国藩。

如果说钱鼎铭在曾国藩面前，主要是动之以情的话，他对李鸿章则是"晓之以理，动之有利"：上海财赋丰盈，饷源极其惊人，如果弃之而为太平军所有，那就太可惜了！

钱鼎铭说的倒不是假话，当时清廷实行货物抽厘以供军饷的办法，上海乃是当时全国最大的商业城市，富庶繁华，有"天下膏腴"之称，又是通商口岸，无论厘金收入（即商业税）还是海关税，都非他处可比。湘军历来最缺的就是军饷，即便曾国藩任江督后，其直辖的湘军亦常常拖欠军饷。李鸿章身在湘军核心决策层，对此一清二楚，听了钱鼎铭的话后，眼睛顿时为之一亮，很痛快地便答应了钱鼎铭等人的请求。

派兵遣将

由李鸿章来劝说曾国藩，分量就完全不一样了，甚至可以说，钱鼎铭能打动李鸿章，事情也就成了一大半。当然，这不仅仅是因为李鸿章在曾国藩心目中独一无二的地位，还缘于李鸿章能够站在曾国藩的立场之上，分析和解决他的疑虑。

上海和安徽隔得远，从军事上讲，分兵援沪，"由下捣上"，可以造成东西两线互相配合、分进合击之势，从而迫使太平军陷于两面作战的困境，这本身就是一种最好的呼应。至于兵源问题，其实也不难解决，因为可以"求其在我"，曾国藩手中虽然暂时无兵可分，但曾国荃已回湖南添募新勇，可以满足分兵的需要。

俗话说得好，江山易改，禀性难移。李鸿章虽是曾国藩一手锻打出来的，然而李、曾的处事方式仍有明显差异。概言之，曾国藩是个过于求稳的人，遇到大事需要决策时常常犹豫再三；而李鸿章则明快果断，其过人的决断力连曾国藩也为之欣赏，以致每每当曾国藩陷入不知所从的时候，都是李鸿章在旁几句话一说，就把事情给定了下来。曾国藩自己也说："好些事千头万绪，错综复杂，少荃寥寥数言，就能拨云见日，让我下定决心。"

这次也一样，对于李鸿章的解说，曾国藩深以为然。恰在此时，大学士、江苏常熟人翁心存顾念家乡之危，也向朝廷上疏，建议曾国藩拨兵援救苏浙和上海等江南要地，朝廷据此颁发了谕旨，曾国藩遂痛下决心拨兵援沪。

打定主意后，曾国藩立即着手进行安排。起初的方案，是让曾国荃将六千新勇带到安徽前线接防，把原驻安徽的八千老兵换下来，再由曾国荃率这批老兵进驻上海。之后，又决定改派曾国荃为主帅，水路辅之以黄翼升，陆路辅之以李鸿章，这么做，倒不是说曾国荃能力不行，非得李鸿章辅佐不可，而是曾国藩感到，由这八千老兵组成的部队仍嫌单薄，必须增拨兵力。

湘军历来只在湖南招募兵勇，湘军将领无论在何处作战，都要返湘募兵，这么多年仗打下来，湖南可招之兵越来越少，兵源也就越来越紧张，曾国荃此次回乡募勇已近乎竭泽而渔。况且，新兵因战斗力问题，也不在此次援沪之列，只能像方案中那样将老兵置换出来。而此时湘军已把主要目标放在围困南京上，也就是说，即便能够及时招募到足额的新兵，也无法再置换出这么多老兵。

按照湘军的制度，兵由将募，兵为将有，非将领本人亲自招募的湘勇不能由他来指挥，所以李鸿章本来是手中无兵的，这也是一开始曾国藩没把他放在赴沪名单之中的原因之一。后来方案调整，则是因为曾国藩知道李鸿章能弄到兵了，而且还不是一仗都未打过的新兵。

李鸿章能弄到的兵，就是那些安徽团练。李鸿章投奔曾国藩后，他原先所带团练早已星散，但庐州一带依然存在不少团练。这些团练经常同太平军、捻军打仗，甚至出境袭击，就战斗力而言，有的甚至比普通的八旗绿营还要强悍一些。

在庐州的西乡团练首领中，以张树声办团最早，李鸿章之父李文安回籍督办团练时，张树声曾被召襄赞其幕，这使他与李鸿章父子的关系非同一般。李文安死后，张团声势独隆，张树声保升知府，在各团首中官衔最高，隐为盟主。张树声一直与李鸿章保持着联系，还在湘军攻陷安庆前，他召集众团首密议，一致决定投效李鸿章，随后便写信向李鸿章致意。

曾国藩很早就认定，安徽的皖北、皖中一带民风强悍，可招募成军以补湘军的兵源不足，此前派李鸿章去皖北招募马勇，也正是出于这一考虑。看到张树声的那封信后，曾国藩甚为惊叹，他把张树声比喻为渡江北伐的东晋名将祖逖，说"独立江北，今祖生也（祖生即祖逖）"。

方案定好了，让曾国藩没想到的是，他胞弟却对援沪毫无兴趣，给出的理由是："害怕归他人调遣，不能尽合机宜。"实际上，曾国荃此时的心志全都集中于进围南京，他分析说，上海虽然财赋甲天下，筹集饷银容易，但太平天国的京城在南京，如果他率部急攻南京，太平军必然会以全力援救，而后苏州、杭州空虚，到那时，克服苏杭包括上海，就不用费太大气力了。

　　这当然都是冠冕堂皇、可以放在桌面讲的话。围攻南京固然重要，但也不一定非他曾国荃不可，归根到底，他还是想揽取攻克南京的头功，而不愿担任援沪筹饷之任。

淮　军

　　说到筹饷，湘军分兵援沪后，援沪部队的军饷势必只能就近取自于上海，这也是湘军此次赴援上海成败的关键。

　　除向上海派兵遣将外，曾国藩准备保举李鸿章署理江苏巡抚，这就等于是买了双保险：只要援沪部队作战不失利，能保住上海并收复失地，饷银就决不会没有着落。

　　见曾国荃、陈士杰均不愿前往，曾国藩不得不派李鸿章、黄翼升先行赴上海。李鸿章很爽快地把这份曾国荃不屑挑，陈士杰不敢挑的担子接了过来。1861年12月15日，曾国藩正式密荐李鸿章署理江苏巡抚，援沪主帅也同时由李鸿章兼任，让他带淮扬水师五千，再拨陆师六七千东进。

　　曾国藩所拟拨的陆师六七千人，即为正在招募中的淮军。李鸿章对庐州人情较为熟悉，最早投书报效的也是以张树声为首的庐州团练首领，所以李鸿章首先写信把张树声请到安庆，两人见面后谈得十分投机。张树声回去后不仅自己募勇相从，而且还左提右挈，把刘铭传等庐州团首都动员了起来。

　　在庐州团练之外，李鸿章还征召了庐江团练。安徽各团练一方面与太平军、捻军争战，另一方面他们彼此之间也互争雄长，一般都是太平军、捻军来了，就一致对敌；太平军、捻军走了，便在内部打成一团。

　　李鸿章征召庐江团练，靠的是潘鼎新。潘鼎新虽是庐州团首，但籍隶庐江，在庐江民团中说得上话。潘鼎新在进京赴试时，曾拜在李文安门下，后来李鸿章考取进士，又改拜李鸿章，二人始终都有联系。为了组建淮军，李鸿章特地致函潘鼎新，并通过潘鼎新串联了庐江团首吴长庆。

　　淮军在建制上完全复制于湘军，所谓"湘淮营制同一家法"，按照湘军营制，营官还需选拔哨官，哨官选拔队长，队长再招募勇丁，但团首们手中已均有现成的队伍，无须重起炉灶，所以仅仅两月之间，就已成军四营。各营均以营官的个人字号命名，分别为张树声的树字营、刘铭传的铭字营、潘鼎新的鼎字营、吴长庆的庆字营，树、铭、鼎三营均出于庐州，只有庆字营出于庐江。

在李鸿章正式招募淮勇前，湘军系统已有三营淮勇，其中有一个是张遇春所统带的春字营。张遇春原为李鸿章办团时的嫡系部将，此前应李鸿章之召，加入了湘军，如今李鸿章奉命招募淮勇，张遇春便又重归其节制。春字营的勇丁均为曾国藩所招募，皆属安徽无为、运漕一带人，称为"老勇"。

1862年2月下旬，李鸿章所募淮勇陆续抵达安庆北门外驻扎，加上春字营，五营淮军共计三千五百人。曾国藩命令一律遵照湘军的营规来进行训练，各营器械装备的使用，饷银粮草的数目，也完全依照湘军所定的章程办理。

淮军五营为淮军的核心力量，但除春字营外，其余四营均为由旧有团练升级而成，虽然也有战斗经验，然而都未打过大仗、硬仗。李鸿章深感以如此单薄的实力，难膺远征重任，弄不好一上阵就吃个大败仗，也未可知，因此恳请曾国藩调拨数营，以加强淮军的战斗力。

曾国藩也认为淮勇兵员太少，不能独当一面，遂允其所请，陆续调拨八营计三千湘勇归其节制。这其中有四营亦为新勇，即江苏方面派人在湖南招募的林字营两营，以及曾国藩招募的湘勇两营（熊字营和垣字营）。剩下四营则皆为湘军中最精锐的部队——曾国藩自己的亲兵营（也称督标亲兵营）两营，程学启的开字营两营，后者还是李鸿章从曾国荃手里借来的，因为程学启原系安徽太平军的降将，故而营中多两淮子弟。

编组就绪后的淮军，共计十三营，六千五百人。原湘军淮勇三营里的李济元营，本来也已由曾国藩拨归李鸿章统辖，但淮军援沪时，该营被留滞于皖南，后又调守他地，未再加入淮军。

有人把湘军与淮军的关系，比喻成是一对母女，所谓"湘军是淮军之母"的说法即源自于此。淮军援沪，犹如湘军嫁女，曾国藩所给予"妆奁"

之丰厚，超出了一般人的想象——湘军历来都奉行兵为将有、帅不干涉的成规，湘军统领都须自择营官、哨官来招募队长、勇丁，大帅甚少把各营调来拨去。更不用说，李鸿章从湘军中得到的调拨兵力，实际已占到淮军成立时兵力的十分之六，从这个意义上，甚至可以说淮军就是湘军的一个分支。

风口浪尖

淮军既已组成，如何从安庆开拔到上海，就成了一个棘手的问题。因为两地不仅相距遥远，而且中间还隔着太平军控制区，沿途面临着被太平军打散的风险，行军中的淮军要想突破敌人防线，千里跃进上海，其艰险程度可想而知。

曾国藩考虑绕道苏北，那里有大片的清军控制区，安全系数较大，但路线较长，耽搁时日，淮军若是全部走陆路，上海官绅也等不及。李鸿章与曾国藩经过商议，最后决定大部队"由水路东下，直赴上海"，所乘轮船系江浙官绅向洋商借款，从英国轮船公司所雇。

1862年4月5日，首批淮军鼓轮东下，次日，李鸿章登舟启行，此后其余淮军也分批陆续登船东下。淮军东下时，需从太平天国腹地穿过，太平军并非无力截断江路，炮轰轮船，只因轮船上都统一悬挂着英国国旗，属于连太平军都不敢轻易与之发生冲突的洋船，而且它们又都是体量不大的小火轮，外观看上去不过是普通货船，太平军觉得没有上船检查的必要，也就都一一予以放行了。

饶是如此，淮军官兵依旧胆战心惊，因为长江两岸密布太平军的炮台和营垒，一旦被对方发现，遭到攻击乃至船毁人亡，是注定跑不掉的。李鸿章的幕僚周馥所乘船只在经过南京附近时，北岸九洑洲炮台的守军甚至已凭垒对船只进行观望，周馥和随船的六百官兵被迫躲在空气污浊的底舱里，根本不敢露头。

比这更危险的是钱鼎铭、程学启所乘轮船，在经过采石矶时不慎搁浅。那里的南北岸都是太平军控制区，而且太平军还有水师，其战船楼橹相望，吓得钱鼎铭、程学启二人相顾失色，都以为性命休矣。幸而太平军碍于洋船，没有上前检查，到了傍晚，江水涨潮，船只重新起航，他们才得以化险为夷。

至5月29日，李鸿章带着他的六千多淮勇，分成七批，陆续在黄浦江畔登陆。东行期间没有走漏一点消息，除了闷死一名勇丁外，整个行程可谓有惊无险。回过头来看，这一千里大穿越行动相当出奇大胆，也非常成功，放在中外军事史上，亦堪称一大奇迹。

在抵沪后不到二十天内，李鸿章就奉命署理江苏巡抚，七个月后由署理转为实授，又两个月，由巡抚署理通商大臣，一跃成为身兼要职、手握重兵的江苏实权人物。可是他也同时被置于风口浪尖之上，概而言之，只有全力保住上海，进而夺取苏常，将该区域的太平军扫除殆尽，苏常沪一带才能转危为安，他和淮军也才能站住脚。

保住上海也罢，夺取苏常也好，要做到这一点，都必须妥善解决好察吏、整军、筹饷和洋务等问题，但要解决好这些问题并非易事，尤其对于初来乍到，在当地毫无根基的李鸿章来说，更是如此。

青年时期的李鸿章，五官俊美，此时虽已至不惑之年，但依旧举止倜傥，精悍之色，露于眉宇，尤其他一米八的身高，在当时的中国，可谓鹤立鸡群，这使他来到上海后，很快就获得了"云中鹤"的绰号。

有人说李鸿章有一种"二杆子精神"。"二杆子"在北方方言中，系指人的脾气莽撞，不怕事，爱打架和惹是生非，说李鸿章有点二杆子，与这个意思有所不同，更多的是说他具有当时一般官场中人身上少有的一种气势，这种气势就是不尚空谈，勇于任事，别人不敢碰的活，我敢碰，别人不敢揽的活，我敢揽。著名摄影家约翰·汤姆逊曾给李鸿章拍照，除了"举止稳健而高贵，相貌极为英俊"外，这位观察细致的摄影家还注意到，李鸿章"眼睛乌黑而又具洞察力，嘴唇上有两撇深棕色的胡子，显示出坚定的决心"。

不怕吃苦，踏实做事，则是李鸿章在曾幕时期，由曾国藩用"诚敬"一手磨砺出来的功夫。自履新职后，李鸿章每天从早忙到晚，几乎无一刻闲暇，除了与曾国藩始终保持通信联系外，他连与四方友朋交游和书信往来几乎都顾不上了，唯一的目标就是冲破"险阻艰危"，尽快闯出一个新天地。

作为空降的江苏巡抚，李鸿章的当务之急是要整顿吏治，不然纵然是名义上的地方最高长官，依然会政令不畅，难以作为。当时的江苏和其他各省一样，官场腐败混乱到了极点，上海则更为突出。按李鸿章所说，各级官吏沆瀣一气，贪财捞钱，已浑然不知礼义廉耻为何物，其中的关键人物为吴煦、杨坊，二人长期经营上海，上海的钱、粮、财、物、人事及与洋人的关系，都在他们的掌控之中。

李鸿章将打击吴煦、杨坊一党，作为其整饬江苏吏治的突破口。李鸿章首先奏准裁撤了吴煦的一些党羽，同时削减了吴煦的职权，尔后又下令免去了吴煦管理海关的职务，另外安排品行端正、廉洁自守的官员接替。

李鸿章对杨坊也深恶痛绝，必欲罢之而后快。杨坊知道来者不善，便玩弄以退为进的手法，主动向李鸿章请求辞去要职。他以为李鸿章会像其他上司那样，就算是强做姿态，也会对他进行挽留，他不知道李鸿章不是一般人，而是官场的"二杆子"，不循常理才是他正常的出牌方式。杨坊的辞职正中李鸿章的下怀，他根本不屑于跟对方玩你推我让的那套把戏，而是将计就计，根据杨坊的请求，直接就上奏朝廷，罢了杨坊的官。

在吴煦、杨坊的职权已被大大削弱的情况下，李鸿章对他们仍不放心。次年，他终于找到机会，以白齐文事件为借口，奏准将吴、杨二人暂行革职，实际是在政治上对他们进行了彻底清除。

建　幕

自随吕贤基回乡办团起，李鸿章经历了近十年的幕府生涯，尤其两入曾国藩幕府，更使他切身感受到了网罗幕府人才的重要性。还在受命招募淮军之初，李鸿章即开始延揽人才，筹建幕府。一次偶然的机会，他看到一封书信，上面的字体工整，寓合秀气，当下十分欣赏。旧时用人，要看面相，也要看笔迹，认为从笔迹上可以看出人的性格，李鸿章断定书写者处事慎重而有灵性，一问，才知道信是写信者请朋友代写的，代写的人是一个名叫周馥的秀才，于是当即把周馥招来担任了自己的总文案。

李鸿章没有看错人，周馥不仅办事精细谨慎，而且勤奋好学，他在参加淮军后，即使在随李鸿章同太平军作战期间，也从不放弃读书。李鸿章有一次从将吏营帐间经过，走到周馥住的地方，发现案几上全都是宋儒书籍，这让他大为诧异，感叹周馥将来必定可做大事。

　　幕僚在无实职在身的情况下，没有资格领取国家发放的俸禄，都必须依赖幕主提供经济条件，才能养家糊口，而在未正式出任江苏巡抚前，李鸿章自己也尚是曾国藩的幕僚，每月所得不多，但他却能够分一半给周馥。周馥亦不负李鸿章的知遇之恩，始终勤勤恳恳、忠心耿耿而无怨言，成为跟随李鸿章最早，时间也最长的骨干幕僚。

　　赴沪前，李鸿章除招募了周馥等人外，还专程走访湘系重要幕僚、常州人赵烈文，向他请教苏沪的人才情况。到上海后，李鸿章很快便仿照曾国藩的办法，通过奉调、函招、推荐等方式，建立起自己的幕府机构。

　　建幕后，作为私人宾席的幕僚，其薪水大半由所属局所或军营供给，虽不是完全的官俸，但也不用李鸿章再个人自掏腰包了。这一点与曾国藩幕府并无不同，区别在于，曾国藩的幕友主要是传统读书人，李鸿章幕府固然也有传统读书人，但更多的还是学有专长的各方面特殊人才，后来甚至有留学生以及为数不少的洋人。在这方面，李鸿章很像曹操对待人才的态度，即唯才是举、量才而用，他很少聘请道学先生和文学侍从，也不太看重对方的功名和社会地位。

　　李鸿章把筹建幕府和整顿吏治结合在一起，通过大撤大换，将自己所延用的部分重要幕僚，陆续安插到吴煦、杨坊一党所空出的职位上去，最终将江苏一省的军、政、经济大权，完全置于自己的掌控之下。

　　李鸿章受任之初，正值太平军第二次对上海发动大规模攻势，形势极为严峻。李鸿章虽为大权在握的一省之长，但政令却不能出上海孤岛。在强敌环伺的情况下，他深感若仅凭原先带来的十三营淮军，要想击退太平军，守住上海，都难以做到，更别说歼灭太平军，克复苏常了。为此，一到上海，他便把募勇添兵、扩军备战作为重中之重。

　　李鸿章收编两淮团练，除树、铭、鼎、庆四营外，还另编有亲兵营（此为李鸿章自己的亲兵营，也称抚标亲兵营，区别于曾国藩所拨的督标亲兵营)、盛字营、传字营，三营都没有坐船，而是由陆路绕江北抵达上海。

仅仅添上这三营，淮军兵力仍嫌不足，李鸿章于是便采取了湘军扩充营伍的传统方式，命张树声、吴长庆回皖募勇。不料对于淮军返乡募勇一事，社会上非议、嫉妒者颇多，尤其江北清军将领认为淮军不仅是在和他们争抢兵力资源，还动摇了其军心，给江北的兵营管理造成了困难——其间也确实出现了扬州防勇因羡慕淮军饷高，化名应募为淮军的情况。

将领们纷纷上奏朝廷，要求淮军停止返乡招勇，有的甚至直接出手，试图留难。因为这些原因，张、吴回乡仅募得九营，还曾一度被曾国藩临时作为防守无为、庐江之用，无法迅速补充于前线。

难　题

眼见时势危迫，远水难解近渴，李鸿章只好另外想辙。他的前任，也就是前江苏巡抚薛焕所部有防军五万，李鸿章陆续裁汰了三万余人，选留了万余人。对于留存兵勇，湘淮籍的，便仍采用湘军规制，重新编组；非湘淮籍的，或以原有之将统原有之兵，或另行委派统将。

委派统将，又给已升为大帅的李鸿章出了一道难题。因为在他看来，既有营官中虽有可用之才，然而要选拔出来当统领，却还大多差着火候，为此，他不得不向湘军各部借将。将才是军中的重要资源，加上湘军地域和门户观念深固，在李鸿章发出请求后，湘籍统领皆虚与委蛇，不肯相助。唯有非湘籍的鲍超，在湘军集团里和李鸿章同属寄人篱下，难免惺惺相惜，两人之间的私人关系平时就较好，得知李鸿章有此困难，他一次性就拨借了三员参将。李鸿章大为感动，在答谢信中称："足见知我爱我之深。"

曾国荃部将郭松林以勇猛彪悍著称，他本来只是曾国荃的一名亲兵，硬是靠战功累积而成参将，这种将领当然是李鸿章最眼馋的。以他和曾国荃的关系，曾国荃本来是绝不会将郭松林借给他的，但湘军内部也有矛盾，郭松林遭忌出走，遂只身赴沪投效淮军。李鸿章大喜过望，连忙将他委任为营官，并从防军所选留兵勇中拨出五百归其指挥，这就是松字营。事后李鸿章致信曾国荃，曾国荃见状，也只好卖个顺水人情，以借将的名义把郭松林正式让给了李鸿章。

郭松林带松字营，鲍超所借三将中的杨鼎勋带勋字营，在李鸿章借将统带的各营中，松、勋二营最为突出，后来几乎同树、铭、鼎、庆诸营并驾齐驱。有人论及淮军，认为树、铭、鼎、庆四营作为淮军最基干的部队，就像是淮军的身体，但还缺少一对翅膀，郭松林、杨鼎勋二将犹如给淮军插上了翅膀，这样它淮军才能飞起来，也才能最终摆脱湘军的影子。

程学启原先也是曾国荃手下的一员悍将，唯因是太平军降将，故而不受曾氏兄弟的重用。李鸿章既知程学启打仗凶悍，又知道他是安徽桐城人，所部亦属淮勇，于是在安庆时一面向曾国藩索借，一面派人向程学启暗中致意。曾国荃起初不同意，经不住曾国藩两次发函下达命令，李鸿章也低声下气地致函恳求，这才松了口，从这个意义上说，程学启其实也可以算是从曾国荃手里"借"来的战将。

招降纳叛是李鸿章解决兵员短少问题的另一个捷径，此举不仅可以扩充淮军兵员，而且有助于瓦解太平军，实现所谓"以毒攻毒"。李鸿章对此极为重视，他收编太平军降众的数量，甚至远超改编的防军。值得一提的是，自李秀成经略安徽后，太平军中有不少安徽人，李鸿章因此又侧重以程学启牵头，对皖籍太平军将士进行招降，淮军中也因此增加了大批的皖籍兵勇。

自古欲强兵必先足饷，但朝廷财政匮乏，对于湘淮军都无充足的饷需供给，他们的大部分军费开支，都需要自己设法筹集。上海的军饷来源主要为厘捐和海关税两大项，原先都控制在吴煦、杨坊等人手中。

为了筹足军饷，李鸿章另辟蹊径，与吴煦约定，厘捐从此由他亲自接管，用于支付淮军、本地防军及协济曾国藩大营的饷需，海关税收仍由吴煦经理，用于支付常胜军、中外会防局与镇江防军的饷需，此即海关与厘税分收分用政策。

实行分收分用后，负责征收厘金的淞沪厘捐局与江苏厘捐局由此成为淮军的后勤机构。李鸿章视捐厘为淮军的两大命脉之一，亲自带着人往复查看账目，所网罗和动员的幕僚也比其他任何部门都要多。不久，成效就出来了：每月征收到的厘税多则二十余万，少的也有近二十万，大大超过吴煦原先所报数字，在基本解决淮军饷需问题的同时，还保证湘军西线作战所需。

吴煦、杨坊之前能够牢牢控制上海的人事、财政和外交大权，一个重要的原因是他们长期经营上海，与洋人关系颇深，可以"挟夷自重"，李鸿章在条件没有完全成熟的情况下，也只能避开海关，先从没有洋人插手的厘捐着手进行整理。

显然，在设法扳倒吴、杨的同时，还必须把所谓的"洋务"接过手来，李鸿章也因此在他的幕府里配备了相关人才，郭嵩焘即为其中之一。

郭嵩焘在"丁未四君子"中排于次席，他不仅是李鸿章的同年，而且还是好友，两人政见相同，堪为知己。咸丰年间，郭嵩焘曾任翰林院编修，并经人举荐，得以入值南书房，成为天子近臣。可惜此人性格过于率直，终因得罪大吏而被降职，他一怒之下，便弃官回乡，一待就是两年多。

李鸿章急切想把正赋闲在家的郭嵩焘招入幕府，但他知道郭文人气质较浓，有名士作风，未见得肯给自己当幕僚。于是便多次写信给曾国藩，让这位郭嵩焘的儿女亲家出面，终于将郭嵩焘请出了山。

郭嵩焘是当时少有的洋务人才，又有相当的从政和军旅经验，李鸿章通过举荐他接替杨坊的苏松粮道一职，一举夺回了掌握海关税收的权力。不仅如此，郭嵩焘还通过采取种种整顿措施，使湘淮两军的粮财状况都大为好转。李鸿章在给曾国藩的信中称赞道："筠仙（郭嵩焘字筠仙）到沪后，深孚众望，其才识远超过一般人。"

真神技也

1862年年初，上海迎来了一场五十年未见的暴风雪。暴雪纷纷扬扬，下了整整三天三夜，之后便到处冰天雪地，就连往日波涛汹涌的黄浦江，居然也结冰封冻，可以行车走马了。

比严寒更让上海官绅恐惧的，是太平军的兵临城下。忠王李秀成在攻陷杭州后，指挥十二万大军，呈三面七路之势，开始围攻上海。在黄浦江封冻的情况下，他们只需越过冰面，就可以攻入市区甚至租界了。

所幸太平军对突如其来的严寒天气同样缺乏准备，部队军衣单薄，新配备的后膛枪的机油也被冻住，士兵拉不开枪栓，放不了枪。两两抵销之后，暴风雪进一步延迟了太平军的攻势，使他们不得不暂停进攻，进行内部调整。

然而上海官绅并不敢松口气，因为他们知道，只要天气稍一转暖，太平军必然还将发动大规模攻势。在淮军现身之前，上海的防守力量极为薄弱，本地防军近乎不堪一击，常胜军兵力又太少，对于扭转战局而言，无异于杯水车薪。如此一来，从千里之外请来的淮军，就成了上海的救世主。

可是当淮军走出船舱、登岸列队时，众人却都大失所望。只见他们身着芒鞋短衣，布帕包头，满嘴的安徽土话，由于在船舱底下闷了几天几夜，身上还散发出难闻的气味。武器方面，淮军和湘军没有太大差别，都以刀矛为主，配以少量土枪土炮，与洋兵包括同样已装备洋枪的太平军相比，显得颇为简陋。

拥到码头的官绅一边迎接，一边心里打着小鼓，他们对于自己花重金雇船请来的这支武装已经开始产生怀疑。很快，上海的街头巷尾也都议论起来，人们看到淮军下身穿一条布袋的裤子，便称之为"大裤脚蛮子兵"。驻扎上海的英法联军更是直接讥笑淮军是"叫花子兵"，淮勇所穿号衣的前面是个"淮"字，后面是个"勇"字，他们认为这就等于在给对手拿枪当靶子打。

来沪之前，对于西方和洋人的认识，李鸿章与国内其他士大夫一样，都没有摆脱优越自大的文化心理定势。据说他到上海后一连三天三夜不出门，吴煦以苏松太道的身份去跟洋人会谈，他就便服尾随而去，会谈结束后，洋人对吴煦说："你这个道台卑躬屈膝，不怎么样，但是你后面的这个人（指李鸿章）英气勃勃，不得了。"

尽管被洋人高看一等，但李鸿章自己的感受却并不好。首次与洋人接触后，他发出了"竟如李陵、王嫱（即王昭君）之人匈奴"的感慨，觉得自己简直就像跟魔鬼打交道的人一样，之后也极为避免淮军与洋人接触，当然更谈不上向对方学习了。

实际上，当时的李鸿章还根本看不出西方有什么地方值得他们堂堂的大清王朝学习。然而，现实是残酷的，自1862年4月中旬起，英法联军在增加大批援兵的基础上,于上海周边展开了所谓的"三十里半径战役",正是这场战役给李鸿章带来了一种前所未有的惊讶和冲动。

4月17日,联军进攻并一举攻克了太平军所占领的周浦镇。那天是李鸿章抵沪的第十一天,作为观摩者,他看到联军队伍规整,尤其重炮射击相当精准有效,乃攻击坚固营垒的利器,足令对手胆寒。

淮军使用的火炮是劈山炮,乃湘军自己创制的陆战火器,曾国藩对之特别喜爱,誉之为"陆军第一利器",但是实际上,劈山炮的威力只堪与洋枪的威力相比,和洋炮并不在同一水平线上。周浦镇一役后,联军又攻占了嘉定等地,每次战斗,均由数千洋兵参战,战场上枪炮齐发,近乎攻无不克。在此过程中,被中国人称为"落地开花炮"(也称开花炮、炸炮)的洋炮屡屡显示出威力,李鸿章忍不住赞叹:"真神技也!"

即便是非正规军编制的常胜军,也颠覆了李鸿章原来的认知。常胜军原名洋枪队,是由美国人华尔任管带官的一支雇佣军,军官全部为洋人,士兵原为菲律宾人,后又改募华人,兵员已扩充至千人。

李鸿章与常胜军有过几次接触后,曾将其讥为"蠢然一物",在他看来,常胜军的军官不过一百多人,而且全是一些不登大雅之堂的外国流氓。这话说得倒也没错,常胜军的军官确实多为欧美在沪水手、逃兵、流浪汉,如果用湘淮军的标准,他们是根本不可能被录用的。但问题在于,常胜军同样具有训练有素、武器先进的特点,其实际战斗力也远在淮军之上。在"三十里半径战役"开始之前,他们就已在上海周边打过好几场胜仗,乃是太平军的劲敌之一,常胜军之名即来源于此。

在上海的所见所闻,使李鸿章迅速改变了对西洋文明的漠视和抵触态度,赞叹洋兵、洋器成为他这一时期的兴奋热点,在写给曾国藩的信中,他也开始不厌其烦地称赞起了洋枪洋炮的威力。

痞子腔

李鸿章和他的老师曾国藩一样,都属于传统型的儒者,李鸿章本人在科举道路上也达到了当时读书人所能达到的最高峰,但他勇于任事,并不过多倾心于传统儒学，他平生的志向也从来都不在读书研习上。有人因此嘲笑李鸿章"不学无术"，然而也正因如此，与一般士大夫相比，他比较容易摆脱对传统的留恋，在异样的环境中也更具生存能力。

李鸿章一到上海，就发现诸多事务中，以洋务为最难，而上海洋务已呈尾大不掉之势，他最初的打算是想方设法敷衍掉，但很快又产生了使洋人势力为我所用的想法。在给沈葆桢的一封信中，他如此解释："（上海）华洋混杂相处的局面已经形成，我们这些人怎么能与洋人强分彼此呢？"

淮军初至上海时，不过才六千多人，"兵力不能剿，只能防"，所谓防，是城北外国租界靠洋兵，淮军仅足以防西南。让洋人参与防守，叫作会防，对于这一点，朝野并无太大异议，有异议且极为敏感的是"会剿"或"助剿"，也就是用洋兵进攻太平军。人们对此有不同看法，有的赞同"会剿"，有的反对"会剿"。曾国藩属于后者，他认为借洋兵"会剿"太平军，对中国人而言，是一个很丢面子的事，会因此受到洋人的轻视，而且也很难保证洋人在获胜后不会提出额外要求。他在得知洋兵可能要"会剿"苏州、常州和南京之后，更是极力反对，希望李鸿章对此引起重视。

防与"剿"是不能截然分开的，"剿"就是在减少和分担防守的压力。李鸿章实际属于"会剿"派，但他也不能将老师的担心弃之不理。就曾国藩最关注的洋兵"越界"问题，李鸿章与英国驻华海军提督何伯进行了会谈，结果发现洋兵"会剿"苏州等地的说法根本不可靠，只是江苏绅商捕风捉影所弄出来的可笑传闻，于是他立即将这一情况告知了曾国藩，以解其疑虑。

其时，英法联军尚未发动"三十里半径战役"，但李鸿章通过他所观察到的种种迹象，断定："洋人与太平军的冤仇已经结成，从此以后必定要在上海附近为官军助剿，这是绝无疑义的。"之后他的这一判断得到证实，也坚定了他关于只要将范围限制在上海百里以内，就可以借助洋兵"会剿"的想法。

不管是办洋务，还是借洋兵"会剿"，都必须与洋人打交道。李鸿章率淮军初抵上海，何伯就立即指名要他派兵，一会儿说要一同会攻，一会儿说是等洋兵攻占城池后，要把城池交由淮军驻守。李鸿章明知上海防守还离不开洋兵,对洋人的指手画脚和径直调派又颇以为忧。

对于这类难题,曾国藩给出的建议是"忠信笃敬"。"忠信笃敬"四个字出自儒家经典,大意是忠诚信实、仁慈厚道,听上去大义凛然,然而就彼时的李鸿章而言,却等于是空口说白话——在与洋人接触的过程中,这套儒者待人处事的哲学并无多少可操作性,你这边又厚道又讲信用,人家那边却偏偏不吃这一套。按李鸿章所说,洋人骄横多疑而又性急,往往双方经过反复辩论,仍得不出任何结果。

李鸿章与洋人交涉,前半段与"忠信笃敬"接近,李鸿章把它概括为"委曲周旋,只求对外重视和好,对内做到自立自强",在洋人提出要求时,一般能答应的就答应,不能答应的就加以婉言劝慰。

进入后半段,洋人开始纠缠不休,此时最为关键,李鸿章便耍起了"痞子腔"。"痞子腔"是皖中土语,乃油腔滑调的意思,也就是至此起,李鸿章就不跟洋人正经说话了,嘴里句句都是插科打诨、胡搅蛮缠。

李鸿章的"痞子腔"犹如他的二杆子精神,颇有不按常理出牌的意味,只不过从官场移用于外交场合而已,用李鸿章自己的话说:"你通情达理,我就通情达理;你不通情达理,我也就不通情达理。"

出人意料的是,"痞子腔"颇有奇效,洋人很吃这一套,对于李鸿章的顾左右而言他,他们表现得既无可奈何,又发不得火,而且下一次仍愿意与李鸿章对话。在"会剿"一事上,李鸿章也因此获得了他所想要的部分主动权,经过谈判,何伯与之签订"共争共守"协议。按照协议,李鸿章从原上海防军中挑选出数千人,随同洋兵操练驻扎,专供会防和"会剿"之用,他自己所直接统带的淮军则专防一处,专"剿"一路,力求自立、自强,不与洋人混杂在一处。

洋 枪

早在湘军围攻安庆期间,胡林翼曾前往视师。据说当他巡游至安庆长江水道时,忽然遇到两艘洋火轮,它们逆流西上,迅如奔马,疾如飘风,很快就超越了湘军水师,甚至水师船只都险些被其激起的波浪掀翻。

见此情景，胡林翼的脸色为之大变，急忙勒马回营，中途还吐了血，差一点从马上掉下来。他原先就有疾在身，精神上受到的刺激，使其病情加剧，没过几个月，就在军中病逝了。

西洋火轮可以在江中劈波斩浪，耀武扬威，湘军战船勉强不被掀翻，就算是上天恩典了。原来洋器这么强，自己这么弱，胡林翼变得悲观至极，同时又不知道如何是好。在他生前，幕僚每次与之论及洋务，他总是摇手闭目，说："这不是我们所能了解的。"表情显得既痛苦又无奈。

洋器的厉害，胡林翼和李鸿章一前一后，都见识过了。李鸿章的不同之处在于，他的思维方式是完全开放式的，他不仅愿意接受现实，承认洋器在己之上，而且善于吸收一切新知识，并将其中自己认为有实用价值的部分化为己有。

在搭船顺江东下、前往上海的途中，李鸿章接触了洋火轮，他在觉得不可思议的同时，并没有像胡林翼那样感到绝望，而是立即对船上的蒸汽炉着了迷，并想象着哪一天中国能不能制造出自己的轮船。自现场观摩洋兵作战后，他又化装成老百姓的样子，溜上停泊在长江口的英法军舰进行参观，结果发现洋人的海军也像其陆军一样出色。在致曾国藩的信中，李鸿章用一种特别向往和赞美的语气描述道："大炮精纯，火药精巧，器械鲜明，队伍整齐。"

李鸿章这种叹服于洋人长技的态度，却立即遭到曾国藩的反对，并以"用兵在器不在人"，不要"崇信邪教"来对他进行告诫。李鸿章属下的原湘系将领程学启、郭松林等，对洋人长技也有些抵拒。这些反对意见，一度给李鸿章带来很大压力，但当他发现苏南太平军已先于淮军装备洋枪后，立刻激发起了其强烈的求变心理：李秀成的部队兵员最多，洋枪也最多，洋人的利器可为太平军所有，为何不能为我所用？

湘淮两军只有多用西洋军火，才能与太平军抗衡！李鸿章甚至还想到，就算有朝一日和洋人发生冲突，只要拥有和洋人一样的武器，尤其是开花炮和火轮船，也足以令洋人敛手，使他们不敢小看我们。

开花炮和火轮船都是重型装备，暂时还顾不上，当务之急是装备洋枪。所谓洋枪，是指由西方传入的击发枪，当时淮军主要使用的枪支均为小枪

（也称鸟枪或火绳枪），相比于小枪，洋枪更加简便可靠，且不受气候影响，其中的线膛枪由于增加了膛线，命中精度更是大大提高。

李鸿章在接任署江苏巡抚前，无权调拨军饷大批购买武器，只能通过联络洋人代购、委托同僚采办等方式，零星购买一些洋枪进行试验。接任之后，他开始派人奔走于上海、广州、香港、纽约等国内外军火市场，不惜重金，成批地采买洋枪、洋火药。按照淮军营制，每营都有小枪队，李鸿章的做法是不改变营制，只挑选弁勇，在小枪队外另行添练洋枪小队。

最初购得的洋枪有限，无法分配至各营，于是便进行部分改编，首先从韩正国的亲兵两营开始，接下来是程学启的开字营两营，四营均编组洋枪小队与劈山炮混合作战。

尚未等李鸿章购买更多的洋枪，战局就发生了重大变化。1862年5月底，英法联军的"三十里半径战役"进入尾声，他们攻占了青浦，尔后说要顺路攻打金山卫，让李鸿章派淮军前去接守他们撤出的城池。李鸿章本不愿意分兵，但在洋人的催迫下，也只好派出三四千人到周浦镇扎营以待。正在这个时候，太平军乘天气转暖，发起了声势浩大的春季攻势，联军作战失利，被迫撤离嘉定，退回上海，这一退不要紧，害得李鸿章也不得不赶紧将进扎周浦的淮军调回了上海。与此同时，由常胜军一部所防守的青浦，也遭到重重围困，华尔亲率常胜军主力前去援救，却未能为青浦解围。

太平军得手之后，已呈锐不可当之势，上海战场的主动权，重新回到了他们手中。一度曾经意气飞扬的联军被打蒙了，从上到下都行动消极，不愿出战，几乎变得跟被他们鄙视的八旗、绿营一样了。

武翰林

距太平军首次兵临城下，差点踏冰破城之后，上海再度处于危急之中。此时距首批淮军抵沪，已经过去了将近两个月。对于淮军而言，若是还不能够痛痛快快地打它一仗，不但将加剧危机，而且必然会遭到洋人的轻视，以后打交道就更难了。抱着这一想法，李鸿章决定趁太平军立足未稳之机，指挥淮军发起主动进攻。6月2日，他派程学启、韩正国、滕嗣武等率部进扎距上海城仅二十里的虹桥，此时太平军五千余人也正进逼虹桥，并与走在最前面的开字营狭路相逢。

淮军里新勇较多，没有打大仗、恶仗的经验，只有程学启所率开字营皆为太平军降众，几乎个个身经百战，开字营在各营中的战斗力也最强。程学启在湘军时不被曾氏兄弟信任和重用，自脱离湘军后，他一直有一股奋死效命的劲头，当下他毫不畏惧，整队猛扑，太平军未料到对方会如此凶猛，当即败下阵来。

程学启率队驻于虹桥，淮军其余各营也每营派出五队，前往驻扎，虹桥始转危为安。四天后，程学启再接再厉，先是攻破了太平军在七堡的营垒，接着又在泗泾击败了太平军。

在李鸿章发起的这次进攻战役中，虹桥之战只算是无意中打的一个小胜仗，但却一下子将淮军的形象树了起来，因为在此之前，上海人还从来没有见过清军能打胜仗。

为解松江、清浦之围，李鸿章派程学启、韩正国、滕嗣武等各带五队人马，作为前队，先行向松江进击。次日黎明，程学启等即进逼泗泾，同太平军展开战斗。

在前队出发的当天夜里，李鸿章也以前敌总指挥的身份，亲率各营启行。有人劝他说："您是国家重臣，应当持重，不可亲冒矢石。"李鸿章的回答是："如果我不亲自督阵，士卒们必不能如此舍命报效。"人人都知道他从戎前的身份是翰林院编修，每当他在阵前出现的时候，大家都不叫他大帅了，而是呼为"武翰林"。

松江战役打得跌宕起伏。1862 年 6 月 17 日，开字营在新桥遭到太平军大部队的包围，里里外外被围了数十层。程学启集中枪炮进行抵御，开字营虽然已有洋枪，但数量较少，多数还是小枪、抬枪（重型小枪）以及劈山炮，这些所谓的火器均为旧式前装枪炮，弹药须由枪炮口装入膛内，然后再以火绳引燃轰发，每当来不及引燃时，程学启便指挥弁勇抛投砖石。太平军不断冲锋，又不断被击退，官兵随死随拖，随拖随上，很快，拖下来的尸体就填满了战壕，场面异常惨烈。

太平军没有劈山炮，但一杆洋枪就能抵得上一门劈山炮，战场之上，他们每次发起冲锋,都必定要投入数千杆洋枪,火力相当之猛。经过几番拼死冲锋,开字营的防线开始出现松动,危急时刻,程学启登上营墙,亲手点燃劈山炮,用炮火进行拦阻,但太平军仍直扑营墙。眼看太平军已冲到垒前,程学启干脆打开壁门,率开字营发起反冲锋他们先以枪炮轰击,继之以白刃格斗,终于迫使对手稍稍退却,然而太平军随后又增兵再扑,乃至九进九退。

一直到李鸿章率郭松林等来援,淮军才得以全面翻盘,程学启空壁冲出,大呼奋击。面对淮军的内外夹攻,太平军抵挡不住,溃退而去,当天,在泗泾、松江附近据守的太平军也全部撤退。

6月19日,李鸿章乘胜挥师进攻,程学启、韩正国、滕嗣武等兵分三路,击破泗泾的太平军营垒,松江之围遂解,从上海至松江范围内的太平军被全部肃清,上海危机亦由此消除。

松江战役是淮军驻沪的第一场大胜仗,而且是在没有洋兵的协助下独立作战,其意义非同一般,上海因而轰动,市商新闻纸对之津津乐道。在此期间,英法等洋兵继续避而不出,淮军报捷的消息传出之初,他们还以为淮军是靠常胜军才打了胜仗,后来才意识到他们原先印象里的那支"叫花子兵"居然如此生猛剽悍,在面面相觑后,都不得不对淮军竖起了大拇指。

至此,淮军气势已变,原先与联军之间纠缠不休的"会防""会剿"问题迎刃而解,常胜军亦基本接受了李鸿章的指挥。这让李鸿章大感欣慰。

骁　将

在松江新桥战役中,开字营弁勇重伤八十余人,阵亡十人,程学启亦负轻伤。自此以后,程学启便受到了李鸿章的特别器重,被李鸿章视为左膀右臂。

经李鸿章奏请朝廷许可,程学启被授副将衔,并赏"勃勇巴图鲁"(巴图鲁是满语"勇士"的音译,清廷用来表彰武功,故而又有勇号之称)。不久,李鸿章又给程学启增添了一个营,使开字营由两营扩至三营,打破了淮军各营头原来都只有一、二营的状况。

松江解围后，青浦等地仍有太平军分守，太平军若集中其主力精锐，仍可由青浦冲入上海地区。1862年8月初，李鸿章命程学启、韩正国、滕嗣武统率所属各营，自虹桥拔队，谋攻青浦，同时又调华尔由松江带常胜军前来会攻。

常胜军以轮船驶进内河，安放大炮，轰倒了数段城垣，淮军则自东、北两门助攻，经过数日激战，迫使太平军放弃了青浦。在这次作战中，英法联军又做了看客，连英国观察家也不得不承认，淮军的努力已使得英法在上海的军事行动变得多余了。

太平军再次调集大部队，先是反攻青浦，在反攻不成的情况下，又进围北新泾，淮军多营被围。这些部队不是程学启的开字营，被围后可能坚持不了多久。李鸿章急坏了，在与李鹤章密商后，决定将驻扎青浦等地的前营人马留下一半用于防守，另外一半抽出来，急趋泗泾、七宝，抄敌后路。与以往不同的是，这次李鸿章特别赋予副将程学启以兵权，下令出击部队都必须听从其调遣。

部署已毕，李鸿章亲督上海老营七成队伍，直趋北新泾，以便对敌人进行前后夹击。在老营队伍中，韩正国所统亲兵二营首先接仗，亲兵营设有洋枪小队，洋枪以及劈山炮的数量在淮军各营中居于首位，二者火力加起来，并不比对手逊色多少。太平军不知虚实，先打亲兵营，结果碰上了硬茬——新兵营一俟对方冲近，便以劈山炮夹洋枪、抬枪齐发，太平军猝不及防，招致大败。

险情出现在包抄一方，在程学启指挥前营抵达七宝前，太平军已经提前一步占领了那里，隔断了他们与老营的联系。在这种情况下，程学启下令在七宝街北横排五营，街南横排五营，摆好了迎敌的阵势。午后三时，太平军出击，程学启在街北、街南往来调度，裹着对方打，让其左右招架，难以应付。双方鏖战多时，太平军支持不住，溃败而走。

次日，李鸿章与程学启的夹击战术奏效，北新泾之围得以解除，被围诸营获救。程学启、韩正国都在此役中立了大功，程学启更是被叙功擢升为记名总兵。由于认为青浦打下来后，只有程学启才能守得住这个前敌县城，李鸿章便让他率一千五百人同水师一营（该水师系李鸿章到沪后组建的水师）防守青浦。

程学启已成为李鸿章的心腹爱将，李鸿章毫不吝惜地褒奖他为"沪军第一骁将"，称其有勇有谋，阵前既能拼命又具用兵方略，为"十余年来罕有之将"。虽然李鸿章当初向曾国荃借用程学启时，就知道程学启能打，但还不知道他这么能打，因而在致曾国藩的信中，又连连向他及曾国荃表示感谢。

至于韩正国，主要依赖的还是所部武器精良，或者说得更直接一点，就是靠的洋枪，李鸿章由此更坚定了自己的选择，决定继续购入和装备洋枪。

营制改革

尽管李鸿章一再通过自己的所见所闻以及实际战绩，对曾国藩进行说服，然而曾国藩对使用西洋新式武器始终不甚热衷，其论据之一是，当初江南大营也装备了很多洋枪，但照样被太平军揍得鼻青脸肿。李鸿章则不如此认为，他经过认真的观察和分析，坚持洋枪实为利器，江南大营不能打，罪并不在洋枪，根本问题还在于他们没有像洋兵那样操练队伍，未将洋枪的作用完全发挥出来。

武器装备发生变化，训练方法亦应随之改变。当时国人将西洋军队平时的军事训练方法称为"练洋操"，淮军刚到上海时，英法都曾向李鸿章提出拨兵交其训练的要求，李鸿章应其所请，从原上海防军和练勇中拨出兵员，交由英法代练，练成后分别组成了会字营、庞字营。后来因为担心洋人借此操纵兵权，把他这个巡抚撇到一边，李鸿章便以代练费用过大，且会导致今后调度不灵为由，拒绝再将所部拨交外军教练。

对于"练洋操"，李鸿章的兴趣其实是非常大的。还在最初的观察体验阶段，他就吃惊于洋兵临敌时的整齐静肃，为此曾利用与洋人交往之便，密令身边的将弁随从，跟随洋兵出战，除了观察他们如何施放枪炮外，就是想把对方"练洋操"的技术学到手。

李鸿章的这一套路，实际是要让淮军"与洋人合打"，但只有程学启羡慕洋人的开花炮，表示愿意，其他统领营官都很抵触，于是只能不了了之。

此路不通走彼路，李鸿章转而盯上了常胜军。常胜军虽受李鸿章节制，但当李鸿章刚到上海时，管带官华尔却拒不来见，给了他一个下马威。李鸿章一边自嘲"与外国人何必争此小细节"，一边主动与华尔打交道，不久他就发现，华尔尽管为人狂放不羁，然而打仗勇猛，性格也很直率，没有太多心计，于是便对他进行全力笼络，以为己用。

常胜军的训练方法也好，武器也好，都与英法联军没有区别。华尔被李鸿章一通哄，在"会防""会剿"的过程中，开始密切与淮军配合，不仅如此，他还答应今后派军官教授淮军"练洋操"，以及为李鸿章代购洋枪炮。

搞定华尔后，李鸿章甚为得意，特地写信告知曾国藩。曾国藩同意笼络华尔，却不同意李鸿章的居心和做法，他以宋人道学教训李鸿章，称"驭将之道，最贵推诚，不贵权术"。

曾国藩说的每句话在道德制高点上都能立得住，但对解决上海方面的实际问题却毫无用处，李鸿章口头上不敢违逆老师，实际仍按照自己的想法大胆施行。他这样做的结果，是使淮军更加快速地走上了用洋枪炮装备的道路，原先李鸿章主要通过正在广东任职的李瀚章购买洋枪，有了华尔这条便利渠道后，代购变得比原来容易多了，至 1862 年 9 月，淮军总计已拥有洋枪一万余杆。

在北新泾、七宝街战役前，除韩正国的亲兵营、程学启的开字营外，郭松林的松字营、刘铭传的铭字营等，也都添练有洋枪小队，各营总计拥有洋枪千余杆，已能与湘军营制所规定的火器相配合。不过这些都只是在原营制外添建洋枪小队，属于临时措施，而非根本之计。自 9 月底起，李鸿章着手进行营制改革，他首先将程学启所统开字营三营中的一营改为洋枪队，并在每哨中加添劈山炮两队。这是在洋枪仍不算多时所采取的特殊编制，但在当时已算是一种新式编制了。此后，淮军各营陆续将原有的小枪、抬枪、刀矛队改为洋枪队，各营原有的旧式枪炮一律裁汰不用。经过改编，淮军每营所配洋枪多则四百余杆，少则三百余杆，尽管这些洋枪实际仍系前膛枪,但已改为铜帽底火,射程与火力都数倍于旧式小枪、抬枪,故而在人数依旧的情况下,一营的实际火力却至少可抵以前的两营。

淮军初建时,一切器械、营制皆仿照湘军,现在能如此迅速地引入洋枪和更改营制,固然主要取决于李鸿章的明智和果决,但也与淮军的实际状况及其环境有关——淮军刚刚成军,制度和战法尚未规范,且又是在上海与常胜军、英法联军并肩作战,故而易于改用西式武器。

淮军源自湘军,本以湘军为师,但现在却已以常胜军为师,不仅通过华尔购入武器,而且也向常胜军学习现代军事操练和战法。湘淮两军由此迅速拉开差距,很快,连湘军都要反过来效仿淮军了。正在指挥所部围攻南京的曾国荃,一再向曾国藩索求洋式军火,最后逼得曾国藩没办法,只好又主动要求李鸿章代湘军购置洋枪。

强　留

李鸿章更改淮军营制,在装备洋枪的同时,仍以旧式劈山炮配合洋枪使用,这主要是因为使用洋炮需要一定的技术,成立洋炮队的时机和条件尚未成熟。

劈山炮只能用于野战,轰击坚固城池,靠的还是洋炮,常胜军拥有洋炮三十余尊,淮军最初发动的攻城战,大多也必须依赖常胜军的洋炮队。1862年9月下旬,华尔在率常胜军攻打浙江慈溪时,中弹身亡,由谁继承华尔之位,成为常胜军新的管带,由此成了一个悬而未决、需要各方博弈的问题。

英国人很清楚,要保护自己在远东的利益,就必须保证不让清廷被太平天国推翻,太平军对上海的进攻和威胁更佐证了这一点。于是不需要任何纸面和口头的协议,英国政府就与清廷建立了事实上的战略合作伙伴关系,为了帮助清帝国渡过其最危险的阶段,他们"雪中送炭",不但出主意、想办法,而且出力援助。

上海战场是中英维系这种特殊关系的一个纽带。常胜军很早就已纳入英国驻华陆军司令的统一指挥之下,但统领却是美国人,英国人对此很不舒服，华尔被击毙后，他们便想借机把常胜军的管带权夺过去。

不料英国人的这一意图和做法，却遭到了美国驻华公使蒲安臣的反对。与此同时，李鸿章对英国人其实也不放心，他害怕将常胜军交给英国军官统领后，使常胜军变成又一支英军，以致事事掣肘、调度不灵，于是便采取暂时"装糊涂"、实际是等待时机的办法，听由杨坊"妥办"。

经吴煦、杨坊与洋人商量，决定以常胜军会同管带、美国人白齐文接替华尔的职务，他们将这一方案报告给李鸿章。李鸿章顺水推舟，当面答应下来，此后常胜军的管带官便改成了白齐文。

除了与常胜军进行配合外，淮军还开始和英法联军联合"会剿"。入沪之初，李鸿章和曾国藩一样，对于"会剿"一直持谨慎态度。随着时间的推移、在实践中和洋人打交道的深化，特别是淮军自身实力和自信心的不断增强，李鸿章在"会剿"问题上的态度发生了急剧变化。他向朝廷明确表示：借助洋兵"会剿"，从总体上说，确实应该将他们限制在上海百里以内，但如果情势紧迫，让他们深入"腹地"也没有什么关系。

10月，正当曾国荃兵围南京、李秀成奉命率所部太平军由苏州回援的关键时刻，李鸿章乘机指挥淮军与英法联军、常胜军协同作战，攻克了嘉定。在开战前，李鸿章应邀赴英国领事馆，在与何伯、士迪佛立会商后，签署了一项会议记录，上面明确规定，今后淮军、联军任何一方调动军队，都必须通知另一方，同时双方必须相互提供关于太平军行动的消息。

至此，淮军、英法联军、常胜军和湘军之间，已形成上下呼应、分进合击之势，太平军陷入了东西两面作战的困境，东线太平军也不得不转攻为守。李鸿章一方面不断济协曾国藩军饷，为曾国荃代购洋军火；但另一方面为加速战斗进展，重要将才则抓在手里死死不放。

曾国荃组织所部围攻南京，要求调原湘军将领郭松林前去参加助攻，李鸿章担心郭松林一去不复返，便找借口推脱了。其时，曾国藩所一手创办的淮扬水师、太湖水师，均在李鸿章的统属之下，曾国藩屡调淮扬水师统领黄翼升，前后十三次来信与黄翼升协商，但都被李鸿章压了下来。

曾国藩是李鸿章的恩师，李鸿章对他向来恭敬有加，待之如同严父，但唯独在将才归属上，就是不肯让步。曾国藩被惹火了，他不好责难李鸿章，便拿黄翼升出气，具折予以参劾，李鸿章见状竟然直接跳出来，上奏挽留黄翼升。一个要参劾，一个要奏留，朝廷收到奏折后，便两两相抵，仍让黄翼升留在原位。为了这件事，曾李师生间很闹了一阵意见。

在淮军将领中，最受李鸿章欣赏和重用的，无疑还是程学启。淮军统领将兵，已不像湘军那样，全靠自募，而是多由他营归并，能够归并到多少营头，主要看的是统将带兵作战的能力，统领越能打，李鸿章拨并给他统带的营数就愈多，反之则愈少。10月到11月间，李鸿章已令程学启节制三四千人，湘淮两军通常是五百人为一营，程学启一人已可指挥六到八个营，如此规模，就不是一般的营了，在淮军中称为大枝营头。

当初曾氏兄弟将程学启借给李鸿章的时候，也并不知道他如此能战，如今均颇有悔意。此时曾国荃顿兵南京城下，屡陷危局，于是急调程学启带全军雇轮船回援。李鸿章连郭松林、黄翼升都不肯放，就更不要说程学启了，正好太平军在嘉定失守后，从苏州、嘉兴调兵回救，李鸿章便乘机截留程学启不放。

程学启是曾国藩下命令，让曾国荃借给李鸿章的，哪想到李鸿章会有借不还呢！曾国藩只好带着歉意对曾国荃说："我近年来觉得对不起老弟的事，只有拨去程学启一项。他真是一员名将，这件事给阿弟造成损失了。"

白齐文事件

李秀成回援南京后，苏州等地的太平军由慕王谭绍光统一指挥。1862年11月，在重夺嘉定无望的情况下，为防止敌军乘势进攻苏州等地，谭绍光先发制人，调集水陆大军反攻，将淮军四营围困于四江口。程学启督各营援救，战斗非常惨烈，两天之内，营官大多受伤，员弁（低级文武官员）阵亡十三人，勇丁伤亡六七百人。程学启胸部被子弹打中，身负重伤，但他愈是这样，督战逾急，悍将本色尽显。

李鸿章深恐被围之军覆灭，立即增调援军，连同常胜军近两千人，在四江口大战太平军。此时李鸿章通过不断的实战历练，已总结出了战胜太平军的经验，他发现李秀成的苏南太平军以江浙皖籍的"新长毛"为主，作战的意志力和韧性远不如"老长毛",所谓久则无斗志,他们之所以能坚持,其实靠的也是洋枪,其洋枪不仅数量多而且火力猛。在这种情况下,己方如果光靠刀矛和土枪土炮,根本就奈何对方不得,那该怎么打呢?要"以洋对洋",也把洋枪用上去,再加以太平军所没有的劈山炮,辅以抬枪、小枪,几种火器一齐上,则太平军必将瓦解。

四江口之战也正是如此,太平军在洋枪对射中不仅没能占到优势,反而被冲乱了阵脚,其大队一乱,军令不通,士兵就慌了,军心开始涣散。淮军被围四营看到后,也趁机出击,内外夹击之下,太平军大败,全军被迫撤回昆山,并折损了一万多人。

四江口一役,是对淮军大规模引入洋枪和实施营制改革的最好验证,参战的程学启、郭松林都说,这是他们从军以来打得最为痛快的一次大捷。战后程学启即奉旨以总兵遇缺提奏,并加提督衔。

常胜军在四江口之战中出力颇多,但素来奖罚分明的李鸿章,却只字未提洋将白齐文。原来在白齐文走马上任后,李鸿章为使之能够被己所用,曾仿照与华尔打交道的模式,对他曲意笼络,不料白齐文不仅比华尔更加桀骜不驯,而且还不像华尔那样容易驾驭,不管他怎样哄,都不买他的账。除此以外,白齐文带领下的常胜军开支庞大,白齐文及其部下干预松江民政、劫掠乡民等不轨行为,也令李鸿章颇为不满。

过去吴煦、杨坊等上海官绅惯于"挟洋自重",即对洋人顺从依附,再利用洋人的威风来恐吓和挟制国人,比如他们在李鸿章面前,就惯于以自己对常胜军的控制来讨价还价。李鸿章虽然也主张利用和笼络洋人,但同时也不忘记对之严加防范,强调要在利用中控制,控制中利用,不能予其全权。白齐文如此不服管束,胡作非为,早已超出了李鸿章的容忍范围,本来他并不想将常胜军交给英国军官统领,但是两害相权取其轻,还是决定商请士迪佛立,以白齐文"难以指挥",恳请将其调走,改以英国军官代替。

士迪佛立虽然早有通过派人接管常胜军之心,可是因为之前美国驻华公使蒲安臣已经放话,他表示自己无权答应这一请求,只能向英国政府及英国驻华公使代为转达。

在换白齐文无果的情况下,李鸿章和白齐文的关系逐渐变得紧张起来。四江口之战后论功行赏,由于担心白齐文会居功自傲,李鸿章便有意排挤他,把战功都归于程学启和淮军,这使白齐文大为恼火,以致口出怨言,认为是程学启把本该属于自己的功劳给抢走了。

1862年秋冬之际,白齐文与李鸿章之间的争执趋于白热化,同时他和吴煦、杨坊等也渐有矛盾。吴、杨对付常胜军的办法之一就是控制军饷,见白齐文不把他们放在眼里,于是便以拖欠军饷来回应。

当年12月,李鸿章命令吴煦、杨坊督带常胜军"助剿"南京,白齐文一面以已经两个月未发放军饷为由,迁延时日,迟迟不肯启程;一面却从上海回到常胜军的大本营松江,将城门关闭,欲率勇抢劫饷银。负责主管常胜军勇丁的参将李桓嵩发现不好,急忙暗中设法劝谕,使得勇丁们一哄而散,抢饷才未得逞。白齐文旋即从松江带卫队回到上海,对兼常胜军军饷经理人的杨坊表示他不愿前往南京,准备辞去差使。杨坊跟他讲道理,他不听,拂然回到松江。

1863年1月,白齐文带常胜军数十人,来到杨坊所开银号,直接向其索要欠饷,遭到杨坊拒绝后,他们将杨坊痛殴一番,打得他吐血不止,然后按所欠饷银的数额,从银号里抢走了四万余元洋银。

白齐文迟迟不赴援南京,又殴官、抢饷,已经严重触犯军纪。李鸿章闻讯,当即以"劫饷殴官、不遵调度"之罪,宣布撤去白齐文常胜军管带官一职,并获朝廷通过,悬赏白银五万两缉捕白齐文归案。白齐文却声称他是奉旨统领常胜军,李鸿章无权处分他,其革留与否,应听候谕旨定夺,常胜军现仍须归他统带。

为了能够继续统带常胜军,白齐文从上海赶到北京,向英美驻华公使及清廷申诉,要求复职。美国驻华公使蒲安臣极力袒护白齐文,并以白齐文是美国人为由,欲通过行使治外法权,阻止李鸿章按照中国法律惩治白齐文。清廷负责处理此事的总理衙门迫于压力,又将该案发回上海,商请李鸿章给白齐文复职。

李鸿章接旨后,对于朝廷朝令夕改的做法甚表不满,乃坚持初衷,不奉谕旨。在知晓治外法权运用范围的前提下,他紧紧抓住一点,即此前白齐文已自请加入中国国籍，受朝廷三品顶戴职衔，白齐文既已是中国人，违反法令，自应照中国法律治罪。

蒲安臣被击中软肋，顿时无话可说。与此同时，李鸿章也深谙软硬兼施之道，他一边撤换白齐文，一边又上奏朝廷，建议对一些外国使领馆的官员和军人进行奖励，而这也在一定程度上平息了美方对撤换白齐文的不满情绪。

一石三鸟

事实上，李鸿章对于白齐文事件的处理也并不单纯。常胜军人马精良，但自统领以下的洋军官普遍专恣跋扈、狂傲不驯，作为其上级的清朝官员根本不能过问，更无法制约，即便是华尔，也得李鸿章又哄又骗，用尽招数才行。当时李鸿章与吴煦、杨坊等的权斗也尚未能够取得完胜，吴、杨常与之作对，而中国官员中又只有吴、杨与常胜军的军官层一直保持密切关系，他们给常胜军提供的粮饷是清军的数倍。华尔时期，杨坊甚至还将亲女儿嫁给华尔为妻，做了华尔的老丈人。

这些都让李鸿章感到，眼下固然要利用常胜军对付太平军，但常胜军本身也随时可能对他本人的权势以及清帝国的利益造成威胁。为此，他一直伺机对其加以制抑，并想借此完全剥夺吴煦、杨坊的职务和兵权，白齐文事件正好为他提供了一个难得的机会。

本来吴煦、杨坊是白齐文事件的受害者，尤其杨坊，可谓人财两失，但李鸿章却在上奏要求严惩白齐文的同时，以白齐文的种种不是都与吴、杨有关为由，将他们两人也都罢了官。

撤换白齐文，拿下吴煦、杨坊后，李鸿章的下一个目标就是整顿常胜军。然而要想做到这一点并不容易，因为英国方面早就在常胜军中安排了一些英国人，白齐文事件一发生，士迪佛立便派英国军官奥伦暂行接管常胜军，又内定另一英国军官戈登接任管带官。

李鸿章的想法是，常胜军日益骄横，渐成尾大不掉之势，另外，费银也太多，已影响淮军费用，所以必须裁减兵额和军费。在接下来与士迪佛立的谈判中，双方协议将人数裁减为三千，饷项仍由中方派员经理，但若遇添办制造军火，必须由巡抚裁决，管带官不准擅专。

李鸿章关注的焦点，在于收回兵权，使主权不致旁落，因而谈判中对于兵权归属的争论最为激烈。李鸿章执意要由中英各派官员接管常胜军，并且管带官须归巡抚节制调遣，对于一切地方事宜，管带官都不得进行干预。士迪佛立只好妥协，当然英方要求也得到了部分满足，在英国政府允准后，戈登正式接任管带官，虽然中方派副将李桓嵩会同管带，但只要戈登不超出协约的约定范围，对于常胜军仍可做到大权独揽。

白齐文事件是李鸿章崛起政坛之后，作为封疆大吏处理的第一起涉外事件，统观其处理这起事件的前前后后，可以看出，他的外交理念和手段技巧已日趋成熟。

与华尔、白齐文的冒险家身份不同，戈登是一个出身于军人世家的职业军人，很注重军队纪律。因为白齐文被撤换，常胜军中的数十名美籍教官经常借口闹事，戈登接任没几天，他们就突然在教练场上进行骚乱，扬言要枪毙中国士兵，还要炮轰英法籍教官。

戈登赶到后，查问带头者是谁，却无人理睬。戈登脸一板，厉声对美籍教官们说，如果他们再不交出策动者，他将在每五名教官中揪出一名枪毙。教官们以为他只是吓唬人，都挥着拳头咆哮，戈登二话不说，箭步上前，抓住其中一个吵得最凶的教官，下令卫兵将他当场枪决。枪一响，看到美籍教官已倒在血泊之中，在场所有人都被镇住了，骚乱立马平息。

戈登在控制住常胜军后，没有像他的前任们一样，马上伸手要饷银，相反，他为了给李鸿章留下深刻印象，还努力削减军饷，原来常胜军夺城后有奖金，他也主动把这一惯例给取消了。在此之前，常胜军的军火主要由其管带官自行到黑市上去购置，戈登不然，他实际是英国政府和军队的代表，其军火可由英国军队直接卖给常胜军，不仅质量好，而且相比黑市也不算贵，这样等于又减少了常胜军的开支。

让李鸿章更为满意的是，戈登没有华尔、白齐文那种令中国官员难以容忍的高傲态度，很尊重李鸿章乃至中国士兵，对李鸿章尤其表示恭顺。

西 化

李鸿章在想方设法购买洋枪炮的同时，一直非常羡慕西方的军事训练方法，也即"练洋操"。当初华尔虽答应派军官教授"练洋操"，但进展并不大，在戈登之前，只有刘铭传的铭字营聘请了一名法国军官，在营中教练施放洋枪。

戈登在为淮军引入洋教习方面，比他的前任要积极得多，也认真得多，李鸿章因此命令各营都雇觅洋人。经戈登介绍，淮军各营先后从常胜军里陆续增雇二十多名英法军官，进入淮军担任教习。

淮军的训练模式沿袭自湘军，湘军对新兵训练较为重视，但训练时间也仅一至两个月，而洋兵一般要操练六个月才能出战。洋教习们进入各营后，淮军即将新兵训练时间拉长为六个月。

所谓"洋操"，把打靶（也即射击训练）、队列训练、战术训练都涵盖了进去，这些训练项目以及其余一切阵法、号角、口令等，俱采用西方军队成法。由于洋教习不会中文，无论鸣角出令还是教授讲解，用的都是英语，弁勇们听不懂，在实际训练中出现了不少困难，一度颇为影响军心士气。有鉴于此，后来淮军各营都各自组织人力翻译了洋操口令，刘秉璋、潘鼎新等进士举人出身的统领营官，还将翻译后的口令刊刻成书，分发军中使用。

李鸿章对于西式训练极为重视，亲自进行督导。淮军勇丁多募自没有什么文化的乡下农民，即便是将口令翻译过来，在学习洋枪炮的施发时也显得笨手笨脚，李鸿章就让洋教习手把手地辅导，直至教会为止。有空时，他还自己搬把椅子，坐在教练场看弁勇演练。有一次，勇丁因操练失误，导致弹药被引爆，一下子炸死了二十多人。尽管如此，李鸿章却丝毫没有动摇强化训练的决心，说："世间没有唾手可得之果，待弁勇能够百发百中之时，作战便将无坚不摧。"

以洋教习们为引导，淮军购置洋枪炮变得更加方便。当时英法等西方国家对"妙品"（即质量上乘的先进武器）采取禁止出售政策，一些过时的陈旧武器，在黑市上也价格高昂。英国政府既向常胜军出售军火，这些军火便可以按差不多的价格转售淮军,加上又有洋教习进行牵引和鉴定,淮军获得洋枪炮的大门一下子被打开了。此外,戈登还很大方地将常胜军停用、闲置和从太平军手里夺来的洋武器,大批赠给淮军使用,其中尤以程学启的开字营为最多,故而淮军所使用的洋枪炮,从1863年春季起,陡然大增。

李鸿章入沪后,在尚未与太平军交战之前,即惊叹于洋人炸炮(即开花炮)的强大火力,并有心仿习。他力主雇聘洋教习的用意之一,也是要购置和装备炸炮,"西洋炸炮,重者有数万数千斤,轻者数百数十斤,乃进攻防守的利器,天下无敌"。

淮军早期不但不掌握洋炮技术,购炮也很难,刘铭传想要货真价实的炸炮,但却四处求购不得,后来好不容易才买到三门十二磅的炸炮,由两名法兵教习。有了戈登后,李鸿章便可通过他购买炸炮,一些更大的重弹子炸炮,因为上海缺货,戈登又特地托英法提督代购,自其本国寄来。

为了使淮军迅速学会使用洋炮,李鸿章又让戈登牵针引线,雇聘洋人数名,分给各营,加上各营自聘的洋教习,共同进行教授。1863年2月,李鸿章开始着手建立独立的洋炮队,淮军亲兵护卫营也即张遇春的春字营,已有炮队两百人参与战阵,这是淮军最早成立的正式炮队,中国炮兵制度由此开端。当时淮军所购用的洋炮,与洋兵一样,皆系前门炮,其中得力者尤以炸炮为最。

李鸿章在兵种方面的西化措施,不单单止于炮兵。湘军有一种长夫制,每营若以五百人计,其中有一百八十人为"长夫",用于承担筑造工事、搬运武器弹药等杂役。淮军仿效了湘军的长夫制,李鸿章在坚持使用长夫的基础上,又参考西洋营制,将长夫发展为工兵。此后,相较于长夫,淮军工兵的任务便更为复杂和专业化,可修筑洋式炮台、营垒,乃至承担疏河、修路等工程,已与西方早期的工兵类似。

第三章　儒生事业

太平军在四江口之战中失利后,其南京、浙江战线也日趋紧张,这使他们不仅再也无力进军淞沪,而且被迫从两线分兵保卫苏州、昆山大后方。李鸿章一面以上海为基地,率淮军协同常胜军向西进击,一面加紧对东线太平军进行分化瓦解。1863年1月,在李鸿章的策划下,常熟的太平军守将骆国忠发动叛乱,袭杀忠于天国的将领弁勇,举城投降淮军。

常熟北临长江,南邻苏州,东接太仓。骆国忠的叛降,使太仓处于被东西夹击的地位,且严重威胁到了苏南根据地首府苏州的安全。李秀成立即调集大军围攻叛军,李鸿章对常熟也势在必争,他先派常胜军由长江水路坐船增援常熟,继而又调去刘铭传、黄翼升所带的水陆军数千人助阵。

在常熟攻守战初期,李秀成亲临一线,对常熟城发起总攻,占领了常熟防御体系中最坚固的虞山石城,谭绍光和浙江援将陈炳文也分别攻占了常熟城外营垒。眼看攻陷常熟全城已近在咫尺,李秀成却接到天王洪秀全的紧急诏旨,回援南京,陈炳文因左宗棠在浙江紧逼,也撤了回去,只剩下谭绍光一支人马继续围攻常熟。

常胜军乘机加强攻击。常胜军虽然主要依靠武器和西方的技战术来占据优势,但部队是否有足够士气,仍是赢得胜利的重要因素。戈登率军冲锋时,在衬衣里藏一把左轮手枪,但在战场上从来不用,他只在手中捏一根藤条,被弁勇们称之为"胜利魔杖"。因为弁勇对戈登敬畏有加,打起仗来也很是奋勇,不久,常胜军即在淮军的配合下,攻陷已为谭绍光收复的福山石城。在他们的内外夹击下,太平军围城部队显得手忙脚乱,力不从心,谭绍光无奈撤围,退返苏州。

靠本事说话

在增援常熟的同时，李鸿章亦谋划进攻太仓。太仓位于上海、常熟之间，太平军驻兵太仓，上海与常熟间的陆上通道为其隔断，故而李鸿章对于太仓也同样是志在必夺。他派出的战将是麾下第一勇将程学启。

程学启奉命统带七千人，会同常胜军两千多人，在太仓城下列阵。太仓的太平军守将、会王蔡元隆选择了不战而降。李鹤章率部前往受降，但他没想到蔡元隆其实是诈降，在他们入城后，突然伏兵四起，李部猝不及防，死伤惨重，李鹤章自己也被击伤腿部，几乎丧命。正在西门外的程学启发现情况不对，立即挥令所部攻城，经过数十回合的激战，才得以掩护李鹤章及其残部脱险。

几天后，淮军重整旗鼓，程学启率开字营从西门，李鹤章督队从南门，同时对太仓城发动猛攻。此时淮军各大枝营头，如春字营、铭字营、开字营等，都先后建立起各自的炮队，劈山炮被逐渐淘汰而代之以洋炮，但所用炸炮的炮位还很小，都只有十二磅，铭字营有两尊三十二磅炸炮，在淮军中最称精利，然而用于攻坚仍力有不及。在这种情况下，开字营遇到轰城作业时，便干脆不用自家炸炮，只一心依赖于常胜军。常胜军仗着自己独有的优势，集中重炮对太仓城进行轰击，在轰倒数段城垣后，淮军沿着缺口一涌而入，蔡元隆等战死，太仓易手。

在太仓之战中，程学启不仅力挽狂澜，而且救了李鹤章一命，李鸿章极为嘉许，遂授命其为诸军总统。淮军的军官级别传承自湘军，大帅下面是统领，程学启的诸军总统是总领诸军之意，地位已突出于各统领之上，其他统领营官虽然不好当着李鸿章的面说，但其实个个内心不服。

太平军失去太仓后，苏州受到威胁。李秀成本已进兵皖北，闻讯只得从皖北后撤，回救苏州。李鸿章赶紧函嘱曾国荃，让他猛攻南京，以对李秀成部形成牵制。曾国荃随即指挥湘军，攻破雨花台石垒及聚宝门外各垒，李鸿章也同时滚营前进，命程学启率部和常胜军联合攻打昆山。

昆山为苏州的东大门，太平军集中力量防守，导致久攻不下。在此期间，戈登因与程学启不睦，带着常胜军回松江休整去了，而程学启仍自督水陆各营扼守昆山城东,力图破城。

昆山三面临水,一面通过正仪镇,由陆路与苏州相接。程学启向李鸿章建议首先占领正仪镇,截断昆山守军退路,从而动摇其军心。李鸿章依计行事,派一支偏师潜行攻克正仪镇,昆山守军果然阵脚大乱。程学启在缺少常胜军西洋大炮相助的情况下,以诸军总统的身份,督令各路军队对昆山发起强攻,结果一举攻陷城池。事后连戈登也不得不承认,程某自己就已足以破城,不是非要依靠他们常胜军了。

在这次攻城战中,程学启独立指挥淮军各部,进退得宜,井井有条,淮军各将看在眼里,没有人再敢对他不服了,毕竟军中最后还是要靠本事说话的。朝廷论功行赏,程学启被擢为记名提督及正一品封典,李鸿章让淮军将领也称程学启为统帅,从此以后,程学启的诸军总统就名副其实了。

随着淮军攻克昆山,苏州暴露在淮军的兵锋之下。苏州过去是江苏省城,江苏巡抚驻地,太平军占领后,又将苏州作为他们所建的苏福省省会,该城与杭州均为太平天国赖以获得给养的富庶之区,其中苏州尤为重要。

当时作战双方的控制区犬牙交错,淮军西进,则苏州居中,嘉兴在其南,常州居其北,这些区域全都是太平军根据地。淮军进攻苏州,嘉兴、常州等地的各路太平军必会包抄而入,不但苏州难以打下来,已经被淮军攻克的城池,恐怕也难守住。该怎么打呢?先不要急着打苏州,兵力也不要集中起来,而应分路前进,互为掎角,通过发起主动进攻,把可能援助苏州的太平军都一一堵住,这叫"以剿为堵""规取远势",若把苏州比作一棵大树的话,就是先剪枝叶,然后再取主干。

1863年6月,李鸿章统筹全局,决定兵分中、北、南三路,同时向苏州及其周围地区进击,同时拨兵扼扎金山卫等地,用于防范杭嘉湖地区太平军进窥淞沪。这一计划总共需投入兵力达四万多人,阵容十分庞大。李鸿章预计,计划实施后,可以"取远势以制大敌",达到我可抄敌人后路,而敌人却不能抄我后路的目的,之后随着各路人马越逼越紧,必然会使太平军势头不振、筋脉不通。如此苏州迟早都可以拿下来,拿下来之后也很容易就能守住。

洋　人

　　面对李鸿章分进合击的布局，李秀成自天京匆匆赶回苏州，与谭绍光等经过研讨，决定兵分数路，主动破敌，但因湘军猛攻南京以及天国的内部分化，这一应敌方略未能付诸实施，苏常太平军随即陷入消极防御、节节败退的困境。

　　按照李鸿章的计划，中路以程学启部为主力，由昆山出发，进取苏州。自昆山之战后，程学启的直属部队已增至十八个营，其中陆军十四营，水师四营，成为淮军同太平军作战时期，无人能够超越的大枝营头。7月中旬，程学启部会同常胜军攻占吴江、震泽，切断了苏州与杭州的陆路通道。

　　眼看淮军朝着围困苏州又进了一步，大好形势下，戈登突然提出，苏州城太大，常胜军人数太少，他要求再招增洋兵，以便迅速攻下苏州。李鸿章对于洋人向来是既用又防，起初他不肯答应，后来在戈登的再三要求下，才同意常胜军再增招一百人，但却又提出了一个非常苛刻的条件：无论是否攻克苏州，这一百名新招洋兵都在一个月后辞退。如果攻下苏州，常胜军须与程学启部一同进驻，而且五天后就要撤离苏州，回到昆山。

　　戈登无法接受，一气之下，带着他的常胜军返回昆山。与此同时，他又搬出新近接替士迪佛立的英国驻华陆军司令伯郎，让伯郎出面与李鸿章交涉。伯郎新官上任，气势十足，一上来就声称要亲率英军攻下苏州城。李鸿章既怕洋人抢了自己的头功，又顾虑洋兵进城后拒不撤兵，闻讯又急又怒，但他又不好对洋人明言，只得借故推脱，不与伯郎见面。

　　伯郎找不到李鸿章，便扬言要去北京，直接跟总理衙门讨个说法。李鸿章生怕总理衙门听信伯郎的建议，或给常胜军的扩充开方便之门，或允许伯郎率洋兵攻打苏州，因此急忙给朝廷上片（片是奏折之外的附录）。在片中，他强调常胜军攻守未必有多厉害，只是靠洋枪炮先进一些而已，他本人跟其他英国军官处得也不错，一样可以从英军那里得到洋枪炮，意即朝廷千万不要以为，离了常胜军，淮军就玩不转了，苏州就攻不下了。他还指出，让伯郎打苏州，后果可能比常胜军扩充还严重，因为难保英国人不会凭借这个，又向朝廷提出什么额外的通商要求。

李鸿章的担心没有成为现实，但由另外一个洋人所引发的事件，却又令事态骤然恶化。

这个洋人就是白齐文，李鸿章不仅将其革职，而且予以扫地出门。白齐文是个流浪汉式的冒险家，一气之下，他从常胜军中拉走了与他关系较近的数百人，在松江夺得"高桥号"小火轮，然后乘货轮驶往苏州，投靠了慕王谭绍光。

白齐文在常胜军里已无任何正式职位，但他此次拉走的人数，恰好等于常胜军初创时期，华尔在上海募得的首批洋勇数，这使外界相信，白齐文仍然有办法调动常胜军的多数洋军官。话又说回来，戈登尽管在带队和军事指挥上拥有足够权威，但他严格军纪，导致那些被华尔和白齐文宠坏的军官们对他产生了普遍不满，很多没有跟着白齐文跑掉的人，也都扬言要加入白齐文的队伍。在当时的背景下，这已不仅仅是无聊的恐吓了，就连戈登自己，对于能否稳住军官团的人心和整个常胜军的秩序，都开始担心起来，他认为，白齐文叛逃事件已大大加强了太平军的力量，并在心理上给予他们很大鼓舞。

这时伯郎也得到了报告。当他获悉，白齐文不仅从常胜军中拉走了不少人，而且经英国政府批准，供给常胜军的大炮、枪械、子弹等军火，也都有落入太平军手中的危险时，不由失声惊呼。事实是，白齐文叛逃时，确实弄走了包括小火轮在内的一批军火，而且他还答应谭绍光，可以继续替太平军采买军火。

就连英国政府都坐不住了。英国驻华公使卜鲁斯听到消息后极为惊慌，以至于他非常认真地向首相罗素勋爵报告说，如果白齐文率领大军在冬季进军北京，便很有可能最终推翻清廷。

"英国文武各官皆奔走相告"，当李鸿章将这一情报向朝廷密奏时，他的心情想是很不轻松的。朝廷接到奏报后的感受当然更不用说，洋人都这么怕，他们还能好到哪去？

苏州城

本来大好的形势瞬间可能翻盘，面对棘手的局面，必须迅速做出处置，以应对危局。白齐文叛逃苏州，已引起了上海官绅的强烈不安和不满，李鸿章顺势发布通告，悬赏银三千两通缉白齐文，生要见人，死要见尸。

这一通告颇遭在华洋人尤其是美国人的非议，后来有研究者认为，李鸿章先前对于白齐文事件的处理过于偏激，实际是逼着白齐文投靠了太平军，当时的美国人很可能也会有类似想法。在美国驻沪领事的牵头下，英法等十一国领事签署联合抗议书，强调清政府没有处置白齐文的权力。李鸿章不失礼仪地予以严词拒绝，坚持不肯更改通告内容，美国领事亦无可奈何。

对于常胜军，李鸿章则采取了完全不同的手法，他就像当初搞定华尔一样，对常胜军中的美籍军官曲意笼络，除了好言劝慰外，还及时发清所欠饷项，调拨政府的库款，用以补充常胜军的给养。英国政府也急忙通过紧急行动来平息事态，首先是戈登积极配合李鸿章，对常胜军内部加紧控制，伯郎则亲自出马，前往昆山视察军队。常胜军逐渐趋于稳定，一场可能爆发的更大哗变终于没有出现。

与此同时，英法美等各国领事达成一致，禁止本国人偷偷地帮助太平天国，也不允许商人向太平天国私自出售军火，他们还同意李鸿章的请求，由清军在沿途设卡，对私运军火以及没有护照的洋人查拿捆办。白齐文投奔太平军后，曾两次潜入上海，欲为太平军购买军火，然而都一无所得，还差点被俘。

白齐文曾到南京谒见李秀成，其目的是希望担任统将。李秀成很热情地接待了他，但天国对于洋将的态度，和这边的李鸿章没有太大不同，都是用而不信。李秀成没有给予白齐文独立的统率权，只让他指挥自己从常胜军中带出的数百人作战。

区区数百人，很难有太大作为，白齐文率常胜军发动过一次夜袭，却以失败告终，加上又买不到洋军火，谭绍光便渐渐对他们冷淡起来。在这种情况下，白齐文与部下又商量投靠戈登，两边进行了秘密接洽和谈判。

在谈判中，白齐文甚至屡劝戈登摆脱清廷洋将的身份，和他一起造反，创立独立国，戈登乃是正规军人，当场就拒绝了他的这一狂妄建议。

本来白齐文想率部一齐投降戈登，因被谭绍光撞见，仅一部分人得逞，后经戈登向谭绍光写信求情，白齐文以旧疾复发为由，被谭绍光释放，回上海就医。白齐文一回到上海，美国领事马上采取应急措施，抢先逮捕了他，然后秘密遣送至日本。

美国政府勒令白齐文不准再来中国。谁知多年后，白齐文又从日本潜回中国，他在经过福建漳州时，准备投奔太平军侍王李世贤，但途中被清军抓获并押解回沪，押送船只在途经浙江兰溪时，因风大水急，全舟覆溺致死。白齐文的尸体被运到上海后，洋人都普遍认为，他应该是被故意设法溺死的，但美国政府已经烦透了这个惹祸精，对此案自愿放弃领事裁判权。在美国领事不予过问的情况下，曾经喧嚣一时的白齐文事件终于还是被画上了句号。

即便在忙于应付白齐文事件期间，李鸿章也没有停止执行他的三路会攻计划。1863年8月中旬，南路太湖水师由柳淀湖出发，进入太湖，并与程学启部在夹浦口会师，之后两路人马分头行动，太湖水师进攻沿湖太平军营卡，程学启率部径直朝苏州城进发。

9月，北路李鹤章、刘铭传部由常熟出发，攻陷江阴，至此，淮军对苏州的包围之势已成。苏州城不仅四围多水，而且护城坚垒极为严密，程学启身为诸军总统，下令滚营前进，直逼城根。守军多次出击，均被其击退，但淮军攻城亦无进展，即便戈登率常胜军前来助阵，也是如此，双方就像牛顶角一样地在城外顶住了。

苏州是李秀成长期精心经营之所，曾一心想将它建成第二个天京（即南京），获悉苏州危急，他急忙从南京赶来增援。李鸿章知道太平军势必死守苏州，因此也不断给程学启添加兵力，苏州之战逐渐进入白热化。

战至11月底，李鸿章亲临苏州娄门外督战，淮军开始发起总攻。经过猛烈的炮轰，加上反复连续的冲击、鏖战、肉搏，太平军被迫退入城内，城外营垒也被全部攻破。

尽管如此，淮军要想破城仍具有相当大的难度。苏州城大而坚，就算是常胜军的重弹子炸炮，也别想一袭而倒，况且苏州守军仍具战斗力，包括李秀成带来的部属在内，三分之一为精锐部队，其余也都是久经战阵的老兵，硬要死磕，淮军所要付出的伤亡代价将难以估算。但倘若能把策动常熟守将骆国忠反叛那样的例子搬到苏州，无疑便能在最短时间内减少伤亡和破城。

苏州城中除慕王谭绍光外，尚有以纳王郜永宽为首的"四王""四大天将"，八人"歃血立盟，誓同生死"，称为八王。八王控制着苏州城内四分之三的兵力和六个城门中的四个，却与主帅谭绍光一直不和。戈登通过暗探了解到这一情况，特别是知道郜永宽已有投降之意后，便主张诱降纳王，兵不血刃地攻克苏州。戈登的建议当即为李鸿章所采纳，命令其按计施行。

变　故

程学启手下的副将郑国魁与郜永宽等原先就是熟人，经过他的一番秘密联络，郜永宽派康王汪安钧潜入淮军大营，与戈登、程学启开始投降谈判。几天后，郜永宽又亲自出马，来到苏州城外的阳澄湖，与戈登、程学启商议降约。程学启的意思是要他将李秀成、谭绍光一并杀掉，但李秀成在军中威望极高，不像杀谭那么容易，而且郜永宽等受其提拔，也不忍心下手，最终只答应谋杀谭绍光，然后献城以降。戈登、程学启则承诺保证郜及部下性命，同时由朝廷奖佐以一定官职，赏赐郜本人二品武职。

降约议定好后，程学启与郜永宽共同盟誓。程学启本身也是太平军降将，曾与郜永宽等同在一个阵营，在郜永宽等看来，出身降将的程学启应该能善待降将。不过历来战争双方进行投降谈判，本身就充满变数，程学启毕竟已是清军将领，谁也不能保证他能遵守誓约，所以郜永宽等又另外找了一个人作保，这个人就是戈登。

戈登虽是诱降的发起人，但他并不愿意参与受降谈判，甚至双方在谈判具体细节时，他都主动避开，是郜永宽等一再要求，才把他拉进来的。原因就在于戈登除了亦是太平军的敌对方外，还有一个洋人的身份，郜永宽等都认定，洋人最讲信用，说一不二，尤其白齐文在苏州城时，八王曾向他了解过戈登的品性，知道戈登人品甚佳。

确实，戈登向来反对杀俘和劫掠。昆山之战时，常胜军曾俘虏八百余太平军，戈登不仅没有杀，而且因为原有弁勇不服管束和斗志减弱，还将他们补充进常胜军，并给予同样优厚的待遇。这些都让郜永宽等觉得，舍戈登之外，很难再找到更合适的第三方介入，由其居中担保最为稳妥。

就在郜永宽等与淮军进行秘密交易的节骨眼上，李秀成自无锡抵达苏州，一到就发现城内军心涣散，将领动摇。他本有心放弃苏州、南京，将部队全部转移至广西，但谭绍光反对此议，主张死守苏州，郜永宽等心怀鬼胎，自然也不同意他的意见。

在明知大势已去、无力回天的情况下，李秀成与谭绍光恸哭而别，于深夜带上一万余人，匆匆离开苏州，前去援救南京。1863年12月初，淮军分水陆两路昼夜攻城，八王知道，这是程学启在为他们投降造势，于是便乘前往慕王府议事的机会，刺杀了谭绍光，紧接着，又将六名力主不降的王、将以及谭绍光部属一万余人（主要是两广老兵）尽将杀戮，之后才打开城门，将淮军先头部队也即郑国魁所带的五百兵勇迎入城内，二者协力，将残余的两广老兵驱出于西门之外。

淮军招降成功，但到这个时候，却又发生了新的变故。当八王提着谭绍光的脑袋来到城外的淮军大营时，首先坚决要求将降兵整编为二十个营，分屯于阊、胥、盘、齐四座城门，他们和淮军之间以墙分隔。接着又硬性请求将降将全部保为总兵、副将，并安排到指定的省份任指定的职务。

八王所提的这些条件均不在原定的降约内容之列，而且较为苛刻。淮军营制，一个营为五百人左右，二十个营即一万余人，而这时淮军在苏州城内外的陆军总数也才不过两万余人，倘若八王统带兵马重新与淮军为敌，绝对是李鸿章的心腹大患，这是其一。其二，所谓"阊、胥、盘、齐"四座城门，实际就是大半个苏州城，仅东门一隅可留给淮军驻守，如此一来，几乎就等于淮军并未能够真正占领苏州城，不要说李鸿章，就是朝廷也绝无可能答应。

八王所要求得到的总兵、副将，皆为正二、从二品高级官员，要知道，程学启冠盖淮军诸将，也才不过是副将。至于兑现实职，李鸿章显然更难办到，甚至即便他勉强答应下来，也不可能得到朝廷的同意。

虚职和实缺的区别很大，就全国范围来讲，朝廷可给的实缺是有限的，没那么多职位正好空出来，即便是湘淮军的有功之将，很多也都是虚职待补，这也是为什么谈判中连郜永宽都只能给予虚职的一个客观原因。

从主观上讲，清廷对于降将，向来持先抚后察的原则，在降将通过必要的考验之前，不会轻易加以信任。

李鸿章与曾氏兄弟不同的地方是，他不会因对方是降将而有所怠慢或失之偏颇，然而降将的实际行动，仍是他信任与否的标准和前提。具体到献城将领，李鸿章所期望的是，归顺后还能奋勇杀敌，立下功勋，之后再为其请赏。常熟降将骆国忠等献城后，起先也是给以虚衔、军功、顶戴，以资笼络，后来发现他们很卖力，李鸿章才将他们分编为四个营头八个营，其中骆国忠的忠字营就有四营之多。李鸿章又屡次为骆国忠请奖，因为觉得李鸿章开出的价码太高，朝廷甚至还批评了他，但最后仍依其所请，授骆国忠以副将并赏加总兵衔，赏戴花翎。

八王献苏州，其价值非骆国忠献常熟可比，李鸿章原本也认可这一点，称八王居功至伟，然而降将要靠实绩说话这条既定规则，依旧不可超越。况且，八王又不是像骆国忠那样主动归降和献城，实际上是在遭遇围困、找不到出路的情况下才投降的，其对清廷的忠诚度本身就值得怀疑，谁能保证他们不会降而复叛？在李鸿章看来，八王在降约之外又提出如此过分的要求，无异于在进行要挟，此举恰恰表明他们毫无悔罪之意，随时可能因要求未得到满足而再次反戈一击。

杀　降

八王出城时，李鸿章原本正在起草奏折，准备兑现降约，奏请朝廷对八王及其部属予以赦免，而且已经安排好次日举行归降仪式，但现在他不得不停下手来，想好如何对付八王和避免危机。

显然，八王的过分要求绝无可能答应，可要是断然拒绝，同时又允许他们返回苏州城内，那就太危险了。

能不能将八王逮捕或予以扣留,以遣散其军?这也相当麻烦,如果八王部属一直看不到他们的首领露面,势必会产生怀疑,一旦走漏风声,让城内降兵赢得时间关上城门,把城内外的淮军截为两段,则大事休矣。

如此,留给李鸿章的选项似乎就只有一个了,那就是:杀!

可是自古道"杀降不祥",这不仅涉及道义的问题,也有实际利益的考量。最直接的后果,是它可能导致敌军其余部队的拒降。清廷对此有深刻认识,尤其此时已至太平天国活动的晚期,清廷禁止杀降的态度更为明确,为此还特意颁布了相关规定,并以告示的形式,张贴在各地军营之中,连太平军的占领区也有张贴。

从李鸿章本人来说,他自率领淮军征战以来,向以招降而非硬攻作为主要手段,他能以最小代价获取常熟,其得力处正在招降,事后骆国忠等降将也都境遇不错。如果杀掉八王,李鸿章不仅将面临怎样向朝廷解释的问题,而且以后招降势必将变得十分困难。

李鸿章素以决断力强著称,但在这件事面前,也开始变得犹豫不决起来。戈登、程学启皆为淮军主将,又是八王归降的联络者,李鸿章自然会想到与二人商量一下,但此时戈登却正和他闹着矛盾。

戈登、李鸿章之间的关系虽然总体和谐,但也时而会闹些别扭,这主要是因为饷银无法到位引起的。当然,两人也是各有各的难处,就戈登来说,常胜军是雇佣军性质,他们打仗冲的是饷银,饷银发放不及时,军队就会不稳定乃至发生哗变,因李鸿章屡次拖欠常胜军的军饷,戈登甚至曾主动请辞。李鸿章倒也不是故意要拖欠常胜军的饷银,实在是筹款不易,各方又索求太多,他为此自嘲:"已作债帅,只好债多不愁。"

实际上,在进攻苏州前,连淮军自己每月都只能发半饷。常胜军的军饷要远高于淮军,大家同样冒着枪林弹雨,过着刀尖上舔血的日子,却差距甚大,本身已属不公,若在淮军也欠饷的情况下,却为常胜军发高饷,委实也不太合情理。

对于戈登的频繁索饷,李鸿章很是头疼,只得承诺一旦攻克苏州城,即发欠饷,并对常胜军额外加以犒赏。等到苏州已得,戈登面见李鸿章,又要求在补发全部欠饷前,先赐拨两个月特饷,以用于常胜军的伤病人员及退役军官，李鸿章一听此言，头更大了，哪里敢贸然答应。

既然戈登还带着情绪，同时又不在城中，李鸿章便唯有先和程学启密商了。程学启本身就出自太平军，熟知太平军内部的情况，所以到这个时候，他的意见对于李鸿章而言，就变得非常重要了。

一锤定音

民间有一种说法，是程学启给李鸿章出了毁约杀降的主意。此类说法和记载有一个共同的逻辑漏洞，即忽略了程学启的地位身份及其处境。程学启是淮军副将、诸军总统，职位高过其他统领营官，这不假，但他毕竟不是主帅，最多只是副手，湘淮军的主帅在本军之中都拥有绝对的统治力，断没有一个副手先拿主意，然后逼主帅同意的道理。

降将始终是降将，只能屈尊顺势，紧跟主帅，程学启能够在淮军中崛起，得到李鸿章的重用，恰恰是因为他对此非常拎得清，所以他不太可能成为八王案的主谋，更不可能做出逼李鸿章就范的事来。

同样是碍于太平军降将这一身份，当李鸿章向程学启征询意见时，也就等于把一块烫手的山芋放在了他手里。很明显，程身为降将，若反对杀降，势必引起李鸿章的怀疑，选择拘押吧，李鸿章既已考虑了种种麻烦和莫测因素，就说明这不符合其意，那么程学启就只有支持杀降了。换句话说，李鸿章其实并不真正需要和别人商量，他只需要一个关键的人为他的杀降投赞成票。

除了降将，程学启也忌洋将。所谓一山不容二虎，程学启与戈登早就互生嫌隙、明争暗斗，李鸿章看在眼里，但他遵循早年从福济那里学到的权术，有意通过部下相互之间的不和，来对他们进行操纵，故而并不积极调解。

程学启赞成先下手为强，以杀降代替抚降，他按照自己对太平军内部情况的了解，强调八王"罪孽重大"，本就该处以极刑，现在只要把作为头目的八王杀掉，即可解散余众，避免情况恶化。

程学启这么一说，就帮助李鸿章下定了杀降的决心，他也不再想去找戈登复议了。概言之，李鸿章虽是杀降的主谋，但为其一锤定音者，则是程学启。

1863 年 12 月 6 日，即八王携慕王首级献清营、李鸿章和程学启密谋对策、定下诛降之计的次日清晨，戈登命常胜军开回昆山。虽然还在和李鸿章闹意见，但戈登仍心系这位淮军大帅，考虑到常胜军官兵对仅发一月饷银心生不满，他特地派员保护李鸿章的官船，以防止其受到威胁。

上午 11 点 30 分，戈登与郜永宽见面，戈登本来也打算派员保护他，但郜永宽反而劝其不用担心，并答应调千名士兵补充常胜军。之后，以郜永宽为首的八王便骑着马，出城赴淮军大营参加归降仪式，他们全然不知道前方已是杀气腾腾，一场厄运即将从天而降。

屠　城

八王提出过分要求，无疑是触动李鸿章杀机的首要因素，但八王为什么要这么做，则让很多人百思不得其解。

从实际情况看，最初的降约是郜永宽与程学启单独商定的，戈登和七王都不在场。八王内部对于要达成什么样的结果，也并不一致，郜永宽有携财退隐之意，对他而言，能够保全自己及部下性命，还能再弄个二品武职的虚衔，就已经很满足了。但另外七王却还想带兵，不排除后来的这些过分要求，早就是他们的想法，只是还没来得及与程学启沟通，李秀成就来到了苏州。

在李秀成离开苏州后，慕王谭绍光对于八王的异动已有所察觉，他被杀时，衣袖中即藏有戈登给他寄的劝降信函，既然戈登会劝降他，自然也会劝降八王，谭绍光不可能连这个都想不到。八王也意识到自己的秘密计划终会被揭穿，为免夜长梦多，便不待与程学启进一步谈妥具体条件，抢先杀谭献城。

归根结底，八王始终未摆正自己降将的位置，不明白自己既然选择投诚，就没有资格擅提条件，否则只会招来杀身之祸。这当然与八王作为武将，缺乏政治智慧有着很大关联，清方将此归结为"秉性恶劣，张狂无忌，贪功贪利"。

中午12点，李鸿章在娄门外大营接见并宴请八王。众人就席后，突然有一名军官自帐外闯入，给李鸿章递上了一封信，李鸿章假意要看信件，持信而出。八王正在饮酒，又有八名弁勇入帐，每人手上托一顶红顶花翎的官帽，跪在地上，口称"升冠"，也就是让八王解去原有额上的黄巾，戴上新的清军官帽。八王以为他们的要求已得到满足，都兴冲冲地站起来，让弁勇为自己戴帽。眼看着弁勇们走到八王侧后，陪酒的淮军官佐都知道是怎么一回事，立刻也都站起身来，注视着即将发生的情景——说时迟，那时快，刀光一闪，八王血淋淋的人头，已经被八个弁勇抓在了手中。

程学启并未参与对八王的诛杀，在一定程度上，可能与他曾与郜永宽共同盟誓有关。虽然程学启未必相信什么因果报应，但这种心理暗示肯定会对他造成压力，故而八王虽非死于他手，然而在八王被杀后，他却显得有些心有余悸，丧魂落魄。下午1点30分，程学启意外地遇到了戈登，戈登见他焦躁不安、面色苍白，便问他发生了什么事，程学启支支吾吾，说是八王并未按计划晋谒李鸿章。戈登听后，第一反应是以为郜永宽又有了什么顾虑，于是便请在淮军中主持炮局、会讲中文的马格里前去抚慰郜永宽。

下午2点，程学启督同淮军各营分门并进。这时，淮军发现城内太平军依旧分守在各街巷要口，并在各交通要道口堆石置卡，显然是做好了打巷战的准备，而且在八王被杀后，城中立即有人击鼓戒严，致使各卡太平军均剑拔弩张。程学启在李鸿章面前拍胸脯打包票，说只要杀掉八王，即可解散余众，现在一看，情况不是这样，便着急起来。

八王手下的两万官兵已成为淮军最大的威胁，若不及时处置，淮军将损失惨重。程学启立即下达屠城指令，随着一声炮响，顿时杀声四起，城内瞬间陷入恐怖之中。城内太平军此前都已领到"号布"，后者相当于八王给的免死牌，也就是说除了哨兵尚作严防姿态外，大家都以为无事，放下了戒备，哪能料到淮军会突然挥起屠刀。

在太平军的各哨卡防线被淮军迅速击破后，余众也遭到屠戮。淮军大开杀戒时，按照所谓新老"长毛"进行区分，如果对方是苏州口音，会被视为新兵或胁从而被释放，若是南京以上口音，则以老"长毛"论处，不分青白皂白，一律诛杀。苏州城内被杀得血流成河，有洋人二十天后入城，还能看到"庭院地上浸透着人的鲜血"，并发现"抛满尸体的河道仍旧带红色"，为此淮军不得不专门雇船夫把尸体推到城外大河里，以疏通河道，让战船通过。

下午5点，戈登与译员进城查看，结果被纳王家眷作为人质，围于纳王叔父家中。此时戈登还认为八王只是遭到了拘押，当晚赶紧拟制军令，欲用火轮将李鸿章拘押起来，以迫使其释放八王，同时派卫队去纳王府保护纳王家眷。

半夜，戈登派译员、马夫携其军令出城调兵，但两人没能出得去，译员被杀，军令被毁，只有马夫逃了回来。戈登只得亲自出城，途中又被淮军扣留了一个小时，好不容易才脱身与常胜军会合。

怎么办

八王乃至无法控制的部众，虽然是李鸿章拍板杀掉的，但淮军乘机在城内大肆劫掠却不是他想要的，且让他极为难堪，颇有事态已超出自己控制范围之感。到这个时候，他对于杀降的决定就已经有些后悔了，见到程学启后便忍不住责备道："你也是投降之人，怎么能对前来投降的人采取如此办法呢？"

程学启很受刺激，当场痛哭流涕，同时他也知道必须尽快收拾事态，于是连忙重新进城，严申军令，在一口气枪毙二十名劫掠弁勇后，城内秩序终于得以完全稳定下来。

不过当戈登派卫队去纳王叔父家中进行保护时，那里已经遭到洗劫，见到程学启后，戈登当面痛骂他不是人，声明之后再不与之交往。程学启虽与戈登不睦，但所部攻坚仍离不开常胜军的火力支援，自然不敢与戈登完全撕破脸面，他先辩称自己只是执行李鸿章的命令，稍后又派开字营的洋教习向戈登进行解释，并将纳王义子交给了戈登。

通过纳王义子之口，戈登才知道其父已死，而此时距八王被杀已过去了将近十八个小时。戈登顿时勃然大怒，立刻拿着枪，带着队伍，搭上火轮，驶抵李鸿章所在官船，欲直接逮捕李鸿章，惩其"背信之举"。登船后发现李鸿章不在船上，去参加入城仪式了，戈登遂在船上留下信函，之后返回昆山军营。

李鸿章回来看到信函后，便请马格里替他翻译。这封信函是戈登对李鸿章提出的最后通牒，要求李鸿章辞去巡抚之职，将关印大防暂交由他戈登保管，以待清廷查办，如若不然，他将率常胜军攻打淮军，并将既往常胜军所克之城全数归还太平军。

由于措辞非常激烈，马格里不敢翻译，纵然如此，李鸿章从他的表情中也猜出了大概。杀降事件竟如此触怒戈登，是李鸿章事先没有预料到的。他特请马格里等人去昆山劝解戈登，解释自己之所以下令处决八王，乃是因为他们不识时务，提出了过分要求。

这时在西方洋人中，已经风传是戈登替李鸿章蒙骗八王，对其施以空头许诺，结果害他们被诛杀。戈登羞愤交加，感觉蒙受了奇耻大辱，马格里等人不管说什么，都一概听不进去。当下，他宣布要与李鸿章断交，随后主动向英国领事馆通报了此事件，并扬言要将苏州交还太平军以及率部攻打淮军。

戈登这种价值观念在当时的西方社会也已较为普遍，因此英国领事馆对此非常重视，与戈登商议，看是否要将常胜军的指挥权从李鸿章手中全部夺回。与此同时，驻上海的各国领事还联合起来，签署了一份专呈清廷的文告，谴责李鸿章的杀降行为，警告说如果不对此事件妥善进行处理，包括英国在内的各国今后将不再支持清廷。

消息传到伦敦后，执政党遭到在野党的猛烈攻击，政府狼狈不堪，发电要求追查此事。英国驻华公使卜鲁斯随即通知清廷，称除非得到他的命令，戈登不会再跟李鸿章有任何往来，也就是要收回常胜军的指挥权。英国驻华陆军司令伯郎也指示戈登，除保卫上海和苏州以外，常胜军给予清廷的一切军事援助都须中止，之后他又亲自从上海来到昆山，面见戈登，着手开始调查苏州杀降案。考虑到戈登及常胜军对李鸿章有意见，弄不好会发生冲突，伯郎决定暂时由自己直接统率戈登及常胜军，常胜军不再受李鸿章调遣。

　　1863年12月12日，杀降事件发生的第六天，伯郎与李鸿章、戈登在苏州程学启营举行了一次会谈，伯郎在现场对李鸿章大发雷霆，李鸿章却不为所动。

　　洋人对杀降事件这么较真，又把事件的性质看得如此恶劣，殊出李鸿章的意料，怎么办？首先得向朝廷作解释，并说服朝廷站在他的立场上替他做主。

　　李鸿章在给朝廷的报告材料中强调，诛杀八王确实是情不由己，不杀则形势远不会像现在这样平安。他深知朝廷一向讨厌"尾大不掉"的情形，故而除从八王"留发""求官"等进行阐述外，还采用军民混同的方式，夸大了降众的人数及其威胁，苏州城内太平军实有两万，他把难民加一起，说成是十万，后来觉得十万还不够吓人，又改成二十万。

　　此前朝廷已将英方关于收回常胜军的情况，转告给李鸿章。李鸿章让朝廷放心，说现在东南地区对太平军的防剿，凭淮军及八旗绿营的实力，已完全可以胜任。他还称，常胜军除了武器先进外，其实根本没有什么别的长处，而那些武器本来也是由大清国出资购买的，英方想要回常胜军，让他们把装备全部交出来，配给淮军或八旗绿营，原先配合常胜军的超标准粮饷也都相应供给淮军或八旗绿营，这样一来，我们的实力将得到充分补充，已足以与现在的常胜军匹敌。

　　李鸿章虽然洋洋洒洒写了一大通，但他也并不十分清楚朝廷的态度。自第二次鸦片战争后，因为要共同对付太平天国，这才好不容易有了"中外和好"的局面，万一朝廷顶不住洋人的压力，为顾及中外关系而丢卒保车，牺牲他李鸿章，也不是不可能的。于是在奏本的最后，李鸿章再次施展他写奏章的本事，以退为进，说如果总理衙门"无力了此公案"，从维护"中外和好"的大局，他现在就请旨将自己严议治罪，用以折服洋人。

调　解

　　东西方思想观念和文化背景完全不同，中国虽然自古就有"杀降不祥"

之说，但在现实政治和战争传统中，更加讲求的却是"势"与"术"，因此历朝历代都会发生大大小小的杀降事件。

按照李鸿章的说法，是八王首先违背信义，仗着人多势众，进行要挟，那还有什么不可以杀的呢？李鸿章的老师、身为理学家的曾国藩，在得知此事后，就连声叫好。

朝廷亦作如是观，主持总理衙门的议政王奕䜣在看完李鸿章的奏折后，亲自在洋人面前替其辩解，说倘若不将八王斩首，则不仅苏州城内的清军会被杀得一个不剩，而且八王手下的"二十万"降众，又会重新成为太平军的生力军，之后双方更大规模的杀戮，势将不可避免。

有了朝廷的明确支持，李鸿章原本有些紧张甚至稍显慌乱的心情大为缓解。不过作为对洋人情况最为熟悉的大吏，李鸿章也明白仅仅让朝廷站在自己一方还不够，如果外交上的误会不消除，僵局不打破，"中外和好"的大局还是会受到影响。再者，尽管他在奏折中刻意贬损常胜军的作战能力，但截至进攻苏州城，淮军都仍然离不开常胜军，后面还要攻打常州等城池，仍然急需戈登率常胜军回到战场，以助淮军一臂之力。

李鸿章需要找第三方出来进行调解。彼时正值中英关系融洽之际，两国虽未正式结盟，但也似乎已经形成了稳定的"事实婚姻"，大清国甚至将海关财政大权，都交给了英国管理团队，英国人俨然成了大清国的内当家。这个英国管理团队的为首者和核心人物，即新任中国海关总税务司赫德，赫德是翻译官出身的英国政治家，汉语流利，如今的身份又是中国雇员，让他来居中调解，可谓再合适不过。

在李鸿章和清廷的请求下，赫德首先前往苏州，对杀降事件进行调查。1864年1月22日，中午11点，两人在李鸿章的新居，即苏州城内原忠王府见面，李鸿章详细说明了杀降的前因后果，赫德听后得出结论："看来他（指李鸿章）做得对，而且有必要，并非预先策划背信弃义的行为。"

当天下午，赫德离开苏州，到昆山去劝解戈登。恰好此时形势也出现了新的变化，留在昆山大本营的常胜军因拿不到饷银，军官层又开始不安分起来，让戈登感到难以驾驭，他在给英国驻华公使卜鲁斯的信中声称，他已确信有三百名外籍军官准备加入太平军，在这种情况下，他可能会被迫离职，之后常胜军将被重新置于华尔或白齐文式的人物手中，意谓常胜军又将脱离英国的掌控。

戈登在冷静下来后，自己也对杀降案重新做了调查。经过调查，他也像赫德一样，形成了李鸿章处理该案时，并非纯粹的滥杀无辜，而是"情有可原"的印象。

2月1日，在赫德的极力调停下，李鸿章、戈登、赫德在苏州会晤，达成妥协：李鸿章向常胜军拨付拖欠的七万饷银，同时发布告示，说明杀降事件与戈登无关，戈登则同意在春节过后带常胜军出战。

几天后，赫德写信给卜鲁斯，为李鸿章的杀降行为做了长篇辩护，公使认为言之有理，随后便在给戈登的信中说"我能够理解李巡抚……"。

虽然洋人说可以理解，但杀降案之后他们的步步紧逼、不依不饶，也已经把朝廷和李鸿章都给弄得焦头烂额。朝廷特地在批件中提醒李鸿章，以后攻城，如果太平军真心投诚，无论是新老"长毛"，原则上都是给资遣散，对于降将的处理则必须上报，不得自专。李鸿章也后悔不迭，发誓以后再也不会做擅自斩杀降将的事了。

2月14日，清廷通过卜鲁斯向戈登转达函札，书面保证今后凡是由戈登参加作战的战场，涉及太平军投降环节，必须经过他同意，否则不采取任何行动。

嗣后不知道是良心受到谴责，还是为了挽回局面，抑或二者兼而有之，李鸿章还亲自参加了郜永宽等八王的丧葬仪式，对其进行祭奠。这些都有助于他和戈登及其英国政府达成谅解，至此，由苏州杀降案引起的外交纠纷基本烟消云散。

神奇速度

淮军夺得苏州省城时，距其到达上海不过才一年零八个月，速度之快，令世人称奇，也使李鸿章及其淮军声名鹊起。常以师道教训李鸿章的曾国藩，承认此事颇出自己的意料，并称赞李鸿章青出于蓝而胜于蓝，谋略之高，甚至已超过了他这个老师。

曾国藩把李鸿章的成功之道仅仅归结为"谋略",很大程度上,其实是缘于他仍旧对洋枪炮抱有排斥心理,事实上,淮军攻城略地的"神奇速度",正是洋枪炮所赋予的。

至 1863 年 9 月,淮军水陆共五万余人,各营已有洋枪一万五六千支,平均每三个人就持有一支洋枪。攻占苏州后,淮军饷源陡然扩大,所购洋枪炮更多,在 1862 年到 1863 年春间,淮军每次所购买的洋枪少则数百支,多则两三千支,到 1863 年末、1864 年初间,一次所购的洋枪,仅头批运到的,就达六千支,李鸿章还因承办军火的洋商逾越时限,声称要对其罚款,淮军所拥有的洋枪数目由此剧增,炮队亦得加强,包括程学启的开字营在内,各营购买的大小洋炮都不在少数。

外国制造的军火数量有限,而且价格很贵。李鸿章算了一笔账,且不说直接购买的洋枪炮,淮军每月所需的洋药、铜帽子弹就高达数万金。为了节省经费,也为了保证弹药的及时供应,早在 1863 年初,李鸿章就在上海设立了三个洋炮局,号称"洋炮三局",也称"炸炮三局"或"炸弹三局"。

炸炮依其身管长短,分为长炸炮和短炸炮。短炸炮即现代的迫击炮,因炮口朝天,形如愤怒的青蛙,当时又称"田鸡炮";长炸炮也即加农炮,其规格多以炮的重量来区分。短炸炮机动性好,主要用于野战,攻城需要的是二十四磅以上的长炸炮,后者仍须从国外购买或借助于常胜军。"洋炮三局"里,技术最先进的是马格里洋炮局,由戈登所介绍的洋匠马格里主持,雇用洋匠和中国工匠,使用蒸汽动力和机器,生产短炸炮及弹药。另外两局,分别由丁日昌、韩殿甲主持,不雇洋匠,只选用中国工匠,同时也不用机器,多采用手工作业方式,对短炸炮及弹药进行仿造。

"洋炮三局"论其造价和日常费用开销,比国内寻常军火作坊要多十几倍,但李鸿章认定此风气非开不可,因此宁愿从军饷中硬挤出一块,也要把洋炮局办下去。正是在他的支持下,丁日昌等人的炮局仿照西洋工艺,制造出了中国第一批"田鸡炮"和炮弹,就那个时代来说,这是一件非常了不起的事。

随着苏州被占,后期太平天国政权失去了外围最后一个军事堡垒,湘军遂得以集中兵力围攻南京。在洪秀全的要求和命令下，李秀成不得不留守南京，又使得苏浙太平军陷入了群龙无首的局面，各地守军只能婴城固守，硬拼到底，彼此之间难以形成合力，于是在苏州失守后仅一周，无锡亦陷落。

李鸿章抓住这一有利时机，兼图嘉兴和常州，用以巩固淞沪和苏州门户。1864年2月，程学启率部进攻嘉兴，这时的开字营已扩充至十八营一万余人，李鸿章又为其增强攻城火力，因"洋炮三局"只能制造轻便的短炸炮，而攻城一般都使用重磅长炸炮，于是又为之预先购得三十二磅、六十八磅的长炸炮三门。

曾国荃那边还是忘不了程学启，看到南京久攻不下，又再调程学启赴南京协攻。李鸿章哪舍得放走这名爱将，便以程已督军至嘉兴为由，与曾国荃约定待攻占嘉兴后再说。程学启出征后，也果然没让李鸿章失望，嘉兴应声而下。

不过李鸿章并没能高兴太久，因为他很快就得知，程学启在亲率敢死队登城时，头部中弹，已送来苏州就医。送来苏州时，程学启已陷入昏迷状态，医生经过检查，发现其伤情很危险，所幸取出了子弹，似乎还可以予以挽救。李鸿章抱着一线希望，命令在程学启治疗和静养期间，不准鸣锣放炮，以免惊吓到他。

然而过了不久，程学启的病情就加重了，死时年仅三十五岁。李鸿章为之痛哭流涕。戈登虽与程学启有隔阂，尤其对其在杀降案中的表现极为不满，但也视程学启为值得自己钦佩的"中国好将"。听到程学启伤重不治的消息后，他同样流泪叹息，并向李鸿章要去了程学启打仗时用的两面随身长旗，以作为纪念。

砖石之战

戈登早已与李鸿章重归于好，两人都摒弃成见，尽释前嫌，在战场上重新开始了密切协作。

1864年3月，戈登率常胜军攻打金坛。金坛为南京后路，由太平军悍将刘官芳镇守,刘官芳利用对方求胜心切的心理,故意撤开城外的防守工事,并拔去城头旗帜,从而把常胜军引到城边,然后用火药袋、粪罐、砖头、礌石等进行抛掷,常胜军猝不及防,被打得落荒而逃。

金坛攻守城被称为"砖石之战",是常胜军所经历的最激烈战斗。常胜军损失惨重,洋军官战亡十五人,弁勇死伤了七分之一,就连戈登自己都被大石头砸中受了伤。眼看所部减员严重,濒临绝境,戈登不得不向李鸿章求援,李鸿章立即拨去六千弁勇,常胜军这才得以恢复元气和战斗力。

尽管杀降案后,李鸿章再三赌咒发誓,保证再不杀降,但这一事件还是迅速发酵开来。太平军护王陈坤书防守常州,在明知周围太平军驻地接连陷落、已经走投无路的情况下,仍毫无降意,就是认为自己即使投降也可能无法保命,因此只能选择继续死磕下去。

常州城防坚固,即便李鸿章亲自指挥围攻,仍难以在短时间内取得成效,遂调常胜军参加会攻。戈登在接到调令后,不顾伤病困扰,立即率部开往常州,与淮军联合攻城。

李鸿章调常胜军,主要看重的是这支雇佣军的攻坚火力,常胜军拥有洋炮三十余门,都是淮军没有的重炮,其中开花巨炮及六十四磅重的长炸炮就有一二十门之多。在经历屡次攻城战后,李鸿章也已经总结出了一套攻城之法,在他看来,攻城既需得力炮队,也要有得力枪队与之配合,即洋炮队与洋枪队联动,诸路并进,才能令守军防不胜防。常胜军抵达常州城下后,李鸿章使用的便是这一战术,即他与戈登各率其军,发挥各自的优势,对常州城实施多点进攻。

在战斗中,常胜军将常州南门城墙炸塌数十丈,接着又沿着缺口,将葡萄弹和霰弹不断射入城内,但接下来他们却遭遇了与金坛之战同样的窘境——数次猛攻,都无法从缺口处取得突破,戈登本人很勇敢,部分军官也很卖力,可就是没法使勇丁跟着他们一道冲锋,以至于一连伤亡了二十七名洋军官,仍止步于城外。

原来常胜军上次惨败于金坛,也绝非偶然,部队已经不能打了!无可奈何之下,戈登只得向李鸿章提出,把常胜军放在后面,而将淮军推至第一线,作为一个荣誉感极强的西方军人,戈登这么做,等于承认了淮军能打而常胜军不能打的事实。

虽然常胜军已告别全盛期，面临凋零，但它的大炮在提高淮军士气、炸开城墙缺口、切断太平军的联络以及使其陷入混乱方面，仍具有无可替代的价值。与此同时，淮军自身的洋炮也发挥了作用。

1864年5月，借助于洋炮轰城所形成的几处大缺口，淮军各营同时冲击，最终一鼓而下，攻克常州。

常州乃苏南要塞，一旦被淮军攻陷，马上对附近各城起到了多米诺骨牌一样的效应，金坛等城随后依次失守，从而达到了进一步孤立南京的战略目的。曾国藩闻讯，欣喜若狂，特地致函李鸿章，称赞他的学生："壮哉！你开创了近代以来所从未有过的儒生事业！"

最紧要最关键的一件事

戈登在杀降案中向李鸿章发难，并欲率常胜军与其兵戎相见，那一幕深深刺痛了李鸿章。在此之后，他经常在考虑如何找机会遣散常胜军，如果说常胜军在金坛和常州之役中的拙劣表现，让他从中看到苗头的话，最后攻取常州，则使他认定相关条件已基本成熟。

占领常州仅一两天后，李鸿章即以长江下游战事已近尾声为由，派丁日昌前往昆山，与戈登商议解散常胜军的事宜。原以为戈登会因恋栈而提出异议，或至少也要感到不快，没想到戈登听后，眉头都没皱一下便慨然应允。

戈登并非华尔、白齐文那样的冒险家，他是受英国政府委托加入常胜军的正规军人，图的不是钱财和刺激，而是作为军人的荣誉感以及所谓的职业理想。随着太平天国败局已定，淮军逐渐西化，常胜军战斗力下滑厉害且难以维持，戈登早早就产生了主动离职的念头。

事实上，仅仅在攻克常州两个小时后，戈登就在给母亲的家信中说，太平军已被打垮，现只有丹阳和南京还没有被攻下，他将尽快回到常胜军在昆山的总部，而且从此将不再在中国征战。等他回到昆山后，又看到了英国政府寄来的一份训令，上面明确要求英国现役军官不得再为中国政府服务，并让戈登限时归队，这份训令让他退意更坚。

李鸿章据此向朝廷进行了汇报，朝廷认为机不可失，指示他因势利导，妥善予以遣散。李鸿章当然更为高兴，认为这对于他所执政的江苏省而言，乃是最紧要最关键的一件事。

虽然已决心遣散常胜军，但李鸿章心里也很清楚，两年来，常胜军立了不少战功，戈登上任后，也如同自己的左膀右臂一样，给了他很多帮助，如果不依靠戈登和常胜军，淮军当然也能奠定胜局，但肯定不会这么快，也不会这么顺利。这一期间，李鸿章在筹措饷银方面依旧捉襟见肘，但他一直强调"各营月饷可以暂且欠着，只有常胜军必须按月支付"。5月30日，常胜军正式解散，李鸿章拿出十二万余元洋银作为遣散费，又另发六万元月饷。

至于戈登，除了杀降案时与李鸿章闹翻以外，他本人脾气急躁、狂暴，以往因为饷银没能及时领到，偶尔还会发脾气，这些李鸿章也都统统予以了谅解。在写给朝廷的奏折中，李鸿章一再说戈登不仅富有军事才能，能够有效地使用西洋武器，而且为人勇敢、坦诚、恭顺，总之，是个很值得与之合作的洋将。

戈登也表现得很有素质。为了奖励他，在其回国之前，清廷特赏银一万两，李鸿章又犒赏七万元洋银，但戈登都拒收了，仅仅接受了清廷赏赐的名誉提督衔、奖旗、奖章和黄马褂。

李鸿章遣散常胜军的原因之一，是认为整体上已无高代价维持这支雇佣军的必要，但他并不否认常胜军的优势所在。他对常胜军也并非全裁，还酌留了得力炮队六百人、枪队三百人、船员数十人（常胜军的汽船在作战中也起过作用），外加占原额三分之一的将弁，洋军官则留下十二人，帮同教习。留用人员被改编为洋枪洋炮队各一营，李鸿章将其作为亲兵，亲自掌握，这实际上等于他把原来的常胜军精锐化为己有了，其中的洋炮队更是成为淮军中最精良也最整齐的炮队。

淮军攻陷常州，标志着太平天国的东南防线已全部崩溃，但作为太平天国都城的南京，却仍在太平军手中。至此，曾国荃围困南京的时间已长达两年多了，对比李鸿章打苏州仅用两到三个月，高下立显——固然拿下苏州，最终靠的是八王献城，可如果八王不是被打得受不了，是绝不会轻易动摇的。

这倒不是说淮军一定比湘军更能打、更不怕死，归根结底，还是与李鸿章把淮军改造成洋枪洋炮队以及"练洋操"有关。虽然曾国荃在围城期间，也通过李鸿章和湘军在广东的征厘人员购买洋军火，但未像李鸿章那样，对原有营制和训练方法进行改革，因此兵器威力远不如淮军。再者，湘军主要购入洋枪和铜帽子弹，用于轰城的开花炮不多，弹药也严重不足，只能靠挖掘地道，用地道里填埋炸药的方式轰城，这在太平军死守的情况下，短时间内自然难以奏效。

曾国荃发动攻城战不下百次之多，却始终无法得手，久而久之，心气郁结，患了肝病，李鸿章那边捷报频传，更惹得他肝火上扬，病情加剧。曾国藩为此很是焦虑，除此以外，他还担心，湘军缺饷太多，若再久攻不下，部队士气减弱还是小事，万一哗变溃散就糟糕了。

为避免曾国荃部功亏一篑，曾国藩决定奏调淮军前来助攻。恰在这时，朝廷也下诏示意曾国藩，让他将李鸿章所部淮军调来南京，实行两军会战，于是曾国藩便顺势将此诏转发李鸿章。然而李鸿章却拒绝出兵，他说淮军刚打完恶仗，需要养精蓄锐，况且，现在夏日炎炎，洋炮轰城轰上三四次，炮膛就容易发热变红，严重的还会炸膛。

回绝的理由虽然冠冕堂皇，但细究却都经不起推敲：淮军连战连捷，士气正旺，也远未到疲惫不能战的时候；淮军的洋炮性能已居国内各军首席，连你们都怕炸膛不敢用，那湘军又该如何？

朝廷急于消灭太平天国，见李鸿章不为所动，便干脆直接向李鸿章下发上谕，用严厉的口气，命令他速调数千劲旅及得力炮队前去南京参加会战。

未料李鸿章依旧支支吾吾，回复说经过这段时间休整后，部队倒是恢复了些元气，只是情况有变，邻省浙江湖州的太平军又嚣张起来，对江苏形成威胁。现在左宗棠正围攻长兴，我应该先派劲旅去长兴助战，之后与之合攻湖州，待克复湖州，江苏门户稳固，我再分兵南京，这样就可以保证毫无后顾之忧了。

不能帮

李鸿章虽以一方大吏的身份独立带兵，但仍归曾国藩节制，无论是出于曾国藩的意图，还是来自朝廷的命令，李鸿章都理应执行，现在他不惜违令抗旨，也不肯出兵南京，其用意究竟何在？

是不肯相助？李鸿章不是一个只顾自己，不顾全局的人。比如他负责江苏，左宗棠负责浙江，但淮军也跨境作战，程学启就死在了嘉兴，这次又主动向朝廷请缨，表示愿出兵长兴助阵，即可见一斑。

曾国藩是李鸿章的恩师兼贵人，被李鸿章视之如严父，曾李的个人关系非比寻常，自然更有必要拔刀相助。事实上，除了将才有借不还，对于曾氏兄弟提出的其他要求，李鸿章向来都是竭尽全力，有求必应。别的不说，湘军的相当一部分粮饷，就是由李鸿章筹措的。先前因曾国荃部缺粮，曾国藩要求李鸿章想办法提供八万两白银，李鸿章在饷源同样紧张，淮军欠饷、常胜军闹饷的情况下，仍在一个月左右凑足六万两银子及时送去，解了曾氏兄弟燃眉之急。

是惧战吗？南京守军早已是强弩之末，可能都尚不及苏州的八王所部能战，到了这个时候，其实也就依赖一个城墙险固而已，若是把淮军的所有洋炮推上去，一轰就能轰倒半边墙。

李鸿章到底在想些什么？曾氏兄弟的幕僚们对此议论纷纷，曾国藩的亲信幕僚赵烈文愤愤地认为，李鸿章工于心计，此举实是坐山观虎斗，坐收渔翁之利，也就是想静观待时，等到曾国荃的地道战彻底失败，湘军再也无力攻击，他再来揽取攻占南京的大功。

赵烈文站在曾氏兄弟一边，又不明真相，有怨言是正常的。那么，真相是什么呢？真相是李鸿章不是不愿帮或不敢帮，他是不能帮！

时势已然不同，太平天国灭亡成为定局，只是早一点、晚一点而已。到了这个时候，很多人都开始抢功了，李鸿章派淮军去浙江作战，完全靠自己攻城拔寨，连这都惹得左宗棠不高兴，噘着嘴给朝廷上书，说浙江范围内只能由他来搞定，淮军不应越境。如今的南京城已是垂死之局，淮军不上则已，一上必破，这是毫无疑义的，可是曾国荃在南京城下累死累活两年多，无非是要独占攻取南京的首功，现在让你不费苦力而享大功，他心里能平衡吗？

现实情况也确实是这样。曾国藩在收到朝廷关于让李鸿章出兵的上谕后，即致函曾国荃，与之进行商议。曾国荃果然很有情绪，反对李鸿章出兵助攻，就是平分秋色，前来分一杯羹，也不愿意。

李鸿章知道其间利害关系，所以他私底下致信曾国藩，表白心迹，表示自己绝不会与曾国荃抢功。曾国藩虽然很受感动，但因担心局面迟则生变，对于要不要让李鸿章去南京相助，仍处在犹豫之中，为此他连续六天，每天一封信与曾国荃进行商榷，又特意让其子曾纪泽赶往南京，以核实军情。最后，在确定曾国荃近期便可以独立攻陷南京的情况下，他终于决定按照李鸿章的意思办。

虽然曾李已达默契，然而对于朝廷之命，硬顶着不办也不行。在朝廷的一再催促下，李鸿章只得答应派开字营炮队及刘铭传等二十七营会攻南京。不过这些部队却并没有马上出发，李鸿章奏称自己得了感冒风湿，睡眠不好，吃饭不香，要回苏州就医，这样又拖了下来，直到曾国荃攻下南京城，李鸿章实际未发一兵一卒。

南京战役结束后不久，曾国藩从安庆来到南京。李鸿章前来拜会祝贺，曾国藩亲自出城到下关迎接，曾国荃不明大哥之意，认为他只需在大营等候即可，出城迎接有失身份。曾国藩当即揭破了其间玄机："南京城破是大势，少荃一直按兵不动，实为大度胸怀……"曾国荃这才恍然大悟。

曾李相见，李鸿章要在地上行参见大礼，曾国藩上前一步，握着手将他拉起来，并对他表示谢意："我们兄弟今天还有这点薄面，都是赖你成全。"

第四章 攻 捻

李鸿章自率淮军东进以来，以上海为依托，用两年左右的时间，逐步夺取了苏常嘉等地，即所谓"用沪平吴"。因完成这一"平吴大业"，李鸿章被朝廷晋封为一等伯爵（号肃毅伯），并赏戴双眼花翎。相比之下，曾国藩被封侯爵，曾国荃封伯爵（号威毅伯），李鸿章与曾国荃勋名相同，与乃师只差一位，而这距离他走出曾幕，也才仅仅两年多一点。

李鸿章在攻取南京方面的作用，只会在左宗棠之上。与左宗棠不同的是，李鸿章只字未提自己在这方面的功劳，更没有参与攻击曾国荃，相反，他还极力请求朝廷表彰曾国荃。为李鸿章写传记的梁启超在论及此事时，也盛赞李鸿章胸怀宽广，且有着长远的政治目光，确具名臣、重臣之资。

急流勇退

曾国荃受攻击一事并不简单，其背后有着朝廷的暗中支持和怂恿，所对准的矛头实际也并不只是曾国荃，还有他的大哥——曾国藩。

早在咸丰在位时，已对曾国藩深存疑忌，后来迫于内外交困，无人可收拾江南危局，才不得不授之以两江总督，让他督办江浙皖赣四省军务。至湘军攻陷南京，归曾国藩直接指挥的湘军，包括作为嫡系的曾国荃部在内，已多达十二万人，除此之外，他还控制着皖赣等省的厘金和数省协饷，其权力和声势之大，国内无人能及，自然更令朝廷畏忌。

一开始，朝廷专倚曾国藩平定太平天国，还不敢对他太挑剔，后来李鸿章、左宗棠、沈葆桢等人先后崛起，朝廷便抓住机会，对湘淮军首领们采取了分而治之的策略。

　　李、左、沈最初都是曾国藩的幕僚，并受恩于曾国藩，李鸿章的淮军脱胎于湘军，左宗棠的楚军乃老湘军分枝，时任江西巡抚的沈葆桢能够仕途发达，离不开曾国藩的极力荐举。由于性格和私交不同，左宗棠、沈葆桢很快就在朝廷的鼓动下，与曾国藩分庭抗礼。左宗棠自独立出来后，一直与曾氏兄弟针尖对麦芒，沈葆桢公开和曾国藩争夺江西军饷，两人闹到了撕破脸的程度，曾国藩激愤之余，甚至一度产生了交出江督官印，仅统兵万余，专办一路的冲动。

　　与左、沈不同，李鸿章虽然有时候也顶撞曾国藩，在借才不还等方面坚持到底，但他始终以曾国藩的学生自任，并把自己的根本利益和曾氏兄弟绑在一起，这也是他拒绝攻击曾国荃的一个重要原因。

　　飞鸟尽，良弓藏，狡兔死，走狗烹，古往今来，少有人能逃脱这个规律。就像李鸿章"用沪平吴"后，常胜军便显多余一样，湘军攻占南京后，这支部队即处于类似处境。曾国藩对此心知肚明，事实上，他也早有避祸远害、明哲保身之心，朝廷明里暗里的相逼，更使他意识到，裁撤湘军已经刻不容缓，唯有如此，才能最大限度地消除朝廷的疑虑，确保自己的安全。

　　1864年8月，距湘军攻陷南京仅一个月，曾国藩向朝廷上奏，提出了他所拟定的裁军方案，当即得到批准。

　　湘军在性质上属于勇营，勇营起源于嘉庆年间镇压白莲教起义之时。从一开始，勇营就是制兵以外的临时性武装，所谓"有事招募，事平则撤"，即打仗了便临时招募，仗打完就解散归农。还在湘军攻陷南京之前，便有许多人包括言官提出裁撤勇营，或妥善安置勇丁，以节省饷银的问题，也就是说，即便曾国藩不主动上奏，裁湘也是迟早的事，只是曾国藩加快了这一步骤而已。

　　湘军是个大摊子，在镇压太平天国的最后阶段，其总数已达三十万众，不过很多分支已不属曾国藩统辖指挥。在由曾国藩直接指挥的十二万湘军中，也不全归曾国藩掌握或管辖，左宗棠、沈葆桢等人都有份在里面，真正他能够处理和可以处理的，实际就是曾国荃所统带的五万人马，此时正留驻南京。曾国藩就先从嫡系开刀,他先陈请曾国荃因病开缺,回籍调养,再将曾部的五万人裁撤一半,留一万防守南京,再留一万五千,派委曾国荃手下的三员将领分别统领,以为皖南北游击之师。

不光是湘军定议裁撤,脱胎于湘军的淮军也面临着需要裁汰的压力,而且照曾国藩所做的榜样,还得裁去一半,至少也不应低得太多。对此,李鸿章乐意吗?他不乐意!

曾国藩生平有两个得意门生:一是大学者俞樾,另一个就是李鸿章。曾国藩的看法是,俞樾爱读书,可惜书生气重,为人太过拘谨,不会做官;李鸿章长袖善舞、英姿勃发,天生是个做官的料,可是又不爱读书,他曾戏谑地对俞樾说:"李少荃拼命做官,你俞荫甫(俞樾字荫甫)拼命著书,我呢,两样都不学。"

因为曾国藩的点评,李鸿章给世人留下了不读书而拼命做官的印象,更有人讥笑他是"不学无术"。公平地讲,李鸿章的所谓"不学",只是他不像曾国藩、俞樾那样以钻研传统儒学自励,他对新知识尤其是国人当时还很陌生甚至排斥的西学,还是很感兴趣而且积极加以吸收的。

曾国藩不是俞樾那样的书呆子,但他深守知足知止之戒,常有急流勇退之心;而李鸿章又与曾国藩不同,他血气方刚,勇于担当,爱做事也敢做事,办任何事都从未有过畏难退缩的想法。在那个时代,只有做官,才会拥有在社会上做大事的机会,换句话说,李鸿章一心做官,是为了实心做事,正如他自己所说:"读书人要想以身许国,替国家效力,为百姓谋福,请问有哪一项不需要先通过做官才能实现呢?"

抽帮换底

一位研究中国历史的美国学者说过:"曾国藩在权力面前退缩,李鸿章则伸手要权力。"与曾国藩相比,李鸿章心态激进,锋芒毕露,急欲进一步施展自己的抱负,军队和权力对于他来说,都太重要了,曾国藩对于湘军的裁汰方案,当然不是他所期望的。不过与此同时,他也不敢直接说不裁,因为不光湘军,就是冯子材等非湘军的勇营,也已裁撤,淮军有何理由置身于外?

李鸿章的想法是,最好不裁,如果实在要裁,也尽可能少裁。他了解朝廷的心思,太平天国覆败,养着众多非建制内的勇营包括湘淮军,已无大用。在这种情况下,怎么说动朝廷呢?就得说淮军仍有保留价值啊,内患没有,还有外患!

"目前之患在内寇,长远之患在西人。"李鸿章上书朝廷,表示愿意裁撤淮军,但是希望酌留大部分得力兵将,以备海防。除此之外,他还积极与在朝廷有发言权,又有可能为之唱和的京官联系,大讲改革绿营兵制,精求火器,以为御侮之计的道理,通过他们为自己制造舆论。

经过两次鸦片战争,朝廷已经知道了洋枪炮的威力,明白若中外战争再起,仅靠刀矛和小枪、抬枪是抵挡不住洋兵的,所以也考虑请洋军官来训练洋枪队。问题是这些事情说起来容易,做起来难,就全国而言,只有淮军真正做到"西化"而且有了成效,就连京城的火器营,都要派人去向淮军学习西洋火器的用法。如李鸿章所说,海防上要派"得力兵将"驻防,淮军自为首选。

按清朝兵制,以汉人组成的绿营本为政府军队的支柱,但经过十余年同太平天国的战争,绿营早已全部崩溃,即便江浙战事已经结束,绿营兵制也难骤然恢复。李鸿章明知这一点,他强调改绿营兵制,更多的还是想变一变淮军的勇营身份,使之与制兵联系起来,或者直接把淮军变成绿营那样的制兵,这样也就可以不用裁或少裁了。对于朝廷来说,绿营兵制能否变易,涉及制度改革,一时难以解决,但是选留相对精通火器的淮军,以填补绿营留下的空白,就是顺理成章的事了。

朝廷这边是可以放行了,但李鸿章要想实现他的如意算盘,还得过曾国藩这一关,作为湘淮军总统帅,必须得到他的正式首肯和支持才行。正好此时曾国藩也碰到了难题,他在裁军后,留下一万五千人,原来是为了防御皖北太平军余部和捻军所用,但这些兵将在经历南京城下的两年苦战后,皆疲劳厌战,加之攻占南京后大肆抢掠,军纪已经涣散,于是人人思归,纷纷请急。等到皖北防务紧急,曾国藩打算调兵,竟没人肯去,谁都调不动。在这种情况下,他只好给李鸿章下达命令,调淮军北渡作战,以

"淮勇新军,济湘勇之穷"。

李鸿章趁机向曾国藩建议,把湘淮军都保留下来,以应付皖北等地的战事。曾国藩虽未立即正面作答,但他已然了解李鸿章的心思,此后他从南京前往安庆,在那里观察、思考了一个月,反复斟酌此事究竟该如何处理。

湘军在其后期就已染上暮气,曾国藩的办法是遣散旧勇,另行招募,重建新营。北京旧鞋铺、靴铺里有一句"抽帮换底,整旧如新"的谚语,曾国藩借用过来,将这种遣撤制度比喻成是鞋铺把旧鞋的底子换上新底子,便能得以整旧如新。眼下,曾国荃留下的嫡系湘军已不是某个营不能用,是所有都不能用,再像原来那样建新营也不可能了。

在湘军没落的同时,淮军却呈现出朝气蓬勃的气象,加之装备精良,战斗力极强,代替湘军已成必然之势,未来"剿捻"也只有依靠淮军。湘淮一家,李鸿章又是最紧跟自己的学生和部下,曾国藩有何理由不把"抽帮换底,整旧如新"的模式,复制到淮军身上去呢?

除裁撤曾系湘军,保留淮军外,别无他途。曾国藩打定了主意,在返回南京途中,即致函李鸿章,透露将"裁湘留淮"。李鸿章大喜过望,一边保证"敝部淮勇,能战而多士气";一边表态只要老师有所征调,淮军无有不从。

"裁湘留淮"由此成为定局。曾国藩所指挥的十二万大军,除不在江南的老湘营及部分霆军外,大部分遭到裁撤,曾国荃部被裁撤到仅剩留守南京的四营,连左宗棠在浙江的五万楚军,也裁撤了四五十营。淮军在平吴之后,其水陆之兵实有七万之众,但只裁汰了数千老弱,各营都基本按照原貌保留下来,淮军也因此成为这一轮大裁军中最大的幸运儿。

心腹之患

1864 年 11 月 6 日,朝廷突然命令曾国藩尽速前往皖赣交界"督兵剿贼",其江督一职改由李鸿章署理。由于事出突然,位于南京的总督府内一片哗然,赵烈文发出了咄咄怪事的惊呼,曾国藩本人也深感落寞。虽然还没过一个月，朝廷又收回了成命，但明眼人都已看出，朝廷仍是想以此"扬李抑曾"，即扶植李鸿章，打压曾国藩。

次年4月，京城传来消息，在慈禧皇太后的打压下，议政王奕䜣被革去王号和一切差事，不得干预政事，不久，虽恢复了首席军机大臣的职务，仍令其掌握总理衙门，然而议政王的称号却从此取消，而奕䜣也变得谨慎小心起来，遇事再不敢轻举妄动。曾国藩能够出任江督，固是朝廷出于利害的考虑，不得不如此，但与奕䜣的提携亦很有关系，奕䜣在权力斗争中失利后，曾国藩深怕受到牵连，更加忧心忡忡。

然而没过多久，情况骤然翻转，曾国藩突然又变成了朝廷眼中的香饽饽。5月底，他接到了赶赴山东"剿捻"的谕令，仅过一天，又被授之以钦差大臣，让他总督直隶、山东、河南各地军事，给予权力之重，已与当年授之以两江总督，让他督办江南四省军务时相仿。

朝廷态度的变化，可以说是被捻军逼迫的结果。捻军在刚刚兴起时，虽已和太平军遥相呼应，但基本都是以人成军，各有各的山头，各有各的人马。同时他们也没有建立起太平军那样的根据地，打仗时一哄而起，一哄而散，形同流寇，一旦遇到强敌压境，便只能撤逃了之。

捻军能够一直与清军相持，主要优势就是骑兵多，机动性强。最初捻军所拥马匹尚不足五千，自1858年也就是李鸿章离开安徽、投奔曾国藩的那一年起，捻军趁黄河改道、北上的天然屏障消失之机，开始有计划地到外省掠夺马匹。随后，淮军马匹数量迅猛增长，远非之前所能比及，运动距离和速度也相应大幅度提高。

太平天国覆亡前，有一支太平军远征西北，该部将领赖文光不久成为江北太平军和捻军的最高首领。赖文光是太平军中少见的文武兼资的战将，他将张宗禹部等数万捻众捏合在一起，按照太平军的兵制、兵法，并结合捻军精骑善走的特点，对捻军重新进行了改编，因其组织严密、战术灵活，战斗力较强，时称"新捻军"。

从朝廷方面来说，虽然早就派兵攻打捻军，但在过去很长时间内，都不得不为镇压太平天国而疲于奔命，同时又因为视捻军为只事抢掠的匪徒，所以并没有给予应有的重视。等到攻陷南京后，才发现捻军势力今非昔比，已成为一支浩浩荡荡、足以东西驰骋的大军,且有北渡黄河,直捣京畿之意,于是急忙派蒙古科尔沁亲王僧格林沁前去"剿"杀。

僧格林沁一面严守黄河新河道,利用天然屏障阻遏捻军北渡;一面率部追击捻军。僧军系由皇室控制的嫡系精锐武装,其主体是蒙古八旗骑兵,机动性好也是它的特点之一,故而僧格林沁追击捻军,仍采用他过去惯用的穷追不舍的老战术。

僧格林沁并不知道,新捻军早已拥有了一支精锐骑兵,其马匹数量和战斗力均不在其下,甚至某些数据还超过了僧军。1865年5月,在山东菏泽高楼寨,僧格林沁及数千骑兵被引入捻军预先布置好的伏击圈,并遭到围歼,余部也伤亡甚众,接近全军覆灭。这就是高楼寨大捷,此役标志着捻军已进入历史上的全盛期,继太平军之后,他们成为清王朝最大的心腹之患。

僧格林沁被朝廷倚为长城,他的败亡,令两宫皇太后震惊不已,乃至"辍朝三日"。更为严重的后果还在于,平捻战场上的各路清军至此人心涣散,风声鹤唳,不复能战,北路屏障实际只剩下了一个黄河。这种局面的出现,令朝廷大为恐慌,非常担心捻军会趁势北渡黄河,直捣京畿。因此清廷赶紧调兵遣将,一边命李鸿章抽调淮军北援,以阻遏淮军;一边委曾国藩为新的平捻主帅,下诏催令他火速率湘军北上"进剿"捻军。

北　上

曾国藩虽重新受到朝廷垂青,但前面发生过的几件事,令他心情很不好,加上又有僧格林沁败亡的前鉴,因此不想轻易行事。

客观上,曾系湘军此时也已经裁撤得差不多了,曾国藩手上只有仍留南京的湘勇四营,要出师的话,必须再行招募并加以训练,这起码需要几个月的时间才能完成。再者,捻军大部分是骑兵,湘军则是步兵,必须购备战马,教练骑术,以增强骑兵力量,否则无法与之对阵,如此又需要几个月的准备。还有,黄河防守已变得举足轻重,防止捻军北上的一个重要措施,就是扼守黄河天险,就此而言,黄河水师不可或缺,但要在短时间内将黄河水师训练出来,也是不可能做到的。曾国藩把这些理由详细罗列出来,写成奏折上报,以示自己无法即刻领命出师。

曾国藩久历军旅,他所述的理由都清清楚楚,很难反驳,但朝廷已把他当成救命稻草,哪里肯舍,随后又一连几道谕令,催其启程,其催促之急,甚至可以说已是迫不及待,以至于前面一个送谕令的驿吏刚出京城,后面一个送谕令的驿吏就跟上来了。

从这时的形势来看,捻军完全可以乘湘淮军尚未大举北上、京畿和直隶的清军兵力薄弱之机,迅速推进至清王朝的心脏地区,给其以致命一击。这是朝廷最害怕的,曾国藩也忧心忡忡地判断:如果捻军不渡黄河,"剿办"还不是太难;一渡河,就是他带着湘淮军飞马赶到,也会手忙脚乱。可惜的是,包括赖文光在内的捻军首领们计不及此,对于进军犹豫不决,以致在鲁西南地区徘徊月余,白白丧失了战场上的主动权。

捻军的失策,让朝廷松了口气,也给曾国藩增加了一个可以不急着动身的理由。此后他一面虚应故事,拖延北上时间;一面乞假休病,四次上疏恳辞,让朝廷另请高明。

李鸿章一向乐于事功,欣喜之情不言而喻,他除了极力鼓励乃师尽速北上、不要再犹豫不决外,还向朝廷和曾国藩保证,自己将在调兵、集饷两个方面,对曾国藩的"剿捻"行动予以全力支持,即所谓"借淮济急"。

曾国藩起初不肯受命的理由,主要在无兵可带之上,现在既然李鸿章说兵、饷都可以代为解决,他也就没法再推脱了,只好答应勉为其难,并令李鸿章先行调拨淮军北上。

这时淮军的大枝营头已被改称为"军",李鸿章首先将淮军主力铭、树、盛三军共三十三营,调拨曾国藩指挥。此前为防范捻军威逼京畿,李鸿章已奏派鼎军十营航海北上,由于捻军并未在第一时间跨越新黄河,鼎军卫戍京师就没那么迫切了,同时李鸿章也担心若鼎军久留直隶境内,可能会被八旗亲贵控制或拆散,因此便顺势恳请曾国藩将鼎军也调赴前线。

铭、树、鼎乃淮军早期的老营,是李鸿章最亲近的嫡系,盛军由盛字营、传字营(盛传两营是由李鹤章从陆路带到上海的)、抚标亲兵营合编而成,四军皆为淮军主力,被李鸿章认为"精准可靠"。进士出身的淮将刘秉璋，素与其他淮将格格不入，亦不受李鸿章的重视，曾国藩倒是很认可他，便经过李鸿章同意，将刘秉璋及其所率庆亲军十营也调至麾下。这样一来，可供曾国藩指挥的淮军就达到了五十三营近两万七千人，而且每营都有多至四百余杆、少至三百余杆的洋枪，并有独立的开花炮队。

曾国藩自己当然也不能赤手空拳上阵，他以南京的四营湘勇为主，增募千人，编为六营，作为护卫亲兵，又调驻扎皖南的老湘营刘松山部十八营随征，总计二十四营一万两千人，加上借用的淮军，组成了北上的先锋兵团。

1865年6月下旬，在朝廷的再三优诏慰勉和李鸿章的不断鼓动下，曾国藩从南京姗姗启程，两个月后抵达徐州大本营，正式开始部署攻捻。

曾国藩到任时，捻军已发展至三十万的规模，且在高楼寨歼灭僧军一役中，缴获了大量军械、战马，无论兵力、军备还是声势，都空前壮大。曾国藩不敢掉以轻心，他对僧格林沁的失败案例进行了认真分析，结论是僧军以骑兵为主，步兵为辅，在与捻军作战时，因僧格林沁亲统骑兵，追击捻军，每天要走七八十里乃至百余里，致使步队落后，难收步骑相辅之效，才终于为敌所乘。

湘军原先曾有马队，但已裁撤，淮军因在江南作战，根本就没建马队，所以湘淮军已是清一色的步兵，为此，曾国藩决定从零起步，大规模添设马队。在出师前，他专门奏请将霆军新购买的八百匹战马改解至营，行抵徐州后，又对僧格林沁留下的和新调的马队进行改组，汰劣留优，从而初步建立起了自己的骑兵部队。

即便如此，曾国藩所统率的平捻兵团，仍只能以步队为主，马队为辅，加上中原地区兵荒马乱已久，地方上无法供应后勤，军队伙食均需自备，所以行军速度不可能太快。曾国藩估计，每天只能走二三十里，或最多四十里，以这样的速度，步骑倒不可能脱节，可是也就追不上捻军了——捻军的机动能力绝对碾压清军，连僧军都跟不上，湘淮军就更不用说了。

曾国藩不擅临阵指挥，用兵拙滞，是其短处，他的优点是长于谋略，善于布局。经过一番仔细推敲，曾国藩决定摒弃僧格林沁的穷追不舍，转而扬长避短，以静制动，用重点设防来对付捻军游弋不定的流动战术。

兵归帅有

捻军常年纵横苏、鲁、豫、皖数省，其间来去迅捷，行动飘忽，但他们多为皖北、鲁西之人，每年秋收季节，必回家乡兼以采购粮食，所以捻军的活动是有规律可循的。曾国藩所说的重点设防，就是在苏、鲁、豫、皖四省十三府派驻重兵，从而达到"以有定之兵，制无定之贼"，类似守株待兔一样的目的。

曾国藩并不将十三府平均看待，而是将江苏的徐州、山东的济宁、河南的周家口、安徽的临淮关等地，作为重点的重点。在"重点的重点"处，曾国藩设立大营，大营所在地构筑坚固工事，而且每处都储藏大米一万石以及大量草料、弹药、军械。四省构成联动机制，一省有警，三省往援，一旦某省响起警报，往援的三省即可从大营获取粮械。重点设防之外，曾国藩又命令地方官清查农村的圩寨，实行坚壁清野，以断绝捻军的米粮等物资补给。

曾国藩的这套战略决策，事实上都切中了捻军的要害，堪称老辣，若运用得当，足以限制捻军的马足。但问题是重点设防需要分兵把关，在这一点上，作为指挥统筹者的曾国藩颇伤脑筋。

李鸿章除将已经北上各军调归曾国藩指挥外，又将江南各军及援闽之军，先后北调，曾国藩为了保证重点设防政策的实施，也将尚未裁撤的湘军尽可能北调，由此使平捻兵团的湘淮军达到了八万之众。在这八万湘淮军中，只有两万湘军，其余六万都是淮军，曾国藩要想指挥自如，实际就是看在战场上调遣淮军能否如意。

有研究者指出，淮军虽源自湘军，但已有很大更改，其中最深刻、最重要、影响也最大的更改，便是把湘军营制的兵归将有，帅不为制，改为兵归帅有，全军上下唯听统帅一人。在湘军中，曾国藩更像是一种道义上的领袖，左宗棠、沈葆桢皆出自湘军，然而只要翅膀一长硬，或与曾国藩闹了意见，便可形同陌路。淮军中则无此情况，所有营头包括中大枝营头在内，均唯李鸿章一人马首是瞻，没有独辟门户的现象。用曾国藩的话来说，就是都只会在李鸿章"脚下盘旋"。

六万淮军虽然形式上已拨归曾国藩指挥，但仍尊李鸿章为他们的老大，无论大事小事，都会写信去向千里之外的李鸿章诉说，而不向曾国藩请示。李鸿章因为自觉对淮军比曾国藩更为了解和熟悉，同时又放不下他的军队和将领，所以也不肯站在一旁当闲客。他或者写信与曾国藩商量，或者直接向朝廷上条陈，从部队的进退、分合、饷项、添勇，到保举或参劾统将，乃至统将休假，事无巨细，都要涉及。曾国藩亦是个极有主见的人，一开始，他还耐着性子，几乎事事让李鸿章"裁示"，要他代为对淮军诸将"训迪"，但很快就忍不下去了，认为李鸿章"事事干涉"，已经影响到了自己在军中的权威和判断。

　　曾国藩、李鸿章用兵使将的理念并不相同，李鸿章唯才是举，只论能力，不管亲疏或者有无功名，他的三弟李鹤章、六弟李昭庆以及统将刘秉璋，皆被曾国藩奏调随营，但在李鸿章看来，二李能力极为有限，不堪重用。事实也是如此，李鹤章原先在淮军中的地位相当于总指挥，有人甚至把他比作是淮军中的曾国荃，但后来在淮军中便渐渐没了存身之地。李昭庆还不如李鹤章，李鸿章对他这个小弟弟的评价是"文弱""不济于事"。

　　李鸿章只希望两个弟弟老老实实地待在曾国藩身边，"赞襄左右，联络诸将"，然而曾国藩却想赋予李昭庆重任。李昭庆北上时，从苏州带了四个营，这四营其实也非能战之队，"只堪坚守，不能出战"，然而曾国藩却要李昭庆以四营为主，组建游击之师，并率部追击捻军。李鸿章知道后急忙去信，请求曾国藩以驻守济宁的潘鼎新军作游击之师，而让李昭庆率部驻守济宁。

　　曾国藩以为李鸿章是在替弟弟求情，怕李昭庆像僧格林沁那样追着追着就送了命，当下便明确告知李鸿章，说事情已经定下来了，不是你想改就可以改的！

　　因为自感李鸿章在干涉他的指挥权，曾国藩最后甚至表示，如果他"剿捻"一直都无起色，就将奏请让李鸿章挂帅"剿捻"。

　　李鸿章尽管内心不甘不服，但老师发火，他也只能乖乖听训，不敢完全违拗曾国藩的意愿，以后能少插嘴就尽量少插嘴，并要求淮军各部都必须听从曾国藩调遣。然而即便这样，前线的淮将们仍然难以对曾国藩的命令做到绝对服从，导致曾国藩在指挥时，"遇有调度，阳奉阴违者颇多"。

曾国藩沮丧不已，对李鸿章感慨直言："淮军非你不能督率！"直到此时，他才对过早裁撤湘军感到追悔莫及，发出了"撤湘军一事，合九州铁，不能铸错"的叹息。

无术制之

曾国藩所谓的重点设防，其实只是单线防御，而他对淮军指挥失灵和用之不得法，又使得防线被捻军突破后，援兵往往难以及时补位，故而捻军仅需突破一点，就能在重点设防的广阔区域内纵横自如。与此同时，坚壁清野的措施虽给捻军带来很大不利，但这些不利因素，对于声势壮大、兵力充足的捻军而言，尚构不成致命威胁。

发现重点设防和坚壁清野都不足以制服捻军，曾国藩再思良策，开始实施河防战略，具体来说，是在运河、沙河、贾鲁河的河道沿岸，修筑堤墙、木栅、堡垒，其用意是通过层层围困，越逼越紧，最终将捻军驱逐至豫西山多田多的贫瘠之处，加以歼灭。

与重点设防时，将领们更喜欢留守而视游击为险途的态度不同，对于河防，众人的态度都是宁愿游击，不愿防守。原因是一旦承担河防任务，就必须同时把筑堤建垒的活也接过来，整天掘泥挑土，十分辛苦，不像游击之师可以半行半住，相比之下还安逸一些。竣工后，河防者必须固守该处河堤，守住了没啥功劳，守不住则要受严厉处分，这也比不上游击之师——追击捻军，追上了记大功；追不上，有僧军之例在前，也绝不会记过。

"勇丁愿行路，不愿挑土；将领愿做活事，不愿做笨事。"诸将纷纷推诿叫苦，谁都不肯担任河防，曾国藩无奈之下，只得硬性指定。刘铭传被命令防守沙河，就去向李鸿章告假。曾国藩在巡视时，收到李鸿章的一封来函，拆开一看，居然是替刘铭传说情的，信中诉说铭军有多么辛苦，请求让刘铭传休息一段时间。

曾国藩认为沙河、贾鲁河是捻军闯入山东、皖北的必经之地，对于河防战略，他是充满信心的，当然不能允许自己被李鸿章干预掣肘，以致贻误军机，因此他在信中很严厉地批评了李鸿章。

李鸿章为刘铭传求情的另一个原因，是他对曾国藩的河防战略其实很不以为然。曾国藩试图在重点设防的同时，设防诸河，运用点线结合的战术，打击和消灭捻军。问题在于，他摆的是一个千里设防、分兵把关的一字长蛇阵，捻军只要乘虚而入，河防战线便会全局崩溃，就此而言，李鸿章并没有估计错误。

河防堤墙建成后约莫一个月光景，1866年9月24日，捻军于半夜二更时分，在距河南开封城以南数十里处，以潮涌之势，冲破堤墙，然后向东急奔而去。曾国藩苦心经营的贾鲁河、沙河防线宣布告吹，运河沿岸一片风声鹤唳。

因曾国藩从重点设防地区抽调劲旅，用于扼守河防，故而导致清军在内线的力量薄弱，捻军踏破河防防线后，闯至豫东、山东，纵横驰骋，如入无人之境。曾国藩只得重新调兵遣将，于是拦头之师又变成了尾追之局，湘淮军疲于奔命，战局已完全朝着与曾国藩愿望的相反方向发展。

此时距曾国藩北上督师已近两年，朝野舆论物议纷起，指责曾国藩劳师糜饷，不但没能"剿"灭捻军，反而使得其声势更加浩大。曾国藩承受着巨大的心理压力，以致血压升高，寝食难安，身上原有的老毛病也都复发加剧。10月1日，在自感对捻军"无术制之"的情况下，他奏请饬李鸿章携带江督关防，驻扎徐州，协办山东军务，待情况缓和，再回驻南京，又饬请复出任湖北巡抚的曾国荃，同样携带鄂抚关防，移驻南阳，协办河南军务。

朝廷批准了曾国藩的请求，表示让各省督抚越境助战也是应该的。这下曾国藩的老脸再也挂不住了，愧惧交加之下，便以病重难愈为由向朝廷告假，并奏请改由李鸿章主持"剿捻"。此时，朝廷也看到了曾国藩的有心无力乃至无心作战，也就很爽快颁谕让曾国藩在营调理一个月，待病愈后再进京陛见一次，钦差大臣关防改由李鸿章署理。

李鸿章得知后，连忙上奏朝廷，要求务必让曾国藩回任江督，并称如果曾国藩不回任江督，平捻兵团的军饷粮秣将很难得到保障，"臣从军十几年，深知胜败利钝之理，其关键不在贼之难办，而在粮饷军火之接济"。

因为李鸿章的坚持，朝廷只得谕令曾国藩仍回两江总督本任，实授李鸿章为钦差大臣，专办"剿捻"事宜。这样，李鸿章便正式成为"剿捻"主帅，坐镇徐州前线指挥调度，而曾国藩则与之换班，回到后方为之筹集粮饷军火。

新战略

与年岁和心气都已进入衰退期的曾国藩相比，李鸿章正值朝气蓬勃的壮年，戎马劳顿根本不在话下，满心渴望的就是能否在更高层次上建功立业。别人接防取印都要客气谦让一番，李鸿章全不管这一套，接到朝廷要他协办山东军务的寄谕，二话不说，便立即启程赶往徐州，使曾国藩感到"颇为迅速"。接着，在奉命署理钦差大臣关防后，李鸿章又不顾常规礼仪，派员直接到曾国藩处索取关防，曾国藩当时就被惹恼了。

如果换一个人，可能就记恨上了李鸿章，但曾国藩的涵养极高，遇事皆能隐忍三分，而且他们师生的关系本来也非同一般，曾国藩素知李鸿章的性格，过后即不以为意。这也是曾、李非要让对方为自己筹饷，才觉得放心的原因所在。后来李鸿章能够在前线安心"剿捻"，也确实有赖于曾国藩在后方为他妥善解决了粮饷供应问题。

曾国藩不会在意李鸿章失态和失礼，他担心的是，李鸿章太过锋芒毕露，我行我素，会不会妨碍"剿捻"。回到南京后，曾国藩有一次颇为忧虑地对幕僚赵烈文说："少帅（指李鸿章）近来颇有些骄傲，这不是什么好兆头……他此次挂帅，按我的估计，必不能制贼！"

所谓当局者迷，旁观者清，就像曾国藩站在局外，对李鸿章的优劣势看得更清楚一样，李鸿章上阵前，也已捉摸出曾国藩的败因所在，那就是过度谨慎，被动设防，终至"日久无功"。接任后，李鸿章即率领淮军精锐五万余人，配备洋枪三四万支，火速赶往山东济宁前线。在济宁，他根据明臣孙传庭进攻李自成起义军的办法，制定了名为"扼地兜剿"的新战略，简单说来，就是不跟捻军在四通八达的中原平旷区域兜圈子，而是把他们诱至山重水复的复杂地域，限制其骑兵的机动优势，继而集中各省之军，合力从四面进行围困。

李鸿章张网以待，却没想到捻军根本就没入他的套。原来赖文光立志复国，欲在四川建立像太平天国一样的政权，在他的倡议下，捻军首领们决定兵分两支，一支由赖文光率领，拟经湖北进入四川，是为东捻军；一支由张宗禹率领，拟入陕西联络回民义军，再图入川，是为西捻军。当李鸿章抵达山东时，东捻军发挥其流动作战的特长，突然由山东折而西进，由河南入湖北，于当年年底进至德安、安陆之间，把淮军甩在了千里迢迢之外的山东。

发现捻军去向后，李鸿章忙率部追至湖北。李鸿章亲统淮军，如臂使指，指挥效率和有效性大大提高。东捻军刚刚在安陆府的臼口镇立住脚，尚未与已在陕西的西捻军取得联系，淮军就已追到眼前，他们来不及休息整顿，就不得不仓促应战。

安陆臼口镇一带地形复杂，前有长江、汉水阻挡，后有大洪山脉之险，山路曲折交错，河湖港汊遍布。这正是李鸿章"扼地兜剿"所需要的地理条件，不管东捻军的骑兵如何善于驰骋千里原野，到了如此狭窄的地域，也再难以发挥所长。李鸿章认定聚歼捻军的好机会到了，于是立即制订"臼口之围"的作战计划，调动湘淮军七万余人分路并进，其中包括淮系的铭军、湘系鲍超的霆军、曾国荃复出后重新招募组建的"新湘军"以及地方上的豫军、皖军。

时人将曾国藩、李鸿章、左宗棠称为"江南三大吏"。左宗棠奉命到西北攻打西捻军，走到汉口时，道路被东捻军挡住，临时留在汉口，朝廷命令他协助李鸿章指挥作战，加上在南京供给饷银和军火的曾国藩，"三大吏"都被动员起来，平捻战场上的清军主力也全部集结于臼口。东捻军方面，兵员达十余万，拥有众多久经战阵的老兵和精锐的骑兵，自踏破曾国藩的河防防线后，更是士气高涨，人人不惜一搏，故而双方甫一出手，就已使战役变成决战性质。

东捻军为试敌锋，先行试战，1867年1月11日，在臼口镇附近的沙冈集，湘淮军中最薄弱的环节即新湘军遭到攻击，捻军大胜，新湘军松字营被歼四千人。统将郭松林身中七枪,重伤被擒,后因胫骨已断,无法行走,捻军又不知道他是敌军主将,便将其抛弃在路旁,郭松林方得以逃脱。沙冈集之战后,曾国荃威名扫地,他自己也灰心丧气,开始萌生退意。

在新湘军身上试完刀,东捻军随即剑指作为平捻兵团主力的淮军。半个月后,他们在德安与淮军中的大枝营头盛军、庆亲军、树军交战,树军统将张树珊贪功心切,与大部队拉开距离,结果在杨家河被捻军抄后路包围,张树珊力战阵亡,树军亦伤亡殆尽。

两战特别是杨家河之战,令平捻兵团深受震撼,看到连武器精良的淮军都吃了大亏,各路参战清军噤若寒蝉,纷纷依托村寨堡垒固守,鲜有敢与捻军进行野战者,即便偶有胆大的,也无不落败。

真将才

李鸿章刚刚开场,就挨了一记闷棍。好在战场失意,官场得意,这时湖广总督官文被曾国荃参奏革职,朝廷以李鸿章就在湖北,命其继任湖广总督职,以钦差大臣兼鄂督的身份,继续留在军中督办攻捻事宜。

进战过猛,是李鸿章在前两战中接连遭到失败的一个重要原因,也是曾国藩所说的"骄"字在战场上的反馈结果。待至再战,李鸿章清醒了很多,1867年2月,清捻双方在安陆府尹隆河决战,他不敢掉以轻心,派出的是湘淮军中最顶尖的悍将强兵:淮军中的刘铭传及其铭军,湘军中的鲍超及其霆军。

刘铭传是张树声动员起来的西乡团首,所部即铭字营,当初树、铭、鼎、庆四营淮勇到安庆集中时,曾国藩为表示重视,曾予以接见。世称曾国藩善于相面,据说他在接见前问过李鸿章:"你部下里面,有几个人是将才?"李鸿章把张树声、刘铭传等人的名字说了一下,曾国藩点点头,没说什么。

当天共有十余名淮军将领前去晋见曾国藩,张树声个子最高,领头,刘铭传身材短小,殿后,众人鱼贯而入,进入了曾国藩的议事厅。然而左等右等，曾国藩就是不出来，好不容易，他吃过饭出来了，看到刘铭传等人，却只说了声"坐"，便又兀自走开了，不过也没走远，只在屏风后面来回踱步。

那个时代很讲究礼仪，即便曾国藩已吩咐说"坐"，但主人不在现场，众将也不敢真的坐下来，只得恭立于议事厅大门的两侧。又大概过了一刻钟，曾国藩才从屏风后面慢慢地绕出来，见众将都站着，故作惊讶状地说："让你们坐，为什么要站着呢？今天没能好好招待你们，以后有空要常来才好。"说完，即令送客。

众将均以为，曾国藩在接见时一定会询问各人的履历，或者对他们的军旅知识和能力进行考查，之前也都各自做了一些准备。未料曾国藩什么都没问，就把他们打发走了，出门时个个困惑不已，不知道这位湘军大帅的葫芦里究竟卖的什么药。

其实曾国藩一直站在屏风后进行观察。事后他告诉李鸿章，他发现有两个人是不可多得的将才，一个是大高个，他在等待过程中，自始至终都很有耐心。另一人则完全相反，他是个麻脸汉子，因为见曾国藩对他们很怠慢，气得麻面通红，最后连到脖子都涨红了，别人看到曾国藩都毕恭毕敬，唯有他怒目而视。前者，曾国藩认为有春秋时管仲、晏婴那样的才华（系张树声）；后者，曾国藩的判定是"真将才也"。

在清代笔记中，还有一种说法：有一天傍晚，曾国藩在李鸿章的陪同下，悄悄视察淮军营地。未上战场的淮军将弁，有的在赌酒猜拳，有的在倚案读书，有的放声高歌，有的默坐无言，内有一人露着肚子，左手持书，右手拿酒，朗诵一篇，饮酒一盏，显得旁若无人。曾国藩特地上去看了看此人所读之书，乃是司马迁的《史记》。在回去的路上，他就对李鸿章说，诸将皆可以立大功、任大事，不过将来成就最大的，还是这个露肚子读书的人。

两种说法中的"麻脸汉""读书人"，都是刘铭传，因其在家中排行第六，脸上有麻点，家乡人也称他为刘六麻子。刘铭传性格直率豪爽，他在接见时的怒不可遏以及军帐中的饮酒诵文，正是这种性格的外在表露。

护 短

刘铭传和李鸿章虽是同乡，但一个在西乡，一个在东乡，就当时的交通条件来讲，相隔也不近。到了办团时期，刘铭传的团练是民团，李鸿章是官团，民团、官团之间少有来往不说，有的还时常相互攻杀，因此，在建立淮军前，李、刘并无旧缘。

淮军开至上海后，刘铭传最初和潘鼎新一起驻守于浦东的周浦。

李鸿章选拔将才，靠的不是相面。刘铭传驻守周浦不久，便拿出他在家乡跑江湖的手段，通过威胁利诱的方式，以数千之众招降太平军万余人，其应变之才给李鸿章留下深刻印象，乃至在写给曾国藩的信中，对之大加赞扬。

刘铭传打仗凶悍，"有血性，有狠劲"，他会同潘鼎新及常胜军，先后攻占奉贤、金山卫等处，控制了整个浦东地区，由此大得李鸿章赏识。至淮军攻苏嘉常等地时，铭字营已扩充至十六营，其兵力、营数均相当于一般大枝营头的两倍，程学启死后，铭字营更跃升为淮军中独一无二的大枝营头，刘铭传的官衔，则由刚到上海时的千总，连续擢升至记名提督。

曾国藩虽在相面时，就认定刘铭传为"真将才"，但凭刘铭传的出身和籍贯，他要想在湘军中混出头基本是不可能的。曾国藩就像对待程学启一样，对有盐枭经历的刘铭传存有戒心，他认为刘铭传"非常人所能驾驭"，曾提醒李鸿章，让他对刘铭传"能用则用，不能用则杀之，免生后患"。

李鸿章对"将才"的认定与曾国藩本有差异，同时还惜才如命，自程学启死后，他即将刘铭传奉为"淮军特出之将"，别说杀了，连打骂都舍不得。刘铭传为李鸿章所独宠，平时便也傲气十足，从不肯甘居人下。北上"剿捻"后，铭军与僧格林沁残部陈国瑞军相邻驻扎，陈国瑞年少时就参加太平军，后投清军，作战勇悍凶狠，是个有名的混世魔王，他眼馋铭军的洋枪洋炮，竟想强行夺取。刘铭传岂肯买他的账，立刻下令开枪还击，两军互斗，陈国瑞不敌刘铭传，被其生擒活捉。陈国瑞被擒后，刘铭传又将其连饿三天，直到陈国瑞伏地求饶，才将其放走。

互斗案发生后，曾国藩深感刘铭传等淮将难以驾驭，准备借机上奏，严劾刘铭传。李鸿章在后方得知后，连连写信给曾国藩，替刘铭传多方辩解开脱，说刘铭传此人他非常了解，性情耿直豁达，古道热肠，就是好个面子，受不得一点委屈，而且最怕别人说他骄纵。

李鸿章既把话说到这个份上，曾国藩也就只好放过刘铭传。当然，李鸿章对刘铭传的"护短"远不止这一次，为了替刘铭传说情，免掉防守沙河之任，他还挨了曾国藩的一顿训斥，弄得自己灰头土脸，郁闷不已。

刘铭传是个信奉士为知己者死的人，李鸿章包容爱护他，他也称李鸿章为"贤帅""吾师"，只要仍在李鸿章麾下，必效尽全力，即便肝脑涂地亦在所不惜。

此次与刘铭传配合的鲍超，亦系湘军中无人能及的悍将，连咸丰在第二次鸦片战争中欲召"勤王之师"，都点名要他带兵北援。另外，鲍超是重庆人，李鸿章客居湘军时，两人颇有惺惺相惜之意。李鸿章率淮军去上海，缺少统将，问湘军将领们借，谁都不肯借，只有鲍超慷慨出手，使得他与李鸿章之间的关系更为融洽。

按照李鸿章事前的想象，湘淮第一猛将联手，必能爆发出惊人合力，然而实战时的情况却完全不是这样，刘铭传还差点因此步程学启后尘，命丧黄泉。

尹隆河之战

鲍超原为伙夫、兵勇，靠英勇善战和军功才逐级升至统将，他认为刘铭传不过是后起之辈，没资格与自己平起平坐。刘铭传也不肯低头，鲍超瞧不上他，他也看不起鲍超，视之为无谋匹夫。两人互不相容，向存嫌隙。

尹隆河之战前，铭军驻于下洋港，霆军驻于臼口，刘铭传与鲍超函约，双方定于2月19日上午7点出兵，对捻军进行夹击。赖文光通过侦察，获知了这一情报，于是便以箭射书，给刘铭传寄去一封信，信上说："鲍妖（鲍超）的勇猛和谋略，不是你刘铭传比得上的，你为什么不跟他联合，等第二天再来和我打呢？现在孤军驻于下洋港，等于送死！"

刘铭传好胜心极强，又与鲍超素不相能，被赖文光的激将法一激，便按捺不住。此时刘铭传除自有的铭军本部外，加上供其指挥调度的部队，共有二十营人马，他当即留下五营在后路护卫辎重，亲率马步十五营，兵分三路，渡过尹隆河，对捻军发起攻击。

刘铭传提早出击，致使预定的夹攻计划流产。在铭军发动攻击后，早已严阵以待的捻军立刻扑上来迎战，铭军刚要接仗，捻军却又不战而退。与此同时，赖文光派出的一支骑兵已绕过尹隆河，对铭军后路进行袭击。

刘铭传深怕后路辎重有失，连忙抽队渡河回救，赖文光等人见状，迅速率部回转，分三路反击。从整体而言，臼口等处本不利于捻军发挥其优势，但局部亦有例外，尹隆河离安陆府府城有九十里地，此处地势宽平，有利于骑兵驰骋，是捻军的绝佳战场。捻军骑兵统帅、鲁王任化邦（小时名柱，故清军常称他为任柱）骁勇善战，僧格林沁的东三省和蒙古骑兵正是被他所歼灭，连李鸿章都承认他是"今日第一等骑将好汉""人中怪杰"，并将之与项羽相提并论。任化邦与赖文光一个善战，一个善谋，可谓相得益彰。捻军发动反攻后，任化邦率部首先击败了铭军的左路军，接着与赖文光等会合，打败了刘铭传亲自督带的中路军，继而又全力围攻铭军右路军。

就在铭军陷入绝境之际，鲍超突然出现在西南方也即捻军的侧背，并以全部兵力压上。赖文光对此倒不是完全没有防备，得知铭军已提前单独攻击时，他就打算派一支强兵堵住鲍超，隔断鲍刘的联系，但遭到了魏王李允的反对。李允认为分兵会导致力量薄弱，不如合起来先击破铭军，然后再破霆军，这样来得更稳妥。赖文光虽然名义上是捻军的总领袖，但实际权力却很有限，除了亲随的数千太平军及少数捻军外，他调动不了兵力比他多几倍甚至几十倍的捻军各旗，在李允持异议后，只好顺从，尹隆河战役的整个布局也因而极不完整，缺乏对霆军从西南方抄袭的警戒。

霆军猛扑过来后，从两翼抄击，势如风雨，喊杀声震天动地，以致十余里都能听得到。在霆军劈山炮的连环轰击下，铭军绝处逢生，捻军由胜转败，被歼两万余。

在这次战役中，铭军亦损失惨重，鲍超及其霆军则志得意满。客观地说，刘铭传被赖文光所激，违约提前发动进攻，固然不对，但鲍超却更

"坏"——在铭军出击后，霆军其实有充足的时间和条件前来会攻，因为捻军并未派兵分堵，那样的话，至少可减轻铭军所承受的压力，但鲍超由于和刘铭传不对付，也为了独自邀功，直至铭军陷入绝境，才猛攻捻军侧背，致使铭军差一点全军覆灭。

铭军在战斗中被捻军缴获骡马五千余匹，洋枪四百支，号衣八千件，其他还有许多辎重军械，最引人注目的则是刘铭传失落的那顶红顶花翎。霆军又从捻军手里把这些物品夺了过来，由鲍超下令送还铭军，从其心态来说，实在也有讥笑之意。

李鸿章原本和鲍超关系很好，这个不假，但他差点让自己的心腹爱将送命，且令淮军蒙受严重损失，那就另当别论了。李鸿章随即上奏，将铭军的兵败原因归结于鲍超故意迟延出战，鲍超当然也不服气，又反过来指责刘铭传欲得首功，违约提早发动进攻，故有此败。双方攻讦的结果是，鲍超被朝廷认定对铭军致败负有责任，以虚冒战功遭到严旨斥责；铭军方面，按照李鸿章的意见，免去刘铭传兵败之罪，仅给予分统李盛藻以拔去花翎的惩处。

这一处理结果显然偏袒于刘铭传，鲍超愤郁成疾，执意告退，后直至老死也再未出山。湘军的规矩是统将死亡或解甲归田，他带的兵就无存在必要了，在鲍超缺席的情况下，曾国藩只得下令将霆军三十二营全部裁撤。

东捻军虽在尹隆河之战中遭受较大挫折，但实力仍相当雄厚，此后他们又在蕲水歼灭新湘军彭毓橘部，阵斩彭毓橘。至此，曾国荃刚刚辛苦创立的新湘军全部覆灭，参加平捻战争的湘军力量被进一步削弱。

还是得靠长河

鉴于尹隆河之战的失利以及多次抢渡汉水未成，加之路途遥远，赖文光仓促之中，只得放弃率东捻军入川的预定战略，决定由河南入陕西与西捻军会合，之后再入蜀地。

然而要去河南也不容易，一路上都有清军进行围追堵截，这时有人提出，陕西回民起义持续日久，粮食匮乏，捻军去了以后恐怕难以得到补给，倒是山东连年丰收，滨海的登州、莱州、青州三府更是富足，不如去山东补充粮草，以资就食。赖文光听取了这一意见，遂改变原来入川、入陕的计划，改向山东滨海地区的登、莱、青三府发展。

1867年6月间，东捻军冲出臼口包围圈，北上河南，接着又经河南中部，再入山东，其间马不停蹄，行军速度极快。淮军当时跑得最快的部队是铭军，可日行百里，但还是望尘莫及，因为人家是日夜疾驰数百里！

"臼口之围"计划失败，淮军又被远远地甩在了后面，于是，原先曾国藩曾饱受过的各种怨言责难，也开始落在李鸿章身上——朝廷责难不说，朝堂的言官、地方的官僚也都看热闹不嫌事大，争着添油加醋地对李鸿章加以咒骂。甚至于，就连淮军内部也有怨言之声，刘铭传、潘鼎新都认为这种终日与捻军追奔逐北的日子太苦，而且又追不上，根本看不到希望所在，刘秉璋更是屡欲乞退。

然而曾国藩终究还是低估了他这个学生的韧性和进取心，群谤众毁之下，李鸿章并没有就此打退堂鼓或者一蹶不振，而是又埋头穷研起了对付捻军的战略战术。

捻军的机动速度实在太快，一味尾追绝非制捻之道。李鸿章仍然笃信"扼地兜剿"，相信利用地势来困住捻军的想法是对的，他认为"臼口之围"没有成功，只是没有找到一个合适的地势而已。什么是合适的地势？"臼口之围"表明，光靠大山和小沟汊不够，还是得靠长河！

河防政策是曾国藩已经实施过、最后又遭遇失败的策略，李鸿章曾加以嘲讽，但他现在要做的，就是继续河防政策。他经过分析，发现河防政策的失败，并不足以说明其本身是错的，原因还是出在各军不能协同作战上。

虽然可能会被人看成是打自己耳光，但李鸿章照做不误。他的新计划是，在山东运河东岸（运东）和河南的贾鲁河、沙河西岸，修筑长墙，用以阻截捻军。

运东长墙早在曾国藩时期已经筑成，贾鲁河、沙河长墙已被捻军上次南进时破坏，修复长墙需要时间。李鸿章打算西线以后再说，眼下只需对完整的运东长墙加固一新，能不让捻军进入山东就可以。

可是还没等李鸿章实施他的新计划，运东防线就遭到了突破。按照李鸿章原先的部署,系以济宁为南北分界线,济宁以北长墙由东军(山东地方军)守卫,以南长墙由湘淮军守卫。其时天旱水涸,有些运河段已变成干沟,人马可自由通行,完全丧失了防卫作用,这本来是李鸿章比较担心的,也派重兵在这些河段扼守,但捻军却采取了声东击西的战术,他们先攻运河段已成浅涸的沈庄,另以精兵伏于东平戴庙,待机强渡。

戴庙属于东军防地,此处系郓城水套区,距李鸿章亲自坐镇的济宁仅一百几十里,因为觉得捻军不太可能打这里的主意,所以设置的防卫力量相对薄弱,防守也较为松懈。1867年6月13日,早已埋伏在附近的数十名捻军骑兵,乘清军的注意力被沈庄方面所吸引,突然冲进运东长墙,将东军王心安部的军装尽行抢去,并缴获了王心安的家眷船。此后,他们在水套区小股农军的掩护和指引下,搭桥而渡,将大部队运过了河,尔后一直向东,经过济南郊区,越胶莱河,到达了滨海目的地。

李鸿章万万没有想到,正当自己着手对运东防线进行加固,防守部队也即将到齐的时候,防线会被捻军"意外"突破。

出征之前,李鸿章一直相信自己统兵作战的能力要强于乃师,然而现实是残酷的,运东防线没有丢在曾国藩手里,恰恰就是丢在他自己手里,这让李鸿章羞愧难当:"我老师花两年时间才经营出这一格局,现在毁于一旦。"

良　策

运河防守失利,震动朝野,朝廷先后下旨,将王心安撤职,对参与防守的山东巡抚丁宝桢、湖北巡抚曾国荃、河南巡抚李鹤年,交部议处,予以降级留任的处分。李鸿章也因连吃败仗,"日久师疲",遭到朝廷申斥,并命其戴罪立功。曾国藩是饱尝过"众口铄金,积毁销骨"滋味的,他怕李鸿章会受不了,赶快致书劝其忍辱负重,等待转机,"若遇棘手之际,请从'耐烦'二字痛下功夫。"

不管有没有曾国藩的鼓励和提醒,李鸿章都不得不沉下心来,再谋破局之法,此时正好刘铭传给他献上了一条良策。

李鸿章在刘铭传与鲍超一案中不但请求朝廷宽免刘铭传之罪,还为其弥补兵员损失，把同样损兵折将的树军拆散，仅留三营步队，其余步队六营、马队一营，统统归并刘铭传节制调遣。曾国藩在任时，曾挑选了吉林、黑龙江马队三营，李鸿章又从河南调拨了马勇两营，再加上察哈尔马队，李鸿章将他们也统统拨归刘铭传统率。

李鸿章对于刘铭传的破格"专宠"，让刘铭传更是感激涕零，竭力图报。刘铭传和程学启一样，并非有勇无谋的莽夫，两人的军事思维都相当发达，早在曾国藩督师时期，他就密商于曾国藩，提出捻军一旦渡过运河，便将运河西岸堵住，使其不得回军西向。运东地区北有黄河新河道，南有长江，西有运河，东为大海，刘铭传乐观预计，在如此局促的区域内，只需两个月就可结束战事。

然而此计却并没有能够得到曾国藩的认可。运东也即山东滨海地区，自清代开国以来，还从来没有经过战争，曾国藩害怕朝廷督责，官民埋怨，因此极力主张扼守运河，保住运东富庶之区。

在否定刘铭传的建议后，曾国藩照旧还是把部队部署在运河两岸以守，当时捻军见运河东岸的东军防守严密，西岸又有湘淮军重点把守，难以飞跃，便放弃了东渡运河的打算，刘铭传逼捻军于运河以东的计策也就更加无人问津了。

现在捻军既然已经突破运河河防，也就不存在逼不逼了，刘铭传又想起了他那条曾被束之高阁的计策。

捻军闯入运东后，沿途抢掠财货马匹，给养得到补充，骑兵力量也得到更大程度的加强。然而正如清史研究者所言，捻军"渡过运河的行动是致命的"，这实际也就是刘铭传当初向曾国藩所谏言的，运东地区就地形而言，只利于守势，不利于攻势，捻军惯用的流动作战方式将受到极大束缚，而清军则可以趁势加强黄运防线，进行逼攻围剿。

刘铭传的一名参将也向刘铭传进言，认为运东地区的登州、莱州处于狭窄的丘陵地带，三面环海，西面是黄河、运河，乃兵家所称绝地，他建议不如将捻军逼至登、莱海隅，再三面兜围。这显然比单纯的运东围剿又更进了一步，因为在登、莱海隅，骑兵将更加缺少广大的运动空间，捻军"以走致敌"的特长也更难发挥。

刘铭传当即接受了这一建议。与此同时，他认识到，淮军虽然在运动速度上不如捻军，但步兵大部分都已使用洋枪洋炮，在火力上超过捻军，若能缘河布置重兵，构成一条防线，将捻军围堵在黄河、运河之内，慢慢缩小包围圈，便不难聚而歼之。

有鉴于此，刘铭传将自己原初的设想与参将的建议结合起来，并加以完善，从而形成了一个新的作战方案，即"倒守运河，进扼胶莱，制敌奔窜"，具体来说，就是把原来在东岸设防的部队，全部移至西岸，以胶莱河为第一道防线，运河为第二道防线，北面借黄河，南面靠六塘河，将捻军圈入其中进行围歼。

刘铭传拉上潘鼎新，一齐向李鸿章献上此策，他以为自己的方案与李鸿章"扼地兜剿"相合，李鸿章一定会欣然采纳，但未料到李鸿章却心存疑虑，迟迟不敢接受。

倒守运河

让李鸿章顾虑重重的，恰是当初曾国藩拒绝采用的理由，除了捻军已入运东，所谓运东乃富庶之区，不能轻易让捻军闯入这一条，已经不适用外，其他依旧如故。

按照刘铭传的方案，如能将捻军压入胶莱防线以内，并使其不得再出，固是上策，但就怕捻军未必肯深入，或在官军行动还尚未来得及协同一致时，便一入即出。退一步来说，就算能够成功，从地图上看，登、莱海隅袤延一千五百里，而且此地不同于臼口，处处富庶，层层山岭，得需要多少兵力扼守，多少兵力围攻，才能消灭捻军？

胶莱河作为内围防线，李鸿章听说已大半淤塞，南半部和中部的河湖都已干涸，他由此推断，山中小河一定也久已无水，也就是说不能对捻军构成太大阻碍。若兴工筑墙的话，又尚需时日，捻军能安安静静地待在罗网之中，看着你们把长墙修好吗？比照先例，咸丰末年时，捻军就曾从登州等地的险山恶水处越过，向南抵达日照、赣榆，如果是那样的话，捻军就算不强渡胶莱河，也照样可以突破内围防线。

运河作为外围防线，山东、江苏两省的运河地段长达五百余里，西岸壕墙难以遽修，即便有一隙之疏，都会重蹈河防前后两次被捻军突破的覆辙。

在"臼口之围"中，清军围攻捻军达五个月之久，最终还是无法可制，运东之围恐怕就更难以奏效了，刘铭传预计两个月就能解决问题，在李鸿章看来，也就只能私下说说而已。倘若这次像"臼口之围"那样，再让捻军冲出包围圈，而且官军还是追不上，久扰地方和兵马损失的责任，该由谁来承担？

李鸿章罗列了一堆不可为因素，又和潘鼎新交换意见，仍不能定夺，认为刘铭传之议"是能说而必不能做到者"。

看到李鸿章在一个劲地犹豫，刘铭传、潘鼎新各自力劝，刘铭传更是说如果李鸿章再不采纳，他就不干了，反正跟在捻军后面追，再怎么追也追不上。一听刘铭传打算挂冠而去，李鸿章急了，此时朝廷又连发两道上谕，除了针对李鸿章的毫无所成，进行了措辞严厉的训斥外，也一再建议他将捻军驱于海滨，以便就地消灭。

来自军事和朝廷两方面的压力，使李鸿章退无可退，终于决定置个人成败荣辱于度外，采纳刘铭传的方案，先"堵"后"剿"，极力把捻军消灭在由山东的运河、胶莱、黄河、六塘河所构成的长方形框子里。

下定决心后，李鸿章一边奏调和集合周围数省兵力，对捻军进行诱压，将其逼入胶河防线以内；一边着手布置新防线：把运河东岸长墙倒运至西岸，调直、鄂、豫、皖军与淮军严密防守，阻击捻军渡过西岸；调淮军主力与东军至胶莱，不让捻军过胶莱以西；以黄河为北面防线，派直隶总督刘长佑等率洋枪队守北岸，以六塘河为南面防线，由漕运总督张之万率湘军一部把守六塘河南岸，使捻军不能北越黄河，南走六塘。

在李鸿章的主持下，胶莱防线各部顶着炎炎烈日，冒暑在胶莱河西岸修筑了一条长达二百八十余里的堤墙。1867年7月下旬，李鸿章巡视运河和胶莱河防务，发现运河防务大致已经就绪，胶莱河防务虽然也初步有了一个样子，但每营弁勇需防守五里，在河水浅涸的情况下，兵力终究显得有些单薄，而且东军一如既往的疲弱涣散，其分守的八十里防线，显得特别不可靠。

东军无精打采,与山东巡抚丁宝桢及其东军将领对"倒守运河"持消极态度不无关联,他们所希望的其实是迅速把捻军赶出山东,而不愿其辖境成为战场。李鸿章对此很是担心和忧虑,然而又没什么办法,因为缺了东军,防线力量就不够了。

得知清军设防胶莱河,捻军连忙由登、莱海隅回头,准备突出胶莱河防线。在屡被击退后,赖文光派出游骑四处侦察,终于在东军王心安部的潍河口段找到了突破口,潍河与胶莱河在下游的距离很近,潍河也因此被纳进了胶莱防线,东军在此处的营垒才刚刚建成,堤墙尚未筑好,守军防守亦不严密。

捻军突入运东时,就是从王心安把守的运河段打开了缺口,早就将之视为最不足畏的软肋,这次便决定仍从他身上开刀。8月19日,捻军集中全部马步队,向王心安防地发起冲击,消灭王部六七百人,王心安仅以一骑逃遁。潘鼎新的鼎军距突破口仅四十里,但却已无从顾及,只能眼睁睁地看着捻军渡过潍河,扬长而去。

胶莱河内围防线被突破,意味着李鸿章的河防计划已破产一半,朝廷闻讯又惊又怒,明降谕旨,命将李鸿章、潘鼎新交部议处,又将丁宝桢摘去顶戴,革职留任。

胜利的曙光

胶莱河防的失败,给李鸿章造成沉重打击的同时,也激起朝野上下对他的一片讥责。好在这时的李鸿章虽然内心痛苦,但他本身性格中就有一种二杆子精神,特别是在经历官场的种种捶打之后,早已把自己变成了一个能屈能伸的政坛老手。在众议纷起的不利形势下,为摆脱困窘境地,他慌忙上书认罪服软,同时主动致书丁宝桢,宣布讲和,结束双方的相互攻讦。

另一方面,李鸿章对于既定方略则毫不动摇。李鸿章虽然仍不敢对运防抱有绝对把握,但他认为长墙已成,正可凭借固守;再者,借调各省的军队都已到达运防,人家千里迢迢赶来助战,为的其实也是不让捻军窜入他们省，撤去运防，会令各军失望，以后再调就难了。

在朝廷的支持下，李鸿章亲自驻守台儿庄就近督导，一面加强运防，一面针对可能出现的漏洞，调来浙军，在六塘河上建立了一条新的防线。他还先后建立了四支由淮军精锐所组成的游击之师，集结战马八千匹，由刘铭传统带，以骑敌骑，进入包围圈追击捻军。

东捻军在突破胶济河防线后，本来计划再突破运河防线西上，与西捻军会师，然后再决定此后动向，然而却在运河防线上遭到拦击，几次猛攻，皆不得渡过，只好在运河东岸流动作战。那段时间，运东一带大雨连绵，捻军骑兵无从驱驰，在淮军游击部队的不断逼攻下，活动地区又日渐缩小，处境便逐渐艰难起来。

偏偏这个时候，丁宝桢却以运防妨碍黄防上奏。李鸿章据理力争，认为现在各防线官军均能坚守，游击各军合并进，若和捻军遭遇，必能大胜，就算碰不到这样的机会，只要将捻军逼至海州、赣榆一带，那里前有六塘河，后有诸军，也能有机会决战。李鸿章预计，按照目下官军各部的状态，支撑到来年正月，即可将捻军消灭。

朝廷看了李鸿章送来的奏折后，就不让撤了，前来助战的各省军队也都不肯撤，运防之局这才得以继续维系。

被困于黄河、运河、六塘河和大海的狭窄地带，捻军既无处闪躲，难以发挥其特长，在长期流动作战中又得不到必要的休整，战斗力下滑严重，与清军作战，频频失利。在潍县松树山之战中，捻军一日三败于淮军之手，人马武器损失很大，掉队被俘者甚多。危境之中，捻军内部亦出现分化，鲁王任化邦属下头目、两司马潘贵升暗降于刘铭传，并提供了捻军即将南下赣榆的军事机密。

李鸿章所期待的两种可能，如今都迅速变成了现实，捻军终于被逼至海州、赣榆一带。淮军获得情报后，即在赣榆阻截捻军，激战中，潘贵升乘任化邦不备，将其刺杀。任化邦是足以令清军谈虎色变的名将，连刘铭传、鲍超都对之畏惧三分，他的死，对捻军士气打击之大，可想而知。因任化邦系皖北人，带出了很多皖北老兵，这些老兵更是为之沮丧不已。虽然在任化邦死后，他的弟弟任三应又代领其众，但任三应无论声望还是能力，都大为逊色，捻军的整体战斗力也由此益加削弱，李鸿章认为此时"贼胆已寒"。

此后捻军与鼎军在海州激战，尚拼命冲突，然而这只是昙花一现，接下来当刘铭传等率部追击时，捻军已经战无斗志，一战即逃，被歼被俘者不计其数。没了任化邦这个搭档，赖文光善谋不善战、善走不善打的缺陷毕露无遗，在淮军游击部队的竞相追击下，"已成游魂"，被认为与南京陷落后太平军屡败屡逃的情形，相差无几。到了这个时候，李鸿章才算坚定了胜利的信心，但鉴于曾多次功亏一篑，他仍不敢掉以轻心，要求诸将不管追击还是防守，都不能松劲，必须竭尽全力，"以了此局"。

1867年12月15日，捻军被淮军逼至寿光海滨与南北洋河、弥河之间，陷入了北临海滨、南有追敌、东西两面为深河的绝地，被迫背水死战。这是捻、淮之间的最后一次大决战，战斗极为激烈，捻军即便高级将领亦手持武器参加肉搏。结果捻军大败，两万余人战死，被俘者亦达万人之多，首王范汝增、列王徐昌先等均于此役阵亡，其精锐、军械、马匹、辎重尽失，仅少数人突出重围，淮军方面称之为"军兴以来罕有之奇捷"。

主力覆灭后，赖文光、任三应率残部千余人南下入江苏境内，通过诈术击败浙军，突破六塘河防线，然而当他们直扑运河时，由于运河堤墙坚固，几次扑渡均遭失败。不得已，赖文光只好率部沿运河东岸继续南下，1868年1月5日，所部到达扬州瓦窑铺，被早已守候在那里的淮军吴毓兰部击败，任三应战死，赖文光被俘。虽然有几百人从运河抢渡过去，但最终也被俘或自行散去，东捻军从此不复存在。

勤　王

捻军自分兵后，由于信息不通，东、西捻军基本上是各自为战。原定共取四川的计划被打乱后，东捻军被迫进入山东，西捻军退守陕西，双方更是天各一方，互不知情。直到东捻在山东被清军围得喘不过气来，才派二十人前来寻找西捻，请求支援，而当求援信送到西捻统帅张宗禹手中时，东捻却已处于寿光大决战前夕，到了山穷水尽的地步。

西捻军本身也在与左宗棠的楚军作战,收到求援信后,张宗禹决定离陕东进,在摆脱楚军纠缠的同时,将东捻从危厄中解救出来。他们原计划南出潼关,由豫入鲁,后来又考虑到清军聚集山东,河北必然空虚,遂决定采用围魏救赵的战略,进军直隶,威胁京畿,以逼迫清军回救根本。

可惜的是,信息阻隔使得西捻对东捻的存亡与否,一无所知。1867年12月17日,西捻军在陕西宜川龙王庙附近,凭借冰桥强渡黄河,过河后星夜兼程,由山西北进冀中,至1868年2月,大军已驰达易州,其前锋直插距北京不足两百里的房山境内,其进军之神速,令人咋舌。

这是自太平军北伐和第二次鸦片战争英法联军北上以来,北京第三次陷入兵临城下的危境,城内一片混乱。清廷大震,一面进行全城戒严,特派恭亲王奕䜣督京都神机营出战;一面严旨催调李鸿章、左宗棠所部以及各省军队北上"勤王"。

此时随着东捻的覆灭,山东战事已经结束,李鸿章正在山东临清筹划善后事宜。在经历两年多的苦战后,淮军就像湘军一样,内部弥漫着厌战情绪,勇丁多不愿再战,将领中有人打算坐享富贵,有人打算解甲归田,刘铭传、潘鼎新、郭松林、刘秉璋等纷纷求退。

李鸿章不愿掺和跟左宗棠有关的兵事,正好将领们又闹个不休,于是他一边按兵不动,一边试探性地上疏,请求休兵。

李鸿章、刘铭传的态度令朝廷大为恼火,严词诏令拔去李鸿章双眼花翎,褫夺黄马褂,革去骑都尉世职,刘铭传亦被褫去翎衣世职,同时李鸿章还被责令戴罪立功,立即领军北上。

但朝廷的谕旨终究是无法抗拒的,而且强烈的责任感和大局意识,也不容李鸿章逃避,因此他很快就收拾好心情,宣布即日督师北援。

对于求退的将领,李鸿章一一"晓以大义",淮军大帅在军中有着绝对的权威性,在他的劝勉下,除已经还乡的刘铭传外,其他将领都打起精神,立即行动起来。1868年3月9日,李鸿章移屯景州,追随他的淮军各部全部抵至冀中前线。

在此之前,除尾随跟踪西捻的左宗棠部外,各省督抚的"勤王"部队也纷纷到达冀中,不久,京城周围便集结了几十万清军。张宗禹的真实意图并非要攻打北京城,而是要减轻东捻所承受的压力乃至为其解围,见清军已经北上,乃自永定河畔挥师南下,退入冀中平原。

清军自恃兵多器良,立即穷追堵截。在仍不知道东捻已经败灭的情况下,西捻军依然采取惯用的"以走制敌"战术,避实击虚,在冀中大地上和清军打"圈圈战",以图争取更长时间牵制敌人,解救东捻之围。

西捻孤军奋战,兵力也远少于东捻,仅八万精兵,由于众寡悬殊,部队在作战中屡屡受挫,付出了许多重大而不必要的牺牲。清军虽然占据上风,但因事权不一、粮饷难济,同样也难以对捻军造成歼灭性打击。在这种情况下,张宗禹决定退出冀中,在躲开大量清军围攻的同时,进行必要的休整。

胜利在望

当淮军到达冀中时,西捻军已由冀中折而南返,正沿太行山小道西趋豫北,谋入晋东南。李鸿章有了攻灭东捻军的经验,深知捻军没有根据地作为依托,不怕打而怕围,于是提议实施"就地圈制"战略,即在从太行山至黄河岸边的百余里范围内,沿山带河,排扎重兵,对西捻军进行重重围困,直至将其逼至险处予以歼灭。

此时西捻军已经得到了东捻军败灭的信息,而且知道败灭主因是清军实施了"扼地兜剿""倒守运河"战略,这使他们对此产生了极高的警惕性,一发现清军要进行围扎,立刻拼尽全力突围。清军的围攻部队往往尚未能够到达指定位置,捻军就如同疾风一般,从其防守区域冲了过去,而且转瞬即逝。李鸿章根本没办法从容布置,其围歼西捻军于太行山下的计划也因此宣告破产。

西捻军在豫北稍事休整后,清军即蜂拥而至,张宗禹率军向东北挺进,因进攻天津未果,又沿渤海湾南下,继而抢渡运河东进,进入了直东边区。

直东边区是指直隶东部和山东北部边界区,这里地处滨海地带,和山东的运东地区相仿,未经过战争灾祸,地方富庶。西捻军来到直东的目的,也和当初东捻入登、莱、青州相似,除了甩开围追的清军,略事休整外,就是借以解决已相当严重的军粮问题。

李鸿章督师北上后，从大局出发，仿照在山东与丁宝桢讲和的前例，不惜"吃苦受气"，主动与左宗棠和解。左宗棠心高气傲，但见李鸿章已经先低下了头，也就能够心平气和地坐下来，和他共谋直东的战略问题了。

相对于太行山下，直东情形更让李鸿章有似曾相识之感，他再次"抄袭旧稿"，提出在直东战场实施"就地圈制"。左宗棠却不以为然，力主"追剿"，反对以守待变。事后来看，他们各自提出的方案都有失之偏颇的地方，"就地圈制"重在利用地利，但直隶东部地势平坦，难以围扎，仅运河一线防线漫长，加之河道水位偏低，无法"以水为险"，设防全要依赖兵力之多寡，而就当时直东战场能够集结的清军兵力而言，只够用于防守河岸，无法抽出用于追击和攻灭捻军的游击之师。至于"追剿"，清军追击捻军，实是以己之短，攻彼之长，既往战史已经充分表明，清军如果只是一味穷追，通常都只会有两种结果：一种是永远都追不上捻军；一种是以为追上了，其实却中了对方的圈套，最后就像僧格林沁那样，落个兵败身死的可悲下场。

李鸿章和左宗棠争执不下，同时他们也都知道自己的方案存在漏洞，所以亦无充分理由说服对方。正当二人一筹莫展之际，不意老天相助，形势顿现转机。1868年5月上旬，在漳河、卫河上游，山洪突然暴发，运河水位陡涨至一丈五至六尺。这使清军在运河防线北段一下子有了水险可恃，他们在通过水坝将运河水灌入碱河后，又在北面增加了一条全长达百余里的水上防线。

接着，5月中旬，黄河水位也陡涨数尺，清军的黄河防线由此得到加强。不仅如此，清军还趁机采取开坝引黄入运的措施，使两百余里干涸可涉的运河段得到大水漫灌，甚至清军的水师炮船也可以行驶其上。

在此之后，黄河又暴涨了一次，运河及直东诸河也全都跟着猛涨，"运河一线，遂成金城巨防"。这样一来，清军便有条件凭借诸河和大海，对捻军形成可使其受到致命威胁的包围圈了。

左宗棠也是个擅长利用地利的用兵家，一看到运河水涨，"圈制"有了地利保障，马上对李案表示赞同。与此同时，左宗棠仍然坚持应腾出一定兵力用于"追剿",而李鸿章这边,因为已可"以水为险",压缩河防兵力以用于"追剿",亦无问题。

在直东战场的各路清军中,以李、左所部为两大主力,李、左二人意见趋于一致,也就决定了战略大势,其他大员大多只能附而从之。

李鸿章立即制订新的河防计划:南面以黄河为防线,西面以运河为防线,北面以碱河为防线,东面渔船则一律禁止下海,力争把西捻军围歼在黄、运、碱之间的直东边区。除此之外,他还效仿曾国藩的坚壁清野政策,督促各地民团抢筑圩寨,将所有百姓迁入寨内,用以断绝捻军的人员和物资补给。

发现清军正抢修河防,西捻军急忙开会商讨对策。张宗禹力主在沿河长墙竣工之前突围转移,指出若一味拖延,就有重蹈东捻覆辙的危险,但其他几位主要将领却认为,部队人困马乏,急需休整,待补足给养,人强马壮时再行突围也不迟。会议最后决定,在麦收之后,大汛之前施行突围。

麦收以后,西捻军按原计划离开直东,开始向西进军,试图抢渡运河。但这时李鸿章的河防计划已经完成,西捻军逐渐陷入了突围不能、被动挨打的困境之中。

1868年7月,直东一带普降暴雨,到处一片汪洋,有的地方平地水深达二三尺。西捻军被围困在河防泽国之中,其善走的特点无法施展,粮草筹集也十分困难,只能在黄、运、碱之间的狭长地带兜圈子。凭借着水的优势,李鸿章不断派出游击之师,进入包围圈对捻军进行"追剿",捻军活动空间狭小,处处与敌遭遇,人员装备损失很大。

7月上旬,捻军几次直接强渡运河,但在河防军及清军炮船、英国军舰的拦阻下,均遭失败。张宗禹见状,又采用声东击西之计,分兵袭击捷地清军粮仓,调动湘淮军的河防部队北上,而以主力在东光强渡运河。

袭击捷地的行动由张宗禹亲自指挥和率领,他们放火烧了几处粮仓,将淮军勋字营统将杨鼎勋打死在乱军之中,但主力强渡运河的过程却非常不顺利,所架设的浮桥被英国军舰开炮摧毁,只得收兵撤退。捷地那边捻军攻势正猛,却接到了东光失利的紧急文书,加之各路清军也正迅速围拢过来,张宗禹遂被迫撤兵。

捷地、东光突围失利后，捻军仅剩下两万人，且已断粮数日，更严重的是，李鸿章实行"缩地围扎"，将北部河防由碱河移至徒骇河，向南推进一百多里，包围圈越来越小。

朝廷根据李鸿章的奏报，判断平捻战争已经胜利在望，于是按照恭亲王奕䜣的意见，限定李鸿章必须在一个月内将西捻军攻灭于海边，以赎前罪。李鸿章自感压力陡增，鉴于刘铭传的"办贼本领，目前诸将帅皆不能及"，他特地敦请曾国藩出面，劝说刘铭传出山相助。刘铭传不可能对故主相召视而不见，但既然已经发脾气甩袖子走人，总也不能一喊就出来，曾国藩并非刘铭传的主帅，此举实是给足刘铭传面子，而刘铭传恰恰相当看重这一点。

7月26日，刘铭传在李鸿章的企盼下回归铭军大营，随即率部进入包围圈，对捻军大施其兜剿之术。捻军在鲁北与铭军等进行决战，结果大败，主力损失殆尽。

明白已处于绝境之中，张宗禹率部竭力突围，8月，南下至山东茌平境内，需强渡徒骇河，不料徒骇河水陡涨，刘铭传乘机会合郭松林部，在徒骇河边对捻军纵横合击，捻军主力全军覆灭，张宗禹不知所终。李鸿章因不知其下落，为向朝廷交代，便以"张宗禹投水自杀，尸体尚未找到"奏报。后据有关资料，他当时实际从徒骇河泅渡脱身，在民间隐匿起来了，但不管怎样，西捻军作为一个作战集团，从此便退出了历史舞台。

对于清廷而言，关于捻军的噩梦终于消失了。事后论"剿捻"之功，李鸿章赫然居首，除赏还原被褫夺的双眼花翎、黄马褂、骑都尉世职外，赏加太子太保衔，并荣升协办大学士。尔后他又奉命入京朝觐，首次拜谒了慈禧太后和同治皇帝，并被慈禧赐以在紫禁城骑马的高规格待遇。淮军诸将也个个都被封官晋爵，其中刘铭传被列于第一，由三等轻车都尉晋升为一等男。

第五章　洋务运动

　　平捻战争结束后，朝廷即谕令李鸿章来京陛见，同时催促淮军撤回黄河以南。此时的李鸿章已具有灵敏的政治嗅觉，他马上意识到了两宫太后所实际掌控的朝廷，对于自己既倚重又压制的复杂心态，简而言之，他已经站到了湘军攻克南京后曾国藩所处的那个位置。

　　跟捻军打了这几年，李鸿章也已感到身心俱疲。面对朝廷的疑忌和自身处境的险恶，他决意效仿曾国藩的做法，对淮军进行裁撤。经其奏请，朝廷决意让曾国藩议定撤军事宜，并令李鸿章保留部分淮军，以协助左宗棠镇压回民义军。

　　1868年12月，李鸿章抵达南京，与曾国藩等人连日商议裁减淮军事宜，最后决定将六万余淮军裁减一半，酌留精锐三万。

　　南京会商后，曾国藩启程北上，就任直隶总督；李鸿章始则返乡省亲，继而抵达武昌，正式就任湖广总督之职。师生两人分别总督一方，南北相望，地位已基本平等，当然直隶总督系疆臣之首，肩负拱卫京师之责，比湖广总督要显赫得多，但此时曾国藩快六十岁了，已走到人生尽头，而李鸿章才四十多岁，属于他的未来才刚刚开始。

天津教案

　　李鸿章任鄂督期间，陕西形势发生突变，回民义军击毙了老湘营统将刘松山，朝廷命李鸿章挥师援陕。

　　刘松山是归左宗棠节制，陕西这摊子事，也由左宗棠主持。"剿攻"西捻时，李鸿章强自忍性，好不容易逼着自己与左宗棠讲和，但平捻战争结束，左宗棠却对淮军所取得的战功不以为然。

李鸿章不愿再与左宗棠共事，觉得入陕"味同嚼蜡"，为此他采取了拖延战术，过了四个月才率两万淮军到达西安，到了之后又表示只愿作壁上观。左宗棠如同过去在浙江对付太平军一样，将西北视作禁脔，把镇压回民义军当作不容他人染指的己任，实际上也不愿李鸿章前来掺和，所以并不催促。

李鸿章在西安待了七天，七天后，朝廷发来一道紧急密谕，要他"移缓就急"，率部克日启程，到京津附近驻扎，李鸿章求之不得，连忙匆匆上路。

原来天津爆发了一个极其棘手的"教案"。所谓教案都与西方传教士的传教及民间排外运动有关，在鸦片战争前的一百二十年里，基督教在中国一直被禁止传播，鸦片战争后，随着一系列不平等条约的签订，教禁才逐渐开始解冻，但也因此酿成了无数的大小教案，天津教案是其中最大的一起。

事情缘于此前天津发生多起儿童失踪绑架事件，基督教会育婴堂一直都收养孤儿，此时天津望海楼育婴堂里恰有数十名孤儿，因患传染病而死亡，民间便开始传言"外国修女以育婴堂为幌子，实则绑架杀死儿童作为药材"。1870年6月20日，有个叫武兰珍的人贩子被抓，他供出自己拐孩子所用的迷药来自教民"王三"，这下子，人们都相信谣言是真的了，顿时群情激愤。次日，天津知县刘杰带武兰珍去基督教堂对质，却发现并无"王三"其人，把教堂的人都叫出来，武兰珍也没有一个认识，证明武兰珍是在信口雌黄、胡说八道。然而此时围观的老百姓已控制不住自己的情绪，教堂被千余民众包围，教堂人员与民众发生口角并抛砖互殴。

法国驻天津领事丰大业在前往教堂的路上，与知县刘杰相遇、理论，又怒而开枪，打伤了刘杰的远房侄子刘七以及刘杰的随从。丰大业的不理智举动彻底激怒了民众，越来越多狂怒的人群涌向教堂和法国领事馆，在短得惊人的时间里，人们先是杀死了丰大业及其秘书，接着包括神父、修女、法国领事馆人员、法国侨民、俄国侨民在内的十八名洋人，以及三十多名中国教徒也全部被杀，法国领事馆和望海楼教堂等多所教堂被焚之一炬。

天津教案发生后，中外震惊，因为在此案中，无论是打死洋传教士、其他洋人，抑或捣毁教堂的数量，都创了鸦片战争三十年以来的历史纪录。法国联合英美俄等七国公使，联衔照会总理衙门，提出抗议，同时各国军舰开至天津大沽口外，要求处死中国相关官员，否则开战。面对此种危急局面，清廷紧张万分，当然也要调重兵备战。

原直隶总督、湘将出身的刘长佑，曾用湘军营制办法对绿营兵勇进行改造，在直隶建立了一支练军。清廷对以湘淮军为代表的勇营始终不放心，平捻战争一结束，就因不愿意让淮军负责畿辅防务，谕令将其移撤黄河以南，后又顺水推舟，接受李鸿章的奏请，对淮军进行裁撤。

然而练军却是扶不起的阿斗，在淮军撤走的情况下，无力单独保护畿辅。清廷让曾国藩移督直隶的目的之一，就是想借重其经验，对练军进行整顿。

无论刘长佑还是曾国藩，习惯的还是湘军那老一套练兵法，而湘军实际已难以跟上军事变革的步伐，曾国藩到任后，仍无法把练军练成强兵。湘军已大部裁撤，未裁者也多已衰弱，致使曾国藩督直时，连自己都没有嫡系的湘军武装作为后盾，还得依恃淮系铭军，才能摆脱困境。

清廷再疑忌淮军，都不能否认这样一个事实，即淮军装备和操练的近代化程度，在所有清军中独占鳌头，是当时最精锐的部队，没有淮军的参与和作为主力，平捻不可想象。

认识到要确保京津安全，只能继续借助淮军，清廷急令李鸿章率部移师入直，预防各国海军侵扰，同时命时任直隶总督的曾国藩处理天津教案。

刺马案

曾国藩由两江总督调任直隶总督已有两年之久，他的身体状况相当差，除肝病渐重外，右眼完全失明，左眼也视线模糊，正在河北保定的总督府养病。但教案发生在他管辖的天津境内，责无旁贷，接到诏命后，只得挣扎着从保定赶往天津。

在当时的大清官员中，思想开放并且具有跟洋人打交道的经验者，实属凤毛麟角，曾国藩为其中之一，然而因深知天津教案情况严重，处理难度前所未有，自己仍旧感到毫无胜算。从保定动身前，他甚至在给两个儿子的家书中都做了带有遗嘱性的安排，可以说是以一死之决心出发的。

到达天津后，曾国藩马上对教案展开调查，基本查明教堂并无拐卖人口事件，杀死儿童作为药材的说法亦纯属谣言，毫无事实根据。但接下来进入处理程序时，由于案情复杂，牵涉面大，洋人又要求苛刻，故而进展缓慢，洋人和朝廷对此都很不满意。

天津教案尚未了结，江南又起波澜，1870年8月22日，两江总督马新贻在校阅时被湘军勇丁张文祥所刺杀，此案震动朝野。马新贻和李鸿章是同榜进士，人比较精明强干，素称"能员"，但他不属于湘淮系统，既无派系，亦无多少战功，与曾国藩、李鸿章等人相比，基本无声望可言。

两江总督下辖江苏、江西、安徽三省，乃是清王朝的经济重心，因此江督地位仅次于直督，同时朝廷又需要得力人员坐镇南京，负责将湘淮两军裁撤完毕，并整肃裁撤后散落四处的湘军游勇。在这种情况下，恭亲王奕䜣便向慈禧推荐了马新贻，他们都认为马新贻既无派系背景，又手无兵权，乃江督的最佳人选。

马新贻上任后，对裁军一事抓得很紧，惩治湘军游勇也非常严厉，一旦抓到骚扰民间者即就地正法。是故湘军游勇对马新贻恨之入骨，马新贻行刺一案绝非偶然。

涉及镇抚湘军、安定地方，自然少不了湘军大帅曾国藩，而且曾国藩在任直督前，已任江督多年，对江南情形也较为熟悉。另一方面，曾国藩处理津案久无结果，洋人逼迫甚急，朝廷觉得不如让同样以熟悉洋务著称的李鸿章来试试，于是决定以查处"刺马案"为由，让曾国藩从直隶移督两江，另调李鸿章为直隶总督。

江南事务相当繁重，曾国藩亦不愿拖着病体再去南京，故婉拒赴任江督，但却遭到朝廷否决。李鸿章在率部赶往天津的途中，接到了调补直督的谕令，又得知曾国藩本无意回任江督，便致函劝慰老师，指出当初把曾国藩调任直督，以马新贻接任江督，本就是朝廷在人事安排上的一次失误，同时指出江南形势，眼下非曾国藩坐镇不可。

曾国藩见辞不掉江督，转而请求暂留天津，与即将到任的李鸿章一同办理天津教案。其实天津教案刚一爆发，李鸿章就已与曾国藩信件不断，商讨对策。李鸿章的想法是，这件事错在中方，为了避免战争，眼下只能认错，在此前提下，杀人者抵命，烧了人家房子，抢了人家东西，必须赔偿。不过，对于洋人的其他过分要求，就不能答应，如果他们硬要以此为借口，攻城夺地，或者狮子大开口，提出高达一百几十万的索赔，那打仗就打仗，没什么大不了的。

李鸿章认为，关键还是要想方设法说服洋人。他特别提醒曾国藩，前去与罗淑亚等洋人交涉时，防卫措施必须严密，亲军一定要带去，在以防不测的同时，可保证气势不被对方打压。涉及具体的讨价还价，不妨像他那样适当"参用痞子手段"，跟洋人耍耍无赖，切忌不能因迫于洋人压力就杀戮太多，否则将会令百姓"寒心"，洋人也会更加有恃无恐。

"耍痞子腔""用痞子手段"，是李鸿章在上海处理洋务时所逐渐摸索出来并行之有效的一种办法，但此类套路，李鸿章能说得出口，曾国藩却未必做得出来，曾李行事的重要不同之处即在此处，这也为他们尔后交涉的成功与否埋下了伏笔。

内行看门道

在获知李鸿章将前来接任直督后，曾国藩明显加快了办案速度，至1870年9月9日，他一共逮捕了八十名人犯，经审讯，证据确凿者已有七八人，证据不足但涉嫌者有约二十人。曾国藩打算处决证据确凿者，对涉嫌者亦分别治罪。

按照李鸿章的估计，处理天津教案的最大难点，恐怕就是洋人要求"一命抵一命"，处死中国官员一项。事实也证明确实如此，法国所提要求的第一条，即为处决直隶提督陈国瑞及天津知府张光藻、知县刘杰。

曾国藩当然也知道如果接受法国要求，处死陈国瑞及天津府县官员，不但与理不合，而且绅民也不会答应，他的处理方式是将三人列为涉嫌者，由处死改为治罪。李鸿章知道后，仍觉得这样处理过重，但他嫌重，洋人和朝廷却还嫌轻。迫于内外压力，9月18日，曾国藩对津案进行第一次奏结，确认首批处决十五人，二十一人从轻论罪，充军流放。

出于不触怒民意的考虑，对于陈国瑞、张光藻、刘杰是否要抵命一事，曾国藩在此次奏结中并未明确说明。即便如此，这一奏结结果也很难让国人接受。消息传开后，舆论大哗，引起极大民愤，京城湖南会馆内所悬的曾国藩官爵匾额被全部击毁，其名籍被削去，即不再承认他是湖南人。

9月20日，李鸿章经过长途跋涉，到达天津。此前因怕淮军离京畿过近会刺激洋人，他已奉朝廷密谕，将部队远扎在河南、山西与直隶的交界处，虽是只身入津，但也等于已做好了两手准备。

30日，李鸿章从曾国藩手中接过直隶总督的关防印信，正式接任直隶总督，至此，他才算真正意义上开始与曾国藩一起处理天津教案。此时，第二批对人犯的审讯也已有了初步结果，曾国藩预计数日之内即可奏结，同时他也相信跟随自己多年的李鸿章能够更好地处理此案。

天津教案的主要对手虽是法国，但由于还杀了俄商三人，烧毁英国讲书堂四处、美国讲书堂两处，致使法国联合俄、英、美，共同向清廷施压，从而使得交涉过程更加复杂，中外局势也更加严峻。曾国藩在处理时采用了区别对待的策略，决定先与俄、英、美三国妥为商办，设法议结，而不与法国混淆，后因朝廷一个劲地催促和指责，曾国藩才不得不匆匆结案，并将误杀俄商的四名凶犯判处死刑。

李鸿章对此很清楚，他接办津案后，就犹如平捻战争中沿袭曾国藩的河防战略一样，也基本沿用了乃师的这一策略，把俄、英、美与法国区分开来，集中精力，专门对付最难缠的法国。

事实上，天津教案的焦点已不再是查明真相，而是该惩办到什么程度。李鸿章仍坚持原有观点，即处决的人犯越少越好，尤其要避免屈从法方的要求，对三名官员进行处决。他认为，在天津教案中，天津绅民确实做法过火，但现在已经认错，也同意处决凶犯和予以赔偿，情理两方面都已做到位。如果还要答应罗淑亚所提出的其他不合理要求，老百姓必然不买账，那样整个国家就会陷入一片混乱。

以子之矛，攻子之盾

李鸿章自在上海打天下起，即开始聘用洋员，他的幕府里也有洋幕僚及精通洋务的人才。通过阅读书籍和向身边洋人或幕僚了解，李鸿章对于外国法律已初有了解，知道国外对于审案尤其是重案命案，非常注重证据。

经过思考和权衡，李鸿章决定"以子之矛，攻子之盾"，即以中外共审，一起检验证据为名，要求罗淑亚就他所提出的处决中国官员等过分要求，提供相应的证人和证据。

既然法国人也很讲究证据，那么，罗淑亚到天津后，是如何寻找到证人和证据的呢？李鸿章分析，这些证人无非就是洋行的买办、翻译以及混迹街头的市井无赖，他们为法方作证并提供情报。李鸿章采取措施控制住这些证人，以切断罗淑亚的情报源。

此招堪称老辣。一夜之间，罗淑亚就再也找不到人肯为此作证了，而李鸿章却弄来证词，往他面前一摆，表明陈国瑞与津案无涉，可免受一切处罚。

李鸿章除了"用痞子手段"外，也不失时机地与罗淑亚进行多轮会谈，给他分析教案的是非缘由，言明是领事丰大业开枪在先，中方已按照杀人者抵命处理，实属公允，没必要再牵扯他人。

罗淑亚不甘就此罢休，又去京城纠缠总理衙门，没想到总理衙门也学会了李鸿章的那一套，官员们不是相互推诿就是拖延时间，令罗淑亚"倍感绝望"。

罗淑亚不硬气，其实还与普法战争的结果有关。就在天津教案处理之时，法国和普鲁士之间爆发战争，法军在色当惨败，法国皇帝以及十多万法军官兵都做了普军的俘虏。

法国在普法战争中惨败，为李鸿章处理津案提供了有利条件。李鸿章趁热打铁，他发现俄国态度与他国不同，除了想索要赔偿外，对于处决中国人犯态度并不积极，于是便请俄国从中调解。

再次谈判，法国人的态度已明显转软，在内外交困、近乎走投无路的情况下，罗淑亚率先做出让步，表示不再要三名中国官员抵命。倒是朝廷自己认为天津府县官员对造成天津教案负有责任，必须严行惩办，故仍将张光藻、刘杰予以重罚，下令发配至黑龙江充军，而陈国瑞因被认为无直接责任，得以免予处罚。

李鸿章对法方的高效率外交处理，使得与俄、英、美三国的谈判进程也骤然加快。因发现俄国更在意高额经济赔偿，而并不在乎要不要抵命，李鸿章便通过与俄谈判，将四名涉嫌杀死俄国商人、本拟处以死刑的人犯改判缓刑。

1870年10月7日，李鸿章、曾国藩联合对天津教案进行第二次奏结。在第一次奏结的基础上，此次按照曾国藩原先拟定的方案，增加死刑犯五人，充军流放四人，这样一共是处决二十人，流放二十五人，另以原负责天津外交的三口通商大臣崇厚为专使，前往法国致歉。与曾国藩的原方案相比，除不再让中国官员抵命，以及使事关俄国的四名人犯得以幸免外，经过李鸿章与法、俄、英、美分别谈判，还减少了相关的抚恤金，最终实际赔偿白银二十五万两。

第二次奏结的消息传开后，曾李这对师徒得到了完全不同的待遇，舆论将攻击的矛头都齐刷刷地指向曾国藩，骂他"软弱惧外"，有人直呼他为"卖国贼"。在清廷内部，以军机大臣李鸿藻为首的保守派对于曾国藩的攻击，更是不遗余力，乃至有要求严惩曾国藩以谢国人者。

在十九世纪六十年代，曾国藩曾被朝廷和全国士绅民众视为救星，推崇为"名将名相""同治中兴第一名臣"，但是现在，这个天王级偶像说倒也就倒了，他所拥有的所有荣誉和声望都近乎扫地以尽。这让曾国藩痛苦不堪，就像后悔当初裁减湘军一样，他对查办天津教案一事也终生悔恨。

反之，李鸿章却身价倍增，他在接手天津教案后表现出的外交才干，受到朝野一致认可。各国对李鸿章的办事效率亦表示满意。

处理天津教案，在李鸿章的一生中，只能算是一个偶然"过客"，但它却在有意无意中成就了李鸿章，有研究者指出，李鸿章此后的一切升迁，都与之有关。也正是从这个时候起,他的地位、声望以及实际权势都开始全面超越曾国藩,汉臣之中,逐渐无人能望其项背。

大变局

天津本设有三口通商大臣,专管洋务海防各事宜,但三口通商大臣并无管辖地方官吏的行政权,一旦有事,必须函商直隶总督,而直隶总督府当时设在河北省城保定,与天津相隔数百里,缓不济急。工部尚书毛昶熙在会同曾国藩查办天津教案时,了解到这一情况,天津教案办结后,他即上折奏请撤销三口通商大臣,职务由直隶总督兼理。

在恭亲王奕䜣等人的支持下,朝廷接受毛昶熙的建议,撤去三口通商大臣,职权并归直隶总督,称北洋通商大臣或北洋大臣。设于天津的通商大臣衙署随之改为直隶总督行馆,按照上谕规定,每逢海河春融开冻,李鸿章便移往天津理政,至冬封河后,再回保定。但如果天津遇紧急情况,比如爆发天津教案这一类事端,允许李鸿章打破常规,暂不回保定,换句话说,直督大多数时间都将驻于天津而不是保定。

这是李鸿章任直督后不到三个月就发生的事。原先直督虽为疆臣之首,但终究还只是地方官员,且主要负责内政。三口通商大臣专管清王朝的通商、外交、海防等,属于全国性官员,然而因受直督牵制,实际职权却比较有限。李鸿章一身兼两任,集关键地区官员和全国性官员的双重职权于一身,自此以后,凡国家重大的内政外交事宜,朝廷均需征求其意见后才能定夺,这样一来,李鸿章不但在汉臣中权势最重,甚至就连皇家的王公大臣在实权方面,也对之望尘莫及,故而海内外有舆论认为,直隶总督府"几有成为清政府第二朝廷的趋势,李鸿章便是这个朝廷的首脑人物"。

对于自己在官场上的这一跃升,李鸿章一则以喜,一则以忧。喜的是他向来热衷做官,而且是做大官,因为这可以给他提供足够的施展空间和条件,更可以使他那以天下为己任的理想和担当得到实现;忧的是整个清王朝在饱经战争和忧患之后,国力已消耗殆尽,复苏不易,而且仍必须不断应对来自外部世界的严峻挑战。

客观地说，在同时代的权臣中，李鸿章是最具洞察力的，他对于时局的转变有着极为清醒的认识，当时具有这种认识的人，实在是凤毛麟角。

处于大变局之下，究竟该何去何从？这个问题自近代以来，便一直困扰着中国的有识之士。鸦片战争失败后，林则徐即在苦闷彷徨中探索向西方学习的道路，被视为"近代中国睁眼看世界的第一人"。尔后魏源进一步发挥了林则徐的思想，明确提出了"师夷长技以制夷"的主张。李鸿章不仅将之继承下来，而且与林则徐、魏源只是提出美好的设想和愿望不同，他真正进行了实践，并通过变法，将前人的方案扩展为"师夷长技以自强"。他认为，只有变法才能自强，只有自强才有出路，他期望着以此拯救大清王朝于危难之中，"建数千年未有之奇业"。

同样主张学习西方变法自强的，不仅仅是李鸿章一人，主持总理衙门的奕䜣、文祥以及曾国藩、左宗棠、沈葆桢等，均秉持着这一理念，尤其曾、左、沈等在与太平军和捻军较量的过程中，也走了与李鸿章一样的实践道路。当时的人们将他们统一称为洋务派，将他们的自强运动称为洋务运动。

自　强

李鸿章虽然是洋务派中最先从行动上向西方学习的人，但在十九世纪六十年代，也即出任直督之前，他从传统的"大国思维"出发，仍然认为中国的政经制度远在他国之上，中外强弱的差别仅在于枪炮、轮船和军队的训练方法。因此，他的变法内容也主要局限于创办军事工业和训练新式军队。

"洋炮三局"是李鸿章所创立的最早的军事工业。淮军攻占苏州后，李鸿章将"洋炮三局"中的马格里洋炮局迁往苏州，成立了苏州洋炮局，地址设在纳王府，占地比上海的还要大得多。在此期间，经李鸿章允准，马格里又从国外购买了一批机器，使得苏州洋炮局规模扩大，生产也颇有成效，每周都可生产一千五百到两千发枪炮弹，而且还制造出了规格不同的开花炸炮。奕䜣获知后，特地奏请朝廷允准，从保卫京城的火器营中拨出弁勇，前往苏州洋炮局学习，苏州洋炮局声名大噪，李鸿章也因此成为被人们刮目相看的洋务派领袖之一。

其后因为平捻战争的缘故，李鸿章署理两江总督，移驻南京，苏州洋炮局也随之迁至南京，改为金陵制造局。相比于老的苏州局，金陵局的生产规模有所扩充，设备也有所改进，既能够制造炸炮和弹药，也能生产洋枪乃至水雷。

开花炮和火轮船，是李鸿章到上海后，认为能够和洋兵抗衡的两大利器。开花炮能造了，为什么轮船不能造？当李鸿章在平捻前线指挥作战时，时任上海道道员的丁日昌写信给他，说上海虹口有一个美国人办的铁厂，就能修造轮船，对方也愿意出售，不过开价高达十万两。李鸿章虽心有所动，然而限于经费拮据，颇感为难，此时正好有个被革职的原海关道翻译，愿意拿出四万两银圆赎罪，以促成此事。于是李鸿章便上奏朝廷允准，用这笔赎罪银加上丁日昌由海关拨借的银子，买下了美国铁厂，又将其与"洋炮三局"中的丁日昌、韩殿甲所属二局合并，加上曾国藩通过其幕僚容闳从美国购买的机器，成立了江南制造总局。

江南制造总局从一开始就专设了制造轮船的分厂。1868年，分厂终于造出了近代中国第一艘大型的新式兵轮，湘淮集团的洋务派们为之欢欣鼓舞。

在创办江南制造总局前，李鸿章对"西洋长技"就已有新的认识，他逐渐发现西方大国不单是武器先进，其机器生产也远胜过中国的农耕和手工业作坊，后者全靠人力物力的消耗，前者则是"妙在借水火之力"，既省人力又省物力。由此，李鸿章把目光由"坚船利炮"的狭窄范围扩展至机器生产的整个领域，机器生产也被他纳入了变法内容，他在给朝廷的奏折中如是说："机器制造一事，为今日御侮和自强的资本。"

李鸿章将江南制造总局起名为"总局"，就是把它定位于一个能够制造各种机器的工厂，不过限于经费和镇压太平军、捻军的需要，最初仍以制造军械为主，后来才真正变成综合性企业，能够炼钢，也能够生产车床、刨床、钻床以及挖泥船、翻砂机、起重机、抽水机等，其机器种类达五十余种。

江南制造总局的规模之大，技术水平之高，超过当时国内的任何一家工厂，其军火分厂甚至连国外比较新式的枪炮都能仿造。据李鸿章说，日本陆军中将川上操六游历来到天津，在用江南制造总局仿造的洋枪试射后，对之称赞不已，认为其质量和性能已超过日本国内的大型兵工厂。

李鸿章出任直隶总督后，又将他在上海、南京积累的洋务经验移植至北方，使天津成为其推行洋务新政的又一个实验场。前三口通商大臣崇厚原办有天津机器局，李鸿章接管后，从江南制造总局调来管理和技术人员，并提升了工厂的规模，在他的经营下，天津机器局分设东西两局，成为北方最大的军火企业。它生产的军火主要供给京津地区的驻军所用，由此也增强了京畿的防护能力。

以江南制造总局、金陵机器局、天津机器局为示范性龙头，在洋务运动初期，洋务派共创办了二十余家军事工业。在创办这些工业时，内战已近尾声，比如金陵机器局、江南制造总局都是在攻克南京、太平天国败局已定之后兴建的，天津机器局的扩建，也是在捻军覆灭之后的事。固然，各兵工厂所生产的枪炮弹药，对镇压太平军和捻军余部起到了"甚为得力"的作用，但其主要目的已不是为了应付内战，而是为了防御海口，"自强御夷"。

在这方面，最具有说服力的就是造船。曾国藩谈到，轮船其实在与太平军作战时并没有太大用途，"声威虽然壮大，但地势多不相宜"，而且，"太平军之猖獗在陆地而不在水路，官军之单薄也在陆地而不在水路"。那么造船是为了干什么？就是要应付随时可能从海上侵入的西方大国，摆脱他们的威胁。

求　富

除了通过机器生产这一角度，对"西洋长技"的认识有了进一步突破外，李鸿章对于经济层面的中外比较也有所松动，逐渐认识到，西方国家不单单是拥有先进的洋枪洋炮，他们同时还拥有相当雄厚的经济实力，换言之，西方大国的船坚炮利只是表象，背后是强大的工业实力和经济发展水平。若中国不能改变积贫积弱的状况，"以贫交富，以弱敌强"，结果仍然只会是一败涂地。

在李鸿章的施政理念中,"富"与"强"被联系起来,他认定"富"是"强"的基础,求"强"必先"富"。在他的倡导下,洋务运动也开始由"自强"转入"求富"。

如何求富?战争年代,湘淮两军的军饷主要都来自厘金也就是商业税,李鸿章从中得到的发现是,财富就来源于这些商业税,因此要想求富,就应先振兴商务。如何振兴商务?他认为最重要的是效仿西方的机器生产,兴办实业。

兴办实业,说起来容易做起来难,李鸿章首先将目光投向了轮运业。这是一个利润很高的领域,当时洋行刚从香港买的一艘旧轮船,只要往返上海至汉口一次,获得的水脚钱(水路运物的收费)就足敷该船的成本。因此在通过两次鸦片战争,获得沿海、内河航运特权后,外国洋行便纷纷利用这一特权,在中国经营轮船运输业务。据统计,在1862年至1863年,仅上海一地,经营轮船航运业务的外国洋行,即达二十家之多。

由于中国船业原来所使用的都是旧式木帆船,无法与来去迅疾的洋火轮竞争,使得外国轮船公司迅速垄断了中国的沿海、内河航运业,其中最著名的是美商旗昌轮船公司、英商怡和轮船公司和太古轮船公司。这些外资企业获利惊人,以旗昌为例,在十九世纪六十年代,每年便能获利二十多万两,到七十年代,猛增至九十多万两,短短几年,总资本即由最初的一百万两增至两百多万两。

除了江海利权尽为洋人占尽外,原先承担政府漕粮运输的沙船船帮也因此遭到毁灭性打击。大批沙船船主破产,水手失业,三千多号帆船休闲腐烂殆尽,连带数十万石漕粮难以北运。

就在朝廷有关大员束手无策之际,李鸿章指派专员,在上海成立了轮船招商局。作为由李鸿章兴办的第一个民用企业,他对于用什么方式来经营,有过一番深思熟虑。

之前李鸿章所创办的军工企业,采用的都是官办形式,实施衙门化管理,其最大的缺点就是经营管理的紊乱和腐败现象很严重,各局普遍不讲经济效益,生产效率低,成本高,以至于造艘船的费用往往超过向国外直接购船的费用。若民用企业继续采用官办形式,生产出来的产品成本必然就高，很难与同类别的外国产品竞争。再者，若以官办形式创办民用企业，势必遭到其他国家的强烈抵制，即便李鸿章要这么做，朝廷也不会同意。两次鸦片战争的结果已使朝廷成为惊弓之鸟，政府最怕与外国发生商务摩擦，进而再度引发战争，轮船商务牵涉洋务，官方就更要避免与外商直接发生冲突了。

在中国，盐业历来实行专卖，这一行业有一个传统词汇，名为"官督商办"，即政府授权私人经营，但销售须由政府统一垄断。李鸿章从中借用过来，对轮船招商局也采用"官督商办"的经营模式。当然词虽然还是那个词，含义却已大有不同，具体来说，就是让有资金、有经验的商人来掌握企业的实际经营权，官府对企业进行控制，并从经济和政策上予以扶持，"赖商为承办，赖官为扶持"。

商 战

轮船招商局先从英国订购了一艘钢质轮船，客货两用，它也是中国民族航运业的第一艘现代商轮，此后又购买了几艘轮船，由此开始营业。

最初李鸿章所任命的总办，也即经营负责人朱其昂，出身沙船世家，原先专门负责漕粮海运，亦官亦商，是漕运方面的难得人才，但他对轮运业却并不内行，在他的主持下，招商局也不过是以新式轮船代替旧式帆船而已，经营模式仍旧沿袭传统的漕运，所以经营效益并不好。

开局不久，招商局就已经出现危险信号，仅仅半年下来，就已亏损两万多两白银。李鸿章见状，立即对管理层进行调整，任命唐廷枢为招商局总办，总管局务，派自己的幕僚盛宣怀襄助，另委徐润负责轮船揽载，朱其昂改任会办，专门负责他所熟悉和擅长的漕运。

唐廷枢、徐润都是所谓的买办商人出身。西方商人进入中国后，因不谙中国国情，便会雇请精通英语和商务的中国人对其进行协助，这些中国人也借此设立自己的商号，直接充任代理，时称"买办"。唐廷枢曾主持英商怡和洋行的船务部，自己也投资和附股多艘轮船；徐润则是跨行业经营的高手，被认为"是一位能干的商人"，曾在美商旗昌轮船公司附股。管理层调整之后，招商局的局务实际就由他们两人共同主持。

当时各省关卡林立，赋税沉重，反而洋商只需一次性缴纳关税后便可畅通无阻，华商为了逃避重利盘剥，便纷纷把资产假借在洋行名下，并在外国洋行投资以获取利润，这种现象被称为"附股"。唐廷枢、徐润既是买办，又有附股，但在洋行里被洋人猜忌，得不到信任，两人都有志于自办轮船客运，在他们的努力下，招商局的营业和运力得以迅速扩大，并凭借一己之力，冲破了西方航运企业的垄断局面。

朱其昂组建招商局时，西方人还没太当回事，等到唐廷枢、徐润主导的招商局陡然出现在面前时，才让他们真正感受到了威胁。在招商局进入市场前，中国境内的轮船航运业刚经历了一番大洗牌，只剩下最具实力的美商旗昌轮船公司、英商怡和轮船公司和太古轮船公司，三家洋商原先也相互对垒，但为了他们的共同利益，便采用共同压价的手段，联手对招商局展开商战。

一时间，中国沿海和内河航道狼烟四起，运价被压到减半乃至降低三分之二。眼看招商局面临着被挤垮的危险，然而唐廷枢、徐润并不惧怕，因为他们拥有漕运专利，并且李鸿章很早就为招商局争取到了特殊的漕运价格，不仅远高于沙船，比洋船也要高出一倍。

凭借漕运利润这一必胜筹码，招商局与洋商进行了旷日持久的拉锯战，一拼就是四年，其间招商局不但没有被挤垮，反而连年盈利。这中间当然少不了政府的支持，在商战最激烈、形势也最危急的1876年，李鸿章大笔一挥，从官款中拨借五十万两白银给招商局，使他们挺了过去。

经过反复厮杀，旗昌率先用光全部储备金，不得不宣布退出市场，并准备将所有资产出让。唐廷枢等人得知消息后，分析认为这是一个千载难逢的机会，如果购并成功，剩下的怡和、太古就更不是对手了，招商局将取代旗昌的地位，从此专享其利。问题是旗昌开价两百万两银子，当时招商局的现金只能发发工资，连二十万两都拿不出。

报告打到李鸿章那里，李鸿章也无计可施。招商局管理层的几个人并不气馁，又以盛宣怀为主，去向时任两江总督的沈葆桢求援。盛宣怀的身份亦官亦商，是一个非常精明能干的人，他知道，虽然沈葆桢也是洋务派领袖，两江又是天下膏腴，然而如果直接说需要两百万两，沈葆桢肯定得打退堂鼓，于是便编了个瞎话，报告沈葆桢说招商局已经筹措了一百万两，只缺一百万两。沈葆桢动了心，遂动用所有行政资源，凑了一百万两给他们。

有了这一百万两的真金白银，盛宣怀又去和旗昌谈条件，要求分期付款。他料定旗昌急于出手，肯定会答应这个条件，结果购并方案果真成功了。这是连唐廷枢、徐润想都不敢想的事，盛宣怀由此在业内一举成名，后来成为著名的红顶商人。

购并旗昌后，招商局一跃成为中国江海中的龙头老大，轮船由初建时的四艘增至三十三艘，总载量达三万余吨。凭借着自身颇具规模的商业船队，高峰时，招商局不仅在国内重要港口设有分支机构，在日本、越南、吕宋等处也都建栈布点，并曾远航欧美。

虽然旗昌已折戟沉沙，但剩下的太古、怡和并没有就此罢休，尤其太古，依仗其雄厚的融资渠道，非得跟招商局拼个你死我活不可。双方的商战愈演愈烈，上海到汉口的运费每百斤跌至一钱，上海到汕头甚至只有一分，大家都因此亏损严重，招商局大多数航线上每行驶一艘船就亏本一艘，部分船只被迫停驶。在这种情况下，唐廷枢接受了太古方面的登门求和，与之签订齐价合同，自此两家在航线上划定船舶分配数，并统一价格，不再相互进行恶性竞争。次年怡和加入，三家重新签订齐价合同，遂成三足鼎立局面。

李鸿章筹建招商局的初衷，是要在"求富"的同时，从洋商手中收回利权。这个目的基本达到了，有人统计，在招商局成立之前，洋商轮船转运于中国各口岸，每年总计获利近八百万两，在招商局成立后的三个年头里，因为洋船载客货减少，洋商就少得利达一千三百余万两，也就是说招商局仅仅在这三年内，就已从洋商那里分得了一千三百余万两的市场份额。

在创办招商局后，李鸿章选派得力干将，继续进行招商或直接投入数额不等的资金，又主持创办了一大批近代企业，其范围涵盖保险、电报、银行、织布、教育等诸多领域，这使他成为洋务派中经营时间最长、兴办事业最多、取得成就最大的一员健将。其作为不仅超过了曾国藩，也远远超过了同辈中的任何一位，无怪乎当时的海内外舆论誉之为"中国第一人"。

忠信笃敬

1872年3月12日,曾国藩病逝于两江总督任上,此时距天津教案了结已隔两年之久,随着所谓"同治中兴"时代的到来,人们对他的不良印象已经淡漠。在曾国藩死后,朝廷和众大臣都对其一生给予了极高评价,悼文挽联更是铺天盖地。在这其中,一副挽联尤其令人注目——"师事近三十年,薪尽火传,筑室忝为门生长;威名震九万里,内安外攘,旷世难逢天下才。"

此联的作者,正是与曾国藩有着近三十年师生情分的李鸿章。

李鸿章是个内心极为高傲的人,他自己经历过的和办过的事也多,故而俯视一切,但唯独对于恩师曾国藩,从来都是恭恭敬敬,不敢有半点失礼之处,就如同曾国藩是其严父一般。

在事业承续上,曾李的确就是一对父子。曾国藩在其生前,通过耳提面命,将平生的为官之道、政治主张和理想,都统统传给了李鸿章,而作为曾国藩的忠实门生,如同联语中"薪尽火传"所概括的那样,李鸿章对于乃师的政治思想体系不但完全继承下来,还在总体上加以了阐发。

李鸿章率淮军到上海后,曾国藩当时就意识到,无论太平军还是捻军,都将很快被镇压下去,但洋人却还要在中国继续待下去,而且肯定没有力量将他们很快赶走。那么,今后究竟该如何跟洋人打交道呢?曾国藩的办法,是把儒家的处世原则"忠信笃敬"移用过来,作为对外交涉的重点。李鸿章在上海时期,他便在这方面对李鸿章进行训导,并反复叮嘱他,对洋人一定要示以谦和,一定要讲究信任,绝对不能有半点傲慢之情流露于言行之间。当然,李鸿章并没有完全按照"忠信笃敬"去做,特别是在实际操作中,当他发现"痞子腔"往往更实用、更有效时,便会频频使用"痞子手段"并自鸣得意。

曾国藩并不迂腐,作为一个成就极高的战略家,对"忠信笃敬"如此坚持,正是他在战略层面对外交进行深入思考的结果。他和李鸿章等洋务派都认识到,中国要对付强大的西方国家,急需自强,但"自强"并非一朝一夕或靠空言就能达成,在此之前,必须对洋人予以"忠信笃敬",并以此去感化他们。

对于外交领域的"忠信笃敬"，直到曾国藩受命处理天津教案，李鸿章仍不能真正予以领悟。

李鸿章外交

与过去王朝不同，如今中原政权所面对的威胁，已不再是内陆的少数民族，而是海外入侵势力。按照曾国藩的看法，那已经不是一个族类，是"数十国联成一气"的西方世界，"中国能防御一国，未必能遍防各国；能侥幸取胜于一时，未必有力量坚持多年"，故而不管洋人对自己的态度是好，还是不好，都必须忍辱负重，以不触怒对方为限。

李鸿章在上海时，就靠"痞子腔"摆平了洋人，曾国藩对此不是不知道，但他认为这只是小聪明，并非大智慧。他对李鸿章说，我们现在既然没有实在力量，不管你如何"虚强造作"，耍小聪明，做小动作，洋人都能看得明明白白，到最后也都是不中用的。他的看法是，在与洋人交涉时，不如老老实实、推诚相见，与之该讲情的时候讲情，该说理的时候说理，这样虽不致能占到什么便宜，但也或许不致过于吃亏。最重要的是，无论如何，己方的信用身份，总是站得住的，只要脚踏实地，就算是跌跟斗也不致跌得过远，"想来比痞子腔总靠得住一点"。

其后，李鸿章在处理天津教案后续事宜时，不管是同法国，还是和俄英美交涉，他都捧着"诚"这个锦囊。

曾国藩是李鸿章的老师兼贵人，李鸿章能在四十多岁前成就功名事业，离不开曾国藩的提携，这一点，尽人皆知。但若说到洋务，自天津教案后，大家都觉得曾国藩不如李鸿章内行。李鸿章则对此直摇头，他认为曾国藩为他指导了战略，外交能力实际在其之上，到了晚年，他更总结道："我办一辈子外交，没有闹出乱子，都是我老师一言指示之力。"

李鸿章办外交，力主"和戎"。"和戎"或称"和战"，简单来说，就是对外不主战、不求战，争取和维护和局，万一遇到战争，也要牺牲一些利益来早日结束战争。这是李鸿章从曾国藩"忠信笃敬"的战略出发，并结合自己与洋人打交道的实践，所总结出来的一套独立的外交思想。

李鸿章自己是靠打仗打出来的，但他和曾国藩一样，都极不赞成不顾实力、盲目地谈论对外战争，认为只有不战而屈人之兵的策略，才是战争史上最高明的用兵之道。李鸿章的洋务思想可以从林则徐那里找到源头，然而他却对林则徐不以为然，这主要就是因为林乃第一次鸦片战争的主战派代表人物。同样，作为第二次鸦片战争的代表人物，僧格林沁也受到李鸿章的批评，在他看来，林则徐、僧格林沁轻率主战，反而加速了国家的崩溃，作为国家重臣，这样的不智行为不可原谅。

李鸿章不把他的"和戎"看作是"降戎"，而是视为一种策略性选择，其根本目的是为"自强"争取时间，创造条件。他的假设是，一旦和局不再，将会造成兵连祸结，国力耗尽，不但无资兴办新事业，也无法再引入国外的先进设备和技术，之后必然就是洋务运动随之夭折，"自强"成为镜中月、水中花。他甚至认为，就算有朝一日，国家已经有了足够实力，可以百战百胜了，也不可轻言战事以消耗国力，更不用说现在积贫积弱，且面临大变局了。

就这样，李鸿章把"和戎"与"自强"联系起来，形成了"外须和戎，内须自强"的新外交理念。有研究者认为，它结束了中国在两次鸦片战争之间的那种"外交虚无"状态，使中国的外交决策开始理性化，也因此，人们常将洋务运动时期的外交称为"李鸿章外交"。

以敌制敌

"外须和戎"把不战作为前提，但以大清在国际上的弱小地位，又靠什么来争取和局呢？

鸦片战争时，"以夷制夷"被重新提了出来。林则徐建议允许他国像英国一样与华通商，以便牵制之。魏源主张在陆上与俄国结盟，以威胁英属印度乃至越南、缅甸和尼泊尔；在海上则与法美结盟，构成对英国的联合攻势。必须指出的是，林、魏的设想未摆脱古代"以夷制夷"的窠臼，即还是以天朝上国的姿态居高临下，目标也仅希冀于影响那些在华的西方官员和商人，而不涉及其背后的政府。

到了曾国藩、李鸿章的时代，他们才能够把以前的"夷"和现在的西方国家真正区分开来,"以夷制夷"的含义也才发生根本变化。曾国藩最早将"以夷制夷"运用于实践,在处理天津教案时,为了减少交涉中的阻力,他对所涉各国采取了区别对待的策略,这实际上就是"以夷制夷"的一种形式,但因为客观原因,当时未能较好地发挥效用。

十九世纪,国际上出现了均势主义理论。当时拿破仑被欧洲反法同盟击败,法国被迫与俄、英、奥、普四大国签城下之盟,但有法国外交之父称号的塔列朗,却成功地瓦解了反法同盟,最后不仅保证法国领土不被分割,不必付出赔款,甚至还与四大国平起平坐,四大国成了五大国,从而创造了近现代外交史上的奇迹。

对于战败的法国而言,四大国是强国,法国是弱国,为弱国代言的塔列朗为什么能够成功?因为其时的欧洲就像是中国古代的春秋战国,各国之间虽然频繁争斗,但他们又都清楚地知道,只有当各国都势均力敌,也就是处于"均势"时,才会出现国际间的一时和平,否则大家的日子都过不好。固然,随着各国实力的消长,均势在不断被打破,但也不断在形成,在这种情况下,弱小国家便因哪一个国家都无法对其独吞而常常能够侥幸存活下来,塔列朗就是利用均势,为法国谋取到了最大利益。

李鸿章对均势主义并不缺乏直观感受,甚至清廷也有体会,比如他们知道在对中国的态度上,英美就有很大区别。第一次鸦片战争时期,林则徐在广州收缴鸦片,英商最强硬,美商则相对配合;第二次鸦片战争时期,中国与英国争执不下,美国担当了调停角色,当时要换约,只有美国使团表示愿意服从中方的安排。

美国当然也是要维护和扩大其在华利益的,那为什么表现会跟其他西方大国有所差异呢?这跟特定的历史环境和条件有关系,两次鸦片战争时期,美国自己也才刚刚独立,相对于英法等国来说,力量较弱。至于第二次鸦片战争后,则是因为美国爆发了南北战争,束缚了它在中国问题上的手脚,美国政府认为对华采取"合作政策"更为明智,也更能为中国政府所接受。

得到其他西方大国的赞同和支持,是美国能够推行和实施"合作政策"的又一客观前提。不过各国支持"合作政策"的动机又不尽相同,而这就更符合均势主义的定义了:英国在中国已占有绝对的优势地位,想用"合作政策"限制其他大国尤其俄、法扩大在华活动；俄国觊觎中国的北方领土，希望通过"合作政策"限制英国向中国东北扩张；法国在欧洲的地位和发言权下降，在处理天津教案等中国问题上，需要获得英美等大国的帮助。

日 本

均势主义为传统的"以夷制夷"注入了新的内涵。利用西方大国的差异来进行均势制衡，以改变中国在国际上以寡敌众的被动局面，成为李鸿章"以敌制敌"中的一个重要选项，他甚至在洋务运动中，也常常利用西方大国在经济上的相互竞争，来为自己兴办洋务带来一些优惠和好处。

在认为欧美大国难以完全信任的前提下，作为与中国一衣带水的近邻，日本渐渐走进了李鸿章的视野。

清王朝建立后，鉴于明代时倭寇对中国沿海进行侵扰以及丰臣秀吉入侵朝鲜，政府对于日本持警惕态度，将其视为中国潜在的威胁，一直没有同日本进行正式的外交接触，对日本的认识始终停留在"倭寇""东洋岛国"等肤浅层次。日本德川幕府实行锁国政策，也没有同中国建交的要求和欲望，两国基本处于隔绝状态，落暮相对达两百余年。

直到鸦片战争过去十二年后，日本遭遇了和中国一样的命运，被西方大国打开了国门。之后的日本知耻而后勇，采取一系列的改革措施，学习西方的坚船利炮，力图自强。1863 年，日本长州藩的攘夷派炮击停泊在下关海峡的美法等国军舰，同年，又发生了萨摩藩同英国舰队的战争，从这个时候开始，日本才重新受到中国朝野的关注。

奕䜣所主持的总理衙门在得知这一消息后，很怕欧洲大国真的与日本大打出手，他们一方面担心日本如果吃了败仗，会使英法等国的气焰愈加高涨；另一方面，却又更担心日本打败英法。这是因为日本离中国的海口不远，腋肘之患，威胁可以立见。

总之，在奕䜣等人看来，欧日交战，不论交战双方胜负如何，对于中国都不是好事。好在仗暂时并没有打起来，总理衙门松了口气，不过并没有放下对日本的防范之心。1862 年，日本通商船"千岁丸"访问上海，并要求与中国通商，但被中方以日本方面为"无约通商国"为由拒绝。

同一时期，李鸿章率淮军抵达上海，随后即因升任江苏巡抚而在政坛崭露头角。"千岁丸"上的日本官员与藩士自然很关注这颗正冉冉升起的政界新星，他们除多次遣员到上海周边进行考察外，还频繁参观了淮军军营。

与日方人员的直接接触，加上《北华捷报》等媒体的报道，使李鸿章对日本引起注意，相比于其他官僚，他对开国后的日本也有更深刻的认识，知道日本正在用西法制造枪炮轮船，在向学习西方技术方面，已经超过中国。当时的李鸿章已开始倡导洋务，对西洋火器极为羡慕和佩服，日本的做法令他如得知音。

与奕䜣等人的忧心忡忡不同，面对正在崛起中的日本，李鸿章的态度反而是兴奋的，他正在与曾国藩等人联手启动洋务运动，需要一个通过学习洋务，由弱变强的国家榜样。日本原先不但是弱国，还是个连中国都不屑提及的东方小国，然而在采用西式舰船武器后，居然已能让屡次打败过中国的英法望而却步，难道这还不能证明"借法自强"主张的正确性么？

李鸿章不是第一个注意到邻居日本的中国官员，却是第一个提出要放下天朝大国身段，正视日本的进步甚至提出向日本学习的人。在那个时代，这是非常了不起的，也是他超出当时的一般官僚之处。

缔　约

中国能否自强，何时自强？李鸿章个人暂时无法回答，尤其在其成为大清第一重臣、主导洋务运动之前，更不能给出确切答案。在当时的条件下，他只能思考这样一个问题，即在中国还没有实现自强之前，该如何影响日本在西洋各国与中国之间的"移动"方向。

1864年，继"千岁丸"之后，日本官船"健顺丸"再次访问上海。上海此时已完全处于李鸿章的掌控之下，但李鸿章因正在前线同太平军作战，没有时间顾及。海关负责官员应宝时接待了日本官员，并同意该船在上海进行只限一次的贸易，上海自此成为中日通商港口，也是唯一港口。

事后，应宝时向李鸿章汇报了此事。李鸿章本就在考虑日本问题，日本二次来访且要求通商，让他初步产生了一个想法，即不如从容接纳日本，通过允许中日通商，来影响日本在西洋各国与中国之间的"移动"方向。

"千岁丸""健顺丸"访问上海的时候，日本尚处于幕府末期，到了十九世纪七十年代，日本已基本实现了明治政府与德川幕府的政权交接，中国方面也已基本平息了太平军、捻军等内乱，两国政局都日渐趋于稳定。1870年8月，在事先没有通报、清廷也缺乏思想准备的情况下，日本特使柳原前光率代表团突然来到天津，其时，李鸿章才升任直隶总督不久，与时任三口通商大臣的成林共同负责与日使的交涉，两人相隔一天，分别会见了柳原。会谈中，柳原提出要去北京，效仿西方国家，与总理衙门商讨相互通商、缔约问题，并向成、李二人递交了日本国务卿原宝嘉致请总理衙门的信件。

柳原希望能立刻进京，但总理衙门对日本的戒备心理并未消除，仍指示成林，让他按照清朝外交惯例，将柳原留在天津静候，同时将原宝嘉的信件迅速送京，等候指示。

看了原宝嘉的来信，得知日本政府的诉求后，奕䜣等人甚觉为难。且不说他们对日本本来就存有防范之心，就说通商、缔约这件事，此前都是中方在军事反击失败、敌军已兵临城下的情况下，最后迫不得已才接受的，从无主动响应立约的先例。再者，每次中外立约，到头来中国签的都是不平等条约，谈判一结束，参加会谈的中方代表轻则挨骂，重则丢官获罪，因而弄得大家都忌讳与外人接触，遇到谈判这样的事，更是避之唯恐不及。

正当总理衙门犹豫不决之际，奕䜣收到了李鸿章专致总理衙门的一封信件，建议不要将日本拒之门外。

李鸿章在江南时就已有联日的思想基础，所以在与柳原会谈的过程中，一开始便采取了欢迎态度。柳原向李鸿章明确表示，英美法诸国强逼日本通商，日本君民受其欺负，心怀不满而力难独抗，因为想到与中国最为接近，故而期望与中国交好，以便能够同心协力，对抗外敌。

以东制西

作为政治家的李鸿章，并不是一个喜欢感情用事的人，考虑任何取舍，都会斟酌其利弊。他分析，日本通过类似于洋务运动的"自强运动"，购买和制造西式武器，派遣留学生赴欧美学习，这些都是实现自强、抵御欧美大国的有效办法。中国搞洋务运动，日本搞自强运动，二者联手，弱弱相连，以日抵西，今后就不用害怕西方国家肆意恫吓，予取予求了。反之，日本就可能倒向西方，并按照远交近攻的思维，像西方国家一样威胁中国，进而在中国的对手和敌人名单上再添新成员。

致总理衙门的信件，是李鸿章在会见柳原的第二天就写好并寄出的。在信中，他力主联日制西，指出柳原此次访华，对于联日而言，恰是一个送上门来的好机会。他本人赞同答应对方的订约请求，认为与其订约，不仅是不可避免的，而且也是可取的。订约之后，即便不能联络日本成为中国的外援，也可防止日本成为西国的外府。

尽管对于柳原来访和欲与华通商缔约，李鸿章有求之不得的心态，但他并未因此忽视缔约所应注意的问题。以往清廷与西方大国订约，后者都会强行加入所谓"利益均沾"的片面最惠国待遇条款，并且自十九世纪五十年代以来，利用这项条款，从中国攫取了大量的经济利益，使中国经济发展深受其害。李鸿章等人早有通过洋务运动使国家自强，从而修改与西方大国签订的不平等条约，渐次收回片面最惠国待遇的打算。已在西方大国手中的既然都想收回，日本自然更不能给予，以免日后麻烦，李鸿章因此提出在对日订约时，不能援引西国之例，把不平等特权也许给日本。

奕䜣阅读李鸿章的来信后，并未被其说服，在柳原的不断催问下，他通过成林向柳原递交了一份照会，以书面形式答复说，中日既已在上海实行通商，可仍照此办理，没必要缔约，实际是以委婉的方式拒绝了日方的缔约请求，而且将通商也仅限于上海一口。

然而柳原态度坚决，接着又向总理衙门转呈了条约草案，大有不订约就不回国的架势，同时他还面谒李鸿章，请其代为陈请。李鸿章于是再次致函总理衙门，说明日本对于立约的决心很大，不便不允所请，但总理衙门不为所动，仍旧坚持原议。奕䜣指示成林和李鸿章对柳原再多加劝说，实在劝不动，也不能立即订约，而应告诉柳原，先将条约草案暂存中国，等以后待派大员来议。

柳原却没这么好打发，他隐约表示，如果中方还是不依所请，他将邀西方大国为之介绍。这让总理衙门一下子尴尬起来，因为西方各小国来华订约，也都是由英法为之介绍，即"以英法为护符"，他们怕日使真这么做的话，到时不答应不好，答应无异于示弱，清廷将脸面扫地。

在此期间，三口通商大臣裁撤，李鸿章兼任北洋大臣，对日交涉成为他的专责。在致总理衙门的信函和奏折中，李鸿章强调如果笼络日本，则能使其为我所用，若一味拒之门外，必将成为中国大敌，而要笼络日本，就必须建立通使，这样才好设法联络和牵制。

总理衙门被柳原恐吓后，正在骑虎难下之际，这边李鸿章又诉之以利害关系，于是决定根据其建议，重新组织复议。经过复议，大臣们都认为李鸿章的意见是对的，总理衙门遂改变初衷，再次照会以柳原为首的日本使团，对其立约交涉的动议予以初步确认，并允许日本于次年特派使团来华商谈订约之事。柳原达到其来华的最初目的，这才率使团高高兴兴地打道回府。

按照大清国的机构设置，总理衙门只是国家外交的执行部门，对外交涉的最后审批权仍掌握在皇帝手中。1870年11月，总理衙门以奕䜣的名义上奏朝廷，此折刚一公布，就遭到安徽巡抚英翰的强烈反对。

英翰担忧日本，不是像李鸿章那样，认为日本"自强"后怎样怎样，归根结底，还是源于老一套的"倭寇"情结。李鸿章论证说，明代虽有倭寇屡犯中国沿海，但自清初建政以来，就没有这种事了。咸丰年间内有太平军"作乱"，外有西国胁迫，日本亦未乘机侵扰中国，也没有借此机会要求与中国"立约"。他据此认为，立约之后，中日也完全可以做到相安无事，关键还是订立一个什么样的条约。

李鸿章的奏折，得到了曾国藩的首肯，继李鸿章之后，他也上疏支持与日本订约。看到李、曾两位能左右政局的封疆大吏都奏书作保证，朝廷终于正式批准了总理衙门要求与日本商谈订约的奏议，同时下谕指示由李鸿章具体负责谈判的前期准备，李鸿章获悉后非常高兴，当即表示自己将为此竭尽所能。

第六章　黑头宰相

李鸿章的个性是不怕困难，遇事必努力达成，而且相信自己所预期的未来，一定可以通过行动转化为现实。朝廷的相关授权谕旨一到天津，他便忙开了，一面抽调熟悉洋务和通晓日本情况的官员，组成谈判班子；一面采取鸦片战争时期林则徐在广州办理鸦片问题时的做法，组织幕僚属下大量搜集和研究有关日本政治、历史等方面的中外文论著，同时将日本与西方大国所立条约以及当时的国际公文原文，也都逐一翻译出来，作为谈判进行辩论的参考资料。

在这段时间里，有一件事引起了李鸿章的关注。几年前，一艘美国商船冒险进入朝鲜海域，被朝鲜人烧毁，此时美国便派一艘兵船到朝鲜讨要说法。李鸿章得到的消息是日本兵船亦应约同往，如果朝鲜不答应通商，美日将对朝鲜大动干戈。美国属于西国阵营，他打朝鲜的主意，李鸿章并不感到奇怪，让他感到不安的是日本也参与了进去。

由于整天都扎在日本的资料堆里，李鸿章对日本的情况更加熟悉和了解，他发现日本一直都怀有吞并朝鲜的野心，包括明代丰臣秀吉时期，日本在历史上曾数次入侵朝鲜，只是都未成功。他担心日本这次有可能"远交近攻"，联合西方各国打开朝鲜的大门。

辩　难

柳原使团访华时留下了条约草案，李鸿章与特地从上海调来的老部属应宝时一起，逐款签注意见，消除弊端。另外又拟了一份中方关于条约的草稿大纲，由应宝时等人参照上海从前所办交涉文件，将其拟成具体细则，最后再送交总理衙门审查，以此作为谈判的基本依据。

1871年7月，日本任命伊达宗城为全权大臣，柳原前光为副使，率代表团抵达天津。中方则指派李鸿章为全权大臣，应宝时等随同帮办，与日方举行缔约的正式谈判。

谈判一开始气氛就很紧张，李鸿章仔细看了日本先行提出的条约草案，看着看着，渐渐拉下脸来。原来他发现这份草案与上次的那份完全不同，所有各款，竟然全都抄自德国逼迫清廷所订立的"中德通商条约"。

显然，日本的胃口变大了，不是要通过订约，实现同中国平等的国际地位，而是想和欧美大国一样，迫使清廷接受不平等条款。李鸿章对此极为气愤，他看到草案中有一款是"日本国可运输货物到中国内地，也可到中国内地购买货物"，当即拿起笔来，在两个"可"前都各加了一个"不"字。

鉴于日方已弃用柳原版本的草案，李鸿章提出将中方事先拟定的草稿大纲作为谈判底本。这是一份经过李鸿章本人精心推敲的大纲，比如对于中国内地通商问题，已明确规定中日双方都只能在指定口岸通商，不能进入内地；在条规第一条中，李鸿章富有创见性地写入"对于两国所属邦土，应该各自以礼相待，不可稍有侵犯逾越"，其中"所属邦土"，指的是中国藩属国，主要指朝鲜；在条规第二条中，加入中日两国遇到他国不公正对待，"必须彼此相助"的语句，其隐含之意，就是不让日本靠拢西国，进而要求中日能够结成互助同盟。

日方谈判代表在看完中方草稿大纲后，对通商问题未表示异议，对条规第一条从明面上也说不出什么不对，但对第二条则强烈反对。

与李鸿章之前的想象不同，日本实际上不仅不愿与中国结盟，而且对于任何相关迹象都极力避免。伊达认为，中方所拟草案的条规第二条容易引起西方大国猜忌，因此他们致函中方代表，声称通商建交是中日之间的事，跟他国无关，两国之间的条约只要按照西方惯例拟定即可。

日本坚持要以伊达带来的新版本草案作为谈判底本，双方就此展开激烈争论，李鸿章先让应宝时与伊达的副手柳原反复辩难，继而又亲自会见伊达,当面鼓,对面锣,一一辨明是非。

大清朝一向被外界视为不懂外交,日方代表团原以为可以无须花费气力,就把中方代表纳入他们所设计的轨道,至此才知道中方亦是有备而来,相应的知识储备和眼界也绝不在他们之下。看到若不使点手段,将难以实现预定的谈判目标,伊达便决定按照西方国家与中国官僚打交道的经验,对中方代表采取压迫式打法。在拜见李鸿章时,他一出场就昂着个头,显示出极为自负、盛气凌人的样子,说话也采用蛮横无理的态度,期望以此吓唬住对方,迫使其让步,然而让他意想不到的是,李鸿章却根本不吃他这一套。

大清第一人物

李鸿章打年轻时开始就以恃才傲物著称,除了曾国藩,他不把任何一个人真正放在眼里。官居高位以后,对于部属动辄训斥不说,对于同僚也同样傲慢不恭。在中国官场,傲慢的官僚并不少见,李鸿章的不同之处在于,他特别不屑一顾的其实并非本国同僚,而恰恰是他的同僚们都为之惧怕的洋人。

不管是之前力主与日缔约,还是后来具体负责谈判,李鸿章都没有真正把日本与西方大国放在同一量级对待,加上性格原因,因而在日本人面前有一种傲气十足、居高临下的本能。

伊达的"表演"弄巧成拙,令李鸿章极为反感,于是立即针锋相对。他以伊达措辞中出现的破绽和漏洞为把柄,紧抓不放,声色俱厉地做了反驳,驳得伊达哑口无言。

伊达败下阵来后,日方代表团又重新布置谈判策略,从这个时候开始,他们将进攻重点集中在李鸿章一人身上。

面对李鸿章,伊达等人本就缺乏心理优势,这主要是因为尽管中国在与西方大国的战争中连遭败绩,但正所谓瘦死的骆驼比马大,在日本人眼中,它依旧还是一个"庞然大物",后来当中国第一任驻日公使何如璋赴任日本时,很多日本上层人物便都以与之交往为荣。

李鸿章能够在舌战中占据上风,不得不说,其个人胆魄和能力也是不可或缺的重要因素，他也由此给日本人留下了极为深刻的印象。其时李鸿章年方四十八岁，但已身兼直隶总督及北洋大臣，执掌大清朝内政和外交大权，日本人因此视之为大清第一人物，称"黑头宰相"，意谓年纪轻轻的宰相。他们认为李鸿章不仅文明开化，而且手段老练圆滑，内政外交都十分厉害，即便在整个东亚地区，亦不失为首屈一指、能力卓著的名相。

一针见血

1871年8月4日，柳原以副使的身份，致书中方代表，以"最后通牒"式的口气说，现在解决争议的办法只有一个，那就是以伊达版本草案为谈判底本，要修改也可以，但只能稍改几个字。

李鸿章没有被对方咄咄逼人的气势所影响，他指示应宝时等人，让他们以比之前更为严厉的词句，复函回击日方，以示中方立场坚定不移，不可更改。在复函的最后部分，应宝时等毫无商量余地地表示，如果日方代表对此仍不以为然，他们只能转请"中堂"（指李鸿章），将日方擅自置换草案、不想守信的情形具奏朝廷。其结果可能就是：朝廷重新采用总理衙门去年的初议，虽然照旧和日本通商友好，但不缔约。

中方态度如此强硬，殊出日方代表的意料。伊达一看恫吓不成，反带来谈判破裂的危险，唯恐如此下去，难以回国交差，遂在徘徊犹豫数日后，同意以中方草案为议约底本，重开已处于中断状态的交涉谈判。

日方代表对于中方草案最不满意之处，就是完全删除了"利益均沾"的内容。他们玩弄文字游戏，想以偷梁换柱的方式，再把"利益均沾"加进去，李鸿章当场予以揭穿，并且毫不妥协。后来完成的条约中虽然保留了领事裁判权和协定关税率等条款，不过是双方对等互享，不同于之前给予西方大国的特殊待遇。

"利益均沾"解决后，是中国内地的通商问题，中日代表先前在讨论这一问题时，日方已经同意都不到中国内地经商，这时却又突然反悔。

日方的反悔使得双方辩论又起。李鸿章亲自出马，说按照西洋各国与我们所订条约的意思，华人到西国经商，是不限定口岸的，而现在你们日本系以口岸与中国通商，也就是说是不准华人到日本内地经商的，既如此，为什么日本人就可以到中国内地经商？在草案这一款上，我们两国是完全对等的，你们为什么还要把西约拿出来说事？

李鸿章理出偏锋，令柳原等人无言以对，这一辩论环节遂告终结。就这样，李鸿章还怕日后出现反复，又在条约内添上了"因两国各有指定口岸，故须明定限制"的语句。

1871年9月13日，经过漫长而又艰苦的谈判，中日双方在天津的山西公馆内签署《中日修好条规》和《中日通商章程》。这是中日关系史上的第一部条约，也是中国政府在鸦片战争后，首次按照自己的主张和意愿，所签订的第一个也是唯一一个平等条约。

八户事件

近代西方世界普遍奉行弱肉强食的"丛林法则"，日本既以西方大国作为榜样，对此已是了然于心，表现在国际关系上，就是结好西方大国，同时效仿它们，吃柿子专挑软的捏，入侵亚洲落后国家。李鸿章与日本接触并产生联日想法时，正值幕府末年，其时日本国内就已经兴起一股对外扩张、入侵朝鲜乃至中国的思潮。在日本被迫与俄、美缔约后，俄、美等国纷纷进入日本内地进行贸易，对其国内产业造成很大冲击，日本幕末启蒙思想家吉田松阴主张，侵夺朝鲜、中国满洲土地，以此补偿日本在西方大国那里损失掉的东西。

当时有一个名为八户顺叔的所谓日本"名儒"，曾送新闻稿到报馆，并发表谈话，声称近来日本革故鼎新，加强武备，现已拥有火轮兵船八十余艘，还说幕府将军已将日本国内的两百六十名诸侯召至京师江户，将兴师"讨伐"朝鲜。事后八户所言被证明荒诞不经，但确实非空穴来风。有人考证八户乃幕府代官（中下层文官）之子，他散布这样的流言，反映吉田松阴的思想在日本社会具有极大影响力，以致幕府臣下及部分藩士普遍都存在着征服朝鲜的希望和幻想。

关于八户的报道刊登在外文报纸上，奕䜣通过其信息收集渠道也看到了，这成为他防范柳原代表团的一个心理动因。但奕䜣与李鸿章，对日本的认识都还停留在明治维新前，即幕末时代的日本。

八户事件不久，幕府垮台，明治天皇建立新政府，开始明治维新，从这个时候起，日本对于外侵的态度就不一样了。参加倒幕运动和建立维新政权的重要政治活动家，如伊藤博文、山县有朋等，多数都出自吉田松阴所举办的"松下村塾"，在他们的极力推动以及八户事件所反映的日本社会舆论的支持下，吉田松阴结好西方大国、入侵亚洲近邻的思路，迅速为维新后的日本政府所接受，并逐渐形成了系统化的扩张政策。

按照日本的战略设想，征服中国之前先要征服朝鲜，因此，它首先想到与朝鲜建立邦交，插进立足点，但这一要求遭到朝鲜的拒绝。

在这种情况下，日本转而实行"日清先行交涉"方针，想先打开与中国的关系，然后再利用中国对朝鲜的巨大影响力压服朝鲜。日本两次派代表团来华，努力与中国建立外交关系，除了想"均沾"西方利强的在华利益外，另一个直接目的就是项庄舞剑，意在沛公，把主意打在了朝鲜身上。

日本政府对中日条约表现得既失望又恼怒，是因为他们认为条约放弃了片面最惠国待遇，又没有在朝鲜问题上占得便宜，非但未加速扩张，反而影响了预定的扩张计划，实在是背离了原来的签约目的，这样的条约，签了还不如不签。另一方面，尽管中日双方在谈判桌上争得你死我活，但这个条约所展示出来的中日"亲善"，却引起了西方大国的误会，进而导致对日本产生猜忌和不满。还在条约等待双方最高层进行审批时，美法等国使节就向日本外务省提交照会，要求解释中日之间是否订立了军事同盟。

在外务卿岩仓具视被撤职后，日本国内反对中日条约的声音更加强烈。接替岩仓具视的副岛种臣一上任，即公开指责条约内容"不平等"，下令调查条约内容，做修约准备。1872年3月，受副岛指派，柳原前光率代表团第三次来华，要求改约。

换　约

对于天津谈判的结果，李鸿章是满意的，让他不满意的是日方代表在谈判过程中的表现，其间他不惜屡次动用"罢议"的手段，才使对方屈服，着实有些出乎意料，同时这也动摇了他对于与日本结盟，乃至"以东制西"的信心。

尽管如此，就当下的外交策略而言，李鸿章仍相信日本是调节中西关系的关键因素，联日是必要的，对中国而言，联日也许难以制西，但至少可以少一强敌。

除了让日本在中西关系中站稳立场外，借助条约捆住日本的手脚，使其不妄动朝鲜乃至中国的念头，也是李鸿章对于立约的期望。

让李鸿章没有想到的是，条约墨迹未干，柳原就又率团来到天津，向他递交副岛的照会，称要对条约进行删改。按照国际惯例，条约在两国全权代表谈判后，一经签字便不容许更改，如不同样可不批准，这是外交常识。李鸿章大为不满，遂以公务繁忙为托词，不予接见，并将照会交给海关道，当面掷还给柳原。柳原随后又不得不通过海关道疏通，再次求见李鸿章。李鸿章见已经折了对方锐气，又碍于情面，这才答应与之在衙署见面。

会见时，柳原当面转交了副岛的照会，提出要删除条约中"彼此相助"等条款。李鸿章当即郑重指出，两国初次定约，最重要的是守信用，不能说改就改，否则的话，将为万国公法所忌，被西人耻笑。他同时要求柳原将照会带回。

李鸿章在以强硬态度退回照会后，基于不希望把关系处理得太僵，以致将日本推向西方国家的考虑，还是做了相应退让：表示如果日方确实觉得某些条款难以接受，可以在履行使条约生效的换约手续时，由两国全权大臣商议改动，但只能作为续约，成约一个字也不能更改。

鉴于李鸿章态度坚决，成约不可更改，天皇令副岛为钦差大臣，率柳原等来华换约。1873年4月，柳原、副岛等先后抵津，清廷则仍命李鸿章为换约大臣。李鸿章原先估计日方对想要修改的条款会很坚持，双方不免会产生争执，不料日方因为前外务卿岩仓具视等赴欧美改约受阻，自己先丧失了信心，在换约时主动放弃了以前提出的改约要求。日方此举显然出乎李鸿章的意料，也使他对于"联络东洋以牵制西洋"一度又重拾信心。

4月30日，中日在天津举行换约仪式，标志着中日关系正式进入近代条约体系。几天后，副岛率随员进京，庆贺同治皇帝大婚与亲政，在此期间，副岛派柳原等赴总理衙门，就琉球案进行质问。

历史上的琉球系太平洋上的一个岛国，由三十几个小岛组成，其都城即现在日本的冲绳县。琉球在明代时与中国结成藩属关系，但明朝后期实行海禁政策，拱手放弃了东亚海权，致使日本萨摩藩借地缘接近之便，乘虚而入，用武力逼迫琉球向其进贡，并在琉球清查户口。

明朝覆亡后，清王朝在问鼎中原之初，即派人前往琉球，对琉球国王进行册封。琉球为求生存，便顺势实行"骑墙"政策，即同时向中日两国朝贡，但奉中国为正朔，不仅向清王朝称臣纳贡，而且使用清朝的年号，并常派官生到中国的国子监读书。

日本开始明治维新后，废藩置县，琉球原先需进贡的萨摩藩不存在了，但日本入侵邻国的欲望及其力量却随之大增。就在中日换约的前一年，日本擅自改琉球为藩，琉球国王尚泰被日本天皇册封为日本藩王，列为华族，琉球也只得继续保持其两属状态。

琉球案的起因，是琉球居民的渔船遇到飓风，漂流至台湾，被台湾牡丹社等族人劫杀五十余人，幸存下来的十二人由清廷送回琉球。柳原在会见总理衙门有关大臣时，提出要向台湾族人兴师问罪，总理衙门大臣强调琉球乃中国的藩属国，台湾系中国领土，此事与日本无关。柳原则争辩说琉球人即日本人，言谈间态度十分骄横，并以甩手出京、进兵台湾相要挟。

总理衙门将上述情况通报给了李鸿章，李鸿章对于日使在大清朝堂上的行径很恼火，他刚刚才重拾起的联日信心也因此再遭打击。

循理外交

日本关于进兵台湾的威胁，并非仅仅停留于口头。事实上，日本政府在派副岛、柳原等来华换约的同时，就已成立台湾事务局，任命陆军中将西乡从道为台湾事务都督，并以美国人李仙得为顾问，雇用英美轮船，备兵三千六百人，在长崎待发，准备从台湾南端入手，入侵台湾东部。

中国方面对此本来一无所知，李鸿章是从英国驻华公使威妥玛那儿得知这一消息的。得知消息之初，他还表示怀疑，认为中日刚刚换约不久，根据他所掌握的情报，日本国内政局也尚不稳定（旧藩势力发动了反政府的武装叛乱），这个时候不太可能逞兵台湾吧？

尽管将信将疑，但李鸿章还是抱着宁信其有，不信其无的态度，立即致函总理衙门，要求密饬各地进行准备。很快，日军将要侵台的消息便得到了证实，这对中国朝野震动极大。

李鸿章一边密切注视着事态的发展，一边不时与总理衙门及沿海疆臣函章交驰，积极筹划制日之策。其间上上下下议论纷纭，有的说现在中日和局已成，与其重开边衅，不如相安无事为好；有的说东洋人以力量取胜，我们中国人以理义取胜，跟他们讲道理，劝其不要侵台，对方应该会听；还有的说过去因为内战，顾不上对外，现在内战已经结束，东洋人送上门来，正可大举动用武力。

对于上述三种对付之策，李鸿章均认为失于理智，懵于形势，丝毫无助于对台湾事件的解决和处理。李鸿章的想法是，无论日本下一步会采取什么行动，都应赶紧加强海防，堵塞漏洞，但不可露出张皇之色，让日本觉得有机可乘。

大约在十年前，总理衙门因与法国交涉，欲找一个国际法著作以供交涉时参考，后经美国公使蒲安臣举荐，美国传教士丁韪良应邀将美国国际法学家惠顿所著《国际法原理》翻译出来，经总理衙门四名章京修改，正式定名为《万国公法》付印。

《万国公法》面世的当年春天，普鲁士驻华公使李福斯乘军舰赴华，在天津海口捕获敌国丹麦的三艘商船。未几，总理衙门即援引《万国公法》，向李福斯发去照会，称其在中国水域内扣留第三国船只，触犯了中国主权，并告知李福斯，如果他不妥善处理此事，中方将不予接待。总理衙门其实只是想尝试一下，看看这个《万国公法》究竟灵不灵，没想到照会发去后，李福斯马上就释放了丹麦商船并予以赔偿。

首次引用西方国际法，就成功解决了一起外交纠纷，此事使总理衙门的高级官员都开始相信，国际法还是有些用处的。李鸿章对此究竟持何看法，现已无史料可供考证，但可以确认的是李鸿章对《万国公法》重视的程度，甚至超过包括总理衙门在内的其他官员，有学者认为，李鸿章在十九世纪六十年代，就已经初步接受了西方的国家主权和国际法等外交思想。

李鸿章幕府可分两个阶段，自他招募淮军至受命督师剿捻，这个时期的活动重心是用兵打仗，称为军幕时期，幕府成员以传统的旧式人才为主。在李鸿章担任直隶总督兼北洋大臣后，其幕府便转入了以行政事务为中心的政幕时期，适应洋务运动以及外交的需要，幕府成员也开始以近代化新式人才为主。冯桂芬、郭嵩焘是政幕时期的核心人物，二人都主张运用国际法知识，"循理"解决外交问题，在他们的影响下，李鸿章创立了"循理外交"。

显然，这里所说的"理"是公法和条约，而不是国人理解的"理义"，与李鸿章所说的"洋人论势不论理"并不冲突。因为西方大国虽然不会跟你探讨什么圣人大道，但他们出于"均势"等因素的考虑，对公法和条约却不得不予以一定程度的尊重。

针对台湾事件，李鸿章从循理外交的思路出发，致函总理衙门，建议依据《万国公法》，与美、英两国进行交涉。总理衙门接受李鸿章的建议，一边向日本外务省发出照会，质问其为何出兵台湾；一边要求美、英保持中立，不要帮助日本侵台。

此时蒲安臣虽然早已卸任，但他任内实行的对华"合作政策"依旧延续下来，至少在明面上，美国所采取的行动和措施，均以不损害中国政府利益为前提。更重要的是，台湾历来隶属中国，这在中美条约中也有明文规定，并为包括美国在内的西方各国所认可，故而在总理衙门提出交涉后，美国驻华公使对于中方的关切和忧虑表示了理解，随即便与美国新任驻日公使宾格姆进行联络。宾格姆据此向日本政府提出警告，强调中美早有缔约，美国不会因台湾问题而结怨于中国，他同时电令美国驻厦门领事逮捕李仙得，要求美国驻长崎领事出面命令凡被日本所雇用的美船都必须停泊于港中，禁止其载日军前往台湾。

美国公开表态并采取措施后，英国也宣布中立，日本政府原本把对台发动战争的希望寄托于英美的援助，现在一看两国态度改变，便犹豫起来，遂通知西乡停止行动，但西乡却拒不奉命，依旧按原计划行事，坚持要发动对台战争。

明是和局，阴为战备

在展开"循理外交"的同时，李鸿章建议总理衙门派闽省水师去台，以阻止日军在台登陆，并主张派得力陆军数千，用轮船载至台湾南端的凤山、琅桥附近，择要屯扎，以为先发制人之计——若日军擅自登陆，可以一面晓之以理，动之以情；一面整军以待，使其无隙可乘。

然而总理衙门并不相信日军真的会悍然侵台，李鸿章这一未雨绸缪的建议未能被及时采纳。1874年5月，日军趁势在台湾琅桥登陆，因日本以琉球居民被牡丹社族人所杀作为理由，故而此次出兵也被称为"牡丹社事件"。

事已至此，总理衙门有些慌乱，主张请外人调停，以向日本贴补"兵费"（即出兵费用）了局。李鸿章极力反对，他认为如果就此妥协退让，以后日本会得寸进尺，索求更多，况且，对于请外人调停能否奏效，他也缺乏信心，按照他的观察和分析，西洋各国此次虽然都没有明着帮助日本，但未必肯为中国火中取栗，甚至他们都未尝不希望日本侵台成功，以便能够跟着从中渔利，"断无实心帮我者"。基于这一认识，当法国驻华公使赴津谒李，表示愿意进行调停时，李鸿章断然予以了拒绝。

在李鸿章的坚持下，朝廷一面向日本提出抗议，一面根据台湾形势的变化，决定派船政大臣沈葆桢、福建布政使潘霨带领兵船前往台湾察看。之后随着日军侵台形势的变化，又委任沈葆桢为钦差大臣，以重事权。

李鸿章以"和戎"作为其外交的基本理念，但他同时也是一个持实力外交论的外交家。他主张与西方大国保持和局，乃是因为彼强我弱，不得不如此，而当他用实力原则来对日本进行审视和衡量时，认识和做法就大不一样了。

依靠幕末时期就已开始的自强以及稍后的明治维新，此时的日本业已成为东亚的新兴国家。然而中国也在差不多时期就展开了洋务运动——十九世纪六十年代求强，兴办军事工业；七八十年代求富，创办民用工业，由此缔造出所谓的"同治中兴"，在综合实力上并不处于下风。

李鸿章提出"明是和局，阴为战备"，最终目的还是要逼和日本，不过与总理衙门最初的应对不同。在他看来，只有加强战备，凭着实力相抗，才能加速和平的到来，若只是一味依赖于请外人调停等外交手段，终究无济于事。

战备方面，据李鸿章了解，日军拥有两艘铁甲船，清军水师则尚无大型海船能与之匹敌，且驾驶轮船的水手都没有在海上经历过实战，对于海战取胜没有把握。这让他意识到，此次台湾备战仍须依赖于陆军。

沈葆桢、潘霨能够直接带去台湾的部队，为闽军即福建驻防军。闽军的洋枪都还很少，相比之下，淮军在"剿捻"结束时，就已全部更换洋枪，率先完成了由冷热兵器并用到全部使用热兵器的过渡，李鸿章因此向沈葆桢自荐淮军赴台，并计划筹调驻防徐州的武毅铭军。

武毅军由郭松林的松字营、李昭庆部以及奇字营等合编而成，李鸿章赴天津任直隶总督那一年，刘铭传奉命督办陕西军务，李鸿章又将武毅军拨归刘铭传的铭军，刘铭传令分统唐定奎接统武毅军部分，称武毅铭军。次年，刘铭传请假离营养病，铭军一部分继续驻陕，武毅铭军则移驻徐州，作为南北策应的机动部队。

在东南数省之中，要挑选能够机动的现成大支枪队，只有一个武毅铭军。李鸿章说他虽不敢自夸武毅铭军能征善战，但相信拿来威慑日军应该还没有太大问题。他同时建议沈葆桢，在迫使日军退却后，可以将武毅铭军留在台湾，就地驻防。

淮军的装备在国内虽然无出其右，然而在平捻战争结束后，由于没有大战且经费紧缺，其武器的升级换代实际已陷于停滞状态。当时西方各国包括日本，都已普遍换用后膛枪炮，淮军却还在使用内战时装备的前膛枪炮，尽管李鸿章也挤出经费，买了三千杆后膛枪，但只是作为大战应急所需，尚未发到弁勇手中。在这种情况下，就得做好光靠武毅铭军吓不退日军，或作战时不敷使用的心理准备。李鸿章的对策是以数量补质量之不足——若觉得武毅铭军的力量太单薄，他就把驻陕铭军也增调过去，再不行，便从其他淮军中抽调数营，直接补充武毅铭军，反正只要沈葆桢需要，淮军要多少给多少。

武毅铭军本身有步队十三营，驻陕铭军有枪炮队十九营，再加上抽调的数营，赴台淮军将超过一万六千人。而侵台日军不过三千六百人，淮军是日军的好几倍，李鸿章不认为这样还会处于劣势。

狮子搏象

日军登陆台湾后，即分三路进攻牡丹社。进攻之初，由于双方实力悬殊，日军一时甚为得手，但在深入丛林瘴地后，因为山径深险异常，溽暑难当，其行动开始受到阻碍。牡丹社族人虽没有先进火器，但他们有自己的优势，在丛林密竹中能够敏捷若猿猴，而且搏斗时也极为勇猛，因此常常能够成功地对日军进行偷袭。日军在遭到打击后，士气沮丧，西乡不得不率军退踞龟山。

1874年6月中旬，沈葆桢、潘霨抵达台湾。这时西乡正在龟山修造都督府，而且还有一艘轮船刚从日本开到台湾，船上除日军两百人、妇女十余人外，还载有酒米铁器农具等以及各种树苗、花草数百种。轮船在停泊于龟山下的港口后，日本人即将树苗、花草分植各处。种种迹象显示，他们是试图在台湾的土地上屯垦久居，从此赖着不走了。

在与西乡交涉退兵无果的情况下，沈葆桢向朝廷请求调拨"洋枪队"赴台备战，鉴于之前李鸿章已主动答应抽调淮军，他同时也向李鸿章紧急求援。朝廷迅速批复了沈葆桢的奏请，两天后，李鸿章也统筹全局，拿出了拨兵和退敌的方案。

沈葆桢申请从北洋大臣和南洋大臣处分别调兵。北洋大臣由身任直隶总督的李鸿章兼任，南洋大臣按定制，则由两江总督李宗羲兼任。

武毅铭军虽属淮军集团，但作为防军，已在两江总督管辖范围之内。李鸿章就此与李宗羲往返函商，李宗羲和江苏巡抚张树声强调江防，他们觉得武毅铭军一走，江防必然空虚，于是先不同意将武毅铭军调往台湾，后又想留三营在徐州。李鸿章反复劝说他们顾全大局，并以狮子搏象打比方："（武毅铭军）步队十三营必须全去，狮子搏兔都需用全力，何况搏象呢？"李宗羲曾为曾国藩的幕僚，张树声更是李鸿章的老部下，在李鸿章讲清楚利害得失后，两人也就不敢再强留武毅铭军了。

在李鸿章看来，中日交涉极可能是一个"持久之局"，则中方亦应以"持久之局"应之。他主张在中国水陆军力大集、做好充分防备后，充分利用日军遭族人抵抗、进退不得的有利形势，与其旷日持久，静以待之，为此在武毅铭军出发前，他密饬统将唐定奎，嘱咐其率部到台后不要急躁和唐突，如果西乡没有动静，就不要急着先发动攻击。与此同时，李鸿章还要唐定奎联络台民，招抚"生番"（住在山中的族人），以造成众志成城的局面，他预计这样一来，日军必不敢妄动，时延日迁，见无机可乘，便只能败兴而返，如此，台案便可望得到和平解决。

武毅铭军步队十三营所持枪支，也是已显落后过时的前膛枪。为了改善武毅铭军的装备，使其在与日军对阵时不致吃亏，李鸿章特地先在上海购买了五百六十杆士乃得枪，发给他们应急。这时沈葆桢也打算购买一万五千支林明敦枪及十尊飞轮炮（一种西洋火炮），李鸿章得知后，马上便函提醒沈葆桢，让他酌拨一些给武毅铭军。

李鸿章是做好在台湾打持久战准备的，所以他对台湾的军火储存非常关注，沈葆桢初抵台湾，他就答应沈葆桢，将由宁局（即金陵机器局）仿造的二十尊法国小钢炮运台，并说这种小钢炮宁局制造了不少，以后需要，还可继续调用，同时同意向台湾调拨十万斤火药。在武毅铭军开拔前，李鸿章又令津沪各局（江南制造总局、金陵机器局等）将现存的炮械军火，陆续解济台湾，保障在岛清军的军火供应。

你对不起我中国

在日军深入台湾境内后，中方高层内部的主战论已逐渐占据上风。清廷公开发出上谕，称日军兴兵台湾，严重违背了中日刚刚签订的条约，若能及早退兵也就算了，如果继续执迷不悟，一意孤行，中方将兴师讨伐，决不会迁就迟疑。日本政府也随之发布了全国动员令，一时中日两国大有一触即发之势。

其实，这只是汹汹外表，就两国内心来说，都极为虚弱，也都不敢贸然向对方开战。中国方面固不待论，日本方面也是骑虎难下，一来是师出无名，且无必胜把握；二来其国内政局仍处于动荡之中，不能把兵力和相应资源全部投向海外战场。

还在日军登陆台湾之初，已出任日本驻华公使的柳原就来到上海，与中方展开了一轮交涉。当中方对日本侵台表示谴责，并要求日本退兵时，柳原欲擒故纵，推脱说他来上海只是为了中日通商和好，跟西乡侵台是两码事，大家各办各事，他管不了西乡从道。

几天后，即将随沈葆桢赴台的福建布政使潘霨也来到上海，携上海官员一同与柳原进行谈判。认识到此时仍无足够力量侵台，柳原提出了查办杀人"生番"等三项退兵条件，潘霨表示可以接受，双方达成了协议。

消息传出，李鸿章不同意接受日方的退兵条件，认为先不说琉球案较为复杂，查办杀人"生番"，并非短期内所能办到，就说眼下为了抵抗日军侵台，正需招抚族人，本来族人是仇视日军的，现在弄得他们又仇视清军，这不是"助日为虐"吗？他猜测潘霨对履行日方条件亦无把握，只是嘴上姑且答应，先让日军退兵再说。问题是从日方表现来看，他们不是那么好打发的，若是看出中方实际不能履行诺言，随时都会以此为由，重开兵衅！

李鸿章仍极力主张以备战退敌。不过日本对于所谓查办杀人"生番"，其实已经不是那么在意了，他们真正在意的是能否再从中捞点油水。在获知中日已初步达成协议后，西乡同意退兵，但前提是中方必须贴赔兵费，不贴就不撤。潘霨急于解决台案，便答应此事可以在他回去后与沈葆桢进行商量。李鸿章认为潘霨与西乡的交涉不妥，"有辱国体"，沈葆桢也反对贴补兵费，于是双方便又僵持下来。

为了能及早从台湾抽身而出，1874年7月下旬，柳原到达天津，直接与李鸿章进行谈判。李鸿章质问他为何还不退兵，柳原诡称尚未接到潘霨、沈葆桢的联衔文书，无以报告本国，所以不能退兵。

动　摇

天津谈判无果而终。见李鸿章表现出了强硬的主战立场，柳原决定绕开他，直接进京与总理衙门进行交涉。

与李鸿章、沈葆桢等力主备战退敌不同，总理衙门的态度已经明显软化，其中一个重要原因就是，中国西北也正面临沙俄的入侵，俄国不但直接出兵占领了新疆伊犁，而且还支持阿古柏侵扰整个新疆。相对于抵御沙俄的侵袭，总理衙门对于中日之战更无信心，领班总理衙门之首的恭亲王奕䜣认为，中国的洋务运动虽持续有年，但只是有其名而无其实，真和日本打起来，难有胜算。他向海关总税务司赫德征询意见，赫德的看法也是"中国敌不过日本"。

日本拥有两艘铁甲船这件事，尤其让奕䜣深以为忧，由此得出了"设防恐不足恃"，也就是备战恐无法退敌的结论。他和文祥等总理衙门大臣进一步分析，若中日在台湾交战，不但台湾可能守不住，大陆的滨海沿江也将面临日军的威胁和攻击，如此处处都须设防，处处还都防不住。

李鸿章在得知总理衙门的态度和顾虑后，很不以为然。他指出，中国大陆的沿江沿海多已辟为通商口岸，日本要是敢于攻击中国大陆，侵扰各口岸，势必会给西方各国的经济造成巨大损失，西方各国能不出面干涉吗？日本就怕得罪西方大国，必不敢轻于一试。

从后来所披露的日方资料来看，李鸿章的这一判断是完全正确的，实有洞见之明。但总理衙门坚持己见，李鸿章对此也只有徒呼奈何，毫无办法。

尽管如此，主战派仍继续按其计划行事，武毅铭军乘坐轮船，从吴淞口出发，两天两夜便赶到台湾。1874年8月14日夜，唐定奎率四营冒雨首先登陆台湾，随后其余各营也陆续抵达。他们入台后即扎营操练，军容甚盛，全台人心为之大定。西乡也很是不安，先后派翻译等前往打探，想弄清楚中国调这么多精兵来台，究竟意欲何为，是不是要跟他干仗了。

武毅铭军入台，让沈葆桢吃了颗定心丸，在李鸿章的支持下，他在台湾前线发愤为雄，积极设防备战，并派专人联络以漳州、厦门、泉州为籍贯的台民，组织团练，又招抚"生番"，从而使得台湾的防务力量大增，侵台日军则为之气慑。

这时侵台日军也已增至四五千人，但因水土不服、医疗卫生条件较差，导致军中疾疫流行，开始是每天病死四五人，后来每天要病死八九人。据统计，在整个台湾事件期间，日军大约死亡了六百人，战死的反而很少，基本都是染疾而死。不过在台清军其实也面临着同样的问题，武毅铭军所驻扎的凤山一带瘟疫流行，营中将士得病的很多，有的甚至一病不起。所以在这方面，双方都不能占到太多便宜，基本处于势均力敌、谁都不敢抢先开火的局面。

在此期间，中国的西北局势逾显严峻，新疆已几乎全部丧失，新疆乃西北要塞，自然要力争收复，志在西北的左宗棠也极力请战，但大清国的财政状况却不允许它同时打赢两场战争。总理衙门希望台案能够赶快结案，以便掉头西顾，然而与柳原的谈判已达一月之久，却仍毫无结果，大臣们如坐针毡。

李鸿章原本坚持己见，但面对朝廷所陷入的困境，也不能不产生动摇。柳原在与总理衙门谈判时，一口咬定台湾"番地"非中国管辖范围，既不认错，也不退兵，其关注点主要还是集中于"占地、贴费"。占地是中方坚决不能同意的，文祥提出将琅桥开放为通商口岸，允许日本在台湾通商，以此了结台案。

我是想打的

在李鸿章"以敌制敌"的外交策略中，均势制衡是一个重要组成部分。换一种说法，均势制衡也可以被称之为合作性外交，其要点是利用各国在利益角逐中的矛盾，平衡各方力量，从而维护中国自身的利益和安全。李鸿章能够判断出日本不敢轻易攻击中国大陆的各口岸，就是看到和利用了均势制衡。台湾通商也一样，如果只允许日本一国通商，势必将造成垄断局面而无法控制，以日本对于台湾所表现出的野心，台湾迟早也将为之所侵吞，那么，为什么不能使琅桥也成为像大陆通商口岸那样的公共口岸呢？一旦变成公共口岸，向各国开放，则哪一个国家都无法独占，谁想独占，不须中国出手，其他国家就会群起争之。

"与其听一国久踞，莫若令各国均沾"，在李鸿章做出此设想时，恰好英国公使威妥玛针对日本侵台所造成的僵局，提出以台湾通商了局，李鸿章于是趁势建议将琅桥开为公共口岸。他也预料到日本不会同意，双方难以取得共识，又主张请法、美、英等各国公使出面调停。

"贴费"也是之前李鸿章坚决不能容忍的，然而考虑到如果日本对琅桥被开为公共口岸缺乏兴趣，那肯定还要从别的地方捞到一些什么，不给钱难以尽快打发，李鸿章也做了让步，但他采用了对中国政府而言，更为体面一些的解释：琉球案至今已经有三年了，案发时，负责管辖此事的福建未认真查办，不管怎么说，多少总有点责任，故而中方可以承担琉球案遇难者的抚恤费用，日军为了琉球案远涉重洋至台，亦可适当领取"犒赏费"。

"以抚恤代兵费"，并非李鸿章的初衷，他也知道和"贴费"相比，"抚恤""犒赏"只是换了个名义而言，依然"稍损国体，渐长寇志"，但又认为这样才可以尽快地收复失地，避免战争，并用节省出来的战争费用筹备海防，是"忍小忿而图远略"的做法。

总理衙门大臣文祥赞成李鸿章的意见，做好了与日本进一步谈判的准备。1874年9月1日，日本内务卿大久保利通以全权大使的身份来到天津，因为已经从柳原那里获知李鸿章是强硬的主战派，他在与李鸿章见面会谈的情况下，即直奔北京。

大久保利通是所谓的明治维新"三杰"之一，他以铁腕推动倒幕后的日本国内改革，自称"东洋俾斯麦"，是个非常骄横跋扈的人，琅桥开为商埠以及"以抚恤代兵费"皆为其所拒绝。当着总理衙门大臣的面，他递了两张纸，一张上写着"占地"，一张上写着"兵费"，说中方只有两个选择，非此即彼。文祥等据实驳斥，大久保不为所动，态度蛮横，几乎导致谈判决裂。

总理衙门生怕谈崩，一再促请李鸿章进京与大久保谈判。李鸿章深知日本人的伎俩，始终不肯进京，并公开放出话来，"事至今日，与日谈判，已属无用,应迅速决定交战,布告全国",并表示如果交战的话,"愿自任主帅,指挥三军"。李鸿章的话半真半假,说到底,还是一种虚声恫吓的退敌策略。

确证李鸿章依旧主战后,大久保再了解侵台日军的状况,得知由于染疾身亡者越来越多,日军军心已经动摇,不少官兵都哭哭啼啼地吵闹着要回国,这让他内心十分焦急。10月初,连西乡也按捺不住,写信给大久保,报告说自上月开始,瘟疫在军中流行,将士患病者已十居其九。

10月11日,见实在无法久拖,大久保向总理衙门呈递照会,声称数日内中方若还不能令他满意,便要启程回国,刻意摆出一副要决裂的架势。然而他却又在照会上留下了"两便办法"的话,实际是也怕弄假成真,导致谈判真的破裂。

一周后,大久保还留在北京,根本没有动身,于是两国又就他的"两便办法"开始谈判。谁知大久保说的"两便"并不是大家方便,而只是他一家方便,他虽放弃了"占地",但仍抓着"兵费"不放,总理衙门则坚持日本先退兵,并且"以抚恤代兵费"。

双方不欢而散,大久保等人又嚷嚷着要回国了。这时,按照李鸿章所说办法,总理衙门请美、英、法等国公使出面进行调停。公使们无利不起早,看到清廷有在台湾开埠通商的意思,都兴奋起来,愿意"仗义执言",实际就是给日方台阶下,并为两边递话。

大久保果然不再纠结"兵费"的名义了,但他狮子大开口,给"抚恤费"报了一个两百万两的高价。总理衙门早就框好了底线,给出答复:"抚恤费"不能超过十万,日本必须将其在台湾所修造的道路、房子等保留下来,作价四十万,总共不能超过五十万,愿不愿意,悉听尊便。

大久保无法久拖不决,眼看已难以诈出更多银子,便同意了总理衙门的报价。1874年10月31日,文祥与大久保各自作为中日代表,在北京签订《台事专约》,规定日军撤出台湾,中国给日本五十万两白银作为"抚恤",同时承认台湾居民将"日本侨民"妄以加害,日本出兵"原为保民义举"。

海防大筹议

1860年，中国与英法签订《北京条约》，从那时候起，便进入了所谓的"中外和好"时期，但谁也没有想到，十几年后，这种相对的平静却被日军侵台给打破了。虽然此事最终以和谈告终而未开启更大战端，然而被中国视为"蕞尔小国"的日本竟敢发兵台湾，并迫使中国"抚恤"才得以了事，仍使得中国自认的天朝大国尊严扫地，在西洋国家面前也愈加抬不起头来。

总理衙门在对此进行检讨时认为，主要还是海防无备，假如东南海疆巩固，在日本理亏的情况下，根本不用讨价还价，委曲求全，也不用害怕两国决裂。《台事专约》一签完，总理衙门即上疏要求筹办海防，并提出"练兵""用人""筹饷"等六条具体措施，请求饬令有关大臣讨论和实施，由此开始了中国历史上的第一次海防大筹议。

首先提出重大建设性意见的，是正在广东家居的前江苏巡抚丁日昌。丁日昌原为李鸿章幕府中的洋务和火器专家，同时他也是李鸿章最信任的洋务同道。丁日昌很早就关注海防，还在江苏任上时，便主张创立北洋、东洋、南洋三支水师，分辖北海、东海、南海三面海域，同时设立三洋水师提督统一指挥。这实际上是近代中国第一个关于创设外洋海军的具体方案，丁日昌曾给曾国藩看过，但曾国藩认为时机未至，压下来未报。

到了海防大筹议之时，丁日昌便又将方案交由广东巡抚张兆栋代奏，这次时机正好，丁氏方案立即引起了朝廷和沿海督臣的关注。朝廷随后将总理衙门和丁日昌的条陈汇总，交滨江沿海各省的督抚、将军讨论，限一月内复奏。

在朝廷的动员下，有关官员纷纷上奏，提出自己的看法，虽然大家原则上都承认海防一事已经刻不容缓，但在具体主张上则各有侧重。李鸿章是最大的海防论者，他遵旨上了《筹议海防折》，在文中，李鸿章提到并批驳了一个过去的成见，即重陆防轻海防。

中国陆地多于水面，而且古代的边患多发生在北方特别是西北，守边重点亦随之被放在西北，故而历朝历代都以陆军为立国根基。但自从西方大国打开中国的大门之后，中国的边患已转移至沿海地区。在西方国家的不断冲击下，沿海尤其是东南海疆的万余里防线显得不堪一击，与此同时，陆战也几成鸡肋。

要解决既往的问题，李鸿章主张变法，即变革旧有的军事制度，建立近代陆海军，具体是如丁日昌所言，按照"三洋水师"的框架，创立外海水师，同时对原有陆军也应进行裁汰，弓箭、刀矛、鸟枪一律摒除，全部换用洋枪洋炮。

在讨论中，有的督抚认为，与其加强海防，不如整饬长江防务，依靠现有的长江水师，一样可以为"东南久远之计"。李鸿章表示不敢苟同，他认为世界已进入了海洋时代，西方国家和日本多为岛国，以水为家，船炮精练已久，非中国的旧式水师所能抗衡，因此江防绝不能代替海防，长江水师也绝不能代替外海水师。

总理衙门的"六条"，其实就是在讨论如何加强海防，李鸿章以《筹议海防折》为主，以"后六条"为辅，对总理衙门的原奏"六条"做了具体化。比如说到"筹饷"，他主张发展各类近代民用企业和"停止西进"。兴办民企早已成为洋务运动的一个重要组成部分，相比之下，更具突破性同时也引起了最大争议的，还是"停止西进"。

停止西进

缺饷是筹办海防绕不过去的一个难点。筹办海防需款甚巨，而中央财政又极为拮据，无法为之提供足够资金，即便兴办民企，也是远水难解近渴。李鸿章的"停止西进"，是建议停止进兵新疆，转而对阿古柏改用招抚办法，准许他像云南、贵州、广东等地的苗瑶土司那样，当个部落头目，实在不行，也可以将阿古柏政权视为藩属，只要能像越南、朝鲜那样奉中央政府为正朔即可。

按照李鸿章的想法，只要停止用兵新疆的行动，已经出塞和尚未出塞的各军饷项就能省下来，国家便可以从中拿出一部分作为海防之饷，用于创设外洋海军以及加强东南沿海炮台防御。此思路并非始自李鸿章一人，曾国藩临死前，新疆就已经大半沦陷，他曾为此上奏，建议暂时放弃关外，先清关内，也就是先置新疆于不顾，等内地恢复元气再去理会的意思。

李鸿章称赞老师的观点高屋建瓴，乃老成谋国的见识。他进一步分析说，国家财力有限，要想同时重视海疆和边疆的军备，是很难做到的，只能"两利相权取其重，两害相权取其轻"。在他看来，不收复新疆，于国家的肢体元气而言并无多大伤害，其中的伊犁北临俄国，南接英属印度，即便收复，也难以长久固守。海疆则不同，东南沿海是中央政府的财源地，天津则是京师门户，如果沿海失守，就意味着政府的财源被切断了，其政治中心也将同时受到威胁甚而被敌国占领。对于一个政权而言，政治和经济中心双双失守，显然是件不堪设想的事，两次鸦片战争就是明证，在海疆承受着巨大外来压力的情况下，若不着重加强其军备，难免还会重蹈覆辙。

这都是理性的阐述。事实上，从总理衙门大臣到李鸿章，这时候还受到一定的感性支配，那就是他们内心都很焦急。而导致他们格外焦急的直接动因，又都来自台湾事件及《台事专约》所造成的刺激。

作为《台事专约》的签字者，文祥深感屈辱，"气愤不过"，因此在《台事专约》签约后的第五天，就和奕䜣一起起草了"六条"。李鸿章不仅同样愤懑在胸，而且已意识到未来对中国威胁最大的外敌和竞争对手，已不是西洋大国，而是东洋日本。另一方面，他又认为，日本毕竟只是弹丸小国，地小财缺，力量有限，而中国地大物博，如果相持下去，战胜它是有可能的。再者，日本的国际处境与中国相似，在西洋人面前照样点头哈腰，它之所以在台案中咄咄逼人，不过倚仗着有两艘铁甲船而已。试想一下，如果中国也能买到两艘铁甲船，虽不足以敌西洋，难道还不可以与日本争胜于海上吗？

李鸿章暂缓西征、节饷以备海防的观点一经提出，立即遭到另一名超重量级疆臣的坚决反对，此人就是时任陕甘总督的左宗棠。

政见之争

在曾国藩晚年，李鸿章、左宗棠已经俨然是中国军事与国防的两大支柱，在曾国藩死后，二人更是双雄并立，一言九鼎，举凡国家大事，朝廷都必须向他们进行咨询。本来左宗棠长期在西部领兵作战，其辖境也并非沿海沿江地方，所以按道理，他不用参与海防大筹议，然后也正因为朝廷重视他的意见，故而总理衙门大臣便以左宗棠"留心洋务"为由，破例咨请他发表意见。

左宗棠督师西北，对于收复新疆，已是志在必得，即便总理衙门不主动邀请他参加讨论，他也不会对李鸿章要断其饷源、阻其西进的主张视而不见。在奏折中，他一再强调，清王朝定都北京，依靠蒙古环卫北方，一百多年来，北方边境也一直十分安全，所以保卫蒙古即是保卫京师，而重视新疆又是为了保卫蒙古，因为"新疆不固，则蒙部不安"。现在西北塞防已有一定基础，也派驻了一些军队，他还要接着发兵新疆，收复失地，眼下缺的就是军饷，正指望沿海各省协济大部分饷银呢，如果停饷将导致前功尽弃，这样做不异于自撤藩篱，必将导致"我退寸而敌进尺"的后果，不仅新疆不保，北方乃至京师也将受到重大威胁。

李、左私交不睦，在那段时间里，也被外界视为分庭抗礼的两大政敌，但他们对于海防塞防的争议，主要还属于政见之争的范畴。当然里面也不可避免地掺杂有本位主义和派系利益的因素，概言之，李鸿章经营东部，淮系的主要地盘在北洋，所以格外强调海防；左宗棠长期在西北领兵作战，以他为代表的湘系势力也已由东南移至西北，所以格外强调塞防。

应该说，左宗棠也并不是认识不到海防的重要性，他在任闽浙总督期间就曾奏准设立福州船政局，有观点认为这是"中国海军萌芽之始"。然而正所谓站在哪个山头唱哪个歌，当左宗棠的使命和关注点转向西北的时候，他的态度就不可能不产生变化了。

经过权衡，左宗棠最后的建议是不偏不倚，"东则海防，西则塞防，二者并重"。他的这一建议能否可行，姑且不论，仅就效果来看，与李鸿章的主张相比，还是要显得更容易让人接受一些。

南款北让

1874年底，总理衙门基本汇齐了各省督抚的复奏，但因为同治帝病死，光绪帝继立，两宫皇太后再度垂帘听政，大筹议被暂时耽搁下来。拖至 1875 年 3 月，朝廷才发布上谕，令所有在京亲郡王会同大学士、六部、九卿悉心妥议，还是限期一个月复奏。

5 月 30 日，总理衙门奕䜣等人上奏，给这场争论画上了一个句号。总理衙门驳斥了顽固派反对筹办海防的论调，同时决定海防、塞防并重，表面上看来，这是对海塞防争议的"中和"，但实际上是否决了李鸿章的主张，采纳了左宗棠的建议。

左宗棠在讨论中也批评了丁日昌分建三洋水师的方案，认为海防一水可通，划分三洋可能会造成力量分散，彼此牵制。总理衙门对创设三洋水师倒是持支持态度，但因为财政确实困难，不得不放弃了同时创设三支外海水师的想法，决定先创设北洋水师，等财力渐渐充足，再考虑创设东洋、南洋水师。

对总理衙门的决断，慈禧皇太后当天即予以批准，并以光绪帝的名义明发上谕，正式任命李鸿章、沈葆桢分别督办北洋、南洋海防事宜，这就是所谓的"分洋分任"。至于海塞防之争的另一位主将左宗棠，朝廷也任命他为钦差大臣督办新疆军务，尽快向新疆进兵，对阿古柏势力进行节节扫荡。

海防大筹议结束之时，也即北洋海防筹建之始，但经费却没有着落。朝廷原定从海关洋税和厘金中，每年拨出海防费用四百万两，但在最初的四个月里，李鸿章收到的却只是一个零头，而且日后长期徘徊在这样的低水平之上！

在近五年半时间里，海防实际得到的费用平均每年还不到七十三万两，而塞防那边，仅左宗棠的西征军，平均每年所得到的军费就高达一千余万两，超过海防实际拨给费用的十三倍还多，而这尚不包括为收回伊犁所赔付俄国的巨额费用。

朝廷原打算海塞防兼顾，但这个看似全面的主张真正实施起来，却变成了重塞防轻海防。与李鸿章同时接受使命的沈葆桢，本来也颇有筹办海防的动力，见状很受打击，感到极为苦恼和愤恨，曾经想与李鸿章联衔上奏，要求户部下文，确保海防专款的正常拨给，但李鸿章认为这样做只是徒费笔墨，没有什么用。概因李鸿章很清楚，如此做法，对于朝廷而言，也是不得已而为之。那些年中央财政异常困难，其实兼顾海塞防并没有那么容易，一旦左宗棠出师新疆，朝廷在对海防的资金调拨上必然力不从心。所以他在知道朝廷决定海塞防并重后，便一再辞谢督办北洋海防之责，与筹议时所表现出来的热情和紧迫感形成了强烈反差。

海防大筹议结束后，丁日昌被廷旨派往天津，帮助李鸿章办理外交。他建议李鸿章"以南洋之财办北洋之事"，也就是在海防经费严重不足、北洋南洋都吃不饱的情况下，干脆把有限的资金全部集中起来，先给北洋一家使用。李鸿章认为这是一个明智的抉择，当即与丁日昌一起，一再向沈葆桢做工作，希望他予以考虑。

淮系之外，沈葆桢是与李鸿章观点最为接近、私交也最为密切的督抚大员，他能够出任南洋大臣（两江总督兼南洋大臣），筹办南洋海防，本身就出自李鸿章的鼎力推荐。沈葆桢在办理台案时，李鸿章曾指派唐定奎率武毅铭军雨夜渡台相助，他对此一直心存感激。如今便投桃报李，慷慨表示，愿意将南洋名下的每年两百万余两白银海防经费，在前三年悉数让给北洋，优先购买船械，这就是"南款北让"。

"南款北让"实行三年后，沈葆桢请求将海防专款仍按原议，分解南洋北洋，也就是收回"南款"。李鸿章对此当然不能抱有异议，本来他也已经与丁日昌商量好，准备把"南款"用于台湾海防。不料人算不如天算，沈葆桢不久就去世了，当时肯办和有能力筹办海防的督抚大员屈指可数，寥寥无几，"海军之规划"从此便专属于李鸿章一人。

买　船

李鸿章筹建海防的重点，是创建海军，而海军的核心又是舰队，所以要创建海军，就必须首先解决船舰问题。

李鸿章起初主张自造船舰。通过洋务运动，李鸿章和曾国藩合办了江南制造总局，左宗棠和沈葆桢合办了福州船政局，两局都可以制造轮船乃至兵轮，但由于国内工业基础薄弱，两局在造船方面的技术能力均不能与西方造船厂同日而语，实际仍处于仿造阶段。就吨位和速度而言，两局自造轮船大多只相当于西方的小兵船，仅有一两艘在吨位上可与外国大兵船类比，然而性能也远不及对方，李鸿章在给朝廷的奏折中提到这一两艘大船时，说它们"在中国是头等的，在外国仅属第二等"。

一方面是性能不足，另一方面却是造价高昂，因为造船物料须从外国购置，工匠也多需聘请洋匠，所以两局花在造船上的资金已达数百万两白银，倍于直接从国外买船的费用。要知道，李鸿章平均一年得到的海防费用尚不超过八十万，这样满打满算，其实根本造不了几艘船，而且这些船的出厂速度还很慢，要想迅速配置于海军是根本不可能的。

经费有限，就应该用得其所，李鸿章决定还是买船。当时各国海军以英国海军为最，早在台湾事件期间，总理衙门就曾在海关总税务司赫德的建议下，紧急向英国购买铁甲船。但英国政府基于中立的立场，拒绝了中国的订购请求。

随着台案了结，订购铁甲船已经没有障碍。李鸿章在《筹议海防折》中，也清楚地表明了自己对新式铁甲船的渴望，围绕丁日昌"三洋水师"的框架，他设想共构船四十八艘，每洋十六艘，其中含大铁甲船两艘，其余为中等兵轮和小兵船。一旦有事，六艘大铁甲船可以相互联络配合，剩余船舰则依附其间，以壮声势。

想得是挺美，一问，新式铁甲船一艘就开价两百余万，总不可能只买一艘吧，几艘铁甲船加起来，就要七八百万甚至接近千万，以海防经费之窘迫，就算李鸿章把其他海防事务统统扔到一边，砸锅卖铁，也凑不出来。

海战中，利炮可以攻击大船，大船亦可以抵挡利炮，二者的关系就像是矛和盾，一边说，你的船不管多坚固，我的炮都能打坏它，另一边说你的炮不管多厉害，不能打坏我的船。李鸿章将前者称为"炮家说法"，后者称为"船家说法"，按两家说法，若能同时购齐好船好炮，自为上策，铁甲船无疑是最好的船，但既然买不起，就只能暂时予以搁置。李鸿章的想法是退而求其次，先按"炮家说法"，从速从简地购买炮船，之后等条件具备了，再按"船家说法"，出巨资购买铁甲船。

至第一次海防大筹议结束时，中国尚未有正式的驻外公使和驻外机构，而且懂得西洋船炮的人也很少，所以李鸿章仍需通过赫德作为中介。赫德介绍说，英国有一种名为蚊船的新式炮艇，船小炮大，炮重八十吨，系熟铁铸成，能够打穿铁甲，堪称铁甲船的克星，因其实际上是小轮船拖着巨炮在浅水处行驶，故而又名"水炮台"。

李鸿章得知后眼前一亮。中国各省海口大多水浅，假如中外爆发战争，敌国十几寸厚的铁甲船吃水深，必然难以驶入海口。能够驶近海口的铁甲船，铁甲厚度不会超过数寸，只要用这种蚊船防守海口，铁甲船就攻不进来，而且相对于陆地炮台，"水炮台"还可以在水中移动，也更为灵活。

接着询价，赫德报来了三种不同蚊船的售价，最便宜的七万，最贵的也只要二十八万，与铁甲船相比，看上去绝对是"物美价廉"。李鸿章于是拍板，委托赫德，通过中国海关驻伦敦代表金登干，向英国阿摩士庄船厂订购了四艘蚊船。1876年10月，其中的两艘出厂后，先行抵达天津，李鸿章携赫德赴大沽海口，亲自加以演试。演试结果让他很满意，认为确系"海口战守利器"，随之分别命名为"龙骧""虎威"。1878年，另外两艘也抵达天津，李鸿章同样亲自验收，并命名为"飞霆""策电"。至此，第一次购到的四艘蚊船均已先后来华，这也是中国海军创建时最早的一批军舰。

由于感到满意，应沈葆桢的要求，李鸿章通过赫德代南洋海军也订购了四艘蚊船。这四艘船驶抵天津后，李鸿章经过亲自勘验，认为性能较好，就留给了北洋海军，而将先买的"龙骧"等四艘船调给南洋海军。

除了南北洋从英国购入的这八艘蚊船外，在李鸿章的大力推动下，福建又从美国买来两艘，山东委托李鸿章在英国订造两艘，广东、台湾等地也分别投资购买，一时间，蚊船数量颇为可观。

由于缺乏海防经费，在整个十九世纪七十年代，海军都只能被限制在极小规模，但在李鸿章的精心组织督办下，一支以蚊船为核心的防守型海军终于初具规模，该军种分别由北洋、南洋和福建三支舰队组成，其中以北洋舰队的实力为最强。与此相适应，李鸿章为海军制定了"以守为战"的守势战略：平时把蚊船布置在海口，或"守定不动"，或"挪移泛应"，用以吓唬敌舰，使其不敢轻易动手。如果真打起来，便缩进陆军重点防守的海口，以水雷阻滞敌舰，以蚊船这一"水炮台"配合陆地炮台，对敌舰进行轰击。

第七章　无奈的选择

中国东南沿海人多地少，向有出洋谋生的习惯，不过近代以前，主要集中在东南亚一带。自十九世纪中叶起，由于黑奴贸易被禁止，海外廉价劳动力市场出现巨大缺口，西方国家在与中国签约不平等条约时，其中的一项就是允许华工出洋做工。自此，华人开始被大量掠卖至南美洲、大洋洲和太平洋各岛做工。这些被蔑称为"猪仔"华工，在当地遭到残酷的虐待和欺诈，过着比奴隶还不如的生活，西方记者在调查后确认："华工较之黑奴更为低等。"

在所涉国家中，以南美洲的秘鲁拐骗、虐待华工最为猖獗，至十九世纪七十年代，被拐骗到秘鲁的华工已达十万人之多，同时"十人有九人死于非命"。1869年、1871年，通过美国驻秘鲁大使的渠道，秘鲁华工联名写了两封求助信和控诉信，先后送至总理衙门，总理衙门批转李鸿章处理。李鸿章读完信后，对华工境遇十分同情，深感政府理应出面保护海外华工的合法权益，他建议总理衙门在与日本立约建交后，派大员长驻东京或长崎，兼充各港领事，以资联络邦交，保护华侨。

秘鲁华工案还在继续发酵。1872年，一艘装载了两百多名华工的秘鲁轮船"玛耶西"号，在驶向秘鲁的途中损坏，被迫驶入日本横滨港。一名不堪虐待的华工跳船，被英国水手搭救，英方在了解秘鲁人虐待华工的真相后，照会日本外务大臣，日方随即将"玛耶西"号予以扣留。

在李鸿章的建议下，清廷派员前往日本，与日方及英、美等国领事共同对"玛耶西"号事件进行调查和会审。经日方判决，这批华工被遣返回上海，秘鲁华工案也因此受到世界瞩目。同年，葡萄牙政府便采取行动，端掉了在澳门从事人口贩卖的秘鲁团伙。

将计就计

"玛耶西"号事件的处理，使秘鲁非法拐卖华工的做法受到了一定程度的抵制，秘鲁政府由此产生了先与中国签订通商条约，尔后利用条约实现其在华招工合法化的想法。1873年，秘鲁专使葛尔西耶奉命来华。在他未至天津前，李鸿章即识破了来意，从"循理外交"的思维出发，他认为中方如果不与秘鲁签约，便难以对秘鲁华工案进行追究，不如利用签约谈判的机会，彻底解决此案。与此同时，他估计葛尔西耶可能是个难缠的角色，谈判不会一蹴而就，各国公使也必会受秘鲁所托，去影响朝廷的态度，因而早早就与总理衙门沟通好：如果秘鲁或各国公使仍像台湾事件中日方所做的那样，有意绕过天津，去找总理衙门说项，总理衙门必须坚定立场，据理驳斥，绝不能有一丝一毫的动摇。

10月24日，李鸿章与抵津的葛尔西耶坐到谈判桌前，两人握手寒暄后，李鸿章话锋一转："使臣先生，贵国政府支持拐卖中国人，驱使华工从事各种苦役，你知道吗？"

"玛耶西"号事件发生不久，葛尔西耶对此亦有心理准备，马上装聋作哑，不紧不慢地反问道："总督阁下，您这么说是什么意思？"对李鸿章的指控，他予以矢口否认，说报纸上的相关报道，都是编造出来的谣言，万不可信，秘鲁政府一贯保护华工，也根本不存在拐卖华工的问题。

李鸿章见状，便将秘鲁华工的求助信、控诉信以及权威的秘案调查资料，都一一摆到葛尔西耶面前。

正如李鸿章事先所预料的，秘鲁使臣果然是来者不善，善者不来，即便面对确凿证据，他依旧死不认账。李鸿章丝毫不为所动："劳工问题不解决，很难谈通商问题。"

情急之下，葛尔西耶脱口而出，说如果中方这么不信任秘方，尽可以派人到秘鲁进行调查。李鸿章将计就计，立即同意派人到秘鲁调查华工状况，言明等查清楚华工状况后，再来决定是否与秘鲁立约。

葛尔西耶岂能真的不知道华工案真相，张口结舌之下，马上出尔反尔，反对中方派人赴秘调查，并以中断谈判回国相要挟。

极力维护

眼看谈判陷入僵局，通商签约一事将搁浅，葛尔西耶迅速电告秘鲁政府，秘鲁政府急于同中国立约，电告加以让步，先谈华工问题，再谈通商。

葛尔西耶无计可施，又与李鸿章重新谈判。经过一番唇枪舌剑，秘方终于同意签订保护华工的专条，接着开始谈判通商条约问题，双方均有准备，各有方案，其中最核心同时争论也最激烈的问题，是秘鲁能否与其他西方国家一样"利益均沾"。对此条款，葛尔西耶认为是西国各约中最重要的一项，中方若不答应，条约签了就无意义，李鸿章死活不肯同意。在争执不下的情况下，葛尔西耶当场拂袖而去。退场后，他即活动在京公使们一起向总理衙门施压。

总理衙门先前与李鸿章沟通好的，是在华工问题上不动摇，在英法美等各国公使的压力下，大臣们在"利益均沾"的态度上开始出现松动。李鸿章得不到总理衙门的支持，最终还是同意了秘方要求的"利益均沾"，作为交换，秘方则将保护华工作为重要条款，也写入了通商条约。

替秘鲁做说客的英法美等各国公使，也都认为中秘条约对于华工问题的规定已很完备，只要中方按照条约严格监督执行，不仅秘鲁不敢再在华工问题上肆无忌惮，就连其余各国在招徕和对待华工时也不得不有所顾忌。李鸿章在谈判结束后，即按照保护华工专条的约定，派容闳等人前往秘鲁进行秘密调查。

容闳等人赴秘后，在调查中发现，秘鲁尚无打算遵守条约的迹象，秘鲁华工所在的工场简直如同牲畜场一般，秘鲁人对待华工野蛮残暴，但秘鲁政府却依旧不予过问。李鸿章闻之极为气愤，1875年7月，当秘鲁派遣特使艾勒莫尔来华换约时，他表示鉴于秘鲁政府的言而无信，不能就此简单换约，而需增加保护华工的换约附加条件，即或加订条件，或添用照会，然后再与以前签约的条约一并互换。对于李鸿章的提议，艾勒莫尔以自己只来换约，未被授予其他事宜为由，表示拒绝，并且提出根本不应讨论此事。

李鸿章态度强硬，坚持不增加条件就不换约，艾勒莫尔也像前任一样，急得中途拂袖而去，私下又找一些西方国家的驻华使节为其说项，由他们担保自己在换约后再交出照会。李鸿章毫不退让，经过一个多月的反复辩难，终于迫使艾勒莫尔首先通过照会形式，保证秘鲁会切实保护华工，将尽行革除以前苛待华工的各种弊端，之后双方才正式互换条约。

吸取先前的教训，李鸿章感到光凭一纸条文尚无法完全约束秘鲁，在他的奏请下，朝廷决定派陈兰彬、容闳为出使秘鲁大臣，直接前往秘鲁按约交涉，具体处理秘鲁的华工事务。此后，经过努力，秘鲁拐卖和虐待华工的行为得到有效遏制。秘鲁外交的成功，在晚清外交活动中并不多见，也是李鸿章外交生涯中非常值得浓墨一书的篇章。

以秘鲁华工案的顺利解决为契机，李鸿章推荐陈兰彬、容闳兼任美国、西班牙大臣，随时保护美、西华工的利益，1877 年，又促成中国与西班牙签订条约，使古巴华工也得到了保护（其时古巴属西班牙殖民地）。

对各个国家和地区的华工和华人待遇问题，李鸿章都十分关注。1880 年，巴西派专使来华订约，李鸿章在与其谈判时即称："曾听说贵国虐待华人，视同奴仆，有这回事吗？"专使予以了否认，表示先后到巴西的华人有约两千人，都是自愿去的，而且巴西方面也予以了很好的接待。李鸿章仍不放心，在正式订立的《中巴条约》中，他在第一款"侨居"句下特地添加了"本人自愿"一语，以防止巴西拐卖华工。当时檀香山尚未归并美国，系独立国家，李鸿章听说檀香山能够妥善对待和安置华人，很是高兴，1881 年，在接待檀香山国王时，他当面称赞道："中国人民远往贵国，多承保护，不肯苛待，实深感激。"

在中国的既往历史中，背井离乡，到海外谋生的华人一直被视为"天朝弃民"，朝廷不仅对他们的生死存亡漠不关心，甚而至于还持仇视的态度。李鸿章对海外华人权益的极力维护，给这个古老国度赋予了一种全新的价值观和国际形象，正如他在处理秘鲁华工案时所言，此举乃是为了使所有海外华人都知道，不管他们生活在海外的哪个地方，即便是"绝岛穷荒"之处，祖国也不忍心使他们中的任何一个人流离失所或受到不公正的对待。

马嘉理案

1874年，英国在印度和缅甸的殖民当局组织了一支武装探路队，以陆军上校柏郎为首，称"柏郎探路队"。柏郎探路队打算进入云南，以勘测滇缅商路，也即从缅甸至云南的商业路线，殖民当局同时要求英国驻北京使馆派出一名通晓汉语、熟悉中国情况的官员，随同探路队一起进入云南。英国驻华公使威妥玛于是便选派上海领事馆官员马嘉理入缅接应。

翌年年初，马嘉理在中缅边境与柏郎探路队会合，并随探路队一起进入云南境内。2月21日，打前站的马嘉理一行，在云南腾冲土司领地蛮允为边吏李珍国所阻，双方顿起冲突，马嘉理开枪打伤中方一人，其本人及其四名中国随员被当场杀死。看到五颗血淋淋的首级被挂上蛮允城墙，随后赶来的柏郎惊惧不敢前进，率探路队重又返回缅甸，这就是"马嘉理案"，也称滇案。

案发后，英中两国均受震动。伦敦训令威妥玛向中国方面进行严正交涉，并派出五千英军，集结于中缅边境，进行武装示威。清廷在得知千里之外的云南发生此事，也十分诧异，严令云贵总督岑毓英迅速查办，岑毓英通过总理衙门向英方解释称，滇案与官府无关，马嘉理系死于腾冲当地"野人"之手。

岑毓英的解释却无法令英国人信服，英方指控岑毓英素来仇视洋人，涉事边吏李珍国是其部下，如无岑毓英的指使，李珍国根本不敢擅自阻挡甚至杀死马嘉理。英方当时还掌握着一个重要把柄，即在探路队入滇之前，威妥玛曾替马嘉理等人，向总理衙门索取了三四本从缅甸进入云南"游历"的护照，就算非岑毓英所指使，也没法将事情往"野人"身上一推了之。

1875年3月19日，威妥玛正式要求中国政府彻底调查滇案、允许英印政府另派探路队入滇、赔款，并且优待外国公使、免除厘金和解决悬案。如果说他的前面三个要求和滇案还有关联，后面三条却风马牛不相及，清廷遂对于这些要求予以了断然拒绝。

由于尚未向本国政府请示，亦未与军方商议，威妥玛一时尚无强力手段逼迫清廷就范，其他国家也认为英国不应超出滇案外再提要求。在这种情况下，威妥玛便改变策略，要求首先集中实现前三条要求，并以撤使、绝交、用兵相威胁。清廷承受不住压力，开始妥协，原则上同意了英方所提的前三条要求。

由于当时只有上海可与伦敦互通电报，威妥玛在北京与本国政府联系起来不方便，为此他于4月初离京前往上海。威妥玛"拂衣出京"后，清廷很是不安，可是对于查处滇案的主观意愿和行动效率又相当之低，直到6月中旬，为表示对滇案的重视，才任命湖广总督李瀚章为钦差大臣，和前总理衙门大臣薛焕一起前往云南进行查办。

8月初，威妥玛在上海与本国政府商讨定计后，即从上海返回北京，这时清廷对于滇案的查处仍无着落。途经天津时，威妥玛便主动找李鸿章商办滇案。清廷急于息事宁人，也指令李鸿章设法打探英国的真实想法。

底　线

威妥玛到津时，李鸿章刚处理完台案，正就秘鲁华工案与秘鲁展开交涉。在李鸿章看来，滇案与台案、秘案完全不同，以"循理外交"研判，台案、秘案都是对方理亏在先，但是滇案却是己方理亏。就此而言，李鸿章认为不能说英方是在故意找碴儿，威妥玛的言论"语虽激烈，却亦近情"。

再以"实力外交"研判，英国是世界上首屈一指的海军强国，中国海军才刚刚起步，装备远远落后于英国，海岸线又太长，防不胜防，而且参考以往经验，外战还必将引发内乱，导致雪上加霜的结果。另一方面，李鸿章也注意到，分布各埠的数十艘英舰原本可以立即调动出击，但暂时都没有什么动静，反倒是威妥玛还要上门来找自己给朝廷施压。这些都说明，英方虽然对滇案火冒三丈，然而实际上也不想动真格的。

既然决裂对中英两国都不利，两国实质上也都不想弄到决裂的地步，那么"和平一说，最为稳着"，所以与威妥玛交涉，李鸿章掌握的底线就是无论如何不能与之破裂。

经过多次交涉，威妥玛摊开底牌，提出了他与本国政府商定的七条要求，其中包括由清廷护送英国到云南调查的人员，一二品实任大员赴英致歉，降旨责问岑毓英等对滇案失察并在《京报》上公布谕旨，以及优待外国公使，免除厘金和在内地多开商埠等。

相对于先前的"威六条"，如今的"威七条"更加具体化。李鸿章看后，表示可以满足其中的部分条件，但对于诘责岑毓英一条，他提出现在情况还未查清，要等到查清实情后再考虑参办。在他的建议下，总理衙门再次退让，决定派兵部侍郎郭嵩焘赴英致歉；答应责问岑毓英失职，但不公开发文；对于优待公使及通商等问题，准备留待威妥玛回京后再议。

然而威妥玛并未肯善罢甘休，他仍执意要求满足其全部条件，并准备进京直接与总理衙门进行交涉。考虑到威妥玛进京后，后果难测，李鸿章深感焦虑，他急忙给总理衙门写函，建议由总理衙门上奏，请旨密敕其兄李瀚章等"认真查究"。

李鸿章提醒要"认真查究"的意思，一是继续延续岑毓英的说法，尽量将滇案说成是当地"野人"所为，与当地官员关系不大；二是与岑毓英的轻描淡写不同，这次查究的措辞必须从严。除此之外，他认为要想一个官员都不处罚，恐怕英国人不会答应，如果高官只能轻责，那就不妨重罚低级官员，哪怕是让李珍国担责，以保他的上司岑毓英，也未为不可，这叫"毒蛇螫手，壮夫断腕"。

威八条

1876 年 4 月，李瀚章、薛焕的查办结论终于出炉，奏报到京。按照他们提供的说法，杀死马嘉理和阻止柏郎进入滇境的，都是云南当地的"野人"。

此前威妥玛已回到北京，直接与总理衙门进行交涉，相应的谈判也时断时续地进行了好几个月。对于总理衙门提供的这一查办结论，他的反应非常强烈，认为中方所谓的查办，简直如同儿戏一般，他不仅要求将岑毓英及各官各犯提京重审，而且还以查办不实为由，要求将李瀚章、薛焕也一并处分。

总理衙门准备在增开口岸及整顿商务等方面，设法满足英国要求，但断然拒绝将岑毓英等提交审讯。威妥玛对此已有所料，他总括英国的要求，重新列为八条，之后告诉总理衙门：如果中方接受这八条，便可以不提审岑毓英等，滇案亦可了结；如果八条被拒，岑毓英等也不能到京提审，那么英国将从中国撤回使馆人员，要求巨额赔偿，并占据部分中国领土作为担保。

"威八条"是在"威六条""威七条"基础上的升级，也是一年多以来英方关于滇案本身及英国扩大在华权益的具体化。

对于"威八条"，清廷当然不能完全同意，但又害怕谈判破裂，于是便请赫德出面调解。这时英国正因土耳其问题发生国际危机，英国外交部要求威妥玛尽快解决滇案，这使威妥玛对清廷失去了耐心，于是再次出京赴沪。

与上次离京不同的是，这次威妥玛不是要跟本国政府请示商讨，而就是在示意与中方决裂。清廷慌乱起来，急令李鸿章在天津设法挽留并尽量与之定议。

李、威再次会谈，因为李鸿章毕竟没有被正式授权处理滇案，许多事情无法做主，所以会谈仍无结果，威妥玛不久即离津赴烟台避暑，同时通过赫德，指名要李鸿章作为全权大臣到烟台与之谈判。

7月28日，清廷被迫答应威妥玛的要求，派李鸿章到烟台与威妥玛会谈。李鸿章正式接手解决滇案，但到了这个时候，滇案已经相当棘手。他深知此案拖得越久，越易节外生枝，英方要价也越高，考虑到将岑毓英等提京重审，是威妥玛要挟中方的主要手段，他主张提岑毓英来京与威妥玛当面对质。但总理衙门的交代却是"此举有碍中国体制，中国决不能允"，指示除这一条不能同意外，其他均可让步。

晚清政坛有所谓清浊流，清浊流的区分较为复杂，在推行洋务运动的那些年，对洋务持消极甚至反对态度者，一般为清流人物，反之则为浊流，不过这仅仅只是就内政而言，涉及外交，就又有另外一个标准。在当时的大吏或名吏中,李鸿藻、张之洞、张佩纶皆为清流,李鸿章则为浊流。几个清流人物里面,除了李鸿藻顽固守旧、排斥洋务外,张之洞、张佩纶其实或多或少都还算讲求洋务的开明之士,他们之所以和李鸿藻归为一类,主要就是对外态度都趋于强硬,也就是说,强硬即为清流,反之便是浊流。

清流之中,以张之洞、张佩纶"二张"为代表,又有相当一批人是言官,他们少年新进,由科举而直接授职,既不通世故、不谙世事,同时又缺乏操作具体事务的经验和能力,但却热衷于议论时政、臧否人物,并通过这一方式来影响甚至左右舆论,号称"清议"。同光初年,清议和弹劾之风盛极一时,其声势之壮,上足以鼓动总理衙门,甚至皇帝和两宫皇太后;下足以领导全国士子以为声援。它不仅是守旧顽固派阻碍、牵掣洋务运动的一个重要武器,同时也对外交事务造成重大影响,连作为总理衙门主持者的奕䜣,在判断和做出决策时,亦不得不对"清议"有所顾忌。

李鸿章是浊流中的核心也是关键人物,受"清议"攻击最多,他对"清议"所造成的弊病感受最深,并为之深恶痛绝。

朝廷重在如何集权,李鸿章则重在如何办事。从不同的着眼点出发,李鸿章认为,"清议"者分析问题,往往不考虑事实得失、国家利害,只是为了能够崭露头角,便不切实际地慷慨陈词、大发宏论,虽然大多空泛无用,然而因其具有"政治正确"的"道德优势",别人即使有不同意见,也很难公开反对。

在李鸿章看来,滇案发展到现在这样难以收拾的地步,责任都在于内外大臣听信或屈从于"清议"——

作为边疆大吏的岑毓英,为邀抵制洋人之誉,任性糊涂,轻举妄动,首先触发大案。身负外交重任的总理衙门,因怕遭到"清议"反对和攻击,在案件初发时,可退让的也不退让,应处罚的也不处罚,只是一味拖延,以致将"威六条"拖成"威七条","威七条"又拖成"威八条",结果令事态变得越来越严重,到了最后,就是肯做大的让步,人家也不答应了。

李瀚章、薛焕负责赴滇查办案件,李鸿章了解他的兄长,知道他和薛焕都"不谙洋务",也就是不懂外交。李、薛二人在奉命之初,就没有认识到事情的严重性和复杂性,所以未能彻查滇案,以致横生枝节。若非如此,只要他们根据案情真相，拿出相应证据，证明滇案与官员无涉，就算威妥玛以将岑毓英等提京重审作为要挟，也可以理直气壮地予以拒绝。

烟台谈判

事已至此，所有不应该发生的环节都倒不回去了，只能由李鸿章来解决这一烫手山芋。

李鸿章向以孤臣自居，对于"清议"不屑一顾，但是也知道谈判难度之大，因为如果满足英方要求，他作为中方全权大臣，必会遭受国人痛责，承担"天下之恶"的罪名；可是如果不遂英方所愿，双方极可能立即开仗，重演两次鸦片战争的惨剧。

在李鸿章的外交生涯中，这种艰难处境逐渐成为常态，在别无选择的情况下，他只能抱着"不求局外原谅，不顾事后讥弹"的态度，孤注一掷，披甲上阵。

自李鸿章办妥天津教案起，他在天津即拥有很高声望，得知李鸿章即将离津赴烟台，天津绅民一怕影响本城安定，二怕英国人将李鸿章抓走，大家在城厢内外遍贴告白，同时集会选出代表到直隶总督府请愿，表示如果李鸿章启程，众人将卧倒在其离津的路上，对李鸿章进行攀留，攀留不成，亦将在天津生事，与洋人滋闹，反正不会让洋人好过。李鸿章盘算了一下，天津这样的舆论氛围对自己谈判有利，于是便派幕僚许钤身带着数名天津绅耆赶赴烟台，邀请威妥玛来天津开会，但结果却碰了壁，威妥玛拒绝赴津。

李鸿章遂于1876年8月17日从天津展轮东驶，第二天到达烟台。

威妥玛非要在烟台谈判不可，是因为此处谈判对英方有利。在此之前，威妥玛已经与英国驻华海军司令赖德进行过会商，按照约定，赖德率一支由四艘军舰组成的舰队自印度来华，停泊在大连港内。大连与烟台相近，从大连到烟台仅需几个小时的航程，英方此举，在显示其军事力量的同时，对谈判造成影响的意图已是昭然若揭。

谈判尚未开始，在会谈地点的选定上，中方就先受挫。8月21日，中英正式开始谈判，不久，赖德便乘军舰来到烟台，明目张胆地对中方进行武力威慑。

清廷随即统一对于烟台谈判的基本原则，要求避免决裂。清廷把这一既不能战，可是又没有办法正常讨价还价的难题，全部推给了身在烟台的李鸿章。

东洋怪物

要闯难关，须用大招。一年多来，英国借滇案对中国提出种种要求，其实都是想抛开其他国家，单独扩大其在华权益，这让各国日益产生了不满情绪，对威妥玛的一些横蛮做法也不赞成。李鸿章看破了这一点，还在滇案的交涉初期，即采用他最拿手的"以敌制敌"策略，有意将滇案与西方大国要求修改商约的问题联系起来，从而成功地引起了各国对滇案的关注。

由于认为烟台谈判的结果与本国休戚相关，美国公使西华才会劝李鸿章尽快赴烟台谈判，即缘于此。嗣后，包括美国在内，各国驻华公使纷纷以避暑度假为借口，突然集体来到烟台，这让英国人感到巨大压力，也在一定程度上，抵消了中方在会谈地点选定上所处的劣势。

在第一次谈判结束后，李鸿章继续沿用"以敌制敌"的基本路数，虽然内心焦灼，但表面上却故意装出不紧不慢、镇静悠闲的样子，一面表示不急于商谈滇案，一面先后应邀参观了德、英两国的军舰。

在中国，皇帝的生日被称为万寿节，由于光绪帝年幼，两宫皇太后垂帘听政，所以这时大清朝分别要为光绪、慈安、慈禧举行万寿节。到了慈安万寿节这一天，李鸿章便借此名义，设宴招待英、德、美、法、日、奥、俄七国公使及其英国的两位海军司令。席间他仿照西方的规矩，与众人饮酒交谈，在营造出"群情欢洽"的气氛后，即抓住时机，提及第一次谈判遇阻的情况。各国公使听后议论纷纷，都觉得在滇案中，英国实际并不掌握岑毓英下令杀人的所谓"确凿证据"，既然如此，就不应该提岑来京问罪，英国公使得理不让人，缺乏绅士风度。

在场的威妥玛颇为孤立，开始意识到若死抓着将滇案提京不放，以致无法与中方尽快达成协议，对英国也未必有利。在此后的几次谈判中，虽然威妥玛仍将滇案提京作为讨价还价的砝码，但在李鸿章的坚持和各国公使的反对下，他最终还是放弃"问罪滇抚岑毓英"，转而另议其他条款。

虽然闯过了一道大关，但接下来的另议环节，也很吃力，很不容易。在会谈中，威妥玛声称据其观察，自1860年第二次鸦片战争后，中国十八省地方官仍然大多对洋人持藐视态度，他扬言只有让英法联军再次打进京城，这种状况可能才会再有所改观。李鸿章对此类威胁早已习以为常，并不以为意，但接下来威妥玛提到的一件事，却大大出乎其意料，也让他十分感到被动。

威妥玛说的是："此案（滇案）若问真正罪人，不是野番（即中方所称的'野人'），不是李珍国，也不是岑抚台（岑毓英），而是中国军机处！"李鸿章开始以为他又在虚声恫吓，谁知他边说边取出了一道谕旨作证，李鸿章取来细看，原来是咸丰十年也即1860年间，由军机处起草和颁布，要求地方官限制洋人的一份谕旨！

这属于中国的核心机密，英国人是如何弄到手的？李鸿章目瞪口呆，事后他在给总理衙门的信中，特地把那份谕旨照抄附呈，极为痛心地指责说：连如此机密都为对方获得，我还能什么办法？

尽管在信函中向朝廷发了牢骚，但李鸿章仍依靠其外交和谈判技巧，竭尽所能地在谈判桌前与威妥玛进行争夺。1876年9月13日，中英双方正式签约，这就是《烟台条约》。《烟台条约》分成"昭雪滇案""通商事务""优待往来各使节"等多个环节，其中的"昭雪滇案"含派大员到英国道歉，赔偿二十万两白银。由于没有把将滇案提京和"问罪滇抚"写入，条约主要内容变成了"通商事务"。

"通商事务"方面，包括增开宜昌、芜湖、温州、北海为通商口岸，租界免收洋货厘金等。从这几个条款尤其是增开口岸来看，中方确实利益受损，有人批评"添开口岸"将使"通商之患"永无休止。不过李鸿章的老到之处在于，虽然他为避免决裂和战争，不能推翻总理衙门先前的允诺，但却绵里藏针地给洋人们下了一个套：条约中有关租界内免收厘金一项，对条约所涉及的西方各国并没有好处，实际上等于变相承认了中国政府在租界之外，有对洋货征收厘金的权利。

当然，对于李鸿章而言，他并不愿意签这样一份条约。在《烟台条约》签订后，他即奏请朝廷谕令各省督抚，要求今后对于执有护照往来于内地的洋人，都务必按照条约规定，对其人身安全予以保护，若再出现洋人遭到伤害的事件，将唯该省官吏是问。朝廷也终于吸取教训，在收到这一奏请的当天，即颁发上谕，申令按李鸿章所请内容执行。

李鸿章曾断言，《烟台条约》签订后，"从此二十年内不至生事"。现实情况是，在此后的二十年里，英国确实再也没有能够找到借口寻衅，不仅如此，因为觉得吃了暗亏，英国政府还只好请求清廷重新谈判。

直到《烟台条约》签订九年后，因为中法战争的压力，中英才签订了《烟台条约续增专条》，而英国政府迟至第二年才予以批准。这就等于说，在足足十年时间里，《烟台条约》实际已沦为一纸空文，很多让英国人感到棘手的事都被长期搁置。

阻贡事件

当初俄国趁新疆陷入严重动荡，出兵侵占伊犁，所打的旗号是"代收"，也就是代中国收复伊犁。但当清廷命伊犁将军前去与俄国当局交涉，要求归还伊犁时，却被俄方拒绝，说是南疆尚由阿古柏控制，只有等中国军队击败阿古柏、收复南疆后，才有可能归还伊犁。

1876年春至1877年冬，左宗棠率西征军彻底摧毁阿古柏政权，收复了天山南北除伊犁外的广大地区，俄国原先设定的前提也即借口已不存在，然而经过多次交涉，俄国仍不愿意履其归还伊犁的承诺。如何收回伊犁，因此成为进一步解除西北边疆危机，保全领土的一个关键。基于中俄之间军事实力的悬殊差距，朝廷内外绝大部分官员都主张通过外交方式和平解决，虽然也有人曾提出要以武力收回，但明显只是义愤之辞，自己都知道没有多少现实的可行性——实际上，就连打垮了阿古柏、在新疆问题上一言九鼎、又被外界视为"清流"的左宗棠，都轻易不敢对俄言战。

朝廷决定派崇厚充任出使俄国钦差大臣，赴俄进行收回伊犁的谈判。

1878年12月底，崇厚一行来到圣彼得堡。

翌年1月，中俄代表正式开始谈判。崇厚是满族贵族，曾任三口通商大臣，以"知洋务"著称，但他对伊犁地区形势、俄国情况均茫然无知，在俄方精心安排的盛情款待中，逐渐丧失了应有的警惕。在谈判中，他完全听任俄方摆布，只顾名义上收回伊犁，而不管实际上中方将蒙受什么重大损失。10月2日，在克里米亚半岛的里瓦吉亚，他与俄方代表签订《里瓦吉亚条约》等几个条约，按照条约，中国虽可收回伊犁，却需付出支付巨额赔偿金、割让土地以及通商等巨大代价。

消息传出，欧洲舆论大哗，对俄国竟能如何巧取豪夺，感到莫名惊诧。中国国内更是一片哗然，奕䜣、左宗棠等王公大臣及其言官疆吏纷纷表示强烈不满。1880年1月，清廷以"奉命出使，不候谕旨"，宣布将崇厚交部严加议处，随即定为斩监候，等候秋后处决。

俄国在里瓦吉亚谈判中赚得盆满钵满，崇厚被议罪一事令他们极为恼火，因为这意味着中国政府实际并不愿意接受相应条约。在接下来的几个月内，俄国除在伊犁地区集中数万兵力外，还在从东北到新疆的边境线上集结了大量部队，用以威胁中国，与此同时，俄国太平洋舰队也得到加强，数十艘军舰被调往远东海面，摆出随时向中国沿海城市和港口大举进攻的姿态。面对俄国的军事威胁，中国也被迫向绵长的中俄边境增兵，以资防御，中俄两国之间的关系骤然紧张，军事冲突一触即发。

对于清廷严惩崇厚，俄国以外的其他西方大国也都表示了关注。英、法、美、德公使同时致函总理衙门，认为中国派使臣出访国外，自应抱着彼此友好的宗旨，现在只因为使臣所签的条约让自己不舒服，就将使臣拿问严办，这让各国都觉得很不舒服，也不符合国际公法。

因为各自利益不同，几个西方大国在中俄关系方面的看法又存在差异。英国认为一旦俄国得势，英国的在华利益必然将受到侵害，因此一度考虑直接支持中国与俄国对抗，但此时"阻贡事件"的发生，使得局势突然变得更加错综复杂，而英国也随之改变了态度。

六年前，即1874年，为解决台湾危机，总理衙门大臣文祥与日方代表大久保谈判，最后在北京签订了《台事专约》。

日本居心叵测，在出兵台湾、意图占领台湾的同时，也在打琉球的主意。《台事专约》恰为后者找到了凭据，因为该约不但出现了"抚恤"的字眼，还承认琉球居民是"日本侨民"，日本出兵台湾系保护其侨民的举动。

《台事专约》签订后，日方代表大久保甫一回国，就主张采取断然措施，尽快结束琉球的两属状态，迫使琉球断绝与中国的关系，将其划入日本版图。

1875年5月，日本政府将琉球藩的管辖权从外务省移交至内务省，命令琉球国王尚泰晋京，并停止向中国遣使进贡，不得再接受中国册封。在日本的压力下，琉球被迫同意使用明治年号等，但尚泰深知，一旦结束两属状态，自己的国家就保不住了，因此他不但本人不愿前往东京，而且还让在东京的琉球官员向日本政府请愿，恳求不要中断琉球与中国的关系，但此举遭到了日本官员的痛斥。

尚泰不甘心就此亡国，1876年底，他派使臣乘一只小船出海，向中国求援。使臣们假装遇风漂泊，于次年4月到达福州，随即向当地政府投递国王密函，并请求到北京陈述，期冀中国能够救援其将亡之国。

怎么争

琉球群岛居日本九州岛和中国台湾岛之间，处于控扼太平洋通道的咽喉地位，正处于扩张中的日本，对其战略价值看得一清二楚。清王朝则由于其眼界局限以及在国际上所处的弱势地位，从没有把琉球作为战略要地来看，对琉球事务也不觉得有过于重视的必要，这也是《台事专约》中之所以出现一系列漏洞的一个重要原因。另一方面，出于种种原因，来华求救的藩球使臣只强调了日本的"阻贡"，而未将改年号等事也告之中方，客观上也使清廷未能充分认识到问题的严重性。

对于藩球使臣所反映的"阻贡事件"，清廷并未特别放在心上，1877年6月底即轻率发谕，要琉球使臣全部回国，不必来京。

琉球毕竟与中国有藩属关系，清廷也怕若对"阻贡事件"毫不关心的话，会引起外界对于自己不能保护藩属国的质疑，从而引起连锁反应。因而在打发琉球使臣回国的同时，亦派驻日公使何如璋赴日，以弄清日本阻贡的原因。

清王朝政界和官员的拖沓之风盛行，且早已成为一种习惯，中日在1873年初即建立了外交关系，但直到1877年1月，何如璋才被任命为驻日公使，可是也还未有动身赴日的迹象。在决定让何如璋调查"阻贡事件"后，是年8月，清廷才向何如璋发去正式的敕书和国书。何如璋接到命令后，准备成行花了三个月时间，出发后沿途又要交往应酬，至当年12月底才到达东京。也就是说，何如璋作为中国派驻日本的公使，在琉球使臣哭诉求援的八个月后，才得以正式开始其外交使命。

尽管如此，何如璋还是比较尽职的，在对情况进行全面了解的基础上，他前往日本外务省会见外务卿寺岛宗则，就琉球事件向日方提出抗议。

尽管何如璋与日本政府展开严正交涉，一再要求恢复琉球对中国的朝贡，但日方态度十分强硬，毫无妥协余地。在此期间，利用中国政府对琉球问题的轻视以及外交事务方面的拖沓，日本将琉球事态公开化，不顾琉球国君臣的抵制，在琉球建立了事实上的独有支配权。

眼看中方在处理琉球问题上的主动权正一点点消失，1878年5月，何如璋紧急函告李鸿章和总理衙门，请求采取有效措施以挽救局面。何如璋认为，日本阻挠琉球向中国进贡，乃是灭亡琉球的前奏，他主张清廷应积极与日本争夺琉球，即便诉之以武力，也不能坐视琉球被日本吞并。

何如璋的报告在朝中迅速引起争议，负责东南事务的闽浙总督、福建巡抚等地方官吏均不同意采取强硬手段，但他们也不同意与日本交涉，怕因此触怒日本。在这种情况下，作为外交权威的李鸿章态度如何，便显得举足轻重起来，总理衙门特地致函李鸿章，向其征求意见。

何如璋当然清楚李鸿章在外交领域独一无二的分量，所以才专函李鸿章，并在信函中提出了处理琉球问题的上、中、下三策：上策，一面与日本争辩，一面派出兵船，责问琉球，强迫其进贡，但其实还是做给日本看的，是要向日本表示中国对于琉球的必争态度；中策，联合琉球共同抵御日本，如果日本入侵琉球，便由琉球正面对抗，中国则出偏师进行策应，对日本形成内外夹攻的态势，最后促成和议的结果；下策，先由中国与日本进行交涉，交涉无效，再援引国际公法，请各国公使"主持公道"。

对于琉球问题的出现以及发展变化，李鸿章并不是毫无了解，但因为福建方面没有直接向其报告，所以原先他并不知道具体情况。直到琉球事态公开化以及收到何如璋的信函，他才拥有了一份详细而可靠的报告，也才能够就此做出决断。

关于怎么争，何如璋提出了上、中、下三策。何如璋之所以要将其对策分成三个等级，其实也就是要让李鸿章明白哪种对策最好，哪种对策最差。然而让何如璋失望的是，李鸿章并没有看中上、中两策，他最后挑选的恰恰就是何如璋最不希望他选的下策。

真实的想法

三策的好坏标准本身就是由何如璋来定的，说白了就是不惜动武。闽浙总督、福建巡抚等人反对动武，更多的是出于其地方和个人利益，怕一打起来，福建首先受累，个人顶戴亦难保。李鸿章不然，他需要从全局考虑，他告诉何如璋，使用下策，单凭笔舌和日本理论，确实日本未必肯听，但琉球乃孤悬海外的小国，且远离中国而接近日本，若为了区区宗藩名分，就使用武力争夺其朝贡，是没有必要的。

李鸿章真实的想法，其实是认为理应主动援护琉球，若沉默不救，不仅将被日本和海外各国视为懦弱，而且琉球一失，势必祸及朝鲜。可是如果要主动援护琉球，就涉及必要时，是否可用武力与日本进行争夺，李鸿章给出的答案却又是否定的，其理由是中国距琉球太远。

为什么不能与日本动武？李鸿章心里很清楚，只是他不能直接说出来，那就是与日交战，必然要通过海路和使用海军，但此时中国并不具备与之相当的海军实力，而其中最主要的还是缺乏可以与日军抗衡的铁甲船。

何如璋对李鸿章说，他在日本只在横滨看到一艘停泊在那里的铁甲船，而且名为铁甲，不过是铁皮而已，其他兵船也都很差劲，因此他认为日本海军实力不及中方。

何如璋所提到的铁甲船，其实是日本在幕府时期就从西方购买的第一艘铁甲船，名为"甲铁"。它的核心是木制船体，在外包锻铁装甲后，便成了铁甲船，其装甲厚度为九十至一百四十毫米，换算成中国的计量单位，即两到四寸厚。

何如璋提出上、中策，只能以他所得到的信息作为基础和前提，而在这些信息里面，李鸿章最看重的又是铁甲船，可是何如璋却连铁甲船的厚度都说不准确，这无疑会让李鸿章感到非常没有把握，也从根本上动摇了他采纳上、中策的信心。

无钱逼倒英雄汉

日本在幕府时代就已拥有两艘从西方购买的铁甲船，除了"甲铁"，还有一艘是"龙骧"，它们被明治政府所接收，并在台湾事件时，对中方形成了威慑。台湾事件不仅刺激了中国，也刺激了日本，鉴于"甲铁""龙骧"均为即将被淘汰的幕府遗留战舰，日本当即筹巨资，一口气又向英国订购了三艘新式铁甲船。

中国海军则连一艘同级别的铁甲船都没有，李鸿章曾对蚊船寄予厚望，希望它能克制和击破铁甲船，但在使用过程中却发现，蚊船船小炮重，行动迟缓，只能在海口及沿岸浅水处驰驱，无法用于洋面作战。海上交战，中国能拿出来的只有自造的三桅兵船，这些兵船全都是纯木船，就是块头再大、火力再强，也不是铁甲船的对手。

"无钱逼倒英雄汉，"李鸿章发出了如此浩叹。因为没钱，所以不能购铁甲船应急；因为没有铁甲船，海军实力不及日本，他就不敢打仗，也就只能拿"犯不上"以及因地势阻隔而干预困难等说法，来对何如璋进行搪塞了。

在确定采用何如璋的下策后，李鸿章向总理衙门陈述了自己的意见。总理衙门果然也不同意何如璋积极干预甚至不惜动武的主张，见李鸿章亦持此见，便立即上奏并得到两宫皇太后的首肯。

按照"循理外交"的思路，李鸿章指示何如璋，在与日本谈判交涉时，援引《中日修好条规》中的相关条款与之相争，通过不断施压的方式，期望能使日方有所顾忌,从而改变态度。

在中日谈判陷入事实上的僵局之后,1879年3月,趁中俄因伊犁问题发生危机,日本政府发布了对琉球的废藩置县令,派兵五百到琉球宣布和强制执行此令。4月,正式废止琉球藩,设冲绳县,并任命了县令。日本这一单方面的行动,事先并没有征询中国和琉球方面的意见,总理衙门对此大为恼火,但又束手无策。何如璋向日本提出抗议,要求取消置县决定,但遭到拒绝,日方声称为了置县,它将不惜动用武力。

调　停

日本政府的一意孤行,使得中日双方的交涉更加陷入困境。按照原定策略,这时候就只能援引国际公法,由中国主议,请各国公使保护琉球了。

此时原任驻英公使的郭嵩焘从伦敦卸任回国,面对日本的进逼,他建议由朝廷明诏停止让琉球朝贡中国,以示中方不与日本争夺朝贡,之后再援引《万国公法》,正告日本不得擅自吞并琉球,并邀集各国公评。

由中方自行免除琉球的朝贡,也就是意味着中琉之间的藩属关系从此解除,琉球不再是中国的藩属国。事已至此,总理衙门也只好接受中琉脱离的现实,但是到了实际操作的阶段,却很难邀集到各国就此进行公评。

中国邀请各国公评一事成为一厢情愿之举,一向很愿意出面牵线搭桥的赫德,对此也表示爱莫能助,反过来劝中方不要完全寄希望于国际公法。恰在此时,美国前总统格兰特开始卸任后的全球旅行,来到远东,他准备先访问中国,再前往日本观光。格兰特虽是卸任总统,但却是访华的第一位前西方国家元首,身上有着美国官方的背景,他的到访,让李鸿章意识到这可能是解决琉球问题的一个机会,于是致书奕䜣,提出可予以高规格接待,以便请格兰特居间调停。

1879年5月28日,格兰特抵达天津,拜会李鸿章。李鸿章在外交中一向非常注意培养个人之间的私谊,现在有求于格兰特,便更是如此。在格兰特抵津后,他又打破既往与洋人交往的旧例,主动前往拜会,设盛宴招待格兰特一家。

以利相诱

趁着宾主相谈甚欢之际,李鸿章自然而然地谈到了琉球问题。他向格兰特指出,此次日本无故兴兵琉球,既是对中国主权的严重侵害,也是对《万国公法》的严重亵渎和背离,在这件事上,中国有理而日本无理,所以希望格兰特能够代表美国仗义执言,出面调停。

美国在中国拥有巨大的商业利益,美国商人与中国通商,都必须由太平洋过横滨至上海。李鸿章分析说,现在日本如此强横无理,难保中日两国不闹到失和的地步,两国一旦因琉球争端而开战,横滨等口岸的美国商船便难以通行,美中贸易将因此中断,从美国的通商大局出发,这对美国是极为不利的。

李鸿章除了提及美国若置身事外,所可能丧失的利益外,还讲到了若美国积极介入,所可能得到的好处。

到了这个时候,格兰特已经大为心动,李鸿章又翻出《中美天津条约》,该约第一款规定"若他国对中国有何不公轻视之事,一经知照美国,美国必须相助,从中善为调解",他以此说明美国应邀为中国调停,是条约中所明文规定的义务。

李、格由此达成一致,数日后,格兰特由津抵京,与奕䜣会晤。此时琉球国王尚泰和王室其他成员已被逼迁居东京,到了这个程度,日本已将琉球完全统一至其府县制度之下。何如璋在无可奈何中,也想到不妨请一些肯出面的西方国家进行调停,而且也认为美国最有可能帮助调停。

李鸿章提议在先,何如璋附和在后,奕䜣遂按照他们的意见,在会晤格兰特时,代表总理衙门,正式请其借游日之便,居间调停"琉球案"。

强词夺理

1879年7月4日,格兰特到达东京,受到朝野款待。美国与日本所签订的条约内,也载有与《中美天津条约》第一款相同的内容,因此中国请美国调停,对日本政府来讲,同样是可以接受的。

在格兰特向日本政府转达中方意见后，日方强调不愿与中国失和，但琉球本是日本的藩属国，在他们看来，自己完全有权利对琉球进行处置。与此同时，日方还对何如璋进行了攻击，仍然要求中方撤销抗议照会，并以此作为继续商议琉球问题的先决条件。

此后，格兰特同伊藤博文、西乡从道等日本高级官员都进行了会谈，然而只要一涉及琉球问题，他们就沉默不语，勉强表示要回去商量，接下来却再没给出格兰特所希望得到的答复。

眼见调解无望，格兰特只得分别致信总理衙门和李鸿章，表示自己已无能为力，他给中方的建议是，撤销何如璋发出的抗议照会，然后两国另派大员直接谈判，"商议万全之策"，永远和睦相处。

李鸿章阅信后，认为抗议照会不能急于撤销，另派高级大员相商的办法不是不可行，但一来国内非常缺乏处理这种外交难题的专门人才，二来也怕派员赴日后，沦入与何如璋一样的尴尬被动境地，以致难以收场。

9月2日，格兰特一行离开日本。看到中方没有接受他的建议，格兰特在临走时，又就中日琉球争端，以执中的态度和方式，向日本提出了"分岛而治"的方案，即拟将琉球一分为三，其中的山北群岛归日本，中部中山群岛归琉球自主，山南群岛则归中国。

格兰特虽然斡旋调停未果，但也因此推动了中日之间的第二轮交涉。这时两国争论的焦点，仍主要集中在琉球究竟是谁的属国。

李鸿章密请总署转咨礼部，搜集整理了大量的历史资料和文件，尤其是琉球数百年来朝贡中国的档案记录，用以证明琉球一直为中国的属国。可是日本方面也找到了一些历史上的材料，言之凿凿地说琉球一直是日本的属国。

12月初，日本派大藏省少书记官竹添进一郎来华，与李鸿章当面辩论。

当初大久保在与中国签订《台事专约》后，上书要求结束琉球的两属状态，其时就明确承认琉球为两属之国，只是后来日本心黑起来，连"两属"都试图加以否定了。眼看双方胶着不下，日本急于"落袋为安"，尽快结束琉球之争，于是便参考格兰特"分岛而治"的方案，顺势提出了一个

"退让"方案，此即"分岛改约"。其主张是将琉球南部的宫古、八重山二岛分给中国，但是作为代价，中方必须在《中日通商章程》中增加"利益均沾"的片面最惠国待遇条款，并允许日本向中国内地贩卖货物。

宽解崇厚

日本在拟定"分岛改约"方案时，就认为被中国接受的可能性很大，这是因为它狡猾地选择了一个最佳时机——从1880年年初开始，中俄"伊犁危机"越来越严重，中俄两国矛盾尖锐、剑拔弩张，在之后的大半年内，人们普遍认为中俄存在爆发一场大规模战争的可能性。

反过来，"伊犁危机"也受到了琉球事件的影响。英国因要与俄国争夺在华利益，原本曾想直接支持中国与俄国对抗，但看到中日关系因日本吞并琉球而日趋紧张，又转而认为，一旦中国与俄、日同时爆发军事冲突，结果会更加糟糕，其在华贸易将受到重大损害，所以立即改变了态度。

另一个西方大国法国，希望俄国能在欧洲东部牵制它的老冤家、由普鲁士扩充而成的德国，由于担心俄国因亚洲问题而分心，所以原本就希望"伊犁危机"能够尽快平息。法与英国一起，积极对中俄进行调停，希望维持住中俄的和平局面，不要引起战火。

清廷当然更不愿意走到与俄国兵戎相见的一步，1880年2月，清廷任命曾国藩之子、驻英公使曾纪泽兼任驻俄公使，以便重开中俄谈判。在这种情况下，清廷和包括李鸿章在内的各级官员，不能不把主要关注点集中到以伊犁为焦点的中俄关系之上，而不可能仍然围绕着以琉球为焦点的中日关系打转转。

3月26日，竹添带着"分岛改约"方案，再次来到天津拜谒李鸿章。李鸿章未置可否，但实际上李鸿章认为"分岛改约"，以灭亡琉球为目的，他是反对的，同时也不赞同格兰特的"分岛而治"。李鸿章的主张仍然是即便中琉脱离，也要让琉球复国立祀，只是因为他正忙于处理中俄关系，还不能集中精力对此进行充分研究。

这时虽然中俄谈判重开在即，但鉴于中俄双方都明显不可能说和就和，势必还得做些铺垫，英法驻华公使连日密谋，一方面联络俄国，促使其尽早接待新的中国公使，一方面设法让中方首先赦免崇厚的死罪，用以缓和中俄关系。

3月下旬，美国公使西华与李鸿章晤谈，透露说据他所得到的秘密情报，英国女王已给英国公使威妥玛发来电令，让其为崇厚说情。在此之后，威妥玛、赫德果真都展开活动，劝说清廷宽解崇厚。

5月18日，威妥玛专赴天津，与李鸿章进行秘密会晤，确证如西华所言，英国女王确实给他发来了电令，同时他表示希望李鸿章影响朝廷，宽解崇厚的罪名。

此前李鸿章曾接到曾纪泽的来函。曾纪泽认为，俄国言称中方严惩崇厚一事使其大失脸面，其实不过是一个借口，实际上是不愿意修改崇厚所订之约。如果他在这种情况下赴俄谈判，必受阻挠，因此曾纪泽也建议谴责和处分崇厚不可过重，以免激怒俄国，并使其他国家从中渔利。

李鸿章也得到情报，俄国已增调多艘军舰进入中国沿海，而且还在与日本、西班牙、葡萄牙等国联络，意图给中国增加压力。如此种种，都让李鸿章意识到，应该借助英国这次的主动调停，力促朝廷宽解崇厚的罪名，以便为曾纪泽赴俄谈判创造条件。

在秘密会晤威妥玛的次日，李鸿章就冒着极大阻力和舆论压力，上书总理衙门，建议乘此次任命曾纪泽为兼任驻俄公使之机，特旨宣布宽减崇厚的罪名。

几天后，李鸿章又再次致函总理衙门，促其给朝廷上奏。在李鸿章等人的建议下，朝廷想法逐渐改变，加上英国维多利亚女王亲自打电报给慈禧太后，电请宽赦崇厚，终于使朝廷决定取消原议。6月26日，在曾纪泽准备动身赴俄前，他接到通知，朝廷当日下旨，将崇厚"暂免斩监候罪名，仍行监禁"。此后不久，崇厚即被予以释放。

愚　蠢

在李鸿章为宽解崇厚而奔走期间，日本阁议正式通过了"分岛改约"

案，竹添进京，与总理衙门进行谈判。总理衙门就此征询李鸿章的意见，此时李鸿章通过与琉球官员交换意见，对"分岛改约"案已经有了更深认识。

据琉球官员介绍，琉球南部的宫古、八重山，隶属于琉球中部的中山群岛，二岛土地贫瘠，物产不丰，向来都由当地土人自行掌握政令。李鸿章由此想到，现在就算是日本将南岛分给中国，中国再还给琉球，在琉球国王和王子都尚被软禁在日本的情况下，琉球并不足以依南岛自存，恐怕过不了几年还会被日本吞并。若是中国自己把南岛收下来吧，且不说与维护琉球独立的意愿相背，光设官置防就是一个很大的负担，在李鸿章看来，乃徒增累赘。况且，南岛距大陆遥远，彼此音讯不通，能不能控制或守住都是问题。

还必须考虑到，日本拿出南岛不是无代价的，除了必须允许日本向中国内地贩卖货物外，还要将"利益均沾"写进条约。这都是当初李鸿章咬死不肯让步的，他认为一旦写入，后患无穷，中国将因此蒙受巨大损失。

李鸿章给总理衙门的意见，是如果日本能放回琉球国王，再将中山群岛、山南群岛还给琉球，让其复立一国，那么利弊尚足相抵，这样才能勉强同意了结球案。总理衙门于是在与竹添谈判时，提出"中部归琉球，复立国君"，竹添一听就不干了，表示日本"决不能从"。

1880年6月29日，日本政府任命驻华公使宍户玑为全权办理委员，与总理衙门大臣沈桂芬等继续就球案进行会谈。

7月30日，曾纪泽到达圣彼得堡，与俄国展开紧张的谈判。在中俄就伊犁问题进行交涉的过程中，俄国仍在实施恫吓战术，清廷得到情报，俄国派一名在俄土战争中击败过土耳其军队的将军赴黑龙江边境，"似有先礼后兵之意"。此时朝中的清流人物宝廷、张之洞、张佩纶等先后放出主战言论，倡言朝廷应马上向俄国宣战。李鸿章很生气，批评他们不重时势，妄言战事，这是在"以清议惹祸，与明朝时如出一辙"。

中国从黑龙江到新疆，与俄国接壤约万里，边防压力巨大。俄国除了兵力强大外，还占有其他优势，比如俄国有铁路可调兵，一个月之内，就可以将兵力集中于边境的突破点上。中国交通落后，同样的集结到防任务，没个一年完不成。又如俄国有电报可通讯，瞬间命令就可以到达前线。中国的相似文件从京师到边塞一个来回，起码要三个多月。

除了边防，还有海防，俄国太平洋舰队也很难应付。在这种情况下，要与俄国作战，李鸿章预计须临时招募数百营陆上劲旅，并紧急训练水师，增购船炮，只有这样，攻守才有把握，而要做到这一点，每年就必须投入数千万两白银的巨额军饷，否则无法想象。

李鸿章主对俄和谈，清流主对俄宣战，双方相持不下。在清流的影响和推动下，中国对待俄国的态度日趋强硬，清廷饬令曾纪泽争取收回伊犁全境，挽回崇厚所放弃的边界和通商等方面的权利，否则宁可暂不收回伊犁，不批准《里瓦几亚条约》，任由中俄关系维持在订约以前的状况。

这时中国朝野普遍害怕"日为俄用"，面对顾此失彼、腹背受敌的窘境，朝臣多主张对日妥协，"联日制俄"。

李鸿章当然也感到俄日结盟不得不防，但他在权衡敌情国势后，却主张采取中国传统的"远交近攻"策略，"联俄拒日"。日本的海军力量超过中国，但与俄国相比，无论海陆军，都相形见绌。李鸿章认为，目前与其联络弱小的日本，对抗强大的俄国，孰如联络强大的俄国，共同压制弱小的日本，如此才易操胜券。

先拖着再说

1880年8月，中俄伊犁交涉进入紧张阶段，清廷内外大臣更加担心日俄联手，早结球案的呼声达到了顶点。南洋大臣刘坤一提出，虽然琉球南部两岛不足道，但总也给琉球留下了复国立祀的一线希望，再说今后还可以再想办法为其扩大领土。

刘坤一是湘军将领出身的洋务派，很为李鸿章所看重，遇事常与之商讨，他的意见自非此时的普通清流派人物可比。李鸿章的态度因此也出现松动，认为"联俄拒日"时机未到，同意"分岛改约"，一方面借以保存琉球国，另一方面防止俄日结盟成为事实。

10月21日，总理衙门与日使宍户玑议结《球案条约》及《加约》的草案，按照"分岛改约"对琉球进行了分割，双方约定十天后正式签署条约。未料总理衙门上奏后，言官又开始议论纷纷，陈宝琛上奏，认为中俄之间的事尚未有个说法，这个时候不应该仓促了结球案，也不应该在中日条约上轻率让步，否则可能中了日本人的奸计，他主张对球案暂时采取拖延的办法。张之洞这时也修改了自己的说法，他说他建议尽快和日本签约，是指签通商条约，而不是球案，球案还是延缓了结为好。

陈宝琛、张之洞皆为清流，在政见上与"浊流"李鸿章素来不合，然而这次不同，李鸿章原本就对"分岛改约"持有异议，勉强同意只是基于中俄形势过于紧张，不得已才如此。到了10月中旬，也即中日议结球案的前夕，曾纪泽在俄国的谈判已出现曙光，中俄关系也开始趋向缓和。李鸿章见状，又转而支持陈宝琛的建议，主张球案能缓则缓，先拖着再说。

看到草案引起廷臣的一片反对，朝廷以李鸿章是中日条约的首倡和原议之人，对中日问题最有权威性和发言权，饬令他统筹全局，拿出妥善之策。

在中俄伊犁交涉完结前，球案要拖，怎么拖，李鸿章也已经想好了，他向朝廷献计：可以声明《球案条约》及《加约》须经皇帝御笔批准，在三个月内互换。如果俄事在三个月内仍未了结，日本来换约，就找理由推脱，与之再议换约时间；而如果俄事能在三个月内了结，就推翻前约，不予批准。朝廷接受了李鸿章的意见，将球案搁置不结。

日本吞并琉球一案，使李鸿章的思想受到不小震动，对日本的认识也更加深刻。他认为日本"国小民贫，虚骄喜事"，不但是对琉球等中国的藩属国，就是对中国的威胁，实际也更甚于西方大国——长崎距中国口岸不过三四日航程，日本若要对中国采取远交近攻之术，不会觉得不方便，

这个海上邻国是中国永远之大患，对于它，仅仅防范已经不够了，还应严防，不仅要严防，还得有日后与日本作战的心理准备。

恍然大悟

江南制造总局有一个附设的翻译馆，系由曾国藩生前奏请成立，该馆翻译了欧美的多种科技和军事书籍，《防海新论》就是其中的一部，此书系

普鲁士军官希里哈所写的海防专著，李鸿章读后如获至宝，将其奉为可指导中国海防的战略经典著作。

《防海新论》里面介绍了海防的上中两策，上策以制海为主，主张"两国交兵，应派本国兵船堵住敌国海口，封锁敌国海岸，不容敌船出入"；中策以陆守为主，"聚积精锐，只需保护数处紧要口岸，即可固守"。李鸿章认为中国兵船较少，往堵敌国海口，很难做到，因此最初倾向于中策。

"守定不动"和"挪移泛应"，是李鸿章在第一次海防大筹议时提出，并在具体承办海防时运用的两种御敌之法。它们实际是李鸿章对《防海新论》中策的化用，其中的"守定不动"是明显的专守防御，"挪移泛应"虽含有机动作战的因素，但也不是主动的反击和进击，并没有超出专守防御的范围。

蚊船曾被李鸿章作为海军防御守势作战的主要武器，但蚊船只可守口，很难出海迎敌，于是赫德又向李鸿章推荐了一种新式英国船，此船名为碰快船（碰兼快船），据称除船首船尾和左右舷都各置有新式大炮外，船头水线以下还有特定装置，可用于追赶、碰坏哪怕是最好的铁甲船。李鸿章一听很高兴，急忙请赫德代为订购，并在两艘碰快船来华后，将其安置在山东海面。

沈葆桢曾经让李鸿章为其代购蚊船，之后却发现蚊船只能用于巡江，由此对赫德失去了信心。李鸿章这时也对赫德的话产生了怀疑。恰好作为海军人才，被派到英国留学的刘步蟾、林泰曾二人结业回国，他们写了一份报告，指出蚊船十分脆弱，连自卫都有困难，中炮即会沉没。李鸿章看到后颇有触目惊心之感，因为原先他还以为蚊船固然无法用于外海作战，但守口应绰绰有余。

刘步蟾随即被李鸿章调到北洋供职。通过刘步蟾，李鸿章了解到不少原先他不掌握的海防知识，知道了西洋新式大军舰均备有铁甲，且分为洋面铁甲船、海口铁甲船、铁甲冲船三种。他这才明白自己上了赫德的当——蚊船不但不是所谓的"铁甲船的克星"，而且也并不新式，事实上，它在海上毫无用途，即使守口也要用海口铁甲船！

李鸿章大失所望，当南洋大臣刘坤一路过天津时，谈及蚊船，李鸿章禁不住闭目摇头，神情中颇有悔意。几年后，他终于不得不公开承认，中国所购蚊船皆为钢片镶做而成，每年都需要经过两次修理，几乎成为一堆废品。

按照刘步蟾的介绍，蚊船与海口铁甲船不是一回事，碰快船与铁甲冲船也不是一回事。李鸿章就此向自己的原幕僚、中国驻德国公使李凤苞咨询。李凤苞告诉他，碰快船其实也只能担任在洋面侦察、通讯的任务，可以协助铁甲船，却不能击破铁甲船。

实际上，碰快船的学名叫铁肋木壳军舰，这种类型的军舰，国内完全有能力制造，只是成本高一点而已。福州船政局所造的"开济"属于一个类型，它比李鸿章通过赫德订购的那两艘碰快船，还要大得多。

福州船政局系由法国人日意格协助中方创办，此人为海军军官出身，精通舰船知识，李凤苞引述他的意见，认为"能与铁甲船作战的，只有铁甲船"，光靠蚊船、碰快船之类，绝非日本海军的对手。

李鸿章恍然大悟，对赫德颇为失望。赫德与李鸿章的私谊本来非同一般，过去赫德曾给过李鸿章不少好的建议和帮助，甚至台湾事件时，他也曾向总理衙门建议，向英国紧急购买铁甲船。然而赫德对海军知识并不精通，他自己也相信蚊船可以打穿铁甲船，以及碰快船真能撞沉铁甲船，进而认为"铁甲在中国海洋为无用之物"。与此同时，他又因为执意要与日意格争夺对中国的影响力，日意格说左，他就说右，日意格说要买这个，他非要说买那个，所以才会辜负李鸿章对他的信任，把事情办得一团糟。

日意格原为左宗棠、沈葆桢所倚重，如今也得到了李鸿章的垂青。日意格指出，西方国家打造海军，都会对邻国进行权衡，必定要在力量上与之势均力敌才好，邻国如果有铁甲船，本国绝不能没有。现在日本既然已经拥有两艘铁甲船，中国如果没有铁甲船，怎么能与之抗衡呢？

铁甲船实际上是早期的战列舰，同时也是十九世纪世界海军战舰中威力最强的一种重型舰，而快船则是早期的巡洋舰，巡洋舰虽然不能代替铁甲船，但能作为其辅助。日意格建议李鸿章，赶紧采购两艘巨型铁甲船，同时或自造或采购四艘高速巡洋舰，再配上水艇二十艘。他认为如此扩充之后，加上既有的蚊船、碰快船，中国海军便能做到战可攻，退可守，届时日本必不敢轻视中国。

购　船

过去李鸿章无法购入铁甲船，经费不足是最主要的，尤其收复新疆一役耗资惊人，几乎是把国家一年的财政收入都投了进去。光绪初年，海防经费每年仅有数十万两，李鸿章为此甚至不惜上书慈禧太后，请求控制宫廷开支，节约地方费用，尽可能挤出银子，用于海防要务。

除了经费不足外，海军发展还受到舆论不支持、将才太少等因素的阻碍。日本吞并琉球后，朝野上下大受冲击，主张购买铁甲船的呼声骤起，与此同时，通过举办海军学堂以及派遣留学生等方式，海军也有了一定的人才储备。在这种情况下，朝廷终于同意李鸿章关于购买铁甲船的请求，并命其负责采购。

其实早在1877年初，何如璋赴日调查阻贡事件前，日意格就已替中国接洽英方，准备商购土耳其在英国订造的两艘八角铁甲船。

在朝廷对购船大开绿灯后，李鸿章准备购买的仍是那两艘铁甲船。他先向赫德打听，赫德回复说两船早已经被其他国家买走了。李鸿章又让李凤苞直接与英国政府接洽，李凤苞一问才知道船并没有出售给土耳其或转售其他国家，而是被英国海军部买去了。经过商议，英国海军部同意将其出售给中国。

日本已在英国订购的三艘新式铁甲船，分别为"扶桑""金刚""比叡"，属于典型的二等铁甲船，当时中国称之为"小铁甲船"。中方所订购的两艘铁甲船与其类型相同，但吨位均大于"扶桑"，而且其中一艘款到即走，可立即来华，另外一艘也仅需一年后即可交付。

正当奕䜣、李鸿章为之紧张筹款的时候，英国发生政府更迭，自由党内阁上台，在远东政策上趋于保守。中国如果拥有铁甲船，便有望争取到有限的近海制海权，进而使英国在远东的海上霸权遭到削弱，尽管这种削弱程度其实很小，但英国政府也不愿看到。他们就像在台湾事件时曾做过的那样，以中俄交涉紧张，英国持中立立场，此时向中国售船，有碍国际公法为由，拒绝再向中国转售铁甲船。

铁甲船若非海上利器，英国人为什么会放着获利不菲的大生意不做，推翻前诺呢？李鸿章已经对铁甲船有了更深入的了解，他决定破除万难，无论如何也要购到铁甲船。

按照李鸿章的要求和指令，中国驻德国公使李凤苞会同使馆参赞、兵工学家徐建寅等，对欧美各国的造船厂进行了逐一考察，经过对比、考证，最后认为德国造船厂所生产的军舰较为优良。

在十九世纪的最后三十年间，远东成为西方大国激烈争夺的重要场所，参与远东角逐的，除了原有的英、法、美、俄四国，两个"后起之秀"也开始崭露头角，其中一个是日本，另一个就是通过普法战争击败法国、完成统一的德国。德国拥有很强的军事和经济实力，军火工业也非常发达，克虏伯公司尤其享有盛名。

李鸿章也知道阿尔德雷德是"加农炮之王"，曾为普鲁士赢得普法战争立了大功，对克虏伯公司的军火产品其实早就青睐有加。之后通过科隆商人佩尔，李鸿章一口气订购了三百多门各种口径的克虏伯大炮，布防于大沽口、北塘、山海关等各个炮台，成为克虏伯公司自成立以来最大的一笔订单。

德国皇帝威廉二世从阿尔德雷德那里得知此事后，认定中国可能成为德国军火的大买家，于是派海军大臣到天津专程拜访李鸿章。会谈中，海军大臣了解到李鸿章正在选购铁甲船，便借机向其推荐本国所造的铁甲船，称德造铁甲船乃现今世界上最先进的铁甲巨舰。

见德国海军大臣的说法，与李凤苞、徐建寅等人的考察报告基本吻合，李鸿章遂拍板定案，通过李凤苞向德国伏尔铿造船厂订购钢面铁甲船两艘，这就是后来的"定远""镇远"。两舰均按最新式一等铁甲船设计，造价合银三百四十万两。其中"定远"仅为一百四十万两，应当说是很便宜了，之前李鸿章从英国订购十二艘蚊船，耗资都超过了一百七十五万两。

预　案

1881 年 2 月底，经过曾纪泽的据理力争，中俄终于就伊犁问题签订新约，取代了崇厚所签旧约。与旧约相比，新约虽然仍有割地，赔款也增加了，但在收回伊犁的同时，还收回了部分土地和利权，从而使中国所受到的损害大为减少。在当时的条件下，这一结果已令国人感到非常满意，所以此次谈判定约，也被认为是晚清一次较为成功的外交行动。

随着伊犁尘埃落定，中俄关系亦得到缓解，这时中日条约三个月的互换期也到了。3月初，朝廷发谕，正式否决了总理衙门与日本达成的议结草案，宍户玑气恼之下当即离华回国。

因为搞定俄国，没有了后顾之忧，再加上又向德国订购了铁甲船，李鸿章也随之有了底气。他表示，倘若日本在琉球问题上再敢"藐视中国"，中国就不妨采用孙膑伐魏救韩之策以对付之。

按照李鸿章为朝廷所制定的预案，中国将撤出原先在边塞上与俄军对峙的劲旅，分兵三路，直趋长崎、横滨、神户三个口岸，在堵住三口后，置日本于死地。之后，或者直接让琉球复国，或者与日本重新交涉，都不难办到。当然，这说的只是日本敢于和中国翻脸的情形，李鸿章估计日本会犹豫观望，尚不具备主动挑起衅端的胆量。

事实是，除了通过将驻华公使撤回国内的方式，来对中国表示强烈不满外，日本并无其他强硬措施跟进。1882年2月，李鸿章按照规定回保定直督署处理公务，时任日本驻天津领事的竹添忽然由津抵省拜谒，要求重议琉球问题。

因为中国否决了"分岛而治"，竹添提出日本可以再让一步，释放琉球国王尚泰或尚泰之子，让其徙居南岛，在那里复兴琉球国，受中方册封。对于南岛复兴方案，总理衙门不是没有考虑过，但当何如璋奉命询问尚泰时，尚泰也知道南岛贫瘠，难以立国，故而不愿接受。有鉴于此，奕䜣公开表态，要么将中岛、山岛还给琉球，要么恢复琉球原状，明确其两属关系，由中日两国共同保护。李鸿章以此答复竹添，强调二者只能取其一，竹添自称力不能及，怏怏辞去。

此时黎庶昌已继任驻日公使，他也与日本外务省就琉球问题进行了交涉。与竹添的南岛方案相比，日本外务省做出的让步表面上似乎更大，他们同意释放尚泰，让琉球复国，琉球也可照常对中国进行朝贡，以及接受中国册封，但条件是要由日本政府任命尚泰为县令（子孙世袭），琉球为日本专属。

在竹添和外务省方案都遭到中方否决，日方又不接受"中部归琉球"的情况下，李鸿章接受黎庶昌的建议，提出可以将原琉球国都城、中岛的首里单独拿出来，与南岛一齐交给尚泰复国，即"分割首里王城附益南岛"。这实际上是中方从原有立场上让步了，然而日方也没有立即同意。

在以后的几年里，中日两国多次交涉，均无结果，待到接连发生法国入侵越南和日本干涉朝鲜内乱事件，中国政府便再也无暇顾及琉球了。毕竟这两个事件都远比琉球问题更为严重，于是球案不幸终于成为一桩悬案。

第八章　新牌局

作为藩属国，越南与琉球一样，国王须接受中国皇帝的册封，并定期派人到北京朝贡，而中国则对越南负有保护的责任。不过中国作为宗主国，对越南的内部事务又向来任其自主，历史上，中国曾多次应越王的要求，派军队帮助越南政府平定内乱，但从未干涉过越南的内政。

需要指出的是，这种宗属关系只是东方观念，西方国家在处理类似问题时，与之大相径庭。按照国际公法，宗主国既可把持属国外交，又可控制其大部分内政，他们认为中国既听任藩属内政自主，就意味着其属国在法理上已具备独立主权，西方国家自可直接与该国订立双边条约。

十九世纪六十年代，法国挟与英国一起发动第二次鸦片战争的余威，迫使越南与之签约，当时越南旧分南北两圻，法国通过条约，占据了整个南圻，并将之作为侵占全越的基地。进入七十年代，法国在普法战争中落败，失去了在欧洲大陆的霸主地位，但在越南却再次得手——1874年，越南王室屈从于法国的压力，与法国签订《西贡条约》，历史上也称为第二次《西贡条约》，该条约宣布越南为"独立国"，同时承认了法国对北圻的"保护权"。

对　策

第二次《西贡条约》不啻是在直接挑战中国的宗主国地位，当法国驻华公使罗淑亚照会中国政府，将条约内容通知总理衙门时，奕䜣立即重申了越南为中国的属国，不过因为当时总理衙门正忙于处理马嘉理案，所以未对法国提出公开的抗议，亦未明确否认法越之间的条约。

此后，越南依旧遣使向中国朝贡，且多次请中国派兵帮其平叛，也就是说，所谓的"越南独立"并未得到两国事实上的承认。法国则由于在普法战争中失败受损，一时无力向远东发展，暂时只能对越南采取观望态度，故而也未加以干涉。

从1880年起，法国逐渐从普法战争的挫败中恢复过来，法国国内要求履行《西贡条约》，进兵全越的呼声陡然增大，法国议会随之通过增军拨款案，大批法军陆续开赴越南。中国驻法公使曾纪泽闻讯，一面与法方进行严正交涉，一面电告总理衙门。总理衙门随即上奏，朝廷谕令李鸿章筹商办法。

李鸿章处理外交纠纷，首先是"循理"，非常看重既成条约的有效性。此时已是1881年底，距离《西贡条约》已经七年之久，李鸿章认为，如果中方仍欲对《西贡条约》加以否认，使法越废约，事实上已不可能做到。

经过权衡，李鸿章主张既不直接否认《西贡条约》，也不为宗藩名义与法国做无益之争，而是以武力为后盾，以开放越南通商为手段，通过另一种方式来阻止法国全占越南。后者实际上是李鸿章"以敌制敌"策略的一种运用，他的想法是转而谋求开放越南，使各国都与越南通商，用以掣肘法国，令其不敢肆意入侵北圻。

考虑清楚后，李鸿章即赴总理衙门，提出对策：近年来轮船招商局经常运米到越南，对于往来路径和人情都很熟悉，可添派兵船，随同运米的招商局轮船前往越南红江，在江上游弋，以壮声威；派遣精干得力要员，前往越南侦察法方情形，同时会晤越南君臣，说服他们开放越南，借以通商自强。

朝廷接受了李鸿章的进言，李鸿章随即密电招商局总办唐廷枢、淮将出身的两广总督张树声，让二人分别按计行事。在此之后，他亲自往晤英国驻华公使威妥玛，劝诱英国派使与越南订立通商条约。谁知英国意在入侵缅甸，同时认为法国已占越南南部，北部也在条约之中，英国难以插足，所以兴趣不大，其他国家也都没有跟法国争抢越南的打算。

李鸿章欲通过第三国介入，对法国进行牵制的打算落空了，"以敌制敌"

因此遭遇阻碍，但他所布置的军事示威还是多少起到了作用。鉴于中国可能进行武装干涉等原因，法国政府决定将海外殖民的重点放在埃及，在越南则取守势，为此训令海军部不要轻举妄动。

未几，西贡总督卢眉派法国海军上校李威利率领一支约八百人的小部队，赴北圻加强防务。在李威利临行前，卢眉按照法国政府的既定政策，告诫李威利，要他力避与越南交战，不料李威利却不以为然，认为法国要占领北圻，就得靠武力，而且随着国力的恢复，也已拥有足够的武力，为什么还要犹豫不决呢？

李威利抵达北圻后，果然一不做二不休，立即挥军攻打河内。法越战争因此爆发，1882年5月1日，河内城陷，越南形势变得极为严峻。当月月底，清廷生怕越南（准确地说是北圻，因南圻已在法国控制之下）变成又一个琉球，决意保藩固边，遂令滇粤防军出防域外，进入越南，同时令广东兵舰游弋于北圻洋面，并从福建兵舰中抽调得力者前往，遥为声援。

恰在这个时候，李鸿章母亲病故。在李鸿章就"丁忧"一事上疏朝廷后，朝廷一面允准，一面以李鸿章久任疆畿，责任重大，要他在穿孝百日后，"夺情"回任署理直隶总督。李鸿章照例要"苦辞"一番，朝旨援用孙家淦等人的特例，再予挽留，并要求他不得再辞。

李鸿章回籍奔丧，直隶总督一职由张树声署理，中法外交之争则主要由曾纪泽负责处理。曾纪泽态度较为强硬，接连向法方提出抗议，法国则坚持越事与中国无关，以不予理睬的冷漠方式相对抗，中法交涉由此陷入了僵局。

所谓祸不单行，就在李鸿章丁忧离津未久，突然发生了日本干涉朝鲜内乱事件，就像当初一边与俄国剑拔弩张，一边又要与日本争夺琉球一样，清政府似乎又陷入了腹背受敌、左支右绌的境地。

江华岛事件

朝鲜与日本相邻，两国之间只隔着一道窄窄的海峡，日本早在幕府时期就曾屡次入侵朝鲜，明治维新后，随着其实力的增强，对朝鲜更是觊觎不已。

朝鲜除奉中国为"上国"外，一直实行锁国政策，也拒绝与日本建立邦交，日本人只能在釜山经商。日本于是决定实施征韩外交，即以武力作为后盾，以与朝鲜订购通商作为突破口，在此过程中图谋左右朝鲜直至将其完全征服。

中日换约后的第三年，即1875年，日本派森山茂等为"征韩使节"，前往朝鲜进行建交谈判。森山茂等乘坐军舰，身着西洋大礼服，他们向朝鲜所递交的国书中，有"大日本""皇上""敕"等字样，摆出了一副高于朝鲜一等的架势。此外，日本还派出"云扬"等三艘军舰前往朝鲜近海，用以对朝鲜进行恫吓和示威。朝鲜对此极为反感，当即拒收国书。

为了向朝鲜施加压力，日舰"云扬"两次擅自测量朝鲜海岸、海口。在它第二次驶入了朝鲜江华岛附近时，朝鲜守军开炮警告，"云扬"乘机开火将朝鲜炮台炸毁，并于次日派兵登陆，占领了炮台。此即"云扬号"事件，也称江华岛事件。

江华岛事件后，日本派舰队来到江华岛，以追究"责任"为名，欲胁迫朝鲜订约通商，强行打开朝鲜大门。与此同时，因为深知中朝之间的特殊关系，在弄清中国对朝鲜的真实态度之前，日本政府也不敢贸然行动，遂派森有礼为驻华特命全权公使，与中国交涉朝鲜问题。

1876年1月，森有礼到北京，与总理衙门进行洽谈。森有礼强调中朝宗藩关系只是一种"空名"，所以日朝关系与《中日修好条规》无关，不受其束缚。奕䜣等人则认为《中日修好条规》适用于朝鲜事务，双方相持不下，谈判陷入僵局。森有礼随后前往保定，专程拜访李鸿章，试图通过李鸿章影响总理衙门，打破谈判僵局。

如出一辙

在保定的直隶总督府，李鸿章与森有礼激烈舌战达七个小时之久。看到日本根本不愿受《中日修好条规》的制约，而朝鲜亦无力量抵御日本，李鸿章深感朝鲜问题之棘手。对于江华岛事件，李鸿章的想法是息事宁人，劝朝鲜忍辱负重，和日本通商修约，以期不让日本有继续动武的借口，并避免中国卷入这场纠纷。

事后，李鸿章向总理衙门详细报告了与森有礼激辩的情形，以及自己对于处理江华岛事件的设想。总理衙门一面照会森有礼，重申中朝的宗藩关系，要求日本严格遵守《中日修好条规》中不得侵犯朝鲜的规定；一面按照李鸿章的具体建议，奏请礼部让朝鲜接待日本使臣，与之进行谈判。

1876年2月底，在日本的压力下，朝鲜与日本订立《江华条约》。条约规定除釜山外，要再向日本开放两个港口，此外日本还取得了对于在朝通商口岸的租地造屋、自由测量海岸、派驻领事、领事裁判权等特权。至此，一直闭关自守的朝鲜被打开了大门。

日本要效法西方大国，实行对外殖民扩张，《江华条约》是它在这一过程中所签订的第一个不平等条约。在此之后，日本以朝鲜为"自主之邦"为由，遇事便与朝鲜直接进行谈判，并竭力将中国排除在外。日本政府认为，清廷既不肯为朝日关系居间，又不能阻止日本向朝廷提出交涉，日本在朝鲜就可以任意而为，直至将其完全吞并。然而，他们显然还是低估了朝鲜在清王朝心目中的重要性。

自十九世纪七十年代以来，以痛失琉球为标志，传统的宗藩体制逐渐走向解体。即使是那七个较为稳定的藩属国，其中的多数国家，也已经一个接一个地走向完全独立，或者转换身份，成为日本或者西方国家的新殖民地，而在此过程中，中国对藩国的认识亦发生了很大转变。

宗藩体制曾被认为构成了中国的"国防外线"，其以中华文明感召和影响周边政权的做法，更是一度把中国推向了亚洲文明的中心位置。然而鸦片战争打破了这一幻象，与此同时，中华文明自身的发展进程和轨道，被西方势力的东来所打断，自顾不暇，也再无足够的力量和意愿，对周边非主流文明继续进行影响和指导。

正是在这种新的历史背景和条件下，李鸿章提出了"弃藩邦，保疆土"。这是一种孤立主义的外交原则，意谓当属国遭到西方国家入侵时，中国为避免与西方国家造成直接冲突乃至发生战争，以致令自己的利益受损，放弃原有的宗主国地位，重新在近代国际关系体系中寻找自己的位置。但

"弃藩邦，保疆土"也并不是绝对的，尤其对于朝鲜，更是一个例外。

不祥的信号

在所有藩属国中，朝鲜最为清廷所优隆。清王朝的许多宗藩礼仪规定，都对朝鲜有特别优待，如按规定，藩属国朝贡时使团随从不能超过百人，前往北京的不能超过二十人，贡船不得超过三艘，每船人数不能过百，但朝鲜却并不在此例。

朝鲜能够如此被清廷看重，缘于其战略地位不可忽视。当时的清廷认为，朝鲜半岛在地理上乃中国东北地区的天然屏障，东北的安全有赖于朝鲜作为保障，丢掉了朝鲜，就意味着外敌可以通过朝鲜半岛长驱直入。

李鸿章虽然主张"弃藩邦，保疆土"，但主要还是就南部边陲的诸藩国而言，朝鲜不一样，就地缘政治上来说，它毫无疑问属于中国的核心利益之一。实际上，海防大筹议结束后，李鸿章在奉命部署海防时，就已将朝鲜视为了防卫中国的第一线，其对朝鲜的重视程度可见一斑。

李鸿章建议朝鲜按照"藩国自主"的原则，和日本进行谈判并与之通商修约，本是希望在中国不介入的前提下，既能保证朝鲜不受日本欺凌，又能以朝日和好的方式息事宁人，但结果却超出了中国所能容忍的底线——由于朝日在《江华条约》中相互确认对方为"独立主权国家"，中国对于朝鲜的宗主权，居然被日朝两国给单方面取消了！

《江华条约》的签订，以及之后日本在朝鲜的活动，使得中朝关系骤然降至历史最低点。这对中国而言，乃是一个不祥的信号，清廷当然不愿意接受如此结果。1879年，日本通过废藩置县，正式吞并琉球，此举更加引起了中方警觉，也由此在对朝政策上进行了调整：原先所有藩属国都是内政自主，但就从这一年起，朝鲜事务缘由礼部具体办理，转为由北洋大臣直接监督管理，由驻日公使协助。

李鸿章长期关注朝鲜事务，堪称"朝鲜通"，但真正介入朝鲜实际事务的处理，还是从1879年开始的。这时他已深切体会到，朝鲜问题不仅将成"朝鲜之大患"，而且也是"中国之隐忧"，如果让日本最后强占朝鲜，对中国的威胁实在太大，那样的话，就不用再指望朝鲜作为中国的战略缓冲了，相反，它还会成为日本进攻中国的跳板和桥头堡。

威胁中朝的，还不止日本。丁日昌在他的"后六条"中，之所以将东北列为最重要的防卫区域，是因为他认为有两个中国的邻国都对之虎视眈眈，时刻准备染指，这两个国家，一个是日本，另外一个就是俄国。

俄国与朝鲜本不接壤，因为在英法联军入侵北京时，清廷请俄国出面调停，结果俄国却借此巧取豪夺，通过签订《中俄北京条约》，俄迫使清廷将乌苏里江以东四十万平方公里土地割让给它，这样俄、朝之间才有土地接壤。现在看到日本在侵朝方面已走到了自己前头，俄国南下侵朝的野心日益明显。随之而来，英、美、法、德诸国也都想跟朝鲜建立通商关系，朝鲜问题逐渐成为东亚国际关系的重心。

在这场新牌局中，接牌的看似是朝鲜，实际是中国；另一边，日本出牌，西方大国跟牌，但就全局而论，日本始终在主导牌局，左右着它的去向、方式和力度，这是毫无疑问的。中国要想展开战略反击，最主要还是看己方在牌桌上能否压制住日本——能压制住，就会柳暗花明；压制不住，就有可能满盘皆输。

这时丁日昌正在家中养病，他在条陈海防事宜时，提出了一个全新的观点和对策。如同当初的"后六条"一样，该条陈令李鸿章为之拍案叫绝，认为独辟蹊径，"为朝鲜计，实为中国计"。

牵制政策

作为由李鸿章一手拔擢的洋务派健将，丁日昌向以格局大、视野宽著称。在他看来，虽然日本和西方大国都在打朝鲜的主意，但目的其实并不相同：日本、俄国是想吞并朝鲜，英、美、法、德等西方大国却主要只是为了通商立约。如果朝鲜能够继续保持闭关自守的状态，还则罢了，现实是朝鲜已经向日本开放，既如此，便不如主动与西方大国建立外交关系，以此在朝鲜形成东西洋之间的"均势"。

按照丁日昌的设想，假设有一天，日本或者俄国真要吞并朝鲜，中国应该全力援朝,同时邀集与朝鲜签约的西方大国相助,那样的话,朝鲜可能还不致重蹈琉球覆辙。

在越南问题上,李鸿章已经试图"以敌制敌",只是未能得手而已;对于朝鲜问题,他也早就有劝朝鲜与各国立约通商、门户开放的想法。丁日昌的公开倡议,正合李鸿章的心意,在后来的具体实践中,他又顺势将其延伸为"牵制政策"。

所谓"牵制政策",也即发展西方国家在朝鲜半岛的商业利益,作为对抗日本和俄国的制衡力量,进而造成东西洋各国相互牵制、相互制衡的状况,以便朝鲜能够从中得到喘息。就在接到丁日昌相关条陈的时候,威妥玛也向总理衙门提出了类似的建议。威妥玛提出此议,是因为英国想借助中国对朝鲜的影响力,让朝鲜与他们通商立约。此时奕䜣等人正着急着如何抑制日俄,巩固自己在朝鲜的宗主国地位,大家经过讨论,觉得丁日昌所议未尝不是一个办法,于是便决定按计行事,并奏请朝廷饬令李鸿章直接与朝鲜联络。

李裕元是朝鲜国王李熙的叔父,久任重臣,主持大政,在朝鲜声望很高,如今虽然已经退休,但声势犹存。1879年夏,李鸿章致信李裕元,指出日本和俄国均对朝鲜居心叵测,要确保朝鲜的安全,当下最好的办法莫如与欧美各国立约通商,牵制日本,抵御俄国。

朝鲜一直未对西方国家开放,始终生活在封闭社会之中,同时其君臣也不熟悉"洋情",在国际大势上几乎一无所知,能否采用自己所荐之策,李鸿章对此是不无怀疑的。事实证明,朝鲜政府内的保守势力确实很强大,李裕元在给李鸿章的第一封复信中就表示,朝鲜向日本开港,乃是出于不得已,至于和西人通商,他都不敢张嘴提及。

到了李裕元的第二封复信,"以敌制敌"更是遭到了全面质疑。

李鸿章把"以敌制敌"视为小国自卫之道。李裕元与之意见相左,他认为这是一种大国外交策略,是以实力作后盾的,并不一定适合朝鲜。

李鸿章大谈国际公法,特别提到在不久前的俄土战争中,处于弱势的土耳其争取英国的干涉,使其免于全局惨败,而其他欧洲小国,比如比利时、丹麦等,也都受到国际公法的保护。李裕元则以为国际公法尤其是均势原则，并非朝鲜的护身符，土耳其也好，比利时、丹麦也罢，它们能在大国的夹缝中生存，固然证明了国际公法、均势原则的作用，但这只适用于利益混杂的欧洲，一旦跨出欧洲，国际公法就会变味，近期琉球的亡国便是明证。李裕元怀疑，就算是与西方国家通商，以朝鲜这样比土耳其、比利时、丹麦等更为贫瘠的资源条件，与琉球一样偏僻的地理位置，西方大国会为了朝鲜和日本大动干戈吗？

李裕元对"以敌制敌"的不以为然，让李鸿章颇有无可奈何之感，也使他意识到要想破除朝鲜的保守观念，非一朝一夕之功，需要不断因势利导。

朝鲜策略

在西方国家中，美国对与和朝鲜签约通商一事，表现得最为急切。1880年4月，美国海军准将薛斐尔奉命乘军舰到达日本长崎，在他现身长崎之前，美国驻日公使已与日本政府取得联系，希望日本能够向薛斐尔提供向朝鲜政府交涉的适当函件。实际上，美国是看到美日签订了《江华条约》，意欲借助日本来作为中介，从而达到说服朝鲜同意与之签约通商的目的。

此时中国正和俄国就伊犁问题进行激烈交涉，两国仍处于战争边缘，如果美国站在日本一边，中国将不仅直接受到俄国的威胁。而且还将受到日美联合的威胁，这两种威胁中的任何一种后果，都将严重动摇中国在朝鲜半岛的地位。

李鸿章虽然始终保持着和李裕元的通信往来，无奈李裕元囿于成见，加之朝鲜保守势力强大，对朝鲜方面的劝说并无实质性进展。即便这样，他仍决意在外交上加快实施"以敌制敌"，为争取美国而与日本展开竞争。

让李鸿章高兴的是，对于美国让其担任中介的请求，日本方面踌躇不决，只是答复说，可以为美国传递信息。5月4日，薛斐尔到达釜山，立即请日本领事转递一封致朝鲜国王的信也就是国书，但日方拒绝为之呈递。薛斐尔很是不悦，只得回到长崎，见美国人不高兴了，日方这才非常勉强地同意将国书送达朝鲜，不过又附带了一项条件，要求薛斐尔必须在长崎等候回音。

李鸿章获悉后，虽然相信日本无意为美国斡旋，但仍担心日美结盟的事发生，进而损害中国在朝鲜的地位。7月23日，他邀请薛斐尔到天津会晤，薛斐尔也正对日本阳奉阴违、表里不一的做法不满，于是立即接受邀请赶赴天津。

天津会晤，李鸿章向薛斐尔保证，他将运用自己对朝鲜的影响力，尽力促成美朝订约。薛斐尔对李鸿章给予的帮助感到满意，随后便离开中国，等待美国政府的指示。

薛斐尔前脚一走，李鸿章后脚就加速展开行动。朝鲜虽然整体观念趋于保守，但面对东西方国家的入侵，也并非没有危机感，所以他们一方面尚未接受李鸿章的建议，另一方面又表示愿意派人来华练兵制器。李鸿章迎合其需求，精心做了安排，朝鲜政府对此非常满意，朝鲜国王李熙还特地派人带信到天津，向李鸿章表示谢意。以此为契机，李鸿章继续对朝鲜进行说服开导，他在与朝方经办人会谈时，表面议题是练兵制器，但主要内容却是讨论朝鲜对外通商问题。

这一期间，随着欧美日对朝鲜压力的不断增强，朝鲜政府的政治势力也出现了分化，一部分官员倡导变革和开放，被称为开化派。李鸿章的建议得到了开化派的积极响应，开化派人物金弘集在率使团访日时，与中国驻日公使何如璋、参赞黄遵宪会晤，双方详细讨论了国际形势和朝鲜问题。黄遵宪当时写了一本书，名为《朝鲜策略》，黄遵宪委托金弘集将该书呈交朝鲜国王。

《朝鲜策略》建议朝鲜主动开放，通过引进西方势力，造成各国在朝力量均势的方式，对日俄进行牵制，以便争取时间改革国政，逐步自强。

金弘集阅读《朝鲜策略》后大受启发，回国后即将之进呈朝鲜国王李熙。《朝鲜策略》在朝鲜引爆了"开化"与"斥邪"，实际也就是开化派和保守派的上疏大论战，李熙选择支持开化派，从此开化思想便开始影响朝鲜政府。

小算盘

在李鸿章外交和开化势力的作用下，朝鲜政府在与西方国家缔约通商的态度上发生了重大转变。李熙与其伯父、领议政（相当于中国的宰相）李最应都透露，朝鲜愿意与西方缔约通商。1881年2月，何如璋向李鸿章和总理衙门报告了此事，当月，朝鲜官员李容肃来天津，公开使命仍为练兵制器，但实际带来了李最应等人愿与西方缔约通商的正式意见，并向李鸿章咨询相关事宜。

如何处理朝鲜与他国立约通商的问题，很现实地摆在了中国政府面前。此时的朝鲜事务实由李鸿章和何如璋共同主持，何如璋主张中国应派员代为主持立约谈判，或请旨饬令朝鲜与他国订约。李鸿章则认为这种主张虽然不无道理，但却窒碍难行，原因是朝鲜虽已同意与西方立约，然而并未向中国请旨酌夺，中国自己站到前台，朝鲜未必高兴。再者，从前朝鲜与日本立约，中国并未派员前往主持，现在就算是朝鲜答应，西方国家也未必肯接受。

最终，朝廷采纳李鸿章的意见，认为比之于派员代为主持或饬令朝鲜与他国订约，从旁指导更为适宜，同时朝廷对朝鲜外交管理体制也做出调整，将由北洋大臣和驻日公使共同主持，改为责成北洋大臣一人负责。

李鸿章仍然首选美国作为朝鲜的签约谈判国。这一方面是因为他已经答应了薛斐尔；另一方面，在他看来，美国在西方国家中比较公平，选择与美国签约，可以为朝鲜与其他西方签约提供一个范本。经过沟通，朝鲜政府终于同意与美国缔约通商。

清廷将朝鲜的意愿通知美国，薛斐尔随即来到天津，参加预定在天津举行的朝美缔约谈判。1881年底，朝鲜政府派人来保定面见李鸿章，除带来由朝方拟定的朝美条约初稿外，还请中国在缔约谈判中"代为主持"。

朝鲜李氏王朝在与日本签署《江华条约》后，曾经与日本走得较近，与中国反而疏远，但在采取"亲中国，联美国"的政策后，又对宗藩体制表现出极高的热情，遇事请示汇报，事后咨文致谢。凡此种种，说穿了，其实都是一种小国生存策略，前者是借《江华条约》之机，想依靠日本，排斥中国而独立；后者是欲利用清廷"保藩固边"的对朝战略，将中国视为抵御外来势力的挡风墙、避风港。

正是知道朝鲜有此一己之私，李鸿章才坚持中国要尽可能不为朝鲜站台，朝鲜则反其道而行之，此次请中方全权代理谈判，为的就是想逃避责任，坐享其成，将中国推向风口浪尖，替它解决一系列的棘手事务。

不沾不脱

中方本来要避免直接站到台前，仅在幕后为朝鲜"借箸代筹"，但因朝方一心卸责，也就只能勉为其难了。

朝鲜对国际外交事务缺乏了解，以致出现了《江华条约》中无关税贸易的怪象。为了不让朝鲜吃亏上当，重蹈中国当初与西方各国签约的覆辙，李鸿章督同幕僚周馥，以及专门在西方学习研究过国际公法的道员马建忠等人，参照时势和东西洋通例，对朝方初稿进行了补充修改，逐一纠正所存在的问题和漏洞。

在朝鲜草约中，并未提及朝鲜为中国藩属一节，而它却是中方最为关心的问题。朝鲜不提这茬，并非疏忽，实际是想游走在"独立国"与藩属国之间，以便左右逢源、游刃有余。

既以《江华条约》为蓝本，美国自然也会像日本一样，认可朝鲜为"独立国"。李鸿章虽然之前提出，就算朝美条约中明确朝鲜是"独立国"，也不影响中朝藩属关系的实质，但这其实只是退而求其次的说法，是中国不直接参与朝美缔约谈判情况下的一种考虑。现在既然已全权代理谈判，就不能不予以全力争取了。

国际公法属于条约体系，与宗藩体制属于两条道上跑的车。李鸿章既将国际公法作为自己"循理外交"的一条准绳，但同时又必须坚守宗藩体制的底线，为此，他创造性地设计了"不沾不脱"的折中方案，以破解这道看似完全不可解的外交难题。

所谓"不沾"，是指中国沿用传统的"治以不治"观念，对朝鲜的内政外交，不予过问。所谓"不脱"，是指中国必须是朝鲜的宗主国，朝鲜必须是中国的藩属国。"不沾"是对国际公法的交代,"不脱"是对宗藩名分的坚持,简单来说,就是只要朝鲜承认中国的宗主国地位,即"不脱",中国便保证决不干涉朝鲜的内部事务,即"不沾",两国相安无事。否则就等于跨越了中朝关系不可逾越的红线,中国政府万万不能接受,势必要予以干预。

李鸿章设计"不沾不脱",既是出于说服美方接受相应条款的需要,同时也是对东西方各国包括朝鲜的警示。

1882年1月,李鸿章在天津主持召开朝美缔约谈判。《朝鲜策略》传入朝鲜后,尽管由于国王李熙的支持,开化派在与保守派的论战中已经取胜,但儒生们依旧纷纷上疏,反对《朝鲜策略》,对于将《朝鲜策略》带入朝鲜的金弘集,他们还要进行弹劾。在这样的国内舆论环境下,朝鲜谈判官员根本不敢在正式谈判中露面,天津谈判实际上成了中美关于朝鲜问题的谈判。

谈判期间,双方进行了长达二十余天的辩论,不出所料,中朝宗藩关系问题成为分歧的焦点。李鸿章按照"不沾不脱"的原则,在草约的第一条中就规定:"朝鲜系中国属邦,而内政外交事宜向来均得自立。"薛斐尔对此表示坚决反对,无论如何不肯答应。

李鸿章权衡后做了让步,最后与薛斐尔议定,条约内虽不载明"中国属邦",但规定由朝鲜国王另外照会美国主管外交事务的国务院,声明"朝鲜久为中国藩属,内政外交向来归其自主",同时条约落款日期采用中国纪年法,写明"光绪八年"(1882年)字样,以显示朝鲜"奉中国正朔"。英国史学家季南就此对李鸿章的外交智慧予以高度评价,认为约定实际就是李鸿章"不沾不脱"原则的扩大版,"朝鲜对中国的藩属关系得到了确认,在这一点上,中国得到了报酬"。

天津谈判结束后,李鸿章将达成的条约稿本交给朝方,由朝方与美国在朝鲜签约。他同时应朝方请求,派马建忠前往朝鲜,协助和指导朝美签约。1882年5月,薛斐尔与朝鲜代表在仁川正式签署《朝美通商条约》,该条约的签订,标志着朝鲜正式对西方国家开放。在此后的几个星期内,英、法、德、意、俄等国也都步美国后尘,以此为蓝本,相继与朝鲜签署了双边通商协议。

至此，李鸿章意欲在朝鲜半岛形成国际均势的目标，得以初步完成。中国一方面在表面上停止了对朝鲜事务的直接干预，但另一方面又顺顺当当地夺回了朝鲜事务的主导权，中朝关系变得更为紧密，而日本对此却毫无办法。

壬午兵变

李鸿章的对朝战略应该说是成功的，但外交毕竟是内政的延续，中朝外交成果能否巩固，还必须依靠朝鲜李氏王朝内部的广泛认同。正因为如此，在朝鲜，李鸿章的通商开放主张始终未能得到朝野的一致支持，相反，随着朝西签约的完成，朝鲜内部的排外情绪更加高涨，开化派与顽固守旧势力之间的党派冲突也随之不断加剧。

1882年7月，距《朝美通商条约》签字仅两个月，朝鲜都城汉城就爆发了一场兵变。起因是汉城侍卫部队领取俸米，发现米中掺入了砂糠等物，不堪食用，结果发生了士兵砸毁仓库、夺取粮食、殴打库吏的事件。事后，由于朝鲜政府未能给以足够重视，处置不当，又使得变乱升级，最终衍化成了一场破坏性极强的暴动。

朝鲜李氏王朝名义上由国王李熙执政，实际权力却掌握在王妃闵妃手中。闵妃集团主张对内变革，对外开放，从《江华条约》起，对外通商签约实际都由闵妃集团所主导。对闵妃集团的愤愤不满以及排外仇日思潮的影响，促成了兵变的发生，此后兵变宛如火山般往外喷迸、呈不可遏止之势——在兵变过程中，参加主体除军人外，还加入了大量城市贫民和郊外的农民；逐杀对象由朝廷命官，变成了在朝的日本人；攻击目标由日本驻朝使馆，变成了王宫。

兵变造成李最应以下众多官员被害，日本驻朝公使花房义质在被迫烧毁公使馆后，仓皇逃回日本，二十余名在朝日本人死于非命。皇宫内，闵妃化装出逃，李熙被软禁，李熙的生父、被闵妃赶下台的顽固派首领李昰应乘机入宫，出掌政权。因为这一年为农历壬午年，所以历史上将此次兵变称为壬午兵变，也称壬午军乱、汉城士兵起义。

发生壬午兵变时，正值李鸿章丁忧在籍，由张树声署理直隶总督兼北洋大臣。李鸿章一直关心着朝鲜政局，壬午兵变是他所未能预见到的突发事件。他断言兵变者围攻日使馆，攻击和杀死日本人的行为，都是与既定条约、国际公法相违背的，也给日本侵朝赋予了口实。

不出所料，壬午兵变后，日本立即向朝鲜派出了舰队。李鸿章看出，日本出兵朝鲜，"虽似恫吓，实有兴师问罪之意"，即在乘机勒索的同时，可能将直接帮助朝鲜平乱，而一俟平乱成功，日本的气势无疑会更加嚣张，中国宗主国的地位也将岌岌可危。

李鸿章虽在合肥家中守制，但张树声是他的老部属，诸事都会向其请示，故而李鸿章仍能参与对朝决策。他在天津的幕僚薛福成、周馥等则在张树声身边，就近进行筹划。众人协商一致，决定立即派兵赴朝，从日本手里抢过平乱的主导权。

截止壬午兵变时，李鸿章向德国订购的铁甲船"定远""镇远"虽然尚未竣工交付，但他按照日意格的建议，采购或自造的多艘高速巡洋舰都已下水，并编入北洋水师作为主力战舰。在这些巡洋舰中，"超勇""扬威"仍由李鸿章委托赫德、金登干订购，由于知道李鸿章对蚊船和碰快船不满意，赫德、金登干一开始对军舰提出的设计要求就较高，两人在军舰建造过程中也都比较尽心尽力。这使得二舰在设计、武备水平等方面，甚至可与当时西方大国的同类军舰相媲美。

除"超勇""扬威"外，张树声又从北洋水师中拨出由福建船政局制造的练船（即练习舰，系无防护巡洋舰）"威远"，一共三艘军舰，派道员马建忠、北洋水师提督丁汝昌率领，火速赴朝观变。同时电告总理衙门请示办法，拟调拨招商局轮船，载运归其节制的广东水师提督吴长庆率军赴朝平乱。

1882年8月10日，马建忠、丁汝昌率军舰抵达朝鲜仁川，发现日本铁甲船"金刚"已先行到达。马、丁认为情况紧急，假若中方动作稍慢，日本一定会抢在前面，以重兵赴汉城自行查办。两人商量后，决定由丁汝昌归国请兵。

丁汝昌归国时，总理衙门已经奏准张树声的行动计划，17日，吴长庆率所部庆军六营，从庆军驻防地山东登州出发，于三天后到达朝鲜南阳马山浦，与从仁川赶来的马建忠等人会合。不过他们还是晚了一步，其时日本舰队的七艘军舰已全部抵达朝鲜，花房义质率一个大队约一千五百名日军到达汉城，并分兵屯扎于汉城南门外。

在这一轮争夺中，日本人夺得头筹，此后花房义质入城与李昰应谈判，提出了"惩凶"、赔款、增开商埠、使馆驻兵、割让土地等一系列要求。一向排外的李昰应对之采取了拖延战术，花房义质大为不满，遂以朝鲜政府逾期不答复其要求为由，率日军离开汉城，返回仁川，以示谈判破裂。

日方此举造成朝鲜局势空前紧张，汉城人心惶惶。李昰应在走投无路的情况下，只好向驻马山浦的中国军队求助，请中方居间调停，吴长庆、马建忠等趁机应邀率大军向汉城开拔。

张树声在吴长庆出发前，已经了解到李昰应纵容兵变，实为兵变者后台的事实，并接受薛福成的建议，决定抓捕李昰应。吴长庆按其秘密指示，在率部抵达汉城的次日，便设计诱捕了李昰应，并将其押解回中国。

几天后，吴长庆按朝鲜国王李熙之请，顺理成章地对兵变进行镇压，共逮捕一百七十多人，处决为首者十余人，其余交朝鲜政府酌情释放。接着，吴长庆又派人迎奉闵妃回宫，短时间内，兵变即被平定，朝鲜人心大安，社会秩序重新得到了恢复。

复　出

朝鲜发生壬午兵变后，朝廷深感局势严重，急令李鸿章迅速返津商定处理办法。

值得一提的是，让李鸿章提前"夺情"复出，乃朝中众望所归，甚至连清流派都对之极为踊跃。李鸿章与清流派的关系，并非如旁人想象的那样，老死不相往来，彼此之间仍保持私人联系，尤其清流派中名声最大的张佩纶，更与李鸿章沟通密切。

李鸿藻和张佩纶，一个是清流派领袖，一个清流派健将，但他们都为李鸿章提前复出进行积极谋划。军机处系清王朝的中枢权力机关，由奕䜣领衔，但军机处主持日常事务的先是沈桂芬，其时沈桂芬已经去世，李鸿藻隐执权柄。张佩纶虽只是翰林院侍读，然而在政坛也是叱咤风云，以至于谁都要高看他一眼。李、张发力，效果可想而知，这使得李鸿章的复出之路变得毫无障碍。1882年9月5日，李鸿章抵达天津。在此期间，中国通过拘捕李昰应，镇压兵变，已取代日本占得先机。

对于日本而言，朝鲜无论在国家安全还是在经济利益上，都有重大的战略价值，因此绝不能落入他国之手。壬午兵变后，日本觉得自己是受害者，向朝鲜兴师问罪有着充足理由，而对中国突如其来的军事干涉却明显缺乏心理准备，花房义质率日军退出汉城即肇因于此，事后对此后悔莫及。

日本人被激怒了，主流舆论都主张诉诸武力，日本有一个对舆论影响力很大的民间组织，名为玄洋社，尤其主张和中国打一仗。不过日本政府却不这么认为，他们认为随着洋务运动的深入，中国的军力不断增强，日本的军事力量已不能完全压倒中国，此时采取任何轻率的军事行动，都是不适当的。

真实情况也确实如此。包括"金刚"在内，日本向英国订购的三艘新式铁甲船虽然早已交付使用，但除此之外，日本海军的其他军舰，仍多为从幕府和各藩接收过来的老旧舰船，难以对北洋舰队形成绝对优势。

由于朝鲜半岛业已形成国际均势，日本要想对中国动武，也不能置各国的态度于不顾。欧美各国按照国际公法规定，本来也和日本一样，视朝鲜为独立自主之国，但让日本人感到无语的是，对于中国此次直接出兵干涉朝鲜内政的举动，各国不仅没有加以谴责，反而还给予了肯定和支持。

英国两次照会中国驻英公使曾纪泽，对中国出兵朝鲜，拘捕李昰应一事表示认可或默认。英国驻华公使威妥玛更是明确予以支持和赞赏。

与英国持相同立场的还有德国。作为西方国家中第一个与朝鲜签约的西方国家，美国在中国对朝宗主权问题上，曾经相当纠结，但此次也通过其驻日公使平衡，发言支持中国军队入朝平叛。这些都说明，李鸿章当初用"不沾不脱"来宣示中国对朝宗主权的设想，业已变成了现实。

看到欧美各国均承认或默许中国在朝鲜的独特地位，强行作战又力有未逮，难操胜券，日本政府也只好选择"忍气吞声"，同中国达成妥协了。

东征之策

日本暂时不敢对抗中国，但可以压制朝鲜。在花房义质的胁迫下，朝日签订了《济物浦条约》（济物浦即仁川），按照条约，朝鲜向日本赔款五十万日元（后实际只赔付了十五万日元），并派使谢罪。由于中国驻朝军队的威慑，日方原先提出的增开商埠、割让土地等苛刻条款，都不得不予以放弃，但双方商定在赔款未付清之前，可由日军派兵千人留守日本使馆。

壬午兵变和《济物浦条约》，同样在中国引起了强烈反响。在清流中有"铁汉"之称的给事中邓承修拟折，认为日本自明治维新以来，虽有雄长亚洲之意，但终究地小国弱民贫，远不及中国地大富强，既往日本敢于接连向中国及属国进行挑衅，都源于中国避战以及不断容忍。此次中国登陆朝鲜且镇压壬午兵变成功，足以证明中国的力量强于日本，他建议借助于这一好的势头，派知兵大臣驻扎烟台，集结南北洋战舰，示意东渡，并命已驻扎朝鲜的水陆各军暂缓撤回，以为犄角，以此对日本进行恫吓，责其擅灭琉球、肆行要挟之罪。

在邓折正式呈递前，张佩纶特地给李鸿章写去密信，泄露了清流派为他复出而奔走的底细，明确示意清流派之所以肯这么做，目的就是希望李鸿章能够出山"经营日本"，张佩纶同时请李鸿章对于邓折既不要驳斥也不要回复，等待他另上奏疏再说。

邓、张上疏在前，掌握中枢的李鸿藻呼应在后，邓折一呈递上去，朝廷即表态认为所奏不是没有见的，谕令李鸿章议复。

清流派通过张佩纶提前给李鸿章打预防针，本希望他对邓折不予置评，或至少不进行反驳，但李鸿章向来对事不对人，何况涉及对日作战这样的军国大事，又岂能置之不顾。接到谕令后，他未按照张佩纶的事先嘱咐去做，不仅照旧上奏议复，而且还批评邓承修务虚而不务实，想对日本使用恫吓战术，但结果却很可能是弄巧成拙。

在李鸿章看来，要慑服日本，虚声恫吓是没有用的，必须靠实力说话。他比较了中日海军实力，指出北洋水师现在也只有"超勇""扬威"较为得力，其余军舰尚难以在大洋上作战，而且南北洋水师船舰又都驻于数省，号令不一，如果日本孤注一掷，在海上与中国决一死战，胜负难料。

什么时候才能够真正靠实力震慑住日本？要等那两艘在德国订购的铁甲船来华，再添购几艘新式巡洋舰以为辅助，届时朝臣、枢臣、部臣、疆臣合谋一气，将水师整合出南北一盘棋的大格局，则不战即可屈人之兵。

清流派雄辩滔滔，但不免有纸上谈兵之嫌。针对邓承修派知兵大臣驻扎烟台的建议，李鸿章将烟台和天津做了比较，断言驻烟台远不如驻津更为有利，当务之急不是要移驻烟台，而是要添备战舰，只要水师拥有足够数量的战舰，且统驭得人，日本不敢不服，琉球案也不难了结。

同一天，张佩纶上折，提出"密定东征之策"，主张由南北洋大臣简练水师，广造战船，作为东征日本的主力。鉴于台湾乃日本要冲，山东为天津门户，张佩纶同时建议由台湾、山东疆吏治精兵、蓄斗舰，以与南北洋水师互为掎角，在此基础上，再委任知兵大臣统筹指挥各部，然后分军巡海，对日本绝关绝市，并召回驻日使臣，进而逼迫日本增防耗帑，被动地陷入与中国的军备竞赛中去。

对于日本的认识，张佩纶和邓承修相仿，都视日本为贫弱小国，非中国敌手。至于日本既往敢惹中国，张佩纶有所补充，他认为过去是恃海为险给了日本胆量，但现在中国拥有了跨海征战的能力，日本海上力量也已非中国对手，中日交战，战胜日本乃是理所当然的事。

朝日签订《济物浦条约》后，张佩纶对此结果甚为不满，坚决主张责成朝鲜改约，或派军舰与日本交涉，以便修改朝日条约。他在奏折中也鲜明地体现了这一诉求，邓承修提出要借势解决琉球问题，他则希望能够将琉球、朝鲜问题来个一揽子解决，也就是在军备竞赛阶段，乘日本虚竭疲困之机，迫其解决琉球积案，修正朝日条约，日方若服软得快还则罢了，不然便大举进攻，一战定之。

处　方

清流派在引导舆论方面很具策略性，所组织的上疏呈层层递进、内外呼应之势。如果说前面的邓折欲行恫吓，只能算是个药引子的话，后面的张折正式提出"东征"，就等于是开出了全部的处方：对日采取攻势政策，乃至不惜与其一战。

在李鸿藻的主导下，朝廷对张佩纶的见解表示赞赏，给予了"所奏颇为切要"的好评，并谕令李鸿章通盘筹划，迅速复奏。

张佩纶上折时，尚不知道李鸿章对邓折的反应，之后得悉李鸿章不仅未按他去信的嘱咐保持沉默，反而上疏议驳邓折，不由大为气愤。

在等待李鸿章复奏期间，张佩纶五次致函李鸿章，言语间近于胁迫，但李鸿章一概不予理会。1882年10月3日，他遵旨复奏，对张佩纶的"东征论"做出回应。

李鸿章在复奏中表示，只要朝廷下定决心，给海军拨足经费，他预计五年之后，南北洋水师当可有成。慈禧阅后，支持了李鸿章的意见，朝中关于"东征"的讨论就此告终。

在争论对日政策的前后，大臣们也探讨了对朝政策问题。清流派热心对日作战，是相信经过这样一场战争，琉球、朝鲜等问题都将迎刃而解。张佩纶即希望通过"东征"，迫使日本修改《济物浦条约》。李鸿章的看法，则是《济物浦条约》除了赔款偏多外，对朝鲜并无太大损害，而且赔款多，那也是朝鲜自己认可的，中国作为"外人"，很难替其翻案。现在朝鲜既已恢复社会秩序，日朝之间的争端也暂时平息，对朝鲜而言，已经是一个相对不错的结果了。

对这些人的主张，李鸿章有所批驳，也有所肯定。他认为对朝鲜不能采用公开和直接控制的手段，否则必然引起朝鲜臣君的抵制，而且因与"不沾不脱"相违背，还会造成国际外交问题。

另一方面，李鸿章在摒弃黎庶昌、张謇、张佩纶等人过于激进思想的同时，对他们的一些观点主张也表示赞同和认可，其中的一些策略还被他融入了自己的对朝策略之中。概言之，李鸿章不是不主张对朝鲜加强控制，他只是希望在别的名义下，用西方各国和朝鲜能够普遍认可和接受的方式，更为策略性地达成所愿。

治以需治

过去由于清王朝厉行海禁，中国与属国之间只有陆路贸易，而且主要还是朝贡贸易，中朝亦然，由此造成的后果是，中朝物产的互通互补受到阻碍，但东西方洋商洋船却可以从中获得转运的利益。1882 年 10 月，在李鸿章的主持下，中朝订立《中朝商民水陆贸易章程》，中朝贸易由此开始步入了自由通商的新时代。

李鸿章与朝鲜订约，有助于解决中朝贸易问题，同时开朝鲜风气和促其富强，但其意义又不仅仅局限于此。通过条约，中方获得了在朝鲜的治外法权、各口通商、兵舰住泊和沿岸航行、沿海渔业捕捞等权利，需要指出的是，上述权利为中国所专有，与朝鲜缔约的欧美各国不在一体均沾之列。

观察家认为，中朝订约是自平定壬午兵变以来，李鸿章最为出色的一次对朝外交行动，同时也是中国对朝政策中最富有意义的一大举措。以中朝订约为标志，中国对朝政策开始由"治以不治"走向"治以需治"。

按照《中朝商民水陆贸易章程》第一条规定，李鸿章奏派道员陈树棠为商务委员，常驻朝鲜，名义上是管理商务，实际是为了干预朝鲜外交。朝鲜外交事务较为繁杂，熟悉外交与商务的人才奇缺，应李熙之请，李鸿章又为之代聘原德国驻天津领事穆麟德为朝鲜外交顾问，并由穆麟德指导朝鲜海关事务。在派遣穆麟德的同时，李鸿章还选派了马建常随行。马建常是马建忠的哥哥，兄弟俩都曾留学欧洲，对国际公法多有研习，李鸿章让马建常跟着穆麟德，一方面是为了方便穆氏与朝鲜联络商办，另一方面也有对其进行牵制的用意。

日本仍对朝鲜构成潜在威胁，同时也是中国在朝鲜的主要竞争对手。朝鲜李氏王朝兵力薄弱，党争剧烈，日本则一面借《济物浦条约》相关规定驻兵汉城，一面不断对朝鲜进行挑拨勾引。针对这一情形，李鸿章奏请朝廷，将吴长庆所部庆军六营也全部留在朝鲜，以为震慑。

日朝签订《江华条约》后，朝鲜接受日本的军事援助，创建了由日本人充任教官、名为别技军的新式军队。别技军与朝鲜旧式军队在待遇方面相差悬殊，成为壬午兵变爆发的诱因之一，别技军也在兵变中遭到歼灭。

随着朝鲜政局趋于稳定，朝鲜政府欲继续练军，应其要求，李鸿章从天津机器局调拨了包括十尊十二磅开花炮在内的各式枪炮弹药，通过吴长庆赠送给朝鲜，作为其练军之用。吴长庆同时按照李鸿章的命令，委派营务处袁世凯等人代朝鲜练军，袁世凯主持朝鲜新建亲军左右两营的训练事宜，并因此开始崭露头角。朝鲜国王李熙对此非常高兴，认为中方军援使得朝鲜"无兵而有兵，无械而有械"，拥有了自己的军事防卫力量。

经历内乱的朝鲜百废待兴，但政府财政却较为窘迫，加上还要按照《济物浦条约》向日赔款，导致兴办诸事多有困难。日本曾多次提出可向朝鲜借款，李鸿章明白其中的利害关系，在中朝订约不久，即在中国财力也极其困难的情况下，设法从轮船招商局、开平矿务局的华商股份中抽出五十万两白银，以朝鲜的关税以及红参、矿物等税作为担保，借给朝鲜，助其渡过财政难关。此次借款，是近代中国对朝鲜的第一次借款，从借款条件来看，利息较低，偿还时间长，由此也可以看出，借款的政治意义远大于经济意义，目的还是要排斥日本及其他国家对朝鲜的政治、经济渗透。

派驻人员顾问朝鲜外交，主持朝鲜海关驻兵朝鲜，代练朝军，李鸿章在壬午兵变后采取的这一系列具体措施，给一度被外界认为徒有虚名的中朝藩属关系，注入了更多的实质内容。日本对于中国向朝鲜派兵，将自己踢出局外本就愤懑不平，至此更为忧惧愤恨。自明治初期以来，两国在琉球、台湾、朝鲜等问题上的积怨随之发酵，从这个时候起，中国开始被日本视为自己的第一潜在敌人，对中国备战也由此被提上了日程。

日本高层认为，由于国力有限，凭借日本目前所建立的海陆军，尚无对中国一战而胜的把握，因此亟需对军备进行扩充，以求尽快改变在中日对峙中占据绝对优势。1882年11月24日，天皇敕谕，增加征收特别税，用以筹集军费。这标志着日本将对中国备战正式作为了国策，围绕这一目标，日本迅速展开了海陆军尤其是海军的扩张。

张佩纶曾设想要以"东征"逼迫日本进行军备竞赛，其实无需那样大动干戈，人家已经在撒开两腿拼命跑了。至于他说可以靠军备竞赛压垮日本，正如李鸿章所言，日本绝不像他们想象得那么弱小。相反，在明治维新成果的驱动下，对于开展军备竞赛，它还有着足够的国力支撑及其底气。

第九章　颠倒的法则

李鸿章"夺情"复出后，除了对朝鲜问题进行善后外，他所面临的最大难题，就是考虑如何解决因越南问题所引起的中法争端。

李鸿章长期主持外交，对于越南、朝鲜、琉球等属国的认识，较为系统和深刻。概言之，这些国家如同春秋时代那些夹于大国缝隙中的小国一样，为了自己的国家利益，都会有一套自认为可以左右逢源的小九九。所以它们并不"单纯"，那么解决相关问题，也就不能只以"单纯"的思维和方法来进行处理。

现今的越南问题主要肇因于第二次《西贡条约》。那时法国刚刚在普法战争中被打得一败涂地，跟个丧家之犬相仿，对于法国的订约要求，越南王室完全可以不予理会，可是在法国的诱惑下，越南还是毫不犹豫地与之签了约，而且事先并未向中国政府报告。在法国步步紧逼之下，越南已丧失大部分国土，在这种情况下，他们才开始惧怕法国，转而向中国求援。

正是因为在第二次《西贡条约》中，有法国对北圻行使"保护权"一款，所以法军才会进兵北圻并占领河内，法越战争也才会爆发。中国是越南的宗主国，自然不能对此袖手旁观，但在李鸿章看来，却也没有必要为此引火上身，以致走上和法国这样的西方大国决裂，乃至于爆发大规模战争的道路，而只需视情况随时进行调停。

问题是，在一众朝臣之中，持这种态度的，仅李鸿章一人。在朝廷组织讨论时，左宗棠、刘坤一、刘长佑等人都主张采取强硬手段，并且提出了种种派兵方案。驻法公使曾纪泽在越事的主张上，实际倒与李鸿章大同小异，但同为晚清时期中国的顶级外交家，他和李鸿章在外交手法和风格上又存在很大差异。

李鸿章较为"阴柔""圆滑",有时还故作忍让之态;曾纪泽则好示"刚严",显"豪气",谈判桌前常常声色俱厉,并动辄诉诸新闻手段。在李鸿章回籍奔丧期间,曾纪泽连续三次向法国外交部提出照会,要求法军从越南北圻撤出,措辞非常激烈。法国方面对此很是恼火,便以曾纪泽"傲慢,言辞不当"为由,拒绝回复其照会,只当没看见。与此同时,又通过法国驻华公使宝海,直接与总理衙门进行交涉。

"宝海三条"

宝海在与总理衙门大臣会晤时称,法军占领河内,并非出自法国政府的命令,而是前线部队擅自行事的结果,他愿意与中国官员协商解决越南问题。

宝海倒没有说谎。当然有一点,他没有说,也不会说,那就是自法国海军司令李威利擅自进兵并占领河内后,情势已逐渐逆转。

在北圻有一支部队,名为黑旗军,它原为太平天国时期活跃在两广边境的农民军,因以黑颜色的旗帜作为军旗,故得其名。太平天国运动失败后,黑旗军在中国境内无法立足,其领袖刘永福率部逃到越南,开始帮助越南政府抗法。黑旗军的战斗力比越军要强得多,能够在一定范围内阻击法军,与此同时,中国也向越南派出了滇粤防军和广东、福建兵舰,河内实际被中法两国军队所分据。李威利进退两难,加上后援不济,他所带去的部队损耗较大,八百法兵很快就减至约六百人,且有继续锐减之势。西贡总督卢眉深为焦虑,电请法国政府令宝海出面调解,宝海与总理衙门交涉,即有此意。

1882年11月24日,李、宝在天津会晤,中法正式展开谈判。谈判一开始,宝海就避重就轻,要求搁置中国对越南的宗主权,直议中法通商和边界事宜。李鸿章则将中国对越南的宗主权作为谈判前提,并搬出国际舆论,向宝海施加压力。

李、宝会晤的时间不长,气氛也很平和,但在整个谈判过程中,李鸿章始终掌握着主动权,循序渐进的同时又有理有据。在他的主导下,双方决定各退一步：中国从北圻撤兵，并开放中越边界的通商口岸；法国承诺不吞并越南，并同意援引国际公法，由中法两国分界共同保护北圻。

北圻由此实际被分成了两部分。李鸿章开始主张以南北圻分界，宝海则要求在云南、广西两省界外以及红河中间划定界线，北归中国巡查保护，南归法国巡查保护，最后李鸿章同意了宝海的这一要求。

对中方而言，北圻北部与中国紧密相连，中国守住北圻北部，可集中力量保护中国粤西三省（广东、广西、云南）边境的安全，若此，既可维护中越传统的藩属名分，又能收取通商靖边之事功。法方当然也没有理由觉得方案苛刻，因为中国除承认法国对北圻南部的占领外，还在中法通商和边界事宜上松了口。

会晤结束的当天，宝海对谈判结果表示极其满意，说要是真能按照新方案办理，不但可避免中法双方的军事冲突，而且越南问题也将迎刃而解。次日，由李鸿章的随员马建忠代表李鸿章，与宝海签约备忘录，这就是"李宝协议"，因主要由三条协议组成，也称"宝海三条"。

撤使毁约

"宝海三条"签订后，朝野对李鸿章有不少批评。云贵总督岑毓英认为，在北圻划界，等于将界线以南之地拱手相让，十分不妥。"宝海三条"在规定由中法共同对北圻进行保护的同时，提出要"驱逐沿境滋事匪徒"，实际是让黑旗军退出北圻。岑毓英极力反对，主张对黑旗军应予保护和利用，不能听任法国人将其驱逐。

岑毓英还只是就事论事，朝廷中以清流派为代表的主战官员就没这么客气了，他们指责李鸿章在谈判中过于软弱，应予惩处。

清廷不可能不受这些意见的影响，因此对协议内容并不完全满意，但是考虑到越南问题旷日持久且鞭长莫及，非常难办，"宝海三条"终究为外交解决中法争端提供了条件，还是决定予以接受。

按照协议，清廷命令在越南北部的滇粤防军酌退若干里，以示和平诚意。然而谁也没有想到，滇粤防军刚刚撤退，法国却又突然单方面宣布

"宝海三条"作废，同时撤销了宝海驻华公使之职。

一时舆论鼎沸，朝野对李鸿章响起一片责难之声，就连曾纪泽都对李鸿章表示不满，认为他上了宝海的当，应对谈判失败负责。与"宝海三条"初订时相比，李鸿章骤然陷入了更加被动的境地，他本人对法国出尔反尔、撤使毁约的做法也十分愤怒。

吊诡的是，这边大家都说李鸿章被宝海骗了，可是有的外国评论家却也说"宝海受了李鸿章的欺骗"。事实上，宝海被撤，并不是如有人想象的那样，是因为已经成功完成了欺骗中国、暗度陈仓的使命，可以功成身退了，而是和李鸿章的尴尬处境相仿——法国政府认为他在谈判时太软弱，让步太多，让法国吃了亏！

法国政局变动太快，此政府已非彼政府，原本法国外交部对"宝海三条"其实是看好的，外交部长杜克列在致宝海的电报中，曾说协议完全可以接受。可是随后政府改组了，茹费理第二次组阁出任总理，认为前任内阁"迂缓"，当断不断。他们主张采取更为激进的战略，故而断然否决了"宝海三条"。

随着"宝海三条"的作废，北圻空气骤然紧张。法国向越南增派战船和军队，加强了对越军的进攻。1883年3月27日，位于红河入海处的南定被法军占领，中法争端进一步升级。清廷上谕命滇、桂前线向境外增派军队，加强防务，又命李鸿章迅速赴广东筹划战备，粤西三省所有防军归其节制。

李鸿章分析形势，从全局出发，认为在中法交涉还未完全破裂之前，中国在决策时还应留有一定余地，以示在战争和外交解决之间可进可退。

北圻地形复杂，与法军相比，滇、桂防军更为熟悉当地地形，可以人自为守，李鸿章判断，在这种情况下，法军尚不敢过于深入。攻取南定，无非还是想胁以从，所以暂时没必要大举南征。

按照李鸿章的意见，清廷同意他暂驻上海，待统筹全局后，再定进止。5月28日，李鸿章到达上海，一方面要通过与洋人接触，设法了解法国的动态以及列国对中法争端的看法；另一方面，还不断与朝廷和前线官员函电联系，商讨调兵布防、运送枪械弹药、筹饷等事宜，为战争进行准备。

针尖对麦芒

　　法国政府在将宝海撤职后，改派驻日公使脱利古来华重新谈判。6月6日，脱利古来到上海，李鸿章奉命与其谈判。谈判过程中，李鸿章只要稍事辩驳，脱利古就会愤然作色，拂衣而出。李鸿章并不畏惧和示弱，他也转而采取强硬态度，据理力争。双方针尖对麦芒，谈判现场充满了火药味，气氛相当紧张。

　　脱利古在李鸿章面前碰了钉子，遂致电法国总理茹费理，主张立即对越南宣战，进而压迫中国改变态度。李鸿章亦已看出，法国方面对于外交解决越南问题已失去基本的诚意，派脱利古来华谈判，完全是想恃强凌弱，逼迫中国放弃全部越南。这让他深感事态严重，中法冲突恐已难以避免，故而致函总理衙门，建议加强南北海防，并让前线部队做好应战准备。

　　就在李、脱上海谈判期间，法军仍在越南不断发动攻势。眼看谈判难有突破性进展，1883年7月初，李鸿章离开上海，返回天津。当月，越南国王去世，导致政局变动，这给法军提供了可乘之机，法军即兵分两路，扩大其在越南的攻势。8月，法国海军少将孤拔所率一路法军攻占越南都城顺化。8月25日，法国强迫越南政府签订条约，规定越南从此受法国完全"保护"，越南的所有对外关系，包括与中国的关系均归法国管理，此即第一次《顺化条约》。

　　9月中旬，脱利古从上海来到天津，与李鸿章恢复谈判。此时随着第一次《顺化条约》的订立，法国通过武力占领整个越南的野心已膨胀到极致，中法间的谈判几乎没有谈成的可能。法方的所谓恢复谈判，实际是拿它来作烟幕弹，以掩护法军在越南发动的攻势。在这种情况下，脱利古与上海谈判时一样，表现得毫无诚意，谈判自然难以成功。李鸿章对这一点认识得很清楚，他一边坚持"宝海三条"原案，一边加紧对前线防务进行布置。

　　由于李鸿章在谈判中所采取的策略基本得当，脱利古未能从中占到便宜，便决定进京直接找总理衙门交涉。脱利古到京后自然也不可能达到目的，不久即奉命离开中国，前往日本，中法谈判被迫中断。

在法军兵分两路,扩大对越南的攻势后,孤拔一路虽然攻占顺化得手,但由另一名法将波滑所率的一路却受到黑旗军重创,黑旗军因此更加受到中国国内瞩目。清廷在主战舆论的推动下,陆续派大批军队入越抗法,并公开表明了支援黑旗军的态度。11月12日,中国军队会同越南义军,袭击了位于河内与海防之间,为法军所据的海阳,这是中法正规军首次交火。

然而好景不长,中法在军事上的真实差距开始显露出来。黑旗军首先在与法军的作战中失利。12月中旬,法军六千余人在孤拔的指挥下,向驻扎于越南山西地区的滇军发动进攻,中法战争正式爆发。清廷对此感到十分震惊和愤慨,命令前线部队加强抵抗。

面对法军的猛烈进攻,坐镇山西的云南新任巡抚唐炯弃军而逃,滇军不战而败,黑旗军也寡不敌众,再次因战败而撤退,山西城被法军所占。见北圻形势急剧恶化,高层有些人表现得惊惶失措,甚至提出撤退驻越军队,以李鸿藻为首的清流派则一如既往地极力主战。

此时慈安已经去世,慈禧太后独掌朝政,张佩纶自告奋勇赴津,征询李鸿章对于战与和的态度。得到慈禧同意后,张佩纶即刻赴津传旨,并在天津逗留五日,虽然名义上他只是征询意见,实际却是游说李鸿章。也可以说,张佩纶的天津之行,乃是自策动李鸿章提前"夺情"复出后,清流派精心谋划和布置的又一次重要行动。

舆论可畏

自中法交涉以来,李鸿章饱受清流派和舆论的指责。有人在弹劾李鸿章,要求立予罢斥,说李鸿章每年花掉的国防经费不啻百万,却每每主张议和,这只能证明两点:其一,他是在虚张声势,恫吓朝廷,以掩盖其贪生怕死、牟利营私的个人算盘;其二,坐拥重兵,挟淮军以揽权。

积毁销骨,众口铄金,对于一个掌握着一定权力的重臣、封疆大吏而言,诸如此类的言论,所给他带来的精神压力和困扰之大,可想而知。

舆论可畏,而舆论又在相当程度上为清流派所左右。李鸿章担任直隶总督兼北洋大臣,在国家内政外交方面都掌握着一定的权力,但实权和最后决定权并不在他手里，后者被以慈禧为首的满族贵族集团紧紧掌握。慈禧擅长权术，她利用甚至是放纵清流派，借以牵制李鸿章等权臣，从而使得朝中派系争斗更加复杂，政局叵测。

李鸿章慎之又慎，迟迟不愿与其他国家兵戎相见的一个主要原因，是怕影响洋务运动。毫无疑问，洋务运动是李鸿章后半生最重要的事业，在洋务运动没有取得实质性进展和突破、中国国力尚未能够得到显著提升之前，不能轻易对外言战，以致破坏国内相对稳定的局势和环境，这成为李鸿章外交的核心理念。

李鸿章很清楚法国的军事力量和国家综合实力，至少在现阶段，是中国无法比拟的。尤其李鸿章主持海防，对法国的海上军事力量更是有所忌惮，若与法国交战，他觉得战而胜之的把握不大。

尽管如此，在经历法国毁约撤使、新的法使又在谈判桌上漫天要价、寸步不让等一系列事件后，对于法国在越南咄咄逼人的势头，李鸿章也有抑制不住的反感和愤怒，同样也产生了"既然怎么让步都不行，那就干脆打打试试"的想法。

至1883年，李鸿章所致力推动的洋务运动已经进行了二十多年，从表面看，称得上是成绩斐然：该年以轮船招商局为龙头，长江上的华商已占十分之六；开平矿务局从生产之日起，就与日本煤争夺市场，而且渐呈优势。李鸿章所采取的"官督商办"模式，也得到商界的热烈响应，并在本年度形成了一个高峰，仅轮船招商局当年就添招新股一百万两。

李鸿章主张实力外交，深信只有增强实力，才能力保权不失。随着洋务运动的持续推进，大量军用、民用企业的创办，中国国力肯定有所增强，这一点是毫无疑问的，若非如此，北洋水师不可能迅速得到扩充，甚至中俄伊犁交涉能够成功，中国能够进兵朝鲜并占据主导地位，背后都少不了国家实力作为支撑。

越南战场上主要是陆战，不涉及海战。在陆路，中国兵多，法国兵少，中国是主场，法国是客场，在洋务运动似乎已初见成效的情况下，若是能够充分调动其时的国内资源，保证前线部队器械精良、粮饷充足，难道就一定打不赢法国吗？

1883 年 12 月 17 日，即法军占领越南山西城的次日，李鸿章上折，反对从越南撤兵。半个月后，他又致函李鸿藻，明确表示自己已经改变态度，主张在越南与法军一战。

李鸿章的表态，使得以李鸿藻为首的清流派大得其势。清流健将张之洞彼时已出任山西巡抚，他与在京的李鸿藻、张佩纶等人积极呼应，上折强调事已至此，须做好在越南战场上与法军决一死战的打算。至此，主战舆论更占上风，即便有人仍表示异议，但却已无人敢与其应和。

高层大地震

自做出主战的表态后，李鸿章便一边派人紧急向外商购买军火，一边将淮军原有的一些武器弹药运往前线。与此同时，他还根据自己青壮年时期的戎马经验以及对形势的观察，多次向清廷及前线将领陈述战守方略。

不幸的是，越北战局的发展却与清廷及李鸿章的愿望完全相悖。继唐炯兵败山西后，北宁地区以广西巡抚徐延旭指挥的桂军也不敌法军的进攻，退往边界地区，接着太原、兴化又相继落入法军之手。在短短几个月时间内，法军就攻占了北圻的大部分地区，取得了预期的军事胜利，而中国在越部队则被迫开始大范围后撤。除陆路外，法国海军提督利士比亦率舰队来华，西南边疆和东南边疆双双告警。消息传出，舆论为之大哗，唐炯、徐延旭因指挥无能，被革职拿问，押至刑部审讯，朝中原本就错综复杂的派系争斗也因此出现了新的变数。

就在中法战争前夜，由于各自抱团的主心骨不同，清流派逐渐分裂成为南北两派。北派的主心骨是实际主持军机处日常事务的李鸿藻，李鸿藻是直隶人，故此派系称为北派，张佩纶、张之洞、陈宝琛、吴大澂等为其主角；南派则以军机大臣翁同龢为首，翁同龢是江苏常熟人，故称南派，盛昱等是其骨干。

南北清流虽然基本观点和倾向一致，但因权力得失等原因，亦互相排挤，张佩纶最出风头，自然也就最遭南派清流的嫉妒。

在越南前线兵败受责的唐炯、徐延旭，皆为北派清流所奏保，张佩纶又是其中的主要奏保人。盛昱马上写折，对已入总理衙门的张佩纶发起弹劾。作为兵败之将的保人，张佩纶遭人弹劾并不意外，令人意外的是，盛昱的奏折竟然在紫禁城内引发了一场高层大地震。

恭亲王奕䜣曾与慈禧太后联合发动辛酉政变，共同铲除遵奉咸丰帝遗命辅政的所谓顾命八大臣，继而成为中枢首领，权势蒸蒸日上。奕䜣不仅为人通情达理，而且办起事来机智练达，很有才干，最重要的是他支持洋务，这使得他既受官员大吏拥戴，也受洋人欢迎，"同治中兴"局面能够展开，奕䜣用心颇多。不过奕䜣的性格一贯孤傲张扬，慈禧最初为对付政敌，不得不予以拉拢迁就，随着其地位日益巩固，便感到奕䜣成了她权力施展的"绊脚石"，为更好地揽权，开始与奕䜣明争暗斗。

奕䜣主持朝政长达二十三年，很长时间内，都是离最高权力最为接近的亲王，这种情况下，自然而然地会吸引各式人物纷纷投靠至其门下，也因此，就有了"䜣党"。

"䜣党"的产生和存在，令慈禧甚感威胁，遂借机除去奕䜣连同"䜣党"之心更为迫切。盛昱在其参奏中，顺带着对中枢军机处也批评了几句，为的是使其着意打击张佩纶的形迹不致过于显露，慈禧却以此为由大做文章，1884年4月8日，她发布懿旨，将盛昱奏折作为一招撒手锏，对奕䜣予以严责，将其开去"一切差事"。奕䜣自此完全失势，在政治上再无牵制和还击慈禧之力。

慈禧在将奕䜣踢出局外的同时，也对"䜣党"展开清洗。军机处和总理衙门遭到大改组，以奕䜣为首的军机五大臣被全部罢黜，原军机大臣李鸿藻、翁同龢、景廉三人并非"䜣党"，不是奕䜣的人，然而也遭到牵连出局。

由于慈禧是项庄舞剑，意在沛公，所以一番操作下来，被盛昱弹劾的主角张佩纶反而没有直接受到处理，只被派往福建帮办海疆事宜。之后，以礼亲王世铎为首的新军机处迅速组建，世铎胆小庸懦，慈禧也不过是把世铎抬出来充个门面而已，次日她就专门下旨，指示新军机处凡遇军国大事，必须与醇亲王奕𫍽会商。

奕𫍽是慈禧的妹夫，光绪皇帝的生父，当年他与慈禧、奕䜣配合，共同发动了辛酉政变,自此便受到慈禧的重用与赏识,成为其亲信。儿子入继皇位后,为了避嫌,奕𫍽请辞一切职务,已退居幕后多年,如今才重新走上前台——奕𫍽虽未入值军机处,却在事实上成了新一届军机处的核心人物。

1884年是甲申年,此次军机处大改组事件遂被称为"甲申易枢"。甲申易枢震惊朝野,有人将它与二十三年前的辛酉政变并议,视为"二十三年中两大变局"。

纠　正

慈禧能够顺利完成她所期待的这场重大人事变动,借助的是国内舆论对于越北战局的不满。而在法国,人们则被法军在越南所取得的胜利所鼓舞,由于公众普遍认为中国还像鸦片战争时一样不堪一击,所以已经冒出了乘势占领台湾、海南岛、舟山群岛,以此作为质押,向中国索取巨额赔偿金的声音。

舆论终究只是舆论,政府和决策者对此往往会有另一番理解判断。法军虽在越北战场上连续获胜,但也可以看出,与过去相比,中国军队在装备和后勤上都已得到较大改善,茹费理内阁难以估计中国现阶段真实的战争实力,也就判断不准今后的战争形势和前景。这不能不让他们心里犯起嘀咕,产生见好就收,保住既定胜果,避免与中国发生全面冲突的想法。

中国方面,甲申易枢后军机处和总理衙门由奕𫍽实际掌控。慈禧以奕𫍽集团取代奕䜣集团,很容易就被解读为是清廷在以"鹰派"取代"鸽派",加上山西、北宁战役结束后,唐炯、徐延旭等相关官员全都受到了严厉追究,故而外界一度认为,中国将在越事上与法国死磕到底。

可是令人惊愕的是,奕𫍽接替奕䜣后,却并未如想象中那样,继续持强硬到底的态度,而是几乎完全继承了奕䜣时代被批评为"软弱"的外交政策,在具体问题上,其身段甚至远比奕䜣更为柔软灵活。赫德在分析中法战争时,就指出奕䜣当政时表面对外妥协,暗地里却排斥洋人,在对法态度上实际是主战的,反而一贯口口声声主战的奕𫍽,一旦自己主政,倒是主和的。

奕谟自己对此的解释是，不当家不知柴米贵，自己以往作为旁观者的一些见解过于偏激，如今才知道需要纠正过来。

问题在于，奕谟"纠正"的速度也实在有些过快，过于彻底了。有人推测，奕谟过去极力展示其强硬的政治姿态，极可能只是为了赢得清流派和主流舆论的支持所故意采用的一种手腕，而不完全是他内心的真实想法。

奕谟上台的最重要使命，就是要配合恩主慈禧，维护其政治地位，同时保住儿子的江山社稷。中法战争之初，慈禧及其所控制的清廷对于抵抗法军还是有些信心的，但战场严酷无情，前线不断失利、难以阻挡法军进攻的现实状况，很快就动摇了他们的信心。奕谟主持前台，在对法态度和战略上趋向缓和，也就一点不奇怪了。

密　函

慈禧既是个擅长君王之术的当国者，也是一个现实主义者，她按照自身的利益需要，在利用言路造成的舆论声势，最大限度地攫取和集中权力的同时，也给清流派来了当头一棒。原本其实很让清廷为之头疼的汹汹言论，在被兜头浇了盆冷水之后，立即为之一变。

李鸿章对越南战事本就持谨慎态度，一度主战，很大程度上只是迫于清流派和舆论的压力。现在眼看前线军队已丧失主动，清流派受到压制，舆论也已转向，他对于谈判解决中法争端便又产生了兴趣。

李鸿章在操办洋务运动的实践中，深感新式人才严重缺乏，故而一直秉持"才借异域"的观念，极力吸引和聘用洋员，以此之故，聚集在他身边，遇事以备顾问的洋员数量也就相对较多。德璀琳是李幕洋员中最有影响力的一个，李鸿章与这位英籍德国人最早结缘于马嘉理案，当时李鸿章赴烟台与英国谈判交涉，时任烟台海关税务司的德璀琳向其提供了帮助。李鸿章发现他才能出众，对他很是赏识，两人私交甚厚，之后德璀琳调任天津海关税务司，遂正式成为李的顾问和心腹。

中法战争爆发后，德璀琳改任广东海关税务司，赴任途中，他在香港与停泊于此的法国海军舰队不期而遇，该舰队所属"窝尔达"舰舰长福禄诺从前久居天津，与德璀琳过从甚密。德、福相约一同由港赴粤，在此期间，他们进行了一次长谈。福禄诺居津时曾应邀为北洋水师制定章程，与李鸿章有过短暂的交往，谈到中法冲突，福、德都认为仍有和谈希望。福禄诺兴之所至，当即写就密函一封，让德璀琳转交李鸿章。

德璀琳将此事电告李鸿章，李鸿章发现这是一个重新打开和谈大门的良机，于是立即报告总理衙门，让总理衙门饬总税务司赫德，再由赫德令德璀琳返回天津。1884年4月17日，德璀琳奉命火速返津，将福氏密函交给了李鸿章。

福氏密函中首先提到了中国驻法公使曾纪泽。曾纪泽因中俄伊犁交涉成功而一举成名，在那次引起海内外瞩目的重大外交活动中，他凭借不凡的勇气和智慧，"虎口探食"，赢得了一次"不流血的外交胜利"，受到舆论的高度评价。

到了中法越北交涉，曾纪泽依旧采用偏强硬的外交手法，但却因形势已有很大不同，导致效果差强人意。按照德璀琳的说法，曾纪泽在巴黎屡屡发表激烈主战的言论，而且花钱收买英国等国报纸，制造反法舆论，这些外交举措使得法国人大感恼怒。

德璀琳认为，曾纪泽在巴黎的外交努力，客观上不但不能促成和谈，反而已成为恢复谈判的一大障碍。作为中法议和的先决条件，他建议中方将曾纪泽调离法国，并且提醒说，法国政府内也有主战主和两派，和中国政府无异。所不同的是法国已经打了胜仗，中国打的却全是败仗，若继续任由曾纪泽在巴黎发声，只会让法国政府内的主战派更占上风，谈判必难以重启。

接获福氏密函后，朝廷按照以和为贵的态度，首先下令李鸿章赶紧与福禄诺详细会谈，接着又按照德璀琳的提议，宣布撤销曾纪泽驻法公使的兼职，由驻德公使李凤苞代理。

李鸿章迅速电告福禄诺，以示中方重启谈判的诚意与迫切心情。福禄诺本非法国政府的正式谈判代表，他与德璀琳相遇和写密函均属偶然，他自己也在密函中声明，所提各项建议尚未向本国请示，仅为"个人私见"。

但因茹费理内阁正有和谈之意，遂立刻做出回应，授权福禄诺前往天津与李鸿章谈判。

5月5日，福禄诺抵达天津，次日即与李鸿章正式开始谈判。福禄诺代表法方，要求中国撤出在越北的全部军队，不再过问法越之间的条约签署等问题，同时要求中国开放广西、云南边境贸易，并向法国支付战争赔款。

福禄诺在谈判中提出的种种要求，并没有超出李鸿章的预计，也都在他的可接受范围之内，只有一点，即支付战争赔款，他是坚决不能同意的，当然朝廷也不会答应。双方经过讨价还价，最终决定去掉战争赔款，保留福禄诺所提出的其他几条要求，以此达成简明条约五条，此即《中法简明条款》，也称《李福协定》。

口头表态

天津谈判前，清廷围绕究竟是战是和，曾谕令廷臣集议，结果支持和谈的占绝大多数，其中就包括了陈宝琛、吴大澂等原清流派健将以及左宗棠、曾纪泽等原主战派。少数反对和谈者，多为科道言官类毫无实权的官员，而且他们也表白说不是认为和谈就一定不对，是怕李鸿章谈不好，被对方所误。

舆论如此，使得天津谈判进行得非常快捷，从开始会谈到正式签约，前后未超过一周。可是条约签署后就不一样了。主和派支持和谈，是希望至少能够达成"宝海三条"那样的协约，但时过境迁，在前线军事接连失利，驻越部队无法有效抵抗法军进攻的前提下，李鸿章手中已无足够筹码，要想重新获得"宝海三条"那样的条件，是件很不现实的事。相比于"宝海三条"，《李福协定》确实是大大退步了，主和派中的许多人都对此始料未及，刚刚被撤去驻法公使职务的曾纪泽也提出了非议。主战派则抓住这一把柄，趁机展开反击，对李鸿章群起而攻之。签约的第二天，就有二十余人联名上奏，对李鸿章进行指斥，声称如遵《李福协定》而行，实为下策。接着，又有四十七名御史会同翰林院，对李鸿章发起弹劾。

李鸿章对此并非没有预料。事实上，他在奉命谈判时，也承受着很大的精神压力，为了不致激起朝中主战派的强烈反对和抨击，以致动摇清廷的决策，影响和局，他不得不在一些关键问题的解释上含糊其词。

孰料事态的发展却大大超出了李鸿章的预期。清廷很快就得知了内情，对此颇为不满，责备李鸿章办事草率，特传旨予以申饬，同时又认为法国太过霸道无理。李鸿章口头表示迟早撤军，在他看来是见机行事，清廷则觉得有损国家颜面，于是命令岑毓英、潘鼎新按兵不动，若法军来犯，即与之作战。

李鸿章没把自己的口头表态当真，所以未向清廷报告。反过来，福禄诺作为临时充任谈判代表的军人，因缺乏必要的外交常识，却把李鸿章的话当了真，正而八经地向法国政府做了报告，法国政府遂命令远征军总司令米乐派兵北上接收营地。

1884年6月16日，时任广西巡抚潘鼎新向李鸿章报告，越南屯梅等地的中国军队驻地附近发现法军踪迹。《李福协定》签署时，福禄诺曾就越北中国军队的驻扎位置，向李鸿章询问。李鸿章根据前敌汇报，告知中国军队已退至谅山、老街一带，福禄诺当时就表示法军将于近期前往谅山、老街之外"巡查越境"。

接到潘鼎新的告急电报，李鸿章才发现，谈判期间，越南境内的中国军队并没有驻守原地，而是已经推进至谅山以南一百多里外的地方，也即屯梅等地。李鸿章对此感到措手不及，虽然他早已将法军计划派兵巡边的消息，向潘鼎新等人进行过通报，但后者显然不能仅仅凭借他的一纸通报就撤军，而必须等待朝廷的正式命令。

为避免冲突，李鸿章急忙建议军机处请旨，拟将前出过远的军队调回边境地带。然而军机处却接连下旨，命令驻越部队驻扎原处，不得稍退示弱，并要求李鸿章尽快照会法国，解决由于法军前推所引发的争端。

军机处的做法，显示清廷的对法态度发生了进一步变化。6月18日，清廷谕令左宗棠加入军机处，这是一项对和战之局颇有影响的人事安排，因为李鸿章、左宗棠并为当时中国军事与国防的两大主柱，而左宗棠向来都被外界视为主战派代表。三天后，军机处传旨李鸿章，告知他不用再向法国照会通知，如果法军前来寻衅，即与之决战。

北黎事件

  屯梅等地出现的不速之客，正是米乐应法国政府之命，从东京远征军中调出的部队，其任务是北上接管谅山。该部队的指挥官为法军中校杜森尼，包括一个法国海军登陆营、一个阿尔及利亚连、两个越南雇佣兵连以及其他辅助部队。6 月 22 日，他们带着由越南人组成的运粮骡马队，到达北黎附近的沧江岸边，此处名为观音桥，距谅山约六十公里，距中国边境约八十公里。

  次日晨，法军开始准备渡河，继续向谅山前进。法国海军登陆营最先下河，这时河对岸突然传来一阵枪声，但看情况并不是要予以突袭，而只是鸣枪警告。杜森尼没有加以理会，继续指挥所部过河扎营。

  鸣枪者正是驻防观音桥的中国军队。看到大批法军入境，守将万重暄立即按照李鸿章、潘鼎新的事先布置，派信使送来照会，提议由杜森尼给总理衙门发电报，要总理衙门向华军下达撤退命令。

  杜森尼拒绝接受照会提议，坚决要继续向谅山方向进军。万重暄闻讯，亲自来到法军营地外进行劝说，表示如果杜森尼实在不愿意发电报的话，他可以直接向上级请示，只是中方通信手段落后，需要等上至少六天时间，才能知道结果。

  万重暄的劝说未起作用，当天下午三点，杜森尼宣布结束观音桥前的谈判，在遣回中国信使的同时，称法军将于一个小时后继续前进。

  一方偏要进，一方不肯退，冲突在所难免。一个小时后，法军首先向华军开火，炮击华军阵地，华军被迫还击。双方展开激战，一战下来，法军阵亡二十四人，华军伤亡三百余人。虽然场面上法军占优，但驻防观音桥的广西桂军共有三万余人，兵员数量远较法军为多，加上法军准备不足，故而最终华军守住了阵地，法军退回河内。这就是所谓的北黎事件，也称观音桥事件。

  消息传至法国，舆论为之哗然，认为中国不守信用，单方面破坏了《李福协定》。1884 年 6 月 26 日，法国政府授命米乐，停止在越南的局部撤军行动。翌日，内阁总理茹费理亲自致电李鸿章，提出正式抗议。随后，法国海军提督利士比派副将日格密赴天津见李鸿章,以中方违背《李福协定》,使法军在北黎事件中遭受损失为由,提出赔款要求。

对于北黎事件,中国国内舆论同样表现得极为愤怒,指责法国违约在先,由左宗棠加入的军机处,在对法态度上变得越来越强硬。另一方面,清廷也自知力不如人,为免事态继续扩大,决定将在越军队主动撤回谅山、老街一线,同时任命李鸿章为全权代表,希望法国驻华公使巴德诺能够迅速赴津与之谈判。

李鸿章因为签订了《李福协定》,已在舆论旋涡中成为众矢之的,处境极为难堪,就连法国人也敏感地意识到,北黎事件使北京的主战派占据了上风。确实,朝廷在对李鸿章多有申斥的同时,开始更多地倚重于左宗棠,李鸿章已被实质性地撵出了中法交涉的核心决策圈。发现这一点后,法国对于和谈的条件愈加苛刻,巴德诺到达上海后即拒绝北上赴津,坚持以中国先赔款作为谈判的先决条件。

7月12日,在京的法国驻华代理公使谢满禄向中国政府发出最后通牒,要求中国军队立即从北圻全境退出,并给予三千五百万两白银的巨额赔偿,否则法国将在七日内动武。通牒发出后的第三天,法国海军少将孤拔即率法国远东舰队主力抵达闽江口,与中国福建水师同泊于马尾的马江江面,双方形成对峙局面,而且法舰占据绝对优势,马尾形势骤然紧张。

面对法军的严重威胁,清廷开始动摇,奕譞托词越南即将盛行瘴疠,请旨将驻越部队暂时调回内地休息整顿,慈禧随后发布上谕,命岑毓英、潘鼎新将谅山等处的防军撤回滇粤关内驻扎。19日,也即通牒限期的最后一天,清廷改派两江总督兼南洋大臣曾国荃为全权大臣,赴上海与法国驻华公使巴德诺进行议和谈判。法国见状,认为中国已经屈服,便表示可将动武的最后期限延至8月1日。

法方继续索要巨额赔偿,并屡次威胁要派兵攻占中国的基隆、福州等地,以作为质押物。由于双方在赔款问题上各持己见,会谈迟迟未能正式开始,经过多方斡旋,至7月28日,中法才开始在上海正式会谈。

离法国新设定的最后期限也越来越近,身处局外的李鸿章致函曾国荃,希望他能够在谈判中据理驳斥巴德诺,但他心中清楚,形势已经非常严峻,新的战争恐难避免。

援　闽

自法舰陆续开进马尾后，这里迅速成为朝野关注的焦点。之前清廷为了加强福建防务，特授原清流派干将张佩纶为会办大臣，派他到此与地方官员一道筹划战守。张佩纶只是个不懂军事，光靠嘴皮子和笔杆子逞能的言官，马江江面原来并不是军舰的驻地，在法舰进入马江后，张佩纶自以为是地将散驻各地的福建水师各舰调集至马江，与法舰同驻，原意是慑服对方，却不料己方实力远较对方弱小，结果不但慑服不了对方，反过来还成了法舰的炮靶。

张佩纶的防务经验严重不足，无论攻防都毫无把握。福建前线的其他几个地方大员，在打仗方面也都属于睁眼瞎：闽浙总督何璟手足无措，整天窝在署中，拜佛念经，冀望于靠老天保佑来退敌，此外别无良策；船政大臣何如璋外交官出身，对于敌患根本不知道该如何设防，唯有按照外交官的本能，给福建水师下达命令，要求战期未至，各军舰都不准发给弹药，也不准自行起锚。

马尾危机让张佩纶等人感受到了极大压力，他们多次上奏请派南洋、北洋水师派舰援闽。对于法舰聚集于福建海面的状况，清廷也深感不安，遂命北洋、南洋、长江水师的统辖大帅，即李鸿章、曾国荃、彭玉麟酌调兵船支援福建。

南洋水师的舰船既少又小，曾国荃答复不敷分配，无法派援。长江水师系内河水师，而且直接脱胎于旧式水师，舰船从数量到质量，都难以用于外海作战，彭玉麟勉强派出两船南援，也只是聊助声势而已。在南洋、长江水师基本无船可拨的情况下，总理衙门致电李鸿章，转述上谕，让他速拨船舰，备齐军火，赴闽策应，不料李鸿章却在复电中明确反对援闽。

北洋在诸水师中起步最晚，但却发展最快，拥有的战舰也最多，不过这时也仅有"超勇""扬威"二舰可南调作战，其余各舰不是过于陈旧，就是太小，都仅足守口——北洋水师的主力舰，即向德国订购的铁甲船"定远""镇远",虽然在中法战争的前一年,就已先后建造完成,然而等到中法战争一打响,铁舰回国立即变得毫无可能。因为按照国际公法,作为中立国的德国是不允许向交战国一方提供军需品的。

除了力量不足外,此时的北洋军舰还另有任务,不宜外调。法方声称将派舰队攻进北京,这话可不是随便说说的,鸦片战争虽然销烟已去,却殷鉴不远,法军若要再次进攻北京,津沽所在的北洋地区乃必经之所。因此之故,打中法战争一开始,李鸿章就十分注重自己所辖的北洋防务。

北洋一旦扼守不住,对中国的威胁将特别严重,换句话说,若李鸿章没有把握保证北洋安全,清廷就是想跟法国打到底,也下不了这个决心。清廷因此责成李鸿章加强北洋防务,指出"法人将以兵舰北来,意图要挟,北洋防务,关系极重",李鸿章则表示他已在津练兵设防达十余年,可以保证在津防上不会有任何闪失,但前提就是不能再行分兵。

事实上,正是由于北洋防务比较可靠,所以法国人也确实不敢与李鸿章直接对阵,于是才避实击虚,将攻击目标选为福建水师。在法国海军集结马尾的同时,他们仍有北上袭击旅顺和威海卫,威胁京畿的图谋。李鸿章观察到,三艘法舰一直留屯于烟台口外,每天升火,作欲动之势,为此他调兵遣将,派宋庆陆军守旅顺,由丁汝昌统碰快船、练船协防旅顺口内外,并派罗荣光陆军守大沽,唐仁廉陆军守北塘。所有这些北洋部队的使命,就是严防法军北袭京师,以免悲剧重演。如果要予以抽调,哪怕只是抽调其中的一部分,已成防御体系必会出现松动,从而给法军造成可乘之机。

考虑到这些因素,就连会办南洋大臣、张佩纶的好友、曾同为清流派干将的陈宝琛也不主张援闽,奕譞从确保北洋安全和大局稳定出发,最终亦赞同此说,不再强行要求南北洋水师拨船南下。

打就打到底

如李鸿章所料,中法上海谈判很不顺利。曾国荃身为主战派人物,反而擅自答应可支付五十万两白银,用于"抚恤"在观音桥之战中阵亡的法军官兵。巴德诺对此嗤之以鼻，认为赔款太少，在他看来已成"笑柄"。清廷闻讯，一面严旨申饬曾国荃，一面改请美国居中调停。

美国驻华公使杨约翰应约出面，提出了相应的调停方案，但中法双方仍无法就赔款达成协议。此时，法国政府认为有必要付诸军事行动，以便迫使中国同意赔款。1884年8月5日，谈判尚在进行当中，法国海军即对台湾最大海港基隆发起进攻，从而挑起了第二阶段的中法战争。

早在第一阶段中法战争开始后，刘铭传便以淮军名将的身份，应召出山，并被授予巡抚衔督办台湾事务。刘铭传在赴台前，曾到天津和李鸿章反复会商台防事宜，李鸿章担心刘铭传临难渡台，孤身无助，特地让刘铭传从驻直隶淮军中选派一百多名得力人员随同前往，并拨给新式步枪三千支、火炮三十尊及水雷等，作为应急之用。

法军进攻基隆时，刘铭传到任尚不足一月，在他的指挥下，守军顽强抗击，挫败了法军攻势。法军被迫退回舰内，但此后仍以基隆为目标，一次又一次地发起猛攻，且摆出了一副不惜代价、志在必得的姿态。

在第二次鸦片战争中，英法联军曾从北塘一带登陆进犯北京，咸丰皇帝仓皇出逃热河后，圆明园被焚之一炬，慈禧亲历了此事件，多年来，这一奇耻大辱一直使包括她在内的执政者感到痛心疾首。随着中法战火在东南沿海重燃，形势变得越来越危急，似乎当年一幕又要重演。慈禧六神无主之中，她紧急召见奕譞，哭诉道："我不愿再经历咸丰故事，也不愿意大清江山由我而失，由我示弱。"奕譞鼓足勇气，对她说："可以打。"慈禧想了想，咬咬牙："打就打到底！"

在商议究竟是战是和的同时，清廷也没忘记继续请西方大国进行调停，但问了几个国家，英国与法国在埃及有冲突，德国与法国更因普法战争结下仇怨，两国均不肯过问此事。美国倒愿做和事佬，可惜又调解不了，其他国家亦都表示爱莫能助。8月7日，美国驻华公使杨约翰赴总理衙门，告知调停失败。次日，军机处照会法国驻华公使巴德诺，发出了晚清历史上少有的铿锵之词：中国处理此事已经仁至义尽，不会再做其他让步，更不会予以赔偿！

时势如此，外界都以为"李鸿章地位甚为危险"，但实际情况并非如此。朝廷在做出决绝态度后，仍不能不视李鸿章为举足轻重、安危系之的人物，甚至原来与李鸿章站在对立面，一直持主战派观点的曾国荃、陈宝琛等人，因为自己已身陷僵局，也都纷纷致电总理衙门，乞请让李鸿章出来收拾局面，认为要使政局有"转圜"的希望，"非李不能了"。

别无办法，唯有用兵

李鸿章反对派船援闽，并不代表他对闽防漠不关心，更非撒手不管，相反，他对福建方面的状况十分担忧。在他看来，马尾船厂已经危如累卵，张佩纶等人应该立足于实际，认真考虑应对办法，而不是一味指望和依赖朝廷派船援助。可让他感到既着急又失望的是，张佩纶只是在电文中一味夸耀福建水师如何军容盛大，具体如何应对，却不着一字。

早在上海谈判无法达成协议之际，李鸿章就忖度法国可能会迅速在马尾动手，"烧船厂，掳兵船"。鉴于福建水师难以与之抗衡，他建议将兵船全部调往他地，这样法军只能暂时占据船厂，事后还得原物奉还。但张佩纶置若罔闻，未能按计而行，直至总理衙门大臣亦认为可行，致电张佩纶，主张事急则腾空船厂，撤全军，张佩纶才心有所动，然而时间已经来不及了。

众人要李鸿章出来收拾局面，李鸿章仍与朝廷的态度不完全一致。他主张既然与法军作战难有胜算，倒不如尽早接受赔款议和条件，若是战败后再赔款，数额必然更加难以让人接受。1884年8月23日，他致电总理衙门大臣张萌桓，希望他在廷枢活动，"设法回天"。不料就在当天下午，法国舰队突然炮轰马尾炮台、船厂，对福建水师发起突袭，马江海战随后爆发。

福建水师所辖兵船，不管来自外购还是自制，大多为近海防御的小型舰船，加上将领无能，准备不足，被袭击之初就失去了招架之功。法国木壳轻巡洋舰"窝尔达"吨位很小，然而中方的"福胜""建胜"两蚊船，却犹如砍瓜切菜一般，在极短时间内即沉没于海底。马江海战一役，福建水师几乎全军覆灭，官兵被打死七百余人，左宗棠、沈葆桢等苦心经营达十多年的福州船政局及下属船厂,再加上马尾炮台,全部被法军轰毁,总的损失估计达到了"一万万两白银"。

法军突袭马尾令举国愤怒,李鸿章同样激愤不已。现在法国竟然变本加厉,袭击马尾,扩大战争,他认为已退无可退,让步到了极点,至此仍无成效,这才真正站到了政府的主战立场之上。

李鸿章不再寄望于和谈,号召"中国别无办法,唯有用兵"。他电令旧将周盛波迅速募勇十营,到天津助防,并嘱咐淮军诸将"国事艰难险急,应当同仇敌忾,踊跃抗击,合力捍卫,哪里还能再存有别的心思"。李鸿章此时的主战和抗敌态度,显然都是坚决和发自内心的,虽已年届花甲,却仍有一股当年率淮军纵横驰骋、勇往直前的雄风豪气。

李鸿章同时提醒朝廷"万不可再请说和",即不要再请任何一个西方大国调停。美国驻华公使杨约翰会晤李鸿章,欲再度调停中法冲突,李鸿章痛斥法军偷袭马尾的行径形同海盗,法国人"不讲情理",愤愤地说:"我唯有与之用兵,一钱不给!"

连素被视为主和派核心的李鸿章都已如此,朝廷的态度自然更为坚决,8月26日,慈禧下诏正式对法宣战。宣战后不久,有人奏劾总理衙门大臣张荫桓私函上海道,接洽向法国赔款问题,慈禧立即下令将张荫桓等六名总理衙门大臣一并革职。

马尾惨败令福建前线岌岌可危,左宗棠奉旨前往福州,以钦差大臣的身份督办闽海军务,用以挽救危局。李鸿章则向总理衙门建议,应以保守福建省城为关键,请旨严饬张佩纶火速带队回省城筹防,但他的这一建议落空了——张佩纶、何如璋因马江战败受到追究,被双双论罪革职遣戍。

不一样了

在第二阶段中法战争开始后,曾与张佩纶同为清流主将的张之洞、陈宝琛等人建议,"牵敌以制越为上策",意谓完全占领越南乃法国的首要目标,要解除包括台湾、马尾在内的福建危机,应攻其所必救,命驻扎在中越边境的援越军队重新入越作战。

清廷既已对法宣战，便等于不再承认法国对越南的占领，入越作战已无外交顾虑，于是除令国内沿江沿海各省迎战法军外，又按照"牵敌制越"的战略，谕令滇、粤、桂三省官军和黑旗军入越，主动对北圻法军发起攻击。

在中方对法宣战时，援越华军虽已从先前的一系列挫败中恢复过来，但因粤军无力进扰，作战任务只能落在援越桂军以及援越滇军、黑旗军身上。这时援越桂军仍存在许多困难，统领桂军的广西巡抚潘鼎新本人因水土不服而病倒，但潘鼎新临危受命，仍强撑病体，在对前敌各军做了统一的调整和部署后，迅速率部向北圻进击。

潘鼎新与刘铭传一样，都是淮军宿将、受李鸿章器重的老部下，内战时期，潘铭新的鼎字营、刘铭传的铭字营亦皆为淮军的主力精锐。李鸿章亲自为潘、刘筹兵筹饷筹军械，他熟悉和掌握国际公法，也知道如何让国际公法为己所用。在此期间，他一面通过多条渠道，从国外紧急购回军事装备供给前线；一面提醒总理衙门，让总理衙门按照国际公法照会有关国家，要求作为中立国，不得公开向法国提供军需品，也不得为法国传递军事情报。

北洋地区的防务由李鸿章独自负责，中方宣战后，得知孤拔率舰欲来北洋，他即传令各口的防御部队加强戒备，见到法舰立予轰击。中法战争从始至终，法军均未能重演鸦片战争故技，从北洋地区找到突破口，这对全局而言无疑是非常重要的，因为只要法军攻入津沽，威胁京师，台湾和越南战场就算取胜，也无济于事了。

台湾方面，中法仍围绕基隆港展开争夺。法军舰载大炮射程远，威力大，华军所拥有的武器难以与之抗衡，致使场面甚为被动。刘铭传军事经验丰富，他审时度势，果断决定放弃基隆，据山扼险，此后再争取不让法军前进一步。

1884年10月1日，法军攻占被华军主动放弃的基隆。基隆系台北防务咽喉，消息传到北京，朝野大哗，交章弹劾，左宗棠也在奏折中指责刘铭传处置失当，轻弃基隆。

刘铭传承受着巨大压力。李鸿章不顾自身处境的微妙，站出来竭力为爱将辩护，指出刘铭传向来智勇兼备，非怯敌畏缩者可比，退出基隆实为保存实力、持久抗敌的正确之举。置身于舆论的一片攻击声中，刘铭传能够得到故主如此的谅解和支持，其所受到的鼓舞作用可想而知。

刘铭传率部撤出基隆，退入山脊后，在加固防御工事、实施层层抵御的同时，还伺机伏击法军。法军原计划通过封锁基隆来扼制华军的生命线，对在台华军进行封锁，孰料自己反被华军封锁，只得改攻台湾仅次于基隆的另一海港沪尾（今淡水），但却又遭到华军的迎头痛击，大败而回。

越南方面，援越桂军开始进入北圻。此时法国政府已任命波里也代替米乐任东京远征军总司令，并给他加派了三千援兵，但由于援越桂军的急速进兵，波里也不待援军到达，即被迫仓促应战。按照波里也的命令，东京远征军所属第二旅旅长尼格里率全旅约四千人，分成两路迎战援越桂军，声称"法军四千人即可扰中国七省"。

可是战事却并不像法国人想象得那么美妙。桂军进入北圻之初，李鸿章即给潘鼎新发去电报，告诉他应以小队人马袭扰法军，或破坏桥梁道路，断其粮草辎重，或制造声势，令法军日夜不得休息，总之不要轻易攻坚，以免伤及己方精锐。潘鼎新依计而行，在这种情况下，法军很难再像以往一样，在短时间内将桂军击溃，其间虽然发生了小的遭遇战，但双方都各伤亡了三四十人，桂军并没有吃大亏。

当援越桂军在东线与法军交火时，援越滇军、黑旗军也在西线与宣光法军展开激战。宣光城建在一座陡峭的山丘之上，山脚下的江面上停泊着法军舰艇，有战壕沟通江岸和城堡的联系，其阵地易守难攻。黑旗军没有大炮，枪械也不好，协同作战的滇军在武器装备方面也好不到哪里去，两支部队都不长于攻坚破城。驻守宣光城的法军虽然只有约六百人，但军事素质较高，在敌众我寡的情况下，他们采取了坚守待援的战法，仅在条件有利时才偶尔出击。华军无法迅速破城，只得在宣光城外添扎营垒，四面围困，这样一来，黑旗军和援越滇军的主力便被牵制在了宣光，无法如期与援越桂军会合。

援越桂军不得不独自与法军主力作战。自10月8日起，经过相互试探，双方接连爆发了两次大规模战斗，法军在第一次战斗中就出现了不小伤亡，连尼格里也负了轻伤；第二次战斗，法军伤亡更是多达百余人。尽管桂军伤亡还是要大大超过法军，而且以败撤而告终，但仅能打成这样，已足令法军在狼狈之余感到惊骇了。

虽败犹荣

援越桂军从主帅潘鼎新到以下将弁，多为湘淮军体系的人马。此次出征，他们吸取了上次在北圻兵败的教训，逐渐开始适应法军的战法。在政府宣战、全民激愤的前提下，部队士气也很旺盛，首战营哨官弁勇丁同时阵亡者达三百余人，战败后，统兵大将周寿昌甚至为此引咎自杀，这在以往是比较少见的。

在经历二十多年的洋务运动后，中国国力的增强，虽然尚未能够达到李鸿章等人的期望值，但离富国强兵的目标毕竟还是更近了一步。鸦片战争期间，大本营对前线军队下达命令，必须得通过驿站传递，根本无法适应近代战争的需要。到了中法战争就不一样了，经李鸿章一手发起，中国已经拥有了自己的电报业，李鸿章能够运筹帷幄，始终与刘铭传、潘鼎新等保持密切联系，靠的也就是电报——李、刘之间甚至还隔着台湾海峡，但通讯却能做到基本通畅，上传下达均无阻碍。

部队战力的提升也同样得益于此，当时国内有近二十个军工企业，可源源不断地制造和向前线输送枪支弹药。洋务运动蓬勃发展的那些年，又正好赶上世界枪械技术发展最迅速的岁月，李鸿章对新式武器革新的嗅觉不可谓不灵敏，洋务运动开始没多久，他就为淮军购入了数十台格林机枪，所谓格林机枪，也就是加特林机枪，系人类历史上第一台达到成熟的机枪，其时英国陆军引进加特林也才只有四年。李鸿章不是光购进加特林，他还要求国内能够自主生产。中法战争爆发的这一年，金陵机器局已达到生产要求，并根据中国战场实际，对国产加特林进行了本土化改造，机枪在陆军中的配备和应用由此更加广泛。

在北圻战场，桂军用独轮车推着加特林作战。加特林通过手摇驱动，最高可以达到每分钟四百转的射速，加上制式的后膛枪炮尤其是德国克虏伯后膛钢炮,足以对法军进行火力压制和杀伤,这也是法军在战争中人员损失同样较大的一个重要原因。

法国政府没料到首轮作战就会兵员大损,茹费理给波里也加派援兵,为的是锦上添花,结果却变成了"雪中送炭"。法国在越南的兵力因此变得紧张起来,孤拔兵败沪尾后,要求增加三千援兵,以便继续进攻沪尾,再侵入北洋、骚扰直隶等地,但却被一口拒绝,原因就是法国政府兵力拮据,只能全力增援波里也,无法再顾及孤拔。由此可见,援越桂军首轮的主动出击和奋勇作战,对于整个战局都产生了一定影响。

援越桂军虽败犹荣,加上台湾守军的沪尾获胜,滇军和黑旗军进围宣光,犹如给一度气焰嚣张的法国政府兜头浇了一盆冷水。据身为中方雇员的法国人日意格透露,茹费理已向他表示,鉴于越南和台湾战场的现状,他已考虑打消向中国勒索巨额赔款的念头。

1884年10月22日,法国对台湾海面实行全面封锁,台湾形势极其危急,坊间传闻台湾可能不保,刘铭传亦难以生还。李鸿章闻听急到痛哭,他自己负责北洋防务,人力饷力都比较紧张,但为了保住台湾,仍多次挑选战将,派其带领精锐淮勇,再配以新式枪炮援台,又多方筹集军饷武器等运去台湾。

由于华轮无法接近台湾,李鸿章便兼用"以敌制敌"之法,高价雇外轮运送人员和物资。饷银方面,除用船携带外,还更多地通过台湾和厦门的商人交兑,甚至请英国在台商人兑付。在李鸿章的直接督促下,台湾先后得到精锐援兵数千人,军饷十五万两,以及大批武器弹药和各种军用物资。对于封锁围困下已几近绝境的台湾军民而言,援台船只的陆续到来,就跟让他们吃了定心丸一样,几有喜从天降之感,防守宝岛更加积极顽强。

甲申政变

自中国对法宣战起至当年年底,法军一直未能在越南、台湾战场和东南沿海占得便宜。在此期间,中法两国外交活动频繁,有着几条渠道的接触,李鸿章、曾纪泽、盛宣怀、德璀琳等都参与进来,提出各种和谈解决方案，美国等中立国也进行了调解斡旋。但由于战场上难分难解、胜负未卜，国内主战情绪又持续高涨，促使清廷继续采取较为强硬的立场，和议也因此无法取得进展。

李鸿章再度主和，所着眼的仍是敌我力量对比，概因他深知与法国的坚船利炮相比，中国终究显得兵单饷匮，而北洋海军又处于初创阶段，劣不敌优。这实际上也是刘铭传的观点，刘铭传在战斗正酣之际，致电李鸿章，希望能够早日议和，并表示，如果李鸿章与主持中枢的奕䜣议及和战之计，不妨把他的话直接告诉奕䜣，以促使朝廷下定决心。

虽然李鸿章、刘铭传都主张不失时机地议和，但同时又都立足于战。李鸿章在津防上丝毫不敢松懈，其预案是即便法国陆海军联手来攻，亦可与之鏖战。他也请朝廷继续集中兵力于越南战场，不用担心法国海军攻入津沽，像过去那样对中方进行要挟。

应该指出的是，李鸿章加强北洋防务，不光是要警惕法军进犯，同时也要防止日、俄对朝鲜的觊觎，尤其日本，其国内的"征韩论"甚嚣尘上，让清廷和李鸿章的神经都很紧张——朝鲜距离中国的心脏地带也不远，如果朝鲜被日本所占领，那么京津地区同样会面临着严重威胁。

事实上，对于中法战争的爆发，日本也确实有幸灾乐祸乃至趁火打劫的念头，而朝鲜政治势力的分化又给他们提供了可乘之机。

壬午兵变后，随着闵妃集团重新上台，朝鲜开化派在与保守派的争斗中完全占据上风，但开化派内部的政见也极不一致，有温和开化派以及激进开化派之分：前者通常亦称事大党或亲华党，以金允植为首，在内政上主张效仿中国洋务派，外交上极力维系与中国的传统关系；后者通常亦称进步党，以金玉均为首，在内政上主张效仿日本，速成变革，外交上结好日本，并依靠日本来脱离宗藩体系，实现他们想象中朝鲜所谓的自主独立。

事大党受到闵妃的支持，站在中方这边；进步党则意在推翻闵氏集团，摆脱中国的控制，两派党争非常激烈。1884年12月4日，日本驻朝公使竹添进一郎与金玉均等进步党人经过密谋，看准中法交战的关键时刻，在汉城联合发动了政变，因1884年是甲申年，故此次政变被称为"甲申政变"。政变当晚，竹添指挥驻朝日兵，在进步党部队的配合下，占领王宫，软禁国王，并杀害了多名事大党大臣。两天后，进步党组成亲日政府，宣布废止向中国朝贡的制度。

朝鲜原驻庆军六营，中国对法宣战后，为加强东南沿海防务，已令吴长庆率三营撤回辽宁驻扎。不久吴长庆也生病去世，朝鲜仅剩下留驻汉城的庆军三营，由记名提督吴兆有统带，袁世凯会办朝鲜事务。政变发生后，事大党的金允植等人亲至庆军驻地求援，吴兆有、袁世凯当机立断，先致书竹添进一郎，告以庆军将入宫保护国王，维持治安，希望日兵注意，免得发生冲突，并要求限期答复。

在竹添不予理睬的情况下，吴、袁即指挥庆军同拥护国王的朝军一道进入王宫。宫内的日兵及进步党部队首先开枪挑衅，导致双方发生武装冲突，经过交手，庆军和朝军击退叛军，占领王宫，救出被挟持的国王，恢复了原有政权。见大势已去，竹添被迫自焚使馆，逃回日本，金玉均等人也均亡命日本，政变被迅速镇压下去，持续仅三天而已。

此时日本朝野出现了和战之争，也就是为了吞并朝鲜，是否要与中国交战。除逃回的竹添嚷嚷动武外，其余官员文多主和，武多主战。前者主要考虑己方财政拮据、武器匮乏，缺乏同中国抗衡的实力，特别是没有像北洋水师那样的强大舰队，若是发动大规模战争，尚非华军的对手。最终，日本内阁接受了主和派的意见，决定采取"军事退却，外交进攻"的策略，暂时维持和局，以便腾出手来，加紧扩军备战，以图大举。

中国政府对日本的相应野心和举动早就有所防范，驻朝华军能够较快地平息甲申政变，也恰恰说明了这一点，但因政变正发生在中法战争激烈进行之际，此举不啻在中国后背狠狠捅了一刀，正所谓"一波未平，一波又起"，对清廷和李鸿章都造成了不小的打击，同时又感到了极大压力。

政变前，李鸿章正计划派海军增援台湾。北洋水师因成军不久，缺乏具备海战经验的海军军官，李鸿章便临时聘用德国海军军官式百龄为将，命其率"超勇""扬威"两舰和南洋水师五舰南下。鉴于法国海军力量远在中国海军之上，式百龄建议南下舰队不直接增援台湾，而是避实击虚，绕过台湾，对往来于西贡、香港、台湾之间的运输船进行拦截，以迫使法国海军分兵保护其补给线，从而减轻台湾守军所承受的压力。李鸿章本已同意了这一方案，可惜未及实施，便传来了甲申政变的消息，为此他不得不奏准取消原计划，将"超勇""扬威"重新调回北洋应急，转派南洋水师五舰前往朝鲜海域示威。

与日本不敢轻易对华作战相似，清廷也最担心日本在中法战争这个节骨眼上和自己打起来。几个月来，台湾和越南战场的形势一直都比较严峻，如果日本再施以攻击，中方在腹背受敌的情况下，无论前方还是后方，恐怕都很难承受得住。

在了解到日本尚不敢轻举妄动、扩大事态后，清廷才稍稍松了口气，决定息事宁人地解决有关问题，以便集中力量抗击法国。吴兆有等增兵朝鲜的请求由此遭到否定，中日共同议定，各派代表进行谈判，由甲申政变引发的风波就此暂告一段落。

第十章　王牌在手

由于中法谈判仍无进展，清廷决心继续作战。在越南北圻前线，指挥援越桂军的潘鼎新很快就调整了前敌各路兵力，波里也在得到援兵后，急于进军谅山，与华军决战。潘鼎新侦知法军正在调兵遣将，便趁法军援兵初到，采取先发制人的策略，率先对法军发起攻击。可惜的是，由于新募三营粮械未齐，无法按时合攻法军，导致先头部队孤军深入，不但遭遇很大损失，而且暴露了桂军部署上兵力较为分散的弱点。

中法战争久拖不决，也让法国政府感到焦躁不安，内阁总理茹费理有意扩大战争，以便在雨季到来前将华军赶出越南，为此他提出并由议会通过了追加海陆作战费用的议案。法国侵台、侵越部队迅速增加，新任兵部大臣将所增加的部队多数派往越南战场，共计增拨了八千人，加上已在越的法军，使得法国东京远征军总司令波里也所掌握的人马达到了一万九千人，除留守各城外，尚有一万四千人可用于机动作战。李鸿章在获得这一情报后，立即致电告知并提醒潘鼎新，法军武器和技战术都在华军之上，要避免攻坚城以及在平地上御敌，而应根据北圻当地的地形，依山为险，在各处山岭分设坚固营垒，并分出大批小队抄截敌后方粮械，以使其久而自困。

原先法国只能集中兵力增援波里也，此次为了占领全台，也向台湾战区部队派去援兵，拟以更大规模进攻刘铭传所重点扼守的台北。台湾当时属福建省的一部分，其防务及后勤支持本应由闽浙总督负责，然而由于法国海军封锁严密，加之自己办事也不够积极，闽浙方面迟迟都未能将兵、饷运至台湾。台湾道刘璈又与刘铭传处处意见相左，台南库中有银数十万两，但刘璈在仅解送七万两库银给刘铭传后，便不再接济台北守军。

在这种情况下，刘铭传及其台北守军的处境极其艰难，李鸿章致电刘铭传，让他对刘璈多加包容，以免同室操戈耽误大事。闽浙方面援台不得力，李鸿章就仍旧一力担起，一次性向台湾拨银五万两，并奏准在上海设台捐局，以济军饷，同时他还从大陆的铭军、盛军中挑选出精锐弁勇七百余人赴台增援。

危急关头

1885年1月下旬，在李鸿章的安排下，淮将聂士成率领近四百名铭军士卒，乘坐英国轮船，越过法军的封锁线，于深夜在台湾东海岸登陆。天亮后，当地居民争相前往欢迎，"咸呼天兵又至"。彼时台湾形势正处于最危急关头，李鸿章所派出的这些援兵极其重要，老百姓称之为"天兵"也确不为过。

同样危急的还有越南东线战场。2月初，波里也组织两个旅计八千人左右的兵力，对谅山发起大规模攻击，桂军伤亡惨重。李鸿章致电潘鼎新，要求他加强对各军的指挥联络，且要出死力坚守阵地，强调"谅山不可再退"。

潘鼎新按照李鸿章所授之法，除继续凭险扼守外，又向云贵总督岑毓英、两广总督张之洞分别请援。按照计划，岑毓英可派两路滇湘军增援，张之洞可派两路粤淮军增援，潘鼎新拟以滇湘军对法军进行分路抄击，同时催促粤淮军出关会剿。但进入实战之后，法军的指挥和技战术能力还是明显要强于华军，波里也只以少数兵力佯攻，就牵制住了滇湘军，而粤淮军则因电报密码出了纰漏，不知电令意思，未能遵令而行。计划中的四路援军均未发挥作用，桂军只能独自与法军作战，是役法军攻陷谅山，包括谅山在内的数百里之地，皆为法军所据，"关内大震"，"南宁戒严"。李鸿章闻讯，让潘鼎新引咎自责，同时要求其对由他统一指挥的诸将开诚布公，以便协力同心，挽救危局。

谅山失守后，桂军退入广西门户镇南关，再退至龙州。谅山一役，桂军打死打伤法军近四百人,已方也伤亡了千余人,加上之前的历次激战,部队损耗之大可想而知。这时滇将杨玉科率自己的广武军及时赶到,在与潘鼎新会合后,杨玉科毅然以守关自任,潘鼎新遂以广武军作为守关主力,以桂军作为掎角和策应。

在东线围绕谅山进行殊死争夺之际,西线战场也打得如火如荼。宣光法军屡次出城反击,使围城的黑旗军和滇军遭到很大损失,张之洞派唐景崧率其新募的景军增援,由于兵力增强,围城部队遂兵分两路,黑旗军负责布阵打援,滇军、景军负责攻城。滇、景两军在缺乏攻城利器大炮的情况下,用挖坑道、"滚草龙"(即用滚动的茅草,掩护挖掘地道,并在地道埋设炸药)等办法,扫清了城外敌垒,其后虽多次攻城不成,但却成功地迫使东线法军进行分兵——波里也亲率第一旅西援宣光,东线只剩下尼格里所指挥的第二旅。

尽管如此,东线形势仍不容乐观,这主要是由于桂军元气未复,而广武军又相对较弱。尼格里在进行几天休整后,即率部直扑镇南关,守关的杨玉科闻报,一面函请潘鼎新发兵援应,一面率军亲临前敌。激战中,他奋不顾身地策马往来,亲将士向前力战,不幸中炮身亡,同时殉国的还有二十一员将弁,广武军随之溃败。桂军继之而上,但已经来不及了,因法军炮火猛烈,又一连阵亡了三员战将,所部难以抵敌,镇南关遂陷入敌手。

随着法军占领谅山并攻陷镇南关,在陆路战场上,法军已取得明显优势,同时其海军也在台湾等中国沿海区域加紧骚扰。清廷在对法宣战后主动出兵越南,本为牵制法军,解除东南危机,结果是东南沿海所承受的压力固然有所减轻,但越南战场上的仗却越打越大,所消耗的人力、物力、财力也越来越多。

还在中法战争开始时,中央财政就已很是拮据,拿不出用于战争的足够经费,本来说好各省每月协饷二十万,但除四川省外,其余连一半都指望不上。随着战争的推延,军费缺口与日俱增,到谅山战役打响前,连四川也已无银可拨,在军需不支的情况下,清廷实在无法可想,不得不屡借外债。另一方面,由甲申政变引发的朝鲜问题悬而未决,日本的威胁仍在不断加剧,甚至俄国都随时有可能掺和进来,这些都是清廷所极为担心的。英国驻华公使巴夏礼应日本之请,为中日进行斡旋,他曾向总理衙门指出:"如果日本被触怒而同法国联合,那么俄国也将欢迎这个机会,因为这会给它自己帮上一个小忙。"

中法军事形势急转直下,南北又同时告警,局势如此复杂严峻,使得清廷难以再对法国保持强硬立场。站在中方角度,朝鲜的战略地位又重于越南,所以尽快结束中法战争,以使日本无法要挟中国,便成为清廷最高决策层的一个重要考量。尽管此时主流舆论仍极力主战,但从主持中枢的醇亲王奕𫍽到实权人物、担任总理衙门大臣的庆郡王奕劻等人,都倾向于尽快与法国讲和。

戏剧性的变化

几个前,中国海关巡逻艇"飞虎号"前往台湾海峡,给灯塔运送给养,恰逢法国对台湾海面实行全面封锁,"飞虎号"被法国海军所劫。法国海军少将孤拔通知中方,称只有得到巴黎方面的命令,他才会释放"飞虎号"。赫德便派驻伦敦的海关代表金登干前去巴黎,面见法国总理茹费理,由茹费理指令孤拔释放了"飞虎号"。

因为"飞虎号"被扣事件,赫德、金登干开辟了直接与茹费理联系的秘密渠道。在先前中法接触的几条渠道中,这只是其中之一。但由于赫、金身份特殊,又可与茹费理直接交涉,因此清廷认定这条渠道谈成的可能性最大,对之极为重视,除赋予赫、金交涉全权外,还对议和过程进行严格保密,就连一向为清廷所倚重的李鸿章,也被排斥在外,不但无权参与,而且无法获悉内情。

清廷对法态度的转趋缓和,给赫德渠道开了绿灯。赫德认识到,事到如今,清廷已不反对由法国实际控制越南,所考虑和争取的只是维护大清王朝的体面。至于法国方面,《李福协定》就已满足茹费理内阁的要求,后面和打中国打起来,主要是发生了北黎事件,让他们认定中方意在毁约。

基于这一认识,赫德对于和议方案的构想是,按照《李福协定》的基本内容来谈，但要照顾中方的面子，不能涉及赔款等条件。

赫德一提出方案构想，即为奕谭、奕劻所接受，奕劻依此拟稿，在得到奕谭同意后，又由赫德补充，形成了停战撤兵的四条草约。

1885年2月底，赫德就草约四条致电茹费理。在赫德的极力劝说下，茹费理终于同意以草约四条作为重新谈判的基础。

客观情势的发展，使原本不起眼的赫德渠道取得了出乎意料的成功。清廷谕令李鸿章为全权大臣，在天津与法国商议详细条约，至此，中法议和谈判已基本告成。然而就在这个时候，越南北圻战局却突然发生了戏剧性的变化。

3月2日至3日，宣光城外，黑旗军与来援的法军第一旅展开激战。法军约有四千人，装备着新式洋枪洋炮，而由刘永福直接指挥的黑旗军仅两千人，枪炮弹药都严重不足，处于这种明显的劣势之下，黑旗军却重创法军，打出了其在中法战争中最出色的战绩。据法军所报，第一旅当场阵亡近五百人，内有军官十五人，助阵的越南伪军死伤人数尚不计算在内，这也是法军在越南历次作战中死伤兵数最多的一次。

经历此役，黑旗军名声大震，上自亲率第一旅赴援宣光的法国东京远征军总司令波里也，下至参战的法军官兵，对黑旗军谈之色变。

黑旗军在大量毙伤敌军的同时，自身也伤亡甚巨，终于不支而退。围攻宣光的滇军、景军粮弹匮乏，久战之下也已非常疲惫，闻听敌大队援兵将至，亦主动撤围。尽管宣光战役未能尽取全功，但却使得法军被迫西援，此后，波里也因病回国，留下的职务由原第二旅旅长尼格里任。折损严重的第一旅撤回海防，东线兵力锐减，除第二旅的两个团外，只剩下一个营的外籍兵团和相当于炮兵连的萨克雪炮队，计两千多人，即便加上越南伪军，一共也仅八千人左右。

此时广西前线已集结了四万华军，兵力数量上是敌方的五倍之多。原援越桂军主帅潘鼎新因已丧失指挥权威，由其部属、湘军大将苏元春接替其职，任广西军务督办。苏元春作战勇猛，山地战经验丰富，但年纪尚嫌稍轻，清廷遂另委粤军老将冯子材为军务副督办，协助苏元春筹划制敌策略。

法军并没有长久占据镇南关，停留两天即自行撤离，后退至关外三十里的文渊城。临走时，他们用炸药轰毁镇南关关门及周围建筑，并在残垣废墟上用中国文字写上"广西的门户已不再存在了！"苏元春、冯子材等人率部来到关前，见状无不义愤填膺，大家一齐动手，拆掉法军留下的柱子，另竖一个柱子，作为对法军的答复：我们将用法国人的头颅重建我们的门户！

冯子材

冯子材是李鸿章同一辈人，李鸿章率淮军东进上海时，他正奉命督办镇江军务，江南大营残部那时候皆归其统领，亦为一方大帅。本来冯子材已经六十七岁高龄，且早已称病辞职在乡，只因前线得力将帅极为稀缺，应两广总督张之洞力邀，他才慨然应允出山。冯子材的年纪和资历尚在李鸿章之上，苏元春等人在他面前全都是小字辈，所以他名为副帅，却是被众将所一致拥戴的主心骨，也是事实上的前敌总指挥。

集结镇南关的华军虽然在兵员数量上优势明显，但各军大多是临时招募的部队，缺乏战斗力，能够称得上精锐的也仅一万人，主要包括苏元春的湘军、王德榜的恪靖军（湘军）、王孝祺的淮军、冯子材的萃军（粤军）。就是这一万精锐，武器也参差不齐，好一点的用后膛枪，差一点的还在用大刀、长矛，要想扭转颓势、反败为胜，并不是一件容易的事。

冯子材到镇南关后，慕名登门拜访，请出熟悉边情的当地壮族勇士蒙大，在蒙大的指引下，他选择镇南关前的隘口，横跨东西两岭，抢筑了一条三里多的长墙，墙前挖堑壕，墙后修土墙，又在两边高山修建了堡垒群。

按照冯子材的倡议和部署，他自己率部把守隘口；王孝祺军驻扎在隘口后面，呈犄角之势；苏元春屯兵关西，王德榜布防关东，作为侧翼屏障，遥相呼应。

在与苏元春等人商议后，冯子材决定先发制人，出关歼敌。1885年3月21日，冯子材亲率王孝祺军，利用夜暗袭击文渊城，攻破了法军两座营垒。初战告捷，虽为小胜，却极大地鼓舞了全军士气，之后冯子材又多次派小部队对敌营实施夜袭,并从苏元春军抽出人马,深入敌后活动,对敌人进行袭扰疲惫。这实际上都是李鸿章曾经教授潘鼎新的战法,只是冯子材更为老到,效果也可谓立竿见影。法军的进攻计划很快就被其打乱,进而又激怒了尼格里,尼格里不顾条件是否具备,即下令二次进攻镇南关,激动人心的镇南关战役开始了。

23日凌晨,尼格里指挥全部人马,分三路猛扑关前隘口阵地,其中两路分别进攻东西高岭,一路直扑隘口正面。为防止越南伪军私通华军,此次尼格里一改以往做法,以法军、外籍兵团、萨克雪炮队在前,伪军在后,来势汹汹。法军武器精良,每个士兵都配备着新式快枪,尤其所拥有的开花大炮威力极强,开火后,炮声震天,山谷轰鸣,连七八十里外都能听到。战至酣处,苏元春、王孝祺紧急调兵增援,与正面冯子材的萃军合力拒战,但仍无法遏制敌人的攻势,战至午后,东岭堡垒已被攻破四座。萨克雪炮队顺着山岭向下轰击,法军、外籍兵团猛攻正面,萃军被迫退入隘口长墙防守,剧烈的战斗一直持续到晚上,才终于击退敌人的进攻。

当晚,冯子材一面下令各军修补堑壕,补充弹药;一面利用兵力上所占有的优势,调整部署:他自己继续坐镇隘口指挥,由苏元春军在后接应;王孝祺军防守西岭,实力较弱些的楚军、滇军扼守东岭;王德榜军向文渊出击,攻击敌侧后,以牵制进攻之敌。

冯子材对部署的调整非常关键,除及时加强防线外,王德榜军的出击也很是重要。当时尼格里急于攻破镇南关,所部倾巢而出,背后的官道无人防守,王军遂得以乘虚而入。

尼格里也是一个军事素养很高且具有丰富作战经验的指挥官,他在最前线通过望远镜观察,不仅洞察了长墙后萃军的大致布局,而且还发现了作为华军前线指挥所的大堡。根据尼格里的命令,法军第二旅两个团将各负其责,其中一四三团负责夺取大堡,摧毁华军的指挥机关,一一一团负责攻击长墙,在华军总防御工事上打开缺口。

24日,一四三团奉命出发。尼格里的战斗布置不可谓不精细,一四三团选择在早晨浓雾遮覆山野之际出发,他们准备先登上山头,在华军发觉之前,对大堡实施突如其来的炮击,打对方一个措手不及。不料人算不如天算，一四三团出发后考虑山坡陡峭，不易攀登，且需从华军的大小堡垒中穿过，乃临时做出变更，没有直接越过山岭攻击大堡，而是另择道路迂回前进。结果却在大雾中迷失了道路，无奈之下，只好原路返回。

中午十一点是法军预定的攻击时间，时间到了，雾也完全消散，但尼格里并没有看到一四三团到达指定地点，也没有得到该团占领大堡的任何信号，甚至他都没能听到枪声。尼格里搞不清状况，可是又骑虎难下，只得先集中火力，向大堡开炮。此时一一一团已按照计划，悄悄地运动至距长墙两百米处的丘陵进行潜伏，尼格里命大炮齐放，他们不知道是在轰击大堡，还以为是己方在已占领大堡的情况下，正延伸轰击纵深或长墙，于是立即向长墙发起攻击。

大　捷

一一一团动作迅速，转瞬之间，部分官兵已越过长墙前面的堑壕，少数麻利的更已冲上长墙。眼看形势十分危急，正在长墙上督战的冯子材断然下令打开长墙栅门，直接与法军进行肉搏。他不顾危险，站起身对将士们大呼："如果再让敌寇闯进关内，我们还有什么脸面回见家乡父老！"说完，手持倭刀一柄，亲率大刀队跃出长墙，冲向敌阵，他的两个儿子也随之跃出，并在老父的左右持刀护卫。

萃军弁勇看到主帅身先士卒，无不感奋，众人一齐跃出长墙，如同排山倒海一般对敌人进行殊死冲杀。东西山岭上的楚军、滇军、王孝祺军，乃至在后接应的苏元春军，也都冲上来与敌力战。法国随军记者看到，现场华军"如同烟云一般"，怒吼声和喊杀声甚至把枪炮声都给遮断了。这一情景，令法国人极其震惊，意识到"战事如果不立即中止，惨祸怕就要来临了"，尼格里传达命令，让已经返回的一四三团与外籍军团联手，掩护一一一团梯次撤退。

冯子材、苏元春、王孝祺等各军经过肉搏冲击，在杀退法军的同时，还夺回了东岭堡垒，西岭法军亦随之溃退。对法军而言，更要命的是，王德榜军经过穿插，占据了其背后的官道——由于弹药无法通过官道运上来，导致进行掩护的一四三团得不到军火补充，火力顿减；法军已疲惫不堪，急于逃回据点，偏偏王德榜军又在其背后设伏，等于在他们脑袋上又敲一记重锤！

正当法军进退两难、走投无路之际，预备队赶来解救，他们这才得以逃出生天，沿官道左侧山地退往谅山。冯子材指挥各军追出关外二十余里，始在夜色迷漫中收兵。据尼格里笔记所载，当天法军死伤近三百人，其中军官就伤亡了十余人。

次日，冯子材统率各路大军，乘胜斩将夺关，攻克文渊城。法军退守谅山及滇江对岸的驱驴墟，冯子材与苏元春、王德榜两军合力，运用"正兵明攻，奇兵暗袭"的战术，对敌阵地发动钳形攻势。战况异常激烈，法军不支后撤，尼格里在指挥撤退的过程中，被子弹击中胸部，受重伤，失去了指挥能力，不得不由士兵抬离战场。

1885年3月29日，华军克复谅山，随后又以秋风扫落叶之势，冲破法军防线，攻下观音桥。自此，华军在六天内推进两百多里，共克复越南一省、一府、一州，并使法军主帅受到重伤，此即镇南关大捷。

消息传至巴黎，立即引起巨大震动和惊慌，反对派议员乘势抨击和要求换掉茹费理，有人甚至夸张地认为，法军在镇南关至谅山间的溃退，与当年拿破仑在滑铁卢的失败一样，给法国造成了巨大的灾难。巴黎街头也出现了反战示威游行，游行人群高呼："打倒茹费理！"30日，也即谅山大捷的次日，茹费理被迫辞职。

就在法军兵败镇南关的同一天，北圻西线战场上，岑毓英率滇军、刘永福率黑旗军也大败法军于临洮，并收复十数州县。这使人们主观上预料，华军将可以轻而易举地将法军逐出越南，然而事实却并没有这么简单。

与法军相比，华军不管是武器装备还是军事素质，都存在很大差距，部队兵员多，但临时招募从未受训的兵员更多，即便是冯子材的萃军，亦不例外。镇南关、谅山等战役的胜利，只是地理等具体条件对华军有利，实际上，华军并没有彻底打败法军主力的能力，而且这些胜利也未对法军造成真正意义上的重创，相反，几乎每次战役，华军的损失都要大大超过对方。据统计，在中法战争中，华军约有一万人伤亡，而法军全部加起来，总共也仅有两千一百人伤亡。

镇南关、谅山战役后，法军退至郎甲、船头一线，结集兵力，组织防御，同华军形成对峙，在这种情况下，华军已不再具备镇南关大捷时的地理条件。西线的情况甚至还有所恶化，据云贵总督岑毓英报告，刘永福黑旗军的军心不稳，弁勇不断逃遁和溃散，以致攻守两难，进退失据。

相对于越南战场，台湾方面的形势更加严峻。在法国海军的严密封锁下，大陆与台湾的交通几乎为之完全断绝，清廷和李鸿章所采取的种种应急措施，如组织舰队援台以及偷运人员物资等，也越来越难以付诸实施。其间，南洋水师曾派五轮赴援，但在浙江海面遭到法军舰队截击，导致三沉两返；北洋水师既要保护京畿重地，防备法军舰队北上，重演鸦片战争故事，又要防备日本在背后插刀子，更是无力直接援台。

镇南关大捷的前一天，刘铭传报告说，他已经很久得不到械弹的接济，若再无改观，守军将束手待毙，话音刚落，孤拔即率法国舰队攻占了澎湖岛。

乘胜即收

一般认为，镇南关大捷后，法国政府陷入混乱，茹费理被迫辞职，标志着法国改变了对华战争政策，实际亦非如此。

茹费理内阁倒台后，新内阁要一星期后才能成立。这边茹费理刚刚宣布辞职，那边法国议会紧接着就开始讨论对华政策问题。第二天，议会就通过了茹费理在下台前所提出的增拨军费议案，并计划在新内阁成立后，向越南增兵万人，分三路复攻谅山。

战争不仅是军事实力的对抗，也是经济实力的较量，中国通过洋务运动取得的成绩仍然有限，经济实力同西方大国相比，仍然相差甚远。有数据显示，中国当时已在战争中耗资白银三千余万两，大量的军费开支，早已使得中央和地方财政入不敷出，而法国的军费增拨案说通过就通过了。在这种情况下，就算是清廷有决心与法军决一死战，也难免会心有余而心不足。

让清廷感到更为担忧和焦虑的是，中法战争若继续延伸和扩大，日本也可能加入对华战团。法国以私人贷款的方式，给日本提供了一百万日元，作为日本在朝鲜扩张的费用。日本政府派伊藤博文来华，就甲申政变问题与中方进行谈判，伊藤博文在经过上海时，与法国驻华公使巴德诺进行了秘密接触。清廷对此疑虑重重，认为法国若果真与日本达成协约，对中国实施南北夹击，战事将愈不可为。

1885年3月30日，即茹费理被迫辞职的当天，军机处基本同意了赫德所提议和方案，即中法彼此停战，华军撤回关内，法国解除对台湾的封锁等。

值得一提的是，曾纪泽在同一天致电清廷，也赞同和谈，并建议趁法国新内阁尚未成立或刚成立之际，从速完成谈判。曾纪泽一向都属于主战派，但作为驻外使节和中国顶尖的外交家，他对于国际国内形势以及西方大国实力的认识，显然比国内的主战派要更实在，也更清醒。

法国政府方面，毕竟刚刚打了败仗，见中方在这种情况下，仍愿意恪守双方业已达成的协议，不禁也有喜出望外之感。在新内阁尚未成立的情况下，总统格雷维采取非常措施，将签字权授予旧内阁。4月4日下午，金登干与法方代表在巴黎签订了《中法停战条件》。

几天后，清廷发布停战撤兵谕旨，电令沿海及滇桂督府撤兵，这就是所谓的"乘胜即收"。前线尤其北圻东线将士对此反应强烈，清廷两降严旨退兵，并在这两道严旨中，强调若不"乘胜即收"，中方将不得不接受"战事益无把握""越地终非我有""台湾一失难复"等后果。

在清廷的严旨催促下，自4月下旬起，援越华军及刘永福的黑旗军先后撤离越境，返回中国境内。

电飞宰相和戎惯

按照《中法停战条件》的规定，中法双方还要议定正式和约。上台的法国新内阁任命驻华公使巴德诺为全权代表，清廷则派李鸿章为全权大臣，1885年6月5日，李鸿章与巴德诺经过谈判，在天津签订《中法新约》。

从中法战争末期开始，李鸿章就已实际被排斥出清廷决策圈，对战争结果已经起不到什么作用，后来由于被派遣处理朝鲜事务，更是彻底从中法战争中脱身，清廷的相关决策其实与他关系不大。

对于"乘胜即收"，李鸿章赞成是赞成，但具体到谈判中的讨价还价，他可以周旋的余地却几乎没有。按照赫德的说法，在此次天津谈判中，每一项提议事先都经过慈禧太后的批准，细节方面，也主要由金登干在巴黎与法国谈判。这使得李鸿章在长达一个多月的谈判中，只能囿于清廷既定的框框之中，很少能接触实质性问题。他在给同僚的信中，也自嘲说自己虽身为全权大臣，但所承担的角色，不过是在最后时刻签字画押而已。

《中法新约》的内容与《李福协定》大体相同，主要就是中国放弃对越南的宗主权，以及在中越边境开两处通商口，法国则放弃了赔款和占地为质的要求。

因为谈判和签约都是在镇南关、谅山大捷之后，国人对此结果是极为不满和不甘的，称之为"打胜仗而签败约"，或曰"法国不胜而胜，中国不败而败"。人们对于具体的谈判签约过程大多知之不详，唯知此约系由李鸿章与法方签订，李鸿章又向以"和戎"作为其外交宗旨，"讲和还要李中堂"乃时人的口头禅。于是众人在愤恨之余，便把所有火力都集中到了他一人身上。

李鸿章虽实际被排除在中法谈判之外，但同时期的中日谈判，仍由他主持。早在1885年2月底，日本全权大臣伊藤博文一行即启程来华谈判，李鸿章通过中国驻日公使徐承祖了解到，日本派伊藤为使，事实上表明了日本政府的主和态度，其主要要求是中国撤兵朝鲜，以及惩罚甲申政变中的华军统将。

3月中旬，伊藤一行抵达天津。李鸿章与之会面，他告诉伊藤，自己奉旨为中方全权大臣，双方可以在天津直接进行谈判，但伊藤却说，他为日本全权大臣，代君行事，必须先到北京呈递国书，然后再来津与李鸿章谈判。李鸿章认为此举实在没有必要，伊藤则坚持不让，最后，他终于还是去了北京，并拜见了总理衙门大臣奕劻。

这似乎只是一件小事，但李鸿章目光如炬、洞察细微，他立即看出，伊藤如此固执己见，显然是有着某种目的。嗣后，他向总理衙门报告，"伊藤貌似和平，内甚狡黠"，希望朝廷审慎应对。

日本的李鸿章

伊藤博文崛起于倒幕运动时期，在明治政府成立后累迁要职，他虽然比李鸿章小十八岁，但此时却已是日本政界的头号实权人物，明治天皇最信赖的重臣。他在日本朝野的地位和声望，与李鸿章在中国的情况也可谓不相伯仲。

正如李鸿章在中国通常都被视为态度温和、不轻言战争的主和派一样，伊藤也是一个希望借助于和平交涉来获取实际利益的政治家、外交家，因此他在日本被激进的"鹰派"认为对外软弱，害怕战争，属于"鸽派"或者说是"和平主义者"。因为李、伊皆不同凡响，且有很多相似之处，所以两人常被外界放在一起比较，李鸿章被称为"中国的伊藤博文"，伊藤则被称为"日本的李鸿章"。

作为日本"鸽派"的主力，伊藤此次来华谈判，确有和平诚意，可是面对日本国内民意和"鹰派"对华强硬的诉求，无论伊藤本人还是日本政府，都不敢等闲视之。这从伊藤使团的组成就可以看出来，伊藤使团人数众多，成员文武各半，武官中以全权副大臣西乡从道为首，包括了海军各军将领。这些武官都具备出洋经验，精通国际实务，但却不参与交涉，他们的到来，显然表明日本政府已经做好和战的双重准备。

伊藤在京与总理衙门大臣进行了两次会谈，并在第二次会谈中明确了日方的解决方案——根据竹添进一郎的报告以及所谓日本在朝侨民的口供，除徐承祖事先了解到的"撤兵""惩将"外，日方还要求赔偿侨民损失。

因为已接到李鸿章的报告，总理衙门对伊藤提出的方案并不感到特别突兀，只是现任的总理衙门大臣大多不熟悉洋务，奕劻拿不出个人意见，隶属清流派的邓承修等人虽进行了反驳，但伊藤又不屑与谋，所以双方并未能谈出个子丑寅卯。

经过试探，伊藤决定与李鸿章一对一地进行较量。1885年4月3日，李鸿章与伊藤在天津开始进行第一次谈判，"撤兵""惩官""赔偿"再次成为中心议题。李鸿章当即指出，事变是日方挑起的，华军在事变中也受了损失，"惩官""赔偿"皆无依据，至于撤兵，如果中日两国同时撤兵，可以考虑接受。

中国向无派兵长期驻守海外的习惯和传统，壬午兵变后派兵入朝，实际是近代首次，也是最后一次驻兵海外。历经近三年的海外生活，留驻朝鲜的三营一千五百名庆军将士思家心切，急欲返乡，天津谈判前，统将吴兆有已代表全体将士，禀报李鸿章，恳请换防回国。另一方面，中国驻兵朝鲜只是在壬午兵变发生后的不得已举措，初衷也仅是为了帮助朝鲜平定内乱，履行宗主国的义务而已，原本就没有长期驻扎的打算。

从李鸿章的角度来看，现在既然日本以"撤兵"作为解决争端的前提条件，不如顺水推舟地答应下来，这样既可以将庆军顺势撤出，又可以使中国对朝外交重回"不沾不脱"的轨道，从而避免日俄等国的非议、责难。

中方"撤兵"前提条件还是中日同时撤兵，对于涉及冲突责任的"惩官""赔偿"问题，则是一口否决，这显然没能达到伊藤的期望值。直到进行第二次谈判，双方依旧意见相悖，谈判陷入了僵局。

关键和实质

跟伊藤谈判，己方能否占据主动，李鸿章把砝码压在了解决中法战事上，镇南关、谅山大捷便是他与日和谈的资本。在第二次谈判之前，金登干与法方签订了《中法停战条件》，中法议和已有初步结果，这一信息减轻了李鸿章的压力，同时也在事实上促成了他在谈判时的强硬态度。

1885年4月7日下午，第三次谈判开启，继续讨论冲突责任及赔偿问题。双方皆无任何松动，分歧难以消除。伊藤见契今为止，"撤兵"与"惩官""赔偿"，都无一谈成，这让他很有压力。

伊藤使团来华谈判，其实主要目的在于中国撤兵，其他两项要求不过是为了缓和国内鹰派的情绪，并且在谈判中用以掩盖日本的主要目标而已。在遭到李鸿章的坚决辩驳，碰了钉子后，伊藤先以私人情分跟李鸿章套近乎，欲诱其妥协，但没能成功。为打破僵局，避免谈判破裂，自第四次谈判起，他就不再提及和纠结于"惩官""赔偿"，而只谈论"撤兵"。

经过协商，双方都同意同时从朝鲜撤兵。李鸿章随即提出，将来朝鲜若有重大事情发生，中国仍可派兵前往帮助，伊藤没有再予让步，立即称，如果那样的话，日本也有向朝鲜派兵帮助的权利。

在据理力争的同时，李鸿章其实也担心伊藤决裂而归，导致中日开战，为此他向总理衙门进行请示。总理衙门复电，指示按"各可派兵，互相知照"的办法处理，李鸿章遂同意将来日本对朝鲜也可以有派兵权，但一国或双方派兵，都需互相知照，至此，中日双方在撤兵问题上取得一致。

伊藤身上有着典型的日本式狡诈，这时他居然又节外生枝，重提"惩官""赔偿"，被李鸿章坚拒后，又提出请第三国公断。此后不管李鸿章如何明确反对，他始终纠缠不休。最后李鸿章答应由他本人出面行文，对驻朝华军在事变中有过失者，查明情况并予以申饬。这实际上是一种折中敷衍的办法，看上去是"惩官"了，但因为是以李鸿章个人名义行文，所以不会伤及中方的体面和利益，同时又可让伊藤无话可说。

1885年4月18日，李鸿章和伊藤正式签订《中日天津条约》。这个条约暂时解决了甲申政变所遗留的中日问题，但由于日本获得了共同保护朝鲜、可随时向朝鲜派兵的权利，有人认为这是李鸿章交涉中的重大失误。其实问题的关键和实质并不在此，以甲申政变来说，政变前，中日两国同在朝鲜驻有军队，但是政变一发生就立刻被驻朝华军所平息，日军即便已提前占据朝鲜王宫，亦无如之何，可见只要中国在军事上继续占有优势，日本在朝驻兵也好，派兵也罢，都改变不了局面。

海军衙门

正如伊藤所观察到的那样，中法战争给中国朝野上下以很大冲击和触动。战争中，己方陆路尚能与法军抗衡，甚至还取得了镇南关、谅山大捷，但海路却被完全压制——马江海战直接送掉一个福州水师，之后华军除组织海岸防御外，在海上也再无反击之力。

十年前，因为受到日本侵台的刺激，清廷组织了海防大筹议，李鸿章上洋洋万言的《筹议海防折》，中国近代海军由此起步。令人意想不到的是，经过十年惨淡经营，作为海军组建以来的第一仗，却以惨败而告终，并直接影响到了中法战局的成败。面对现状，清廷不得不承认，相对于中国漫长的海岸线和始终险恶的国际形势，国家对海军的重视仍然不够，十年来，海军发展步履蹒跚，很不理想。

1885年6月21日，中法战争结束不久，清廷颁下谕旨，以痛定思痛的姿态，提出今后要"大治水师"也就是加强海军建设，同时组织群臣就此进行讨论。

因为十年前已经掀起过一次海防大筹议，所以此次筹议被称为"第二次海防大筹议"。李鸿章接旨后，立即表示拥护，认为加强海军建设刻不容缓，乃"救时急务"，随即又总结指出，十年来海军发展之所以如此缓慢，原因就是在投入本已有限的情况下，没有把资源集中起来，由一个统一的中枢机构进行支配。

早在马江海战前，就曾向总理衙门建议效法西方，在京城设立"海部"，以统管全国海军，但当时并未能够得到赞同。现在他便借着大筹议之机，再次建议统一事权，添设海军部或海防衙门。

战争的失败会带给人苦痛，却也能让人变得更清醒和务实。与十年前"第一次海防大筹议"不同，此次各省督抚将军们在复奏中，几乎都不约而同地赞成李鸿章之见。

经历中法战争后，慈禧、奕譞都有加强海防的迫切需要，同时也都有意从地方督抚手中收回海军大权，因此对于李鸿章的建议很感兴趣。1885年8月14日，清廷以李鸿章的奏折"言多扼要"，谕令其来京陛见。

李鸿章尚未抵京，左宗棠即病逝福州。左宗棠是当时湘系实际也是满朝文武重臣中，唯一能与李鸿章相抗衡的政治力量。随着他的猝然病逝，朝廷不得不专倚于李鸿章。9月26日，李鸿章抵京，在京停留了二十余天，其间慈禧太后五次予以召见，醇亲王奕譞则会同军机大臣、总理衙门大臣等中枢各位大臣，就海防善后事宜，与李鸿章一同协商交换意见。

诸臣集议后，以总理衙门名义上奏，正式提出设立海部或海防衙门，由特派王大臣综理其事。10月12日,慈禧发布懿旨,同意成立"总理海军事务衙门",简称海军衙门,由奕譞任总理,庆郡王奕劻、李鸿章任会办,正红旗汉军都统善庆、曾纪泽任帮办。海军衙门下设海疆、款项、船政、器械四个股,共有三十多名官员兼职其中,在中国历史上,还从未有过这样一个军事机构,这也标志着中国海军从此正式成为独立军种。

南北洋水师差距很大,南洋的三支"海军"(南洋海军、福建海军、广东海军)都尚未能够符合近代海军的标准,也缺乏海上作战能力。考虑到这一因素,清军衙门决定暂时先将北洋已有船只集中起来,精练一支海军舰队,等到以后条件具备,再考虑其他舰队。也因如此,海军衙门在设立之初,便将重点放在为北洋海军筹款购舰,以及审批进口海防军火、器械之上。出于同样的原因,虽然机构名义上以奕譞为首,但实际上李鸿章才是唯一的主事人,掌握着海军衙门的实权。

得心应手

奕䜣主政时期,李鸿章办事至少要受到上面的两层限制,一是奕䜣,二是慈禧:奕䜣本身懂洋务,有自己的主见,同时对于慈禧、清流派等保守力量又有所忌惮,所以对于李鸿章的一些建议,往往都会进行冷处理;奕䜣与李鸿章同为洋务派,又是上下级关系,慈禧要抑制奕䜣,就必然也会影响到对李鸿章意见的采纳。

奕譞在洋务及理政能力方面远不及其兄,不过也正因如此,奕譞对李鸿章更为倚重,也更能放手,左宗棠死后尤甚,许多军国大事他都要拿来询问李鸿章。另一方面,奕譞本是慈禧的亲信,他在与慈禧的相处过程中,相比其他人更为谦恭、顺从,也因此获得了更大的自主空间。他的自主空间大,其实也就等同于李鸿章的自主空间大。

在当时的体制下,有奕譞作为靠山,李鸿章施展起来更加得心应手,尤其外交方面,朝廷几乎可以说是言听计从。甲申政变后,朝鲜局势仍然错综复杂,朝鲜政府为了牵制中日两国尤其是中国,曾密谋与俄方签约,这就是朝俄密约事件。意识到闵妃集团怀有贰心,已经出现了主动脱离中朝宗藩体制的可能，李鸿章从其"不沾不脱"的对朝政策出发，一面放回闵妃集团的政敌李昰应，用以对朝鲜王室进行钳制，一面授命在甲申政变中表现果敢的袁世凯驻朝，以"总理交涉通商事宜"的名义，对朝鲜的内政外交予以积极干涉。

1885年11月，袁世凯走马上任，在汉城成立公署。为报答李鸿章的知遇之恩，袁世凯在执行干涉政策方面不遗余力，朝鲜的所有内政外交乃至财政，都在他的手指目顾之间。袁氏的这种做法，不可避免地引起了朝鲜国王李熙和闵妃的不满，加上唯恐被回朝的李昰应夺权，他们又再次策划联俄活动，此即第二次朝俄密约事件。

两次朝俄密约事件的发生，都与俄国的"南下政策"脱不了干系。十九世纪七八十年代，因向西方的扩张受挫，俄国开始将目标盯准亚洲，实施所谓的"南下政策"。英国向来在亚洲拥有传统优势，自然不肯相让，于是亚洲便形成了英俄争霸的局面。为了遏制俄国势力在东亚的扩张，尤其为了防止俄国染指朝鲜，英国除直接出兵占领朝鲜巨文岛（英国称汉密尔顿港），将其作为对俄作战的军事基地外，还竭力发挥中国的作用，利用中国在朝鲜的特殊地位，对俄国进行牵制。

朝俄密约事件传出后，英国驻华公使欧格讷奉命兼任赴朝专使，并在朝鲜问题上，将中国看成是"盟国"，其他如英国驻日公使以及海关总税务司赫德，也都敦促李鸿章加强对朝鲜的控驭。

直到甲申政变，日本的对朝政策始终都是积极的，随后因为力量和资源不足，日本不敢冒险与中国开战，遂不得不以与中方签订《天津条约》了事。《天津条约》虽然明确日本和中国一样，都有出兵朝鲜的权利，可实际上该规定在和平时期并没有什么用处，在这种情况下，日本只能抑制自己的扩张意图和欲望，等待以后行动的机会。朝俄密约事件以及英国占领巨文岛，让日本担心俄、英会一个接一个地占领朝鲜沿海岛屿，进而威胁日本国防。相对于俄、英，中国虽大却弱，在日本人看来，要比俄、英好对付得多，因此日本一改先前挑动朝鲜脱离宗藩体系的态度，转而在朝鲜问题上同中国合作，甚至怂恿中国积极干预朝鲜事务。

英俄对抗和日本暂时的"等着瞧"策略，为中方解决朝鲜问题提供了有利的国际环境，李鸿章充分利用这些条件，与袁世凯配合行动，不断向朝鲜和俄国施压，果断制止了第二次朝俄密约事件。此后直到甲午战争，朝鲜政府再未敢有任何引俄之举。

底　气

就在海军衙门成立的当月月底，中国从德国伏尔铿船厂订购的两艘钢面铁甲船"定远""镇远"，由德国官弁驾驶来华。"定远""镇远"服役之时，不仅是北洋海军同时也是远东吨位最大的军舰，二舰的装甲、火炮口径亦极可观，虽不是当时世界之最，但在远东也无可匹敌，被称为"遍地球一等铁甲船"。

"定远""镇远"的订购价格尚小于李鸿章的预算，他本来还打算用剩下的经费，向伏尔铿再订一艘"定远"级战列舰，但这样一来，钱又不够了，于是便改为购置一艘巡洋舰，取名"济远"。"济远"为穹面钢甲巡洋舰，安装着防弹效果较好的装甲。北洋舰队原有巡洋舰，从国产的"威远"，到英产的"超勇""扬威"，均为无防护巡洋舰，相比之下，"济远"的优势相当明显，在远东地区也同样算得上是第一流的兵舰。

对于这三艘军舰尤其是"定远""镇远"，李鸿章期盼已久。三舰甫一抵达大沽，李鸿章即派丁汝昌、周馥登船，按照合同进行验收查勘，之后他又亲赴大沽，登上"定远"查勘，并督同"镇远""济远"出海进行测试。当天海上北风强劲，波涛汹涌，但各舰在行驶过程中平稳如常，毫无颠簸之感。

海军衙门成立后，北洋海军建设的步伐陡然加快，李鸿章通过总理衙门请旨，得以再从国外订购四艘巡洋舰，这样北洋舰队除两艘战列舰外，进口的高速巡洋舰有望达到七艘，实力为之大增。

1886年5月，北洋海军举行大规模实战演习及阅兵，这是北洋海军成军以来的第一次大规模演习。当月，李鸿章即派"超勇""扬威"两舰到巨文岛，对英国舰长进行质问。虽然中方看上去"气势汹汹"，但因英国在朝鲜问题上采取了同中国结盟、遏制俄国的政策，故而英国政府不仅没有像以往那样跳起来，反而还决定从此不同朝鲜接触，只同中国谈判。谈判的主题，就是让中国想办法不让俄国占领朝鲜，虽然这一要求让李鸿章一时觉得很为难，但它却表明英国有意继续支持和加强中国作为宗主大国的地位。

英国的态度和立场，对李鸿章处理国际事务而言，是一个很大的激励。7月，他接到袁世凯的报告，说朝鲜有人谋划联俄防英，而俄国正觊觎朝鲜元山口外的永兴湾。当月正值中俄就边界问题举行勘界会议，他遂派北洋舰队前往永兴湾巡防，在警示俄国的同时，顺便负责接送勘界大臣吴大澂。

北洋水师提督丁汝昌、总教习琅威理接到命令后，立即率舰队的六艘主力舰（含两艘战列舰，四艘巡洋舰）前往。由于海上长途航行需要上油、修理，舰队在完成海面巡防、操演以及护送吴大澂的任务启程回航时，丁汝昌又奉命率"定远""镇远""济远""威远"前往日本长崎进行大修和补充燃料，留下其余两舰在海参崴待命。

"定远"等四舰都是大舰，即便四舰组队，在东北亚海上也已足够惹眼，尤其"定远""镇远"这样的亚洲第一巨舰，更是俨然成为北洋舰队乃至中国在东亚进行炫耀的资本。李鸿章把它们派去长崎大修，背后其实也暗藏着展示海军实力，警告日本不要对朝鲜有所动作的意思。8月9日，舰队到达长崎，不出所料，此举轰动日本。长崎是日本自幕府时代时就对外开放的少数港口之一，当地人对欧美军舰早已司空见惯，对于来自中国的铁甲巨舰还是首次目睹，因此非常好奇，码头上挤满了看热闹的人群，连政府官员也都争相一睹为快，看着看着，他们的心态也变得越来越复杂。

自1882年朝鲜发生壬午兵变，中国出兵朝鲜并占得上风后，日本便以对中国作战为目标，着手对海陆军特别是海军进行扩张，次年海军经费占岁出的比例，即从不到百分之五跃升至百分之八，而且每年都在递增，至1886年，也就是北洋舰队访日这一年，已达到百分之十。可是中国借助于大国的财政规模，扩张得更猛更快——其时日本最大的战舰尚是近十年前建成的"扶桑"，"扶桑"不但已经老旧，且是"小铁甲船"，整整比"定远""镇远"低一个档次，其排水量仅为后者的一半，船炮也根本无法穿透

"定远""镇远"厚厚的装甲，另外两艘战列舰"金刚""比叡"亦然。

北洋舰队的不期而至，打翻了日本人心中的五味瓶，惊叹、羡慕、嫉妒、愤懑，各种情绪都翻涌上来，也就在这一背景和氛围下，发生了轰动一时的"长崎事件"。

长崎事件

北洋舰队到达长崎后，水兵一直未曾上岸，1886年8月12日，"定远"因船底需要修缮，驶入三菱长崎造船所的立神船渠待修，次日，舰上的水兵才被允许上岸。当晚八点，一群水兵与长崎当地警察发生冲突。

本来根据丁汝昌的命令，水兵登岸一律不得携带武器，但其中有一名水兵在岸上购买了一把倭刀，当水兵们与警察发生冲突时，这名水兵拿着刀将警察刺成重伤，他本人也受轻伤并以肇事被捕，之后又被移交给中国驻日领事馆。

从整个事情经过来看，这充其量只是一个一般性的小纠纷，与国际关系、中日两国邦交并无任何联系，但随后事态的发展，却渐渐失去了控制。15日，舰队放假，六百名水兵上岸观光，就在他们游览的时候，遭到日本警察的袭击。数百名日警将各街道两头堵塞，围住手无寸铁的水兵挥刀砍杀，楼上的长崎市民也从楼上往下浇沸水、扔石块。水兵们猝不及防，又因散布于各街道，无法互相呼应，结果吃了大亏，当场被打死五人，重伤六人，轻伤三十八人，失踪五人。日本警察一人致死，伤三十人，此外长崎市民也有些人受了伤。

事后，《申报》称此乃日方针对上次冲突，早有预谋的一次报复行动。北洋水师对此反应强烈，群情激奋，"定远""镇远""济远""威远"四舰迅速进入临战状态，褪去炮衣，将炮口对准长崎市区。总教习琅威理甚至主张立即对日开战。李鸿章亦紧急召见日本驻天津领事波多野。

中方态度强硬，日方亦不甘示弱，但真打起来也不可能。此时距中法战争硝烟散尽，不过才一年多点，中国要再与日本开战，力量不足，军饷也难以筹措。日本方面同样如此，特别是看到己方海军已落后于中国海军，更不敢轻举妄动。

中日就长崎事件谈判了近半年时间，在其幕僚、法学家伍廷芳的建议下，李鸿章甚至还聘请英籍律师介入进来，但仍未见日方有丝毫让步之意。其间中方除需支付律师费外，还得供滞留在长崎作为人证的一百多名水兵开销，仅仅律师费一项，每天就高达白银三百两，因此于中方而言，谈判拖得越久，损失就越大。在这种情况下，李鸿章决定"停审"，即停止谈判，此前对长崎案的审理结果也全部作废，所有该案卷宗抄送北京。

李鸿章的这一招起到了敲山震虎的效应，看到中方准备单方面处理此事，甚至有可能断交撤使，日方有些慌了。日本外相井上馨多次要求和驻日公使徐承祖续谈，但均遭到拒绝。迫不得已，日本只得打消原先想不了了之的念头，宣布接受德国的调解，并同意按照德国所提出的"伤多恤重"原则，与中国就此恢复谈判。尔后中日双方签订协议，就各自的死伤者互给抚恤，但日方所支付的抚恤款数额超过中方，而且长崎医院的医疗救护费亦由日方支付，实际已等同于向中方赔款。

在日本人看来，中国水兵军纪散漫、桀骜不驯，到日本滋事，最后竟然还要日本赔款，简直是奇耻大辱。在媒体的大肆渲染夸大下，民众的这种愤恨和受辱感很容易就被煽动起来，并与北洋舰队驶入长崎港后，对其心理所造成的恐慌情绪相结合，形成了一股极其强大的舆论力量。

"中国威胁论"在日本本来就有市场，至此更是成为其主流民意，而大力发展海军，以求在海军力量上超过中国，进而完全打败北洋舰队，则成为日本上至天皇，下至小民的普遍共识。为了表明自己的决心，日本政府把北洋舰队写入了教科书，打败北洋舰队的顶尖巨舰"定远""镇远"则成为军方和民间的一致口号。

长崎事件发生的当年，即1886年，日本通过了一个全新的造舰扩张案，提出要用三年时间购买或建造更多舰只。随着日本海外订单的猛增，西方向日本出口舰只的销售额大涨。

新的造舰扩张案需要大量资金预算，但此时日本海军的经费却已是捉襟见肘，日本政府国库空虚，也拿不出这笔巨款，无奈之下只得发行海军公债。之后烟草税、药物税也都被投入海军，至1887年，海军经费占岁出的比例，已从上一年的百分之十跃升至百分之十三。即便这样，仍感军费不足，于是在长崎事件结束后一个月，明治天皇又亲自发布谕令，下令从内库拨款三十万日元，作为海防补助费。

看到天皇竟然主动拿出自己的私房钱用于造舰，日本民众大受触动，他们竞相效仿天皇，纷纷解囊捐款，史称"海防献金运动"。这一献金运动来得很及时，不到三个月，海防捐款总额就达到了一百零三万之巨。海军所需的建设资金基本得到满足，购舰和造舰的速度得到猛烈提升，中日之间无形中的海军军备竞赛也因此变得更加激烈。

新思维

在长崎事件的谈判和处理过程中，日方并不认为自己理亏，也始终未承认己方存在过错，最后肯以近似于赔款的方式解决此事，说白了就是实力不及使然，因此也有人把它看成是中国在对日外交上的一次胜利。

在布置威慑、使日本不敢贸然寻衅的同时，李鸿章又运用"以敌制敌"的策略，奔走于英、俄之间，竭力缓和英、俄围绕巨文岛所产生的争端，以期英国撤出巨文岛。经过多次磋商，他终于取得了俄方关于不占领朝鲜的口头承诺，随后即以此为依据，要求英国撤离巨文岛。1887年2月，英国军舰从巨文岛撤离，该岛回归朝鲜，巨文岛问题终告解决。

与长崎事件相比，巨文岛事件的解决更为成功有效，中国据此一举扭转了《中日天津条约》后一度所处的被动局面，通过强化中朝宗藩体制，重新掌控了东亚外交的主动权。

外交和海军威慑互动，是李鸿章在新时期所采用的新思维，东亚事务的频频得手，又增强了他对这种运作方式的信心，为此，在海军建设方面更加不惜余力。

总理衙门成立后，向国外增购的四艘巡洋舰，原计划全部由德国伏尔铿船厂按照"济远"级承造。但因"济远"穹甲巡洋舰的型式本出自英国海军的新式设计，而"济远"又是伏尔铿首次制造此类战舰，朝野经过争论，最后决定将订单拆开，由英国阿姆斯特朗公司及伏尔铿船厂各造两艘。

其中在英国订造的是"致远""靖远",为穹甲巡洋舰;在德国订造的是"经远""来远",为装甲巡洋舰。

由于原本由德国独揽的订单被拆分给了英国,就英、德造船技术究竟谁更胜一筹的问题,两国海军部因此发生了激烈争论,并引起了德国首相俾斯麦的关注。俾斯麦自然是以本国为先,他认为李鸿章向英国订购船舰,并不是英国的造船技术有多出色,而只是出于在远东事务上继续维持与英国"盟国"关系的考虑。

俾斯麦专门指示伏尔铿船厂,要求他们"卓越地和准时地执行中国这一次订货",不靠产品以外的因素,而只靠产品来赢得中国这个大客户的认可。因为设计建造时采用了高规格和高标准,"经远""来远"虽是德国继穹甲巡洋舰后,设计制造装甲巡洋舰的开始,但其满载排水量、船炮威力等,超过了中国前后订造的所有巡洋舰,是除"定远""镇远"外,北洋舰队综合作战能力最强的战舰。

1887年,"致远""靖远""经远""来远"陆续回国,加入北洋舰队,这使北洋舰队拥有的进口高速巡洋舰达到七艘,内含两艘装甲巡洋舰("经远""来远"),三艘穹甲巡洋舰即防护巡洋舰("济远""致远""靖远"),两艘撞击巡洋舰("超勇""扬威")。

1888年10月,朝廷批准并颁布由李鸿章具体负责的《北洋海军章程》,标志着北洋海军正式成军。此时的北洋海军,无论是建制还是船舰数量,都已初具规模,舰队的大小船舰达到二十五艘,除战列舰和高速巡洋舰外,还有李鸿章从英、德分别购进的"福龙""左一"等六艘一等出海鱼雷艇(雷击舰),原有的"镇东""镇西"等六艘炮船(即蚊船),国内自产的"威远""康济"和英产"敏捷"等三艘练船(即训练舰),"利运"运输船一艘。

作为国内当时唯一的经制海军,北洋海军已具备了较强的海上作战能力,由此也改变了在第一次鸦片战争后,中国军队几乎不能出海作战的被动局面。李鸿章要借海军威慑和外交牵制来对外"保和局",北洋海军乃是其重要的实力基础以及凭恃。随着北洋海军实力的增强,他开始将远东海上威慑的范围,从东北亚延伸至东南亚,在《北洋海军章程》中,他就作出规定,要求北洋海军每年夏秋之交前往辽东、朝鲜乃至日本海岸,冬春之交前往南洋群岛，进行操演和巡防。

到1888年为止，日本经过三年造舰计划的实施，其海军也达到一定规模，最主要的是增加了两艘防护巡洋舰"浪速""高千穗"，两舰都出自英国阿姆斯特朗公司，代表着当时世界上最先进的巡洋舰制造水平。尽管这样，由于很多舰船仍未竣工，所以此时日本海军的全部吨位、炮位以及海战潜力，仍远远落后于以北洋海军为代表的中国海军。

蚕吃桑叶

以甲申易枢为界，李鸿章在此后的政治处境居然比之前还要好，他在洋务运动中所主持和推进的各项举措，几乎都没有中止。非但如此，海军、铁路、电信等一些以往步履缓慢的领域，还加快了推进速度。这一切，都离不开醇亲王奕譞，当然也包括慈禧太后的信任和支持。

就在北洋海军举行历史上第一次大规模演习之际，奕譞代表慈禧太后和光绪皇帝，亲临现场，对北洋海军进行检阅，同时视察了北洋海口。此次活动为时一个月，是大清海防史上仅见的一次，也是近代史上唯一一次最高规格的亲王阅兵。李鸿章予以全程陪同，在几天的朝夕相处中，他和奕譞除海防建设以外，还探讨了另一个重要议题，即扩建唐胥铁路。

作为国内自建的第一条铁路，唐胥铁路不过才十公里长，但就这么一条短短的铁路，也没能正常运营。在它建成完工后，社会上就传出流言蜚语，说火力行驶震动东陵，而且喷出的黑烟有伤庄稼，结果朝廷下令，禁止使用火车头，并改驴马拖拽车皮。于是，唐胥铁路上便出现了滑稽的一幕：几头毛驴力不胜任地拖拽着长长的运煤车，在铁轨上艰难滑行，而住在附近的当地乡民，则常常尾随火车，用以捡拾驴粪蛋和煤渣！

转机出现在中法战争的前夜，当时北洋水师已进入战备状态，煤炭乃是舰船不可或缺的燃料，李鸿章立即上书，强调要加强战备，就必须加紧运煤，而不断增产的煤又必须使用火车头，才能尽快从矿区运出。朝廷看到形势紧迫，才不得不解除了对火车头的禁令，唐胥铁路也才成为真正意义上的营业铁路，不过修建铁路仍未得到明确许可。

修筑唐胥铁路时，奕譞尚未上台执政，但已暗中对修路表示支持。甲申易枢后，李鸿章多次给奕譞写信，说明兴办铁路的种种好处，奕譞支持修路的态度更加坚决。问题是，朝野反对修造铁路的呼声一直甚嚣尘上，内阁大学士文治甚至"看到电杆而伤心，听说铁路而掩耳"，在这种情况下，以奕譞权位之重，也不便马上公开主张修路。北洋阅兵期间，他与李鸿章达成一致，要修铁路，必须先从扩建唐胥铁路上做文章，因为范围较小，反对的意见可能会小一些，而且唐胥铁路又在李鸿章所管辖的直隶境内，事情也更易办成。

奕譞返京后，继续与李鸿章函件往来，密集磋商，最终他们决定将唐胥铁路延长至阎庄，然后西接天津，东接山海关，以此逐步筹划全国铁路网。

经过奕譞、李鸿章的努力，朝廷决定将铁路事宜划归海军衙门办理。在李鸿章的授意下，开平矿务局以运煤卖煤方便为由，当年就将唐胥铁路延长至芦台附近的阎庄，总长从十公里延长到约四十公里，改称唐芦铁路。

唐芦铁路是块试水石，见朝野尚反应不大，李鸿章便又按计划"得寸进尺"，与奕譞相商，提出将唐芦铁路延长至大沽、天津。1887年春，由奕譞出面，以海军衙门的名义，奏准动工修建，并强调修建这段路是"为调兵运军火之用"。次年，唐津铁路（唐山至天津）告成，总长达到一百三十公里左右，当时西方人就断言，它标志着"中国铁路世纪的开始"。

李鸿章亲自乘车视察了唐津铁路，在大感满意的同时，便欲继续以蚕吃桑叶的策略，再把铁路从天津延伸到京城附近的通州。1888年11月，海军衙门以将京畿附近沿海防务贯通一气为由，奏请修筑津通铁路（天津至通州），并得到了朝廷批准。

通州是北京东边的门户，距离北京最近，津通铁路等于是把铁路修到京城门口，天子脚下了。因为顾忌奕譞的缘故，朝中的顽固派原先对李鸿章悄悄修路的做法，只能忍之又忍，不敢大张旗鼓地表示异议，直到修筑津通铁路之议一出，才把他们给彻底惹毛了。一时间，弹章纷起，有的上奏朝廷，对李鸿章加以百般攻讦；有的致函奕譞，想争取他而拆掉李鸿章的后台。

早在奕䜣执掌中枢时期,朝中就已经爆发过一次关于能否修铁路的争辩,当时系以洋务派失败、顽固派得胜而告终。这是第二次大争论。与上次不同的是,主持政局的奕譞坚决支持修路,针对质疑,他解释说,自己早年也曾反对修路,后来却发现只是陈腐之言和偏激之论,经过中法战争,自己又亲自到天津海口进行视察,这才明白"局外空谈与局中实际,判然两途"。

奕譞态度如此鲜明,使得很多谙熟官场规则的官员,虽然内心反对修路,但表面也不得不含糊其词,以免得罪奕譞一派,加上在已经修成的唐津铁路的事实验证下,顽固派对于修路的一些耸人听闻的非议,也已不攻自破。于是在大争论中,赞成与反对的力量便逐渐形成了旗鼓相当之势。

面对这种局面,朝廷一时也拿不定主意了,但机敏的李鸿章看出,慈禧太后已成为关键,只要她点头同意,修路一议便有望破局。

灵机一动

清代自乾隆朝起,即有组织健锐营、外火器营在颐和园昆明湖进行水上操练的传统,直到近代这一制度才被废除。海军衙门成立后,奕譞奏请并获得批准,由海军衙门负责恢复旧制,重开"水操"。1889年,李鸿章奉命调集水师内学堂(皇家海军学校,只招收八旗子弟,因学堂坐落在昆明湖边,也称昆明湖水师学堂)学员和部分北洋水师官兵三千余人,在昆明湖上进行操演。

"水操"既能显示慈禧对海军的关心,体现其作为最高当权者的权威,又能使其爱热闹、喜欢游乐的性格得到满足,自然很得慈禧的欢心。或许是受此启发,到了光绪皇帝举行大婚之际,李鸿章又别出心裁地献上了一件礼物,这就是由法国商人全额赞助,在中南海所建的一条长一千五百米的微型铁路,与此配套的还有一台小火车头和六节小车厢。

微型铁路落成后,慈禧带上光绪和一众王公大臣,坐着小火车,晃晃悠悠地在园内绕了一大圈。经过这次切身体验,太后大开眼界,认为乘火车确实比乘马车、坐轿子更为稳健快捷,开始明确表态支持修路。

1889年这一年,光绪已年届十九,而且已经完婚,按照清王朝惯例,幼帝一经大婚便要亲理朝政,慈禧于是宣布"撤帘归政",结束此前的"训政",由光绪"亲政"。光绪是皇帝,而慈禧则是太上皇,奏折由光绪阅批,日常事务由光绪处理,但光绪必须定期到颐和园向慈禧请安,碰到朝中紧要大事或光绪自己难以决断的事务时,要向慈禧请示。

5月,光绪颁旨,肯定修路为"自强要策"。这代表了慈禧、光绪的共同意见,但实际上也就是慈禧的决定。至此,历时半年的铁路大论战,遂以洋务派的胜利而告终。

精通权术的慈禧尽管明确表态支持修路,然而却又采纳两广总督张之洞的建议,决定缓建津通铁路,先建腹省干路,即卢汉铁路(卢沟桥至汉口)。

张之洞本出自清流,不过他和张佩纶一样,与纯粹的顽固派仍然有所区别,在京为官时,即对洋务抱有兴趣,自从出任疆吏,自己经手办理实务,尤其是经历过中法战争后,更是已转为实质上的洋务派。张之洞拟议中的卢汉铁路全长将达到一千五百公里,相当于十一条唐津铁路还多,而且总造价约需三千万两白银,几乎是朝廷岁入的一半。张之洞口口声声以十年为期,就可修成卢汉铁路,但在李鸿章看来,别说十年,二十年也未必能修成!

李鸿章在对卢汉铁路方案大不以为然的同时,心里也非常清楚,慈禧选择卢汉铁路,其实并不是觉得这一方案更为可行,而是出于权力制衡的需要,就是想扬张抑李——抬高在中法战争中崛起的张之洞,限制和打压他李鸿章而已。

一筹莫展之下,李鸿章忽然灵机一动:以前首倡修铁路,靠的是拿边疆危机说事,现在修铁路遇到难关,为何不可以旧调重弹?

1890年3月,李鸿章会同总理衙门上奏朝廷,建议缓建卢汉铁路,先修山海关内外的"关东铁路",用以加强边疆防务,抵御日本、俄国对于东北、朝鲜的严重威胁。此奏果然打动了慈禧,朝廷立即准奏,并将原定修卢汉铁路的每年两百万两官办经费,移作关东铁路之用,同时谕令李鸿章督办一切事宜。

李鸿章大喜过望，一面迅速派人前去测量勘路，一面进行规划。计划中的关东铁路将从关内出发，通过沈阳、吉林，一直到达珲春出海口。因为唐津铁路已修至滦州的林西镇，李鸿章遂将关东铁路的起点定为林西，计划由林西出山海关，先修至沈阳，再修至吉林。

然而人谋不如天算，就在关东铁路即将动工的关键时刻，1891年1月1日，奕𫍽病逝于京城。后者不仅令关东铁路的宏伟规划最终归之东流，而且还将使李鸿章直至由其主导的洋务事业，遭到转折性的大挫败。

第十一章　龟兔赛跑

时间回到三十多年前，李鸿章还在安徽办团练。那段时间，李鸿章的团练办得毫无起色，但好在安徽巡抚福济是他的座师，由福济护着，处境还算凑合。后来，福济去职，李鸿章才被迫离开安徽，另择出路。

福济的继任是翁同书，翁同书与李鸿章素未谋面，但其实翁李两家并非没有渊源。过去的科举考场上，除了正考官、副考官外，还有分房阅卷的房官，举子尊称其为"房师"。李鸿章考中进士时的房师为孙锵鸣，孙锵鸣乡试出自翁同书之父翁心存门下，因而论起师门辈分，翁心存还是李鸿章的太老师。

李鸿章虽与翁家有师承渊源，但他在落魄安徽期间，却未能得到翁同书的任何照拂，翁同书甚至连见都没见他一下。

劾翁案

翁心存历任要职，官至体仁阁大学士，更曾在上书房当职二十余年，教皇子们读书，从道光的几个儿子，如咸丰皇帝、恭亲王奕䜣等，到同治皇帝，都是翁心存的学生，所谓当朝宰相、两朝帝师。加上其子翁同书，翁系在道咸之际的朝野之中，实已形成一个很大的政治派别。

只不过时迁世移，到了战争年代，翁系的风头，还是被靠军功发家的湘系超越了。翁系放弃了李鸿章，湘系则视之为宝，曾国藩欣然将其招纳入幕。不过李鸿章初入曾幕时，也度过了一段失意与压抑期，这使他的内心不免会产生波澜。

李鸿章在入幕前，曾把翁同书说成是"漠不相知之人"，但在时隔一年半后，在已身居曾幕的情况下，他却又给翁同书修书，与翁大拉关系。李鸿章给翁同书的信函，并没有得到什么结果。不久，李鸿章也终于理解了曾国藩培养锻炼他的一片苦心，师生冰释前嫌，至此，李鸿章自然不会再对翁同书乃至翁系抱有任何期待了。

如果因为不是发生了"劾翁案"，也许李鸿章与翁家也就仅止于这样关系淡漠而已。"劾翁案"源自寿州事件，当时太平军在英王陈玉成的率领下进攻寿州，幸亏当地团练竭力抵御，才迫使太平军撤离。但城内团练首领徐立壮、孙家泰等与城外的团练首领苗沛霖结怨，苗沛霖为报私仇，纵兵围攻寿州。翁同书派人劝降，苗沛霖趁势提出，只有杀了徐立壮、孙家泰，他才肯归降。

苗沛霖此人一贯两面三刀，不可招抚，这一点早已成为湘系将帅的共识。翁同书身任皖抚多年，竟然还昏聩到看不清苗沛霖的实质，苗沛霖怎么说，他就怎么答应下来，先杀徐立壮，又将孙家泰投入监狱，使得后者在狱中被迫自杀。

翁同书以为满足了苗沛霖的要求，对方就会归降或撤兵，谁知苗沛霖根本无意归降，还发动袭击，攻破寿州并俘虏了翁同书。只是此时正好湘军攻破安庆等重镇，皖省整个局势发生了有利于清廷的变化，苗沛霖才又做戏投降清廷。在他的半哄骗、半胁迫下，翁同书具疏力保苗沛霖，称苗沛霖进攻寿州并不是反叛，罪责全在徐立壮、孙家泰等人身上。

曾国藩彼时身任两江总督，安徽恰为两江总督辖区，对于翁同书所为，极为气愤，遂决定上疏弹劾。

曾国藩从考虑弹劾，到正式上疏，其间经历了很长时间。原因除了曾国藩行事不果断、喜欢思考再三外，还因为翁家乃名门望族，翁父翁心存又是帝师，仅凭一纸弹劾，恐怕不仅扳不倒翁同书，还可能因此得罪当道，殃及自身。正是出于慎重考虑，曾国藩让几个幕僚都各起草了一份备选稿本供其挑选，并最终选中李鸿章之稿，形成了《参翁同书片》。

弹章到京时，翁同书也已经奉调令离职回京，但他到京城后不到一周，即因曾国藩的弹劾而被革职拿问并判以斩监候，只等秋后问斩。未几，翁心存病卒。

翁心存死后，当时的同治皇帝和两宫太后以眷念师傅的名义，特旨翁同书出狱治丧，后又改斩刑为充军边疆。没过几年，翁同书也死于甘肃营中，结局称得上凄惨，只是避免了在菜市口被当众砍头而已。

恩将仇报

翁家在翁心存、翁同书之后，前景最不可限量者，为翁心存的幼子、翁同书的弟弟翁同龢。当曾国藩回北京拜见慈禧与同治时，翁同龢主动上门去与曾国藩晤谈，且谈话过程中，无一字论及往事，从他身上，完全看不到一点仇人相见，分外眼红的迹象。

翁同龢爱写日记，按其日记所载，当时他所想的，只是往年尚能前往位于家乡江苏常熟的翁氏祖茔祭拜，今年则没法回乡了。至于如何了结翁、曾两家的恩怨，翁同龢虽未挑明，但所写"忠恕二字一刻不可离，能敬方能诚，书以自儆"，却无疑给出了答案。

翁同龢对曾国藩的态度以及其日记所载，被认为是他作为一个务实的政治家，已然放弃了对"劾翁案"直接仇主的报复，是公义战胜私怨，时间冲淡遗恨的结果。事实似乎也是如此，翁同龢不但未对曾国藩寻仇，在曾国藩死后，也未对其子孙有任何报复行为。

可惜，翁同龢的胸襟并没有人们想象中那么宽广，恰恰相反，他还以心胸狭窄，性格睚眦必报著称，所谓"好蓄小怨"。小恨小怨尚且牢记不忘，父死兄徙这样的深仇大恩，又岂能不报？

只不过翁同龢作为政治家，又确有其务实的一面。"劾翁案"发生时，翁同龢尚为提督陕甘学政，及至曾国藩进京，他也只不过是国子祭酒。一个没有实权的学官，居于这种身份，翁同龢又怎么敢与湘军大帅，有着中兴元勋身份的曾国藩公然作对呢？

曾国藩死后，曾国荃还是朝中大吏，曾国藩之子曾纪泽亦担任要职，翁同龢要想找曾家的碴，并不比曾国藩生前时容易，再者，这样做，目的和动机也过于明显，无异于自己打自己的嘴巴。

翁同龢只能将一腔怒火与怨气，发泄在与"劾翁案"有牵连的其他湘军人物身上。在翁同龢的日记中，有一则记录他怀疑为曾国藩捉笔代写弹章的人，是曾国藩的幕僚徐子苓。这足以证明，翁同龢没有像其所刻意表现出来的那样，对"劾翁案"予以释怀，他不仅相信世传曾国藩的参折为代笔一说，而且对于代笔人耿耿不能忘。

翁同龢在日记中没有提到李鸿章，并不说明他对李鸿章就不怀疑。毕竟外界对于弹章出自李鸿章之手，已经传得沸沸扬扬，甚至还有人说李鸿章"一纸奏折显身价"，正是因为代曾国藩写《参翁同书片》，得到曾国藩的肯定，其后的事业也才得以"隆隆直上"。

徐子苓没有做过什么大官，且很早就已辞官归隐，翁同龢就是想报复，也无从下手。李鸿章不同，他是天下第一督抚，天天在庙堂之上招摇。从翁家的角度来看，若果真是"一纸奏折显身价"，李鸿章如今的显赫，可以说就是用他翁家的惨痛和凄凉换来的。

对于李鸿章代笔一事，尽管清代笔记上言之凿凿，连细节都历历如绘，但无论是史籍，还是曾国藩、李鸿章留下的文字资料，都未有正式记载，研究者因此认为，此事尚有诸多存疑之处。退一步讲，即使李鸿章对弹章有着某种程度的参与，或提建议，或直接捉笔，那也是他作为幕僚的职责所在，是奉命行事，如有的评论所说，"公事公办，并非私见"。

问题在于，翁同龢没有必要一一论证坐实后，再去决定自己能做什么，该做什么。更重要的是，李鸿章不是光曾国藩的幕僚这么简单，他跟翁家还有另外一层复杂的关系。

李鸿章作为翁心存的小门生，得其教诲，这是翁家对李有恩；李入湘系，两边分道扬镳，也说不上到底是谁欠谁的；最后李鸿章反戈一击，予翁家以重创，这不是恩将仇报吗？

世间的恩怨纠葛从来如此。倘若代笔人真是徐子苓或者其他人，也就没啥好说的，人家吃的是幕僚这口饭，总要让人家吃饭吧；但如果是李鸿章，那就不能完，完不了！

公　仇

1886年，担任津海关道的周馥，受到户部弹劾，奏参将其"严议革职"，理由是短少洋药厘金。

周馥是最早跟随李鸿章征战的骨干幕僚，办事干练，能力较强，而且居官一向以精细谨慎闻名，从来没听说过他与舞弊贪腐行为有染。李鸿章闻讯立即让人检查，发现津海关征收洋药厘金的箱数并未短少，而且周馥任内经营管理有方，报收钞关税、子口税等皆有盈余。这让李鸿章非常气愤，认为户部无中生有，是在故意对他进行掣肘拆台，遂奏请撤销参案，又让周馥带着自己的亲笔信和礼品，拜会时任户部尚书的翁同龢，以求私了和解。

此时的翁同龢早非昔日可比，他不仅是户部尚书，还是两朝帝师（同治、光绪的师傅），随着地位的迅速上升，翁同龢与李鸿章之间在原有的私怨之外，又加上了公仇。

中法战争后，朝中以李鸿藻为首的北派清流已经瓦解，以翁同龢为首的南派清流代之而起。南派清流在基本主张上，与北派清流大同小异，对洋务同样持排斥态度，李鸿章自然就成了他们的政敌。只不过以前的北派清流对于李鸿章其实是有打有拉，张佩纶等人甚至还与李鸿章沟通密切，南派清流则是去掉了"拉"，就是"打"。

此为其一。其二是慈禧虽然已经归政，但仍旧居于"太上皇"式的地位。与光绪接近的朝臣未免对此愤愤不平，光绪自己也不甘心，于是便在光绪周围逐渐形成了一个多游离于权力中心之外，且并无正式组织形式的小集团。这一小集团与集合在慈禧周围、大多身居要职的官僚集团隐然作对，时人称前者为"帝党"，后者为"后党"。

李鸿章是洋务派，他既不属帝党，也不算后党，只是因不满帝党对外的"一意主战"，又鉴于后党仍然掌握着清廷最重要的一部分实权，足以主宰自己的宦海沉浮，因而才倾向于后党。

帝党清流针对的都是李鸿章，更不用说，背后还隐藏着翁李难以调解的恩怨，只是李鸿章身居高位，且得到慈禧、奕劻的倚重，一时难以撼动。

所以翁同龢一派才把矛头指向他的部属幕僚——严参周馥，在令李鸿章难堪和被动的同时，削弱其阵营。

李翁之争，若是仅仅涉及政争倒也罢了，让李鸿章叫苦不迭的，恰恰是对方不肯道明、看起来又确实存在的私怨。

得罪翁同龢这件事看来已经是板上钉钉，事到如今，也只有竭力寻求化解了。在由周馥带去、致翁同龢的亲笔信中，李鸿章以翁氏门人的口气，在落款处自称"世侄"，表现得颇为谦恭。

无奈翁同龢没那么好打发，他毫不掩饰对李鸿章的厌恶，看完信后，气呼呼地说了一句："太过分了！皖人就会护短！（意指周馥系李鸿章的安徽同乡，李鸿章此举是在拉裙带关系）"便把信扔到了一边。

李鸿章碰了壁，讨了个没趣，只得又致信工部尚书、吏部尚书，请他们主持公道。那时奕譞尚在，有他作为靠山，尚书们都得卖个面子，出来讲几句话，翁同龢亦不敢跟皇帝的生父硬顶，最后在李鸿章的力保和疏通下，户部终于不得不撤销了对周馥的参案。

随着奕譞的去世，李鸿章在朝堂失去了一个强有力的奥援和代言人，在与翁同龢等清流派对峙时，再也无人能替他撑腰了。这使李鸿章马上意识到，自己今后的日子恐怕不会好过，即便已经确定并推进的一些洋务事业，也极可能被人从中作梗。

此时除了铁路，让李鸿章为之挂怀的，当然还有海军建设。事实上，自北洋海军1888年正式成军后，由于经费紧张，除从福州船政局调来"平远"号巡洋舰外，三年里，舰队没有再添任何一舰，也未再购置一门新式火炮。

中法战争后，朝廷应李鸿章等人之请，曾应允每年拨四百万两白银作为海防经费，用于兴办和发展海军。这笔钱主要从海关税收和一些沿海省份征收的厘捐中拨付，操作流程是先由各处汇解给海军衙门，再由海军衙门统一拨发给北洋海军。但由于汇解不足额，北洋海军每年能够收到的经费，只有一百万两左右。

海军建设中耗资最大的项目，便是购买和建造舰船。每年一百万两军费，勉强仅能支付北洋海军部分人员的薪饷、舰船、基地维护等费用，以及购造一些辅助舰船和小口径火炮,根本不可能购买动辄上百万两的主力舰船。因为这个缘故,北洋海军购买主力舰船所需经费,几乎无一例外都必须专门上奏、单独申请,甚至于,连这些主力舰的船员薪饷,也都需海军衙门在北洋海军军费之外,设法筹款支付。

作　梗

海军衙门虽为发展海军所设,但它并不仅仅是管理海军建设,因为第一任王大臣奕譞的关系,东北练兵、修建铁路等业务,包括三海工程,也都属于海军衙门的管辖范围。

三海即北海、中海、南海的总称,当时又称西苑,1885年海军衙门成立后,慈禧下令重修三海,以作归政后的颐养之所,并令奕譞主持三海工程的修缮。由于其时外患内乱不断,中央财政危机日益加剧,政府在皇家园林建设上不得不低调行事,规定不准奏拨部库正款。奕譞在筹措工程款的过程中遇到困难,有时便只能从他所掌握的海军衙门里挪借银两,而且在此后的十年中,无论是三海重修,还是三海正常岁修、慈禧六十庆寿工程,也都向海军衙门挪借过银两。不过奕譞在工程修建上向持节俭态度,同时这些挪借的银两也不是有去无回,而是采取专款归还的方式,事后都由内务府筹还给了海军衙门。

三海工程对于北洋海军发展的负面影响,必然会有,但并不是很大。1886年,因粤海关拖欠大量三海工程经费,奕譞穷极无计,才想到了要挪借购舰专款。此时的购舰专款,就是前一年为购置"致远""靖远""经远""来远"等四艘巡洋舰,由海军衙门筹拨的专项经费,共两百四十八万两,因船价交付还有一段时间,李鸿章将其全部存于汇丰银行,以生息银。奕譞拟从中先特借拨银三十万两,等粤海关筹款到账,即行归还。

在李鸿章的坚持和劝解下,奕譞考虑再三,只得改变主意,另从海军衙门的存款内挪借出三十万两白银,发给三海工程处使用,"致远"等舰的购置专款终于一两都没有动用。

"济远"等舰回国后,因朝野普遍认为北洋海军已经成军,足以拱卫京畿，加上中央财政也确实窘迫异常，致使北洋海军在连续三年内都再未能够购舰。其间，光绪、奕譞为了给慈禧的六十大寿兴建一处举行庆典的场所，决定重修被英法联军烧毁的清漪园为颐和园，修园工程仍由奕譞主持。

与三海工程一样，颐和园工程照例不能动用国家正款，还得奕譞进行筹措。此时海军衙门经费困难，拿不出多余钱用于工程，奕譞绞尽脑汁，决定以筹集"海军经费"的名义，向各地督抚"化缘"两百万两。1888年底，他致函李鸿章，透露了这一意图，并表示钱筹到后，只以所得利息贴补颐和园，本金不动，将来全部用于海军建设。

两百万两，又可以买一批"致远"了，但问题是，这笔钱与北洋海军本没有半毛钱关系，现在按照奕譞的方案，只要能够"化缘"成功，其本金将来仍可用于海军。李鸿章对此自然不会不接受，收到奕譞的函件后，他当即同意牵头促成此事，只是不赞成把"海军经费"的名头打在前面——各地财政虽然仍可挖潜，但督抚们也都很精明，若无特殊情况，他们都会把钱袋捂得紧紧的。孰不如直接挑明跟颐和园有关，大家都是聪明人，马上就会悟出这可能来自慈禧的旨意，掏不掏钱，掏钱多少，关乎今后的仕途宠辱，自然就会个个踊跃、人人争先。

李鸿章除了自己带头筹款外，又按此办法，一个省一个省地打招呼。不出其所料，各省纷纷解囊，最终合计集款达二百六十万两之多，此即后世学术界所谓的"海军巨款"。

"海军巨款"陆续解到后，被全部存进天津的外国银行和洋务企业，其本银专备"购舰、设防一切要务"，息银则每年解往京城，拨入颐和园工程。因为要存储生息，以备工用，所以本银平时根本就不可能拿出来，专备云云，暂时也只能沦为一句空话。北洋海军若需购舰，仍然只能走申请购舰专款这一渠道。

要命的是，恰恰在这个时候，有人终于开始作梗了。1891年4月，李鸿章奏请在胶州添筑炮台，此奏获得朝廷的批准，朝廷同时下诏要求整顿海防。对北洋海军而言，这本来是件好事，似乎接下来就应该有条件购置新舰新炮了。然而就在李鸿章应命办理炮台事宜期间，翁同龢却以海军实力已足为由，奏准在两年内禁止北洋海军购买外洋船只、枪炮和机器，相应经费解户部充饷。这意味着,不仅北洋海军的购舰专款被完全冻结,就连从国外购买舰船零件也被禁止——经过多年运作,军舰本身有很多需要修复的地方,其中相当多的必备零件国内根本无法仿造,不让进口,也就等于无法再对军舰进行维护保养。

由翁同龢发起的户部禁购案,既可以看作是清流派对洋务派尤其是北洋系的重大胜利,更可以看作是一贯与李鸿章有着公仇私怨的翁氏,对于老冤家的一次成功报复。李鸿章加速发展海军的计划由此彻底落空。

宋朝时,由枢密院掌管调兵权,三司掌管财政,二者往往互不相知、互不协调,因而出现了枢密院刚刚在讨论向前线增兵,三司却已在嚷嚷着要缩减军饷的怪象,所谓"枢密方议增兵,三司已云节饷"。在写给同僚的信中,李鸿章引述宋朝往事,用来比拟现状,愤激之情跃然纸上:"军国大事岂能如此各行其是,不相为谋?"

北洋系内部也早已是一片哗然。刘铭传闻讯长叹:"敌国正要对我们下手,而我们却自拆藩篱、削弱海防,我看灭亡的日子已经离我们不远了!"

周馥建议李鸿章上书朝廷,痛陈"海军宜扩充,经费不可省,时事不可料,各国交谊不可恃",请朝廷饬令相关部门统筹速办海军扩充事宜。李鸿章对此表现得非常踌躇,周馥再三力言,李鸿章默然无语,唯叹息而已。

校　阅

户部禁购案之前,翁同龢就已竭力对李鸿章进行排挤和刁难,但都尚止于一定范围,不敢过分。此次他能够把事情做得如此不留余地,并非偶然,它显示出京城的政治格局已经发生了明显不利于李鸿章的变化,而这又都与奕谖的猝然去世有关。

这也是李鸿章在户部禁购案出台后,显得既郁闷不已,却又无可奈何的直接原因——正如他对周馥所言,即便他犯颜上书朝廷,痛陈快速扩充海军的必要性,朝廷还是会持不以为然的态度,交部议也不过是敷衍而已,最后不但于事无补,还会给朝廷留下他急于扩充其北洋势力的恶劣印象,以致被参上一本。

有人评论李鸿章，说他前半生建立不世勋业，"后半截世故"。更有人认为李鸿章随着年岁增大，惰性也越来越大，苟安偷惰，耽于世故，故而在政治活动中显得暮气沉沉。实在李鸿章亦有其不得已之处，他虽贵为督抚之首，但说来说去，也还只是一个地方官，而且还是一个时时遭到朝廷猜忌、被各方攻讦的地方官，所谓"人在屋檐下，不得不低头"是也。

清代笔记记载，李鸿章进京公干，凡来拜会的京官，无论品阶大小，李鸿章私下均有银两相送。以李鸿章所拥有的声势之大，为什么即便对一些品阶很低的京官也要如此加以敷衍？无他，主要就是为了消除不利隐患，防止自己成为众矢之的。

到了这个时候，李鸿章无疑会更加怀念奕譞乃至奕䜣主政的那些岁月。1891年6月，他在山海关设立北洋官铁路局，用以推进关东铁路工程的实施。为防计划生变，李鸿章专门致函海军衙门新任总理大臣奕劻等人，表白自己之所以不畏劳苦，甘冒舆论反对也要把关东铁路工程推进下去，既是因为职责所在，必须尽自己的本分，另一部分原因也是要报奕譞生前对自己的知遇之恩。

虽然隐隐然已有无力回天之感，但对于发展北洋海军以及铁路等洋务事业，李鸿章并未死心。按照《北洋海军章程》的规定，每三年要钦派大臣会同校阅一次海军，1891年5月至6月，在北洋海军成军三周年之际，李鸿章会同山东巡抚张曜，对北洋海军进行了成军后的第一次校阅。尽管海军的发展已因户部禁购案而受到完全桎梏，然而终究瘦死的骆驼比马大，加上李鸿章有意展示海军所取得的成就和进步，以争取朝廷的支持，故而校阅的场面极为宏大，艨艟云集，舳舻相接，声势显赫。事后李鸿章在与张曜会衔上奏时，着意加以渲染，并说此次校阅之后，还要对北洋海军多加训诫，如此才能"将海防隐患消除于萌芽之中"。

在其时中国的"海防隐患"名单中，自然不能少不了日本。校阅刚刚结束，日本政府便向北洋海军发出了访日的邀请。五年前，北洋海军偶然首次访日，结果酿成了流血事件，即"长崎事件"，那时北洋海军尚未成军，还不具备校阅时的规模。相隔五年后，李鸿章正好也有意向日本展示北洋海军的实力，对其予以震慑，对方的邀请可谓正中下怀，于是当即答应下来。

6月26日,北洋水师提督丁汝昌率六舰编队,从威海卫起航,开始第二次访问日本之旅。这六舰分别是"定远""镇远""致远""靖远""经远""来远",皆为北洋舰队的主力舰。舰队出发前,鉴于"长崎事件"的教训,李鸿章命丁汝昌严加管束,以免再惹出是非。

两天后,舰队到达日本马关,接着又到神户添煤加水,最后于7月5日抵达横滨港。在横滨,作为北洋舰队旗舰的"定远"鸣二十一响礼炮,向日本海军致礼;日本海军方面负责接待的"高千穗"舰也鸣二十一响礼炮作答。当时停于港中的英美军舰亦皆按照礼仪,鸣十三响礼炮向北洋舰队致敬,一时间,礼炮轰鸣,此起彼伏。

访 日

由长崎事件发端,日本一度掀起超常扩充海军军备的狂潮,其间实施并完成了三年造舰计划,这在日本海军发展史中,称为第一期扩张。从1888年起,日本又开始第二期海军扩张,海军大臣西乡从道提出扩张案,要求以公债形式募集造舰资金。

日本邀请北洋海军访日,其用意之一,显然是想看看经过这些年来的军备竞赛,两国海军之间究竟还有多少差距。结果一看,不仅七千吨级的"定远""镇远",其铁甲之厚,炮火之强,在日本军舰中依然难以望其项背,连原先遭到诟病的军纪也都大有改观。日本人因此深受刺激,就在《东京朝日新闻》发表报道的当天,日本海军便向内阁提出了一项新的造舰计划,总支出预计高达五千多万日元。

与北洋舰队首次访日不同,这次日方做了充分准备,对于北洋舰队的到来,竭尽礼仪;北洋舰队所到之处,或以礼炮致意,或夹道欢迎;天皇又特地在东京接见丁汝昌和北洋各舰管带(即舰长);日本外相和海军大臣也都举办了欢迎宴会,可谓招待得非常隆重周到。

作为回礼,丁汝昌在泊于横滨港内的"定远"上举行招待会,邀请包括国务委员和记者在内的日本各界人士出席,而这又给了日方一次深入观察北洋海军的机会。在向导的引领下，来宾们参观了"定远"上下各层，近距离接触了舰上那四门日本舰队所没有的巨炮，对于北洋海军各方面取得的进步也都留下了深刻印象。"定远"上的年轻军官都懂英语，可以在不借助翻译的情况下，为参观者一一讲解舰上设施，可知他们大多留过洋，接受过系统教育和训练；舰内整齐规范，非常干净，据日本法制局局长宫尾崎三郎看来，已不亚于欧洲军舰。

在横滨停留两周后，北洋舰队前往长崎访问，直到1891年8月4日，才离日回国。北洋海军此次访日，是中日海军首次，也是最后一次近距离观察对手。在这一过程中，北洋海军的确展示出了实力——在明白北洋舰队已经成为东亚第一强大的海军力量，而日本舰队仍只属于二流舰队后，"对强大的中国舰队的威力感到恐怖"，迅速成为日本国内的一种普遍心态。

然而与此同时，李鸿章想要以此震慑乃至吓阻日本的愿望，却落了空。相比五年前的远观，这次与北洋舰队从内到外的"亲密接触"，令日本人大受触动，自此他们不但没有从与海军军备竞赛中退出，反而知耻而后勇，进一步加大了对海军的投入。

接触和了解是相互的，北洋舰队的军官们也注意到日本海军"已非吴下阿蒙"式的高速发展，同样令他们脊背发凉，危机感油然而生。北洋舰队一回国，右翼总兵刘步蟾即向丁汝昌力言逆水行舟，不进则退，北洋舰队虽然在整体规模上仍超过日本，但若是与之实战，战斗力恐怕已逊于对方，故而添船换炮刻不容缓。丁汝昌随后也向李鸿章递上条陈，认为北洋舰队的有些舰艇确实已经老化，机器运转不灵，而且各舰在航速和射速上也均已落后于日本，因此请求增购舰船。除购舰外，丁汝昌还建议添购德国新式速射火炮，用以装备主力战舰。他算了一笔账，这笔开销总共不过耗银六十万两，且可分年购买，海军衙门筹款并不特别困难，只要户部放行，取消禁令就行。

其时户部禁令也已经引起一些有识之士的反对，经过呼吁，上谕终于松口，说可以拨款，然而北洋海军一直等到秋天，还是没有见到一两银子拨下来。不得已，李鸿章只好亲自出马，请求拨款给北洋海军添船换炮，但上谕也只是以饷力极拙来予以敷衍。

竞　赛

　　这是一个现代版龟兔赛跑的故事——北洋海军开始只是步伐缓慢，后来却成了裹足不前，躺在地上打盹；日本海军则在一刻不停地奋起直追。

　　应该说，国库空虚、经费窘迫的情况，中日都客观存在。更何况，军舰制造的费用也在逐年递增，正如恩格斯所说，再也没有谁像"国家那样感到苦恼的了"，因为"国家现在建造一艘军舰，要花费以前建造一整个小舰队那样多的金钱"。拿日本来说，它在1888年的西乡扩张案，便因政府财政状况不佳而被内阁否决掉了。1891年，受北洋海军访日所激发的庞大造舰计划，也因众议院解散而流产，之后虽经修改后再次提交议会审议，然而结果仍遭否决。

　　日本海军的幸运之处，在于日本皇室、政府与军队、国民的目标已经达成一致。实际上，日本早在展开与中国的海军军备竞赛之初，就制定了《清国征讨方略》，决定在1892年前完成对华作战的准备，其海军扩张进程因此从未中断：西乡扩张案虽被否决，但到1889年，仍购进了两艘军舰及三艘水雷艇（即鱼雷艇）；第一期海军扩张后，随着军舰的增加，带来了军港、炮台等各种设施不完备的问题，明治天皇闻讯当即以身示范，节衣缩食，从内库中拿出三十万日元以充海防之资，接着，国民又响应号召，踊跃捐款，募集到了总额达两百三十八万日元的海防经费；1891年，按照更高的技术要求和指标，日本向英国订购巡洋舰"吉野""须磨"。

　　这是北洋海军访日前的事。在此之后，虽然当年的造舰计划夭折，然而到了次年，也就是1892年，日本内阁又公布了建造十万吨军舰的计划，该计划在明治天皇的裁决下，很快得以落实。当年海军经费占岁出的比例，也因此竟已猛增至国家预算的百分之四十以上！

　　1893年，鉴于国库已近枯竭，无力再承担海军的巨额经费，明治天皇发布谕旨，决定在此后的六年里，继续节省宫中开支，每年从内库拨出三十万日元，并从文官武员的薪金中抽出十分之一，统一充作海军费用。为了节省开支，激励士气，明治天皇甚至"每天仅仅吃一餐饭"，此举又再次带动了政府议员主动捐出四分之一薪俸，政府一般公务人员主动捐出十分之一薪俸，用作造舰购炮。至此，东瀛三岛对于扩张海军的热度，已近似疯狂。

从 1888 年到 1894 年，日本平均每年添置军舰两艘，六年里共添置军舰十二艘，总吨位增加了两万多吨。在这六年时间里，世界海军的造舰水平和舰载火炮技术都在飞速发展，如后来恩格斯所说，海军舰船甚至尚在船坞之中，未及下水，便已过时。日本正好赶上和利用了这股浪潮，从第一期海军扩张开始，其主力战舰便主要向英、法等国订制，并且采用的都是当时世界上最先进的技术。

北洋舰队的大小军舰，以铁甲船"定远""镇远"为最具威慑力，日本铁甲船"扶桑""金刚""比叡"，在其舰队中虽已属最强舰船，但其主炮均无法射穿"定远""镇远"的铁甲。为对付"定远""镇远"，日本政府早在 1886 年，即以比聘请一般外国专家高出二十倍的厚薪，礼聘法国造舰名匠、以造舰精巧而闻名欧洲的贝尔顿为海军顾问。贝尔顿针对中方的两艘铁甲船，专门设计了三艘海防舰，并以日本三处著名的风景加以命名，此即所谓的"三景舰"："严岛""松岛""桥立"。

"严岛""松岛"由法国建造，"桥立"由日本自建，三舰分别于 1891 年、1892 年、1894 年竣工。按照贝尔顿的设计，"严岛"配备超大口径加农炮一门，该炮从一千米外开火，可贯穿一米厚的墙。世界上最早使用这种火炮的国家是英国，其次就是日本，"松岛""桥立"的形制和武器系统也与"严岛"大致相同。有了"三景舰"，日本海军对于"定远""镇远"这样的巨舰也就没那么惧怕了。

在十九世纪九十年代以后，世界新造军舰的舰速、舰载火炮的射速也均得到极大提高，可谓是日新月异，日本敏锐地捕捉到了这一最新技术动向，开始推行快船快炮政策，并把第二期海军扩张的重点，放在购置高速巡洋舰和添购中口径速射炮上，以求在速度和火力方面能够对北洋海军进行压制。

1890 年订购，1893 年竣工的"吉野"乃其代表，这艘在英国订制的穹甲巡洋舰，被誉为当时世界上最优秀的巡洋舰之一。北洋舰队所拥有的七艘进口巡洋舰，从最早的"超勇""扬威"，到后期的"济远""致远""靖远""经远""来远",无论航速还是火力,都在"吉野"之下。讽刺的是,"吉野"的制造厂家就是多年前推出"致远""靖远"的英国阿姆斯特朗公司,后者也曾向中国推销过与"吉野"同形制的军舰,但却未被接受。

表　演

1893年1月,光绪皇帝颁下谕旨,要朝中众臣和各部门为慈禧"万寿庆典"做准备。随后,各地贡献的圣寿礼品齐聚京城,北京城内,仅粉饰庆典场所,添置庆典服饰,搭建彩棚、戏台、牌楼以增添喜庆气氛,就耗银两百四十万两。

一片喜庆气氛中,李鸿章却获知,日舰的速度已在中国舰船之上。北洋舰队的"定远""镇远",其大炮口径达到三十点五厘米,素来被中方引以为傲,但包括"松岛"等"三景舰"在内的四艘日舰,其大炮口径也已达到三十四厘米,而且射速更快。

数据不会骗人,李鸿章在给驻日公使汪凤藻的复信中,惊呼现在的日本海军"处处胜我一筹",其实力后来居上,已经完全超过北洋海军,取代了后者亚洲第一的位置。

一边在热热闹闹忙着筹办庆典;一边在节衣缩食,以举国之力建设海军。几年时间里的彼进我退,使得中日两国海军之间的差距被迅速拉平。至1894年,日本海军已拥有军舰三十一艘,鱼雷艇二十四艘,弹药储备方面则超出了一次对华战争可能消耗掉的数量。

李鸿章急在心头,1894年3月,鉴于户部禁购案的时间已经到期,他先是在北洋海军顾问、德国退役军官汉纳根的建议下,奏请购买十八门中口径快炮(即速射炮)以及配套的大开花弹,以供"定远""镇远""经远""济远""来远"五舰使用。次月,一名英员告诫李鸿章:"中国海军现状尚不足以战胜日本,一定要再添购两艘快船,方可以对付日本而制胜。"李鸿章深以为然,遂又上条陈奏请添置新式快船。

令人失望的是,两次奏疏朝廷不是驳回所请,就是继续搪塞敷衍了事,在回以"该衙门知道"的朱批后,便再无下文。

5月7日至27日，海军衙门奏派李鸿章与帮办安定率有关人员，第二次对北洋海军进行校阅。这次李鸿章特地邀请了英、法、俄、日等国人士同往参观，其时在海关总税务司任职的濮兰德，如此描述展现在参观者面前的情景："船和炮，都粉饰油漆得焕然一新，礼炮齐鸣，龙旗招展，向他（指李鸿章）的来和去致敬。"结合后来所发生的那些事件，濮兰德在回顾中忍不住发出了这样的疑问："人们不能不奇怪，这个老年人是自欺到何种程度，竟然自满于这虚幻的伟大工程。"

　　事实上，李鸿章对北洋海军的实力相当了解，在他看来，现今的北洋海军至多只能算是半支海军，军舰数量少不说，舰龄老化、速度缓慢、火力不强等弱点也都显得十分突出。就在校阅期间，他还借视察烟台、大连港口要塞之机，亲自登上英、法、俄军舰，对之详加考察。考察时，他发现这些西洋军舰的规模形制都比以前更为讲究，其中尤以英国为最。他由此认为，北洋海军就算进行扩充，要赶上欧美诸大国，恐怕十年内亦不易办到，更别说朝廷无意为之了。

　　李鸿章既有自知之明，还要把校阅活动搞得这么热热闹闹，风风光光，并邀请包括日本在内的各国人士参观，说白了，其实就是在进行表演，目的是希望外界特别日本，以为北洋海军仍具有强大实力，从而不敢轻举妄动。

　　另一方面，李鸿章亦有借助检阅所制造出来的声势，督促朝廷尽快加大投入，扩充海军之意。在给朝廷的校阅报告中，他把"添置船艇"列为第一急务，忧心忡忡地表示，自己多年来虽一直在设法筹办，也取得了一些成效，但因"限于财力"，未能对北洋海军进行大的扩充，北洋海军也因此无法与外国抗衡。

　　校阅报告递上去后，朝廷在海军投入方面依旧毫无动静。不唯如此，户部又以为慈禧太后祝寿为名，向海军衙门"商借"经费两百万两，后者恰好是关东铁路每年的筑路专款。此时关东铁路已修至山海关，购地已至锦州，并已于当年春天建成通车，但在户部已经奏准的情况下，李鸿章也只好遵旨照办。于是，关东铁路这条具有重要军事价值、对于即将爆发的战争可能起到关键作用的铁路工程，终于被迫停建，两百万两修路费也被户部全部归入颐和园工程。

误　判

　　1894 年初，朝鲜爆发东学党（又名东学道，名称由来是"兴东学，排西学"）农民起义。朝鲜政府没有力量独自镇压起义和稳定秩序，于是便通过中国驻朝商务总办袁世凯，向中国发出乞援书，请求出兵助剿。

　　按照十年前李鸿章和伊藤博文所签订的《中日天津条约》，中日两国均不在朝鲜驻兵，但朝鲜若发生变乱重大事件，两国均可派兵协助平叛。朝鲜政府请求中国出兵助剿，固然让中国找到了出兵朝鲜的法理依据，然而李鸿章顾虑到它很可能引起列强特别是日本的干涉，故而一开始显得很慎重，没有贸然答应。

　　日本驻朝使官翻译郑永邦主动找到袁世凯，说朝鲜发生内乱，对他们的商务大有妨碍，所以日本希望中国出兵朝鲜，同时保证："我国政府一定不会干预。"

　　袁世凯信以为真，一再致电李鸿章，认为日本"志在商民，似无它意"，请其迅速派兵援朝。在袁世凯的竭力保证下，李鸿章出现了他一生中为数不多的一次重大误判，经光绪皇帝认可，决定依照壬午兵变、甲申政变时的先例，遣兵入朝。

　　他们不知道的是，在日本政府所制定的《清国征讨方略》中，中朝早就被其列为进攻对象，日本怂恿中国首先出兵朝鲜，不过是在为挑动战争，一举驱除中国在朝势力制造口实而已。

　　按照《中日天津条约》任何一国出兵朝鲜，都应"互相照知"一条，李鸿章通过正式和非正式渠道，将出兵一事通知了日本。日本一得到消息，在未告知中方的情况下，便立即派驻朝公使大鸟圭介率"护卫队"八百人，以保护使馆及侨民的名义，抢先直趋汉城。接着，由陆军战时混成旅团、海军八艘军舰组成的舰队，也陆续开往朝鲜。

　　对于中日可能在朝鲜爆发军事冲突，李鸿章不是没有想到过，也不是完全缺乏准备。1894 年 5 月 27 日，即对北洋海军的第二次校阅结束的当天，他便上折提出了自己的备战方案，主要包括任命东征前敌统帅、筹拨军费、添募士兵、加强北洋舰队等四项措施。这是中日爆发战争前的第一个备战方案，但李鸿章毕竟没有料到日本会搞欺诈之术,背信弃义,偷偷地派重兵入朝。

既然日军出兵大出李鸿章的意料,他自然也就不可能制定出有针对性的措施。华军援朝部队本为平叛而来,海军仅丁汝昌调派"济远""扬威"两舰,陆军也仅直隶提督叶志超、太原镇总兵聂士成所率的淮军两千余人,兵力既少,又"专剿"朝鲜内地的起义军,所以也没有抢驻汉城和通商各口。趁此机会,日军尽占朝鲜险要之地——铁舰扼守仁川,陆军进占汉城。可以说,日军自登陆朝鲜开始,就已"著著占先",而华军则"面面受制"。

发现苗头不对,中国政府连忙强调中国派兵,系按照保护属邦旧例,帮助朝鲜平定内乱,日本没必要再派重兵。日本有备而来,自然不会吃这一套,他们宣称中国既然已经出兵,则日本也有同等的出兵权利,对于中方的照会和声明,根本就不予理睬。

此时朝鲜政府已与东学党展开谈判,看到起义已引起外国武装干涉,东学党领导人同意暂时停火,双方于6月10日达成和议,朝鲜局势渐趋平静。《中日天津条约》规定,一旦朝鲜变乱被平定,中日两军就应撤回,中国政府因此援引条约规定,通知日方同时撤军,但日方却以"中日两国携手,共同改革朝鲜内政"为由,加以断然拒绝。

日本不仅不肯撤兵,而且其动议还蕴含着对中国宗主权的否定,中朝两国都无法接受,中日两军遂在朝鲜形成对峙,朝鲜半岛的局势由此重新变得复杂起来。

截至6月16日,日本陆军战时混成旅团第一部四千余人,已全部由仁川登陆,驻朝日军在兵力上大大超过华军,而且完全控制了汉城、仁川等重要城市,势头咄咄逼人。华军陷入进退两难的尴尬境地,为防不测,提督叶志超一面将军队集中在小城牙山待命,一面紧急向国内报告局势动态,请求指令。

中国政府仍希望通过和平方式化解冲突,但仅仅一周后,日本外相陆奥宗光就向中国驻日公使汪凤藻提交了一份备忘录,上面对中方拒绝"共改朝政"深表遗憾,同时表示日本不会因为中国的拒绝而放弃这项动议,更不会撤退驻朝军队。这份外交照会后来被称为"第一次对华绝交书"。

既然已经对华绝交,日方当然不会再顾及中方的态度,日本继续向朝鲜大规模用兵。绝交书提交的次日,日军第五师团即开往朝鲜,事态由此变得愈加严重。

此前,面对朝鲜危局,紫禁城迅速出现了主战、主和两种声音。主战一方主要是帝党清流,帝党清流的幕后指挥者是翁同龢,他在控制着清流派的同时,主要通过文廷式来联络志锐等帝党成员,用以协调两派步骤。翁同龢本身是一个"尊王攘夷"者,一贯高调主战,翁同龢所辅佐的光绪皇帝年仅二十四岁,正当年轻气盛,亲政后颇思有所作为,对日作战的情绪也颇为高涨。

主和一方主要是后党。后党主和,一个重要原因是这一年恰逢慈禧的六旬大寿。在此之前,慈禧有两次生日都没能过好:第一次是她四十岁的时候,当年发生了日本侵台事件;第二次是五十岁的时候,发生了中法战争。慈禧对此耿耿于怀,她本人不希望到了六十大寿的时候,迎接她的又是战争,而不是隆重的庆典,所以倾向于通过外交手段消弭战端,保持和局,后党都是围绕着慈禧转的,其成员自然也持相似态度和政治立场。

兵部尚书孙毓汶直军机逾十年,且深得慈禧宠信,是后党的中坚分子。其时的军机处首席大臣、礼亲王世铎遇事模棱,从不主动提出任何建设性意见,孙毓汶因此成为枢府(军机处)真正的主心骨,枢府也因此为后党所控制。在和战议题上,孙毓汶与翁同龢相对立,另一位军机大臣、吏部左侍郎徐用仪紧随孙毓汶,更是一度和翁同龢吵到了脸红脖子粗的地步。

李鸿章与孙毓汶的私交很好,但和一些后党官员纯粹迎合慈禧不同,他与主战一方的实质性分歧,还是集中在仗到底能不能打,以及能不能打赢之上。

调 停

自中日矛盾凸显开始,清流派便积极主张对日采取强硬态度,然而清流派中的人物,几乎全都是清谈之士、传统文人,他们对国际局势、中日两国的实力对比,乃至近代军事一概懵懂无知,对外政策全凭自我想象和一腔愤懑。

战争不是非要等到开仗才知道结果,中日海战的胜负其实从这时候起就已判定。李鸿章对此知之甚深，在校阅北洋海军后，他曾评价说，以北洋海军的军力而言，无非仅够"守门户"而已。

这是海军。陆军方面，日本全国可动员兵力约为二十二万人，中国可动员的正规部队有约三十五万人，表面上看中国兵力似乎占有优势，但实际上，这一优势并不存在。因为中国军队还需要额外担负维持地方治安的任务，真正能抽出来用于机动作战的兵力极为有限，其中又多属旧式军队，打打内战还行，外战基本靠不住。具备一定的近代化因素且拥有外战能力的军队，就只有湘淮军，其中淮军的数量才不过两万人左右。相比之下，日本在十九世纪七十年代就建立了近代警察制度，社会治安由警察负责维持，军队可以专心训练和作战，至1894年初，日本陆军已拥有七个近代化编制的野战师团，共计十二万余人，可立即开赴前线。除此以外，战时还可组成总计达三万人以上的战役兵团。在这种情况下，若是双方对阵，中方究竟有多少胜算是可想而知的。

和当时中国的大部分重臣一样，李鸿章从未去过日本，但他对日本军事力量的增长，以及中日已经形成的实力差距，可谓知之甚详。

也正是基于对现实情况的足够了解，李鸿章才竭力想避免中日战争。起初，他仍试图与日本谈判，实现中日同时从朝鲜撤兵；碰壁之后，又利用慈禧和后党的支持，施展其拿手的"以敌制敌"策略，积极在欧美大国之间奔走：上者，欲迫使日军从朝鲜撤军；下者，试图避免与日本最后摊牌，延迟乃至阻止中日战争的爆发。

首先被李鸿章寄予期望的是俄国。这时的朝鲜早已成为列强在东亚角逐的焦点，如远东史家所称，乃"远东争衡的战略据点"，在这种情况下，任何一个国家要想独占朝鲜利益，都必然会引起其他列强的干涉反对。俄国就是如此，它正急于和英国争夺远东，在李鸿章向俄国公使喀西尼发出调停请求后，俄国政府考虑到调停既可避免中国舍俄而求英，又可不付任何代价地加强其在朝鲜和远东的地位，遂答应下来，并指派俄驻东京公使希特罗渥会见陆奥宗光。

与此同时，李鸿章还将调停的"宝"更多地押在了英国身上。此前英国为遏制俄国，曾力撑中国在朝鲜的宗主大国地位，英驻北京公使欧格讷甚至已直接将中国看成是英国的"盟国"。也因此，李鸿章在最后一次校阅北洋海军时，即与英国"中国舰队司令"斐利曼特而做过三次长谈。会谈中，为拉拢英国对抗日本，他一再强调中英为"天然的同盟"，希望与英国共同合作，并说如果英国进攻海参崴，他也可以命令北洋海军从旁协助。

果然，英国政府在接到李鸿章的调停请求后，即答应"从中调停，免致衅端"。欧格讷与日本驻华代理公使小村寿太郎接触，表示希望维持远东的均势和现状，不希望中日之间发生战争。

日本也在积极拉拢欧美大国，尤其对于在远东拥有较大实力的俄、英等国，更是早就下足了功夫。俄国与日本是邻国，如果日本要在朝鲜和中国采取军事行动，就必须确保其侧翼安全，所以日本虽一度曾向俄国频抛媚眼，但俄国出于战略竞争的考虑，有意与日本保持距离，两国之间也没有就此进行有效沟通。尽管如此，慑于日本的逐渐崛起，俄国这时也已同意废止其在日本的治外法权，日本人因此深信，俄国虽然已答应中国进行调停，但日本只要不与之发生根本冲突，俄的所谓干涉，就只会停留在口头施压之上，而不会以实际行动卷入中日关于朝鲜的纠纷当中。

除了英、俄，其他如德、美、法等国，或者尚未加入远东角逐，或者仅为远东活动的配角，日本政府预计，即使中日爆发战争，只要保证这些国家的利益不会因此受损，它们就不会理会。在俄国也已被搁在一边的前提下，唯一让日本放心不下的只剩下英国——在欧美大国之中，以英国的海军实力为最强，从其既往的表现来看，反对中日战争的态度也最为坚定。日本人担心，一旦中日爆发战争，而英国又站在中国一边，则日本不仅将毫无胜算，甚而至于还会有灭顶之灾。

中国外交的宿命

俄国和其他国家都没什么要紧，要紧的是英国。在英国进行调停后，日本方面一度也被迫摆出了议和的姿态，小村寿太郎先是说要在他国不进行干预的前提下，由中日两国单独进行谈判，接着又提出可按照中方要求，两国同时从朝鲜撤兵，之后再就朝鲜问题进行谈判。

议和当然不是日本想要的，日本外交官经过多次试探，结果发现英国表面反对日本向中国开战，但其实是打算骑墙，即在中日之间维持平衡，以便既能确保其东亚霸主的地位，又能拉着中日联袂对付沙俄。

在寻找到英国的软肋后，日本即向英国发出了"二选一"式的要求：不能再骑墙，必须选择与我们日本结盟，否则的话，我们就与俄国"配对"，投向俄国的怀抱。

日本同时抛来的大棒和橄榄枝，倒逼着英国不得不脱下中立的外衣，在中日两国之间进行权衡和选择。

英国等外来列强的确需要争取东亚盟友，或者说在远东的代理人，但它们需要的是撬动远东的支点。具体到英国身上，就是谁能真正帮助它对付其竞争对手俄国，用以巩固英国在远东的霸主地位，谁才能成为它在东亚的持久盟友。

中国虽是大国，但在英国看来，依然积重难返、暮气沉沉，与两次鸦片战争时那个老大帝国相比，实质性的进步并不大，也就是说仍属于弱国。作为弱国的中国，自保尚且不易，又有何能力和把握，助其盟友抵挡它们共同的对手？英国作如是想，换作其他西方大国，其实也一样，也因此，中国便难以与任何一个外来列强真正结盟，学者将之称为近代以来"中国外交的宿命"。

与身兼大国、弱国的中国相比，日本虽是小国，但却显得朝气蓬勃，后劲十足。明治维新期间，日本人不仅持续不断地向英、法订购军舰火炮，重金聘请教官、工程师，同时还向欧美大批派遣留学生，这是中国做不到的，也给包括英国在内的上层人士，留下了一个日本正在孜孜汲取西方近代文明的良好印象。英国政府由此认定，只有日本这个积极学习西方文化的"优等生"，才更适合成为它撬动远东的支点。

在日益紧张的中日对峙中，为了阻止俄国南下的步伐，用以维护其在远东最核心的国家利益，英国迅速改变态度，决定抛弃"老朋友"中国，支持"新朋友"日本。英国政府除同意终止先前与日本订立的不平等条约外，还在朝鲜问题上进行政策调整，同日本结成联合阵线，由"联华遏俄"转向"联日防俄"。

日本答应英国，如若中日开战，将不以上海为战场，不会影响和损害英国在长江流域的利益，对俄国等其他列强亦如是。有了这一承诺，俄、英两国都很痛快地放弃了调停，美法等国见状，更是事不关己，高高挂起，只愿取观望态度。

"弃藩邦，保疆土"本是李鸿章的一贯主张，只是以前唯独不包括朝鲜在内而已，现在眼看"以敌制敌"的策略难以奏效，中国将可能因为朝鲜而被拖入战争，李鸿章便有意接受总兵聂士成的建议，撤回驻朝军队，让朝鲜去独自对付日本。

这种相当于撂下朝鲜而求自保的意图，一经流露，朝野顿时为之大哗。御史言官们对李鸿章口诛笔伐，或称其胆小怯懦，或称其别有用心，更有甚者称其年老昏聩、性情乖戾，要求予以撤换。

给事中褚成博、翰林院侍读学士文廷式先后上书光绪皇帝，对李鸿章提出弹劾。1894年7月12日，御史张仲炘等再次联名上疏，抨击李鸿章"观望迁移"，说李鸿章主张调停是上了外国的当，"办洋务数十年，却仍被洋人之术所骗而不自知"。张仲炘等人在奏疏中，还强调朝鲜为中国的藩国，日本对朝鲜的干预都是对中国的蔑视，更别说如今还心怀不轨，欲将中国排挤出去了。他们认为必须与日本在朝鲜一决胜负，否则后患无穷。

除了固守传统的宗藩理论，主张对朝鲜应负保护之责外，朝中的另一种观点认为，朝鲜与琉球、越南等其他所有中国实际已放弃的边陲藩国都不一样，它紧扼北京的咽喉，又与东三省"龙兴之地"相接壤，丢掉朝鲜，就意味着国门大开，意味着外敌可以通过朝鲜半岛长驱直入，因此从唇亡齿寒的利害得失出发，中国也必须出手。

舆论如此强烈主战，自然脱离不了国民对中国国力的认识。其时从日本到包括英国在内的多数欧美列强，虽然都判定中国仍属弱国，但这一阶段中国表面所呈现出来的数据却并不难看——从十九世纪六十年代初期启动洋务运动开始，经过三十多年的内敛式发展，中国终于走上了与世界同步的上升道路，不仅在经济总量上重回亚洲第一、世界第二的位置，军事实力也迈上了一个新的台阶。其中以淮军为代表的陆军基本告别了冷兵器，而北洋海军的建立则更是标志着中国已经进入了海洋时代。

三十多年的时光，跨越了同治、光绪两朝，历史上也将这段时期称为"同光中兴"。"同光中兴"时期的人们，一方面，国际视野和知识仍然有限，偌大的北京书铺，连张世界地图都找不到；另一方面，同时期所取得的成就，则令举国上下都不约而同地产生了大国崛起的幻觉，并在这种幻觉中悠然自得——仿佛中国因遭两次鸦片战争打击而失去的荣光，都俨然已经恢复，中国又回到了鸦片战争前那个"天朝上国"的状态。

在这种情况下，鄙薄日本的轻日思想蔓延朝野，所谓"小日本"，照赫德所说，"现在中国除了千分之一的极少数人外，其余九百九十九人都相信，大中国可以打垮小日本"。

李鸿章不幸就在"千分之一的极少数人"当中。他居然不相信"大中国可以打垮小日本"，而只一门心思想着调停或退却，在当时的舆论看来，这是绝对不能饶恕的。

刀光剑影

和战之争的极为复杂之处，还在于重臣之间的恩怨以及宫廷权斗，也都已不同程度地掺杂进来。当时强硬主战的清流言官文廷式、汪鸣銮、张謇等，皆为翁同龢的门生，号称"翁门六子"，张謇更是俨然已成翁氏的谋士，每每代翁策划，且其意见多被采纳。当然，就算是在翁同龢的门生中，实际也有"千分之一的极少数人"，此人是翁的一个小门生，名叫王伯恭。朝鲜壬午兵变之后，他和张謇都曾受命赴朝处理事务，相对来说，对于朝鲜、日本的实情更为了解，只是张謇迎合翁同龢，一意主战，而王伯恭对与日本作战则持谨慎态度。

翁同龢喜听张謇等人之言，对于王伯恭的意见则不以为然，还嘲笑他书生胆小。王伯恭较了真，忍不住和翁同龢辩论起来，强调华军现有的器械阵法，百不如人，实在不应该仓促对日作战。

翁同龢从未带过兵，也未打过仗，王伯恭大胆进言，是怕自己的老师和一般言官朝臣一样，不晓实情，受张謇等人蒙蔽，以致出现错误判断。不料，师生间经过深入交流，他才发现翁同龢对于中日两国的力量对比，并非懵懂无知，甚至他也不否认中国军队的总体军事实力早已落后于日本。

那为什么还要轻于一试？王伯恭有些摸不着头脑，当下又再次劝谏："知己知彼，方可百战百胜，现在既然已经知道我们不如对方，怎么还能心存侥幸，认为作战可以获胜呢？"

翁同龢的回答完全出乎王伯恭的意料，他的意思是中日之战，可能胜，也可能败，胜固然是好，若是败了，"正好借此机会，让他（指李鸿章）到战场上去试试，看他到底怎么样，将来就会有整顿他的余地了！"

翁同龢最后抛出的这句话，令王伯恭在恍然大悟的同时，也顿生毛骨悚然之感。他这才知道，和战的论争原来绝非如其表面看起来那样简单，背后竟然还隐藏着如此多不可向外人道的刀光剑影。

翁同龢既想打击李鸿章及其北洋系，也希冀着能够削弱后党。他深知亲政后的光绪皇帝要想掌握全部实权，就必须用一场海外战争的胜利来树威，这样的话，慈禧就算再不情愿，也得被迫完全隐退。因此，他一面发动清议，大造主战声势；一面利用帝师身份，积极影响光绪决策对日开战。

在翁同龢和帝党清流的鼓动下，光绪皇帝对于未来的中日之战越来越抱有憧憬，相应地，对军机处及李鸿章的主和之举也愈加不满。在光绪看来，正是军机大臣们一味主和，才导致日本敢于向中国递交"绝交书"，他为此严责枢府"上次办理失当，此番须整顿"。

由于中日态度都趋于强硬，两国关系因此急剧恶化。1894年7月14日，日本驻华公使向总理衙门呈送照会，指责中国政府要求日本撤兵乃"有意滋事"，扬言"将来如果发生意外事件，日本政府不负其责"，此即"第二次对华绝交书"。日方举动进一步刺激了清廷，光绪大为震怒，当天即密谕李鸿章，让他速派大军进驻朝鲜。

次日，慈禧与光绪召集军机处、总理衙门相关大臣和各亲王，会商朝鲜事宜。这次会议传达出两个极其重要的信息：其一，清流派受到朝廷前所未有的倚重。作为清流派指点江山的大佬，翁同龢、李鸿藻原本都是军机大臣，但自那一年甲申易枢，两人被双双排除出枢府后，便再也没能回归。这次光绪亲自指定翁同龢、李鸿藻参加枢府会议，翁、李皆为主战派，他们的出现，改变了枢府的既成面貌。中枢原先完全是后党的天下，从此以后，其内部便开始形成了帝、后两党对峙的格局，而翁同龢则从清流派首领，摇身一变，又成为帝党的实际领袖。其二，两位最高决策者，在光绪一力主战后，慈禧也已跟进！

开　战

　　因为自己的六旬祝寿活动在即，慈禧不愿开衅生事，这一点不假，但慈禧也忌惮清议，而且她的眼界并没有超出清流言官们太多，她同样认定日本只是个海中小国，如今"小国"竟想跟"天朝上国"分庭抗礼，争夺朝鲜，这口气岂能忍得？再者，教训完日本，不是一样可以搞祝寿活动吗，还可以额外作为祝寿的一件大贺礼呢！

　　慈禧的进退转合，足以改变帝、后两党的竞争格局。本来翁同龢、李鸿藻虽参与枢机，但他们在枢府会议上却是孤立的。孙毓汶主政枢府，礼亲王世铎即便贵为军机领班，反过来也要听孙毓汶的，孙毓汶主和，他也主和。也就是说，枢府会议除了翁同龢、李鸿藻是主战派外，其他军机大臣其实都是主和派，和战分野相当清楚。现在慈禧既然已经公开表示主战，枢府也就只能随风转舵，孙毓汶等人都不敢再坚持其原有的主张了。

　　帝党、后党的意见终于趋向一致，对于开战已无任何异议。7月17日，翁同龢向光绪单独报告枢府会议的情况，光绪明确表示，日本如果撤兵，"可以讲和，不撤不讲"，又说慈禧在给他的口谕中，有"不准示弱"一语。翁同龢在日记中对此做了明确记录："上意一力主战，（慈禧太后）传懿旨亦主战。"

　　同日，日本召开第一次大本营御前会议，也做出了对华开战的决定。就在做出这一决定的前一天，日、英签署了新的《通商航海条约》，谈判修改过程中，日本首相伊藤博文、外相陆奥宗光了解到，以往所传的"英清密约"实际并不存在，由此打消了对欧洲大国干涉中日战争的顾虑。

　　日英新条约还是日英同盟的开始。英国外交大臣金伯利中在给日本驻英公使青木周藏的祝词中说："这个条约的性质，对于日本来说，比打败清国的大军更有利。"意即日英同盟的建立，等于帮助日本提前打败了中国。

国际观察家也认为，英国人在新条约上签字，实际上是为日本签发了动武的许可，乃是造成中国在中日战争中必将败北的一个关键因素。

日本再无后顾之忧，遂下定决心要对华作战并击败中国。日本的咄咄相逼和中国国内给予的屡屡高压，使李鸿章也不得不暂时抛开和平解决的希望，匆匆汇入主战浪潮之中，其与光绪皇帝的意见渐趋一致。

李鸿章因为主和，近代史家多指责其不事备战，但实际情况并非如此。在朝鲜危机爆发前，李鸿章即拟为"镇远"等六艘主力战舰更换新式快炮二十一尊，核算经费也仅需六十一万两，但就连这点钱，朝廷也批不下来。

直到朝廷一意主战，北洋海军的经费才算有了着落。李鸿章两次上奏，要求筹拨两三百万两白银，用以加强北洋舰队、征调添募陆军新兵以及购买、制造军火。光绪让户部和海军衙门会办，最后商定筹拨三百万两，由户部和海军衙门各拨一百五十万两。海军衙门一时拿不出钱，便拟动用存于天津，以所得利息贴补颐和园的"海军巨款"，但因存期未满等原因，存款本金拿不出来，致使海军衙门所担负的筹款未能马上兑现。

虽然户部总算筹拨了费用，但北洋舰队却不是说加强就能加强的，无论采购还是自造船炮，均需要不短的时间。中国没有建立日本那样的预备役制度，陆军新兵募集也不能指望速成。军费方面，则依然存在较大缺口——这时国内各机器局都在应命扩大生产，以供战时军需，山东机器局以前每天所制造的子弹最多不过五万颗，现在增加到十万颗，铅丸、铜帽、白药等军用品也都十倍于平时，制造费用之巨，可以想见，而这还不包括向国外紧急购买军火所需的经费。

就一场大规模战争而言，李鸿章所提出的三项军备措施是远远不够的，更不用说都还没有能够得到真正落实。也正因如此，李鸿章才力主和议，他原来的想法是，能不打最好，若实在迫不得已，一定要和日本决一死战，也应将开战时间推迟到秋季，"秋初再合力大举"。在此之前，他更倾向于利用谈判和调停等手段，尽力争取时间，以便进一步做好战争准备，起码先完成三项军备措施再说。

可惜朝野上下都没有耐心等那么久，随着李鸿章奉命调遣大军入朝，一场没有经过充分准备的战争，就这样在仓促间开始了。

第十二章　一个人的战争

　　1894年夏天，狭小的朝鲜半岛西海域，乌云密布，战争的气氛一天比一天浓重。

　　与清王朝上下徒有激情，军备方面却严重不足不同，日本对于即将爆发的中日大战蓄谋已久，已经过了长时间的精心准备。这一过程可以一直上溯到1882年，那一年，日本将中国列为头号假想敌，对华积极备战并将此作为国策，从此，狂热的军备竞赛以及无孔不入的战略侦察便从未间断。

　　二十多年的扩军备战，等的就是现在。1894年6月5日，日本成立了大本营，作为由天皇直接统辖的战时最高指挥机构，以确保战时统一指挥海陆两军作战。

　　大本营的作战策略非常明确，就是输送陆军主力兵团在中国沿海择地登陆，继而在直隶平原上与中国陆军兵团进行决战，最后直取北京，逼迫中国签城下之盟。

　　陆军登陆，其海上交通线、运输船、抢滩，都需要海军进行协同保护。日本陆军的机动兵力远超华军，且已完全是近代化的编制体制，海军实力虽说也已超过北洋，但差距并没有这么大，因此其大本营对陆军获胜信心十足，唯独对其海军能否战胜北洋海军，进而夺取和掌握制海权，缺乏绝对的把握。

　　根据争夺制海权可能出现的结果，大本营制订了三套方案，即：甲案，若海战获胜，陆军便长驱直入；乙案，海战胜负未决，陆军夺取平壤；丙案，海军大败，陆军全部撤出朝鲜，退守本土。

　　海军、海战、制海权，由此成为日军作战计划中的主题词，它们也正是决定未来战局发展以及战争胜负的关键。

运 兵

清廷并没有一个集中统一的军事指挥中心，过去特别是雍正乾隆时期，战事主要由皇帝统筹，军机处辅助，但如今的光绪过于年轻，军事理论和实际的战争知识都十分有限，现任军机大臣，如翁同龢等，又均为文官，对近代战争极为陌生，根本无能力指挥全局或制订作战计划。

李鸿章原本只相当于一个战区司令官的角色，能够直接调动的也仅限于他所节制的淮军和北洋海军，但事到临头，所有责任又都压在了他一个人身上。无怪乎当时的一些外国评论认为，所谓中日战争，实际是李鸿章一个人的战争，也即他与日本人之间的战争。

在清廷下达主战严令时，日军在朝鲜已占据主动，要想改变局势，唯有继续增兵朝鲜，李鸿章于是抽调淮军主力一万多人，从北路取道辽东，渡鸭绿江入朝，分别进驻平壤和义州，用于阻止日军北上。南路方面，鉴于第一批援朝部队，也即叶志超、聂士成所率，驻于牙山的两千余淮军，已深陷于日军势力的后方，北路部队因道路遥远，又难救其急，李鸿章另从天津抽调淮军两千五百人，海运牙山予以增援。

随着战争不断逼近，考虑到日本海军在朝鲜沿海活动频繁，海运风险很大，李鸿章在调用运兵船时，没有选择通常的招商局商船，而是租用了三艘英国印度支那汽船公司的轮船："爱仁""高升""飞鲸"。

李鸿章没有让海军沿途为运兵船护航，这主要是因为运兵为秘密行动，若北洋海军护航，反而会使秘密暴露，遭遇日军袭击。此时中日尚非正式开战，船上又有飘扬的"米字旗"作为护身符（英国商船在航行时均高悬英国国旗，英国国旗的图案很像中文里的米字，故中文里把它叫作"米字旗"），李鸿章相信，即便没有海军护航，船只在航行途中也不会有太大的安全问题。

情报显示，牙山海湾口外水深足够，且海底砂地条件较好，是优良的避风锚地，但湾内水深不够，商船无法直接驶入，需要在湾外用小舢板、驳船换乘转运，上驶七十里后才能抵岸登陆。这让李鸿章担心，各船在湾外等待转运时，可能被日军发现并遭其偷袭。

1894年7月19日，李鸿章致电北洋海军提督丁汝昌，正式通报了增兵牙山的计划，为求万无一失，他命令丁汝昌派数舰前往牙山湾口外游巡，掩护运兵船在登陆点卸载，等各船人马全部下清后再返回。丁汝昌按其指令，决定派"济远""广乙""威远"三舰自威海前往牙山。

牙山湾内其时只有三十艘驳船，每船仅能载运三十人，如果三艘商轮一起驶到，势必会阻滞等待转运的过程，进而增加危险。天津海关道盛宣怀在奉李鸿章之命，具体安排运兵调度事宜时，便安排"爱仁""飞鲸""高升"分别于三天开航，20日，他将详细的运输计划电告丁汝昌，并特别强调了安全的重要性，再次叮嘱护航军舰必须等各船卸完，才能放心回航。

在中方紧锣密鼓增兵牙山之际，日军的战时准备也进入了倒计时。李鸿章致电丁汝昌的当天，日本海军的主力舰船被统一整编为符合战时体制的联合舰队，"联合舰队"一词由此诞生。

联合舰队成立的次日，也即盛宣怀向丁汝昌通报运兵计划的那一天，联合舰队就通过潜伏在中国的日本间谍，获得了中国增兵朝鲜的绝密情报。大本营获报后，立即向联合舰队下达密令，要求以此为借口发动海上袭击，挑起战争。

一触即发

随着日本政府下定开战决心，朝鲜局势进一步恶化，已经重兵控制朝鲜首都汉城外围的日军，向朝鲜政府发去了最后通牒，勒令朝鲜必须在22日之前驱逐在朝华军，同时宣布废除中朝之间的藩属关系，否则便将攻入汉城。

战事一触即发，中国增兵朝鲜的行动变得更加刻不容缓。为了能够从速增兵朝鲜，北洋方面确定由第一艘运兵船"爱仁"号载运大批人员，相应后勤物资大都留给第一艘运兵船"飞鲸"号运输。自7月21日起，"爱仁"和由"济远""广乙""威远"三舰组成的中国护航编队，按照预定计划，分别从天津大沽、威海起航,向朝鲜牙山驶去。

22日,日本所发出的通牒期满,朝鲜政府对日方通牒中的要求逐一予以拒绝。翌日,汉城外围的日军派出两个步兵联队、一个野战炮兵大队,在朝鲜进步党的策应下,猛攻汉城,守城朝军被当即击溃。日军攻入朝鲜皇宫后,拘捕了国王李熙、王后闵妃,随后便扶植起以李昰应为首的亲日傀儡政权。

同一天,日军联合舰队主力驶出佐世保军港,岸上送行民众疯狂欢呼,日本国旗、海军旭日旗四处飘扬。联合舰队司令长官伊东佑亨乘坐于旗舰"松岛"之上,下令悬起旗语"坚决发扬帝国海军荣誉",此情此景与四十多年后,联合舰队准备袭击珍珠港时的场面十分酷似,事实上,联合舰队也正是从此开始了其为人诟病的不宣而战传统。

与之相呼应,24日,朝鲜李昰应政权向中国宣战,宣布废除与中国的一切条约,并委托日本"将驻扎在牙山的中国军队,驱逐出境",而这时联合舰队已直航驶入朝鲜西海岸。

"爱仁"和中国护航编队尚对此一无所知,它们先在朝鲜牙山口外的锚地顺利会合,接着由护航编队掩护,"爱仁"立即进行卸载。当天上午7点,经过紧张作业,首批登陆的一千余名弁勇以及随带的一百六十箱弹药,得以全部上岸。

"爱仁"随后返航,护航编队则一分为二,"威远"负责前往仁川,一面收集情报,一面向威海寄发有线电报,报告登陆完成情况,"济远""广乙"驻泊于牙山口外,等待下一艘运兵船的到来。

下午2点,"飞鲸"号到达锚地下锚,所搭载的四百弁勇、三百后勤人员以及大量军用物资,陆续通过驳船登陆。其间,湾外突然出现一艘日本军舰,但随即又转舵而去,不见踪影。

5点30分,出外收集情报的"威远"返回,除带回了日军已于前日攻占朝鲜王宫的消息外,该舰还从驻泊于仁川的英国舰队那里,得到一个重要情报:"倭大队兵船明日即来。"

最后一艘运兵船"高升"号尚未到港,但如果护航编队继续等待下去,就将冒被日军"大队兵船"攻击的危险,"济远"管带(即舰长)兼编队队长方伯谦决定不等"高升"到来，即行离开牙山。

护航编队三舰之中，"威远"系福建船政局所造练船，战力最弱，航速也慢，方伯谦命其先行返航回国，"济远""广乙"继续留在原地，等"飞鲸"卸载完毕，也紧急返航。

在"飞鲸"卸载期间，"广乙"号的蒸汽小艇帮助拖带驳船上驶，导致护航两舰都被迫在口外等待，也因此延误了时间，直到25日凌晨4点，护航编队才得以起锚驶出牙山口。

5点，旭日东升，"济远""广乙"鼓轮疾驶，希望能够避开情报中所说的日军大队军舰。半个小时后，领队舰"济远"号桅盘上的瞭望兵大声报告：西南方向的天边发现了几缕煤烟！

出现煤烟的地方，也就意味着出现了军舰，护航编队最不希望见到的事情发生了。7点整，"济远""广乙"进至丰岛附近，丰岛东南岛礁密布，大船无法航行，只有西北与公景岛之间的航道水深较深，是编队前行的必经之路。

在编队通过丰岛、公景岛之间的狭窄航道时，西南方的目标也逐渐清晰起来，一直在努力辨识目标的瞭望兵终于确认，煤烟下的白色目标就是日军军舰。作为长期的竞争对手，北洋海军对日本海军亦有一定程度的了解，瞭望兵同时辨识出驶行于最前头的三艘日舰，分别是巡洋舰"吉野""浪速"以及一艘不知名的军舰。

瞭望兵没有看错，来者正是从佐世保军港驶出的日本联合舰队，后者被编组成两支游击队，瞭望兵所观察到的是第一游击队。第一游击队由三舰组成，除了"吉野""浪速"，另一艘瞭望兵没有识别出的军舰，系日本于上半年刚刚建成的高速巡洋舰"秋津洲"。

联合舰队虽获得了中国增兵朝鲜的情报，但应该并不掌握三艘运兵船的具体行程表，否则就会早早驶出佐世保，对运兵船实施袭击，"爱仁""飞鲸"也就不可能安全到达牙山和进行卸载。"飞鲸"下锚卸载时，在湾外探头探脑的那艘日舰，其实是一艘无防护巡洋舰兼通报舰，名为"八重山"，它的任务是在朝鲜沿海监视中国军舰，"济远""广乙""飞鲸"也因此被其发现。

当天，第一游击队在航行途中与"八重山"相遇，"八重山"舰长亲自乘坐小艇，登上第一游击队的旗舰"吉野"，报告了他们在昨天侦察到的情况："牙山昨日有（中国）军舰三艘，运输船一艘停泊。"第一游击队司令长官坪井航三听后，立即下令提高编队航速，以"吉野""秋津洲""浪速"的排序，向华舰返航必然要经过的丰岛方向直扑过来，于是这才有了中日军舰在丰岛的狭路相逢。

开始攻击

1894年7月25日，上午7点以后，第一游击队也发现了中国护航编队。此时第一游击队系以纵队队形航行，和同样呈纵队队形而来的中国护航编队，大致呈迎头并进的姿态。

日舰舷侧火力凶猛，如果照直继续往前航行，显然会限制这一优势的发挥，而且日舰速度超过华舰，一旦逼近攻击，丰岛、公景岛之间的狭窄航道也不利于其舰队机动。坪井航三与"吉野"舰长河原要一经过反复考虑，决定趁与中国编队距离尚远，先主动向自己的右后方外侧机动，等待中国编队驶出狭窄航道，进入丰岛外侧的开阔海域后，再展开行动。

在互相发现对方后，中日两边军舰都双双进入备战状态。中国编队在出发之前，"广乙"号管带林国祥曾请示丁汝昌，如果遇到日本海军挑衅，应当如何应对，丁汝昌当时给出的指令非常明确："还击！"编队队长方伯谦依此下达命令，至7点15分，"济远""广乙"完成应战准备，摘去了大小炮位的炮口罩，炮架上的固定锁链也被一一松开，但两舰也只是准备在受袭时还击，并未打算像日舰那样先发制人。

7点20分，中日军舰的距离拉近至五千米，"吉野"瞭望兵已经准确辨识出了"济远""广乙"。

7点30分左右，第一游击队的航迹开始出现变化，"吉野"率先调转航向，背离中国编队而去，"浪速""秋津洲"也随之鱼贯转向，掉头离去。日舰的这一战术动作，迷惑了中国编队，方伯谦认为它们可能和昨天曾出现于牙山口外的"八重山"一样，不是来作战的，只是先头的侦察分队而已，两舰官兵也都松了口气，很多人已经在打算回威海以后要如何如何了。

"侦察分队"后面，必然是真正的"战斗分队"，"济远""广乙"急忙加大航速，然而此举却正中对手下怀。几乎就在中国编队驶出狭窄航道的同时，第一游击队突然集体转向返回，并利用其高航速，直插中国编队的侧翼，和中国编队形成了两条略呈平行的战列线，进而占据了有利的攻击阵位。

这是紧扼中国编队咽喉的一步好棋，三艘日舰直刷刷地在桅杆上升起了血红的战斗旗，坪井航三、河原要一立即离开飞桥甲板，进入飞桥下由装甲保护的司令塔。"吉野"配备有刚刚问世不久的专用火炮测距仪，7点43分半，测距仪显示中日军舰的距离已逼近至三千米，进入了中口径速射炮的有效射程，坪井航三下令："开始攻击！"

让人意想不到的是，攻击令下达后，却未能得到立即执行，炮台长让人跑到司令塔，询问是不是真的要开炮，引得正准备观察修正弹着点的炮术长破口大骂，场面极为混乱。坪井航三见状，目瞪口呆，急得一个劲摇头。

这其实并不奇怪。北洋海军在其逐渐衰败前，毕竟享有过独冠东亚、世界第八的声誉，战前的两次访日以及日本舆论媒体的推波助澜，更曾对日本海军造成了一种挥之不去的畏惧心理。另外一个重要原因，则是日本军舰扩充太多太快，不少官兵都还是应募不久的新手，技术不够熟练，对自身技术的不自信，又加剧了其对即将到来的战斗的畏惧，以至于他们在占尽优势的情况下，依然因过度紧张而显得手足无措。

在攻击令得到确认后，"吉野"总算恢复了现场秩序，但由于水兵过于慌乱紧张，他们用舰首主炮射出的第一炮居然是空炮，除了炮口腾出的一团白烟，并未有炮弹落在华舰或海面上。

尽管如此，对华军官兵的震动仍然不小，炮声响起后，方伯谦以及飞桥上的军官都急忙进入装甲司令塔，"济远"水兵则在枪炮二副（炮长）柯建章的指挥下，迅速填弹装炮，组织还击。

7点45分，"吉野"炮声再起，这次射出的是真正的钢铁榴弹，七分钟过后，"济远"用前主炮还以颜色。短时间内，"秋津洲""浪速"也都先后加入战团，海面炮声四起，震耳欲聋。

海 战

从技术上说，丰岛海战是一场实力差距极为悬殊的海上战斗。在十九世纪九十年代之前，火炮还没有反后坐装置，舰炮多使用滑轨，以炮架后退的方式来吸收后坐能量，称为"架退炮"，中国编队的"济远"，日本舰队的"浪速"，主要武备都是德国克虏伯架退炮。

到了九十年代初期，火炮技术进入了一个新时代，新式舰载火炮引入缓冲装置，使得火炮射击后能自动弹回原位，射速也因此比架退炮快了很多，这就是新式速射炮，也即中国所称的快炮。"浪速"是日本海军第一次扩张时的产物，"吉野"和"秋津洲"与之不同，两舰作为日本第二期海军扩张时期的新舰，舰上全部采用英国阿姆斯特朗公司所产的新式速射炮（也称安炮），或日本自己改进的新式速射炮（称为重山内炮）。这些速射炮有的在口径上已接近德国克虏伯炮，最重要的是射速快，操作方便，尤其许多门速射炮集中在一艘军舰上，效果叠加，其打击能力足以令以往的老式大口径炮退居次席。

当天丰岛附近海况较好，舰体摇摆程度不大，火炮瞄准相对容易，"吉野"更有其他各舰均无的火炮测距仪助力，这使得日舰无论是火炮装填的速度还是发射的速度都极快。联合舰队战后的统计数字显示，其六英寸速射炮的射速达到了每分钟四发，四点七英寸速射炮的射速更是达到了惊人的每分钟七发。第一游击队的三艘日舰在以其一侧作战时，共可投入速射炮、克虏伯炮十七门，综合下来，每分钟平均可发射炮弹八十余发。

如此密集而又凶猛的火力，所制造出来的打击效果是非常恐怖的。"济远"主炮由全封闭穹盖式炮罩（炮盾）进行遮护，但根本就抵挡不住如同雨注一般的炮弹攻击，结果不但没有起到保护作用，炮罩在被炮弹击穿后，炮弹碎片还在炮塔内四处反弹，许多水兵被击中伤亡，阵前督战的柯建章亦不幸牺牲。

十九世纪的军舰，指挥系统较为原始，一旦战斗爆发，弹雨纷飞，传话筒、旗语、传令兵等手段往往都无法使用，因此各处炮位，一般都由相关负责督战的军官直接控制，舰长则在装甲司令塔内负责掌握军舰的航行、队列。在丰岛海战中，中日海军都是按照这一程序进行操作，方伯谦进入司令塔，即是在履行他作为管带和编队队长的职责，即指挥两舰按照既定航线突围，继续往威海方向航行。

炮位既有督战军官控制，督战军官的存在和表现，就会对炮位乃至整舰的战力发挥起到很大的影响。柯建章牺牲后，"济远"的前主炮瞬间陷入沉寂，这时青年实习军官黄承勋挺身而出，主动接替了柯建章的前主炮指挥职责，他一面安排包扎伤员，一面激励士气，督促炮手继续装弹填炮。然而很快，又一枚炮弹击中了前主炮塔，黄承勋的手臂被炸断，当即倒地，浑身是血。身旁的水兵将其扶起，准备送下甲板下医治，黄承勋摇着头说："你们都有事要做，不要管我！"言罢，就停止了呼吸。

很多年后，当人们回顾这一时期的中日海上战史时，给予北洋海军的往往都是恶评，但是实际上，尽管所处的战斗环境比日舰要恶劣凶险得多，然而大部分北洋海军官兵在海战中还是表现出了极高的战斗素质和牺牲精神，如日舰那样的紧张慌乱情绪，并没有出现在华舰之上。究其原因，一部分要归功于英国军官、前海军总教习琅威理，北洋海军的组织、操演、教育和训练，缘由琅威理负责，在此期间，北洋海军纪律很严，技术进步也较快。琅威理辞职后，虽然北洋海军在整体军纪和技术上都有所退步，但仍保持着一定的水准。此外，"济远"等舰上的官兵服役时间多在五六年以上，他们一方面接受过复杂严格的考试和训练，技术娴熟，对自身的岗位职责非常熟悉；另一方面思想意识上长期以日军为假想敌，大家枕戈待旦，很多人都有死战之志。以黄承勋为例，他在随"济远"出征前，就对给他饯行的一位医官朋友预留了遗嘱："此行必死！他日如果能把我的骸骨送回国，就靠你来帮我办后事了！"

悬崖边

"济远"作为德国造船工业中的第一艘穹甲巡洋舰，诞生时也曾受到各国瞩目，但它属于试验舰性质，设计上先天存在缺陷，其中最为致命之处，就在于其中枢指挥部位——装甲司令塔。

司令塔通常都是建在飞桥之下,"济远"因其主炮台过大,易遮蔽司令塔观察窗的视界,设计者破例将司令塔安置在了飞桥之上,这样一来,视界是好了,但司令塔大面积暴露在外,成了除炮台外,被日舰炮火集中攻击的另一个重要目标。

"济远"司令塔的装甲还薄,仅有一点五英寸,自然很难抵挡得住弹雨的覆盖,随着塔壁被一枚炮弹击穿,司令塔内立刻被烟雾和碎屑所包裹。大副沈寿昌其时正与方伯谦并肩而立,校对罗经指向,炮弹弹片击中了他的头颅,沈寿昌脑浆迸裂,当场殉职,一旁的方伯谦亦被震倒在地,脸上、军服上全都溅满了沈寿昌的鲜血。与沈寿昌同时阵亡的,还有管旗头目刘鹍、王锡山等军官,场面甚为惨烈。

就在"济远"遭到日舰围攻、岌岌可危之际,上午 7 点 58 分,原本紧随在"济远"身后的"广乙",突然高速冲向日本舰队,在硝烟中直逼"吉野"。

"广乙"系战前由广东海军派出,支援北洋海军的国产巡洋舰。该舰在防护和火力上比"济远"更弱,"济远"舰上还装备着德国克虏伯炮,"广乙"连这个也没有,武备配置方面仅有几门由江南制造总局仿造的老式速射炮,它最大的威势武器,其实只是并列于舰首的两具鱼雷发射管。

"广乙"之所以不要命地冲向日本舰队,其用意非常明显,就是要冲乱日舰阵型,在缓解"济远"所承受压力的同时,借机使用鱼雷兵器发起突击。这一义无反顾的举动,完全出乎日本舰队的意料,第一游击队的阵列随之出现混乱,坪井航三、河原要一颇感震惊,急忙下令转舵规避。

"吉野"的航速远超"广乙",要摆脱"广乙"并不困难。眼看攻击"吉野"未果,"广乙"又冒着弹雨,转而冲向"秋津洲",并将两舰距离拉近至六百米。"秋津洲"见势不妙,急忙抛开"济远",与"广乙"对战。

"秋津洲"有的就是各种口径的速射炮,在火力上占有绝对优势,双方近距离厮杀,"秋津洲"可以做到几乎毫发无伤,日军水兵甚至都能在甲板上安然行走,而"广乙"则完全被纷飞的弹雨所包裹。战后统计,"秋津洲"共发射六英寸速射炮弹四十五发,四点七英寸速射炮弹一百二十发,小口径速射炮弹两百四十八发,这其中很大一部分都射向了"广乙"。

"广乙"的飞桥很快便被击中，一名机关炮手坠落牺牲，紧接着，一根桅杆又被炸断，其间"广乙"核心的鱼雷发射室也被炮弹击中，鱼雷发射管被毁，只是所幸鱼雷没有被引爆，才未引起更大惨剧。此后不久，一颗开花弹在甲板上炸开，官兵死伤二十余人，操舵手亦不幸殉国。

尽管不断中弹，但"广乙"依旧不屈不挠地与"秋津洲"缠斗。"秋津洲"急于打垮"广乙"，便拉响汽笛，召唤尾随其后的"浪速"近前助战。"浪速"迅速响应，也暂时撇开"济远"，合力围攻"广乙"。至此，除因躲避"广乙"的鱼雷攻击而转舵驶离编队的"吉野"外，第一游击队已全部都被"广乙"吸引了过去。

"广乙"在关键时刻拯救了"济远"，"济远"此时的表现也同样令人吃惊，不过却是反向操作——它不但没有投桃报李，驶近"广乙"，与之合力作战，或至少分担其压力，反而趁着战场上弥漫的硝烟，急速驶离战场。

指挥"济远"这样做的是方伯谦。方伯谦在北洋海军将领中向有"聪明"之名，职业生涯之外，颇擅理财，沿海各大港都有他置下的房产。人们事后分析，在逐渐残酷到极致的战场上，越是"聪明"，个人财产越多，越可能让人产生出贪生惧死之念，对于方伯谦而言，仅仅司令塔被击穿，同事鲜血溅其全身的那惨烈一幕，就已足以令其战斗意志产生动摇了。

"济远"一跑，"广乙"便代替它走到了悬崖边。明知已陷于绝境，"广乙"在管带林国祥的指挥下，不但没有退缩，而且还通过巧妙地变化阵位，突击至距"浪速"舰尾仅三四百米处。

"浪速"的舰长就是后来在日俄对马海战一鸣惊人、被日本海军奉为"军神"的东乡平八郎，连他也没有想到"广乙"的战斗精神竟会如此顽强，顿时被惊出了一身冷汗。东乡平八郎立刻下令本舰转舵避让，同时用左舷火力朝"广乙"猛烈射击。

互射过程中，"广乙"的一发炮弹击穿"浪速"左舷，在从舰体内部通过后，击毁了"浪速"后部的备用锚，击伤了锚机。不过这也是"广乙"在当天的海战中唯一，也是最后一次给予对手有效打击，在其余时间里，"广乙"的火力始终被日舰所完全压倒，战斗也基本呈现出一面倒的状态。

"浪速"的主武器是和"济远"一样的德国克虏伯炮，但在数量上还要超过"济远",短短几分钟内,"浪速"向"广乙"射出了大口径炮弹十三发,小口径机关炮弹两百三十二发,由于两舰距离较近,这些炮弹大多直接命中了"广乙"。"广乙"被打得火光四起、浓烟滚滚,其舰面设施差不多被一扫而空,舵机也被打坏,舰上全舰一百六十名官兵,伤亡竟达七十人以上,接近总人数的一半,舰面人员几乎无一幸免。

"广乙"的舰体本就单薄,之前就已伤痕累累,不过是在勉力支撑而已,"浪速"的这一轮毁灭式攻击,彻底终结了它继续战斗和突破围击的所有可能。鉴于附近的朝鲜港口都距离太远,林国祥下令转舵向海岸方向撤退,以便抵岸后登陆前往牙山,与叶志超部陆军会合。

看到"广乙"向西方海岸蹒跚而行,"秋津洲""浪速"上均欢声雷动,日本海军最初对于战斗的恐惧,以及对于北洋海军曾经畏之如虎的心理,也由此逐渐消失。然而就在两舰摩拳擦掌,准备整队追击"广乙"并将其置于死地时,远处的"吉野"却突然向它们发出了收队集合的信号。

追 杀

"吉野"发出集合信号,是因为发现"济远"正在逃离战场。

在坪井航三看来,"广乙"只是一艘小舰,而且已经被打得千疮百孔,舰体基本全毁,相比之下,"济远"显然更具攻击价值。基于这一判断,他才下令"秋津洲""浪速"放弃追击"广乙",以便一起追击"济远"。

"秋津洲""浪速"接到命令后,迅速向"吉野"靠拢,随后在"吉野"的率领下,开始对"济远"集体展开追杀。三艘日舰,以"吉野"的航速为最高,能够达到二十三节,实际上它也是当时世界上航速最快的水面军舰之一。作为被它们追杀的对象,"济远"已是下水服役达九年之久的老舰,动力装置又长期没能得到更换,刚刚服役时最高还能达到十七节航速,如今连这个都已难以达到,在这种情况下,要想摆脱追敌,是很困难的。好在此时的"济远"并未像"广乙"那样失去战斗力,面对汹汹追来的日舰,"济远"水兵王国成首先奋臂一呼,提出用尾炮对"吉野"予以阻遏,水兵李仕茂等人一致响应,大家本着各炮位及时掌握战机、各自为战的战时制度，用安装于舰尾的一百五十毫米克虏伯主炮，对"吉野"进行了射击。

通过中日资料的对比，可以验证出，"济远"的尾炮共有三次曾连续射中"吉野"：第一次，炮弹落在"吉野"的舰首右侧几十米处，爆炸后，弹片击断了"吉野"的一些信号绳索；第二次，炮弹打在海面上后跳起，从"吉野"右舷穿入，击碎了一部发电机，接着又穿透穹甲甲板，坠入轮机舱，可惜并未爆炸；第三次，炮弹在"吉野"的飞桥附近爆炸，然而所产生的后果，也只是击碎了飞桥上用来存放望远镜的箱子。

拥有射程远、威力大的克虏伯炮，是华舰的唯一优势，但限于其时舰载火炮的射击精度都极差，在没有精密瞄准仪器辅助的情况下，要想远距离命中高速机动的敌舰，确实难如登天。在"济远"的整个射击过程中，除了那三发炮弹曾伤及"吉野"外，其余炮弹都落在了"吉野"舰首、舰尾附近的海中，未能对"吉野"造成任何损害。即便如此，王国成、李仕茂等人的作战精神和高超射术也足以令人肃然起敬，北洋海军官兵所具备的较高战术素养亦可见一斑。

就在此时，西南方海面突然出现了两道煤烟。中国海军又有两艘军舰加入战团？坪井航三心生顾忌，遂命令第一游击队所属各舰自由运动，其用意是以"吉野"防范和对付可能出现的情况。

在"吉野"特意放慢速度后，"浪速"从其舰首越过，继续高速追击"济远"。"秋津洲"没有随之而上，该舰对敢向自己"挑衅"的"广乙"一直耿耿于怀，必欲除之而后快，既然坪井航三已允许大家各自行动，"秋津洲"便顺势转向追击"广乙"，尽管后者早已远去。

突然出现在丰岛附近的两艘舰船，轮廓也渐渐清晰起来。它们确实都属于中方团队，其中一艘就是支援牙山计划中最后出发的运兵船，即英国商船"高升"号，另外一艘是北洋海军的运输舰"操江"号，其任务是向叶志超部陆军运送饷银和传递信件。二舰在途中不期而遇，既然目的地一致，便自动组队，"操江"在前，"高升"在后，结伴而行。

"操江""高升"都是非武装船，注意到丰岛海面可能发生了不寻常情况，"操江"号赶紧转舵航行。"高升"的英国籍船长高惠悌则认为己船是英国船，又挂英国旗，"足以保护其免受一切敌对行为"，故而仍按照原定计划前行。

"济远"首先与"高升"相遇。此前,迫于身后的"浪速"穷追不舍且不断施以炮击,方伯谦已下令在桅杆上升起白旗,继而又升起一面日本海军旗,他本想用这种以示降服的屈辱方式,让"浪速"停止追击,结果"浪速"不予理会,而"济远"所升起的日本旗,却让"高升"误以为"济远"是一艘日本军舰。

与"高升"相遇后,"济远"仅仅用旗语打了个招呼,就从"高升"轮边飞速驶过,继续夺路奔逃——方伯谦率编队前来丰岛的主要使命,就是保护"高升"等运兵船。方伯谦明知这一点,这个时候他应该做的,是舍身保护"高升"及"操江"脱离险境,然而方伯谦为了保全自己,选择了抛弃"高升",把它留给了敌人。

对"济远"衔尾追击的"浪速"随后赶到。发现"高升"是一艘满载中国士兵的运输船,"浪速"舰长东乡平八郎立即下令停止追击"济远",转而向"高升"逼近。

宁死不降

1894年7月25日,上午9点15分,"浪速"用旗语和空炮示警的方式,迫使"高升"停止行驶。

此时,"吉野"也追赶上来。"秋津洲"原本在追击"广乙","广乙"离开战场后,在抢滩时搁浅于朝鲜西海滩,为免遗舰资敌,管带林国祥下令点燃弹药仓,自焚军舰,幸存官兵则离舰前往牙山。"秋津洲"追及"广乙",发现"广乙"已搁浅焚毁,经检查确认,其内部遭到炮火的完全破坏,已无继续作战的可能性,于是"秋津洲"又急速回队,与其余两艘合兵一处。

第一游击队集合后,坪井航三重新做出部署,令"浪速"俘虏"高升","吉野""秋津洲"则分别追击"济远""操江"。

"高升"船长高惠悌没想到日本人敢惹他的船,在"浪速"派使登船、提出俘船要求后,他又以"高升"从天津出发时,中日两国尚未开战,向来使提出抗议。抗议当然是无效的，高惠悌只得表示屈服。但他屈服了，船上的中国官兵不同意。

"高升"是三艘运兵船中载运士兵最多的一艘，共计淮军一千一百余人，由帮办高善继节制。高善继见事关重大，立即召集军官会议，大家一致表示宁死不降，并要求高惠悌将此信息传达给日舰。

北洋海军顾问汉纳根正在船上，他也劝说高惠悌与日舰进行谈判，希望对方能够允许"高升"返回原出发港口。可是"浪速"并无与"高升"继续谈判的耐心，见"高升"上的中国官兵拒绝投降，舰长东乡平八郎当即脸色阴沉地下达了攻击令。

"浪速"除了火炮外，还装备着四具十四英寸的鱼雷发射管。早期的鱼雷雏形叫作撑杆雷，攻击时，将头端装有炸弹的铁杆伸出，用以对目标舰船进行破坏，中法马江海战时，法国海军使用的便是撑杆雷。撑杆雷其实不算严格意义上的鱼雷，"浪速"装备的"白头鱼雷"才是真正的第一代鱼雷，堪称当时的新式武器。

下午1点，"浪速"使用右舷的鱼雷发射管，向"高升"卖弄式地发射了一攻白头鱼雷，出乎意料的是，发射之后，"高升"居然毫发无损，而鱼雷却已不知去向。

"浪速"是在一百五十米的距离范围内，向"高升"发射的鱼雷，如此近的距离，居然还失了手，这让攻击方尴尬不已，连东乡平八郎都变了脸——实际上，由于白头鱼雷上尚未安装控制方向的装置，导致距离越近，反而越不可靠，但因为各国海军都只是刚刚试用，对此特点尚不熟悉。

东乡平八郎又羞又恼，于是决定不管不顾，以军舰对军舰的作战方式，集中炮火对"高升"进行轰击。"浪速"随即动用五门右舷炮对"高升"展开齐射，事后统计，该舰前后发射了大口径炮弹达十一发之多。如此高强度、高密度的轰击，一般中小军舰尚且不能承受，更别说"高升"这种全无武装的商船了，在剧烈的爆炸声中，"高升"的锅炉被击中爆炸，白色的蒸汽腾空而起，飞起的煤灰弥漫于上空，甲板上天昏地暗，如同炼狱一般。

"高升"船体开始迅速下沉，在"高升"倾斜沉没的过程中，淮军官兵临危不惧、视死如归，大多数人跳入大海，也有部分在船的高处，用步枪向日舰射击，最后也随船沉入大海。

下午 1 点 46 分，"高升"完全沉没，附近海面上全是漂浮挣扎的人。"浪速"开始用小速射炮对着海中射击，短时间内竟发射了炮弹一千一百余发，同时它还放下舢板，残酷射杀淮军士兵，"子弹落在水中，好像下雨一样"。

鲜血染红了整片海面，朝鲜海已经变成了血海，"高升"号搭载的淮军官兵，大部分壮烈殉国。与此同时，日军对船上的欧洲人特别是船长予以区别对待，"高升"船长高惠悌被日本舢板救起，汉纳根也没有死，他和一些淮军官兵一起泅水到荒岛上，后被附近的西方军舰救起，包括汉纳根在内，获救官兵也仅两百四十余人。

同一时间，"济远""操江"则在竭力奔逃。方伯谦留学于英国最好的海军学院——格林威治皇家海军学院，而且成绩突出，此人水平是有的，人也聪明，在他的指挥下，"济远"向朝鲜蔚岛附近的浅水区飞速撤逃，寄望于那一带密布的岛礁、浅沙，能够对追击者起到阻吓作用。"吉野"对朝鲜沿海水文较为陌生，追着追着，也确实感到有些害怕，遂以不能驶离战场过远、前方水文情况不明为由，放弃了追击。

"操江"的运气就没这么好了。被"秋津洲"追上后，"操江"管带王永发下令降旗投降。经搭乘"操江"的外籍人员提醒，舰上携带的密码本和重要文件紧急焚毁，但二十万两饷银未来得及投入海中，此后这部分饷银连同舰上官兵全部被"秋津洲"控制。

北京的天气

1894 年 7 月 26 日，"济远"抵达北洋海军基地——威海刘公岛，带回了关于丰岛海战的报告。

翌日晨，李鸿章收到报告，立即致电总理衙门，指出日本不顾国际公法，对中国不宣而战，各国必动公愤，尤其日军竟敢击沉英国商船"高升"号，英国政府必不答应。

李鸿章在电报中的隐含之意，是希望利用"高升"号事件，促使英国等欧洲列强出面干涉。事实上，"高升"号事件并不在日本政府的预想之内，毕竟日本虽觊觎中朝日久，但还没有做好与欧洲列强直接冲突的心理准备。击沉"高升"号其实是日本海军，或者说是东乡平八郎现场所做出的临时处置，事前事后都没有上报政府，日本内阁最初获知"高升"号事件，竟然不是来自海军的报告，而是发自中国上海的电报。

日本首相伊藤博文大为震怒，很担心由此引发列强干预，特别是来自英国的报复，因此痛斥了日本海军大臣西乡从道。外相陆奥宗光也写信给伊藤博文，直陈忧惧之心："此事关系实为重大，其结果几乎难以估量，不堪忧虑。"他同时提出了停止增兵，在前线与华军脱离接触等措施，以免列强真的以"高升"号事件为由进行干预。

李鸿章给总理衙门的电报，被迅速转至军机处，翁同龢等军机大臣会商后，认为日本在各国众目睽睽之下，袭击中国军舰并击沉英国商船，系主动挑衅的一方，中国完全可以理直气壮、名正言顺地向日本宣战了。他们据此上奏光绪皇帝，建议撤回驻日使节、布告各国并对日宣战。

这一天北京的天气忽雨忽晴，中午电闪雷鸣，既而骤雨，晚上却又转晴了。光绪的态度也像天气一样，起复不定，他本来要召见军机大臣，研究向日本宣战及布告各国事宜，但后来又决定稍缓几天再说。

之前官员们关于和战的争论，虽然一度非常激烈，然而双方始终都未只是局限于政治判断的范畴，即主战者以日本不过一海中小国，不难一战而胜之，主和者则强调华军装备不如日军，需依赖国际力量居间调停，否则难以取胜，其间在指挥和调度作战方面都几乎毫无涉及，更遑论有何作战计划和预案。至于光绪，虽然他本人一直跃跃欲试地对日主战，可是对于如何打以及可能由此引发的后果，同样心中无数，事到临头，你要让他一个人担起责任，决定打还是不打，自然不免要犹豫踌躇一番。

处于清廷决策中枢之下的李鸿章，只有在焦急中，继续等待皇帝和中枢的进一步指示。晚上，他接到总理衙门来电，强调中日实际已经决裂，且从丰岛海战的情形来看，日本有意"毁我兵船"，要求加强北洋海军的防务。李鸿章原本即有此意，于是马上电令丁汝昌严加戒备，威海基地的各舰随时保持备战状态，官兵夜宿船上，不得回家。

丰岛海战及其结局，使得牙山方面的局势更趋严峻。这次海战前，李鸿章原计划是将牙山驻军海运北上，与北路军一起进驻平壤，正是牙山统将叶志超提醒他说，日本海军已经麇集于仁川一带，牙山部队又目标显著，一旦被其发觉，海运风险过大，所以才促使李鸿章临时对原计划做了修改。叶志超同时建议牙山部队可仍驻日军后方，以便战争爆发后，可以与北路军配合，"梗日兵南路"。李鸿章予以采纳，并决定重金租赁英国商船，秘密调兵直接增援牙山。

按照李鸿章的如意算盘，援军的目标相对而言要小些，又由英船运输，就算秘密行动被日本军队发现，对方也得有所顾忌，然而随着丰岛海战和"高升"号事件的爆发，他的这一设想被毫不留情地打破了。

"高升"号是三艘运兵船中载运官兵人数最多的一艘，计有一千一百多人，随着"高升"号被击沉，近乎全军覆灭，随船携带的十二门火炮亦永沉海底。最终，只有"爱仁""飞鲸"所载运的官兵，共一千四百人得以登陆牙山，牙山方面所得到的援兵数量，仅相当于原方案的一半多一点。其时进逼牙山的日军共四千人，如果没有发生"高升"号事件，淮军牙山部队便可望接近五千人，大炮增至二十一门，与日军对峙，会占有更多优势，如今则已无优势可言。

丰岛海战后，叶志超和总兵聂士成都意识到，牙山将很可能成为日军的第一个进攻对象。牙山偏居海滨，地势平坦，无险可据，实为易攻难守的"军事绝地"，地势既然不利，设防的要求相应就高，奈何守军的兵力、火力都不足，搞得叶、聂在排兵布阵时捉襟见肘。在这种情况下，二人经过讨论，决定主动调整部署，由聂士成率主力部队两千八百多人移防至成欢驿驻守。

成欢驿

成欢驿位于牙山东北五十里处，系汉城南下之要道。地形上，成欢驿三面环山，一面临河，河的南北两岸分布大片沼泽和水田，与牙山相比，确实是一个易守难攻的防御阵地。主力部队移兵成欢驿后，剩下两营共一千人的兵力，叶志超派一个营驻守牙山，防止日军直插此地，自率一个营驻守交通要枢公州，保护撤退路线及辎重，同时等待援兵。

聂士成在成欢驿修筑了六座临时堡垒和防御工事，其间不断派出骑兵侦察日军动向。1894 年 7 月 28 日，侦察骑兵向聂士成报告，日军已兵分两路，看样子一路是要截断公州退路，另一路则是会袭击成欢驿军营。聂士成立即进行迎敌准备，将淮军主要兵力层层部署在成欢驿驿道的两边，炮队则驻扎于西南山顶，以应对随时可能沿着大路进犯的日军。

当晚，日军果然向成欢驿军营实施袭击，其先头部队到一座叫佳龙里的村子里打探情况，但是没想到村子里早有伏兵——武备学堂出身的学生于光炘等人率数十名兵勇，就埋伏在村子里，敌人刚一进村，他们就给予了迎头猛击。

日军猝不及防，惊慌失措之下，急忙撤出村子，跳进水田，继而又撤到一处沼泽中，这才开始组织还击。占据优势地形的于部则继续猛烈射击，将日军死死地压制在沼泽中。

不幸的是，这一好的开局并没有能够继续延续下去。直到甲午战争前，中国依旧还没有实行近代征兵制，淮军的成军办法，仍是源自于湘军的募兵制。募兵制的最大特点是"兵归将有"，聂士成所统辖部队，由芦防淮勇、仁字虎勇、武备学堂队等几部分组成，除了武备学堂的学生外，兵勇都由营官、哨官分别招募而成，真正能指挥兵勇作战也都是各自的营官、哨长，各部都需要持有预先命令，或者聂士成临时"往来策应"，才能做到相互协作。

佳龙里伏击战在作战预案之中，是于光炘等人抓住战机，临时发动的。在没有得到预先命令的情况下，其余各部深怕抽调援兵后，影响自己的防守，于是都只守着自己的一亩三分地，持观望态度，而因为情况紧急，聂士成又一时难以全部调度到位，以至于武备学堂队迟迟难以等到援兵。日军则无此弊端，指挥官武田秀山在判明村中伏兵人数并不多后，立即得以集中优势兵力，对佳龙里发起冲锋。

伏击战迅速沦为阻击战，于光炘等人双拳难敌四手，只得且战且退，最后在水田附近全部被日军狙杀，壮烈殉国。

聂士成对正面进攻的武田秀山部层层设防，但是实际上，武田秀山部只是佯攻部队，真正的日军主力，是已迂回至成欢驿主阵地右翼的大岛义昌部。大岛义昌在完成迂回后，没有急于发起进攻，而是原地隐蔽，同时派人测量了两军营垒间的距离，部署好了炮兵阵地。

7月29日凌晨，大岛义昌下令开炮轰击，掩护步兵向成欢驿的第一座营垒发起进攻。聂士成部炮队阵地尚在西南顶峰，虽发炮还击，但因距离太远，超出火炮射程，对敌步兵几乎没有杀伤力。相比之下，敌炮火却能对聂部造成致命威胁——成欢驿的六座堡垒皆系临时构筑，以泥土夯筑而成，胸墙只有五到六寸厚，被日军炮火击中后，泥土四散，难以对守军形成有效的保护。

由于堡垒之下没有挖掘壕沟，日军轻而易举便得以接近堡垒，双方短兵相接，开始端起步枪互射。日军此时已全面装备村田式步枪，后者是明治维新后日本自己研制的第一款制式步枪，乃后来三八式步枪的鼻祖，技术层面上领先于亚洲。聂部的步枪则大多还是西方各国抛售的旧枪，虽就国内来说是最先进的，但跟村田步枪一比，差距甚为明显。

经过激战，第一座堡垒沦陷，日军又紧接着向第二座堡垒发起进攻。在六座堡垒中，以第二座堡垒为最坚固，守军也是聂部的精锐人马，装备着淮军中数量不多的六连发步枪。日军的村田步枪是单发步枪，六连发步枪按理更占优势，但因装备和训练的时间不长，兵勇均不熟悉这种步枪的使用方法，导致危急情况下，竟然不能连发，只能当单发步枪使用，由此大大影响了作战效果。

借助于守军装填弹药的间隙，日军以炮火为掩护，一举冲入第二座营垒，至此，聂部右翼两处营垒均为敌有。

只重正面，忽视侧翼这一战术失误，令淮军付出了沉重的代价。在大岛义昌部发起攻击的同时，武田秀山部也从聂部左翼展开攻击。聂部的左翼部队兵力不足，同时他们虽然能够得到西南山峰炮队的火力支援，但炮队无论火力还是射击精度也都不及日军，故而左翼的两座堡垒也被日军迅速攻克。

在先后攻陷四座堡垒后，日军左右夹击，形成了对聂部的"钳形攻势"。聂部各营虽人自为战，坚守阵地，但因攻守态势不同，日军在进攻时，对每一处阵地都能形成兵力和火力上的双重优势，从阵地上朝外面看，日军已是"愈聚愈多，遍布山谷"。

淮军除了武器性能已落后于日军外，没有像日军那样，形成统一的装备制式化，也是个很大的问题。聂部各营装备着很多种枪，芦防淮勇用的是一种，仁字虎勇用的又是另一种，甚至营与营之间，弹药都不能通用，其结果是一种子弹用完，则这种枪马上就成了废物。

战斗持续仅仅两个小时，聂部就因"军火垂尽"，渐渐失去了继续交战的能力，防御体系也已濒临彻底崩溃的边缘。聂士成见状，只得下令突围，成欢驿剩下的两座堡垒遂亦告失守。

所有人都知道突围乃唯一生路，弁勇们在绝境之下，迸发出惊人的战斗力，大家把仅剩的弹药集中起来，孤注一掷，终于杀出重围，撤至公州。

日军在进攻成欢驿时，就谋图攻占公州，叶志超亲自坐镇公州，才确保了后路尚未被敌人掐断。现在眼见成欢驿兵败，援军又久候不至，叶志超、聂士成只好决定撤出牙山、公州，北退平壤，在与大部队会合后，再作打算。

甲午战争

成欢驿之战打响的那一天，针对总理衙门关于撤使、布告各国的意见征询，李鸿章复电表示赞成，同时又加了两条：建议劝日本驻京使节、各通商口岸领事自行回国；檄行各海关暂停与日本通商。

当日正值皇帝的万寿节。紫禁城里庆贺如仪，光绪先在太和殿接受群臣祝贺，又一同前往宁寿宫畅音阁听戏，戏一直唱到晚上七点后方散，和战的相关事宜都被暂时撂到了一边。在此期间，日本佐世保军港同样是一片盛装，热闹得很，不过却是另外一番景象。

早晨6点，"操江"的被俘官兵由通报舰"八重山"载运，押至佐世保港，船近码头，岸上便鸣钟、摇铃、吹号，提醒附近居民前来观看。官兵们上岸后，又被迫列队，从大街小巷穿过，在日本百姓的嘲笑和辱骂声中默默行进，直至游遍各街，受尽凌辱，他们才被关入监狱。

日本人的这一举动,既是在夸耀战功,同时也是对"长崎事件"等过往中日冲突事件的报复。对于向来把面子看得比天还大的清王朝而言,其刺激作用不言而喻,1894年7月29日,光绪降下谕旨,表明了武力抗击日本的决心。翌日,总理衙门接受李鸿章的意见,照会各国公使,声明日本首先启衅,"公论难容"。

"公论"也似乎确实站到了中国一边。31日,英国政府正式通告了"高升"号事件,并强调"被击沉的那艘英国船,可能还悬挂着英国国旗"。一时间,英国舆论鼎沸,媒体几乎是一边倒地抨击日本,建议政府对之采取报复措施。日本驻英公使青木周藏紧急致电陆奥宗光:"所有报纸皆载有此事,并唱反对我国之说。"

作为当时世界上军力最强的海军,英国海军甚至在其政府做出正式表态前,就做出了不同寻常的军事部署:英国远东舰队由舰队副司令斐里曼特率领,从其巡弋的黄海海域出发,前往仁川;"敏捷"号军舰被派往日本长崎,与日方就"高升"号事件进行交涉;"射手"号军舰出海搜寻日本舰队,要当面向日本舰队司令进行质询。

面对英国远东舰队的强硬姿态,日本政府惴惴不安不说,就连将其政府拖下水,在丰岛海战后趾高气扬的日本海军高层,也不由得心怀忐忑,私下埋怨"小个子东乡平八郎捅了个天大的麻烦"。当斐里曼特气势汹汹地向日本海军进行质问时,联合舰队司令长官伊东佑亨虽然仍辩解称,"事实证明他(指东乡平八郎)的行动是有道理的",但也不得不承认,"浪速号舰长当时并未接到命令,只是凭一时冲动行事"。

事态的发展可谓正中李鸿章下怀。他当初租用英国商船运兵,谋算中就有这样的场景,即日本人只要敢对英国商船动武,因此惹恼英国,中国就可以从日本手中将英国这个强援夺过来。

得到"高升"被击沉的消息后,李鸿章除了向总理衙门报告外,第一反应就是迅速接见英国驻天津总领事宝士德。当着宝士德的面,李鸿章极其强烈地抨击了日本在和平时期炮击中立国船只的恶劣行径,并希望英国舰队司令能够对日本人立即采取断然措施。宝士德也是个国际老政客,他一眼就看穿了李鸿章的用心,事后评价说,李鸿章很善于在日本人侮辱英国一事上"做文章"。

"高升"号事件成为举世瞩目的国际重大新闻，英国国内舆论汹汹，全是对日本的谴责之声，这对中方无疑是一个很大的激励，大家都满心希望李鸿章的谋算能够得到最好的结果——英国为了谴责日本的野蛮野径，转而支持中国，甚至与中国合兵抗日。

成欢驿之战后，为逃避责任和惩罚，叶志超向李鸿章发出了"报功"电报，将败仗粉饰成了胜仗，称叶聂部两日内连连告捷，"毙倭贼二千余人"。此时国内正望眼欲穿地祈盼前线捷报，这份由李鸿章转呈的战报，立即得到朝野的重视，叶志超因此接连受到慈禧、光绪的嘉奖："该提督偏师深入，以少击众，克挫凶峰，深堪嘉悦。"慈禧于喜不自胜之余，还传懿旨奖赏叶聂部两万两白银。

在一片捷报声中，1894年8月1日，光绪颁布上谕，正式对日宣战。次日，清廷决定拨给战费两百万两，这是中日衅起后，朝廷筹拨的第二笔战费。与首次筹拨一样，仍由户部和海军衙门各负担一半，海军衙门能够想办法拿出来的，也还是贴补颐和园工程的那笔"海军巨款"。因为颐和园工程本来就是为慈禧准备的，所以慈禧专门颁下懿旨，命令将"海军巨款"本金如数提出，用以购买军火，虽然限于"海军巨款"的存期仍然没有全满，但还是得以先期提出了本银一百五十八万余两。

中方全力以赴，日本亦不甘示弱。就在光绪颁谕宣战的同一天，日本天皇也发布诏书，宣布对中国开战。中日之战由此正式爆发，按中国的干支纪年，1894年为甲午年，故历史上将此次战争称为甲午战争。

危机外交

对中方而言，一个重大的利好消息是，就是在中日双方宣战的次日，英国政府发出了要求日本对击沉"高升"号负责的照会，中方对于英国出手干预甚至助战的期待，看起来正一步步变成现实。

面对巨大的外交压力，日本内阁一方面有日英同盟破裂、中英重回过去蜜月期的担忧；另一方面，他们根据过去对英国当政者的观察，又认为英国既然已经确定了"联日防俄"的外交战略，就不会为区区一艘商船而与日本轻易决裂。

  为了扭转局面，日本政府首先向英国递交了击沉"高升"号的初步官方报告。这是一份形式上完全按照国际惯例制成，但与事实已相去甚远的单方面报告，报告中诬称是中国军舰先向日舰开火，而且日舰事后才知道自己所击沉的运输船是英国商船"高升"号。在提供这份报告的同时，陆奥宗光还十分谦恭地表示，如果查实确实是日舰错打了英国商船，日本政府将严格按照国际法，向英国赔偿全部损失。

  日本人所走的第二步棋，是进行"危机外交"，通过高效运转的舆论机器，对包括英国在内的国际社会实施影响。8月3日，剑桥大学教授韦斯特莱克在《泰晤士报》上刊文，竟然认为日本击沉"高升"号是合理合法的行为。

  韦斯特莱克还论证得有板有眼——你们说"高升"号是英国商船，这个不假，可是它当时已经在为中国军方服务，对日本而言，就构成了一种敌对行为，怎么还能获得英国国旗和船籍的保护呢？

  什么？事件发生时中日还没宣战？诸君不妨查下国际法，里面可没有明确规定交战双方必须有宣战这一程序，从过往例子来看，交战双方没有正式宣战就打起来的情况，比比皆是，很正常。

  "高升"号上运的是谁？中国军队！日方已经能够表明，他们是要开赴朝鲜去对付日本军队的，日本将其击沉，的确有军事上的需要。

  8月6日，《泰晤士报》又刊登了牛津大学教授胡兰德同样论调的文章。韦斯特莱克、胡兰德是当时国际法方面的泰斗级人物，他们的这些言论对英国乃至国际舆论的影响作用是显而易见的。

  有历史研究者认为，是日本暗地里贿赂了英国媒体，此说未有确证，并不足信，但若说这一波言论操作，与日本发动的舆论战毫无关联，却也难以令人信服。韦、胡作为名校名教授，平时都有各自不同的观点和立场，突然不约而同发表支持日本的言论，而且都得到媒体的重磅推荐，其中敢保证没有一点猫腻吗？

  与日本相比，限于未能与近代体制相接轨等原因，中方的应对和舆论战极不得力,其间清廷虽联合英国政府进行了几轮联合调查,但始终未像日本那样,形成一份完整、系统的调查报告,也没有能够为推动舆论提供更多的证据材料,几乎就是在坐等其成,结果最后只能眼巴巴地看着日本从被动转向主动。

一个显而易见的事实是,"高升"号事件在英国渐渐变得销声匿迹,政府态度也开始了发生变化。8月中旬,英国官方先后在长崎、上海举行海事审判听证会,从第一次听证会起,听证会就采用了日本提供的报告书,结论对日本也相当有利,由此大长了日本人的自信心。到了第二次听证会,英国更是几乎全盘接受了日本无错的观点,日本既不用为击沉"高升"号向英国赔偿损失,也无须为此承担任何责任。

很显然,两个著名法学家的言论及其媒体的推波助澜,固然能够影响政府的判断和决策,但如此一百八十度的大逆转,似乎又超出了舆论的能量范围。

研究者对此众说纷纭。有的说因为日本不断向英国订购军舰,使得英国的造船业受益颇丰,而造船业又是英国的支柱产业,英国政府一定是考虑到,一艘商船的损失,远不能和造舰所带来的收益相比,因为"高升"号事件而与日本这个购舰大主顾弄翻,毫无必要。还有的说,两年前,日本通报舰"千岛"曾被英国商船击沉,日方当时死了七十多人,便要求向英国索赔,但是到了年底,英国法庭却驳回了日本的赔偿请求,英国方面很可能是对此抱有歉意,于是正好拿"高升"号事件来进行弥补。

其实,还是日本的观察最能说明问题,即英国对"高升"号事件的态度,依然取决于它会不会把"联日防俄"的外交战略继续下去。

在丰岛海战中,中弱日强已经一目了然,英国人用他们那鸡贼的眼光一瞧,就知道该支持谁了——与新崛起的日本爆发冲突,未必对英国有好处。反之,若继续英日同盟,站在日本一边,对英国而言则有益无害,正如英国官方报纸《圣詹姆斯公报》所说:"日本对于英国并没有危害,它将毫无疑问地与俄国发生冲突,并逼迫中国更加对外开放,这对英国是有利的。"

两次听证会的过程和结果,说穿了,就是英国政府最后决定的付诸实施,即在"高升"号事件中偏袒日本,抛弃中国,至此,李鸿章和清廷的期望完全落空。

择　帅

从甲午战争往前倒数,中法战争是时间上离得最近一次大规模外战。中法战争虽败,然而陆军的表现却是突出亮点,尤其镇南关一役更是被认为大长国人志气。其后,朝鲜的壬午兵变、甲申政变,又都是靠陆军解决问题,这使得很多主战派官员都颇以陆军为自负,御史庞鸿书就上书认为,中法战争中法军那么狡黠能战,照样在镇南关被击败,如果中日在朝鲜打起来,正可由陆地进兵,以便继续发挥陆军优势,"舍我所短,而用我所长"。

正是因为有着这样的心理基础,故而清廷在讨论和战期间,就已决定实施"海守陆攻"战略,即将北洋舰队集结扼守于旅顺或威海,以确保京师门户安全,而陆军则迅速集结和开入朝鲜,并将战斗限制于朝鲜境内。

自1894年7月21日,即丰岛海战爆发的四天前开始,北路部队便奉命跨过鸭绿江,向平壤集结。北路军共分四路,其中马玉昆的毅军、卫汝贵的盛军最先入朝,于8月4日抵达平壤,左宝贵的奉军、丰升阿的马队随后,于8月6日抵达平壤。

前线大军云集平壤,气势堪称雄壮,其中的盛军善于使用新式洋枪,尤为淮军精锐。李鸿章对局势也变得乐观起来,他认为各军皆其旧部,练习新式枪炮多年,这次应该不会错失战机。在给友人的信中,他甚至已在考虑战胜日本之后,该如何重振朝鲜藩务,开始念叨"此时之胜倭或易,他日之保韩实难"。

真正让李鸿章觉得有些烦恼的,是另外一件事,驻平壤驻军加上叶、聂部,已有五路人马,如此多的部队必须有一个前敌总指挥。清廷亦以此为虑,"现在驻扎平壤各军为数较多,亟须派员总统,以一事权"。

国内军界当时公认的帅才是"二刘",即"湘刘"和"淮刘"。"湘刘"是指湘军大将、前新疆巡抚刘锦棠,"淮刘"是指淮军宿将、前台湾巡抚刘铭传。其时前线已经使用和能够使用的主力部队，多为淮军，而淮军的募兵制又决定了淮将以外的将领到前线后，即便赋予全权，也很难对淮军各部调度自如，李鸿章有鉴于此，主张以淮将统淮军，重新起用已经告病归乡的刘铭传。

刘铭传之前抗法守台，其功绩和影响力不亚于守镇南关的冯子材，故而就连帝党清流都不敢将其忽略，李鸿章的意见立即得到朝廷批准。可是当李鸿章奉旨致电刘铭传，请其出山时，却被刘铭传婉拒，并复电"病未愈，目昏耳聋，万难应召"。后李鸿章虽多次相劝，甚至请刘铭传的侄子"设法劝驾"，刘铭传仍"决意不肯出山"。

刘铭传不肯挂印拜帅，外界对此猜测纷纷，莫知底蕴。刘铭传私下里自己给出的解释是，"知和议在即，我决不出"，然而其时已经宣战，在胜负未定的情况下，完全谈不到"和议"二字。推究刘铭传不肯出山的真正原因：一者确实年老体弱，身体状况不佳，"目昏耳聋"中至少眼睛不好是真的，二者恐怕还是与他深知己方军力底细，对与日本开仗后的前景并不看好有关。

宣战前后，帝党也保举了一批人，不过其中多为湘军将领，而没有淮将的影子。他们如此积极推荐湘军将领，不外乎是想借此"以湘代淮"，"倒淮用湘"，达到打击李鸿章及其北洋系的目的。

在帝党看来，除了刘铭传，其他淮将皆不可恃，然而在他们提出的湘将名单中，真正可用的也只有"湘刘"刘锦棠。军机处在得知刘铭传难以复出后，才决定响应帝党，以刘锦棠当其任。未料湘军和淮军一样，第一代的战将尤其是百战名将，都已到了风烛残年，差不多接近凋零的时候，刘锦棠接诏时业已病重，无法立即命驾北上，并且不久就病故了。

"二刘"均无法出征，朝廷只能采纳李鸿章的意见，从前线的第二代淮军将领中择帅，叶志超就这样被推到了前台。

叶志超本是刘铭传的部将，先后随刘铭传征剿太平军、捻军，因战功积升至总兵，朝廷赐号"额图浑巴图鲁"，李鸿章曾给予"骁勇坚强，饶有智略"的评价，可见对其颇为肯定。至入朝时，叶志超的正式职务已是直隶提督，当时前线的其他将领，从聂士成到马玉昆、卫汝贵、左宝贵、丰升阿等，实缺职务大多只是总兵或副都统，就原有级别而言，也难以让他们凌驾于叶志超之上。

叶志超关于成欢驿之战的战报呈递后，以朝廷所掌握的信息来看，无论级别、能力、声望还是入朝作战的实际表现，前线都已无人能够超越叶志超。在叶志超到达平壤后，慈禧特地赏给叶志超白玉瓴管等物，"以示优异"。枢府在讨论叶志超的任命时，军机王大臣也均认为"叶志超抵韩较早，情形较熟，且历著战功"，大家一致决定委派他为驻朝各军的统帅。

朝议既定，相应电旨随后传至平壤："直隶提督叶志超战功夙著，坚忍耐劳，即著派为总统，督率诸军，相机进剿。"

叶志超

枢府的现有军机王大臣，没有人参与过征战，军事知识和经验都甚少，对于叶志超的战报或许深信不疑。李鸿章却是从戎马倥偬中杀出来的，他如果一点看不出其中的猫腻，前半辈子也就算白干了。事实上，前线谎报早已有之，丰岛海战，方伯谦打了败仗，逃得还快，回去后，照样能将海战情形描画成一次重大的"捷音"，其动机与叶志超可谓如出一辙。

在由方伯谦监督记录的"济远"舰航行日志中，如此记录"济远"与"吉野"大战的经过："我船后台开四炮，皆中其要处，击伤倭船，并击死倭提督并员弁数十人，彼知难以抵御，故挂我国龙旗而奔。"方伯谦以此向丁汝昌报告，并转报李鸿章，然而对照此后的历史事实可知，"济远"除了以尾炮三次击中"吉野"外，其他打死"倭提督""吉野"挂龙旗而逃等，纯属子虚乌有。

李鸿章信吗？他不信，理由也很简洁明了："一炮如此得力，果各船大炮齐发，日虽有快船、快炮，其何能敌？"针对是否要褒奖方伯谦，李鸿章的态度是"如无确实证据，岂能滥赏？"

成欢驿之战可作同一逻辑链的推断：北路大军进驻平壤时，中日两国已经正式宣战。北路军集结于平壤的原意，本来也是准备与叶志超、聂士成的牙山部队相呼应，南北夹击驻汉城一带的日军，然而在丧失牙山、成欢驿等中部战略要地后,此种形势已不复存在,原有计划被完全打乱,若叶、聂部果真连战连捷,何至如此?

李鸿章对成欢驿之战的实际情形还是心中有数的,问题在于,除了叶志超,他也拿不出更好的人选。以成欢驿之战为例,其实从"高升"号被击沉开始,就已注定,这场仗不管谁指挥,都很难打赢。日军方面也承认,如果他们在丰岛海战中没有击沉"高升",牙山华军在兵力和火力方面就会超过日军,"成欢驿战斗的胜负就很难定论"。

具体到成欢驿战斗,其间出现致命战术失误的也是聂士成,而不是叶志超。有人说战前叶志超犯了分兵的错误,不该分兵把守牙山和公州,以致削弱了成欢驿主力部队的战力。这种说法其实是不了解战场上的实情,因为在战争中,攻守双方所处态势是完全不同的,概言之,攻方总是能够集中兵力突破一点,而守方则不可能集中兵力只守某一要点。设想一下,叶志超若是不管牙山、公州,只守成欢驿,届时成欢驿倒是守住了,牙山、公州却都丢了,成欢驿守军不仅将陷入绝境,而且撤都没法撤,他们所面临的命运极可能是全军覆灭。

还有人认为,叶志超坐镇公州,预先留好退路,令叶、聂各部在关键时刻失去了破釜沉舟的勇气,要不然,成欢驿一战或许就能反败为胜。此说就如同朝廷的一些清流派御史所言,都是弃战斗中的客观因素和条件不论,只是一味拔高战斗中的精神作用。再者,当时叶、聂部的士气也并不高,成欢驿之战后,日军在打扫战场时发现,华军营帐内散落着赌博工具,他们分析认为,这是由于清军据朝日久,"颇感无聊",所以才"耽于赌博"。其实这只是一个方面,另一方面,肯定也与丰岛海战的落败,大批陆军士兵的非战斗减员有关,弁勇们已经感到前途茫然。在这种情况下,恰恰是留着后路,才能让众人安心作战,那种以为军队凡临绝境,就必然会"破釜沉舟,背水一战"的,只是书生之见而已。

正是因为清楚在朝军队的实际状况和困难,所以在朝廷决定任命叶志超为平壤前线总指挥后,李鸿章虽然私下里也颇以缺乏良将指挥前敌军事为忧,在给刘铭传的信中直言"现在前敌各军相继前进,如于有将无帅",然而公开场合仍旧力挺叶志超,要求诸将听其调遣。

李鸿章和朝廷都不知道，叶志超在北路诸将心目中早就已经黯然失色，而这一时间点，就出现在四路大军兼程抵达平壤，与叶、聂部会合之际。出现在四路大军面前的叶、聂部，几乎就是一个残兵的模样——北撤时，为了躲避日军的追击，叶、聂部穿林越峪，绕道而行，途中缺粮少药，备尝甘苦，到达平壤时，已经个个衣衫褴褛，情形委顿，与旌旗招展、器械鲜明的北路军完全不可同日而语。

朝廷收到的只是经过粉饰的报告，大家看到的却是真相：叶志超打了大败仗！

一个谎报战功的败军之将，有何资格统领我们？诸将各有意见，都不愿服从叶志超的调度。据聂士成称："电旨派叶军门（叶志超）为诸军统帅，一军皆惊。"

拔 丁

帝党一直图谋"易李"，也就是将李鸿章调离北洋，削弱其权力，然而李鸿章毕竟树大根深，浮沉宦海多年而不倒，区区几个奏折是难以将其撼动的。帝党的策略是先从李鸿章的左膀右臂入手，早在甲午战争爆发前，御史言官们抨击李鸿章的一条重要内容，就是对前线陆海军主将叶志超、丁汝昌发起指控，斥责二人"首鼠不前，意存观望，纵敌玩寇"，并将叶丁称为"败叶残丁"。

叶志超因为将成欢驿之战虚报成了胜仗，在一时真相难查的情况下，终于得以暂时从漩涡中脱身；丁汝昌就没这么走运了，他成为帝党的主要攻击目标，当时称为"拔丁"。帝党认为，叶、聂部在牙山得不到后援接济，以致只能退守平壤，都是海军护运不得力之故，换言之，即丁汝昌的责任。光绪对此也深以为然，据闻，他因为深怒海军不能救援叶、聂部，把一肚子火都发在总理衙门大臣、庆郡王奕劻身上，不仅予以诘责，还气得把茶碗都摔碎了，说："丁汝昌既然不能打仗，为什么还要让他白白浪费那么多军饷？"

丰岛海战后，丁汝昌率舰队奉命三次出巡朝鲜洋面，但均未能发现敌踪，最后又都退守威海。帝党清流认为丁汝昌不是真的找不到敌人，而是怯战畏敌，有意回避，于是继救牙山不力之后，他们又给丁汝昌定了一条罪名。帝党主将志锐弹劾丁汝昌，请求对其予以军法处置，并举荐在丰岛海战中战果"显赫"的方伯谦取代丁汝昌，他还旁敲侧击地指出，丁汝昌一面退缩避战，一面告病求退，但李鸿章却姑息养奸，未及时对丁汝昌予以参奏。

志锐论职务不过是礼部侍郎，但他与翁同龢过从甚密，而且还是光绪的妃子瑾妃、珍妃之兄，在光绪面前说得上话。在他们的鼓噪下，被激怒的光绪向李鸿章连下两道谕令：前者要求对丁汝昌进行调查，让李鸿章初步考虑接替丁汝昌的人选；后者则直接对丁汝昌提出了严厉的批评和指责。

1894年8月9日，北洋舰队第四次出海寻敌，结果仍然是一无所获。打脸的是，次日日本联合舰队主力即出现在威海，而且炮击了威海军港。消息传到北京，帝党为之哗然，更加断定日舰之所以敢打到家门口，都是因丁汝昌胆小怕事及北洋舰队无能所致，前一天北洋舰队出海寻敌的行动，也依旧被理解为是离港避战。

在帝党的竭力要求下，军机处讨论了"拔丁"问题。会间，翁同龢、李鸿藻力主对丁汝昌加以严处，但最终所拟电旨，也仅止于对丁提出警告。翁同龢极为不满，却也无可奈何。

此后，志锐等人不仅继续奏参丁汝昌，而且捕风捉影，给丁汝昌安上了莫须有的罪名，比如说丁汝昌驾舰潜逃之类。"拔丁"实际为的是"易李"，随着"拔丁"行动愈演愈烈，帝党"易李"的心情也更为迫切。为了增强说服力，他们在弹劾李鸿章的奏章中，甚至不惜作荒诞夸大甚至耸人听闻之词。按照志锐的说法，李鸿章眼下重病缠身，每天都得吃洋药，"用铜绿侵满血管"，若不如此，就会终日像喝醉酒一样，东倒西歪，疲乏无力。志锐一边说这只是他听来的传闻，一边却又直接把它作为论据，质问若继续以李鸿章主持战事，"大局还能问吗？"他建议"简派重臣至津视师"，如查明李鸿章病情属实，即直接留天津坐镇，代李调度一切。

御史余联沅、安维峻、张仲炘等帝党成员与志锐合为一气，异口同声，请求于李鸿章之外，另择"忠勇知兵的宿旧大臣"主持大局，指挥战事。

他们给李鸿章罗列的其他罪名还有：李鸿章在日本有洋行、茶山，资本达数百万；李鸿章接济日军粮米弹药，纵放日本间谍；李鸿章收日本女子为干女儿，所谓认"倭女"为义女；李鸿章之子李经方（本为李鸿章的六弟李昭庆之子，过继给李鸿章做长子）时任驻日公使，居然娶日女为娶……

帝党接近光绪，但无论"拔丁"还是"易李"，光是皇帝点头还不行，形式上首先还得过军机处这一关。在军机处，后党孙毓汶、徐用仪等拥有很大发言权，御史言官中常见的书生之见和纸上谈兵气息，在这些重臣身上甚少。再者，帝党攻击李鸿章的理由也实在过于牵强和捕风捉影，本身就没有多大说服力，因而帝党关于"易李"的请求到了军机处那里，无一例外，全都碰了壁。

比如对于志锐的"易李"奏折，军机处说经过查询，这几个月来李鸿章从未因病请假，他对于战事的调度，电奏上也记录得清清楚楚，并没有明显不妥之处。军机处的结论是，"军事饷事仍应责成李鸿章一人经理"，志锐关于另择重臣至津视师的建议，没有讨论的价值。

对于余联沅等其他人的相关奏折，军机处或反驳，或不予理睬，并且强调"临敌易将，兵家所忌"，李鸿章换不得，不能换，"环视朝堂之上，实在找不到可以顶替的人选"。

在后党的抵制下，帝党的"易李"计划初度受挫，不过这并没有影响他们继续推动"拔丁"行动。

就在志锐上"易李"折两天后，言官们再次对丁汝昌群起而攻之，广西道监察御史高燮奏请更易海军提督，河南道监察御史易俊奏请治丁汝昌之罪。军机处被迫重新讨论处分丁汝昌的问题，这次翁同龢、李鸿藻开足了火力，把高、易两折放在桌案上，声言"不治此人罪，难以服众"。经过颇为激烈的争论，帝党的意见终于占了上风，尤其到了最后环节，在讨论将丁汝昌予以革职的一系列细节时，翁同龢更是寸步不让，孙毓汶主张革职电旨不要明发，额勒和布提议让李鸿章先保举替换丁汝昌的人选，然后再降旨革职，全都被翁同龢给顶了回去。

1894年8月26日，光绪将军机处所拟电旨照发，下令将丁汝昌即行革职。"拔丁"眼看就要成功，不料已处于归政养老状态的慈禧，却突然过问此事，且明确表态不支持撤换丁汝昌。

此时谕旨已经明发，光绪也不想收回，便于翌日又严谕李鸿章，称"丁汝昌庸懦至此，万不可用"，让李鸿章当天即确定接替丁汝昌的人选，而对革丁汝昌职一事，则避而不谈。

李鸿章"始终出死力"庇护丁汝昌，为保住这位爱将，他顶着压力，复奏揽下责任，表示丁汝昌慎重出战，乃是在执行自己所制定的海战要策，即所谓"保船制敌"。与此同时，他坚持丁汝昌参与创办了北洋海军，对北洋海军的情况较为熟悉，"目前海军将才尚无出其右者"，也就是你要让我在短时间内寻找替代丁汝昌的人选，对不起，找不到！

前者慈禧已明确不同意革丁汝昌职，后者李鸿章又竭力为丁汝昌剖白，光绪也没办法了，只好借着李鸿章的复奏给自己找台阶下，明谕"丁汝昌暂免处分，著李鸿章严加戒饬"。

继"易李"之后，帝党"拔丁"又告失败。是日，翁同龢在日记中写道"丁提督"（丁汝昌）免职一事已"不办矣"，言下颇为感慨失意。

守卫平壤

在平壤前线，除了主帅无法服众、指挥难以统一外，援朝部队的后勤状况也很不理想。其间，慈禧曾发来平安丹四十匣，"颁给各军将士，以示体恤"。御制平安丹的功效据说是可以祛暑清热、健脾和胃，防止"水土不服，致生疾病"，但援朝部队面临的困难和问题，远不止于水土不服。

由于运力有限，援朝部队的粮食只能一部分通过海陆由国内运来，另一部分得靠就地采买，然而"韩地瘠苦"，物资远不如国内充裕，朝鲜又正好处于秋收前的缺粮时段，新谷尚未登场，导致平壤一带粮食非常缺乏，就算前往平安、黄海、咸镜等道搜集，陆路运输亦非易事。

为了使用和携带方便，这时中国军队的军饷和外务费用，一般都使用银两及进口银元，然而朝鲜基本只以铜钱作为通货，驻朝部队也因此必须使用铜钱交易，这就人为地增加了以银两换铜钱这一步骤。银在中国值钱，在朝鲜却并不值钱，华军入朝后，发到士兵手中的饷银，兑换成日常购物所用的铜钱，竟然缩水一半，以至于后勤部门不得不使用大批车辆，装载铜钱运往前线，即便这样，仍不能解决在朝部队"银贱钱荒，百物昂贵"的窘境。

粮食难买，买粮食的钱还打了折扣，这些情况不仅对在朝部队军心的稳定有着严重影响，而且又进一步引发出军纪、士气等各种降低战斗力的问题。受此困扰，北路大军在抵达平壤后的月余时间内，除了一次贸然出击和击退日军小股先头部队外，基本上没有什么作为。

作为生力军的北路大军都是如此，叶、聂部就更不用说了。其实叶、聂部在成欢驿之战中，也不过才损失了两百多人，以一场战役而论，并不算多，但它把部队所存在的各种问题都暴露了出来，失败主义的情绪由此弥漫于军营之中，叶志超不说受影响最大，也是其中之一。对日宣战后，光绪帝曾通过军机处，谕令李鸿章电催在朝各军"星夜前进，直抵汉城"，但在夹击汉城计划已经失败的情况下，李鸿章反对仓促南进，认为目前应"先定守局，再图进取"。叶志超对南进本就不抱乐观态度，他担任总统后所做的主要事务，也就是按照李鸿章的意见，指挥驻军修筑堡垒，挖掘壕沟、加固城墙，以强化平壤城的防御能力，初期北路军曾做过的出击行动浅尝辄止，再也没有能够持续下去。

用现代军事的观点来概括，叶志超的这种做法乃是一种被动的消极防御，等于一动不动地坐着准备挨打。1894年9月上旬，日军分批进逼平壤，叶志超闻报大为紧张，遂不断向李鸿章发电告急，请求尽快调兵增援，李鸿章深感事态严重，决定调派淮军四千人增援平壤。

叶志超这边也急忙召集军事会议，给各军划分防区，奇怪的是，在他所下达的部署命令中，各军都涉及了，唯独不见左宝贵及其奉军的影子。

按叶志超电报所称，左宝贵因连日心力交瘁，突发中风，右边身体麻木，无法起床。据此判断，叶志超在召集军事会议时，左宝贵应该正在病榻之上，未能列席会议，不过即便这样，在叶志超所发布的命令中，也不应该没有奉军的内容。

北路诸军之中，左宝贵的奉军于营规方面较为整肃，说到打仗，也都意气风发。统领奉军的左宝贵"素号英勇"，以率领马队，在直隶追歼马贼而成名，他的实缺虽是总兵，但已获记名提督衔，也就是说可享受与叶志超同级别的待遇。相对于其他将领，左宝贵也更敢于和叶志超对着干，有人分析认为，叶志超在命令中之所以不提及左宝贵及其奉军，其实跟左宝贵生不生病没多大关系，真实情况是他很可能已经调动不了左宝贵，差遣不了奉军了。

一个"命令事件"，将平壤指挥层的内部矛盾暴露无遗。就在淮军各部纷扰逡巡之际，日军却已形成了对平壤的包围之势。与成欢驿之战前一样，日军此次乃是有备而来，而且依旧是占据压倒优势的一方。相关数据显示，集结于平壤并参加会战的中国军队总计有一万五千余人，日军进攻平壤的参战部队则有两万六千，火炮、子弹接近或达到华军的两倍，步枪更是达到四倍多。华军因为没有实行装备制式化，且各部状况不一，所以武器还参差不齐，一位西方传教士在战后曾捡到大刀，看到散布四处的竹矛和铁蒺藜，他为此发出感慨："中国军队落后于时代好几百年！"

9月13日，日军攻占顺安，切断了华军退往义州的后路。稍事休息后，日军即于次日凌晨向平壤发动大规模进攻，而此时李鸿章所调派的援军尚未能够登船起航，也就是说增援已经来不及了。

先前通过成欢驿之战，日军牛刀小试，早已赢得了先机，振奋了士气，当天，作为成欢驿之战的日军主力，大岛义昌部挟取胜之余威，率先突击大同江南华军阵地。战前，包括叶志超在内，华军将领们都认为大同江是日军的主攻方向，日军将跨河攻击，因此做了重点布置，特地将盛军主力和奉军一部调往此处，两军组成共同防线，不仅防守得力，其间甚至还组织了反攻。

然而后来的事实证明，日军在城南的进攻只是佯攻，为的就是吸引华军主力，其进攻矛头实际集中于其余方向。战斗中，日军朔宁支队和元山支队避开其余华军，专攻奉军的东北防线，奉军虽竭力抵抗，但日军兵锋锐利，致使城北山上的营垒悉数丢失。此后左宝贵亲自督队争夺，然而亦未能成功，只得率部退入城内。

当晚，叶志超见城北形势危急，召集众将会商去留问题。叶志超的建议是撤出平壤，左宝贵则力言坚守，并豪言："若不战而退，何以对朝鲜而报效国家？大丈夫建功立业，在此一举，至于成败利钝，暂时不必计也。"

左宝贵的意见得到众将支持，大家决定继续守卫平壤。考虑到叶志超身为主帅，一旦逃走，将极大地动摇部队的战斗信心，左宝贵会后特令亲兵监视叶志超，以防止其乘隙溜号。

晴天霹雳

1894年9月15日，日军悉数出动，开始总攻。战斗开始之初，尽管遭到日军的猛烈攻击，但由于华军准备充分，加之地形有利，故而防御阵形仍得以保持岿然不动，大部分阵地也一直牢牢地握在手里，双方形成了对峙局面。

发现全面进攻不易得手，日军转而集中兵力，继续不惜代价地从城北展开重点突破。城北奉军专注于城内防御，兵力分散，经过激烈交火，城外的全城制高点牡丹台（今称牡丹峰）终告失守。牡丹台失守，令全城都处于日军的俯视之下，日军随后将重炮搬上牡丹台，居高临下，对城内要点予以逐个击破，奉军顿时阵脚大乱。

千钧一发之际，左宝贵头戴顶戴花翎，身着御赐黄马褂，登上玄武门城楼进行督战。营官杨建胜想搀扶他下城，左宝贵满眼怒火，一掌将其推开。其他部属劝左宝贵换掉黄马褂，以免过于醒目，招致敌人攻击，也被他加以拒绝，左宝贵大声说："我穿朝服，就是想让士兵们知道我誓死不退的决心，就算被敌人盯住，我也不怕！"

左宝贵指挥城头守军使用火炮，对蜂拥而至的日军进行拦阻射击，并亲自装填炮弹三十六枚。左宝贵身先士卒的壮举，激励了三军，华军阵脚一度为之稳固，但不久之后，险情重又加剧，城头中弹倒下的弁勇越来越多。左宝贵激奋之下，抢过一门格林机枪（即加特林机枪），端起来就向日军猛烈扫射，打着打着，他的左侧额头被炮弹弹片擦伤，鲜血染红了身上的黄马褂，左宝贵毫无惧色，支撑着不肯放下机枪，紧接着，又一颗子弹射来，正中左胸，这位勇将当场血洒平壤城头。

左宝贵阵亡后，玄武门防线迅速瓦解，玄武门应声而下。营官杨建胜和几名士兵欲把左宝贵的遗体抢出带回国内，但此时日军已经涌入外城，塞满街巷，杨建胜等人寡不敌众，均战死于乱军之中。后来日军在打扫战场时，发现了左宝贵的遗体，很多人在酣战之际，都亲眼看见了左宝贵在城头上临危不惧、慷慨捐躯的雄姿，对其颇为敬畏。为了表示尊重，他们在平壤以军礼对左宝贵予以厚葬。英国著名的东方旅行家伊莎贝拉·伯德战后游历平壤，曾看到日军在玄武门附近为左宝贵所立的纪念碑，碑上以工整的汉字刻写着："清国奉军统领左宝贵战殁之地"。

日军虽在城北取得突破，但在城南、城西都被阻住了，尤其城南战斗最为成功，毙伤日军数也最多，日军见状只得止步于外城，上午的战斗遂告结束。

城北失门殇将，对守军的士气造成了重大打击。叶志超坚守平壤的信心因此再次动摇，当天即召集众将商议撤兵之策。与上次会议不同，这次除了马玉昆仍主战外，其余各将均同意弃城。于是叶志超派使者前往日军军营，送信表示愿意主动放弃平壤。日军虽然胜券在握，但也担心若华军继续死守下去，己方将付出更多的伤亡代价，接到书信后欣喜若狂，立即答应愿意暂时休兵。

得到日方的承诺后，各军在防区内挂起白旗，乘晚上大雨倾盆，弃城仓皇撤退。谁知日军表面答应休兵，暗地里却早已在华军撤退的必经之路上布满伏兵，华军出城，先在城北山隘遭到堵截，接着在退至顺安时，又遭日军拦击，所部溃不成军，损失惨重。据统计，仅仅一夜之间，死伤就达两千多人。战后西方传教士在离平壤城很远的地方，还看到有几百具华军弁勇和战马的尸体躺在那里，几乎绵延了将近两公里，很明显都是在撤退路上被伏击而死的。

战局至此，华军已是兵溃如山倒。1894年9月16日，叶志超等率残部逃至安州，然后又马不停蹄地逃往义州，一路上都风声鹤唳，直如惊弓之鸟一般。十天之内，华军全部退过鸭绿江，撤回中国境内，整个朝鲜亦随之成为日人的囊中之物。

平壤败绩的电讯传来，举朝大哗。对于李鸿章而言，更是犹如听到了一声晴天霹雳，他原先所有的美好设想以及期待全都因此化为了泡影，其内心之震惊、苦涩与愤懑，简直无可言喻。李鸿章的幕僚吴汝沦记录道："平壤之败，李相国痛哭流涕，彻夜不寐。"

帝党和言官们在群情激愤之余，则乘机将暂时搁置的"易李"活动重新操持起来，一时间，朝里朝外，"易李"高潮汹涌澎湃。在一份弹劾奏折中，李鸿章被描述成权奸叛徒似的人物，所谓"天下利权李鸿章绾之，天下兵权李鸿章主之，朝廷倚李鸿章为长城，李鸿章（却）广蓄私人，以欺罔朝廷"。奏折中甚至还呼应李鸿章对"淮军之败，并无戚容"的传言，称其"闻败则喜，闻胜则忧"，又有"虽食李鸿章之肉又于事何补"之类的话，显然，这些言论已不仅仅是想让朝廷罢李鸿章的职了。

李鸿章长期坐镇天津，本属疆臣之列，但他还身兼文华殿大学士，被授太子太傅衔，文华殿大学士乃学士之首，有"丞相之名"，故而李鸿章也被视为宰辅，世人多尊称他为"李傅相"或"李中堂"（中堂即宰相）。然而就在这股"易李"浪潮中，"李傅相"威风扫地，以致天下皆曰"相国可杀"。

在翁同龢、李鸿藻的坚持下，军机处讨论了对李鸿章及淮军将领的处罚。平壤战役总统叶志超、盛军统领卫汝贵，被认为应对战败负直接责任，后经刑部审判和光绪降旨，卫汝贵被问斩，叶志超被判"斩监候"（后病死狱中）。

翁同龢、李鸿藻认为李鸿章在平壤战役中"有心贻误"，也应对败绩负责。孙毓汶、张之万、徐用仪等虽都持不同意见，但亦不得不做让步，最后枢府拟定给予李鸿章两条处分：一是"拔三眼花翎，褫黄马褂"，二是"交部严加议处"。军机处的奏片递上后，很快光绪就在未请示慈禧的情况下，降旨拔去李鸿章的三眼花翎，收回黄马褂，只有"交部严加议处"尚未提及。

李鸿章为疆吏之首，要给予这样级别的重臣以处分，原本光绪都应请示慈禧后再定，但此次光绪不经请示即匆匆下旨，足见对李鸿章的愤恨之深，与此同时，帝党亦依靠这一回合的庙堂较量，完成了对李鸿章乃至后党的精准一击。

第十三章　黄海海战

　　平壤战役是甲午战争中最重要的一场陆地战役，随着平壤战役结束，淮军出征朝鲜的精锐部队大部溃散沦丧，陆战朝鲜战场部分也就此定局，剩下的就是海战了。

　　平壤战役的惨败，基本剔去了"海守陆攻"中的"陆攻"，现在的问题是还要不要坚持"海守"，光绪及帝党清流显然已倾向于加以改变，而李鸿章则不以为然。

　　和义正辞严、满腔愤懑，然而对于中日海军力量的对比却浑然不知的清谈之士们不同，北洋集团上至李鸿章，下至以丁汝昌为首的高级军官，对于中日海军的实力对比，都有着一定程度的认知。根据丰岛海战的实际战况，再结合战前对日本海军资料的掌握，李鸿章认为，日本海军拥有快船快炮，在大洋上作战时，比北洋舰队更占优势，而北洋舰队又难以在短时间内缩小这一差距，因此不宜与日舰在海上争锋称雄。

　　"海守陆攻"中的"海守"，其侧重点为拱卫京畿，但实际上军舰还可依辅海港要塞的炮台，进行配合防御。于是继"海守陆攻"之后，李鸿章又提出了所谓进可攻，退可守的"保船制敌"，这也正是他在替丁汝昌辩护时所阐述的那套海战要策：如果只有数艘敌舰来犯，舰队可出口迎击；敌整支舰队来犯，舰队便分布于港口，在炮台和水雷的火力范围内，与炮台互相支援，做"猛虎在山之势"，对敌舰队实施夹击。

　　"保船制敌"说到底，是一种近海作战战术，是要通过扬长避短的方式，来限制日舰在大洋上快船快炮的优势。丰岛海战后，北洋舰队出巡朝鲜洋面，李鸿章根据"保船制敌"，一再电令丁汝昌"不得出大洋浪战，致有损失","保船勿失,只在渤海湾游弋",这也是北洋舰队屡屡出海寻敌而不获的一个重要原因。

应该说,这种船台夹辅、表里依护的战术是有效的。日本联合舰队主力突袭威海军港时,原打算从港外突入威海,但在海岸炮台和留守舰艇的联合抗击下,始终难以得逞,最终不得不怏怏撤退。其后的类似行动也都未能成功,联合舰队因此在所制定的《作战大方略》中,明确对付北洋海军的策略,就是"巧妙地将其诱至外海",再以主力战舰进行围歼,可见日本舰队即便拥有船炮优势,但对北洋海军的"保船制敌"之术仍然十分顾忌。

李鸿章是一个相当有定见的人,不会轻易改变自己的主张,尽管朝中针对他"怯懦规避"的弹劾奏章源源不断,皇帝的严旨一道接着一道,但他始终不为所动,直到黄海海战的爆发。

不期而遇

黄海海战其实并不是中日双方海军计划内的战斗。事情还是缘起于平壤战役前李鸿章派兵入朝增援的那个决定,其实在援军出发前,平壤战役就已经打响,但由于通往平壤的电报已经中断,李鸿章不了解前线的形势变化,在这种情况下,也就没有对原计划做出更动,仍决定派刘盛休率铭军精锐四千人,乘船前往朝鲜。

丰岛海战前,运兵船走的是朝鲜西海岸路线;丰岛海战后,日军控制了朝鲜西海岸的主要入海口,再要向朝鲜运兵,便只能分海陆两段投送,即船只先沿中国海岸前往中朝边界大东沟(鸭绿江口外),待铭军登岸后,再由陆路直趋平壤。

在丰岛海战中,"高升"号被击沉,使淮军蒙受了惨重损失。海战毕竟不同于陆战,没有地形作为掩护,一旦敌人击毁运兵船,船上的士兵绝大多数都会葬身鱼腹。李鸿章虽不清楚平壤方面的进展,但局势的不断恶化,也让他不敢再掉以轻心,故而令北洋舰队此次全队护航,并特别强调,舰队必须在大东沟等待铭军完全登陆后才能返航。

1894年9月16日,平壤沦陷,叶志超军全军溃退,增援朝鲜的行动事实上已失去意义,但中方对此尚一无所知。当天早晨,丁汝昌亲率大小舰艇十八艘,护送五艘运兵船,自大连湾起航,于当天下午抵达大东沟。

有北洋舰队主力护航,铭军登岸相当顺利,17日晨,他们已全部上岸。北洋舰队完成护航任务后,旗舰"定远"挂出龙旗,各舰做好了在午饭后返航旅顺的准备。

上午11点半,舰队的午饭时间到了,饭菜刚在甲板上摆好,"定远"上有个水师学堂的实习生,突然发现西南海面出现煤烟,仔细一看,一支悬挂着美国国旗的舰队正疾驰而来。

当时美国在黄海并没有大舰队,而且在甲午战争开始后,美国作为中立国,也不可能派遣大舰队开赴鸭绿江口。丁汝昌闻报警觉起来,立即打旗语通知各舰,随后,他偕同右翼总兵兼"定远"管带刘步蟾、新任总教习汉纳根,登上"定远"前方的飞桥,一面注视着来舰的动向,一面商讨对策,水手们则草草结束午餐,迅速进入战斗岗位。

经过短时间的迅速商讨,丁汝昌命令停泊在大东沟港外,包括"定远"在内的十艘主力战舰升火起锚,填充实弹,同时将十舰编为五小队,每队两舰,全速驶向来舰。中午12点,来舰逐渐逼近,看清共十二舰,但原先悬挂的美国旗却都突然不见了,全都换上了日本旗。

北洋舰队先前出海寻敌时,久觅而不可得的日本联合舰队,就在眼前!

与丰岛海战前一样,联合舰队又通过潜伏的日本间谍,获得了中国增兵朝鲜的情报,故而才追踪到此。事实上,由于北洋舰队自身的燃料问题,在他们发现"美国舰队"前,联合舰队便已将他们牢牢锁定,而且提前了整整一个小时。

北洋舰队的燃料来自开平煤矿。开平煤矿也就是开平矿务局,原是由李鸿章派唐廷枢创办的洋务企业,唐廷枢死后,江苏候补道张翼接任总办。受困于资金,北洋舰队给开平煤矿开出的价格不仅不高,还经常拖欠,久而久之,张翼便对向北洋舰队供煤失去了兴趣,舰队催要,他便以劣质燃煤塞责,优质煤则被其出售给了商人。

劣质燃煤"煤屑散碎，烟重灰多"，燃烧值低，丰岛海战后，丁汝昌即致书张翼，就此事相责，但张翼对于丁汝昌的责问，丝毫不放在心上。此后丁汝昌多次向李鸿章禀告，李鸿章本人也亲自出面交涉多次，然而由于开平煤矿实际已脱离李鸿章这位创办人的掌握，张翼又自恃得到清廷高层的支持，故而情况依旧没有改善。

这次在大连湾装上北洋军舰的燃煤，就是如同散沙一般的劣质碎煤，张翼甚至声称，北洋海军如果需要优质的块煤，可以自己在散碎的煤炭中进行挑选！

北洋舰队皆为老舰，锅炉都接近于报废状态，用了劣质燃煤后，性能更加糟糕，军舰的航速也变得更为迟缓。不仅如此，劣质燃煤还会产生浓浓黑烟，正是它暴露了北洋舰队的位置，导致北洋舰队被日本海军提前发现。相比之下，联合舰队用的全是优质燃煤，优质煤燃烧充分，所产生的烟雾稀薄，无形中便成了联合舰队的保护伞，北洋舰队晚了近一个小时才发现对手，即源自此。

联合舰队在获得中方即将再次派援登陆朝鲜的情报时，丁汝昌尚未率大队主力汇合于大连湾，联合舰队得到的信息是，北洋舰队仅有四艘弱舰护航，以至于在海面上发现北洋舰队之初，他们还以为对方只是中国的运兵船。

上次在丰岛海域屠戮"高升"就已轻而易举，这次己方舰队全体出动，又是挂着美国旗偷袭运兵船，任务岂非更加简单？官兵们对此兴奋不已，但待到两军相距渐近，黑烟越来越浓、越来越多，他们才猛然发现对面来的不是什么运兵船，而竟然是北洋舰队主力。

日本海军原本就对北洋海军心怀忌惮。丰岛海战后，这种畏惧心理虽然得以初步消弭，但人人皆知，参加丰岛海战的华舰并非北洋舰队主力，因此北洋舰队主力尤其是那两艘铁甲船，仍是日军官兵尤其是水手们的梦魇。现在，这些北洋舰队的主力军舰突然都齐刷刷地出现在眼前，要说不怕是假的。

联合舰队也并没有做好与北洋舰队决战的准备。先前袭击威海卫时，联合舰队倒是有寻求北洋舰队决战的意图和计划，为保成功，共出动了二十二艘军舰、六艘鱼雷艇、一艘鱼雷艇供应舰，此次因情报和侦察失误，只带了十一艘作战舰艇以及一艘配有少量武装的商船。仅从舰船数量来看，联合舰队并不占有明显优势，在这种情况下，整个舰队的官兵都程度不同地出现了不稳定情绪，尤其弱舰上的官兵更有惶惶不安之感。联合舰队司令长官伊东佑亨深知己方软肋，他马上命令本队以下官兵全体就餐，甚至饭后还允许随便吸烟，以便能够在战前补充体能、镇定心神。

一场不期而遇，使得中日之间主力军舰的决战再也无法避免。丁汝昌和高层军官们尽管心情异常复杂，但他们都深知，如果不能迅速拦截日本舰队，则几乎毫无掩护的登陆运输船队，以及刚刚上陆的陆军，都将面临毁灭性的打击，因此不管战况如何，他们都得死死拖住日本海军，并且使得战场越远离大东沟越好。

与日军不同的是，北洋舰队中下基层官兵无不精神抖擞，士气高昂。北洋舰队的基层官兵在舰上服役多年，从整体上讲，其应战能力和军事素质本来就要高于对手，丰岛海战后，官兵们一直渴望着与日本海军一决高下，为"广乙""高升"复仇，这场遭遇战可谓正逢其时。另一方面，也不得不说，与方伯谦掩盖事实、夸大战果亦不无关系。方伯谦在丰岛海战的报告中，罗列了日舰"提督阵亡"，甚至"吉野"在伤重途中沉没等"战绩"，虽然高级军官们未必相信，但基层官兵还是信以为真，他们很自然地认为，己方在劣势下犹能取得重大战果，如今主力齐上阵，还有什么理由不大获全胜？

夹缝雁形阵

两军最初都以纵队阵形相对而进，北洋舰队是双纵队，联合舰队是单纵队，及至双方距离进一步拉近，丁汝昌下令变阵，将纵队改为横队迎敌。

丁汝昌的临时变阵，在战后引起很大争议，对此持批评意见的人颇多，他们认为"纵阵优于横阵"，丁汝昌选择横阵，造成了后来交战中的一系列被动局面。

然而事实上，中日海军在其发展过程中都是以英国为师，也都熟知横阵、纵阵战术，实战中大家究竟选择哪一种战术，谈不上孰优孰劣，归根结底，都是结合本国舰载武器的特点和效能进行发挥而已。

日舰大多数采用在侧旋布置火炮的方式，自然不能选择横队，纵队是其唯一选择。北洋舰队主力舰的船舶设计，集中于十九世纪七十年代末至八十年代中期，当时的武器设计以舰首重炮为主，尤其铁甲船"定远""镇远"二舰，火炮的口径大、威力猛，具有绝对的射程优势。丁汝昌将阵形改为横队，为的就是要突出舰首火力，并利用"定""镇"的射程优势，尽可能在接敌前对日舰造成杀伤，反之，如果他继续让舰队呈纵队前进，不仅会大大增加交战时的被弹面，还将导致可投入射击的火炮数量减少。

丁汝昌的变阵令下达后，旗舰"定远"率先前进，"镇远"继之于后，两舰势如虎豹，锋刃一般地插向敌舰群，左右两翼其余诸舰亦以同一航速赶了上来，整个舰队紧缩成了扁形的"人"字（中国水手也因此将横队阵形称为"人字阵式"）。

1894年9月17日中午12点50分，中日舰队的距离拉近至五千三百米，"定远"先发制人，首先以右主炮开火，伴随着一声怒吼，一颗钢铁榴弹高速旋转着飞出炮膛，射向联合舰队居前行进的第一游击队，历史上著名的黄海海战（也称大东沟海战）打响了。

武备配置方面，联合舰队根据己方以中口径速射炮为主，有效射程不超过三千米的特点，战前就制定了只有进入三千米范围才能开炮的规定，因此，在最初遭到北洋舰队轰击时，第一游击队保持了沉默，没有立即还手。与此同时，它们加快速度，急转向左，以求在尽快通过北洋舰队的单方炮火威胁区后，转进至北洋舰队之右翼，然而这一举动，却使其诸舰的右舷侧面大面积暴露在了北洋舰队的正前方。

在海战中，以大面积向敌乃兵家之所忌。日军的战术举措事后遭到西方海战专家的批评，专家认为，联合舰队其实可以直接突破北洋左翼，而完全没有必要舍近求远，冒着暴露侧翼的危险去攻击北洋右翼。

北洋舰队没有放过对手的这一失误，各舰抓住战机，大小炮齐开，毫无间隙地连续向第一游击队发炮，开仗仅仅三分钟，一颗炮弹便射中了"吉野"，炮弹穿透铁板后，在甲板上发生爆炸，"秋野津"紧接着也中了弹，舰上的速射炮被炸毁。

可惜的是，北洋舰队虽然频频发炮，命中率也很高，但却无法在短时间内重创日舰。当时北洋舰队所使用的炮弹大致可分为两种：一种是实心弹（也称凝铁弹），一种是开花弹（即榴弹，也叫生铁开花弹或钢铁榴弹）；实心弹击中敌舰后不会发生爆炸，杀伤性有限，只有开花弹击中敌舰后才会发生爆炸。

北洋舰队的弹药由天津机器局提供，但受困于工艺技术水平，天津机器局仅能生产实心弹，生产不了开花弹。北洋舰队最早的一批原装开花弹，还是各舰在进口时配套带来的，经过这么多年的巡游沿海、会操演练，早已经消耗得差不多了，再要向西方购买，户部有禁令，朝廷也不拨资金，于是只能让天津机器局仿造。天津机器局仿造的开花弹质量欠佳不说，数量也不多，只能集中给"定远""镇远"使用，其他战舰分配到的开花弹较少。

早在丰岛海战前，丁汝昌就给"定远""镇远"准备了至少一百五十颗铜箍开花大弹，但北洋舰队所用的开花弹，就其威力而言，亦十分有限——炮弹的重量虽然接近三百公斤，可是弹头装药仅有十公斤，而且还是老式黑火药，这种老式黑火药容易受潮，且只有在封闭条件下才会爆炸。

按照北洋舰队的作战预案，如果舰队不能用炮火即刻重创敌舰，还可以将敌舰分割包围，用分队乱战的战术进行打击。北洋舰队所采用的横队阵形，其正式名称系世界海军的通用军语，在中国海军档案中，这一阵形又被称为"夹缝雁形阵"，丁汝昌的部署就是先保持五个小队以"夹缝雁形阵"整体前进，待接敌后，再各自分开，插入敌纵队进行分队乱战。

可以看出，迅速接敌，及时插入，是"夹缝雁形阵"能够得到完美实施的一个重要环节，然而由于军舰舰龄的普遍老化，北洋舰队的整体航速受到了很大限制。第五小队的"超勇""扬威"尤其行动迟缓，其实十三年前刚服役时，它们还曾是最新式的进口巡洋舰，设计航速可达到十六级。可是十三年过去了，这两艘超勇级姊妹舰已经沦落为北洋舰队出战阵容中最老迈的军舰，各方面性能都很堪忧，加之保养不力，锅炉轮机一直未曾更换，如今已仅能保持七节的航速。虽经轮机官兵奋力赶超，勉强赶上大队，但其缓慢的航速，还是拖累了整个舰队——北洋舰队的整体航速只能达到六至七节，第一游击队却能达到十节。后者凭借超高航速，在挨了几弹后，终于得以越过它们最畏惧的"定远""镇远"，向北洋舰队的右翼包抄，而北洋舰队则错过了插入第一游击队的纵队行列，对其进行分割攻击的最佳时机。

分队乱战

联合舰队所采用的单纵队阵形，也称鱼贯阵，中国水手称之为"一条龙"。伊东佑亨在排阵时，为发挥第一游击队航速快的优势，特地让第一游击队打先锋，自己则率本队随后。

在第一游击队加速从北洋舰队阵前横穿而过时，本队由于殿后的炮舰"赤城"速度较慢，致使编队未能整体提速，与第一游击队之间出现了一个缺口。北洋舰队看准对手这一漏洞，呈楔形插入其中，并将日军两编队予以彻底切断，随后待"松岛"驶近"定远"的右方之际，各舰即以"定远"为中心，向右集体旋转约四十五度，将舰首指向本队，集中火力展开攻击。

作为联合舰队的旗舰，"松岛"理所当然遭到炮火的重点照顾，主炮塔、右舷、右舷气罐室等，被炮弹连续击中，部分火炮被击毁，舰上也起了火。即便是旗舰，"松岛"水兵的职业水准也不及中国水兵，本来联合舰队规定不接近三千米距离不能开炮，但因水兵们无法忍受猛烈炮击所带来的那种特有的压迫感，在双方尚相距三千五百米时，他们就开炮反击。

"松岛"开了头，紧跟其后的"严岛""桥立"便也都迫不及待地开了炮，但它们都无一例外地遭到北洋舰队的炮火压制，"桥立"步"松岛"后尘，主炮塔被命中并出现了伤亡。

与精锐的第一游击队相比，本队实力稍逊，"扶桑""比叡""西京丸""赤城"诸舰的速力都较迟缓，此时已远远落后于先行各舰。北洋舰队趁势拦腰截断，将其分为两处，之后又以分队为单位，对被切割出本队阵外的日舰展开猛烈攻击——先前对第一游击队没使上的分队乱战之术，现在终于可以派上用处了。

相比于略显紧张的日舰水兵，北洋基层官兵一个个精神抖擞、斗志昂扬。"来远"水手陈学海晚年回顾这段经历时，仍激动不已，"当时船上弟兄们劲头很足，都想跟日本人拼一下，没有一个孬种。"他和同乡王福清两人抬炮弹，一心想多抬，上肩就飞跑，根本没顾及危险。一颗炮弹在附近爆炸，弹片削去了王福清的右脚后跟，结果王福清根本就没感觉出来。直至卸完炮弹往回走，陈学海看到他右脚下一片红，问他怎么了，王福清低头一看，才觉得站不住了。

北洋官兵较高的军事素养和战斗激情，在一定程度上弥补了中日海军之间的装备差距，并让他们在分队乱战中初尝胜果。首先挨揍的是"比叡"，"比叡"系铁甲船，不过它只属于二等铁甲船，中国人称之为"小铁甲船"，而且也已经算是老舰。弹雨中，因经验不足，"比叡"与本队的距离越拉越大，渐渐成为孤舰，它慌不择路，情急之下，竟欲穿越北洋舰队阵列，取捷径回归本队。这一冒险举动让它遭到了北洋舰队的集中射击，一时间，不计其数的炮弹命中其舰，"比叡"被打得体无完肤，主炮几乎全毁。旋即，"定远"的一枚开花弹命中"比叡"舷侧，一些正在军舰下方进行救治的伤员被杀伤，不少人甚至被当场炸成碎片，全舰伤亡高达五十余人。

由于炮弹不佳，威力受限，"比叡"尚未受到致命杀伤，但即便这样，舰体也已烈火熊熊。北洋舰队见状，士气更加大振，"来远"更是集结了大批手持步枪和长刀的陆战队员、水兵，准备采取古老的跳帮战术，进行靠帮夺船。"比叡"的主炮虽然都变成了哑巴，但舰上的小口径速射炮却在关键时刻发挥了重大作用，五分钟之内，"比叡"一边拖着黑烟脱逃，一边朝围追它的华舰连续发炮一千五百余发。炮弹的密集度和饱和度如此之大，使得"来远"望舰兴叹，始终无法靠近"比叡"。其间，"来远"也曾向"比叡"发射鱼雷，此系中国海军史上应用鱼雷的首个战例，但因鱼雷的射程较短，且受到"比叡"尾流的干扰，未能命中。最终，"比叡"还是得以侥幸逃出火网生还，成为黄海海战中撤离战场的第一艘军舰。

"赤城"为日本国内自造的炮舰，吨位较小，在联合舰队中属于弱舰。"比叡"逃走后，"赤城"又再度陷入北洋舰队的密集炮火之中，在"来远""致远""经远"三舰的合力围攻下，该舰被猛烈的炮火连续命中，弹药库发生爆炸，蒸汽管路被破坏，樯头被击毁，舰上官兵死伤甚重，舰长被弹片削去脑袋，当场毙命，代理舰长复受重伤。不过"赤城"的临阵表现亦堪称顽强，独立牵制"来远"等三舰近一个小时，作战过程中，它还以唯一能使用的后主炮命中"来远"的桥甲板和后甲板，并引爆"来远"后甲板堆积的炮弹，进而引起了灾难性的大火。

"西京丸"是一艘由商船改充的代用巡洋舰，黄海海战的前一天，日本海军军令部部长桦山资纪中将正好乘坐"西京丸"视察，次日黄海海战爆发，也就继续乘船督战。桦山资纪先是看到"比叡"挂出"本舰火灾，退出战列"的信号，接着又见"赤城"遭到围攻，便急忙召唤第一游击队全速返转回援。

这时，靠着续命的后主炮，"赤城"不仅得以继"比叡"之后逃出战列，而且重创"来远"。未取全功又伤及一舰，令北洋舰队愤恨不已，随即将火力全面转向"西京丸"，包含四枚巨弹在内的十三枚炮弹，先后命中该舰的两舷、上甲板、轮机房等各处，"西京丸"全舰烈火熊熊，操舵全毁，仅能手动扳舵。

在大东沟卸船时，丁汝昌将十艘主力舰作为第一梯队泊于口外，八艘其他舰艇作为第二梯队，泊于港口。第二梯队包括巡洋舰"平远""广丙"，炮舰（蚊船）"镇南""镇中"，以及"福龙""左一""右二""右三"四艘鱼雷艇。海战打响不久，"平远""广丙"和四艘鱼雷艇便从大东湾内驶出，赶来主战场参战，在"平远""广丙"的炮火攻击下，"西京丸"再度起火。可惜的是，鱼雷艇在海战中却没能起到"以小搏大"的作用，其中"福龙"冒着危险，高速逼近至距"西京丸"仅四十米处，向其接连发射了三枚鱼雷，但都没有命中。究其原因，与丰岛海战时，"浪速"发射鱼雷攻击"高升"而不中一样，都是因为那个时期的鱼雷在性能上还不够稳定，距离远了，够不着，过近，又反而控制不住方向所致。

"福龙"失手，给了"西京丸"逃生的机会，这艘一度犹如"风中残烛"的日舰，居然奇迹般地得以侥幸脱身。虽然它在逃窜的过程中相当狼狈，甚至还差一点撞上"浪速"，但终究还是带着累累弹痕，单独逃回了日军锚地。

总的说来，这一阶段北洋舰队占据了战场主动权，局面对他们是有利的，所取得的一个个战果也都足以鼓舞人心。在后方，李鸿章甚至接到战报：日本联合舰队已经丧失战斗力！

逆　转

转折点出现在北洋舰队较为薄弱的右翼，第一游击队冲入这一侧后，紧咬"超勇""扬威"不放，集中火力猛攻不已。

超勇级军舰在服役之初，曾是世界上最前卫的撞击巡洋舰，它们的武备并不强大，主要是凭借当时所拥有的高航速，突然逼近敌舰，然后以迅雷不及掩耳之势，用尖锐的撞角对敌舰进行冲击，直至将其撞沉。丁汝昌采用"夹缝雁形阵"，也正是考虑到此战术既强调舰首重炮，同时也适合于己方运用撞角战术御敌。问题是"超勇""扬威"早已是老船，一放炮船帮上都直掉铁锈，当年的高航速自然也无从谈起，第一游击队的四艘精锐军舰却是当时世界上最先进的穿甲巡洋舰，如同它们在丰岛海战中的表现那样，速度既快，舰炮还异乎寻常的凶猛，"超""扬"根本就无法接近对手，哪里还谈得上撞击？

在无法展开撞击战术的情况下，"超""扬"只能竭力以舰炮迎敌，它们先是打中"吉野"的后甲板，引爆了堆积的炮弹和火药，致使舰上官兵死伤惨重，尔后又连续命中"秋津洲"，并将"高千穗"水线下击穿，引起大量进水。

尽管"超""扬"表现出了极大的战斗勇气，但迟缓的速度和相对较弱的火力，使其根本无法抵御第一游击队的围攻。超勇级军舰的设计者当年为了突出军舰的超高航速，把军舰定位成了无防护巡洋舰，"超""扬"均为木质包铁，生存能力都相当有限。在汹汹炮火的笼罩之下，"超勇"首先遭到重创，舰体伤痕累累并发生严重的右倾，然而船上人员并没有发生大规模的慌乱，直至战沉之际，炮手们仍在开炮不已。此役，管带黄建勋和舰上的大部分官兵死难，"左一"鱼雷艇曾对落水的黄建勋实施援救，但被黄建勋拒绝，这位视死如归的舰长选择了与舰同沉。

"扬威"随后也受创起火，且火势极大，又因其为木壳船，无法扑灭，只得向北面大鹿岛方向撤离，最后搁浅在近海岸边，暂时失去了战斗力。

虽然损失了"超勇""扬威"，但"平远""广丙"的加入，使得北洋舰队的主战军舰仍可维持在十艘。联合舰队方面则有三艘军舰"比叡""赤城""西京丸"，先后遭重创并退出战场，这样主战军舰便只有九艘了，比开战之初还少了一艘。

数量上北洋舰队略占优势，而且已在左翼成功压制住了本队，其中"平远"更是不鸣则已，一鸣惊人。"平远"是北洋海军正式成军后，北洋舰队新增加的唯一一艘巡洋舰，虽是福州船政局制造的国产军舰，但相对其他北洋军舰为新舰，舰上装备着克虏伯炮，已经属于十九世纪末中国造船工业的天花板之作。

"平远"上阵后，即把矛头对准"松岛"，并发弹先后命中"松岛"左舷鱼雷发射管、油槽和中央鱼雷发射室、桅杆，如果不是"松岛"为防鱼雷被诱爆，战前就已将鱼雷全部投放海中，这艘日军旗舰恐怕将在劫难逃。

见北洋舰队对本队火力全开，本队诸舰危急，第一游击队连忙向左转舵回航营救，并利用其左舷速射炮的凶猛火力，冲过北洋舰队的拦阻，救出被围攻的"扶桑"，使其回归本队。与此同时，本队也绕过右翼，到达北洋舰队背后，两支编队各以单纵队的方式，对北洋舰队形成夹击之势，使其陷入了腹背受敌的不利境地。

在日舰的猛烈反击下，"平远""广丙"相继中弹起火，不得不驶离战场，前往浅水区自救。北洋舰队变成了八打九，战局迅速逆转，旗舰"定远"更是遭到日舰的集中射击，在桅楼被一枚炮弹击中后，信号旗绳为之一扫而空。战斗打响前，丁汝昌一直没顾得上吃饭，两个听差在此过程中去给他送午餐，结果也在炮弹扫过来时被炸死了。

在中国军事传统中，中军断旗可不是一件吉利的事，官兵们的情绪不可能不受影响。然而"定远"尚未来得及对敌舰还以颜色，其飞行甲板很快又被一枚炮弹击中，弹片将木质的甲板都震碎了，正在甲板上督战的丁汝昌被当场震倒，左脚一度被甲板碎片压住，动弹不得，右脸和脖颈也被炮弹产生的火焰烧伤。丁汝昌久历戎行，深知此时维系士气的重要性，他虽身负重伤，但为了不给军心造成新的打击，他没有进入军舰医院或躲到其他安全的地方治疗，而只是就地简单处理了一下自己的伤势。

在此之后，"定远"由管带刘步蟾肩负指挥重任。丁汝昌即便因受伤而不能再指挥战斗，也仍咬牙忍痛，继续坐在"定远"的舰首的甲板上，以便"看着他的水兵作战，并且能让水兵们看到自己"。此情此景，令随船作战的洋员们都深深折服，忍不住上前用有限的汉语向老提督表示慰问和尊敬。

作为当时名副其实的远东巨舰，"定远"级铁甲船的整体防护装甲异常厚重，但由于采用的是集中防御样式，厚重装甲都被尽可能地用于集中保护军舰的要害部门，如弹药仓、锅炉仓、蒸汽机等，舰首等处的防护装甲则相对薄弱。当天下午3点10分左右，位于本队末尾的"扶桑"击中"定远"，一颗开花弹刚好落在舰首部位，穿透甲板后直入舰内。

在黄海海战中，北洋舰队即便使用开花弹，由于弹壳内填充的是黑火药，在海战中的性能表现也差强人意。与之不同的是，联合舰队不仅在海战中大量使用开花弹，而且弹头里装的还是下濑火药。下濑火药是日本在甲午战争前刚刚研制成功的一种烈性炸药，威力极大，燃烧性极强，甚至可以将钢铁烧弯，而且即使在水中，也可持续一定时间的燃烧，其作战性能已经超过了当时欧洲海军的标准。

由于日舰装备着填充下濑火药的炮弹，就算是中小口径的速射炮，一旦击中北洋舰队的军舰，也一样能大量杀伤舰上官兵以及令军舰起火，而被击中的北洋舰队军舰则总会被大火和浓烟困扰，难以组织有效反击。先前第一游击队击沉"超勇"，重创"扬威"，凭借的都是这一优势，"扶桑"击中"定远"的这颗炮弹亦如是，炮弹爆炸后引燃了舰内的大量木质构件，"定远"瞬间被大火和剧烈燃烧引起的黑烟、特有的黄色毒雾所包围，随着舰首不断向外喷出火光，浓浓黑烟把"定远"上方的半边天空都给遮住了。在这种情况下，如果任由火势继续蔓延至弹药仓、锅炉仓等要害部门，整艘军舰就有沉没的危险，舰上官兵被迫停止发炮，集中力量救火，但火势猛烈，没有被马上扑灭的迹象。

自北洋舰队第一次访日起，日本举国上下便都将"定远"视为心腹之患。军备竞争期间，他们节衣缩食，拼命扩充海军，其首要目标及用来号召的口号，就是要不顾一切地击沉"定远"。眼见这艘"亚洲第一巨舰"暂时失去了作战能力，只能任己方攻击，联合舰队方面兴奋不已，各舰全都响彻着一片欢呼乱叫之声，第一游击队司令长官坪井航三立即指挥麾下的四艘战舰向"定远"进逼，"扶桑"也趁势赶来，加入了围攻行列。

最后一搏

北洋舰队虽然在开局凭借舰首火力和分队出击，曾一度占据上风，但到了这一阶段，形势已急转直下，特别是"定远"受创后，不仅"定远"自身处境危殆，其余战舰也都已无力出击，只能被动防御。有人据此归咎为丁汝昌的失误，即他没有事先设立预备旗舰，结果在"定远"的信号旗绳被毁、他自己又受伤无法指挥的情况下，使得全舰队陷入了群龙无首、组织混乱的困境。

殊不知，预设旗舰的做法并不符合当时海军的实际制度，海军不是陆军，所有军舰都是要齐上阵的，战前你就算预设了预备旗舰，也不知道旗舰和预备旗舰中哪个会中招。当时海军的通行标准，其实是旗舰一旦损失，指挥权即按各舰长官的官衔大小，依次顺排。

那为什么丁汝昌受重伤，"定远"复遭重创后，临时指挥舰没有立刻出现？因为暂时无此必要。

在十九世纪，海战传令手段主要依靠旗语。"定远"信号旗绳被毁，自然也就没法用旗语指挥舰队，但旗语的传令方式较为烦琐、麻烦，没打仗的时候还好，一打起来，要想通过旗语来随时随地进行指挥，或者发布命令，几乎不存在可行性，所以一般情况下，旗舰都是在开战前，向整个舰队发布作战命令和做出部署，战斗打响后，便极少再下达新的指令。再者，北洋舰队的战术预案是舰首炮击和分队乱战，后者本来就要求每个小队彼此独立，各自为战，以达到分割、搅乱敌阵的目的，其间实无必要让旗舰中途发令。

总之，北洋舰队之所以中途被联合舰队所压制，跟采取横队战术和旗舰中断指挥等，其实都没有必然的关系，说到底，只与两个因素有关，即双方是否拥有快船快炮，以及拥有多少快船快炮——当中日舰队相隔于三千米之外时，北洋舰队的远距离大炮确实发挥了优势，但因为迟缓的航速，始终未能截住和打乱以精锐日舰组成的第一游击队。反之，联合舰队则利用自己的超高航速，迅速将双方距离拉近至三千米范围之内，尔后又发挥其速射炮的优势，使北洋舰队逐渐陷入对己极为不利的炮战之中。

北洋舰队要想摆脱困境，必然首先保住"定远"。"镇远""致远"挺身而出，二舰全速突前，一面与第一游击队展开炮战，吸引敌人的火力；一面将舰体挡在"定远"身前，挡住射向"定远"的炮弹。

利用"镇""致"所争取到的宝贵时间，"定远"官兵通过用水泵源源不断地抽取海水，终于扑灭冲天大火，完成了自救，但在这一过程中，"镇""致"却都不同程度地受了伤，"致远"更是危在旦夕。

"镇远"是"定远"的铁甲姊妹舰，各项性能基本和"定远"相同，防护能力同样出色，故而虽中弹累累，但并没有伤及根本。"致远"的排水量有限，远不能和定远级军舰相比；另一方面，它下水时的航速曾超过十八节，在北洋舰队的主力战舰中，设计航速是最高的，然而也正因如此，和超勇级军舰一样，设计者为了其凸显航速，牺牲了防护，"致远"的薄弱装甲很难承受敌弹的频繁重击。

在之前的战斗中，"致远"就已经负伤，此时更遭弹雨冲刷，致使舰体多处被击穿，其中一些伤口还在水线以下。军舰本有水密隔仓，可以阻止海水进入舱内。可是因为北洋舰队已数年不能向外购买军用物资，各水密隔仓的橡皮防水虽然早已老化过期，现出裂纹，但却无法及时得到更换，这一疏漏在关键时刻，造成了极为严重的恶果——海水透过橡皮裂纹，不断汹涌灌入，虽然官兵们用水泵不断向外抽水，但军舰还是很快就出现了三十度的右倾，倾覆已经不可避免。

感觉到"致远"难以支撑太久，管带邓世昌紧紧盯住了正从己舰左舷外驶过的"吉野"，他对大副陈金揆说："日本舰队只是倚仗'吉野'，如果我们能使它沉没，就可以压制敌人的气势，则我军有望取胜！"

邓世昌用以让"吉野"沉没的办法，是采取撞击战术，用撞角撞击"吉野"。在他看来，既然"致远"的命运已难以改变，与其作毫无意义的沉没,不如做最后一搏,上者可以撞沉"吉野"这艘日本第一游击队的旗舰,下者可以冲乱敌人的阵形,完成北洋舰队期待已久而未实现的战术目的。

邓世昌随后登上飞桥,向全舰官兵大声疾呼:"我等从军卫国,早已置生死于度外。今天是到了为国牺牲的时候了,但就算是我们都死了,也不能灭了海军的军威。"官兵们在意识到大势已去后,开始还显得颇为慌乱,现在见管带如此慷慨从容、视死如归,便又都镇定下来。大家决心跟随邓世昌与敌拼死一战,一时间,同仇敌忾的怒吼声响彻了整艘军舰。

在邓世昌的亲自指挥下,"致远"立刻采取在机舱内强压通风的方式,使航速达到最高,然后开足马力,一边继续开炮,一边鼓轮前进,向第一游击队的侧面船舷发起全速冲击。

这是中国海军历史上最为壮烈,也最为震撼人心的时刻,在场的中日官兵无一例外地发出了一片惊呼之声。因为并不知道"致远"所要撞沉的首要目标是"吉野",第一游击队的四艘日舰全都感受到了巨大威胁,它们赶紧将全部火力转向已经重伤倾斜、燃烧着大火的"致远",用舰上的速射炮连续不断地对其瞄准射击。

随着与第一游击队的间隔越来越近,"致远"中弹越来越多,舰体也愈加倾斜。就在即将冲上"吉野"的前一刻,"致远"终于不幸被日方密集的火炮击中,伴随着一声轰然巨响,其舰体中部发生爆炸,舰首首先开始下沉,撞到了二十米深的海底沙滩上,但舰首和甲板上的大炮仍在不停射击,舰尾则高高地竖立在空中,螺旋桨还在飞速地转动。

直到舰首完全淹没于海水之中,"致远"才陷入沉默,此时船尾在海面上高高翘起,露出转动的螺旋桨,然后也渐渐沉没于海中。包括管带邓世昌、大副陈金揆、管轮洋员余锡尔在内,"致远"两百七十名官兵,除十六人遇救生还(一说仅两人被朝鲜渔船救出)外,其余全部壮烈殉国。

转败为功

邓世昌和"致远"官兵的非凡表现,不仅为"定远"赢得了抢救时间,暂时缓解了被动局面,而且在接下来的战斗中,还为"镇远"创造了一个宝贵的战机。

在"致远"沉没之前，为了规避它的拼死冲击，第一游击队的四艘军舰不得不快速运动至北洋舰队左翼，这使本队再次暴露在北洋舰队的打击范围之内，联合舰队兼本队旗舰"松岛"也再次成为攻击重点。

"镇远"从相距一千七百米处发射的一发炮弹，首先命中"松岛"，虽然只是一发不能爆炸的实心弹，但也足以令"松岛"上的日军官兵为之心惊胆战——炮弹穿透"松岛"的左舷甲板，之后横扫整个炮廊，又从右侧上方穿出，在右舷甲板上留下了一个大洞。

还没等"松岛"回过神来，"镇远"射出的第二发炮弹又来了，而且不偏不倚，直接命中"松岛"左舷一门速射炮的炮盾。与前一发炮弹不同，这是一发能够爆炸的开花弹，爆炸震飞了炮盾后面的速射炮炮管，整根炮管高高飞起，随后又重重地砸下来，扭曲成了月牙状。

如果仅仅只是炸毁一门速射炮，对"松岛"而言，本来也算不了什么，北洋舰队即便是开花弹，其本身的威力也很有限。关键是，日舰在海战中为了保证速射炮射击的高频率，在炮位上都堆积了大量炮弹，速射炮摔落时，刚好砸在炮弹堆上面，而这些炮弹清一色地全都是填充了下濑火药的炮弹！

下濑火药的灵敏度极高，遭受重击后，如百电千雷崩裂，立即发生了连续不断的大爆炸，舰上木质结构的甲板、绳索等一切易燃物，也随之飞速燃烧起来，军舰上白烟蒸腾，一片火海。

在先前的战斗中，日舰使用下濑火药填充的炮弹，曾给北洋舰队造成重大创伤，如今则作茧自缚，尝到了苦头。"松岛"自爆燃烧所产生的冲击力和破坏力，远远大于"镇远"击中它的那两发炮弹，全舰因此死伤了八十四人，已接近全舰人员的三分之一。在炮位上负责督战的队长志摩清直大尉等二十多名官兵，当场毙命，而且死状极惨，按照日本人自己的记载，"好像是火葬场火化后拾到的白骨"。受伤者甚至比战死者还惨，他们多数受的是重伤，有的腹部破裂，有的断了手足，还有的全身被烧得如同墨一样黑，一时间，悲鸣连天，哀嚎阵阵，"松岛"作战人员的士气瞬间沉至谷底。

炮弹在"松岛"上炸开了洞口，大量海水沿着洞口迅速涌入，舰体逐渐倾斜。更可怕的是，甲板上的大火即将蔓延至下方的弹药库，洞口入水尚可靠水泵抽取，但如果弹药库被引燃爆炸，那船就真的无药可救了。坐镇旗舰的联合舰队司令长官伊东佑亨，急忙命令防火队救火，然而面对熊熊烈火和四处弥漫的毒气，没有一个官兵敢于冲上去，所幸这时海上吹起一阵大风，风把毒气吹散了一些，防火队这才有勇气上前灭火。

半个小时后，"松岛"上的烈火终于被扑灭了，但大爆炸已经使得大部火炮被毁、轮机操纵装置受创，炮手位置上也没人了，不得不由军乐队队员等非战斗人员补充，可惜他们对于操作舰炮又一无所知。一句话，"松岛"在短时间内已经丧失了作战能力，没法再打下去了。

下午4点07分，伊东佑亨在万般无奈的情况下，只得下令在"松岛"的桅杆上升起一面特殊的旗帜"不管"，他自己也率幕僚移舰"桥立"。

"不管"是在用旗语发出"各舰自由行动"的信号，意即撤退。看到信号后，本队各舰竭力摆脱"定远""镇远"，纷纷向东南方向撤退。

"定远""镇远""致远"三舰，经过"异常苦战"乃至自我牺牲，终于得以化被动为主动，"转败为功"。北洋舰队也由此迎来了士气大振，发起冲击和扩大战果的良机，可惜的是，此时舰队内却出现了异常情况，并进而抵销了"定""镇""致"好不容易争取到的有利形势和条件。

右翼总兵兼"定远"管带刘步蟾在开战之前，曾立下誓言："苟舰亡，必与亡。"左翼总兵兼"镇远"管带林泰曾下令卸除舰上的舢板，以示"舰存与存，舰亡与亡"之意。他们的这一誓言也成为相当一部分参战将领结局的真实写照，"超勇"管带黄建勋、"致远"管带邓世昌，在己舰沉没之后，原本均有机会获救得生，但他们都毅然选择了与己舰共存亡。

然而有英雄的地方，总也免不了会有懦夫和逃兵。"济远"管带方伯谦早在丰岛海战中，就暴露了其过于精明滑头和怕死畏战的一面，事实上，自黄海海战开始后，"济远"就一直躲在整支舰队的最安全处，为避免损伤，其动作甚至一度比全舰队公认最慢的超勇级巡洋舰还要迟缓。

海战是团队作战，方伯谦和"济远"如此表现，等于把安全留给了自己，把危险推给了友舰。此举理所当然遭到大家的鄙视和切齿痛恨，以至于各舰水手都骂方伯谦是"满海跑的黄鼠狼！"

崩　溃

还在"定远"命悬一刻,"镇远""致远"都在争相掩护旗舰,为它争取自救时间的时候,"济远"就只是畏缩在"定远"背后,远远地躲着观战。等到"致远"不幸沉没,方伯谦连战场都不敢继续待下去了,立即转舵逃往十八家岛。

战场上无令先逃,为军纪所难容,毕竟这个时候不是在丰岛,包括旗舰在内的所有军舰都看着。方伯谦于是便耍了个小聪明,他让人用巨锤将主炮的关键零件击坏,并在战舰的桅杆上挂出了"我舰已经重伤"的信号旗。

在海战中受了重伤,因此挂旗通知友舰,这么做本不稀奇,到浅水区将自己的战舰修复后再战,也是多数军舰的选择。然而"济远"的洋员、德籍顾问哈德门后来作证,当时"济远"的舰身上虽然确实也有伤,但却绝非重伤,"并无大碍",方某不过是以此作为自己逃跑的借口而已。

"济远"弃大部队而逃的行径,本已为人所不齿,在逃窜的过程中,它又慌不择路,竟然撞上了重伤搁浅在岸边,首尾都已无法转动的友舰"扬威"。方伯谦的恶劣之处在于,明知误撞了友舰,之后却不仅不想办法予以补救,反而还指挥"济远"加速倒车,自顾自地继续逃窜。

"扬威"之前正在扑灭舰上大火,如果不遭"济远"撞击,本有望灭火修复后再战,结果被"济远"一撞,舰首部位裂开一个大洞,大量海水汩汩而入,自此,便失去了复活的可能性。

在挣扎着航行一段时间后,"扬威"沉没,水兵纷纷跳海逃生,管带林履中见事不可为,奋然蹈海,随波而没。

方伯谦和"济远"带了坏头。北洋舰队采用的是分队出击战术,"济远""广甲"被编为一个小队,"广甲"作为"济远"小队的僚舰,开战后一直尾随着"济远"身后。"广甲"战前隶属于广东海军,与丰岛海战前的"广乙"属于同系列国产军舰,但与"广乙"仅配备鱼雷和老式速射炮不同,"广甲"还配有三门克虏伯大炮和四门阿姆斯特朗炮,火力方面并不算差。

"广甲"一开始倒也没有避战逃逸,特别是在第一阶段截击"赤城""西京丸"时，还曾奋勇作战，并参与相应的追击行动。正是因为看到本队的"济远"率先逃跑，"广甲"管带吴敬荣才有样学样，很快也随之远遁。

北洋舰队的战舰数量本来就少于对手，"济远""广甲"先后逃离战场，使得舰队的防御阵型也陷入彻底凌乱和崩溃的状态，曾一度出现的有利态势荡然无存。

黄海海战是海军进入铁甲船也即战列舰时代后，蒸汽机舰队之间展开的首次空前规模的大海战，此战甚至影响到了后来世界海军的发展方向，两军技战术的运用和发挥也因此受到各国行家的广泛关注。海战专家们认为，在当天的海战中，北洋舰队的阵型崩溃其实只是时间问题。这并不是因为北洋官兵军事素养不够，战后统计，联合舰队一发炮弹致一人伤亡，北洋舰队一发炮弹致两人伤亡，日军舰炮的命中率为百分之十二，而北洋舰炮的命中率达到百分之二十，可见北洋官兵的炮术尚在日军之上。勇敢精神和意志力方面，方伯谦和吴敬荣不能代表北洋舰队的整体表现，且吴敬荣也曾奋勇作战，其逃跑的性质与方伯谦尚有区别。除了他们，北洋大部分官兵，上至丁汝昌、刘步蟾、邓世昌、林永升、黄建勋、林履中等高级将官，下至普通水兵，在极为艰苦激烈的战斗中，无不奋力拼搏，没有一个轻易退却。

数据表明，导致北洋舰队受挫的真正因素，是技术装备已严重落后于人。"定远""镇远"所拥有的开花弹最多，黄海一役，"镇远"各炮共射出开花弹四百余发，其中四门主炮射出了至少两百五十发大弹，平均每门是六十余发，海战前后进行了五个多小时，按平均每小时十二发炮弹算，每射出一发炮弹，就得相隔五分钟之久。

与日舰的高航速相比，北洋发炮实在是太慢了。在联合舰队本队中，"松岛"既是旗舰又是领头舰，"镇远"发现后，以事先装好的炮弹一齐射来，故可接连命中两炮。"千代田"居于"松岛"之后，则连炮弹皮都没沾到，行进序列排在第三、第四位的"严岛""桥立"也中弹很少，但从第五位"扶桑"开始，中弹又多了起来。这说明什么？说明"定""镇"两舰在一次射击后，必须等到敌单纵队的三艘军舰在其正前方连续通过之后，方可进行第二次射击。在黄海大战中，联合舰队之所以未沉一舰，并不是缘于他们打的是"神仙仗",运气好,归根结底,还是北洋各舰做不到连续射击,且缺乏足以置对方于死地的高质量炮弹所致,在这种情况下,就算炮手们炮打得再准,也无济于事。

反观日舰,所装备的中口径速射炮可以达到每分钟四至八发,炮弹射击具备足够的密集度和饱和度,加上大量使用填充了下濑火药的开花弹,能够动辄重创乃至击沉华舰,也就一点不奇怪了。在这次海战中,北洋舰队光燃起大火的军舰,前后就达七艘之多,其中尤以已经沉没的"超勇""扬威"以及第三小队的"来远"的情况最为严重,"来远"火势已蔓延至数十间房舱,甲板上一切木质结构物件都化为灰烬,甚至铁梁以及部分铁板也被烧断或者变形。

除"来远"外,"来远"的僚舰"靖远"以及"致远"的僚舰"经远",也都已严重受损,"靖远"水线以下被炮弹击穿,进水甚多,此外还有多处燃起大火。三舰都不得不像之前的"平远""广丙"那样,相继离开战场,向大鹿岛方向的浅水区驶避,以便在扑灭大火和稳定伤情后,能够重新返回战场。

最猛烈的攻击

北洋舰队的不战自乱,被联合舰队看在眼里。第一游击队立刻对溃逃和驶向浅水区的军舰发起追击,本队的五艘日舰本来已在组织撤退,这时也回过神来,又复身对北洋舰队仅剩的第一小队,即"定远""镇远"进行合围。

在此之前,"松岛"遭受"镇远"的重击,差点沉没,这时它连"不管"的信号旗都来不及取下,便咬牙切齿,使用未受太大损失的右舷速射炮,竭尽全力地向"定远""镇远"射击。"千代田""严岛""桥立""扶桑"紧随其后,也集中火力攻击"定""镇"。一时间,打沉"定远""镇远"的口号在日舰上喊到了震天动地。

本队合兵一处,对"定""镇"构成了绝对的火力优势:五艘日舰加在一起,仅中口径速射炮就有三十门之多,可不停顿地进行饱和射击,其炮弹的密集度和饱和度,远非"定""镇"所能及;"松岛""严岛""桥立"也即所谓的"三景舰",战前就被日本海军视为对付"定远""镇远"的利器。定远级铁甲船拥有三零五毫米大口径火炮,设计者出于压制的需要,当初特地在"三景舰"上各安装了一门三二零毫米大口径火炮,可以说,"三景舰"无论是主炮口径还是炮弹威力,都远超定远级铁甲船。

"定""镇"遭到了当天最猛烈的攻击,"药弹狂飞,不离左右",两舰先后数度燃起大火,官兵出现不小伤亡。更为糟糕的是,在经历三个多小时的激战后,弹药供给已经匮乏,"镇远"的副炮炮弹早已打光,主炮炮弹只剩下二十五发实心弹,开花弹则一发都没有了,"镇远"也陷入同样的困境。舰上的洋员们都认为,如果再交战几十分钟,两舰的炮弹就将用尽,届时只能沦为日舰的靶船。

在丰岛海战中,"济远"主炮炮罩中弹,炮弹头部虽然飞走,炮弹的残余碎片却在炮罩内四处飞散,结果导致炮长柯建章以下七人死亡。此战过后,北洋海军吸取教训,将炮台上的炮罩全部予以拆除,到了黄海海战,"定远""镇远"等舰便都已是在无炮罩的情况下作战。然而有一利必有一弊,这样一来,处于露天状态下的主炮便更容易受伤了,"定""镇"各有四门三零五毫米主炮,经过激战,都出现了不同程度的损伤,"定远"还剩三门主炮可以发射,"镇远"则仅剩两门。

尽管战斗已经出现了失败的迹象,并有全军覆灭的危险,但"定""镇"并未放弃,官兵们一面扑灭舰上的大火,一面操作受损的主炮,用仅剩的实心弹向敌舰还击。其间,北洋将士上下一心、勇抗强敌,发挥出了较高的战斗水准。

丁汝昌自受伤后,一直都未下火线,始终坐在甲板上,冒着死亡的危险,鼓励将士奋勇杀敌。代其指挥的"定远"管带刘步蟾,表现尤为出色,在他的调度下,"定远"前进后退,时刻变换位置,令敌炮很难打准,装置于"三景舰"上的大口径重炮更是几乎成为摆设。"镇远"管带林泰曾指挥开炮极为灵敏迅捷,而且组织抢救得力,舰上中弹后只要稍一着火,便能很快予以扑灭。

"当官的也有好样的,丁统领、'定远'舰长刘子香(刘步蟾,字子香)、

'镇远'舰长林矮子（林泰曾，林矮子是水兵给他起的外号）。"参战人员苗秀清如是评价。高层军官们做出的表率，使得原本就士气高涨的官兵们更加努力，正如苗秀清所说，"当时当水兵的没有一个孬种，作战可勇敢啦！"

在"定远"任职的英籍海员泰莱事后回忆，舰上不管战场环境有多么残酷，愣是没有一个水手的脸上露出恐惧之色。他曾到露天炮塔上去检查，亲眼看到有个炮手受了重伤，同伴劝其进舱医治和休息，但是等他后来再去炮塔时，却发现这个受伤的炮手虽已因伤致残，却仅仅是包扎了一下伤处，便又工作如常。

在"镇远"任职的美籍洋员马吉芬也有相同观感。他所见到的情形，是一名主炮炮手正手握牵索进行瞄准，一颗炮弹飞来，当即将炮手的脑袋截断，"头骨片片飞扬"，场面十分骇人。然而炮塔上的人却毫不惊惧，牺牲者身后的一个炮手立即上前，将仆倒在地的无头之躯抱交于身后一人，自己又顶替其位置，紧握牵索进行修正和发射。

战斗越打越激烈，"定""镇"已经是遍体鳞伤、弹痕累累。"镇远"大副杨用霖奋臂疾呼："最后的时刻到了！我将以死报国，愿跟随我的就继续拼下去，不愿意的，我也决不勉强。"杨用霖的态度让将士们极为动容，大家都流着眼泪呼应道："您死了，我们还活着干什么？听您的，赴汤蹈火，在所不辞！"

"定""镇"的铁甲厚达十四寸，即便到黄海海战时，这种装甲防护在世界上也仍处于领先水平，两舰官兵的英勇作战，更使其防御能力得到了最大限度的发挥。日舰一心想击沉眼前的亚洲第一铁甲船，可是眼看着"定""镇"长时间被密集的弹雨所覆盖，却仍然挺立于大洋之上，仍有"稳固不摇之气概"。这让官兵们又急又恨，却又无计可施，有的水兵甚至发出了惊呼"'定远'号怎么还不沉呐？"

弹落如雨

就在"定远""镇远"与日舰展开殊死鏖战之际，日本海军第一游击队正在对脱离主战区的华舰进行疯狂追击。"济远""广甲"由于最早逃离战场，第一游击队已经无法对其进行快速追击,于是剩下来的三艘军舰,即"经远""来远""靖远",便成为它就近追杀的对象。

作为"致远"的僚舰,"经远"在第一阶段截击"比叡""赤城"的作战中表现出色。"经远"管带林永升也和"致远"管带邓世昌一样勇敢无畏,鉴于"靖远""来远"伤势更重,他选择了率先独立迎击第一游击队,"发炮以攻敌,激水以救火"。

四艘日舰集中速射炮对"经远"进行射击,"经远"上弹落如雨,林永升被火炮击中头部,脑浆迸裂,当即殉国。大副陈荣接替指挥,很快也中弹牺牲,二副陈京莹继之,又牺牲了。"经远"成为一艘"船主无主"、没有管带或代理管带的军舰,即便如此,官兵们依旧在奋勇抵御,只是双方火力悬殊实在太大,远远超出了"经远"的承受范围——"经远"虽是装甲巡洋舰,但终究没有"定远""镇远"那样优良的防护能力,因吨位不大,舷侧装甲的防护面积较小。在日舰如泼雨一般的炮击下,舰体多次被击穿,大量海水从破裂处涌入了军舰。

"经远"无可挽回地出现倾斜,并重蹈"致远"覆辙,开始逐渐下沉。明知已失去生存的希望,"经远"官兵依旧坚守于各自应在的岗位之上,炮手们也仍在继续开炮击敌。不久,"经远"便完全倾覆于海中,"螺旋桨露出在空中旋转,红色的舰底一览无余",全舰二百七十人,除十六人遇救生还外,其余全部壮烈殉国。

击沉"经远"后,第一游击队欢声雷动,然后迅速转向,兵锋直指正在浅水区灭火和修复战舰的"靖远""来远"。

发现第一游击队的四艘日舰正向自己高速驶来,"靖远""来远"连忙暂时停止自我抢修,航行至有利位置,背靠浅滩,以舰首重炮迎敌。以二舰尚未复原伤愈的状况,要想二打四,顶住第一游击队的围攻,显然是件极其艰难的事,第一游击队的意图也是先击沉"靖远""来远",然后再与本队会合,全军合力围攻"定远""镇远"。

1894年9月17日,下午5点45分,第一游击队已经逼近"靖远""来远",但就在这时,信号兵发现本队旗舰"松岛"使用旗语,先打出"停止战斗"的信号,继而又命令"返回本队"。

第一游击队虽有机会击沉"靖远""来远",不过也不是短时间内能迅速做到的,于是便遵命停止即将开始的攻击,回头寻找本队。两支编队会合后,伊东佑亨即下令各舰开足马力,凭借高航速撤离战场。

按照伊东的说法,这个时候他之所以决定撤离,是因为夜幕已经降临,担心遭到北洋舰队鱼雷艇的偷袭。然而无论丰岛海战还是黄海海战,都表明以其时的技术条件而言,双方鱼雷要想攻击得手,都非常不易。北洋舰队的四艘鱼雷艇很早就已进入主战场,但它们只有在靠近日舰时才有机会释放鱼雷,而这在日舰速射炮攒射的情况下,又是很难做到的。

真正的原因,其实还在"定远""镇远"身上,是它们的超常发挥,让本队的五艘主力战舰骑虎难下,并使伊东失去了进一步扩大战果,乃至全歼北洋舰队的信心和耐心,转而只想着见好就收、落袋为安了。英国远东舰队司令斐尔曼特尔对此瞧得非常真切,他事后评论说:"由于定远、镇远二铁甲舰英勇善战,伊东中将于薄暮时分终于率全舰队退却。"

"靖远""来远"见日舰撤退,遂也主动向旗舰"定远"靠拢。鉴于"定远"桅楼已毁,没了信号旗,经大副刘冠雄提议,"靖远"管带叶祖珪下令在桅杆上挂出将旗,代替"定远"召集各舰集中。之后,北洋舰队剩余六艘军舰,即"靖远""来远""定远""镇远",加上修复后回归的"平远""广丙",对日舰尾追了一段路。

日舰的撤退并非败退,且受因于己舰迟缓的航速,北洋舰队就算是想追击也已有心无力,于是各舰又以"定远""镇远"为首,排列成双鱼贯队形,转舵向大东沟方向驶去。在大东沟,舰队主力与尚守在港内的"镇南""镇中"会合,共同返回旅顺。历时近五个多小时的黄海海战,至此方告结束。

舰队返回旅顺时,已经是晚上六点多。各舰无不弹痕累累、满目疮痍,"定远""镇远"舰体上的弹坑更是多如雨点,提督丁汝昌在被亲兵抬下战舰时,全身浮肿,发着高烧,耳朵里不断有血水流出,但即便在这种情况下,他仍强睁着肿胀的眼睛,安排受创舰船进坞抢修。

所有参战军舰里,只有最早逃出战场的"济远"比较完好,从外表看并没有受到太大的打击。与"济远"同时逃出的"广甲"在逃至三山岛外时搁浅，船上人员只得弃舰登陆，最后只有"济远"第一个回到旅顺，而且居然比其他军舰回旅顺的时间整整早了四个多小时。其他军舰自然无法容忍，大家都不愿与"济远"为伍，看到"济远"停在旅顺西澳，其他军舰就都避而远之，开到东澳进行抢修，结果造成的情形是，西澳空旷，只有一艘孤零零的"济远"，东澳已经变得有些拥挤，但就是没有军舰肯去西澳。

作为"济远"的管带，方伯谦毕竟心虚，早早就在码头等候"定远"等舰，丁汝昌一上岸，他就上前请安，并跪下请罪。丁汝昌内心极为愤懑，冷笑着对他说："快起来，快起来！不敢当，不敢当！方管带腿好快啊！"

方伯谦引起的是公愤，朝廷不久即颁下旨意，将方伯谦予以处斩，行刑时，各舰官兵一齐围观，没有不叫好的。"广甲"则因系顺带而逃，管带吴敬荣死罪得免，被处以"革职留营，以观后效"。

悲喜交集

就甲午战争的范围而言，黄海海战更是一次关系全局的关键性战斗，北洋舰队在这场遭遇战中以弱敌强，打得非常英勇，从日方的人船损失来看，联合舰队各舰均已受创，"松岛""吉野""赤城""比叡""西京丸"受创尤为严重，海军官兵则伤亡了三百人左右。

不过北洋舰队的损失显然更为惨重。北洋海军有句老话："七镇八远一大康，超勇扬威和操江。"北洋舰队的主要军舰，在这句话里都有了，"七镇"都是小炮艇也即蚊船，在海战中起不了多大作用，"操江"是训练舰兼运输舰，且已在丰岛海战中被敌俘获，"康"是"康济"，也属于训练舰。只有"八远"和"超勇""扬威"才是大舰，在黄海海战中，北洋舰队总计损失了五艘大舰，即"八远"中的"致远""经远"，"超勇""扬威"以及原属广东海军的"广甲"（触礁后被路过的日本舰队击毁），舰只损失数量大约占到舰队总数的三成，相比之下，联合舰队一艘军舰也没有被击沉。

北洋海军里有很多福州人，在此役阵亡的福州人也因此占了相当大的比例。现代著名作家冰心家居福州，她的父亲谢葆璋时任"来远"驾驶二副，"来远"是北洋舰队幸存军舰中受伤最重的军舰，冰心的母亲预感丈夫凶多吉少，便悄悄买了一盒鸦片烟膏，藏在身上，准备一旦得到谢葆璋死亡的消息，便服毒自尽。所幸谢葆璋大难不死，但冰心母亲的一位堂侄却在海战中阵亡了。

在冰心的记忆里，在她住的那条街上，那段时间，不是今天这家糊白纸门联，就是明天那家糊白纸门联（有人去世，表示哀悼的门联）。事实上，牺牲管带中，除邓世昌一人是广东籍外，其余林永升、黄建勋、林履中全是福州籍，高级军官都牺牲了这么多，水兵可想而知。

牺牲者中还有一个特殊的小群体，他们皆为下级官兵，并且都来自安徽巢县汪郎中村，那是丁汝昌的故居地，这些年轻人是投奔丁汝昌当海军的。后来有人寻踪探访汪郎中村，看到在村庄后面的小山坡上，有一片夫妻合葬墓，每块墓碑上男人去世的日子，都是1894年的8月18日，死因皆为血战身亡。

8月18日是阴历，换算成阳历，就是9月17日，黄海海战的那一天。合葬于墓中的妻子，去世的日子则都是距8月18日两个月后。这意味着，在得知丈夫牺牲的消息后，妻子们全都选择了自杀殉节。昔日湘军在三河大败，子弟兵死伤甚多，有"处处招魂，家家怨别"的说法，北洋海军经历黄海海战后，亦有相似一幕，可见受创之重。

统计数据表明，加上沉没战舰的官兵，北洋舰队在黄海海战中共阵亡了七百多人，受伤一百零八人，接近日方的三倍。在黄海海战爆发前，陆军已在大东沟登陆，北洋舰队护送陆军的任务就此结束，故而海战时，双方均以消灭对方的有生力量为主要目标，从结局来看，北洋舰队的损失也确实远大于联合舰队，由此可以判定，北洋舰队应是失利了。

与这种认识不同，当时中方却并不认为自己失利，同在"定远"服役并参加了海战的洋员汉纳根、戴乐尔，甚至手持香槟，用西方人的方式相互庆祝海战的结束。出现这样的误判也属正常，一者，北洋舰队当天的既定任务确实只是保护陆军全部安全登陆，能够完成此项任务已是一个不小的战功；二者，在激烈的海上战场上，向来都存在视野不佳，不太容易分辨战果的问题，加上当时的通讯条件不佳，导致北洋舰队官兵一致认定他们击沉了"松岛"等三艘日舰，先于其他军舰回师旅顺的"济远"，更报称

"击沉敌船四只"。

对于已成逃兵的方伯谦的话，李鸿章未必相信，但对于丁汝昌等人的报告就不至于完全存疑了，他在给朝廷的电奏中，明确"各员均见击沉彼三船"，也就是各参战军舰都亲眼看见打沉了三艘日舰。

作为北洋舰队的创建人和掌舵者，李鸿章此时的心情可谓是五味杂陈，悲喜交集。说喜，是在平壤战役大败、陆军一溃千里的情况下，北洋舰队终于得以在艰难中战胜了日本海军。说悲，是黄海海战的时间之长，规模之大，战事之惨烈，超过了以往的历次海战，北洋多年培养的一批水师精英毁于一旦，其中邓世昌的壮举尤令李鸿章感到震撼，在读到战报的当日，禁不住老泪纵横，反复念叨："不料今世尚有此人！"

朝廷也认同了黄海海战北洋舰队小胜的结论。光绪在了解邓世昌的事迹后，同样为之动容，特赐邓世昌以"壮节"谥号，并垂泪撰联："此日漫挥天下泪，有公足壮海军威。"

李鸿章据此除为邓世昌等伤亡者请恤，对有功者请旨奖叙外，又援引邓世昌船沉誓不独生之例，建议各舰凡前敌冲锋和尽力攻击，而至船沉、机器损坏、子弹罄尽、伤焚太甚者，准予免罪，仍予叙功，以为海军保存人才。这一建议也得到了朝廷的允许，在一定程度上表明朝廷对北洋海军的看法和态度有所改善，李鸿章因此颇为欣慰地勉励丁汝昌："此次恶战的情形，中外咸知，先前的非议已经不见了，望继续努力。"

事实是，在此后的一段时间内，李鸿章和丁汝昌虽然未再受到高层的直接责骂，也没有因黄海海战而遭到指责和非议，但弹劾他们的帝党言官却并未停止运作。

危　疑

自甲午战争开始以来，李鸿章的个人处境越来越困难，帝党不仅直接攻击他本人，还把矛头对准了他的女婿张佩纶。张佩纶本是北派清流的干将，马江战败后，张佩纶声誉扫地，并被论罪革职遣戍。张佩纶一直保持着与李鸿章的私谊，而李鸿章也深爱其才，在其人生跌落低谷之际，主动予以接纳，待张佩纶戍满释回后，即以爱女李鞠耦许配给他作续弦。

张佩纶对李鸿章充满感激之情，婚后便住在北洋节署，帮李鸿章参谋督署公事，比如甲午战争爆发前，张佩纶就曾建议李鸿章先将驻朝部队撤回，"示弱骄敌，再图大举"。不料御史端良却以张佩纶身为罢黜官员，妄论国事，屡遭非议为由，对他进行弹劾，要求将其驱逐回籍，光绪对于李鸿章本就一肚子气，也就趁势顺水推舟，下旨将张佩纶"驱令回籍"。

如果只是针对自己的明枪暗箭，李鸿章早已习以为常，亲人也因自己受到牵连，则令他黯然神伤。他为此上疏抗辩，指出张佩纶虽曾论罪革职，但之前作为言官，操守清廉方面并无可指摘之处，连"圣母皇太后"慈禧都有耳闻，现在所谓"干预公事，屡招物议"云云，全都是没有根据的流言。

李鸿章希望光绪能够高抬贵手，甚至是看在慈禧的面子上，重新考虑，放自己女婿一马。没想到光绪予以断然拒绝："张佩纶的罪行很重，李鸿章怎能再为他剖析辩解？仍令回籍，不准在该督署中居住。"

张佩纶被迫出署，翌年携眷南下江宁隐居。在这件事上，帝党所为并不奇怪，令人齿冷的是光绪的言行。李府幕僚吴汝沦素以观察敏锐著称，他对此洞若观火，暗中告诉密友："朝中不信任李相，颇有意对他予以摧折，幸亏太后尚倚重李相。"吴汝沦还用"危疑"（怀疑和不信任）一词，概括了光绪与李鸿章之间那种复杂而微妙的君臣关系。

按照吴汝沦的说法，举朝对于李鸿章的围攻，系"由政府扬其焰，而后进之士闻声和之"。这里所说的"政府"，显然就是指光绪、翁同龢等而言，"后进之士"则是指志锐、文廷式、张謇等帝党言官。置身于如此困难的处境之下，李鸿章自然"心绪不佳"。他一边对自己和淮军在平壤战役中的表现进行辩护；一边以自己距东北前线战场过远，不便遥指，请朝廷另派重臣督办军事。

你退我就进，帝党毫不客气，在光绪的暗中支持下，文廷式以及给事中洪良品先后上折，奏请改组军事领导机构，撤销李鸿章的战争指挥权，另以大员代之，在他们看来，只要前线仍专恃李鸿章，则败局势难挽回。

光绪"摧折"李鸿章，其实都经过慈禧的默许，就连拔去李鸿章的三眼花翎、收回黄马褂那件事，虽然事前未请示慈禧，但事后慈禧亦未追究，显见得至少没有强烈反对。后党分子也都在揣摩太后的意图，庆亲王奕劻猜测慈禧已打算放弃李鸿章，遂在军机处的枢府会议上，自请赴安东（今丹东）九连城督师，并特别提出要以慈禧的弟弟、承恩公桂祥为副帅。

没想到，奕劻马屁拍在了马腿上。在看到李鸿章的"求退"折后，慈禧亲下懿旨，一无反态地对李鸿章温言抚慰，称其"布置有素"，还说李鸿章所说办理军务的种种难处，她早已知道，对于军事上的挫败也能理解。不仅如此，慈禧还出面"作一半主张"，驳回了群臣关于另派督兵大臣的意见，仅派四川提督宋庆为帮办大臣，仍令李鸿章"统筹兼顾，不得稍有推卸"。

慈禧心机深重，擅长权术，即便是其亲信，也往往猜不透她的想法。事实上，对于李鸿章这个身拥数万精锐海陆军的老汉臣，慈禧未必有多么信赖，也经常找机会想进行限制和打压，以便进行权力制衡。之前，正是出于权力制衡以及同样对战事不满等原因，慈禧确实在一定程度上默许了光绪对李鸿章的"摧折"，然而与年轻气盛的光绪相比，她更明白李鸿章的存在价值，对李鸿章的"倚重"始终都要大于"摧折"，更何况，从甲午战争爆发以来，帝党借力打力，欲通过"易李"来间接削弱后党权势的用意，也早已引起慈禧的警惕，故而此番她才会果断出手，制止帝党"易李"的继续进行。

据翁同龢日记载，有一次慈禧接见军机大臣，谈到中日战争，一面斥责李鸿章"贻误"，认为他指挥战争不得力，一面又说淮军难以驾驭，对李鸿章暂时还不能轻动。首席军机世铎和清流派的李鸿藻都很赞同此论，但翁同龢却颇为沮丧，因为他比李鸿藻等人看问题更实际，知道慈禧这番话不过是在敷衍群臣特别是帝党清流，究其实，不过还是不想罢黜李鸿章而已。在给张謇的信中，翁同龢无可奈何地表示："即不换将，又不易帅，还谈得上其他吗？这是天意啊！"

面对来自后党方面几乎不可抗阻的阻力，帝党并不愿就此罢手。在慈禧下达懿旨两天后，志锐即上一折，列举李鸿章在军事部署上的种种错误，请免去其北洋大臣、直隶总督之职，"责令统帅淮军，专筹攻城"，也就是卸去李鸿章统筹全局之权，仅作为一方战将使用。

如果让李鸿章靠边，谁能出来收拾局面？帝党想到的第一人选是恭亲王奕䜣。在帝党看来，起用有"贤王"之名的奕䜣，乃是挽救时局的重要措施，而且奕䜣是在十年前被慈禧逐出枢府而被迫闲置的，自然不会倾向于后党，若由此人复出主政，一则可以夺走李鸿章的军权，二者亦可抑制后党。

不过也恰恰因为奕䜣系由慈禧亲手贬黜，连光绪也不敢轻易松这个口。早在甲午战争前，就有人奏请起用奕䜣，光绪的反应是"原折留中"，也就是对奏折不予批复，仅作归档处理。现在看到李鸿章得到慈禧力保，帝党要求起用奕䜣之心更切，1894年9月27日，帝党成员陆宝忠等人联名上折，请求让奕䜣"销假"出山。

戏剧性的变化

慈禧倚重李鸿章，并不单单是要靠他来主持前线军事。自平壤战败后，她就产生出危机感，认识到再打下去难操胜算，心理上已由不示弱转向主和。通过包括英俄在内的西方国家来钳制日本，以达到和议的目的，本是李鸿章的外交策略之一，只是由于种种原因，并未能够取得多大进展。如今慈禧又旧事重提，希望李鸿章能够设法请俄国从中调停，以达成和议。

就在陆宝忠等人联名上折的当天，慈禧、光绪共同召见群臣，慈禧提出了探询联俄之议。帝党对联俄兴趣不大，但却认为这是趁势促请奕䜣出山的另一个良机，翁同龢、李鸿藻异口同声，均建议让奕䜣复出主持此事。

慈禧没有当场明确表态，光绪见状，也不敢表示同意，甚至为了做给慈禧看，还装出将翁同龢、李鸿藻以及陆宝忠等人意见拒之门外的决绝态度。值得注意的是，会后光绪却又单独召见了陆宝忠，暗示他不是不同意起用奕䜣，只是自己不敢做主，想以外廷诸臣奏事的方式，来促使慈禧点头同意。

双方各怀心思。次日，慈禧把翁同龢找来，让他去天津与李鸿章就联俄一事进行会商。翁同龢既反对联俄，同时又怕因参与和议，招致自己作为清流派首领的声誉受损，故而再三叩谢，不愿前往。最后，慈禧话锋一转："其实我不是想议和，只是作为缓兵之计。你既然不肯传话议和，那就宣旨，责问李鸿章为何贻误到这种地步，朝廷不治其罪也就罢了，但他总得想好该如何了结这场战争吧。况且，造成现在这种局面的正是淮军（指平壤之败），他能不管吗？"

翁同龢这才答道："如果是这样的话，不敢不奉懿旨而行。"

见翁同龢已答应赴津，慈禧又说："我刚刚说的话，你把它都当作你的意思，向李鸿章质询。"

慈禧老奸巨猾，翁同龢一听，就知道她是想一箭双雕，既达到探询和议的目的，又把和议误国的风险都推在别人身上，于是马上提出："在这一过程中间，只会让李某答复，臣（翁自称）转述其语，不加论断。臣为天子近臣，不敢以和局为举世唾骂。"

两边交代已毕，慈禧谕令翁同龢次日即行，往返不得超过七天，可见心情之迫切。

翁同龢启程赴津，此事立刻成为帝党成员热议的话题，有人还替翁同龢解释，认为他是奉旨去向李鸿章宣布主战命令的，但多数人还是猜到，翁同龢赴津肯定还是跟后党所策动的议和活动有关，因此都责备翁氏不该去。

作为反制后党的对策，帝党加快了促请奕䜣出山的步伐。按照光绪的暗示，由文廷式属稿和领衔，翰林院同人五十七人列名，联名上奏，请起用奕䜣。

在帝党的竭力推动下，事情终于发生了戏剧性的变化。翰林院同人列名上折的当天，即1894年9月29日，奕䜣得到光绪的召见，接着慈禧也召见了奕䜣，且两人谈了很长时间，会谈中慈禧明确表示将由奕䜣负责海军。次日，光绪颁旨，正式起用奕䜣，授命他管理总理事务衙门。消息传出，帝党击掌相庆，大为振奋。

就在奕䜣复出的这一天，翁同龢轻装莅津，乘小轿进入直隶总督衙门，会见了李鸿章。他首先传达了慈禧、光绪对李鸿章的"慰勉"之意，然后开始谴责李鸿章贻误了军国大计，语气甚为严厉。李鸿章知道他指的是平壤兵败，不由得"惶恐引咎"，赶紧做了自我检讨，并用"缓不济急，寡不敌众"八个字概括了败因。

翁李本有私人恩怨，看着李鸿章那哆哆嗦嗦、战战兢兢的样子，翁同龢免不了暗自得意，于是便又接着责问"北洋兵舰"的表现，其意谓战前大家都认为北洋舰队如何如何，结果一打起来，也并没有想象中那么了得。

翁同龢不问还好，这一问，瞬间勾起了李鸿章心中的满腹委屈和怨愤，他突然对翁同龢怒目而视，半晌不发一语，屋里的空气顿时凝固起来。

过了好一会，李鸿章才慢慢地掉转过头，对翁同龢说："翁师傅，您是主管户部的，平时我向朝廷要经费，总是受到斥责，事到临头，您才来责问我。就凭那几条军舰，能靠得住吗？"

翁同龢原想拿北洋舰队说事，再羞辱李鸿章一道，没料到会遭此反诘，他也知道自己对北洋舰队如今的状况负有直接责任，情急之下，竟然推诿道："大臣应当尽责，北洋军费如果紧急重要，你为什么不再三申请？"

李鸿章听后更加生气，愤愤地说："朝廷怀疑我飞扬跋扈，谏官弹劾我贪财舞弊，我如果再喋喋不休地争经费，请问，今天我李鸿章还能站在这里吗？"

李鸿章说的都是事实，翁同龢当场被噎得无言以对，甚至都忘了此行是代表朝廷来问责的了。

就在气氛已经尴尬到不知该如何转圜的时候，有人送来一封从北京发出的廷寄，这才帮助翁同龢解了围。

最好的对策

这是一封由慈禧安排发出的廷寄，廷寄的内容大致是，听说俄国公使喀希尼在三四天后将来天津，如果李鸿章与其晤面，事后应汇报会谈的详细情形。翁同龢看完，便按照他在出京时所奉慈禧谕旨，嘱咐李鸿章："断然不能讲和，也无法讲和，喀使（指喀希尼）先前既有主张，也不与之断绝。你李鸿章不必顾忌，据实回奏。"

甲午战争爆发之初，李鸿章曾致电总理衙门，报告喀希尼拟派参赞前来晤谈调停，因遭到翁同龢等人的极力反对，电文被驳回。慈禧知道后当时就有些动心，只是鉴于主战舆论高涨，不便出来明确表态，但她一直记着此事，所谓喀希尼"先前主张"，说的就是这个。

1894年10月4日，翁同龢回京复命，慈禧立予召见。翁同龢依旧反对和议，也不同意联俄，但却拿不出其他好的办法，只好在报告与李鸿章的谈话经过后，表示："喀希尼调停一事，恐怕靠不住，以后此事由北洋（李鸿章）奏办，臣不参与。"

就在这一天，主持总理衙门的奕䜣、奕劻受慈禧之命，给李鸿章发来密函。与公开场合给翁同龢的谕旨不同，密函开宗明义地指出，"眼下无论是战是守，均不可行"，令李鸿章与喀希尼密议，"妥善筹划，拿出最好的对策"。

奕劻原本就紧随慈禧，至于复出的奕䜣，世人都以为他会对慈禧怀恨在心，然而这其实是一个历史性的误会。奕䜣被逐出枢府后，的确做了反思，但反思的结果，却是以后在朝中得搏个好人缘，尤其不能跟慈禧拗着来。慈禧经过平时的观察，其实也已经了解到了奕䜣的变化，否则她不会肯做出让步，把一颗定时炸弹放到自己身边。

"猛拍阑干思往事，一场春梦不分明。"这是奕䜣在闲置期间，集唐诗句子写的一首诗。他已经把自己当年为什么会被踢出局外的原因，仔仔细细琢磨了一遍，复出后，不仅注意与奕劻等后党成员搞好关系，也在和战问题上与慈禧及后党保持一致。

就在奕䜣按照慈禧的意图，给李鸿章发去密函的次日，帝党故技重施，由翰林院三十五人联合上奏，请求处分"北洋"（李鸿章），张謇也于当日单衔上折，抨击李鸿章主和误国，甚至不惜将李鸿章比作是"宋朝的秦桧、贾似道，明朝的严嵩、赵文华"。这两个奏折看似和以往一样，只是"易李"，但实际已将矛头指向慈禧，因为慈禧正是新一轮探询和议活动的启动者，结果二折到了奕䜣等人手里，都被"留中不报"，也就是不予交办和报告，光绪连看到它们的机会都没有。

帝党的棋完全下错了，他们原以为把奕䜣请出来，可以借助他与倾向和议的后党对抗，没想到却反过来帮了后党阵营的忙，使得对方更多了一个当权的实力派人物，而己方面前倒多添了一块拦路石。

慈禧、奕䜣定计于上，李鸿章依令行之于下。10月12日，俄国公使喀希尼来到天津，与李鸿章会晤，李鸿章趁机怂恿俄国出头干涉，但令他失望的是，喀希尼表示俄国对于中日争端，将继续暂守局外中立，至于调停，中方应先拿出停战的办法，然后各国公使才能会商调停的问题。

　　在喀希尼莅津的两天前，英国公使欧格讷也到天津会晤了李鸿章，并探询了关于议和的意见。因为知道英国已抛弃中国，转而与日本结盟，相比于对待喀希尼，李鸿章对欧格讷的态度其实是很冷淡的，所谓"亲俄疏英"。从欧格讷的嘴里，李鸿章获悉英国倒是愿意调停，但前提是要中方向日本先行赔偿军费，李鸿章闻言当场予以否决，说与其让我赔军费，还不如用这笔费用继续打下去呢！

　　李鸿章联俄不成，又接受不了英国的开价，这边帝党却突然对英国产生了兴趣，只不过不是要让英国调停，而是想借助英国抗御日本。按照帝党的一贯打法，先由文廷式领衔并主稿，翰林院联名上书，请求秘密联络英、德，认为只要拿出大约两千万两白银作为两国的军费，就可以诱使英、德向日本开战。作为呼应，志锐单衔上折，奏请以两三千万两白银为诱饵，"连英伐倭"。

　　光绪对于两折十分重视，让奕䜣征询总税务司赫德的意见，赫德持否定态度，以"不能"答之。一番打听下来，除了英国，德国也无意援助中国，帝党顿时大失所望。

　　剩下的所有希望，都只能集中于英国的答应调停。10月13日，欧格讷进京，专门到总署（总理衙门）拜访了奕䜣，除重申他给李鸿章开出的调停条件，也就是赔偿日本军费外，还强调即日定议，过期不候。

　　翌日，总署大臣就此展开激烈辩论，并请示了慈禧。根据翁同龢在日记中的记载，由于慈禧、奕䜣、孙毓汶、徐用仪等人都表示赞成，总署决定在欧格讷提议的基础上与日本议和。翁同龢、李鸿藻等认为这是屈辱求和，无奈"天意已定"，亦只能仰天长叹而已。

　　欧格讷在得到中方同意后，即准备进行斡旋调停，然而日本在占据绝对优势的情况下，却并不以赔偿军费为满足，他们拒绝了英国的调停，执意要将战争继续进行下去。

第十四章　十万火急

　　黄海海战一结束，中日双方便立即对受损军舰进行修复。甲午战争前，日本为准备对中国的战争，除多年投工修建成了吴、佐世保两个军港外，还在沿海建了不少修船厂，这些军港和修船厂都具有很强的船只修复能力。"松岛"在海战中受创最重，舰体严重破损，已犹如一具躯壳，但回到日本后，不长时间就被修好了。"松岛"都能迅速修复，其他受伤军舰自然更没问题，联合舰队很快就又具备了巡弋和出战的能力。

　　北洋舰队面临的情况却极其糟糕。首先是除"济远"外，其余参战六艘主力军舰，即"靖远""来远""定远""镇远""平远""广丙"，全都遭到了重创。受损最严重的是"来远"舰，总计中弹两百余发，舰帮、舰尾都被打得稀烂，舱面也被烧得不成样子，最后回港时自己都没法独立进船坞，还是由"靖远"帮忙拖进去的。检修过程中发现，"来远"内部的基础设施已几乎全毁，连支撑舰体结构的钢铁构架也部分被毁或严重变形，若不是官兵军事素养过硬，简直不能想象他们还能驾着这艘差不多只剩下骨架的军舰安全返航。

　　海军资金本就捉襟见肘，用于基地建设的更是少之又少，以旅顺港的技术条件、人员、场地而言，短时间内根本无法有效修复所有受损战舰。与舰船修复同样严峻的问题，是弹药的补充。经过黄海海战的消耗，北洋舰队的主、副炮弹药已经到了捉襟见肘的地步，但欧美国家基于中立立场，禁止中日两国向其订购炮弹，只能由天津机器局紧急赶造实心弹及仿造的开花弹，然而数量也太少，难敷所需。

　　黄海海战前，北洋舰队官兵士气高昂，前提是大家觉得自己的军舰精良，弹药充足，现在眼看着舰船沉的沉，伤的伤，修复遥遥无期，炮弹严重匮乏，士气很自然地就低落下来。

存在威慑

对于北洋舰队所面临的种种困境，李鸿章并不是完全没有预料。开战之初，正是鉴于中日海军实力上的差距，他才一直要求丁汝昌实施近海防御，避免和日本海军进行主力会战，只是时势的发展，终究还是超出了他的控制能力，黄海海战的爆发，让他最不愿意看到的事在眼前提前发生了。

黄海海战后，慈禧亲自下旨，取消了原定于颐和园举办的寿辰庆典及沿途"点景"工程，朝廷在先前基础上，又紧急划拨军费白银一百五十万两。然而到了这个时候，如同订购炮弹一样，欧美国家的所有新式军舰都不容许出卖给中国，有的南美小国倒想乘机渔利，转售废旧军舰，但这种破舰，即便买来，也起不到多大用处。在此期间，张之洞曾奏称巴西有两艘快船可购，先不管它们能不能用，即便现在马上订购，至其驶抵中国洋面，最快也得有两个多月，缓不济急。除此之外，李鸿章还考虑调南洋海军参战，以期增强北洋海军的实力，然而亦未能如愿。在这种情况下，一旦日本海军出现在中国近海，并迫使北洋舰队在开阔海域再次与之发生激战，后果不堪设想。

经过内部探讨，李鸿章在竭力催促舰队尽快完成修复的同时，决定采纳北洋舰队总教习汉纳根的建议，将北洋舰队设定为一支"存在舰队"。所谓"存在舰队"，是当时针对劣势舰队该如何对抗优势舰队，各国海军正在讨论的一种新的海战理论。该理论起自于专家对两百年前比奇角海战的研究，在那次海战中，英国舰队先被法国舰队击败，损失惨重，随后便退缩本国海岸沙洲，成为"存在舰队"，它依靠独特的地理位置作为掩护，最终挫败了法军的大规模登陆企图。

后世一部分研究者把"保船制敌"作为"存在舰队"战术的翻版，但李鸿章在采纳"保船制敌"时，北洋舰队相对于联合舰队，尚未处于绝对的劣势。最重要的是,那时北洋舰队还是可以和联合舰队在洋面上打一打的,现在则是已失去了出海"浪战"的能力,别说黄海海战那样的海上决斗,就算是"保船制敌"中所含有的出口迎击少量敌舰以及出海巡弋,暂时也难以实施。

显然,在黄海海战之后,北洋舰队与比奇角海战中英国舰队的情形相似,完全符合"存在舰队"的角色定位。1894年10月18日,距离黄海海战结束一个月后,丁汝昌奉李鸿章之命,率北洋舰队从旅顺移驻威海卫。

北洋舰队聚泊于威海卫,向来被认为是将制海权拱手让出,使得日舰取得了"黄海的绝对制海权",然而,按照"存在舰队"理论,在绝大多数情况下,制海权其实都处于一种争夺的状态,换言之,制海权是相对的,而不是绝对的。就在"存在舰队"理论诞生后的若干年内,又出现了"要塞舰队"的提法,二者虽然都是将劣势舰队"固定在牢不可破的港口内",但在"要塞舰队"里,舰队是附属于要塞的,防御也主要由要塞来承担,舰队的使命仅仅止于协助要塞防御,这一概念代表的是防御性作战。如果北洋舰队采取"要塞舰队"的战术,当然可以说它完全放弃了制海权的争夺,但北洋舰队为"存在舰队","存在舰队"代表着进攻性作战,这就决定了北洋舰队不仅承担着威海卫的主要防御任务,而且在保存实力的基础上,还将继续保持对日本制海权的威慑,即俟军舰修好、完成军备补充后,舰队随时可以重新进入黄海海域迎战。

从黄海海战前至海战打响,日本联合舰队都将与北洋舰队决战、"聚歼清舰于黄海中"作为目标,然而若就完成这一任务而言,联合舰队无疑失算了。在黄海海战中,北洋舰队不仅没有全军覆灭,而且同样给予日舰以重创,到了最后,联合舰队甚至还是在势穷力尽的情况下先逃的。

眼下,北洋舰队固然因损失严重及修复期漫长而实力大挫,但它在摇身一变,成为"存在舰队"后,却可借助要塞及周边地形,弥补自己的缺陷。有鉴于此,联合舰队尽管提前完成了对破损军舰的修复,恢复了元气,但司令长官伊东佑亨却已不敢再贸然向北洋舰队直接发动进攻,他转而采取了守弱观变的策略,一面派舰刺探军情,一面静待日本陆军的配合和帮助。

鸭绿江防线

　　李鸿章对陆战亦不敢稍有懈怠。平壤失守后，面对日军进逼辽沈，"龙兴"之地及王室陵寝受到直接威胁的严峻形势，李鸿章提出"严防渤海，以固京畿之藩篱；力保沈阳，以顾东省之根本"的战守之策。朝廷接受了这一战略，并由慈禧做主，决定由李鸿章坐镇天津，统筹全局，另派四川提督宋庆任北洋军务帮办，以前敌各军总统的身份，直接到辽东地区组织防御。

　　宋庆自团练起家，是在与捻军反复征战的过程中摔打出来的一员老将，此人勇敢善战，颇有谋略，因屡立战功而被朝廷赏以"毅勇巴图鲁"的称号，故而他的部队被称为毅军（因河南协饷，亦称河南毅军），参加平壤战役的毅军即其所部。

　　毅军在草创时，宋庆就请德国人担任教练，部队采用德国操法，能够做到步伐整齐、进退有序。和早期的湘军相似，毅军是用家长作风来管制队伍，将官士兵相处得和家人父子一样，所谓父子兵，每逢作战，官弁能抱成一团，人称"打不散的毅军"。凡此种种，使得毅军成为少数能和盛军、铭军等淮军精锐相提并论的作战集团。

　　宋庆的头衔虽为四川提督，但并不到任，一直驻防于旅顺。宋庆时年已经七十多岁，朝廷出于顾念老臣之意，曾下旨命宋庆离前敌四十里，以免发生意外，因此在毅军奉命跨国作战时，朝廷便没有让宋庆带队，而是派毅军中的二把手马玉昆代他去了朝鲜。

　　与平壤战役时的叶志超相比，宋庆有能力、有威望、有经验，他是山东人，民间称为"善能退兵山东宋"，此外他麾下的毅军亦非弱旅，可以说除非李鸿章亲赴前线，否则还真没人能替代得了宋庆。接到朝廷旨意，宋庆即率所部由旅顺驰赴九连城，以联络各军，着手建立以九连城为中心的鸭绿江防线。

　　此时日军大本营也已完全做好了进攻中国本土的准备。对照大本营在甲午战争前所制订的甲乙丙三套方案，以海战失败为前提的丙案自然就不用考虑了，乙案是由陆军夺取平壤，也已经实现，如今只剩下甲案，即陆军长驱直入,在直隶平原上与中国陆军进行主力决战,然后"一举攻克北京,迫订城下之盟"。

甲案同时也是日本发动这场战争的终极目标。在进行直隶决战之前,大本营决定首先发动辽东半岛战役,其具体部署是以先前攻取平壤的陆军第一军为右翼,渡过鸭绿江,向辽东地区长驱直入,以第二军为左翼,在辽东半岛沿岸登陆,进攻辽南地区。

根据大本营部署,日军大将山县有朋指挥第一军集结于义州,与鸭绿江防线的华军隔岸对峙,1894年10月22日,李鸿章电告宋庆,提醒他日军有"搭桥渡江之势",必须集中力量做好防御准备。

在那次翁同龢、李鸿章天津会晤时,两人曾谈到东北战场的问题。翁同龢问:"东北是根本重地,如果被日本侵占了,该怎么办?"李鸿章表现得很没有信心,答道:"奉天军队实在靠不住,我又鞭长莫及,东北防务毫无把握。"

这实际上还是宋庆初到九连城时候的事,截至中日两军隔江对峙,集结在九连城附近鸭绿江右岸的华军已达八十余营,三万余人,与日军兵力基本相等。除了宋庆的毅军,前线的淮军主力,如从先后参加成欢驿、平壤战役的聂士成部铭军,黄海海战时由北洋舰队护送,在大东沟登陆的刘盛休部铭军等,尽在其中。此外,还有黑龙江将军依克唐阿所率部队,而依克唐阿与宋庆一样,也是一员勇将。

李鸿章对此稍感安心,在电报中,他表示鸭绿江防线的安危关乎全局,希望宋庆能把防线部署尽快报来。接到电报后,宋庆立即按要求报告了防御部署,李鸿章在复电中深表赞许,并根据自己的军事经验以及对参战淮军各部特点的了解,补充了几点意见。

李鸿章的复电是24日发出的,就在他发出这封电报的同时,日军渡江偷袭,对鸭绿江防线发起了进攻。

如果仅仅只看防御部署,鸭绿江防线似乎是不容易攻破的,然而正如平壤之败不能仅仅归责于叶志超一样,鸭绿江那里即便有宋庆主持,情况却也非常不乐观。

这一切都跟陆军落后的军事体制有关,中国陆军总量虽多,但因同时担负着治安任务，需要分散于各地而大多难以抽调。此外，中国的外部环境也跟日本不同，日本是岛国，战争期间基本不必担心外敌侵扰其本土；中国是半内陆国，陆地相邻的国家众多，不得不分力设防，是故前方兵力尚未厚集，后方各口已告空虚，甲午战争打响后，吉林、黑龙江、辽宁直至山西等省，都曾连请增兵。这么一来，中国表面上对日本所具有的兵力优势，也就自然而然地化为乌有了，唯一的解决办法，就是不断募集新兵。

宋庆在驰赴九连城前，和李鸿章一起奏请在奉天、直隶、山东、河南等省募军三十营，鸭绿江防线能够集结到这么多部队，其中不少都是新募之兵。问题在于，新军接受的训练时间都很短，且未经战阵，匆匆上阵，其效果是可想而知的。

除去新军，驻守鸭绿江防线的主力部队，只有宋庆从旅顺带去的那部分毅军以及依克唐阿部，可称为生力军，其他都是从朝鲜战场撤退下来的败军，各部新挫之余，大多缺乏勇气，就士气和战斗力而言，也就比新军强上一点而已。

致命弱点

旧军制下的军人，意识深处往往效忠的不是国家，而是各自的主帅。临时集结起来的诸将诸军原来各驻一地，较难约束，即便宋庆作为主帅亦是如此，更为严重的是，朝廷的授权还不统一——宋庆为前敌各军总统，按理各军均应归其节制，然而依克唐阿及其所部镇边军、齐字练军却可例外。

宋庆与依克唐阿是第一次共事，过去没有交往，相互之间不够熟悉了解。依克唐阿自恃地位尊崇，不大把贫民出身的汉人军官宋庆放在眼里。宋庆得不到充分授权，无法与之商议防务，无奈之下，只得向李鸿章诉说苦衷，请求和依克唐阿分开设防。

经李鸿章奏请，朝廷采纳宋庆的意见，将绵亘达数十里的鸭绿江防线分成了左右两翼，由宋庆、依克唐阿分守九连城、虎山，这样造成的一大弊端，即导致防守兵力变得更加分散，防御重点上的力量也随之变得更加单薄。日本第一军在山县有朋的指挥下，正是钻了这个漏洞，其先头部队采取声东击西的战术，故意制造假象，避开九连城，直指虎山。

中国海陆军的近代化步伐是完全不同的。海军因为是全新军种，受传统的束缚最少，到了甲午战争，总体而言，北洋舰队除了装备大大落后于对手外，部队本身其实已具备近代化水准，官兵的职业素质和军事水平甚至还超过日本海军。陆军则基本处于停滞状态，即便走在前沿、战斗力明显优于绿营八旗的湘淮军，虽然在镇压太平天国运动及其后近三十年的洋务运动中，也进行过军事改革，装备了新式枪炮，甚至引入了一些西式的步法、炮法，但是并未出现重大突破——当年曾国藩创立了湘军营制，李鸿章在淮军中导入了湘军营制，之后便没有做进一步的改进，如今的湘淮军和绿营八旗一样，都仍在沿用传统的营制、幕僚、粮台。

重武器装备，轻人、轻制度体制，是从湘淮军到毅军、练军等，全都存在的一个致命弱点。各部既没有如海军那样经过海外教育训练的军官团体，也没有适合现代战争的参谋和后勤机构，弁勇普遍缺乏新的作战意识、技战术以及组织纪律，一句话，与近代化军队的标准实在差得很远。

李鸿章并不是没有注意到这一点，他在直隶和北洋大臣任上所创办的武备学堂（也称北洋武备学堂或天津武备学堂），乃中国第一所陆军学堂，他创办这些学堂的目的，就是想为训练近代化的新式陆军提供人才。可是清廷在镇压太平天国运动以及捻军后，为了维持原有利益格局，对湘淮军一直持提防和打压的态度，李鸿章能够在裁汰大潮中保留下部分淮军精锐已属不易，更遑论建立新军了。当时的武备学堂虽然已经培养了一些新人才，但也只能做做教官，不能带兵，成欢驿之战的武备学堂队是由学生自组的队伍，尽管其作战意识明显强于同僚，然而却因无法统带更多兵勇而导致效用大减。

相比之下，同时期的日本陆军实行师团制，军官大多从新式军官学校产生，或者到欧洲考察过军事，作战思想也完全更新，自非中国陆军所能及。北洋舰队能够在黄海大战中做到虽败犹荣，而陆军在成欢驿、平壤战役中均乏善可陈，战场上极少出现闪光点，此为根本症结所在。

对于这一结果，有人早已预计到了。十几年前，京师同文馆翻译转发过一篇文章，该文章系对美国前总统格兰特的采访报道，格兰特在参与中日琉球案的调停过程中，对中日军队孰优孰劣进行了分析。据他观察，中国陆军（此处应特指淮军）虽已有洋操，也配备了洋枪洋炮，但洋操只是停留在表面，洋枪洋炮也早已经是欧美淘汰不用的旧武器，而且官兵平时嘻嘻哈哈，心思全不在打仗上面。日军不然，格兰特看了他们的操演，步伐少见的整齐，至于官兵之精悍，训练之纯熟，以及所用武器之新式，已足以与欧洲各国相抗衡。格兰特的结论是："中国军力远不及日本……日本只要派一万劲旅，就可以长驱直入，直捣中国内地三千英里，而中国根本就无法抵御。"

虎山之战把中国陆军的尴尬处境继续延续了下去。1894年10月24日上午，日军由义州上游的水口镇徒涉，扼守安平河口的依克唐阿所属齐字练军抵敌不力，先行溃退。接下来，日军借助安平河口，在义州和虎山之间架起两座浮桥，并派兵于当晚深夜渡江，埋伏在虎山东侧。

宋庆在沿江设防时，曾派毅军分统马金叙于虎山构筑工事，扼控江面。第二天凌晨，马金叙出营查哨，发现日军偷渡，立即率全军紧急应战，战不多时，日军抢占虎山东面高地，使马部陷入了腹背受敌的困难局面。

宋庆闻报，忙派马玉昆等人率毅军两千余人赶赴虎山救援，但却遭到九连城守军的发炮误击，队伍一片混乱。日军乘机绕到虎山两侧，截击出援的马部，马部难以立足，被迫撤退。

马金叙在孤军无援的情况下，继续坚守虎山阵地，部队几进几退，浴血奋战，马金叙受伤二十余处，其弟阵亡，官兵减员过半，最终不得已放弃虎山，渡河西撤。是役统计，日军死伤一百多人，华军光阵亡就达到五百余，其中毅军牺牲了三百多。

督办军务处

虎山本为易守难攻的要塞，但日军在一天之内就予以突破，死伤数也不多。次日拂晓，日军向九连城发起总攻，也是当日即下，安东县（今丹东市）随后亦告失守。

由三万重兵驻守的鸭绿江防线至此全线崩溃，甲午战争开始以来，中国本土战场也终于出现了对中方极为不利的局面。李鸿章既急又气，彻夜不眠地苦思御敌之策和抗敌之法，他采取的第一个紧急措施，便是责令宋庆和前敌营务处总理周馥收集溃勇，整顿旧营，对临阵畏葸退逃的统将、营、哨官，该参办的参办，该撤换的撤换，弁勇和各营也是如此，溃弁裁员，溃营裁减。

经过严饬整顿，前线军心稍固，与此同时，李鸿章又加急催调各地援军赶赴辽东，扼要驻扎，以遏日军进犯沈阳之路。在他的紧急调度下，宋庆、依克唐阿很快在辽阳东路构成了一道西起摩天岭，东至赛马集，长约一百五十里的新防线。

就在日本第一军突破鸭绿江防线的同一天，日军大将大山岩率领第二军在辽东半岛的花园口登陆。这是甲午战争的巨大转折点：先前华军即便在朝鲜陆地、海战中连续受挫，但只要本地防线不被突破，日军不大规模登陆作战，自身总还是安全的，现在则不一样了，本地战场已陷入危机，从一开始就朝着清廷最不愿看到的局面急转直下。

消息传至京城，朝野震动，群臣束手无策。翁同龢和李鸿藻往见恭亲王奕䜣，两人当着奕䜣的面痛哭流涕，希望这位懿亲元老能够拯救危局。

慈禧也坐不住了，1894年11月1日，她亲自出面召见亲王大臣，问众人计将安出。孙毓汶建议还是请各国进行调停，翁同龢表示反对，可他又拿不出任何办法。

在孙、翁辩论时，慈禧表面不动声色，但心里显然已经有了主意，随后当奕劻提议由奕䜣督办军务时，立即得到了慈禧的允准。次日，慈禧正式传下谕旨，成立督办军务处，派奕䜣督办军务，翁同龢、李鸿藻等人会同办理。

奕䜣复出后，主政作风平稳，也再没有过与慈禧唱反调的情况出现，先前在联俄之议上，两人就意见一致，此后总署讨论是否让英国调停，也是在慈禧、奕䜣的坚持下通过的。如今前线连吃败仗，形势越来越危急，调整军事指挥层势在必行，把军事指挥大权交给奕䜣，慈禧本人放心，帝党清流方面也没什么话好说。

当然，老谋深算的慈禧并不像帝党清流那样，天真到以为靠奕䜣就能立即给战争带来起色，她重用奕䜣和成立督办军务处的更深层用意，其实还是要如孙毓汶所建议的那样，通过继续请各国调停来与日本讲和，故而督办军务处既是指挥甲午战事的总机关，同时也担负着处理中外交涉的职能。奕䜣对此领会得很快，在授命督办军务的第二天，就约请英法德俄美五国公使在总署晤谈，请他们向本国政府发电，共同进行调停。

对于重请各国调停一事，以翁同龢为首的帝党从一开始就坚决反对，于公，帝党清流早已一体，都是主战派；于私，就帝后两党之争来说，只要是讲和，帝党就势必落于下风，让光绪完全掌握实权的目标也就难以实现。他们本来是幻想靠奕䜣来扭转战争局面，却不料奕䜣依旧与复出之初一样，不但"锐气"全消，而且还把屁股坐到了后党一侧，这让众人都大失所望。

光绪自己也明白此中的利害关系，但战争持续至今，随着前方军事败绩不断传来，他对己方究竟有多大军力终究也有点数了，至少已不可能再像最初那样头脑发热。处于这种战既不得，和亦不甘的困境之下，光绪的心情异常苦闷，他的性格中原本就有暴躁的一面，此时因心中不平而愈加难以控制，有时对亲王大臣也声色俱厉，大发脾气。

成立督办军务处也相应削弱了李鸿章的权限。其实自平壤战败后，李鸿章就已经开始失势，朝廷在派宋庆任北洋军务帮办不久，又应湖南巡抚吴大澂之请，委任其帮办李鸿章军务，吴大澂本系清流派，与宋庆相比，更有牵制李鸿章军权之意。

按照督办军务处的规定，"各路统兵大员均归节制，如有不遵号令者，即以军法从事"。李鸿章不但不是督办军务处的成员，而且作为"各路统兵大员"之一，也得归其节制。

好在慈禧、奕䜣对李鸿章毕竟还是倚重的，尤其奕䜣在以前主持总理衙门时，与李鸿章之间就有着密切的协作关系，对李鸿章很信任。现在奕䜣虽受命督办全国军务，但并未像翁同龢那样，有意为难或限制李鸿章，真正让李鸿章感到棘手且一筹莫展的，仍是前线军情。

绝　地

　　日军发动对辽东半岛的登陆战，目的是攻占旅顺。这是因为一者，李鸿章在旅顺经营达十六年之久，建有海陆炮台五十余座，大炮六十五门，它和威海卫堪称渤海之锁钥，二者与大沽口军港共同构成铁三角式防御体系，华军只要能够固守旅、威，相机出击，包括日军在内的外敌便都难以从海上威胁京津。二者，旅顺同时也是"存在舰队"战术的重要组成部分，旅顺、威海卫作为北洋海军的两大要塞，不仅为退入港内的北洋舰队提供加煤、维修及人员休整的服务，而且还与舰队形成了岸舰协同的防卫体系——两要塞的海岸炮台多为新式远射程加农炮，其中仅旅顺炮台就有三十一门，一打起仗来，威、旅炮火犹如两支舰队一般，若再加上北洋舰队的防守堵击，日舰根本难以靠近。

　　在日军登陆前，中方其实已得到了相关情报，但却无从实时掌握对方具体的登陆时间和地点。辽东半岛的海岸线较长，要严防日军登陆，就只能机动出击，而辽南却恰恰没有这样得力的部队。当地驻军中比较拿得出手的部队原先共有两支：一支是驻于旅顺的马玉昆部毅军，另一支是驻于大连的刘盛休部铭军。但这两支部队主力都已被调往九连城，填补真空的是增募的新勇以及外地援军，其作战和机动能力尚不及鸭绿江防守集团，鸭绿江那边尚不能抽出机动部队用于反偷渡，辽南这里就更不用说了。

　　至于北洋舰队，在移驻威海卫后，受伤各舰仍迟迟未能修复，加之士气严重受挫，面对联合舰队的严密监视，不能也不敢有击敌运兵船于航渡之中的想法。这样一来，"存在舰队"战术中反登陆作战的设想和准备也就都无从谈起，以致日军在未受阻碍的情况下即轻松登陆。

　　更为糟糕的是，辽南驻军各部也没有多少作战的主动性，日军成功登陆花园口后，一连十四天内，竟至无人问津，等到消息被证实，诸将又都惊惧起来。

　　甲午战争爆发前，中国国内已经经历了近三十年的相对和平期，陆军刀枪入库，马放南山，谋划打仗的意识逐渐淡泊，就算是不少老兵宿将，身上残存的虎气霸气也早已荡然无存。大连湾守将赵怀业即此中典型，此人乃铭军分统，早年也曾跟着刘铭传出生入死，如今则糊涂怯懦，一心只想着保命要紧。

以赵怀业为首，辽南诸将一个劲地请求李鸿章续调援兵。此时鸭绿江防线也正处于紧急状态，李鸿章哪里还有多余兵力可调，只得一面命令北洋舰队回驻旅顺，一面指示旅顺、大连守军，让他们在日军来路要口多埋地雷，此外只需各守营盘，不得轻易接仗。

诸将中倒也不是完全没有勇者。旅顺守将之一徐邦道考虑到，辽南重镇金州乃旅大的后路咽喉，金州失守，旅大难保，因此力主支援金州，以固旅大后路，然而他提出这一倡议后，却无人响应，徐邦道只好独自率部赴援。

1894年11月5日，日军第一师团向金州发动进攻。李鸿章当初在布局旅大时，其实就注意到了金州的重要性，为此曾主张在金州设立重兵，建筑炮台，但他手上经费有限，没有财力这么做，上报朝廷，朝臣们又都认为此举太浪费，毫无必要。由于未能重点设防，致使如今的金州既无足够的守军，也缺乏强固的防御设施，虽有徐邦道主动来援，兵力加起来也仅三千，面对日军一个师团的猛烈进攻，压力之大，可想而知。

眼看战事吃紧，徐邦道忙向大连的赵怀业求援，赵怀业明明拥有重兵，但却拒不相助，搬出的理由就是李鸿章指令中的"各守营盘"。在兵力单薄、缺乏强援的情况下，徐邦道等虽奋力抗击，终于还是抵挡不住，金州遂于次日失守。

日军袭据金州后，大连湾、旅顺口皆成绝地。已经回驻旅顺的丁汝昌情知不妙，在请示李鸿章并获准以保船为原则可便宜行事后，于金州失守的次日，率舰队在旅顺周围转了一圈，然后以一种凄凉绝望的心境撤离旅顺，仍旧避入威海基地。

旅顺位于黄海海域，北洋舰队自此次撤出开始，就再没能与黄海海域沾边，这无疑标志着"存在舰队"战术某种程度上的失败，军事评论家也因此认为日本海军似乎已取得了"黄海的绝对制海权"。

7日，日军乘势进攻大连湾，守将赵怀业还没等日军杀到面前，便已于前一天晚上率军逃往旅顺，于是，日军不费一枪一弹，即垂手占领大连湾。

金州、大连既失,旅顺前后受敌,形势危如累卵。当天正是慈禧的六旬大寿生日,她曾试图在过这个生日时避开战争,但终究还是躲不过,后来又盘算着要以前线的大胜来为自己"祝寿",结果却是接连的惨败和失地。

置身于如此境况之下,慈禧母子心情之黯淡,可想而知。翁同龢抓住机会,让光绪相信丁汝昌对日军登陆成功负有重大责任,正是由于丁汝昌所统带的北洋舰队未能阻止日军登陆,才会造成如今旅顺危急的局面。光绪大怒,立即下令革去丁汝昌的尚书衔,摘去顶戴,"戴罪图功,以观后效"。

转折点

帝党"拔丁"能够取得进展,一部分原因是李鸿章自身尚且难保,已无法再为爱将开脱;另一部分原因,则是奕䜣商请各国联合调停的交涉活动,并没有取得多大效果,面对强大的舆论压力,慈禧和后党也得寻找替罪羊,以向外界做出交代。

1894年11月9日,奕䜣受慈禧、光绪之命,特派总理衙门大臣张荫桓携带密函赴天津,与李鸿章商议救急之方。李鸿章根据其外交经验以及对日本行事风格的了解,推断日本政府眼下仍不愿意其他国家居中调停,同时各国又想法不一,因此由各国联合调停已不现实,只能考虑中日双方直接和谈。

如果由中方派遣大员往商,日方正当志得意满、气焰方盛之际,见状只会更加轻视中方,和谈也未必能够成功。李鸿章据此建议派自己的洋幕僚、天津海关税务司德璀琳出面代表中国,前往日本议和。

这是甲午中日开战后,李鸿章为达成中日和谈所出的第一策。该方案上报后,慈禧、光绪均表示同意,清廷随即授德璀琳以头品顶戴,派他带着李鸿章致伊藤博文的书信和照会,东渡日本。

德璀琳因在中法战争中协助李鸿章打开和谈局面而驰名,此人作为中国政府雇用的公务员,已在天津工作二十多年,且又认识伊藤博文幕府中的一个英国人，故而即便从清廷角度来看，也不失为赴日"洋使节"的不二人选。翁同龢虽然以不予过问的方式表示了消极态度，但连光绪都点了头，他自然也没办法加以阻拦。

在德璀琳动身前往日本前夕，日军开始向旅顺进犯。其时旅顺守军大多是招募不久的新勇，且分属赵怀业、徐邦道等七个统领，主要驻防于基地海岸炮台和后路炮台，除徐邦道作战较为积极主动外，赵怀业等人大多机械地执行李鸿章"各守营盘"的指令，一味待敌来攻，结果自然只能是被敌军各个击破。

11月21日，日军从旅顺后路发动总攻，经过激烈争夺，这一北洋海军的重要基地终陷敌手。宋庆本已亲率所部毅军及铭军回援旅顺，但远水难解近渴，及至日军总攻旅顺的前一天，宋部才赶到金州外围。次日，宋部向在金州的日军发起进攻，下午便得到了旅顺不守的消息，宋庆只得下令停止进攻，全军北上。

日军攻占旅顺后，一连四天对居民展开血腥屠杀，两万余居民最后仅剩下掩埋尸体的三十六人，此即骇人听闻的旅顺大屠杀。日军之暴行令举世为之震惊，西方报刊纷纷评论称"日本国为蒙文明皮肤，具野蛮筋骨之怪兽"。

随着旅顺失陷的消息传出，李鸿章愤不欲生，向朝廷自请处分。24日，光绪下诏指责李鸿章身为统帅，调度乖方，给其革职留任的处分，命其亲赴大沽、北塘前线巡阅布置。仅隔两天，光绪又发出上谕，以救援旅顺不力为由，将正在威海布置防务的丁汝昌正式革职。

按照相关学者的分析，旅顺陷落是帝后党争的一个重要转折点。在此之前，帝后两党虽在和战问题上一直意见不一，但尚未达到激化的程度；在此之后就不同了，双方都觉得对方已成为自己实现政治诉求的严重障碍，开始不惜公开撕破面皮进行压服，帝后党争变得空前激烈。

光绪处分李鸿章、丁汝昌，既是泄心中之愤，同时也是做给后党看的。对于军机处的态度亦是如此，光绪一直对由后党控制的军机处不满意，为了改变军机处的力量对比，他先令翁同龢、李鸿藻再入军机，接着又以额勒和布缺乏才具，张之万年纪过大为由，将二人逐出了军机处。帝党骨干文廷式等言官乘机上奏，指出孙毓汶、徐用仪的罪过比额勒和布、张之万还要大，请光绪外免李鸿章，内罢孙毓汶、徐用仪，让三人统统下台。

后党亦不甘示弱，慈禧公开出面为孙毓汶撑腰，说言官的相关弹劾奏章用语"狂妄怪诞"，并表示现在是战争紧张没办法，等到局势缓和，她一定要对此事进行整顿。

慈禧向帝党发出威胁的做法，不仅未达到压制言路的目的，反而引起言官的极大反感。以敢言著称的御史高燮曾上奏，指斥枢臣只知讨好媚上，以致扰敌国家大计，这实际上是已经把矛头指向了慈禧。慈禧阅奏后，大为光火，她满面怒容召见枢臣，欲对高燮进行严处，经翁同龢等人再三劝解，才放了高燮一马。

事情到了这个地步，慈禧对于帝党的活动已失去耐心，帝后矛盾一触即发。26日，慈禧在仪鸾殿召见枢府诸臣，趁光绪不在座之机，以光绪的妃子瑾妃、珍妃干预朝政为由，突然宣布将二妃降为贵人。在场的翁同龢连忙请求缓办，慈禧根本不答应。

在接下来的几天里，慈禧怒气未消，又先后下谕处决珍妃位下太监高万枝，对兼任瑾、珍二妃家庭教师的文廷式予以驳斥，并将瑾、珍二妃之兄、光绪派往热河招练兵勇的志锐撤还。明眼人都能看出，就像是高燮在上奏时，骂的是枢臣，刺的却是慈禧一样，这一连串操作也已不单单是打击一般的帝党成员，而分明是在针对光绪本人。

对于慈禧的处置，光绪不仅不敢公开抗争，还刻意装出一副泰然自若的样子，但此事却引起帝党和接近帝员官员更大的不平，帝后党争不仅没有停止，反而愈加激烈。

1894年12月4日，慈禧在仪鸾殿召见枢臣时，以志锐"举动荒唐"，命充乌里雅苏台参赞大臣，实则是以此名义将其贬出了京城，同时授命奕䜣为首席军机大臣，使其得以集政治、军事、外交大权于一身。奕䜣本为帝党所呼吁起用，没想到他却成了后党的一枚重要棋子，帝党妄费心力，却是搬起石头砸了自己的脚，而慈禧对于奕䜣的最新任命，也无疑相当于是在帝党的伤口上又撒了一把盐。

慈禧的另一举措是宣布撤销设于毓庆宫的满汉书房。毓庆宫的满汉书房是光绪与身边近臣也就是帝党骨干进行接触的重要渠道，慈禧此举用意很明显，就是要隔断光绪与近臣的联系，把光绪孤立起来。光绪对此心知肚明，此前无论是黜二妃、驳文廷式还是贬志锐，他都选择了默不作声，唯有撤书房一事，让他感到非同寻常，可能危胁到自己的地位，让自己沦为空头皇帝，因此他对慈禧十分不满，在召见枢臣时就不禁怒形于色。

至此，帝后关系已发展到了极为紧张的程度。光绪虽然愤懑不已，却又自知无力对抗慈禧，只得命奕䜣在谢皇太后恩时，请慈禧网开一面。慈禧见已达到了压服光绪、使其降心相从的目的，便顺水推舟地表示只撤去满文书房和西学授课，仍保留汉文书房，这样光绪仍可与翁同龢等近臣时常见面，也好歹给自己留下了一点面子。

亮　点

后党虽由慈禧发起，对帝党给予了重击，然而其主导的和谈也触了礁。受清廷委托，出使日本的德璀琳一行抵达神户，德璀琳上岸拜访了兵库县知事周布公平，说明讲和的来意，要求面见伊藤博文，并呈交了李鸿章的照会和书信。

周布公平立马报送外相陆奥宗光。陆奥宗光与首相伊藤博文商议后认为，现在还不是与中国停战的最佳时机，日本应再次扩大战果，占领东三省部分领土，以此逼迫清廷做出更大的让步。更何况，德璀琳是一名洋人，并非中国大员，中国政府派他前来，很可能只是为了打探虚实，从日本政府的角度来说，不能不防。

两人决定不见德璀琳，理由是李鸿章的照会并非国书，德璀琳也不符合交战国使者的资格，无法予以接待，中方政府必须另派更具资格的全权代表赴日谈判。德璀琳碰了壁，只得灰溜溜地返回中国复命。李鸿章希望通过洋员试探日本政府的条件，进而实现中日和谈的努力，至此宣告失败。

外交接触无果，战火又在东北大地上继续燃烧。在这片战场上，中方也并不是没有亮点，它的第一个亮点，是在李鸿章紧急调度下所建立的摩天岭防线。

宋庆部回援旅顺后，已特授直隶提督的聂士成与依克唐阿分统留守部队，利用摩天岭的险要地形，对由山县有朋指挥的日本第一军进行了顽强阻击。日军受挫退守草河口，聂士成、依克唐阿分兵两路，主动袭敌，对气焰嚣张的日军以沉重一击，所部士气因此大受鼓舞。接着，二人又继续采取机动灵活的运动战方式，使得日军驻、行均不得安宁。

面对聂士成等部坚守的摩天岭，日军难以越雷池一步，加上天气严寒，日军除战场上伤亡外，冻伤也很严重，这使得第一军直接打开辽阳东路通道，进逼沈阳的预期目标已经难以实现。日军大本营指令第一军退至九连城过冬，但山县有朋眼红第二军攻占了旅顺口，出于邀功心切，便不顾大本营指令，决定改弦更张，冒险进攻海城，以图从辽阳南路打开通道。

大本营对山县有朋的擅作主张十分不满，本拟直接撤销其第一军司令官的职务，因为担心公开撤职会过分刺激到他，导致他产生切腹自杀"以保持武人面子"的念头，于是便以"养病"为名，由天皇下谕将山县有朋召回国内，其职务由第五师团长野津道贯接任。

虽然更换了主帅，但并没有影响第一军进攻海城。海城地处交通要冲，北控辽阳、沈阳，南达大连湾、旅顺口，为"辽沈之门户，海疆之咽喉"，战略地位十分重要，然而此处也像辽南的金州一样，驻兵少得可怜，第一军仅出动了第三师团的六千余骑步兵、二十多门大炮，就将海城一举拿下。

海城陷敌，危及辽沈，李鸿章深知战局的严重性，一天之内，连发五封电报，调度前线各路兵马，对海城发起反攻。1894年11月19日，宋庆统率所部与日军第三师团在海城附近的感王寨（也称缸瓦寨）发生激战。这是中日两军自甲午开仗以来少有的一次鏖战，宋庆自感对鸭绿江防线失守负有责任，力图将功补过，这位已经七十五岁高龄的"白发将军"在战斗中亲临前敌，督师苦战。在宋庆的指挥和感召下，所部打得异常英勇顽强，连日军随军记者也承认，华军表现出了"从来没有的勇敢行为"。

日军军事条令中有一条规定，步兵在进入一百五十米的距离范围内，才能进行刺刀冲锋，但看到华军不断猛烈射击，其阵地久攻不下，日军指挥官情急之下，竟然违反规定，强令士兵在四百米的距离内就发起冲锋，凭借这样不顾一切的打法，这才得以占领感王寨，迫使宋庆率部退往田台庄。是役，中日直接参战的兵力相差不大，日军伤亡约四百人，华军伤亡约五百人，对中方而言这已经是一个相对比较好看的战损比了。

感王寨之战后，李鸿章继续调集兵力反攻海城。当时很多部队都是从各个战场上败退下来的，李鸿章不以胜败论英雄，赏勇罚怯，对虽然也是败退，但作战奋勇的将领如徐邦道等予以肯定，对临阵退缩的怕死之辈如赵怀业等则予以处分。在此过程中，李鸿章甚至不惜打破了各作战集团之间的门户之见，刘盛休是铭军总统领，也就是淮军主将，但督率无方，战绩很差，李鸿章下令撤职，其军由宋庆手下大将姜桂题接统。

李鸿章的做法，对于前线部队尤其是败将起到了很大的鞭策和激励作用。一批败将重新抖擞精神，奋勇效命，从旅顺败退的徐邦道、张光前各率由溃勇组成的拱卫军、新庆军，开赴前敌，辖于宋庆帐下。宋庆亲率毅军，与姜桂题所率铭军、河南嵩武军等部，在牛庄、田庄台、营口一带驻起防线；为阻止日军第一、二军会师作战，命张光前部新庆军与山东嵩武军通力配合，驻守盖平；令徐邦道部拱卫军作为战略预备队，驻扎于盖平西北，兼顾盖平、营口两地。

三路部队呈三足鼎立之势，他们相互配合，不失时机地袭扰日军，阻断日军的军粮供应通道，将第三师团围困在了海城。孤悬海城的第三师团长桂太郎生怕被华军聚歼，多次向日军大本营发出求救信号。12月21日，日军大本营为了使第三师团摆脱孤立无援的困境，下令第二军至少派出一个旅团前去盖平解围。

恶　战

东北战场虽在李鸿章的调度下，暂时进入相持阶段，但仍危机重重，光绪对李鸿章的军事指挥也依旧非常不满。27日，光绪任命南洋大臣刘坤一为钦差大臣，节制关内外各军，原先任北洋军务帮办的宋庆、吴大澂也转而奉命帮办刘坤一军务。

刘坤一是湘军宿将，他治下的南洋也早已成为湘军重镇，"以湘代淮"，"倒淮用湘"乃是帝党的既定目标。至于帝党方面，慈禧最擅长的就是利用

"湘淮互制"来达到权力制衡,从而坐收渔利,自然也不会横加阻拦。事实上,如今慈禧更期待李鸿章的,也已不是战场能否翻盘取胜,而是要利用他在对洋务和外交的熟知,来达成早日议和的目的,这和慈禧重用奕䜣是一样的,此即所谓内依奕䜣,外靠李鸿章。

值得玩味的是,或许是因为冬季已至,日军进兵困难,且第三师团又被困海城,日本政府突然改变了战略部署,开始向清廷诱降,日本报纸公开刊登的和议条件是:如果要停战,中国就得赔偿军费四亿两,并将目前日本所占领的地方割让给日本管辖,如果不答应这些条件,将来中国人要议和,除了增加赔偿军费外,还必须以北京和某一个通商口岸作为抵押。

先前李鸿章定计派德璀琳出使日本,虽系由慈禧做主,但也经过了光绪的同意,此后经过慈禧几个回合的猛烈打压,光绪更不敢有从"太上皇"手中收揽大权,完全凭自己的意愿来权衡和战的想法了。即便预料朝臣特别是帝党清流会极力阻挠,光绪亦只能弃之不顾。

日本政府虽然将德璀琳拒之门外,但并未完全堵死清廷的求和之路。由于战争开始后,清廷已不能和日本政府直接通信,便只能通过外国公使进行沟通,此时美国正应总署之请,继英国之后,对中日战争进行调停,于是就由美国驻日公使谭恩、美国驻华公使田贝充当中介,为双方传递信息。日方经美国公使传到总署手里的,主要是一份份表明态度的备忘录,恭亲王奕䜣依旧按照从前主持总署的模式,将这些资料转给李鸿章,听取他的意见。

李鸿章经过研判,认定若再不正式遣使日本,和谈将难以启动,但是又怕派员赴日,会受到日方要挟,因此致函奕䜣,建议委派大员作为谈判代表,并以烟台或上海作为议和地点。

这是李鸿章继派洋员赴日后,为实现中日和谈,替清廷出的第二策。清廷采纳了他的建议,随之通过美国驻华公使田贝转电日本,提出在上海议和,然而日方立即予以强硬拒绝——要谈可以,地点必须由我们来定!

日本政府选定的议和地点是广岛,系日军军部和大本营所在地。清廷虽不情愿,但胳膊拧不过大腿,也只能表示同意,光绪皇帝和慈禧在征询李鸿章意见后，决定正式派户部侍郎张荫桓、署湖南巡抚邵友濂为代表，赴广岛议和。

帝党清流闻讯，自然反响强烈。有"铁汉御史"之称的安维峻上疏，"请杀李鸿章"，并痛斥朝廷派张荫桓、邵友濂赴日之举，"不是议和，就是投降，不但误国，而且卖国"。除此之外，安维峻还假托市井之言，一针见血地指出慈禧就是和议的主谋，又指责慈禧虽然已经归政，但实际仍遇事牵制，如此，"将何以上对祖宗，下对天下臣民？"

此言一出，可谓石破天惊，别人还没怎么的，倒先把光绪给吓坏了。他深怕慈禧以此为由整治自己，赶紧下令将安维峻交刑部问罪，经翁同龢说情，才予以从轻发落，革职谪戍张家口。

安维峻一折在当时引起极大震动，是帝后党争达到高潮的一个重要标志，安维峻本人也因此在朝野声誉鹊起，乃至"正直之声震动中外，人们多以他为荣"。然而安维峻获谴，又说明帝党清流仅凭舆论的力量，无法动摇慈禧的地位，自然也无法达到"易李""倒李"的目的。

张荫桓、邵友濂赴日一事，未受到丝毫影响，但这边使团尚未动身出发，那边东北的战鼓已经再度擂响。1895年1月10日拂晓，由日本第二军派出的混成旅团，在第一旅团长乃木希典的指挥下，按照大本营的命令，兵分三路，向盖平发起进攻。

盖平城位处辽南平原，蕞尔小城，无险可守，只有一个大清河可用于隔河阻敌。与日军相比，盖平守军的阵容也并不雄壮，两支部队均为淮军，张光前部新庆军本是旅顺溃勇，从山东调来增援的嵩武军虽是生力军，但也仅有八营人马，而且这八营中还有两营是招募的新兵，不过各部在战斗中都极为英勇顽强，损失也都较大，其中仅嵩武军就阵亡了分统、营、哨官十余人。

嵩武军统领章高元曾征战台湾，并奉刘铭传之命，往援沪尾（今淡水），激战基隆，有与日军作战的经验。战前，他下令在已经冰封的大清河上再次泼水筑冰，使得冰面更加斜滑不平，从正面进攻的日军步兵连连跌倒在冰面上，进攻因此受挫。然而日军却从新庆军防御的凤凰山一侧取得了突破，随后便沿盖平南门城墙缺口入城，绕至嵩武军背后，令其陷入了腹背受敌的窘境。千钧一发之际，幸亏作为战略预备队的徐邦道率拱卫军三营及时赶到，方解燃眉之急。

章高元、徐邦道皆为第二代淮将中的后起之秀，有军中有"骁将"之称，二人身先士卒，"恃勇血战"，率两路部队合力发起反击，杀得日军死伤累累，心胆俱裂，有的士兵更是转身就逃向对岸。

日军指挥官乃木希典后来被日本人封为"军神"，是个打仗爱使蛮力的主，看到所部向后溃逃，不惜亲自持刀督战，驱赶士兵过河。此时，已攻入盖平城中的日军也开始从城楼上居高临下，对嵩武军、拱卫军实施炮击，两部被日军夹击于中间，渐渐抵挡不住，被迫双双向营口方面撤退，盖平终告失守。

日军在盖平之役中死伤了三百三十四人，伤亡数虽不及感王寨之战，但对日军打击之大，却也是甲午战争以来所少见的。战斗中，连乃木希典都差点被打死，他的大衣被三颗子弹打穿，其副官坐骑被击毙，副官本人也负了枪伤，其激烈程度可想而知，故而日军将此战评论为"中日战争中第一恶战"。

盖平失守后，第三师团被围的危险状态基本得到解除，同时也打通了第一军与第二军的联系通道，反过来，驻于辽河下游营口、田家庄等地的华军不但难以收复海城，自身还受到日军的严重威胁，辽阳南路战场由此陷入危局。

威海卫

旅顺沦陷后，鉴于辽东半岛气温较低，沿岸冰雪封冻，由渤海湾登陆已经变得十分困难，日军大本营再次调整作战计划，决定将第二军第二师团和国内的第六师团合编成"山东作战军"，由大山岩指挥，在联合舰队的配合下登陆山东半岛，目标是攻占威海卫，彻底消灭北洋海军。

联合舰队司令官伊东佑亨接到命令后，在原有情报基础上，再次派人前往山东半岛东端进行侦察，以寻找合适的登陆地点。威海卫东面四十海里处，有一个海湾名为荣成湾，他们发现此处是冬季极佳的登陆点：湾口宽阔，能避开猛烈的西北风；湾为泥底，便于舰船停泊抛锚；沿岸丘陵起伏，适于掩护陆军上岸。

伊东佑亨立即与大山岩会商，就此确定了在荣成湾登陆的方案，并得到了大本营的批准。

日军在荣成湾一带的频繁侦察，引起了清廷的警惕，1895年1月中旬，清廷连续电令李鸿章和山东巡抚，要求加强威海卫的防御力量，特别是注意后路的防守。

清廷在对日作战思路上，存在着重京畿、辽沈而轻山东的问题。即便在高喊要加强威海卫防卫的同时，清廷陆续从各省抽调的兵力，也多准备用于入京拱卫京畿，而山东部队则被抽调用于辽东，如参加辽南盖平之战的章高元部嵩武军等，便是从山东调走的精锐部队，战后也没有调回。这使得相比于辽东半岛，部署在山东半岛的陆上部队原本就偏弱，威海部队数量也不多。

由于多年经营海防的缘故，李鸿章一直以来都不敢忽视山东，也早就将防御重点集中于威海基地，但李鸿章身为直隶总督，除了山东沿海口岸的淮军外，并不能直接指挥山东省的军队，也无法调动和使用山东省内的资源，后者必须依赖于山东巡抚的协助和支持。

甲午战争刚刚爆发时，山东巡抚是福润。福润虽为旗人，但为人比较务实，与李鸿章之间也没有畛域派系的隔阂，在扩军备战方面，两人配合默契，先后募集数十营新军，用于加强威海、登州、烟台一带的防御。

然而，正当威海筹防进行得如火如荼之际，清廷却突然下令将福润调往安徽，由原本要调往安徽任巡抚的李秉衡接任其空缺。

李秉衡乃谅山大捷的功臣之一，曾被舆论拿来与冯子材相提并论，从朝野派系上说，他又属于接近帝党的所谓清流派大员。李秉衡与翁同龢关系密切，翁同龢对其评价也极高，甚至夸赞他是"良吏""伟人"。那段时间，虽然尚未有平壤之败，但帝党清流已经掀起"拔丁""易李"风潮，因此此次人事调动，有人猜测是帝党对李鸿章的掣肘，而李秉衡赴鲁后的所作所为，也确实为外界这种猜测提供了某种佐证。

福润和李鸿章判断日军可能登陆的地带一共有两个：一个是往烟台方

向的威海西翼，另一个就是往荣成方向的威海东翼。两翼均属山东省防区，福润离职时，尚未进入冬季，当时觉得日军从威海右翼登陆的可能性更大，福润于是便派军驻扎于此处，等到他突然被调往安徽，再未来得及对威海东翼进行防御布置。

李秉衡到任时，正值秋季，冬季即将来临，但他在对胶东沿海巡视后，却对威海东翼的设防事宜置若罔闻，不仅没有派兵前往，反而让威海陆军守将戴宗骞从威海抽调兵力，布置在他所驻的烟台方向。

当时的威海在行政区划上属山东省文登县管辖，然而就海防体系而言，在威海卫布防的海陆驻军又都归李鸿章指挥，其中陆军为防守炮台的戴宗骞部绥军、刘超佩部巩军以及防守刘公岛的张文宣部护军，三部一共也只有几千人，防守炮台尚且不足，遑论外调。李鸿章得知后，命令威海守军专守威海，不能拔营，戴宗骞遂未调兵。

李秉衡对此极为不快，自此不仅任由威海东翼空无一兵，还以"防威海后路"为名，令山东省驻威海西翼的军队西撤。本来防守威海侧翼的军队应靠威海近些才好，他这么一移动，军队离威海就远了，离烟台倒近了，与其说是防守威海后路，倒不如说是担负起了烟台的外围防务更好，因为一旦有警，这些军队可很快向烟台收缩。

在得到日军对荣成湾一带进行侦察的情报，朝廷也提醒要加强威海后路防卫后，李秉衡不得不顺势做一番部署威海东翼防务的表面文章，从烟台周边的军队中调拨了五营河防军前往荣成。

看似增派了驻军，但所谓河防军，名为"军"，实则是修河的民夫。山东经常发生黄河决堤事件，为预防黄河泛滥，省府将黄河沿岸民夫按照军队营制进行编组，一遇水警，民夫们便被集合起来，赶赴大堤，挖土修河，无事时则各自散去，各安营生。

河防军的民夫没有经过任何军事训练，同时每营的人数也不足，正常军制每营至少为五百人，河防军只有三百余人。武器装备更是低劣，每营只有一支鸟枪或抬枪，其余全是冷兵器，山东军火库里储存着大量军械，但李秉衡却舍不得拿出来武装河防军。

登　陆

　　在李秉衡看来，威海卫和北洋海军，只不过是李鸿章的地盘及其势力，山东省的兵力要保卫山东，而不是仅仅用来保卫李鸿章的海军基地，自始至终，他都没有任何派重兵帮助充实威海防务的计划。

　　山东半岛的海岸线和辽东半岛一样绵长，威海陆军兵力既少又弱，却要守卫威海后路东南至荣成、西至登州共五百里之遥的海岸防线。至于北洋舰队，到了这个时候，依然未能恢复元气，在黄海海战中受损的军舰迟迟都无法完全修复，其中"定远""镇远"拔锚都需花不少时间，起航后也只能勉强行驶，"来远"只修好了一半，这样算起来，总共只有五六艘军舰可以出海。

　　正所谓屋漏偏逢连夜雨，北洋舰队在自登州海面巡弋返回威海时，适逢海水落潮，"镇远"为了躲避水雷浮标，误触礁石，自舰后至机器舱都裂开了大口子。由于旅顺已经陷落，"镇远"无法到旅顺修补，只好由江南制造总局从上海派来六名洋技师，在威海勉强修补。修补后的"镇远"航速锐减至七节，行驶迟缓，加上畏惧风浪，从此无法再担负出海作战的任务，北洋舰队的实力因此遭到进一步削弱。"镇远"管带林泰曾自认失职，服药自杀，使得整个舰队的气氛更加沉闷压抑。

　　在这种情况下，北洋舰队想要迅速重振，乃至再次出海与敌大战，就必须等新购快船到来。奈何李鸿章向英、德两国紧急订购的两艘小快船均被其政府所阻，向智利等南美国家订购的舰船，又因质量不符要求，难以定议。怎么办？李鸿章仍只能采取"存在舰队"的战术，他向威海守军下达了海陆协防命令，实际也是作战预案，即：有警时，北洋舰队应出港，在炮台火力范围内与炮台合力迎敌，但不得远出大洋"浪战"；陆上守军应固守大小炮台，以配合舰队作战以及保障舰队安全为第一要务。

　　那段时间，北洋水师提督丁汝昌和他的顶头上司一样度日如年。自率北洋舰队由旅顺返回威海后，丁汝昌不仅被正式革职，帝党清流还进行第二次"拔丁"，串联了六十多人，请旨将他锁拿进京，交刑部治罪。得知这一消息，戴宗骞联合刘步蟾等威海的海陆军众将，联合致电朝廷，要求留用丁汝昌。光绪担心威海前线军心不稳，这才不得不做出妥协，下发新的上谕，表示先等丁汝昌办完手上的事情后，再将其解送刑部，相当于默认丁汝昌可继续留任水师提督。

丁汝昌在黄海海战中已经受了重伤，回师旅顺后，伤病变得更为严重，一度不得不向李鸿章申请休假疗伤，由刘步蟾担任代理提督，替自己掌握北洋舰队。尽管健康状况不佳，又承受着朝廷和舆论的重压，但丁汝昌仍积极备战，不稍松懈，由于身处前沿，他对"水陆相依"的敏感性更甚，他最担心的不是自己的海军，而是陆路防卫力量过于薄弱，难敷战时所需。

威海炮台以南北岸区分，分为南帮炮台群和北帮炮台群。以南岸的南帮炮台群为例，按照布防计划，此处所有炮台均由巩军防守，另外，扼立于刘公岛和南帮炮台之间的日岛，也归巩军防御。然而驻守威海的巩军兵力总共也仅有六营，不足三千人，以此兵力，既要守卫海岸炮台，又得依托陆地炮台，密切防御陆地来路，光是平时昼夜分班警卫，都不够安排，到了战时，基本可以断定无法应敌。

想到如果日军从后路抄袭，陆路炮台为敌所占，届时海军必危，丁汝昌忧心如焚，然而尽管他多次要求李秉衡添加后路兵力，加强陆路防守，但问题始终难以得到很好的解决。丁汝昌对此既悲且叹，无可奈何，只能表示如果真的到了后路不守的那一天，北洋舰队"唯有誓死拼战，船沉人尽而已"。

1895年1月18日晨，日本联合舰队出动"吉野""浪速""秋津洲"，在登州海面巡弋，并对岸上实施猛烈炮击，给人一种日军似乎准备进攻登州的印象。这当然只是日军的一种惯用伎俩，为的是转移华军注意力，掩护日本陆军在荣成湾登陆。

毫无疑问，北洋舰队对日军仍然保持着一定的威慑力，以至于联合舰队在声东击西的时候，也没有忘记把"高千穗"开到威海卫港外进行监视。20日，日军运兵船和护航军舰抵达荣成湾，在龙须岛实施登陆。联合舰队司令官伊东佑亨又命令联合舰队本队、第一、二游击队以及所有鱼雷艇，全部驶往威海卫港外，对北洋舰队进行监视，只留下第三、四游击队在荣成湾负责登陆掩护。

日军先头部队登陆后，毫无战斗力的河防军被一击即溃，日军轻易便占领了荣成县城，并在城内设立了临时司令部。接着，日军开始搭建舟桥，组织陆军登陆，21日，第一批一万四千余陆军得以全部上岸。

匪夷所思

日军登陆荣成湾如此顺利，使得中方完全没有了逐敌入海的时间和机会，同时南帮炮台也瞬间成为威海外围的最后一道防线，威海形势立刻为之吃紧。获悉防守南帮炮台的巩军已前往荣成救急，李鸿章急令其快速撤回，以加强自家的南帮炮台防务，同时命防守北帮炮台群的戴宗骞从其绥军中抽调数营，在荣成通往南帮的道路上，依托山路左右的地利阻敌。北洋舰队也得到李鸿章的指示，各舰船须分布于威海湾东西入口，随时准备抵御来自敌方舰队的攻击，戴宗骞抽兵，北帮防务上就留下了空缺，李鸿章让戴宗骞与山东巡抚李秉衡协商，希望由李秉衡派军队帮助协守。

此时李秉衡手里倒是恰好有了大把的机动兵力，后者主要是准备拱卫京畿，正在行军途中的各省军队，至少含马步十五营，朝廷已同意李秉衡可将他们截留于山东境内用于防御。甚至如果觉得各省军队新来乍到，不熟悉当地地形民情，李秉衡还可以将其与驻扎于烟台、登州一带的嵩武军等精锐武装置换，当地的嵩武军一样也可以增援威海。然而这两种方案李秉衡都没有采纳，究其原因，一方面是因为李秉衡尚未弄清日军登陆的真正用意，而日舰又连日出现在登州、烟台一带海面，它们通过不断逡巡和施放空炮，制造出登陆假象，使李秉衡认为组织兵力在登州、烟台反登陆，也是他目前急切要做的。另一方面则依然还是门户之见作祟，对于出力帮助威海守军，李秉衡打心眼里就不情愿，觉得山东的防守兵力没必要为了北洋的海军基地而白白损失。

当然，身为山东巡抚，李秉衡对于日军登陆荣成湾一事，也不能不予以正视，只不过仅限于保卫或收复荣成县城，而且他还不情愿下本。除威海守军以外，距威海最近的山东部队是布防于威海西翼的孙万龄部嵩武军，李秉衡向荣成方向抽调的援军，主要就只有这一支，威海守军本就严重不足，他还打起了威海守军的主意，急电戴宗骞，提议在荣成合力夹击日军。

李秉衡既指望使用绥军，又不肯如李鸿章所设想的那样，另外派兵填补北帮炮台的防守真空，可是为了让戴宗骞能够接受合击计划，他却又信誓旦旦地向戴宗骞表示，将调集七营精锐军队前来威海支援。

作为条件之一，李秉衡又向戴宗骞借拨十万余发步枪子弹，要求运送给河防军使用。乍一看，似乎李秉衡的要求并没什么问题，细细一分析，却是漏洞百出。首先，山东省的兵力原来虽显不足，但弹药储备颇丰，绝不至于求援于威海；其次，河防军只是一支凑数的部队，一共五营，每营才一杆火器，给他们弄去十万发子弹，等于是每杆火器可配发两万发子弹，堪称荒唐。有人推测，李秉衡做出如此匪夷所思的举动，最大的可能是为荣成溃退找借口——明知你威海不肯借拨这么多弹药，一旦拒绝，就可以说不是我在荣成配置的兵力不行，是威海方面不肯就近援助。

令李秉衡想不到的是，戴宗骞竟然不假思索地如数照拨，一点折扣都没打，大概是他以为李秉衡既然已答应增援"七营精兵"，顺带再给北帮补充更多的武器弹药不过是一句话的事，所以能慷慨就慷慨了。

戴宗骞的出道经历有点类似于早期的湘军将领，他原先是个秀才，乡试不中后弃文从武，由李鸿章的幕僚起步，直至成为淮将。此人性格憨直，因为读过点书，身上又有点书生气，自然不是李秉衡这样官场"老油条"的对手，他对李秉衡的话信以为真，一口气就从炮台抽出三营绥军，把相当于北帮守军一半的兵力给拨了出去。

确认戴宗骞已经同意拨兵，李秉衡在给孙万龄的电令中，特别加注了一句话，"合戴统领（戴宗骞）步步驰应。"言下之意就是暗示孙部行动不要过于迅速，也不要独立与敌作战，只需跟在威海绥军之后前进即可。

孙万龄部嵩武军出发不久，即遇到了与从荣成县败退的河防军以及由戴宗骞所派出、由营官刘树德率领的三营绥军。三部合兵一处，戴宗骞借拨的子弹也移交给了河防军，大队人马继续向荣成方向进发，由于大雪纷飞，道路崎岖难行，加之绥军还拖曳着行营炮（陆军随行火炮），使得行军极为艰难，速度也极为迟缓。1895年1月23日，各部才陆续抵达桥头集。

就在前线部队到达桥头集的前一天，戴宗骞傻了眼，李秉衡突然通知他，除孙万龄部外，山东部队全部停止增援威海。这其中当然也包括原先承诺的"七营精兵"，理由是：防止日军在烟台登陆，保卫烟台就是保卫威海！

进退维谷

日军已经登陆荣成湾整整两天，由于滩多水浅，军舰不能靠岸，运兵及辎重上岸均靠驳力，两天里上岸的部队和辎重源源不断，其主攻方向已经相当明了，就是奔着威海去的。这种时候，你还跟我说要集中兵力在烟台阻止日军登陆？戴宗骞被郁闷坏了，但事到如今，又有苦难言，毕竟抽出去的部队和借出来的军火都不可能马上送回来。

戴宗骞急于解救荣成危机，又轻信李秉衡之言，结果反而拖累了整个威海防务。威海的另一个陆军将领、巩军统领刘超佩，则与戴宗骞相反，戴宗骞是过于老实，他是过于滑头。

刘超佩出身行伍，随淮军镇压太平军和捻军，由军功而升至高级军官，而到了和平年代，舒服日子过惯了，他便和大连湾守将赵怀业成为一个类型，即开始变得精神萎靡、毫无斗志。在旅顺失陷前后，刘超佩已经心怀怯意，因为对炮台布置不力，曾受到李鸿章的严责，之后仍无改观，在南帮炮台已成最后防线的时候，他考虑的不是该如何守住炮台，而是以赴荣成救急的名义，带着兵出去虚应故事了。

行至中途，刘超佩就听闻荣成已经失守，想到自己的炮台无兵把守，这才觉得情况不对，赶紧又折回了南帮防御线。回来以后，他发现所部弹药不足，平均每支步枪只有四百余颗子弹，装备于南帮炮台以及巩军自用的行营炮炮弹，总共也不过一百二十发，便向李鸿章做了报告，请予调拨。

李鸿章不听犹可，一听大为震怒，当即给了刘超佩一阵劈头盖脸的痛骂：军情如火，为什么现在才报告弹药不足，早干什么去了？显见得你对炮台防务毫无筹划，就想着混不下去了好溜走，真是可恨之极！你想一走了之是不是？告诉你，只有死守炮台一条路，此外没有任何退路，"如不战，轻弃炮台，即军法从事！"

戴宗骞头脑简单，搞不清地域派系之间的区别和争斗，李鸿章则门清得很，他心里早已明白，到了这个时候，山东省不会向威海的淮系军队提供任何后勤援助，而只会看他和淮军的笑话。如果刘超佩早一点请求调拨军火，他还可以通过海军从外省调运，但是眼下威海、烟台一带海面已经被联合舰队封锁，等于威海守军的弹药补给线被完全掐断了。

无计可施之下，李鸿章电询戴宗骞，问能否从绥军中匀拨一些弹药给巩军使用。戴宗骞哪敢说出自己向河防军借拨步枪子弹的实情，只好答复称，绥军的弹药情况和巩军相近，无法匀分。

两个保障舰队的炮台群居然都是如此状况，李鸿章既惊又气，同时又徒呼奈何。其实威海陆军所暴露出来的问题，在当时的国内陆军中很普遍，这也是在已经装备洋枪洋炮，却未建立相应的近代军事编制和后勤系统的必然结果。

威海驻军四面楚歌，李鸿章自己在朝野的处境也极为糟糕。此时，作为和谈代表的张荫桓、邵友濂已经出发赴日，在舆论的反对声中，朝野的"易李"暗潮又再度涌动。帝党清流之所以要推出刘坤一，一方面旨在直接削弱李鸿章的权力，推动"易李"取得新进展；另一方面，也都把转败为胜的希望寄托在刘坤一身上，期盼他在主持军事后，能使战场出现较大起色。按照中国自古以来最传统的"忠奸模式"，清流早就把李鸿章划到了"奸臣"一类，众人担心李鸿章这个"大奸臣"在仍担任北洋大臣、直隶总督的情况下，会继续控制淮军和北洋海军，对战事不利，故而抓住他不放。

那段时间，帝党和言官们的舆论重点，都是要求李鸿章真正交出军事指挥权，特别是北洋海军的指挥权，以便让"忠臣"刘坤一等人统一指挥水陆各军和后勤事务。在慈禧及后党的限制下，光绪对这些言论不可能全然采纳，但也不会一点都不受影响。1895年1月23日，也即威海前线部队抵达桥头集的当天，光绪命云贵总督王文韶充帮办北洋军务大臣，此举显然有着进一步分割李鸿章权力的用意，李鸿章在全局中的作用变得更为黯然。

王文韶人称"琉璃球"，向来老谋深算、处事圆滑，即便上任，也不会和李鸿章有多大冲突，然而李鸿章仍然受到了很大触动。李鸿章的女婿张佩纶很能理解岳父的困境和心情，就在朝廷任命王文韶的次日，他在日记中写道："皇上对合肥（李鸿章）疑心很重，处此地位，真的是进退维谷。"

李鸿章望眼欲穿，比以往任何时候都更盼望收到捷报，哪怕是一场"小捷"，仿佛是老天也看不下去了，前方终于送来了捷报，而且还真的是"小捷"，这就是石家河遭遇战。

此战就发生在孙万龄部嵩武军、刘澍德部绥军、河防军驻扎的桥头集。桥头集是一座村庄，它的附近有一条石家河，乃荣成通往威海路上的一大天然障碍。石家河流经桥头集的河段，建有一座古桥，是为荣成与威海之间的必经咽喉要道，桥头集即因村庄位于古桥桥头而得名。

时值寒冬，河面已经完全冻结，古桥已失去其价值，人马踏着冰面就可以自由来去。24日，当嵩武军正在构筑桥头集防御工事时，一支负责前哨侦察任务的日军骑兵队前进至石家河对岸。嵩武军总兵孙万龄个子不高，人很敦实，绰号"孙滚子"，是位骁勇善战的将领，他趁敌立足未稳，主动向日军骑兵队发起猛击，又在对方败退后，率部踏冰过河，以图扩大战果。

追着追着，日军骑兵不见了，眼前却出现了大批日军的主力部队，而且如同"黑色潮水"一般，越来越多，远远超出了嵩武军人数。孙万龄大吃一惊，赶紧下令撤退，日军反过来对嵩武军紧追不舍，不过由于突降大雪，至日暮不得不停止了追击，双方又都重新退回到了彼此的出发阵地。

岌岌可危

在石家河遭遇战中，是嵩武军先追击日军，而且日军还有小的伤亡，因而中方将战斗结果判定为"小捷"。李鸿章闻报后，稍稍松了口气，认为"初战获胜，稍壮士气"。

实际上，此时整个战场形势都已经发生倾斜，由于李秉衡未调动重兵进行反击，日军自占领荣成县后，便毫无阻遏地组织登陆，每天都有一万左右的陆军上岸，经过三天时间的操作，截至遭遇战的前一天，"山东作战军"两个师团三万四千六百人，三千八百匹战马，已全部登陆完毕。

孙万龄等三部共计只有三千余人，别说他们，就算把部署在威海卫及附近地区的华军全部加起来，一共也只有两万一千人，不足日军的三分之二，且兵力十分分散，号令也不统一。在敌我力量对比上，日军已占有极为明显的优势。

25日，在兵站、粮库等后勤补给机构也已设置完成的情况下，"山东作战军"司令官大山岩下令将所部分成两个纵队：右纵队主要即第六师团，沿荣成至威海的大道前进；左纵队主要即第二师团，沿南路也即桥头集路线开进。

第二天是中国的农历大年初一，日军两纵队主力从荣成开拔，向威海齐头并进。沿南路开拔的左纵队向桥头集的孙万龄等三部发起攻击，战斗场面是：开始时，绥军使用行营炮急速射击，在炮火掩护下，河防军发起冲锋，嵩武军则纷纷开火射击，看似声势颇大，然而只要稍一接战，步兵便立刻溃退，不单是河防军，嵩武军、绥军亦是如此，行营炮也随之变得哑然无声。

与清流士大夫们的想象不同，由于当时中国的整个军事体系都尚处于前现代时期，作为军队现代化的先驱，北洋海军其实是唯一一支与世界接轨的精英部队，反而陆军与时代发展步伐差得太远，虽然很多已装备了近代化的武器，但实际上仍然全都属于中世纪的军队，适合的也还是中世纪战争模式。在宋庆等有经验的老将统领下，陆军精锐部队尚能与对方应付两下，像孙万龄部嵩武军、绥军、河防军这一类的二三流部队，就完全不在一个层面上了。尽管孙万龄等前敌将领未尝不试图积极抵御和阻截，但现实残酷，所部不与日军接仗还好，稍一接仗，便一触即溃、一哄而散，"全线畏缩"。至27日，华军已溃败至不可收拾的程度，李鸿章沿路阻敌的计划也随之化为泡影。

随着日军的逐渐深入，威海卫南帮炮台群开始岌岌可危。南帮炮台群的防务设施主要就是海岸和陆地炮台：海岸炮台建设时间早，规模也大，共有赵北嘴、鹿角嘴、龙庙嘴三座大炮台，均装备大口径克虏伯要塞炮；相比之下，陆地炮台因为修建时间晚，无论规模还是装备的火炮威力，都不如海岸炮台。

海岸炮台在设计上有一个明显缺陷，即所有炮台都是修筑在海边的山群高处，炮口全部对着海面，炮台的后路则在后山坡低处，难以防御，敌人若从后路抄袭，很容易得手。为了弥补这一缺陷，就在甲午战争爆发前后，威海守军又沿海岸炮台的后路修筑了一条"长墙"。所谓长墙，也就是步兵射击时赖以为掩体的胸墙，胸墙外沿墙挖有壕沟，壕沟外再埋设地雷，以防御敌人的进攻。

在修筑长墙时，由于龙庙嘴炮台的位置较之其他两座炮台更加突出，距离过远，因此没有被保护在长墙、壕沟、地雷的防御体系之内。旅顺失守后，丁汝昌对此表示担忧，认为如果敌人攻击南帮炮台群，龙庙嘴炮台极有可能被其从背后首先攻破，届时敌人就可以反过来利用龙庙嘴炮台的大炮攻击其他炮台，以致炮击港湾内北洋海军的舰船，后果不堪设想。

经丁汝昌提议，李鸿章同意一旦事急，发挥海军水兵炮术较好的优势，由海陆军共同守卫龙庙嘴炮台，万不得已，就把火炮的炮闩卸下，交给邻近的鹿角嘴炮台，以免资敌。同样根据丁汝昌的建议，李鸿章又派人在龙庙嘴炮台后方挖掘了一些应急战壕和散兵坑，以便战时步兵可依托防守。

桥头集一战，戴宗骞调拨给河防军的那批弹药大多被丢弃在桥头集，成了日军的战利品，威海守军的弹药储备因此雪上加霜。李鸿章对绥军能否守住南帮炮台已丧失信心，他寄电丁汝昌，让丁汝昌从海军中选拔敢死队，他们不是像之前两人议定好的那样，仅仅被派往龙庙嘴炮台，而是将安插至南帮各个炮台，主要任务也不单纯是帮着陆军一道防守，实际上是准备等巩军无法坚守时，将各炮的炮闩全部卸下，完成最后的毁炮毁炮台任务——海军水兵的战斗素质普遍较高，战斗意志也比陆军士兵更坚定，到了炮台不守的时候，不至于像陆军一样一哄而散。

争　执

丁汝昌饱经战阵，拥有海陆军两方面的知识和实战经验，特别是在经过残酷的海上大战后，他对日军的战斗素质及其能力已有相当程度的了解，因此无论见解还是眼光，都比威海的其他将领要深刻长远得多。在遵命而行的同时，丁汝昌考虑到龙庙嘴炮台被圈在长墙之外，虽已经做了一些补救措施，但防守能力仍然较差，就算由水兵协助，恐怕还没等撑到最后毁炮毁台，炮台就被敌人攻破了。

与其战时无法防守而资敌，孰如自己先行消除隐患？丁汝昌与巩军统领刘超佩、刘公岛护军统领张文宣进行商量，在征得两人同意后，派水兵卸下了龙庙嘴炮台的火炮炮闩。

丁汝昌未雨绸缪，为的是防患于未然，谁知却在威海守军内部引发一场剧烈冲突。发难者是戴宗骞，他和刘超佩正好处于两个极端：对于打仗，如今的刘超佩是过分害怕，一听见打仗，腿就打哆嗦；戴宗骞却是过分自信，即便在桥头集大败，炮台外围已被日军扫荡干净的情况下，依然如此。他的这种态度，其实更多的还是建立在对日军战斗力的不了解之上，本质上仍属于书生意气。

丁汝昌和戴宗骞的私人关系其实还是不错的，丁汝昌能够躲过第二次"拔丁"的噩运，就是戴宗骞联合了刘步蟾等人，向朝廷请愿的结果，但丁、戴在战守的主导思想上又确实存在分歧，以致遇事多不商量。对于丁汝昌在龙庙嘴炮台撤防一事上，独独把他弃于一旁，戴宗骞感到异常愤怒。

戴宗骞给李鸿章发电，除报告丁汝昌、刘超佩等人"私自"撤防龙庙嘴炮台外，还表示自己坚决反对放弃龙庙嘴炮台，理由是龙庙嘴炮台背后虽然没有长墙遮蔽，但是炮台里的火炮不是可以旋转着朝陆地方向开火吗？可见它并非如丁、刘所说，完全是在坐以待毙。既然如此，为何要轻易舍弃这样一座好不容易修建起来的炮台？此事不能说明别的，只能说明丁、刘皆为贪生怕死之辈！

先前李鸿章在致威海诸将的一封电报中，曾说到半年以来，淮军表现与其期望相去甚远，"守台、守营者毫无布置，遇敌即败，败即逃走，这在天下后世看来，实在是一个大耻辱的事"。他当时痛心疾首地寄语诸将："你们稍有良心，就必须争一口气，舍一条命，于死中求生，那么连我都会感到十分荣幸。"

戴宗骞联系到了李鸿章的那封电报，他激动地说："威海守军尚未与敌接战，（丁、刘）却已怯敌撤防，由此就可知这半年里淮军为何到处打败仗了！"

李鸿章本以老到沉稳著称，但这段时期以来，他一直处于内外交困的环境之中，整个人已被弄到焦头烂额，很容易着急上火，尤其对于怯懦惧战、闻风而逃的"守台、守营者"极为敏感。戴宗骞的话正好抓住了这一要害，再一听戴宗骞不同意撤防的理由，似乎也不无道理，于是他就本能地认为丁汝昌可能真的如戴宗骞所说，也像刘超佩一样贪生怕死了，所以才会未战就先将重要炮台撤防。

　　丁汝昌已被朝廷革去尚书衔，相关谕旨上有"戴罪图功，以观后效"之语，后来又有圣谕，称要等战事结束后将丁汝昌解送刑部处理。李鸿章训斥丁汝昌，说你现在面临着这种处境，得抓住机会，用实际战绩来争取朝廷撤销处分啊，可是你现在却"胆小张皇，无能已极"，太让我失望了！

　　丁汝昌很少遭到李鸿章如此严厉的申斥，无奈之下，只好派水兵把已经卸下的火炮炮闩重新装配起来。

　　刘超佩也挨了骂，李鸿章命令他立即恢复在龙庙嘴炮台的布防，"如不战，轻易放弃炮台，即军法从事"。刘超佩不像丁汝昌是所谓"戴罪之身"，他表现得很不服气，复电对戴宗骞关于龙庙嘴炮台的意见提出异议，再次强调龙庙嘴炮台被圈在长墙外，战时确实难保。见刘超佩不服，李鸿章远在天津，又没法亲自到现场来看，一时也犹豫起来。

　　时驻烟台的东海关道刘含芳曾参与威海炮台修建，李鸿章急电刘含芳，请他协助评判。刘含芳从其经验出发，认为丁汝昌对炮台的担忧不无道理，但在戴宗骞同样信誓旦旦、称龙庙嘴炮台可以防御的情况下，他也无法论定孰是孰非。

　　难题转了一圈，又重回李鸿章之手，李鸿章决定维持原议，强令刘超佩恢复了龙庙嘴炮台的兵力。

　　龙庙嘴炮台的争执从表面上看，似乎仅仅只是丁汝昌与戴宗骞之间，或者说是海陆军将领之间的矛盾，但往深处分析，其实反映的却是中方海陆协同作战水平还处于相当低幼的阶段。事实上，从朝鲜战场开始，中日两国在海陆协同作战能力上的这种悬殊差距就已昭然若揭，正是它导致战场的天平不断发生倾斜，乃至影响到了战争最后的结局。

摩天岭

桥头集之战后，日本第二军继续向威海推进。1895年1月28日，左右两纵队完成了对威海南帮炮台的合围，翌日，两纵队进逼炮台，并由右纵队即第六师团在温泉汤一线担任主攻，驻守温泉汤的巩军被迅速击溃。

30日，"山东作战军"司令官大山岩一声令下，日军对南帮炮台发起总攻。按照大山岩的部署，第六师团直接对南帮炮台实施进攻，他们首先进攻的是摩天岭炮台，而且采取的是齐头并进的平推战术——在震耳欲聋的炮声中，一群群身着黑色军装、打着膏药旗的日军从四面八方冒出来，犹如潮水一般向摩天岭的山头涌去。

南帮炮台除海岸炮台外，在海岸炮台的背后山群上，又择要修建了多个用以防守陆路的陆路炮台，摩天岭炮台是陆路炮台中海拔最高的一座，然而同时也是最弱小的一座陆路炮台。该处守军为四百人左右的巩军新右营，新右营是不久前才招募的新军，战斗素质较差。炮台则是甲午战争爆发后临时修筑的，名为炮台，实际只是山巅的一块平坦处修筑了一圈胸墙，胸墙上每隔一段距离留出一个垛口，以供火炮从中对外射击而已，除此之外，炮台上既无兵舍，也没有弹药库。至于火炮，摩天岭炮台并没有大口径的克虏伯要塞炮，仅有八门克虏伯行营炮，威力极为有限。日军在备战期间准备充分，搜集了大量中方情报，他们把摩天岭炮台作为打开南帮炮台群的缺口，也真可谓是机关算尽。

摩天岭虽然防备力量薄弱，但营官周家恩素有"硬汉"之称，在他的指挥和鼓动下，面对杀气腾腾、如狼似虎的日军，新右营官兵毫无怯意，坚持用行营炮和步枪进行顽强阻击。摩天岭炮台的东侧是杨枫岭炮台，此处炮台工事较摩天岭大为改善，装备有大口径要塞炮四门、行营炮十六门，见邻近的摩天岭战事吃紧，守卫炮台的副将陈万清下令把所有能够调用的大小炮位都朝向摩天岭山腰，对冲锋中的日军猛烈射击。事后，日军承认，"杨枫岭炮台从侧面射来的炮火，对我军威胁最大。"

虽然伤亡累累，但日军仗着数量上占据绝对优势，还是冲过山腰，越出了杨枫岭炮台火力支援的范围。山腰之后是摩天岭炮台的雷区，日军一进入雷区，摩天岭上的守军就立刻按下控制盒上的闸刀，通过电线引爆了电发地雷，一时间，山动谷鸣，爆炸声接二连三地响起，进攻中的日军全都被笼罩在了烟雾之中。

然而，令人惊愕的是，随着烟雾散去，日军又都出现了，而且毫无损伤。究其原因，与黄海海战时北洋舰队的炮弹打中敌舰，却好多不能爆炸，其实属于一个性质，即这些地雷都是国产的旧式地雷，里面填充的为低威力的黑火药，爆炸声音虽大，但却并不具备实质性的杀伤力。

尽管如此，巨大的爆炸声还是给第一次经历这种场面的日军士兵造成了心理阴影，毕竟谁也不能保证下一阵烟雾腾起时，自己仍能活着站在原地。日军战史对此有如下记载："士兵因此皆有惧色，不敢大胆向前。"

眼见进攻受挫，日军主攻部队总指挥、第六师团第十一旅团长大寺安纯改变战术，派一部日军占领了摩天岭西侧的一个小山头，在山头上架设火炮，用炮火对摩天岭炮台进行压制，同时把后方预备队也全部调上来投入进攻。日军各队于是重又鼓起勇气，在一片鼓噪呐喊声中，从三面对摩天岭发起集团冲锋，并且攻击速度越来越快。

除了形同虚设、毫无杀伤效果的电发地雷，巩军新右营还在胸墙外的前沿地带密密麻麻地搭设了不少鹿砦。鹿砦是中国古代扎营和防守作战的常备器具，直到湘淮军镇压太平天国运动，仍对此加以使用，在缺少更有效障碍物的前提下，它也确实有一定效果。在鹿砦的阻碍下，日军被迫减缓了进攻速度，周家恩指挥全营官兵，用炮轰，用枪射，打倒了不少日军。

看到前方进攻受阻，随同日军预备队行动的工兵小队立刻冲上去，对鹿砦进行拆除，在付出伤亡十五人的代价，终于破除出几个豁口。后续日军沿着豁口冲锋，杀到了守军面前，此时炮台的行营炮已经无能为力，低矮的胸墙也难以对守军起到掩护作用，能够战斗的弁勇越来越少，炮台上的大旗竖起来三次，又倒下去三次，直至再也无法竖起。

新右营伤亡殆尽，摩天岭失守。周家恩在最后时刻连中数弹，腿被打断，肠子流出腹外，为了不被敌人俘虏，以坚强的毅力，忍痛向后方爬行数十里，直至流血过多，冻死在冰雪覆盖的山谷间。威海人称周家恩为

"周三麻子",后来说起"周三麻子",没有不伸大拇指的,"他真是好样的,坚决不退,打到底……"

骨　牌

作为陆路炮台的制高点,日军占领摩天岭炮台,就等于南帮炮台群被打开了一个致命的缺口。发现摩天岭插上了膏药旗,南帮其余炮台及海中的北洋舰队,都意识到了事态的严重性——日军接下来就可以利用摩天岭,居高临下,如同打靶一样,逐一攻击剩余的其他陆路炮台了。

自己动手摧毁摩天岭炮台,成了解决问题的唯一办法。南帮海陆炮台及海中的日岛炮台,都不约而同地把所有能够转向摩天岭方向的大炮使用起来,将炮口指向摩天岭,接连不断地朝其射击。与此同时,丁汝昌率"定远""靖远""来远""广丙"以及蚊船、鱼雷艇等,也驶到南帮炮台附近,向摩天岭猛烈射击。

摩天岭上的日军惊恐地看到,许多"像杵(圆木棒)一样"的炮弹旋转着飞来,碰到岩石上,将岩石炸得飞向空中,"其猛烈程度是不可想象的"。不过摩天岭炮台终究不可能在短时间内被摧毁,后者还是被日军利用,反过来成了压制附近海陆炮台的凭借。

日军占领摩天岭炮台后,立即组织优势兵力,对杨枫岭炮台发起进攻。杨枫岭炮台不仅装备较好,驻守炮台的巩军左营也是巩军的老营头,战斗力较新募的新右营要强,副将陈万清身先士卒,带动弁勇顽强阻击,打退了敌人一次又一次的冲锋。

冲锋失败后,日军即集中被其缴获的行营炮,对杨枫岭炮台进行俯射。随着一批又一批炮弹飞落杨枫岭,炮台上弹片横飞、烈焰升腾,炮台周围的树木也多被炮弹击中,燃起熊熊大火,隔远了看,整座杨枫岭已经犹如一座燃烧的火山。中午时分,在一阵天崩地裂的巨响中,炮台上的一座弹药库被击中爆炸,至此,守军已经伤亡过半,弹药也所剩无几,见炮台大势已去,陈万清被迫率残部撤离。

日军攻占杨枫岭炮台后,又相继夺取了莲子岭炮台、谢家所炮台,威海南帮陆路炮台至此完全沦陷。接下来就轮到了海岸炮台,如战前丁汝昌等人所担忧和预料的,被划在长墙之外的龙庙嘴炮台,果然成为日军攻击的第一个目标。

龙庙嘴炮台装备有四门不同口径的克虏伯要塞炮,但却仅有四十余名弁勇驻守,而且他们基本还都属于操作火炮的炮手性质,除了这一群寥寥可数的炮手,炮台上再没有多余兵力用于防御,其外围也没有大股步兵可配合炮台作战。数量有限的大口径火炮,对于远方之敌固然具有极大的威慑性,但要用来抵御已经近在眼前、如同撒网一般扑上来的大批敌军步兵,其效果是可想而知的。

没有任何悬念,四十余名弁勇大部溃散,日军几乎是兵不血刃地占领了龙庙嘴炮台。其时北洋舰队的军舰正在附近海中,用舰炮向摩天岭方向猛烈轰击,日军便想到利用炮台上的大口径火炮,对中国军舰进行轰击。

由于攻取龙庙嘴炮台的日军都是步兵,炮台上的火炮又都是海岸要塞炮,他们自己不懂得如何操作,便逼迫四名刚刚被俘的炮手进行射击。正忙于炮击陆地日军的北洋舰队,并没有注意到龙庙嘴炮台已经陷落,对于突然袭来的巨弹毫无防备,在近距离内,"定远""广丙"连续被击中,"定远"在黄海海战被打坏,十几天前刚刚才修复好的主炮台再度受创,"广丙"的司令塔观察口被一颗炮弹直接命中,正在指挥战斗的帮带大副黄祖莲头部被弹片击中,当即殉国。

这是丁汝昌曾经做过噩梦,最不愿意看到的一幕,各舰只得急忙调转方向,一边迅速拉开与龙庙嘴炮台的距离,一边被迫与本应作为自己屏障的要塞作战,将舰炮炮口朝向龙庙嘴炮台轰击,龙庙嘴炮台上的一座要塞炮瞬间便被击毁。

当天日军攻取炮台的过程,就像是在推一副多米诺骨牌,陆地炮台在摩天岭、杨枫岭失守后便一个接一个地快速失守,海岸炮台亦如是,龙庙嘴炮台一入敌手,其东北方不远处的鹿角嘴炮台就撑不住了。

鹿角嘴炮台装备着四门比龙庙嘴炮台口径更大,火力更猛的克虏伯要塞炮,炮台外围还筑有长墙。然而驻守南帮的巩军兵力有限,到了这个时候,鹿角嘴炮台的主要兵力都被抽往了陆路炮台和要塞,仍在炮台继续守御的弁勇，和龙庙嘴炮台一样，不过是几门火炮必备的炮手罢了，而没有相应兵力配属的长墙，只能沦为摆设。

鹿角嘴炮台上很快升起了膏药旗，并且同样对海中的北洋舰队倒戈相击。区别在于，这次日军不用逼迫中国俘虏来操作火炮了，通过联系，联合舰队派来了舰炮手和陆战队，因为联合舰队的部分军舰上也装备着克虏伯大口径火炮，他们操作起来可谓是得心应手。

丁汝昌等人事先能够估计到龙庙嘴炮台难以固守，只是想不到陷落得那么快，故而才蒙受了重创。等到鹿角嘴炮台失守，大家已经有了戒备，一发现情况不对，各舰便第一时间掉转炮口，向鹿角嘴炮台发炮还击。北洋舰队的炮手确实炮术精湛，"定远"的一颗炮弹竟然准确命中了一门克虏伯巨炮，并将其拦腰截断。看着眼前残破的火炮，炮台上的日军被当场吓到面面相觑——这只是一颗不会爆炸的实心弹，如果是开花弹，别说火炮被炸毁了，整座炮台上都不可能有人幸存！

仅仅不过半天光景，日军已几乎完全控制了威海炮台群，只有赵北嘴炮台尚在孤独中苦苦坚守。

作为这一方向上的日军总指挥，大寺安纯春风得意、喜不自禁，率领幕僚徒步登上了摩天岭炮台。随军记者一边作采访记录，一边架好相机，给大寺安纯拍照留念，他们都没注意到此时"定远"已重新将炮口朝向摩天岭炮台。

先前北洋舰队轰击摩天岭炮台时，日军都躲在炮垒里，现在大寺安纯等人毫无遮拦地站定了位置，相当于固定标靶，对于"定远"上的炮手而言，实施这样的瞄准攻击，实在是一件再轻松不过的事。

只听得一声巨响，整个摩天岭炮台都被笼罩在了滚滚烟雾之中，"定远"主炮准确命中目标，大寺安纯和随军记者瞬间击弹倒地。日军官兵急忙将二人用担架抬下摩天岭，赶往最近的野战医院治疗，随军记者在抬的时候就已毙命，大寺安纯则因为胸口要害处中了弹片，在前往医院的途中断了气。大寺安纯在日本国内有所谓"一代良将"之誉，但未料乐极生悲，竟无意中成了威海之战乃至甲午战争中，日军阵亡的最高级别陆军将领（少将旅团长）。

最后一份电报

自甲午战争开始,日本陆军便将分兵穿插作为基本战术,大寺安纯所在的第六师团从正面主攻威海南帮炮台,执行穿插任务的是第六师团,该师团的目标是绕过南帮炮台,直插其腹后,切断威海卫与南帮炮台之间的联系。

威海卫的地形一面向海,三面群山环绕,在威海南路的群山间,有一个狭窄的山口兼要隘,这就是虎山口。除了虎山口,这一方向上四处都被陡峭的山岭遮蔽,第二师团有很多马匹、大炮、辎重,他们绕袭南帮炮台,不可能带着这些东西攀岩爬山。虎山口乃必经要隘,为此,第二师团长佐久间左马太决定兵分两路:一个旅团进攻虎山口,另一个旅团直扑虎山口以北的两处南帮咽喉——南虎口、北虎口。

刘澍德部绥军三营自桥头集兵败后,即应刘超佩的要求,北调扼守于虎山口。刘澍德部仅有一千余人,而第二师团用于进攻虎山口的兵力却有一个旅团,超过他们数倍之多,况且刘部战斗力也不强,又正值新败,在这种情况下,纵然据有地利优势,也难以抵挡对方的猛烈攻势。

经过短暂交火,刘部毫不意外地败退下来,虎山口这一战略要道转眼落入敌手。差不多在同一时间,南、北虎口的战斗也打响了。戴宗骞亲自统率绥军守卫南虎口,据日方档案记载,他们打得也极为顽强,但是再顽强,守军不管是兵员数还是战斗素质,都差着日军好一大截,最终仍不支退出了南虎口。至此,戴宗骞也才终于明白眼前的这场战争,跟以前他所经历过的内战根本就不是一码事,战场之上,日军作战有多么凶猛,就能反衬出己方的战力有多么不济,其间甚至连一丝一毫讨价还价的余地都不存在。

不过是一个上午,虎山口、南虎口、北虎口三处要隘便全部落入日军之手,威海卫外围全面沦陷,近乎一马平川的威海卫被敌人打开了大门。

第二师团在顺利完成穿插的同时,也切断了南帮炮台守军的退路,从虎山口、南北虎口以及南帮炮台撤出的守军,遭到敌第二、六师团的前后夹击。危急关头,丁汝昌亲自指挥"靖远"以及"七镇"等蚊船,用舰炮向日军猛烈轰击，日军支持不住，陷入惊慌混乱之中。在舰队的掩护下，被围军队乘势突围，杨枫岭炮台的陈万清在突围中身受重伤，士兵死伤百余人，自愿留下担任掩护的士兵宁死不做俘虏，在打光子弹后，砸碎枪支，全部跳海殉国。

戴宗骞突围后，跑进威海电报局，给李鸿章发了一份十万火急的电报。此时主管电报局的委员已经逃走，几名电报生虽然已经被远方的炮声吓得手足无措，但还是按照戴宗骞的指令，将电报发往了天津。等到电报发出，戴宗骞沉吟半晌，挥挥手，让几名电报生各自逃生，至此，由外地发往威海的电报，便只能全部由刘公岛上的海军电报局代为接收了。

戴宗骞这时候还不知道鹿角嘴炮台也已失守，在电报中，他向李鸿章报告龙庙嘴炮台已经沦陷，并说这极可能是他发出的最后一份电报，因为要是南岸两座炮台（鹿角嘴、赵北嘴炮台）能够守住，形势还有希望，倘若这两座炮台也守不住，日军军舰深入，则北岸炮台（北帮炮台）均难保住，到时就是他戴某为国尽忠之时了。

李鸿章一看戴宗骞的电报，便明白在龙庙嘴炮台撤防一事上，确实是错怪了丁汝昌。丁汝昌有先见之明，只可惜自己没能采取他的正确建议，如今悔之晚矣。在此之前，他已经接到丁汝昌通过海军电报局发来的专电，丁汝昌说的是龙庙嘴、鹿角嘴炮台均已失守，龙庙嘴炮台就不去说他了，为什么鹿角嘴炮台也失守了？戴宗骞还知道打电报给我，对南帮炮台得失负有全责的刘超佩在哪里？

事实是，当天早晨，刘超佩一听到日军进攻南帮陆路炮台的炮声，就吓得惊慌失措，连忙乘坐早已准备好的汽艇，跑到刘公岛上一个同乡家里躲了起来。后来，他觉得刘公岛也不保险，又离岛上岸，逃往烟台。李鸿章获悉，立即请旨将其就地正法，几天后刘超佩在烟台被捕，押往天津后执行死刑。

对于戴宗骞，李鸿章严令他将功折罪，赶紧对南岛日军发起反攻，以使其不能够专攻北洋舰队。实际上，戴宗骞根本没可能再组织兵力反攻，倒是北洋舰队正在对陆上日军进行射击，但李鸿章对于北洋舰队的期望，又是赶紧冲出口去，北退烟台，或南下吴淞，以避免全军覆灭。

可是不管李鸿章如何致电丁汝昌，左劝说，右命令，丁汝昌这次都一反常态，始终不肯听从。李鸿章无计可施，甚至不得不让戴宗骞与丁汝昌协商，无论如何要劝丁汝昌率舰队冲出威海湾，"设法保船"。

丁汝昌到底在想些什么？威海湾内外又发生了什么？

唯一选择

在日本陆军进攻威海南帮炮台时，作为战略协同的一部分，联合舰队由司令官伊东佑亨亲自率领，除留了几艘军舰原地负责警戒，舰队主力各舰也齐集威海湾外。

联合舰队当天的作战计划，不单单是配合陆军行动，最主要的还是引诱北洋舰队出战。威海南帮战斗一打响，"爱宕""摩耶"等七艘老舰、旧舰、小舰便抵近威海湾，向南帮炮台、刘公岛东部炮台、日岛炮台进行炮击，在支援陆军的同时，充当诱饵，竭力引诱北洋舰队出港。

北洋舰队此时舰只损失的严重情况，显然已被伊东佑亨基本掌握，所以他才积极谋取与北洋舰队进行主力决战，以便一举结束战斗。按照他的如意算盘，如果北洋舰队被引诱出港，便立即集中本队、第一游击队的优势兵力，将其彻底消灭，七艘诱饵舰则冲入威海湾，通过七舰搭载的海军陆战队强攻夺取刘公岛。

这是伊东佑亨布下的一个凶险陷阱，可惜丁汝昌并没有上当，威海湾外时隐时现、兴风作浪的诱饵舰队对他毫无触动。在丁汝昌的指挥下，北洋舰队一直坚守在威海湾内，依仗陆地炮台和海岸阻塞线，与联合舰队对峙，而这正是伊东佑亨所最不愿意看到的。

丁汝昌非常清楚自己舰队目下的状况，以及有没有和联合舰队决战的实力。从威海形势吃紧的那一刻起，他就明白，贸然孤注一掷的结果，只会落得一个鱼死网破的结局。在陆路援军、海外购舰等诸多希望尚未完全破灭的情况下，他不可能现在就带着整个舰队去实施这种自杀式的作战行动。再者，丁汝昌还以罪臣之身，担负着保卫威海的重责，威海陆军如此薄弱，舰队若是再离港，威海卫就等同于拱手与人了。

威海卫、刘公岛的陆军当然也知道海军离威的后果，接到李鸿章发来这么多命令舰队出口的电报，看到军舰纷纷升火，刘公岛护军统领张文宣等人皆如坐针毡。海军是早已成为威海陆军的一块重要心理屏障，为了彻底消弭北洋舰队离威的可能，张文宣等先是致电李鸿章，最后又直接面见丁汝昌，与海军签订生死状："死守刘公岛，以待外救……若陆军先出，则水师轰炮击之；若水师先逃，则陆军开炮轰之。"

丁汝昌决心死守威海湾。这是一个既痛苦又无奈，同时还不被后人所理解的决策，但却是丁汝昌及北洋舰队在绝境之下，所能做出的唯一选择。

看到南帮陆路炮台以及龙庙嘴、鹿角嘴炮台全部失守，仅剩的赵北嘴炮台也已吃紧，丁汝昌集结北洋舰队三百多名海军陆战队员，命令他们乘舢板划向南帮岸边，执行"炮资敌，我杀我"的悲壮任务：迎着溃退的陆军前进，前去夺取和摧毁被日军占领的炮台。

海军陆战队是海军中的一支特殊战斗力量，在北洋海军内部，他们被俗称为洋枪队。北洋海军陆战队装备德国造的毛瑟步枪，最重要的是，他们和海军水兵一样，接受的是近代化陆战训练，即便与淮军精锐相比，战斗素质也远在其之上。只是陆战队毕竟弱小，兵员数量很有限，三百多人连淮军正常编制的一营标准都达不到，却已近乎是北洋海军陆战队员的全部。

穿着红色军装的陆战队员迅速抢滩登陆，犹如烈焰一样，向炮台袭去。日军连忙集结兵力前往阻击，恶战首先在龙庙嘴炮台一带打响，陆战队以寡敌众，居然在战斗中占据上风，并逐渐逼近龙庙嘴炮台。一名队员一马当先，越过胸墙，潜入被日军占领的巩军营中，隐蔽在一间仓库的外面，可惜被一个日军随军记者发现，敌人围堵上去，队员英勇牺牲。陆战队犹如死士一样的战斗精神，给日军留下了深刻印象，那个日军随军记者记录道："登陆的水兵气焰嚣张，似都有拼死的决心。"

就在陆战队与日军激战时，赵北嘴炮台守军开始不支溃退，数百溃兵朝龙庙嘴方向涌来。已经在事实上夺取南帮所有海陆炮台的日军，得以集结兵力，对龙庙嘴一带的中国陆战队及赵北嘴溃兵发起反击。这批最后被日军合围至海边，全军覆灭，"海岸上尸体累累，不可胜数……海水完全变成了红色，像锦缎一样。"

威海湾以刘公岛为屏障，自然形成东西两个出海口，称为东口、西口，赵北嘴炮台作为威海海岸炮台中火力最强的一座炮台，其位置刚好与威海湾中的日岛呈掎角之势，二者可共同扼守东口海面。赵北嘴炮台倘若为敌所用，不仅意味着威海东口海面的藩篱被拆除一角，而且炮台上的大口径克虏伯巨炮射程很远，可以覆盖至刘公岛，今后，北洋军舰将终日处于其炮火威胁之下。

早在赵北嘴炮台陷落前，丁汝昌和刘公岛护军统领张文宣就已制定预案，令"左一"号鱼雷艇管带王平率领一支敢死队，乘艇泊于炮台之下。发现情况紧急，敢死队立即冲进炮台，就在日军即将接近炮台的前一刻，敢死队引爆弹药库，炸毁了炮台。

第十五章　罪与罚

南北两帮炮台，犹如合抱威海湾和刘公岛的双臂，如今一臂已折。联合舰队司令官伊东佑亨看到无法将北洋舰队诱出口外，而己方又已控制威海南帮炮台，遂一改谨慎进兵的态度，下令舰队直闯威海湾。

鉴于日军控制下的南帮炮台所造成的威胁，丁汝昌已被迫率舰队由威海湾东口海面转移至西口方向。见日舰冲来，日岛、刘公岛立即进行炮火阻击，加上东口海面上仅有一处狭窄的出入口，联合舰队几番冲击，终究还是未能得手。

此后，联合舰队采取封锁战术，本队在东口一线驻泊、警戒，第一游击队则在威海湾西口一线游弋，以防北洋舰队出口驶往烟台。

北洋海军和威海卫都到了生死存亡的关头，眼下能够挽救局势的希望，就是保住北帮炮台，否则北洋舰队将会被彻底困死在港口，而要保住北帮炮台，又只能寄望于山东省派出援军。到了这个时候，李鸿章已顾不得个人脸面、官场禁忌、派系纠葛，他直接致电山东巡抚李秉衡，电报里首先引用总理衙门要求山东省调兵援救威海的圣旨，转述后，又以协商甚至是哀求的口气，请李秉衡"遵办"以救威海。

既有朝廷圣旨，李秉衡也不能一无所动，他勉为其难式地派出了援兵，但所派军队既不接近已经失守的南帮炮台，也不靠近急待援兵的北帮炮台。李秉衡做出这样不着边际的部署，其目的不外乎是军队一旦遇警，便可迅速撤回烟台，至于威海和北洋海军安危如何，其实并不其考虑范围之内。

借着总理衙门和朝廷对威海地理茫然不知的优势，这个老滑头先是诡称，援军已与北帮炮台的戴宗骞部合力，继而更谎称山东省军队大多已调往威海，仅剩一部留守威海，无法再拨出去进行支援。

北帮炮台已经等不到任何援兵了，何时失守不过只是一个时间问题。戴宗骞亲自带兵守卫包括祭祀台炮台在内的三座炮台，但到了晚上，他手中仅存的一营绥军，还有丁汝昌派来增援的两百余名水兵，在已经完全丧失信心的情况下，趁黑全部逃往了烟台。

天亮后，丁汝昌乘着舢板登上北岸，看到北帮炮台已是人去台空，一片惨淡，仅戴宗骞带着仅剩的十九名兵勇在守卫祭祀台炮台。猝然目睹此景，丁汝昌备受打击，心情无比恶劣，以致站在那里半晌无语。

刘公岛

刘公岛与北帮炮台距离较近，北帮炮台又与南帮炮台一样，装备着大量大口径克虏伯要塞炮，一旦资敌，火力可轻易覆盖刘公岛，其危害只会更甚于已经沦陷的南帮炮台。在经过一番痛苦的心理挣扎后，丁汝昌做出决定，北帮炮台已注定无法守住，与其资敌，不如自毁。

听到这一决定，戴宗骞脸色变了："守台是我的责任，兵败地失，还能到哪里去呢？唯有一死以报朝廷，别无他言。"

戴宗骞不肯从北帮炮台撤出，只愿与之共存亡，但现在已没有商量的时间，几名水兵奉丁汝昌之命，一拥而上，将戴宗骞从炮台旁架走了，北帮炮台残存的兵勇也随同撤入了刘公岛。由丁汝昌委派的人员，随即用炸药将北岸的大炮、火药库一一炸毁，这次毁得很彻底，炮台的大炮全部炸裂，火药库也都被炸没了。

从当天开始，日本陆军即兵指威海卫城和北帮炮台，只是慑于北洋舰队的炮火威力，他们不敢沿海岸线进攻，而是采取了从西路迂回的战术，不然北帮炮台都来不及炸毁——毁台人员刚刚完成任务回到船上，日本陆军就赶到并占领了已成一片废墟的北帮炮台。

戴宗骞随船登上了刘公岛，上岸时，他还不忘对搀扶他的水兵致谢："老弟，谢谢你们啦！"接着，他长叹一口气，自言自语地说："我的事算完了，单看丁军门（丁汝昌）的啦！"是夜，戴宗骞吞鸦片膏自尽，但因药力不足，没有马上咽气，"康济"管带萨镇冰守在他身边，又让他吃了一些鸦片膏，这才气绝身亡。

1895年2月2日，探知威海卫城内的守军已全部撤退，日军不费一枪一弹即占领了该城，北洋舰队的水兵站在军舰上，可以望见东城门楼上已挂起了膏药旗。至此，威海陆地全失，偌大一个刘公岛，已犹如汪洋中即将下沉的一叶孤舟。

丁汝昌心中所抱的最后一线希望，是苦撑等待外省援军。就在日军登陆荣成湾三天后，他曾得到一个明确的信息：如威海能支持二十天，外省援军一定可以赶到。

从那个时候算起，已经十天过去了，如果再等十天，即至2月11日，援军应该能到了吧？丁汝昌一天天掐算着日子，但是每一天都是那么漫长，那么难熬。

南帮炮台中的赵北嘴炮台虽被炸毁，但毁坏的只是炮台中的建筑，火炮大多安然无恙。赵北嘴炮台上所有要塞炮的炮闩等重要零件，在发现炮台守不住时，就已经被拆除下来，实指望这样做了以后，日军就无法操作火炮，未料想装载这些零件的舢板却被日军鱼雷艇截获，零件也全部落入敌手。赵北嘴炮台的克虏伯大炮就其射程而言，是可以覆盖至刘公岛的，日军用零件修好一门炮后，即用以猛击刘公岛及停泊于威海湾的北洋军舰，岛、舰腹背受敌，军民为此死伤惨重。

为了解除这一威胁，丁汝昌再次派"左一"号鱼雷艇管带王平率敢死队前去毁炮，但敌人早有防范，"左一"刚刚靠近南岸，就被日军发现了，并向其开枪射击。王平下令转舵后撤，回去后却向丁汝昌谎报战功，说是敢死队已经登上了赵北嘴，只是因时间仓促来不及炸炮，用"坏水"（指镪水）浇进炮膛，把大炮给毁掉了。

丁汝昌听后信以为真，高兴地说："刘公岛能够久守了。"

丁汝昌的话，更像是他在给自己打气。在日本陆军用炮台轰击岛、舰的同时，联合舰队也从海上连连发动进攻，由于白天进攻时很难从东口闯入，伊东佑亨决定派鱼雷艇趁夜间或黎明时入港偷袭。

威海口有好几层铁索木栏结构的封锁栅栏，同时布设各种水雷约两百五十颗，日军鱼雷艇要潜入港内，就必须先从封锁栅栏与龙庙嘴暗礁之间的狭窄航道钻进去，然后再通过水雷区。水雷区本就是用来防止敌舰偷袭的，故而丁汝昌对此很重视。水雷区的水雷以电发水雷为主，控制电发水雷的电线一直连接到岸上的水雷营内。丁汝昌担心，一旦陆路战事紧张，水雷营也会失陷，从而导致水雷控制权被敌人夺取，于是还专门将水雷连接线的控制端移到练船"康济"号上，"康济"奉命下锚至刘公岛和南帮炮台之间的日岛，直接控制水雷。

丁汝昌苦心经营，缜密算计，然而仍有心有余而力不足之处。早在丰岛海战前，他就发现水雷区未能充分布雷，原因是缺乏水雷部件，于是紧急请求协拨水雷部件，然而负责此事的天津机械局却因经费不足，战前未能向国外采办足够的水雷及部件，而当时国内又不具备该领域的生产能力，天津机器局等兵工厂均无法弥补空白。

和军舰一样，战争期间临时求购，是捧着钱也难找卖主，布雷不密的问题最终也未能得到彻底解决，到了这个时候，便被日军水雷舰钻了漏洞。

夜　袭

1895 年 2 月 5 日凌晨，日军鱼雷舰群从水雷区的疏漏处越过，偷偷潜入港内，其中第九号鱼雷艇恰巧驶至"定远"舰附近。此时，北洋水师各管带正在"定远"上开军事会议，发现敌情后，丁汝昌和"定远"管带刘步蟾急忙登上甲板，指挥"定远"朝敌艇瞄准射击。

第九号鱼雷艇先发制人，在相距两百米处，向"定远"发射了艇首鱼雷，接着又在距离五十米的地方，发射了舷侧鱼雷。正是后者击中了"定远"，随着一声巨响，"定远"剧烈震动，海水立即喷涌而入。

"定远"中雷时，其炮火同时也击中了对方，附近北洋舰队的蚊船和鱼雷艇亦猛烈开火。第九号艇的轮机被炸毁，失去航行动力，艇员四死四伤，艇长准备剖腹自杀，后被日军的其他鱼雷艇救出。

区区一艘鱼雷艇，远远不能弥补北洋舰队的损失。在"定远"遭受重创后，刘步蟾急令砍断锚链，将"定远"驶至刘公岛南岸浅滩处搁浅，作为水上炮台使用。

伊东佑亨通过偷袭尝到了甜头，遂一不做二不休，于翌日凌晨，派鱼雷艇群再次进港偷袭。这次港内的北洋舰队明显加强了防范，不断用探照灯照射和搜索海面，然而这却被事实证明是一个错误的举措，探照灯光两次从日军鱼雷艇上方掠过，都没能发现它们，反而日军却借着灯光，看清了中国军舰的位置，在攻击中一打一个准。

当天日军在夜袭中不仅未损一艇，甚至未伤一人，北洋舰队却一连损失了三艘舰船，即主力大舰"来远"以及练船"威远"、布雷船"宝筏"，伤亡官兵两百余人。其中，"来远"损失最为严重，被鱼雷击中后，仅仅几分钟内便翻了过去，露出了红色的舰底。在日军发起攻击前，"来远"舰上的官兵大多正在熟睡，最后只有二三十人获救，其中就包括作家冰心的父亲、"来远"驾驶二副谢葆璋，他继黄海海战后又再次大难不死，堪称幸运之极。

夜袭事件暴露出来的另一个问题，是北洋舰队的士气极为低迷，已经降到了自黄海海战以来的最低点，相应的，军纪也难以维持，"来远"遇袭受创的那天，"来远"舰管带和"威远"舰管带均不在遇难或获救者之列，查询去向，竟然都上岸嫖妓去了！

海军军官与陆军不同，都是通过较为规范的西式教育，一步步培养出来的优秀人才，究其内心来说，只要觉得前方还有一点点希望，都不至于在大敌当前的时候干这种事。他们自甘堕落，其实显示的是一种已经无力挣扎、只能任由命运摆布的绝望心情。

2月7日晨，观察到北洋舰队损失严重，且士气不振，伊东佑亨下令发起总攻，联合舰队出动二十三艘军舰，在南岸炮火的配合下，对威海湾展开正面强攻。丁汝昌亲率"镇远""靖远"等舰进行了顽强抵御，双方展开激战。见战况紧急，丁汝昌决定也发挥鱼雷艇在相对狭小区域内，较为灵活机动的优点，派鱼雷艇群袭击日舰。

上午8时30分，北洋水师的十三艘鱼雷艇和两艘汽艇，在"左一"号鱼雷艇管带王平的率领下，突然从西口冲出。联合舰队见状，立刻紧张起来，旗舰"松岛"发出了防备鱼雷艇的信号，整个舰队开始向外海退却。然而，接下来的情形却让敌我双方都大吃一惊——鱼雷艇群并没有向日舰冲来，而是沿着海岸全速向西驶去。

西面是烟台，鱼雷艇群不是要作战，是要逃跑！显然，逃跑者在行动前就已协商一致，为了能够活命，不惜违背军令。问题在于，如果撤往烟台可以，丁汝昌在其他选项已经清零的情况下，不会不予以考虑，此时此刻，口外往烟台方向就是一个陷阱。

果然，日军在恍然大悟后，即刻由航速最快的第一游击队前往追赶，北洋水师的鱼雷艇多已老旧，哪里跑得过日舰，很快就被追上，结果除相对较快的"左一"于午前逃至烟台外，其余不是在搁浅撞毁，就是被日舰击沉或俘虏。

联合舰队当天没能攻入港内，但是鱼雷艇逃跑事件，却在刘公岛引起极大混乱，北洋舰队的士气开始彻底崩溃。当晚，舰队水兵违令乘船上岸，陆军士兵违令登舰要求离岛，二者均扬言，不愿再对日作战。在给李鸿章的报告中，丁汝昌无比痛心地写道："自雷艇逃后，水陆兵心散乱。"

在丁汝昌的水师提督府门前，大批官兵齐聚请愿，哀求丁汝昌给大家留一条生路。当着众人的面，丁汝昌晓以大义，并表示如果等到11日，即他期盼外省援军来到的那个日子，届时自会有"生路"。

8日，又有一批水兵前来跪求丁汝昌给予生路。所谓"生路"，其实就是投降，旅顺的例子就摆在那里，倘若不肯投降的话，日军攻陷威海卫后，一样会将岛上军民屠戮一空。按照中国乃至东方的战争伦理，投降就意味着背叛，所以大家都不肯明白地说出这个词，倒还是舰队的洋员最坦白，他们直接劝说丁汝昌投降，理由是按照西方的战争伦理，在所有抵抗手段都用尽、内无弹药、外无援军、军心涣散的情况下，投降敌人是可以接受的一件事。

不管官兵如何哀求，洋员怎样劝说，丁汝昌都明确表示了拒绝，他说他不但不会投降，而且绝不会在有生之年，让自己坐睹此事的发生。

"生　路"

援军仍然毫无消息，刘公岛的形势却更趋恶化。9日，联合舰队乘胜再度发动强攻。丁汝昌以赴死之志，亲乘"靖远"指挥反击，击伤了两艘日舰，但紧接着"靖远"就被南岸炮火击中沉没。丁汝昌落水后又被救起，他不仅未感庆幸，反而仰天叹息："是老天不让我阵亡吗？！"

如果能够当场阵亡，既保全了军人的名节和荣誉，又避免了在降与不降之间做出抉择，可是老天却偏偏不愿赐予他这种幸运。丁汝昌只能继续寄望于奇迹的发生，当晚，他写了一封求援信，由密使冒死送往烟台，信中写道："……如十六、七日（即公历2月10日、11日）援军不到，则船岛万难保全。"

10日，丁汝昌一直呆呆地望着威海陆地方向，岛上的人们回忆，老提督当时的眼睛瞪得跟铜铃一样大，显然他正焦渴地企盼着能够在陆地上看到援军的影子，但那里并没有任何动静。

自威海卫保卫战打响以来，李秉衡一直将山东省军队主力收缩于登州、莱州一带，朝廷允许山东省截留的外省援军，则变成了李秉衡用于加强登州防御的力量。对于朝廷的频频催促，李鸿章、丁汝昌的苦苦哀求，李秉衡抛出的是一个貌似积极、实为掣肘的计划：云贵等外省援军再添募训练二十个营，作为沿海北路援军；其他部队暂驻莱州训练，待训练纯熟后，与原增援辽东的山东部队，从天津调来的部队会合，再谋划如何增援威海。

自古救急如救火，援军晚一天到达威海，威海都可能支撑不住，别说计划制订得如此虚无缥缈了。此时此刻，丁汝昌和他的部下们心里都明白，他们的北洋舰队和刘公岛已经被抛弃了。

下午，丁汝昌、刘步蟾下令将搁浅的"定远"炸毁，以免资敌。刘步蟾身兼"定远"管带，对于朝夕相处的"定远"被毁，他的心情应该可以用痛彻心扉来形容。午后，他来到部属住处，恰好看到"定远"枪炮大副沈寿堃写下"千古艰难唯一死"七字，刘步蟾上前推案一笑，当夜即服鸦片膏自杀——要让一个普通人做出死的决定，或许是极艰难的事，但对于一个视荣誉和事业如生命的军人而言，却也不难从容面对。

丁汝昌比刘步蟾更艰难，因为死对于他来说已经是一个很轻松的事了，难的是他还必须逼着自己，在死前做一个选择题，并且为此背上所有的罪与罚。

11日，丁汝昌督率众舰，再度击退了联合舰队发起的强攻。深夜，水师提督府门前拥满了人，在这个丁汝昌曾设定的最后期限，大家都希望能盼来了丁汝昌所说的援军，然而子时已过，什么也没有发生，于是岛上"水陆兵民万余人"又一次向水师提督"哀求活命"。

一直到二十一世纪的今天，刘公岛上仍然保存着两块石碑：一块写着"柔远安迩"，另一块写着"治军爱民"，皆为甲午战争前，岛上绅商为丁汝昌所立。丁汝昌在岛上的人望及其与民众感情可见一斑。丁汝昌在骨子里是个忠臣，宁死也不愿背叛大清，加上他又是头上悬着达摩克利斯之剑的所谓"罪臣"，投降之后，别人犹可，他却不会有什么好结果，这是很清楚的一件事，故而丁汝昌才屡次严拒投降，也才会希望在战场上以死明志，但是与此相比，他却更不忍心让全岛军民随自己赴死，所以又设定了一个"11日"的最后期限。

现在11日到了，设定它的人早已心力交瘁，夜半孤灯下，丁汝昌写了一封给老上司李鸿章的亲笔遗书，然后端起浸泡着鸦片膏的酒杯，一饮而尽。

丁汝昌之死堪称甲午战争中最悲壮苍凉的一幕。丁汝昌服鸦片自尽，兑现了他先前一定会给予全岛军民以"生路"的诺言，残酷之处在于，这条"生路"不是援军英雄般的拯救，而是在绝望之中接受巨大的屈辱——丁汝昌一死，投降也就不存在障碍了。

丁汝昌死后，由威海卫水陆营务处提调牛昶昞主持，经美籍海员浩威提议，决定以丁汝昌的名义向日军投降（一说丁汝昌死前已写下降书）。此时，刘公岛护军统领张文宣已效仿丁汝昌，仰药自杀。北洋海军中身份较高者，为现任北洋水师左翼总兵兼"镇远"号管带杨用霖。牛昶昞本欲推举杨用霖前去与日军接触，但杨用霖无法忍受屈辱，断然予以拒绝，随后便吟诵着文天祥"人生自古谁无死，留取丹心照汗青"的诗句，举枪自杀。

1895年2月14日下午，牛昶昞以海陆军代表的身份，登上"松岛"，与联合舰队司令长官伊东佑亨正式签署投降书。

三天后，日军开进威海港，接送北洋舰队残余舰艇、刘公岛炮台及军资器械。伊东佑亨感怀于丁汝昌等人的牺牲精神，批准将练船"康济"解除武装，交还中方，以用于抬运丁汝昌等人的灵柩，"康济"也因此成为甲午战争中唯一幸存的北洋军舰。

当天下午4点,"康济"载着丁汝昌、戴宗骞、张文宣、刘步蟾、杨用霖五人的遗体,在汽笛的哀鸣声中,凄然离开了码头。至此,北洋舰队宣告全军覆灭。

轮船招商局有一艘原属美商旗昌公司的轮船,原名"盛京",招商局购并旗昌后,将其纳入自身船队,并改名为"海晏"。"海晏"航速快,舒适性好,在李鸿章陪同醇亲王奕𫍯巡阅北洋海防时,北洋行营便从轮船招商局借来"海晏",供他们一行人乘坐,"海晏"也因此成为北洋海军鼎盛时期的见证者之一。

北洋海军的际遇与它的创始人李鸿章紧密相连,北洋海军兴盛之际,也正是李鸿章事业发达之时。当时民间有一个传闻,说"海晏"其实是国产轮船,最早称"海安"。在"海安"解往天津时,负责官员为了避李鸿章之父李文安的字讳,想把"安"字改掉。李鸿章的兄长李瀚章知道后,怕给李家和弟弟惹来麻烦,不允许改,并痛斥官员说:"等李中堂做了皇帝,再避其三代不迟!"事后官员想拍李鸿章的马屁,终于还是私自把"海安"改成了"海晏"。

如果说有关海晏轮船命名的传闻,纯属以讹传讹,那么,清代笔记中另一个关于"海晏"的记载,则是当事人亲眼所见。据"海晏"买办(即代理商)潘二江说,李鸿章在乘"海晏"陪同奕𫍯巡阅时,因为个子高,入舱门未留神,把大帽上的顶珠给撞掉了。"海晏"驶出后,船上的帅字旗又突然被大风刮落,吹到了海里。潘二江认为这两件事都很不吉利,对别人说:"中堂(李鸿章)难道将碰到不祥之事吗?"其时海疆安定,众人尚不以为意,未几,甲午战争爆发,潘二江的话传开,才不由得悚然心惊。

清代笔记对李鸿章乘"海晏"不祥的记载,似乎可以看成是当时一种群体心理的反映,即在北洋海军覆灭后,很多人无法解释,这座国家倾三十年财力营建,曾经是亚洲第一、世界第八的宏大军事建筑,为什么会在一夜之间坍塌。他们宁愿相信,在中国这座神奇土地上,与许多其他注定要发生的事一样,李鸿章及其北洋海军的噩运早有先兆,北洋海军以如此凄惨悲壮的方式退出历史舞台,乃是上苍的安排,非人力所能左右。

救命稻草

威海卫之战期间，身负和谈使命的张荫桓、邵友濂正式抵达广岛。二人在到达广岛的次日，即与日方交换国书，日本首相伊藤博文看完中方国书后，发现文字中有"一切事件，电达总理衙门转奏裁决"的字样，遂认定授权不足，与国际谈判的惯例不符，拒绝与之谈判。

张荫桓、邵友濂吃了闭门羹，急忙写信给日本外相陆奥宗光，申明光绪皇帝的确已向他们授予了议和全权，然而陆奥宗光也不予认同，并驳回了张、邵发电报给国内，临时对国书进行修改的请求。之后，日本政府又以广岛乃日本军事重镇，闲杂人员不允许逗留为由，将张、邵赶到了长崎。

伊藤博文、陆奥宗光表示，他们不是不愿意与中方谈判，归根到底，还是张、邵不够资格，中国必须选派一位"有威望、有权力的大臣"充任全权代表，和谈才能进行。

张荫桓是户部侍郎，邵友濂是代理湖南巡抚，一个朝廷大员，一个封疆大吏，皆为朝廷重臣，还不够"有威望、有权力"？不够！

当天，伊藤博文私下问中方使团随员伍廷芳："恭亲王为什么不能来敝国？"

奕䜣是皇室贵族，如今又在幕前主持全局，自然不能来日本受战败议和之辱，伍廷芳因此作答："恭亲王位高权重，无法走开。"

"那么李鸿章中堂大人可以主持议和，贵国怎么不派他来？"

伍廷芳本是李鸿章的幕僚，他马上反问："我今天是和您闲谈，那我顺便问问，如果李中堂奉命前来议和，贵国愿意订约吗？"

伊藤博文自然能听出伍廷芳的弦外之音，但回答仍然滴水不漏："如果中堂前来，我国自然乐意接待，但还应符合国际惯例，必须拥有全权。"

日本人对于李鸿章的态度其实很复杂。曾有一名美国人与日本官员聊天，美国人感慨："试问朝廷（指清廷）如果不用李中堂，还有谁能与东洋匹敌呢？"日本官员对此表示认可："中国方面如果罢斥李中堂，我等在军务上就更容易成功了！"

事实也是如此，没有李鸿章主导的洋务运动，清王朝将更无足够实力基础与日本抗衡,而没有李鸿章一手创建的淮军及北洋海军,中国在甲午战争中也只会败得更快更彻底,尤其是北洋海军,甚至完全可以这样认为,没有李鸿章,恐怕也就没有甲午海战了。

对于日本人而言,他们一方面视李鸿章为敌,另一方面,相比于其他中国官吏,他们对李鸿章也最尊重。他们认为如果恭亲王不能亲自来日本参加和谈,剩下唯一够资格的谈判代表,则非李鸿章莫属。

在从伊藤博文嘴里得知日方的真实想法后,伍廷芳立即向和谈代表团做了报告,张荫桓、邵友濂见再待下去也无济于事,这才率团返回国内。

使团赴日前后,中日战争仍在进行当中。被帝党清流拿来"以湘代淮"的主角、钦差大臣刘坤一从京城启程,到达山海关。自旅顺失守后,李鸿章就已被革职留任,朝廷命其只负责北洋防务,关内外各军被交由刘坤一节制,但由于刘坤一一直逗留京师,所以辽东半岛战役实际仍由李鸿章负总责。刘坤一到达前线后,就正式从李鸿章手里接过了指挥权,前线集结的一百多营约六万人马,均受其掌控,对于除北洋以外的辽东等其他战区防务,李鸿章不再能够左右甚至过问。

刘坤一在受命之时,即抽调南洋湘军陆续北上,加上两湖地区的赴援部队,至其亲自督师前沿,集结于前线的湘军已超过五十个营,可谓声势浩大。原本淮军为主,湘军为辅的局面,也随之悄然发生变化。在这种情况下,帝党清流自不待言,就连已对自家海陆军失去信心的李鸿章和北洋系,都巴望能借湘军之力,通过"以湘助淮"的方式来改变极度不利的战局,正如盛宣怀所言,此时战局"舍湘军实无可望"。

在刘坤一的组织和调度下,湘淮军在一个月内,对海城连续发起三次反攻,持续时间之长,集结兵力之多,均超过以往,乃甲午战争以来最大规模的陆战攻势。可是正所谓希望逾大,失望逾大,虽然战役中投入的兵力一次比一次多,声势一次比一次大,但三次反攻,最后均无效而返。

仅从过去所获军功来看,刘坤一远不及李鸿章,只是经舆论渲染后,他的能力被夸大了。湘军也是如此,早在内战结束时,湘军就已走下坡路,北上湘军相对武器陈旧,新式热兵器不足,很多还是以冷兵器为主,营哨以上将官虽久历沙场,然而士卒亦多临时抽调。至于淮军(也包括毅军等)

方面，因为受挫太多，士气低迷，怯战先退的情况很普遍，故而湘淮军加在一起，不仅没有起到正面的累迭效应，反而互相传染负面情绪，造成战斗力和士气下降。

当然，归根到底，这些都不是最重要的，最重要的还是军事体制落后所造成的时代差距，即日军已是近代化军队，而湘淮军却还处于中世纪阶段，以致不管将领如何更换，兵力如何厚集，战场呈现出的始终都是一边倒状态。

从三次海城反攻战来看，湘淮军每次反攻都仅能持续半天时间，每次的作战方式也都较为单一。一般情况下，都是受挫于路途中一个山头，然后遭到日军炮火的远距离打击，在双方军队尚未直接接触之前，湘淮军各部便纷纷后退，各自撤退而去。于是乎，每次战斗都是仅仅打了几个时辰，就草草终尾，以至于如此大规模的交战，日军每次的死亡数平均仅为几十人，最少的竟然到个位数，战果之微小，简直可忽略不计。

刘坤一和湘军是朝野改变战局的最后寄托，看到前线军事并无多大起色，满朝文武连同帝党清流，大家一下子都噤声了，不知该如何是好。光绪皇帝更是五内俱焚，1895年2月10日，他在召见军机大臣翁同龢等人，谈到战既不得，和又不成时，已经是声泪俱下。

此时，李鸿章的个人命运却突然出现了重大转机。本来李鸿章已到了焦头烂额、山穷水尽的地步，随着威海卫之战逐渐接近尾声，刘公岛形势急剧恶化，连近在咫尺的山东巡抚李秉衡都选择了拥兵不前，坐视北洋海军覆灭。虽然刘公岛尚未沦陷，北洋舰队也还在苟延残喘，但北洋快要完蛋，以及帝党清流必要借此跟李鸿章算总账的结局，都已昭然若揭。李鸿章作为被革职官员，就境遇而言，也仅仅比他的部下、"戴罪图功"的丁汝昌好上一点而已，可是一旦威海之败画上句号，李鸿章很可能也要被戴上"罪臣"帽子，甚至是坐牢、被砍掉脑袋。

恰恰就在这个时候，张荫桓、邵友濂回到京城，将日本人不接待他们而提名李鸿章前去的意思，向朝廷进行了汇报。得知日本政府只肯与李鸿章谈判打交道，朝廷的态度马上就不一样了——李鸿章由"次罪臣"变成了满朝文武也包括皇帝的救命稻草。

11日，光绪召集军机大臣议事，为了让日方相信清廷议和的诚意，决定派李鸿章为全权大臣，代替张荫桓、邵友濂赴日谈判。

天子使臣

清代笔记中有一则故事，故事中说李鸿章被召至京城，居于北京贤良寺中。因为事先并没有宣布他为全权大臣，议事大臣们又多将战败责任归之于他，导致李鸿章非常紧张。一天深夜，忽然得到圣旨，召他入宫，门前车马喧嚣，一巷子的人都被惊动了。

清代入朝一般都在早上，深夜相召，多半不是什么好事。李鸿章惴惴不安，可又不敢不奉命，便在入朝前立下遗嘱，告诫后世子孙不得做官，以免重蹈自己的覆辙。及至进入紫禁城，正好碰到恭亲王奕䜣。奕䜣在路上向他一拱手，连说了两个："恭喜！恭喜！"过去大臣被杀，多冠以"赐死"名目，监斩官也都以"恭喜"为辞，鸿章闻言，愈加胆寒，自以为小命保不住了。

等到了殿上，发现慈禧和光绪正秉烛以待，不是要杀他，而是要起用为议和大臣，并且还将其被革去的官爵赐还，以示依旧重用。李鸿章受命退下后，已是汗流浃背，内衣尽湿，后来他跟别人说起这事时，犹有余悸。

这则故事一看就不是真的，光绪发布李鸿章为全权大臣时，李鸿章尚在天津，但其中却也折射出李鸿章与最高当权者特别是光绪之间，那种复杂而又微妙的关系，以及如履薄冰的困难处境。在现实中，光绪虽然颁下了授命李鸿章为全权大臣的谕旨，却没有让他官复原职，也没有按照惯例，同时对其发出进京面圣的通知。

此时田贝转来一份日本政府的信件，信中提到中方必须选派他们认为合适的谈判代表，否则免谈。这个合适的谈判代表究竟是谁，信中虽未明说，但慈禧一看就知道指的是"李某"，也就是李鸿章。12日，她召见重臣，指示应"开复"（即撤销）李鸿章的处分，并让他立即"来京请训"。奕䜣告知光绪不让李鸿章来京，并认为皇帝的这种态度，与前一天他所颁下的圣旨精神不符。慈禧当即怒形于色，冷冷地说她自然会与光绪面谈此事，"我可作一半主张。"

转过天来，光绪态度大变，谕令李鸿章"作为头等全权大臣，与日本商定和约"。除此之外，不仅如慈禧所定，开复李鸿章身上包括革职留任在内的一切处分，令其火速"来京请训"，而且还赏还了三眼花翎和黄马褂。

眼看"易李""倒李"将成，忽然又功亏一篑，而且李鸿章还成了不可替代的国使，帝党清流很难咽得下这口气。15日，给事中、御史共九人联衔上奏，认为李鸿章和掌控军机的孙毓汶需对当前局面负责，他们指斥李鸿章"误之于外"，孙毓汶"误之于内"，以致"祸逼畿疆，朝野震动"。

相对于之前的联动声势，此时的这类弹劾已然是强弩之末，既起不到打击李鸿章和后党的作用，也无法改变李鸿章即将受命赴日求和的既成事实。然而言官们不知道或不愿意知道的是，李鸿章其实并不情愿接受这一看似让他摆脱困境的使命，他的幕僚吴汝沦一语道出了幕主的隐忧："此时言和，相当于乞降，若还指想靠口舌争胜，怎么可能办得到？"

既然是"乞降"，就必然只能被谈判对手碾压，也注定将是一项屈辱而又危险的使命，不但要挨骂，而且还可能连人身安全都无法保障。这一点，甚至作为局外人的洋员和各国公使，都看得清清楚楚——赫德预料李鸿章此行会两头不讨好，"不但为全国人所咒骂，也许还要受政府的公开谴责"。美国驻华公使田贝与李鸿章谈话，发现李鸿章"不愿意去日本，他很害怕遭到暗杀"。

为了让李鸿章能够心甘情愿地接受使命，田贝"严肃地和他（李鸿章）辩论"，并按照西方政治理念，不惜搬出"荣誉""为国家效劳"等一大堆堂而皇之的概念，竭力"引诱"李鸿章"同意担任这个危险的工作"。

洋人的"引诱"，对于李鸿章而言，并不具备他们想象中那么大的力量，但他们可以向清廷吹风，反过来让清廷施压。在这种情况下，李鸿章纵然顾虑重重，对于新的任命罔知所措，依然还是只能硬着头皮奉旨进京。

李鸿章进京时，威海已经陷落，北洋舰队全军覆灭，这意味着中方已失去在谈判中与日本讨价还价的最重要筹码。另一方面，在英美等欧美大国先后参与调停的情况下，日本担心继续大举推进，可能招致列强干涉，此时日本的海陆军大部都已投入于甲午战争，其国内的海陆军备接近空虚状态，如果因为列强干涉，导致其后方出现风吹草动，也是它所不愿意看到的。基于这些利益考量，日本在威海卫之战后，没有急于推进，而是一面陈兵辽东、山东两半岛，摆出随时进攻北京的架势，一面决定重开谈判，经由田贝照会清廷，要求中国确认朝鲜独立、赔款、割地、重订《中日通商条约》，并另派具有商议这些内容权力的使臣来日谈判，否则日本决不停战。

如果说"朝鲜独立"已是无法改变的既定事实，重订《中日通商条约》也不是不可以，赔款、割地尤其是割地一项，就不是清廷能够轻易咽下的苦果了。慈禧气急败坏，借口肝气发作，对于议和一事，不愿公开表态，只是王顾左右而言他。满朝大臣，一片义愤填膺，但具体到如何解决问题，却又都一个个束手无策，其中一些虚骄自大、盲目乐观，视日本为"蕞尔小国"，平时根本不把它放在眼里的人，到了这个时候，才终于有所醒悟，知道了李鸿章为什么在战前要反复告诫不要轻启战端。

割　地

事已至此，说什么都没用了，还是得面对现实，最让人着急的还是前线迄无捷音。原本刘坤一、王文韶素为帝党清流所重，按照大家原本的想象，只要让李鸿章彻底靠边，把刘、王换上去，由刘坤一指挥陆军，必可以将三军联成一气，知己知彼，选贤用能，运全局于胸中，由王文韶负责海防，必可以杜绝舞弊，淘汰庸者，亲巡海口，密筹防务。刘、王尤其刘坤一，在后方时也是动辄责人无功，慷慨陈词，可是正所谓"看人挑担不吃力，事非经过不知难"，事到临头，刘、王却表现得和李鸿章一样"庸碌无能"，甚至还多有不及，"刘坤一顿兵于关门而毫无振作，王文韶株守夫天津而仍无布置"，正是战又战不得，守又守不成。

光绪在大失所望的同时，更加焦虑不安，1895年2月20日，他亲自谕令宋庆等将："亟应联络各营，鼓励士卒，齐心协力，迅速克复海城。"在朝廷的一再催逼下，宋庆不得不会合各路兵马，兵分三路，第四次反攻海城，此次反攻在海城和大平山两个战场同时进行，仅在海城战场，湘淮军动员兵力就达两万余人，战线长达二十公里。

在此期间，李鸿章连日参加御前会议，与军机大臣们进行商讨，商讨的焦点内容，已不是要不要议和，而是要不要割地。

从个人利害关系上来说，李鸿章经办外交多年，早就尝够了挨骂的滋味，尤其他现在身为和谈的头等全权大臣，若是一开始就轻言割地，传扬出去，"卖国贼"的帽子都不够别人送的。当然，这还算是轻的，若是清廷把"割地求和"的责任完全透过于他，那他可能连项上人头都保不住，正如评论家所分析的："他（指李鸿章）知道……这种割让，对于他是斩头之罪。"基于这些顾虑，李鸿章郑重声明："割地之说，不敢承担。"

李鸿章表态后，翁同龢也立即表示，"宁可多赔款，也不能割地"，并且说，如果能办到不割地，他所掌管的户部会尽力筹措多出来的赔款。翁同龢的表态实际代表的是帝党立场，即割地求和太刺激国民，倘若可以用赔偿巨额战费代之，则可以借口忍辱负重，以维护皇帝的地位和声誉。

孙毓汶、徐用仪作为后党骨干，当然不会理会帝党的那一套，他认为"不应割地，便不能开办"，当前形势急迫，日本既然将割地作为先决条件，现在若加以回避，和平交涉就无法进行，因此只能是先接受割地而后才有可能议和。

反攻海城战役打响后，光绪又有了新的希望，当然也是不想割地的，见李鸿章亦持此说，便向其询问海防情况，李鸿章答复："实无把握，不敢粉饰。"的确，北洋舰队都没了，日军已在辽东半岛、山东半岛大举登陆，海防处于什么样的状况，已是一件不言自明的事。

殿前会议结束后，李鸿章又与奕劻及枢臣们到传心殿议事。奕劻有感而发，说现在最敏感也最需要注意的就是割地问题，但他随即又话锋一转，"比起国家的安危，特别是眼前的危机，割地倒是可以接受的事情"。见奕劻开了头，其他几个人也各抒己见，实际仍是坚持自己的原有看法，即孙、徐认为不能不割地，翁同龢认为"偿胜于割"。

翁同龢手握财权，又是光绪皇帝的心腹之臣，正如他自己所说，实在不行，就多赔款，少割地——正所谓"半砖不挨挨整砖"，在北洋海军亟需银子购买新舰新炮的时候，掌握财权的翁某既不关心，也没兴趣筹银，连年几百万两银子的海军投资，都嫌"靡费太重"，怎么都不肯拿出来。如今战败谈赔款，银两以万万两计数，他倒保证户部能筹到钱了，虽然也是硬着头皮，不得不筹，但与他所谓的清流做派也真是大相径庭。

李鸿章名义上虽被赋予议和全权，但他深知，"这责任从各方面来看都是危险的"，到了节骨眼上，最好事情有人商量，责任有人分担，于是便当着翁同龢的面，请其同往日本议和，共同承担此艰巨使命。翁同龢一听，脸都白了，立马予以拒绝，说："如果我曾经办过洋务，此行必不推辞。现在你让我去日本议和，是以生手办重事，怎么能够胜任呢？"

翁同龢是没有办过什么洋务，但这根本不是他拒绝赴日谈判的理由，再者，翁某作为清流派领袖，在攻击洋务派方面从来都是不遗余力，李鸿章可没少吃他的苦头，为什么临到头来，你居然还以不懂洋务为由，做了缩头乌龟？李鸿章对此多少有些情绪，遂直截了当地甩过去一句话："割地不可行，议不成我就回来吧！"这时有人问他，如果日本人必要割地，到时怎么办？李鸿章的语气很坚决："鸿（李鸿章自指）虽死不能画诺。"

因为迟迟拿不出统一的意见，一时间，现场陷入了沉默。

总没有切实办法也不行。身为和谈中的负实际责任者，李鸿章反对割地，除了此议关系太大，涉及自己的名誉甚至身家性命外，很大程度上也是从其外交经验出发所做出的一种理性判断，后者正是他和其余枢臣在作思考和立论时的最大不同之处。

在地缘政治上，日本和俄、英存在着根本性的冲突，日本崛起并向周围扩展其势力，势必挤占俄、英等国的活动空间，所谓"北则碍俄，南则碍英、法"。战前李鸿章之所以不找别的国家，而是专找俄、英调解，就是看到了这一点，若是中国被迫向日本割地，也就标志着日本在东亚争霸的开始，利害攸关之下，英、俄包括法国等国，不可能对此无动于衷吧？

见讨论不得要领，李鸿章便道出了自己的这一策略，即借助英、俄来拒绝日本的要求。鉴于之前调解无一成功，孙毓汶、徐用仪均认为难以办到，翁同龢则只要不割地，就什么都成，因此极力赞同。

李鸿章想到要借力英、俄，只是一种尝试，事实上，他自己对此同样毫无把握。重臣之中，论和日本人打交道的时间，以及对日本的认识，没有第二个人可以和李鸿章相比，他心里明白，以日本人的胃口以及英、俄等国只注重眼前利益的态度，要想不割地，确实很难做到，只能是姑且一试。

散会后，李鸿章先同孙毓汶、徐用仪一起，先拜访了对于调停比较积极的美国公使田贝，接着又单独拜访英国公使欧格讷，之后对法、德等国公使也都逐一拜访，反正有一个算一个，请其给本国政府发电报，以阻止日本要求中国割地的要挟。这里面，英、俄被作为重点，李鸿章电会中国驻英、俄两国的公使，让他们赶紧展开秘密活动，推动两国政府进行干涉。

李鸿章马不停蹄，连日奔波，一圈跑下来，结果却令人大失所望，只要一说到割地一事，各国公使均异口同声，表示中国要是不割让给日本一块土地，就没有签订和约的可能性，中国驻英、俄公使的活动亦毫无所得。

凄风苦雨

1895年2月25日，辽南战场对海城的第四次反攻结束。在这次为期五天的反攻中，大平山防御战是华军打得较好的战斗之一。当天早晨，宋庆指挥毅军向驻守大平山的日军发动进攻，并于午后占领了大平山，日军第一师团随即向大平山发起反攻，双方激战终日，一直打到晚上，其持续时间之长，在甲午战争诸役中是仅见的，双方伤亡也都很大，"死尸堆积成山，血流如注"。最终，由于指挥失当，未能有预备队投入，致使大平山重又被日军占领。

反攻又失败了，而且自此以后，日军解除了华军对营口的外围防御，使得华军在辽东战局中的地位更加不利。

前线兵败，就意味着谈判资本更加有限，留给李鸿章赴日谈判的准备时间也越来越少，在争取外援已然无望的情况下，李鸿章不得不改变态度，由反对割地转至主张割地求和。就在25日，也即第四次反攻海战受挫的当天，李鸿章面奏光绪，在报告中提及了割地，恭亲王奕䜣也随之陈述了不能不割地的理由，他们两人说过之后，只有翁同龢仍表示异议，其他人都已缄口不言。

眼看反攻海城之战重又功败垂成，光绪也没了主意，他表示割地事关重大，必须禀商慈禧才能决定。让众人都想不到的是，当第二天光绪向慈禧报告时，慈禧却出人意料地对李鸿章所奏、奕䜣所陈表现出反感，并且对光绪说："这件事由你决定，不用向我报告。"

光绪又派奕䜣等人奏请慈禧，把赴日使臣的权限定下来，实际上就是想让慈禧确定能不能割地。慈禧说话办事可真是滴水不漏，她让太监传话："一切遵照皇上旨意就可以。"

谁都知道"割地"在史书上意味着什么，到了最后需要做出决定的时候，谁都不愿意与之沾边，就连慈禧也怕因此背上遗臭万年的恶名，所以才会竭力规避责任。

3月2日，美国公使田贝正式发来通知，日方已经决定把马关作为中日谈判的地点。在此之前，辽南华军开始第五次反攻海城，但由于缺乏统一指挥，诸将踌躇不前，反攻仍归失败。随着第五次反攻的失利，这一整个甲午期间最大的陆路攻势也就这样悄无声息地结束了，从此以后，华军再无主动进攻的例子。

海城反攻战役长达两个月，在这两个月时间里，日军虽然一开始曾面临孤军深入、补给线漫长的难题，但即便在那个时候，其后勤补给线也从未被完全切断，这使得日军在整个战役中的军火、粮食一直非常充足。等到华军这边偃旗息鼓，日军便趁势反守为攻，就在田贝发来通知的当天，鞍山即为日军占领，辽阳危急，盛京（即沈阳）受到直接威胁。盛京在清代的身份是"陪都"，既是所谓的龙兴之地，又有清代皇帝的祖宗陵寝，其地位仅次于北京，是万万丢不得的，迫于这一内外交困的形势，光绪不得不从"太上皇"手中接过烫手山芋，给予李鸿章以"商让土地之权"。

李鸿章受命，顿感肩上压力倍增，他在上疏对赴日议和进行预筹时，用"悚惧"一词描述了自己的心情，表示尽管自己有了这一授权，但在谈判时仍将节节争执，尽量减少国家的损失，就是赔款数目也要想方设法降下去。光绪看完预筹疏后，发布上谕，予以肯定，同时由奕䜣等人公奏慈禧批准允行。

3月4日，李鸿章单独请训，在光绪亲授全权敕书时，他当场为之老泪纵横。正所谓"男儿有泪不轻弹，只因未到伤心时"，无论是前线的连续兵败失地，还是北洋水师的全军覆灭，都早已对李鸿章形成一个又一个重击，使他进退维谷、心烦意乱，如今又要奉旨赴日谈判，代表国家去签城下之盟，换谁都会倍感惆怅，乃至潸然泪下。

不管愿不愿意，东行都是必须取担和完成的使命。次日，在一片凄风苦雨之中，李鸿章带着"争回一分，即免一分之害"的复杂心情，萧然出都，踏上了茫茫行程。

就在李鸿章出京前后，日军集中在东北的所有兵力，发起了所谓"辽河平原的扫荡作战"，作战的主要目标是攻占辽河下游牛庄、营口、田庄台诸战略要地。战役开始前，日军"示形逼辽阳"，使华军对其主攻方向产生错觉，疏忽了牛庄方面的防御。3月4日这一天，日军第一军第三、五两师团共一万八千余众，合攻牛庄。牛庄守军只有湘军系统的魏光焘部武威军三千三百人，而且牛庄本身还是一座没有城墙的重镇，易攻难守，武威军血战竟日，半数阵亡，牛庄陷落。

仅隔三天，日军会攻营口。由于原守营口宋庆部毅军主力已撤往田庄台，留下驻守的人马仅三百余，兵力空虚，导致为敌所乘，日军仅战死两人，就得以轻取营口。

日军相继占领牛庄、营口后，紧接着就发动了田庄台之战。此役日军集中第一、三、五师团的全部兵力，近两万人，携九十一门大炮，是自甲午战争爆发以来，日军最大规模的一次用兵。湘淮军驻守田庄台的兵力也达到六十九营，两万余人，双方兵力是差不多的，这使田庄台之战成为甲午战争中最大的一次陆战，同时也是辽东半岛的决战。由于在军事组织、战术以及武器性能等方面差距较大，华军仍旧抵御不住，向后方败退。田庄台千余间民宅，三百多只民船，被日军焚之一炬，"火焰冲天，终夜不熄，田庄台一市，全归乌有"。

至此，辽东及辽阳南路之战以中方败北而告终，从田庄台沿辽河而东，自鞍山站以西的大片区域，尽为日军所控制。湘淮军全线皆溃，除陈湜部湘军十营拒守摩天岭外，其余全部撤至关内。

日军实现了在冰雪解冻前击溃华军的目标，并形成北可攻击盛京，南可威胁北京的态势。接下来，他们随时可以按照大本营的计划和意图，越过辽河，进军山海关，在直隶平原与华军进行主力决战，这也为日本在即将开始的和谈中增加了一个重要砝码。

春帆楼

李鸿章在京期间，据传曾"忙里偷闲"，由女婿张佩纶引见，前往京郊的白云观，在隐匿身份的情况下，拜访了一位通灵道人，请他为自己占卜。

道人听完来意后，自顾自地坐在一个大蒲团上，闭目养神，把李鸿章晾在了一旁。李鸿章倒也不愠不急，耐心地在一旁恭候。

良久，道人睁开眼："占卜之道，由心生，信则灵，不信则无。"他让李鸿章告知其生辰八字，李鸿章的生日是阴历正月初五，这一天也是民间传说中财神的生日。道人问清楚李鸿章的"财神生辰"，足足想了半炷香的工夫，才望着李鸿章说，你的命很硬，命如此之硬，非大富大贵之人难以担当，看来你不是一般人啊，封侯拜相不在话下。

"大富大贵""封侯拜相"，李鸿章早就做到了，只是未必守得住，更何况他此时关心的也并不是这个，遂摆摆手苦笑道："往事如烟，不堪回首，还望道长能为弟子预测一下未来。"

道人矜持一笑，说到了关键处："施主眼下是有些麻烦，但有惊无险，尽可宽心。只是恐怕晚节有虞，尚需格外留心。"

李鸿章心里一动，还想继续追问，道人一指墙上的一幅《松雪道德经》（即名帖《松雪书道德经》，系由元代著名书画家赵孟頫所书，赵孟頫号松雪道人），含矜而笑，至此再不作声。

古人言，"心存忐忑，占卜问卦"。李鸿章平时对于占卜问卦这一套，并没么热心，临时抱佛脚，本身就是其不安心情的一个表征。对于此时的李鸿章而言，比之于个人的人身安全受威胁，更让他担忧的无疑还是"晚节有虞"，道人的话也因此在他心中蒙上一层阴影。尽管如此，李鸿章在领命之时，即已下定决心，此行即便因割地赔款而遭到国人斥骂，也顾不得那么多了，正如他在预筹方案中所言，"苟有利于国家，更何暇躲避怨谤"。

1895年3月14日，李鸿章一行从天津出发，前往日本。随行人员除伍廷芳、马建忠等幕僚外,还有两个特殊人物,其一是美国人科士达,其二是李鸿章的长子李经方。科士达是律师出身,曾担任美国国务卿,总署专门聘请他以私人身份,充任议和法律顾问。李经方曾任驻日公使,通达日语,李鸿章认为谈判时用得上,因此在参加军机大臣会议时特地请求让其随行,李经方在使团中的身份是"钦差全权大臣"。

在使团乘船的船头,高悬着"中国头等议和大臣"的旗帜,但因日方不允许中国使团乘坐中国船前去谈判,所以他们雇用的是德国商船"礼仪""公义",船上也只能挂德国国旗,议和大臣所处环境的尴尬和困难,于此可见一斑。李鸿章年逾七旬,却还要以老迈之躯,远赴东洋,深入险地,扮演这样一个极难扮演的角色,其心境之苍凉与苦涩,亦可想而知。

轮船在海上颠簸了五天,于19日到达马关。快到马关时,李鸿章吟诗一首,言称"舟人哪知伤心处,遥指前程是马关"。

马关也称下关,在日本本州岛最南端,此地有一个位于小山丘之上、面朝大海的春帆楼。春帆楼乃木制小楼,面积并不大,原来是个医生诊所,后改成河豚料理店,店里的河豚宴很有名气。伊藤博文是马关所属的山口县人(当时属长州藩),过去在马关一带活动时,春帆楼是他经常光顾的地方,据说春帆楼的名字也是由他所取(伊藤博文别号春亩)。

春帆楼是伊藤博文亲自选定的谈判地点。20日午后2点半,李鸿章一行登上春帆楼,与日本全权大臣伊藤博文、陆奥宗光举行第一次谈判。春帆楼里早已修葺一新,地上铺着华丽的地毯,围着谈判桌摆放了十多把椅子,中方人员还注意到,与其他人受到的待遇不同,日方在李鸿章的座位旁还特别摆放了痰盂。

客气和尊重背后,却是掩藏不住的刀光剑影。伊藤博文与李鸿章并不是第一次面对面打交道,十年前,两人签订《中日天津条约》,就已经见过一次,此次不过是对手重逢。对于李伊二人重会春帆楼,清代野史中有个段子,说是在宴会间,伊藤博文突然对李鸿章说:"我这里有一个联,你能对吗?"说完,便随口道出上联:"内无相,外无将,不得已玉帛相将。"意思是你大清国内无贤相辅政,外无良将御边,不得已只好割地赔款。

李鸿章听出联句中含讥带讽,但一时又答不出下联,不由得又恨又愧。

赶巧使团随员中有个李鸿章的幕僚，平时不蒙李鸿章重用，触景生情，灵机一动，立刻代李拟出下联："天难度，地难量，这才是帝王度量。"中国天地广大，难以测量，这就像是我们皇帝度量大，给你点地，赔你点钱，无所谓。

这个段子自然是虚构，暗含的是国人爱占口头便宜的老习惯。回到真实的场景中，在中日谈判代表未曾正式开谈时，伊藤博文和李鸿章于寒暄之后，也确实先有过一番意味深长的对话。

当年签订《中日天津条约》的背景，是朝鲜"甲申政变"被中国驻朝军队迅速镇压、伊藤博文来华谈判时，虽不像李鸿章现在这样极度被动，但也不占优势。李鸿章是实力外交论者，借助于己方对局势的掌控，他在谈判中，将伊藤博文的无理要求全都毫不客气地拒之门外，并且声言如果伊藤博文不满意的话，双方只有兵戎相见。

那次谈判，伊藤博文不仅未讨得便宜，反而在会场上领教了李鸿章的厉害。事隔十年，两人再次谋面，对于当时李鸿章的盛气凌人，伊藤博文仍旧记忆犹新："想中堂大人当年，何等威风，一言不合，谈不成就要打，如今真打了，结果怎样呢？"

十年后，随着战争的一败一胜，李鸿章和伊藤博文在东亚政治场上的地位已发生了翻天覆地的变化。尽管李鸿章仍想尽力表现出作为大国使节的恢宏气度，但作为战败方的代表，仍难以掩盖自身尴尬艰难的处境，而伊藤将春帆楼挑选为谈判地点，本身就代表着他的踌躇满志和今非昔比。未等李鸿章答话，伊藤博文即以一副胜利者的姿态，志得意满地说道，十年前他在天津与李鸿章相会时，曾进言中国有改进的必要，不料十年来一无长进，"不图改进，以至今日，实深感遗憾"。

聊到这个话题，李鸿章内心可谓酸甜苦辣，五味杂陈，只好一边叹息，一边承认本国积弊太深，以致"虚度岁月"，十年过去，一切依然如故，"本大臣自感惭愧，心有余而力不足"。

过苛，过苛

两国互换国书后，首先进行简短交谈。为了掩饰上次将中国使节拒之门外的失礼，伊藤博文故意以确认相互资格开场，说张荫桓、邵友濂之所以遭拒，乃是因为觉得他们"似乎不是诚心和好"，而李鸿章此番前来就不一样了，"你中堂大人官品尊宠，责任重大，这次奉命为头等全权大臣，实在是出于诚心"。

李鸿章乃外交谈判的老手，当然知道伊藤博文的用意所在，遂不卑不亢地答道："我国如不是诚心修好，一定不会派我来。我没有诚心讲和，也不会来这里。"

接着，李鸿章发表了一个长篇谈话，强调中日两国作为东亚两大帝国，应优势互补，加强合作，以便对抗西方列强，而不要轻动衅端，反过来为西方列强提供可乘之机。

李鸿章的这番话虽不乏外交辞令，以及迫于时势下的求和用意，如陆奥宗光所说，"讽示迅速完成媾和的必要"，但仍展示出他在世界大势、国际问题上的深入思考和远见卓识。事实上，李鸿章很早以前就曾设想联合日本，共同制衡西方。他在谈话中还提到，欧洲各国虽然军事力量都很强，却不轻启衅端，中日两国既在同一个洲，地理位置上又最为接近，文化也相似，为什么不效法欧洲，而要互相寻仇呢？如果互相寻仇不已，自然有害于中国，对于日本而言，也未必有益处。

李鸿章东渡议和之日，正是日本国内主战气焰持续高涨之时，媒体舆论大肆宣扬，既然要让中国割地赔款，则割的地面积越大越好，赔的款越多越妙，甚至声称"必须有瓜分（中国）四百余州的决心"。在日本军队内部，主战气焰更为浓烈，力主非占领北京不可言和，在一些日军将领公开发表的诗作中，已多有"燕京从是几行程""何时轻骑入燕京"等诗句。至于日本政府，虽然相对较为克制，但亦有急于称霸亚洲、挤进西方列强阵营的渴求，贫弱而不思进取的中国正好成为其达到目的踏脚石，如何肯和你坐在一条板凳上？

伊藤博文、陆奥宗光皆为日本政府的代表和决策者，他们对于李鸿章的建议和忠告，根本听不进去。陆奥宗光一方面对李鸿章的风度表示敬佩，认为李鸿章"说到底，不愧为中国当代的一个人物"；另一方面又认为李鸿章所言，不过是"今日东方政界人士的老生常谈"，并说李鸿章"狡猾"，"如此高谈阔论，其目的是想引起我国的同情，间用冷嘲热骂以掩盖战败者的屈辱地位"。

李鸿章的呼吁未能起到作用。1895年3月21日,双方举行第二次会谈,开始进入了实质性议题。清廷这时最迫切期望的是停战,以便让疲弱不堪的前线军队喘口气,同时防止日军进攻京畿和盛京,因此李鸿章提出在两国议和期间,双方陆海军应一律停战。

伊藤博文早知中方有此要求。实际上,在割地赔款上狮子大开口,同样也是日本政府肚子里正在打着的小九九,只是它还得顾及国际舆论和关系,不能像媒体和军方那样口无遮拦,想说什么就说什么而已。

现阶段停战,自然对中国有利,因为可以最大限度减少损失;对于日本而言,就未必了,在侵华日军已占据压倒性优势的情况下,或许只有一直打到北京,迫使中方订立城下之盟,才能确保其利益最大化。为此,在该轮谈判的前一天晚上,伊藤博文特地和幕僚彻夜研究,针对中方的停战要求,设计了一个反提案:停战可以,但前提是中国必须交出大沽、天津、山海关以及所在地方的铁路、军需,停战期间,日本驻军的费用也由中国负担,此条件限中国在三天之内做出答复。

伊藤博文把他的反提案一说,李鸿章倒吸一口冷气,纵使他在谈判中一向都很冷静,此时也不由得连呼:"过苛,过苛!"

大沽、天津、山海关,皆为军事险要之地,若为日军所控制,可直接威胁京城,日军都还没有到达那里,居然就想不费任何气力地捞到手中?再者,如果停战期满,议和不成,日本仍然占据着这三处地方,岂不是反客为主,占尽了便宜。

伊藤博文当然也知道自己提出的停战条件过于苛刻,但这正是他的目的所在,为的就是迫使中国放弃停战的念头——中国放弃停战,日本就可以在谈判过程中再战,这样既应付了国际舆论,封住了欧美各大国之口,又能把日方想得到的蛋糕统统抢过来,可谓是一箭双雕。

"人 情"

伊藤博文是这样想的,当然他口头上不能这么说,面对李鸿章提出的质问，他的解释是：现在两国相争，日军正准备攻占各地，中国忽然要求停战，对日军士气会造成妨碍，所以他们要先占据险地作为抵押，才不致过后吃亏。

李鸿章、伊藤博文同被国际社会视为本国俾斯麦式的人物，两人虽然年龄差距较大（伊藤比李鸿章小十八岁），但自在天津相识起，就有惺惺相惜之意。在过去的十年里，两人一直书信不断，其间伊藤博文曾向李鸿章赠送有关日本军事、经济、文化等领域改革措施的书籍，李鸿章不仅对这些书籍都仔细阅读过，而且还将自己有意大力革新，但受制于所处政治环境、难以充分施展的苦衷，都不加隐瞒地告诉了伊藤博文，足见双方在政治见解方面的相互信任与期许。

就在甲午战争爆发的前两年，朝鲜曾发生"防谷令"事件。所谓"防谷令"是朝鲜地方官发布的一项命令，用于暂时禁止本地谷物的外运及出口，根据日朝政府达成的协议，朝鲜公布"防谷令"，应提前一个月通知日本领事，但那次朝鲜没通知，日本称自己因此受到重大经济损失，要求其赔偿。

据朝鲜估算，日方损失大约为六万日元，但日方要求赔偿十七万日元，双方争执不下，谈判了很长时间都没有结果。当时朝鲜内政外交实际都在袁世凯的控制之下，日本又尚未做好入侵朝鲜和中国的准备，面对国内舆论对于"防谷令"事件久拖不决的批评，伊藤博文迫不得已，亲自给李鸿章写信，说解决"防谷令"事件的事，他已经跟李鸿章长子、时任驻日公使的李经方提过了，现在想请李鸿章本人再帮帮忙，"假中堂阁下之一臂，而得妥协和局"，信最后署名是西方格式："你的好朋友伊藤"。

从大局出发，李鸿章当天就给袁世凯发电报，让袁世凯劝朝鲜官员坐下来，妥善解决相关问题，以免因小失大，并且告诉袁世凯："伊藤与我私交很好，他对于此事件的态度也并不虚伪。"在李鸿章的调解和干涉下，朝鲜最终同意赔偿日方十一万日元，"防谷令"事件迅速得以解决。

有这样的私交基础，在战场上被对方全面压制，手中缺乏任何有利筹码，而"晓之以理"又难以见效的情况下，李鸿章只能更多地尝试对伊藤博文"动之以情"："我是直隶总督，这三处地方都由我管辖，由日军先行占据，我脸面何在？请伊藤大人设身处地想想，将是一种什么样的心情。"

然而伊藤博文听后，却不为所动，看上去根本就不想还在"防谷令"事件上欠李鸿章的"人情"，两人多年的私谊感情此时也丝毫不见踪影。这其实并不奇怪，民国外交家蒋廷黻曾经说过："国际关系不比私人间的关系，是不讲理，不论情的。"同为成熟老练的政治家，李伊之间再怎么是忘年交，再怎么彼此欣赏，到了涉及国家利益的谈判中，也都不会轻易相让，私交、人情都只不过是表面的装饰，为的是更容易打动对方。即如李伊在"防谷令"事件中亦是如此，伊藤博文想让李鸿章帮着调解，就左一个"好朋友"，右一个"好朋友"，同样李鸿章肯给袁世凯发电报，愿意对事件进行干涉，也不是真的完全从"好朋友"立场出发，说到底仍是想借此增强对朝鲜的影响力，并向日本及各国显示中国对于朝鲜的宗主国地位。

眼见伊藤博文不吃自己的这一套，李鸿章只得转而主张先不讨论停战问题，直接商讨和约。伊藤博文等人对于暂不停战考虑得多，却还未想好如何订和约，才能捡得最大便宜，故而一时半会也拿不出和约草案，双方商定三天之后再次举行会谈。

自奉命出使以来，李鸿章深知事关重大，处处都小心行事，每次会谈后，都随时电奏朝廷，候旨遵行，同时他也将自己的看法向朝廷进行汇报，以供决策参考。此次会谈也一样，虽然他在会上有自己的主张，但会后还是立即向总署发去密电，对会谈情况进行汇报，除提供自己的主张和建议供参考外，还明确表示日本要挟太甚，无法答应，叮嘱国内应在大沽、天津、山海关一带严加戒备，并尽量创造好的国内军事形势，以配合在日本的谈判。

光绪获悉，急令奕劻等与各国公使面商，听取他们的意见。各国公使看了日本所提条件，也都表示只有停战期间中国补助日本军费这一条，还算合理，其他按照国际惯例，都不在尺寸上。

总署随后复电李鸿章，同意搁置停战之议。此举正中伊藤博文的下怀，他立即命令日军向台湾开进，1895年3月23日，日军登陆澎湖列岛，显然是想抢先造成日军占领台湾的既定事实，然后再逼李鸿章就范。

伊藤博文的做法，进一步压缩了中方在和谈中的活动空间。24日下午，中日举行第三次会谈，李鸿章向伊藤博文索取和谈文本，伊藤博文却还是拿不出来，推说要等第二天再谈。

会谈毫无实质性进展，陷入僵持之中。散会后，心事重重的李鸿章步出春帆楼，乘轿返回下榻的引接寺旅馆。就在返回的路上，突然有暴徒向他发起袭击，由此酿成了一桩震惊世人的血案。

此血可以报国

李鸿章在日本社会名气很大，自他以中国全权大臣的身份来到日本后，每天都有很多人来到他回旅馆的必经之路上，想看他究竟是一个什么样的人。当天李鸿章的轿子已经快到引接寺门口了，那是一个街道拐角的地方，空间很狭窄，加上争睹李鸿章的人群攒集，导致秩序非常混乱，轿夫只能排群缓行。

正当轿子从人群中穿过时，忽然有一个日本浪人窜到轿前，用左手按着轿夫的肩膀，趁轿夫惊讶停步、卫兵亦未及反应之际，浪人用右手拔出手枪，朝着李鸿章脸上就是一枪。李鸿章当时戴着眼镜，子弹打破眼镜，击中左脸颊，深入左眼下，鲜血顿时染红了他身上所穿的黄马褂，根据李鸿章事后发给总署的电报所述，他"登时晕厥"，也就是当场就晕厥了过去。一时间，现场乱作一团，周围行人如鸟兽散，凶手趁机闪入人群，躲进了路边的一个店铺。

随行医生急忙上前进行检查，发现幸好子弹没有击中要害，算是捡回了一条命。在做了简单的创口处理后，众人加快脚步，在卫兵护卫下，将李鸿章抬往旅馆。李鸿章很快清醒过来，毕竟见过大风大浪，面对突发状况和飞来横祸，他表现得异常镇静，下轿时用手捂着伤口，神色自若，徒步登阶入内。

李鸿章这个时候最在意的，不是自己的安危，而是由自己的遇袭受伤，想到了打破谈判僵局的可能性——依据自己大半辈子积攒下来的国际政治和外交经验，他已经认识到，不管自己死与不死，突然发生的行刺案，都将是中国使团扭转谈判中的不利局面，进而替国内赢得喘息之机的最好机会。

看到周围众人脸上都是一片哀戚和不安之色，他让大家不要担心，并嘱咐随员将换下的血衣保存起来，不要洗掉血迹，以便作为自己遭日人刺杀的罪证。望着衣服上的斑斑血迹，这位已是古稀之年的老翁不禁长叹一声："此血可以报国矣！"

李鸿章三十岁办团练，四十五岁平定捻军，他是那种敢于身先士卒的人，即便身为三军统帅后，也经常穿便服巡视军队营栅，骑马经过敌方营垒时，可以做到谈笑自若，所以连戈登都"深服其胆略"。在十余年的戎马生涯中，李鸿章打过的仗和遭遇的危险，可谓数不胜数，但却从未有挂彩的记录，他万万没有想到的是，年轻时冲锋陷阵都没受过伤，如今已垂垂老矣，却在和谈的地方挨了刺客的子弹。联想到自己的外交生涯中，被骂得最多的就是一个"和"字，李鸿章颇有哭笑不得之感，后来他对别人说："我不伤于战，而伤于和，世人还说我好'和'，这是什么道理？"

当晚，李鸿章给伊藤博文等人送去照会，通知日方："不能出席定于次日召开的会议。"接着，他招来美籍法律顾问科士达，说："我的朋友都警告我不要来日本，因为会有人暗杀我，但是贵国公使田贝先生、法国公使还有其他人，都向我保证，在日本没有一点危险……现在，你看，怎么样了？"

科士达自然会在第一时间，把李鸿章遇刺的消息，告知本国政府乃至国际社会。李鸿章同时让儿子李经方给总署发电报，报告遇刺详情，并让总署赶紧联系各国驻华公使，请各国政府对于日本刺杀使臣、破坏和谈一事予以关注。

李鸿章遇刺，首先惊动的自然是日本政府。按照国际法，李鸿章作为外交使节，其人身安全应受所在国保护，因而此案一出，日本政府十分被动，伊藤博文勃然大怒，咆哮着说："宁可枪毙我，也不应加害中国使臣。"

马关警方当即被责成限期破案。在中日谈判开始后，日方特别设立了维持谈判秩序的宪兵支部，刺杀现场就在宪兵支部旁边，距此不远还有一处派出所，所以凶手很快就被抓住了。

经审讯查明，此浪人名叫小山丰太郎，系无业青年，日本右翼团体"神刀馆"成员。当问其为何行刺李鸿章时，他表示自己并非仇视李鸿章个人,而是对中日正在进行的议和谈判不满。他认为日胜中败,议和谈判只有利于中国,因而不希望中日停战,更不愿意看到中日议和。

在日本,右翼激进青年刺杀政府要人,并不是一件新鲜事,只不过这次刺杀的是外国使臣而已。究其根源,是日本在对华备战期间,有意进行煽动的结果;经过长期洗脑式煽动,日本国内早已形成一种扩张主义流行病,小山丰太郎就是受到了这种流行病的感染,以致变得歇斯底里,什么事都敢做。

甲午一战,连原本认为极难战胜的北洋海军都被击垮了,国际社会对日本表现出的军事实力赞不绝口,日本人的民族狂热和扩张主义情绪顿时飙升至沸点,"打到北京,活捉清帝"几乎已成为民众的口头禅。即便在中日谈判期间,日本舆论也仍在一个劲地鼓动军队乘胜攻占北京,当时有署名诗作这样写道:"三军万里向天津,正是东风桃李辰。星使乞和和未就,燕京将属手中春。"

小山丰太郎大约觉得只有杀掉"星使"李鸿章,战争才能继续进行下去,政府和军队也才会孤注一掷,直到攻陷北京。事后,日本报章在介绍这次行刺案的背景时,竟然还如此阐述日本的所谓民意基础:"日本国内对这么早就开始谈判不满,日本应该扩大战果。"又借小山丰太郎之口,替行凶者叫屈:"日本不好容易才压制住了反对派,想跟中国和谈,可李鸿章不想和平,因此只有除去李鸿章,才可能和平。"

我宁死也不开刀

日本"民意"不想停战,日本政府也不想停战,但二者的意图其实并不一致,日本政府站在总揽全局的高度,只是暂时不想停战,或者说是以停战来促谈判,其拟就的谈判方略,是借战争逼迫中方做出更大更多的让步,然后见好就收。这一期间,让伊藤博文最担心的,就是会不会有人跑出来搅浑水,导致有什么把柄落在列强手中,进而使得虎视眈眈的西洋各国从中干涉,坐收渔翁之利。

现在答案出来了,小山丰太郎就是那个搅局者,他的行为就是在授人以柄，相当于日本人自己在招惹列强进行干涉。

真是怕什么来什么，伊藤博文气得发抖，按照他的说法，行刺案的发生，简直比战场上日军一两个师团的溃败还要严重——如果仅仅是兵败，尚有反败为胜的机会，行刺案却根本无法挽回！

明治天皇亦亲降谕旨，在对刺杀案深表歉意的同时，要求严惩凶手："不法凶犯……竟敢伤及中国头等全权大臣之身，朕心深为忧愁惋惜。"在连天皇都已对此表态的情况下，出于政治需要，行刺案被特事特办，小山丰太郎被捕的第二天，警方即进行了初审，后又迅捷认定此案为预谋杀人未遂。一周后，案件移交山口县地方裁判所正式审理，小山丰太郎被判处无期徒刑。负责当地治安或与之相关的不少官员也受到牵连和追责，山口县知事原保太郎、山口县警部长后藤松吉郎都因此丢了乌纱帽。

无论是出于私交，还是为了谈判，伊藤博文都很害怕李鸿章死在眼前，他立即致电参谋次长川上操六，调来陆军的两名军医总监，即石黑忠直以及广岛陆军预备病院院长佐藤进，二者均为日本治疗外科枪伤方面的名医，伊藤博文命令他们全力为李鸿章治伤。

日本社会本重表面礼仪，尤其是像这样，在自己家门口险些让前来议和的外宾丧命的事，慰问等表面功夫更不可少。伊藤博文先派陆奥宗光，接着他自己也亲自赶去引接寺慰问李鸿章，由陆、伊打头，日本各方政要纷至沓来，李鸿章的病榻前如同走马灯似的穿梭着前来慰问的官员，"寝室前后甬道游廊皆满"。日本皇室也没有落下，明治天皇特派侍从武官中村觉大佐为特使，前来马关慰问，皇后手制绷带以示慰问，并派来两名护士协助护理。

稍后，各种慰问函电如同雪片一般，从各地飞来，致意者既有东京的朝野名流，亦有北海道的普通村民。慰问品更是五花八门，《朝日新闻》等三十家日本报社一同送上六十只鸡，请李鸿章"为两国加餐"。马关市西部渔业组合送来的东西更有创意，那是一只特大号水族缸，里面装着章鱼、海参等七十多种海洋生物，专供李鸿章在养伤时观看取乐。

李鸿章把这一切都看得很透很淡，他在给北京的电报中称："对于我遇难，日本官民表示出痛惜的态度，这都是表演的把戏。"

李鸿章求知欲强，且一直以海纳百川的态度来对待西方文明，对待西医亦是如此。因为一位英国医生曾治愈其家人的重病，故而李鸿章很相信并且重视西医，这在当时的中国士大夫中是极为少见的。甲午战前，李鸿章在天津创办了北洋西医学堂，这是中国近代第一所官办西医院校，总办（即校长）林联辉系李鸿章派往美国的留学生（时称"留美幼童"），还是当年为李家治病的那位英国医生的得意弟子，此次作为李鸿章的医官随行。使团的另一位医官，是法国驻华公使馆医生德巴斯博士，他的医疗水平也很高。

照理，林联辉和德巴斯都有能力为李鸿章诊治，但伊藤博文不仅加派石黑等日本医生前去治伤，而且明确告诉他们，务必要使尽全力，绝不能让李鸿章使团的那两位中国大夫有露脸的机会。伊藤博文的这种做法，显然不仅仅是想保住李鸿章的生命，还有独揽治疗权，以确保形势不脱离自己掌控的用意。

问题在于，李鸿章遇刺案已引起国际社会的广泛关注，不是日方单方面想怎样就能怎样的。很快，一些欧美国家的驻日公使便都派来了自己的医生，日本医生可以把中国使团的大夫挤走，却不能阻止这些医生加入，于是最后只能采取会诊方式。

经检查，李鸿章的伤口在左眼下一寸的位置，子弹不大，又被眼镜挡了一下，虽然进入体内，但没有伤及眼睛及大脑。会诊时，日本医生建议开刀，德国、法国、俄国的医生则坚决反对，理由是老先生时年已经七十三岁，一动不如一静，既然这颗子弹对他的正常生活和工作无害，不如暂时留在体内，若是贸然开刀，有可能会危及生命。

听罢医生的介绍，李鸿章不但考虑了自己的安危，而且想到动手术后必须长时间静养，那样的话，自己将无法及早主持中方的谈判，因此决定采纳德、法、俄医生的意见，暂时不取出子弹。有人仍怕子弹留在体内或有不测，劝李鸿章重新考虑，李鸿章慨然道："国家现在非常艰难，议和之事，刻不容缓，我怎能耽误时日以误国呢？死生有命，我宁死也不开刀！若能够舍弃我这把老骨头而有利于国家，我绝不吝惜。"

人　情

　　李鸿章看来暂时已不会有生命危险，伊藤博文等人担心的是，李鸿章会以受伤为由，中途回国，导致谈判完全破裂，那是小山丰太郎之流想要的，但与日本政府的意图却大相径庭。他们预计，李鸿章归国后，一定会在痛斥日本所为违反国际法的同时，"巧诱"欧美各国，要求他们再度居中周旋，而在日方理亏的情况下，李鸿章的遭遇"至少不难博得欧洲二、三强国的同情"，一旦这些国家起而干涉，中日这盘棋可就难下了。

　　陆奥宗光身为外相，首先感受到行刺案发生后，来自国内国外的强大压力。刺杀案发生的当天夜间，他便赶到伊藤博文下榻的梅坊，对伊藤说："我观察内外人心所向，认为如不乘此时机采取善后措施，即有发生不测之危机，亦难预料。"又说："这次事件过程中，皇室与国民对李鸿章表示了充分的礼仪，但是单从礼节上、社交上对他有所表示，恐怕不够，还应该干一件有现实意义的事，否则李鸿章应该不会满足。"

　　伊藤博文点头称是。关键是究竟该采取什么样的"善后措施"，才能给李鸿章，也给世界一个还算过得去的交代，以防止"不测之危机"的发生？两人密商对策，陆奥宗光想到了由李鸿章所提出，但已被他们强硬拒绝的停战请求。

　　如果说在凶案发生之前，日本以种种理由不肯停战，外界还难以干预的话，凶案发生之后就不一样了，国际舆论会认为是日本在有意破坏谈判，甚至凶案都可能被说成是受日本政府指使。陆奥宗光的推断是，"内外形势，已至不许交战的时机"，客观上，战争也不能不停下来了，那么，何不利用这个机会，趁势卖个人情给李鸿章，允许中方无条件停战呢？如此，"不光向清政府表现了日本的诚意，其他国家也会理解日本所采取的措施"。

　　对陆奥宗光的这番分析和见解，伊藤博文深表赞同。两人达成一致，即要使李鸿章衷心感到满意，只有无条件答应他一再恳请而不得的停战要求，才较为得计。

　　可是涉及停战问题，其实也并不是日本政府就能单方面决定的，还必须征询军部的意见。之前伊藤博文对此没有认真对待，完全是在和中方打马虎眼，现在他就不敢再耽搁了，随即便致电位于广岛的日军大本营，就"无条件停战"，与军部重臣及内阁阁员进行商议。

军部那边，陆军大臣山县有朋也敏感地意识到，刺杀案给日本帮了倒忙，当即拍着桌子大骂："该匪（指小山丰太郎）罔顾国家大计。"他同意政府意见，以停战来换取李鸿章的谅解。

然而，除了山县有朋，军部其他大臣竟然都对停战均持反对态度，少数服从多数，军部遂复电伊藤博文："现在停战对日本不利，希望慎重考虑。"

政客的转圜之计被军人给卡住了，伊藤博文等人一时也没了辙。

刺杀案的第二天，即 1895 年 3 月 25 日，恭亲王奕䜣代表清廷拍来电报，对受伤的李鸿章表示慰问，接到慰问电，李鸿章不由得老泪纵横。此时的李鸿章虽无性命之忧，然而因伤口短期内难以痊愈，剧痛之下，依然只能卧床不起，但即便在这种情况下，他依然不停地向随员们口授机宜，指挥使团进行运作。众人力劝，他也不听，连医生们都拿他没办法。在场一位西方记者描述道："中堂（指李鸿章）心虽忧而气不馁，其间迅速而果敢有力地谋划一切……就好像没有受此狙击一样。"

在给清廷的电报中，李鸿章颇有信心地说："中堂（李鸿章自指）身受重伤，幸未致命。中堂之不幸，（会带来）大清举国之大幸。此后和款必定容易商办……"

作为李鸿章外交的一个重要手段和理念，"以敌制敌"过去曾屡屡见效，事实上，从遭遇刺杀后清醒过来的那一刻起，李鸿章即在用"以敌制敌"的思路运筹，这也是他判断谈判即将峰回路转的一个重要基础。

与其愿望相符，随着刺杀案的迅速传播，各国舆论一片哗然。全权大使在出使国遭到该国国人的暗杀，本身就是一件严重违反国际公法、极端野蛮和丑恶的事件，堪称世界丑闻！而且李鸿章除了使臣这一身份外，还是国际知名的外交家、政治家，这样一位大人物被暗杀受伤，不可能不引起外界的高度关注，尤其美国等国公使，先前曾参与劝说李鸿章出使日本，并做出了安全保证，此事件一出，更让这些国家倍感难堪。

事发次日，德、美、英三国公使先后前往日本外务省，表明自己对刺杀事件的立场，与之牵涉最大的美国自不待言，德、英也都没给日本人好脸色，德国公使认为："关于李鸿章之事件，无疑已在欧洲惹起恶感。"英国公使则说："此次事件情形甚为可叹，给欧洲恶感甚大。"

停 战

刺杀案已经演变成为国际事件，各国由中立立场开始转为同情中国，都表示不能坐视中日谈判不理。各国之中，俄国是让日本特别敏感的一个国家，缘于日俄相邻，日本在彻底击败中国、成为新的东亚老大之后，就必然会与俄国成为战略对手，偏偏俄国在行刺案发生后，还表现得最为活跃，其驻华公使频繁出入于总理衙门。

眼见事态严重，日本政府面临着严重的外交危机，伊藤博文不得不上疏明治天皇，极言与中国"无条件停战"之必要。3月25日夜，他又亲赴广岛，会晤军部的文武重臣，晓以利害，与他们反复权衡停战之得失。

就在伊藤博文大费唇舌之际，27日晚，他收到了来自天皇的回电——天皇阅奏后，也深感忧心，对停战决定立即裁可。

明治维新后，日本天皇可以"圣断"，即在政府和军部相持不一，或难以做出判断时，做最后的决定。明治天皇关于可以停战的"圣断"一出，政府和军部也就不用再争论下去了。

当天夜半，伊藤博文又接到了陆奥宗光的电报："李鸿章的情况大为好转，此际不仅无回国之意，而且似乎已下决心，必须在缔结条约完毕后回国。"原来早在甲午战争前，日本军方就已成功破译了中方的电报密码，中国使团与中枢往来的电报，日本人可以做到一览无余。陆奥宗光正是通过截获并破译使团密电，获知了李鸿章真实的健康状况以及动向。

在确认李鸿章不会离日返国后，伊藤博文立即复电陆奥宗光，让他制定停战协定草案。此时日本政府仍有担心：若不及时签订停战协定，停战的事会不会由西方国家率先提出来？

停战的事，既然日本已经决定要做，就应该由日方先提，否则可就被动了。接到伊藤博文的复电，陆奥宗光丝毫不敢迟疑，立即争分夺秒，根据伊藤博文复电的意思，拟成停战协定草案。

28日晨，陆奥宗光来到引接寺旅馆，在李鸿章病榻前，宣布了天皇关于停战的决定。此时的李鸿章左半脸包着绷带，仅露右眼在外，但欣喜之情溢于言表——从陆奥宗光嘴里吐出来的内容，正是他这些天来朝思暮想的结果。谈判桌上争到口干舌燥都无法获取的东西，居然真的因为遇刺得到解决了。当然，某种意义上，也可以说是他拿命换来的，"此血可以报国"的话应验了。

此时距李鸿章身受重伤只隔了三天，他的枪伤尚未痊愈，暂时还不能支撑着亲赴春帆楼谈判，但李鸿章向陆奥宗光表示，这并不妨碍停战协定的签订，他在病榻上也照样可以审阅协定草案，总之是越快越好。陆奥宗光因为破译了密电，对此早有准备，随即便将已拟好的停战协定草案交给了一旁的李经方。

陆奥宗光走后，李鸿章认真审阅了草案。在草案中，日方一方面确实做了大幅度让步，原先坚持的几个先决条件，即占领大沽、天津、山海关等重要城市，以及对当地中国驻军缴械等苛刻条件，都已舍弃，但是另一方面，所谓的"无条件停战"也仍被打了折扣，其中有两处要点：一是为停战区内的中日两军驻地划定了人为的分界线，有了这一条，日军如果在停战期间仍越界继续发动进攻，便可以此作为借口；二是台湾、澎湖被排除在了停战地区之外。

停战的范围问题遂成为停战的要害，经再三审核，李鸿章针对这个问题，提出了对于草案的修正案。29日，陆奥宗光再次来到引接寺旅馆，在听取中方的意见时，双方免不了要就此进行一番争论。在僵持不下的情况下，经李鸿章与陆奥宗光协商，由李经方代为出面，达成并签署了一个为期三周的折中协议。

在正式形成的这份停战协定中，虽然已没有台湾地区是否为停战区的字样，但不提也就等于默认，台澎地区终究未能被确定为停战区。不过从总体上看，停战协定基本满足了中方的要求，尤其日方所提的人为分界线遭到否定，中方所提的"两国军队各自驻扎原地，两国各自严令其不得越界侵扰"的主张得到了认可，说明在李鸿章的据理力争、始终坚持之下，协定的签订还是成功的。

"令尊之不幸,乃贵国之大幸。"停战协定签署后,伊藤博文对李经方说。很显然,若无刺杀事件的发生,若不是迫于各方面压力,日本就不会答应停战,或即便停战,在具体条款上也不会轻易让步。

另一方面,伊藤博文和陆奥宗光也都工于心计的狡狯之徒,事实上,他们在被迫决定停战的时候,就已经巧妙地对停战加以利用。比如,台澎被排除在停战区外,乃是在为下一步割让台湾做准备。又如,协定规定停战三周,是因为日军大本营已决定成立"征清大都督府",以参谋总长小松彰仁亲王为大都督,计划于两三周后进驻旅顺,做和战两手准备。

与停战三周相应,协定同时规定,如在此期间和谈破裂,停战之约亦即中止,也就是说和谈一旦未成,小松彰仁即可指挥日军对华发动新攻势。这实际上就是变相逼迫中方在停战期限内,必须满足日方所欲攫取的各项要求。

理不够,力来凑

1895年4月1日,日方将所拟定的所谓"和平提案"也即和约底稿,面交仍躺在病榻上的李鸿章,并限四天之内做出答复。

和约底稿共计十款,李鸿章在研判后,当天电告总署,明确指出其中最重要的是三款:承认朝鲜自主;赔偿日本军费三亿两白银;割让奉天南部、台湾、澎湖列岛。

早在清廷派德璀琳赴日时,就已内部框定两项议和条件,即承认朝鲜自主和赔偿日本军费。及至李鸿章离京前,光绪亦已授予其"商让土地之权",现在对比日方的和约底稿,赔款金额和割地范围便成为焦点。

在中日和谈开始前,日本报纸公开刊登的和约条件,是赔偿军费四亿两,并将日本所占领的所有地方割让给日本,和约底稿看似已经降低了标准,但一样属于漫天要价。李鸿章认为,日本索要的赔款之高,已大大超出中国的给付能力,"绝对不能听从,纵使一时勉强答应,也必定会弄到公私交困,所有拟办善后事宜,也势必无力筹办";至于割地方面,奉天为清朝腹地，对此也万万不能相让。他的处置方案是，要求日方大幅度减少赔款金额，并删去割让奉天南部一款，否则的话，"和局必不能成，两国唯有苦战到底"。

李鸿章请清廷迅速决断，但清廷内部对日方条款看法不一，意见上存在很大分歧。光绪"意在速成"，急于停战求和；奕䜣、孙毓汶等人也断言"战字不能再提"，问题仍主要集中在该不该割地上。奕䜣、孙毓汶等主张割台保奉；翁同龢则"力陈台不可弃"，认为就算只割让台湾，也将失去天下人心，因此还与世铎、奕劻发生口角，双方各执一词。

众人议无结果，光绪也难以做出抉择，直到日方规定的四天期限都已过去，仍未能够给李鸿章以任何答复。在暂时得不到指示的情况下，李鸿章采纳美籍顾问科士达的建议，独自起草了一个"说帖"（外交照会）回复日方，说帖中除承认朝鲜自主外，对日方的其余要求均不予接受。与此同时，李鸿章当天再次向北京致电，提醒最高当局："如果希望和议速成，赔款恐怕要超过一万万（一亿），割地恐怕也不止于台、澎。"

李鸿章本是文章好手，他在"说帖"中用数千字的篇幅，针对日方的无理要求，进行了尖锐驳斥，条理清晰、有理有据，连陆奥宗光阅后，也不得不承认说帖"笔意精到，仔细周详"，把中方应说该说的话都尽情地说了出来，"不失为一篇好文章"。

发现如果单讲道理，日方还未必讲得过李鸿章，伊藤博文遂与陆奥宗光商定，干脆不同中国讲道理，只同中国讲事实，所谓"理不够，力来凑"。4月6日，伊藤博文发出照会，胁迫李鸿章对日方条款做出明确答复，称停战期限一到，就将进攻北京。

7日，李鸿章终于接到北京复电，光绪在电报中指示："南北两地（指台澎和奉天南部），朝廷视为并重，非至万不得已而不能言割让。应据理力争，而不能轻言割弃。"

倘若"力争"也无济于事，该怎么办？清廷向李鸿章交了底："如万不得已，必须让地，应以一地为底线；赔款应以万万（一亿）为底线，与日本竭力争辩。"

8日，李鸿章致电总署，表示自己的谈判原则是"敌军已占据之地，能争回一分是一分，敌军未占据之地，丝毫不能放松，势必力争"，所以绝不会轻易答应割弃台湾。遵照朝廷指示，他设想可以适度让步，考虑将奉天所属的安东县、宽甸县、凤凰厅、岫岩州四府州县割让，这样较之日方所定奉天南部的割让范围，已减少了大半。另外一个被李鸿章划入万得不已时只能舍弃名单的，是澎湖列岛，后者已被日军占领，李鸿章认为即便己方不同意割让，日军也不会退出。

赔款方面，李鸿章答应以一亿两为标准进行谈判，但也同时提出，假如日方到时丝毫不肯松动，该怎么办？请示能否允许增加一点。

当天，慈禧打破自和谈开始以来的沉默，表态称她认为奉天、台澎都不可割弃，为此即便撤使再战，亦在所不惜。然而，慈禧这么说，也不过是摆给外界看的一种姿态而已，她并没有撤使再战的决心。另一方面，李鸿章给朝廷的请示电报实为备案性质，因为其时的形势已不容许他在马关静候朝廷的进一步指示，更不用说在内部分歧严重，连最高层都还急于撇清自身责任的情况下，朝廷也很难立刻就给他一个明确无误的指示。

9日，在日方的不断催促下，为避免谈判因此破裂，李鸿章根据自己的设想，拟定了一份和约修正案，由李经芳递交给日方。

杀气毕露

在提出和约修正案的同时，李鸿章不顾自己的伤痛，躺在病榻之上，反复与伊藤博文、陆奥宗光进行辩驳。除了强调中日友好的长远利益以及清廷的实际困难外，他还着重指出，此次中日战争的起因是日军进入中国，而华军却并未进入日本，援引国际惯例，日本在战胜后也不应对中国压迫过甚。

"舌敝唇焦，磨到尽头处"，在李鸿章的苦苦争执下，日方终于在和约底稿的基础上做了较大让步，除减少通商口岸等款外，同意将奉天南部割地面积减半，以及将赔款减少三分之一，即由三亿降至两亿。

不过伊藤博文仍坚持要割让台湾、澎湖，10日，他在将包含这些内容的修正案复文当面交给李鸿章时，声称日本条款"已让到了尽头"，并且威胁说如果谈判破裂，他一声令下，战火再起，"北京之危，实不堪设想。如果再进一步说，中国全权大臣离开此地后，能否再安然出入北京城门，恐怕也不能保证"。

之前在谈到割让辽东时，李鸿章曾警告说，俄国等国一定会起而反对，伊藤等人置之不理，此时李鸿章又提出，对于割让台湾岛一事，英国也将会予以干涉。对于李鸿章这类"以敌制敌"的老套路，伊藤博文自然是看得清清楚楚，他报之以一声冷笑："岂止台湾而已！不管贵国版图上的哪个地方，只要我想割取，哪个国家能出面拒绝？"

人在屋檐下，不得不低头，面对谈判对手的强势和蛮横，李鸿章只能忍辱负重，哀声乞怜。然而伊藤、陆奥态度依旧，连论情讲理的机会都不给他，李鸿章见状，心凉了大半，立即急电总署，表示："我已力竭计穷，恳速请旨定夺。"

1895年4月10日，中日展开第四次正式谈判，李鸿章尽管枪伤并未痊愈，身体仍极度虚弱，但还是选择了离开病榻，亲赴春帆楼。伊藤博文这次也特别小心，为了确保李鸿章的安全，他特地修了一条专通春帆楼的秘密小道，以供李鸿章一行出入。

自日方拿出和约底稿后，伊藤、陆奥可谓是翻脸比翻书还快，已经完全不是之前李鸿章受伤卧床时、好话说尽的那副样子。出于缓和气氛的需要，李鸿章开口先恭维了一下伊藤博文，说："您的家乡长门（即长州藩）乃人物荟萃之地。"伊藤博文答道："不比贵国的湖南、安徽。"

湖南是李鸿章的老师曾国藩的故乡，李鸿章是安徽人，置身于如今的情势之下，伊藤博文此言显然带有讽刺挖苦的意味。李鸿章一听，也毫不示弱，立即反唇相讥："湖南如同贵国的萨马斯（应指萨摩藩，日本四大强藩之首，与长州藩对立），最崇尚武功，而长门如同安徽，差多了。"伊藤博文受了奚落，说话都急了："这次是中国败了，而不是安徽！"

带着一股拂之不去的火药味，谈判转入正题，伊藤博文拿出和款文本交给李鸿章，说："停战期限短促，和议条款应迅速签订。我已经准备了条款的节本，以免彼此争论，空误时间，中堂大人你看了这个节本后，只有同意和不同意两句话可说。"

李鸿章当即反问:"难道不准分辩吗?"

"只管辩论,但不能减少。"伊藤博文摆出一副战胜者的架势,咄咄逼人。

伊藤博文的所谓"和款节本"集中于赔款、割地两项。赔款项仍写两亿两白银,在李鸿章表示"数额过巨,非中国所能承担,能否减轻"后,伊藤博文威胁说:"减到了这个数目,不能再减了。战争再打下去,赔款更多。"李鸿章反复陈述,中国的确没有钱,借款又利息太重,还不起,伊藤博文颇为冷酷地说:"这不关我的事。借债还款,这是中国的责任。"

对于割地项,李鸿章引欧洲例,指出欧洲各国交兵,没有将已据之地全部割让者。伊藤博文则说欧洲是欧洲,日本是日本,西方的成例对日本无用。李鸿章又问:"台湾全岛,日军还没有侵占,为何也要中国割让?"伊藤博文回答道:"现在占领与否,并非问题之所在。虽未占领,但作为要求条件,有何妨碍?"李鸿章颇有些气不过,语气也不由自主地转为强硬:"我不肯让,又将如何?"伊藤博文至此已经是杀气毕露:"如果说所让之地,必须兵力必到的话,我立即派兵占领,如何?我要占领山东及东北全省,你们也将全让吗?"

会场争论异常激烈,双方始终僵持不下,李鸿章最后强调:两亿两赔款,数目太大,一定要再减;驻营口的日军立即撤退;割让台湾之事不必再提。

"这样的话,我们两人意见不合,"伊藤博文板起了脸,"(和款节本)照办固然好,不能照办就算驳回了。"他借此发出战争威胁,声称广岛现有六十余艘船舰,兵粮齐备,之所以还没有出发,只是因为尚有停战协定限制之故。

李鸿章还想继续坚持,重申:"赔款还须再减五千万,台湾不能相让。"伊藤已面露狰狞:"这样的话,我们立即出兵台湾!"

只要一说打仗,李鸿章就抬不起头,挺不起腰,概因其背后并无任何实力作为支撑,而作为一个实力外交论者,若无实力作为后盾进行硬抗,最终后果将是什么,李鸿章自己是再清楚不过的。为此,他只好无可奈何地央求对方:"我们两国比邻,不必这样决裂,总须和好。"同时答应在三天之内，请示本国政府做出答复。

次日，伊藤博文即迫不及待地函告李鸿章，声明"和款节本"就是日方底线，中方答不答应，都必须在四天内告知，而四天的期限，就从第四次谈判，也就是4月10日这一天开始算起。李鸿章去函相商，伊藤盛气凌人，重申"实系我方允诺的底线，无可再商"，将李鸿章的函件弃之一旁。

最后一次谈判

李鸿章将第四次谈判的内容，以及与伊藤函件的往复情形，详细电告清廷，请求指示。4月12日，总署转来光绪的指示，让他在减少赔款方面再争取一下，割地则允割台湾一半，营口、牛庄在所必争，并说如果事情到了没法再商量的地步，可由李鸿章一面电告，一面即与日方定约。

李鸿章"争取"的结果，却是伊藤越逼越紧，甚至威胁说如果中方再商谈改约，即照和谈决裂，此约中止的办法去做——别废话，对于和约，你的选择就只有两个，一个是"允"，另一个是"不允"！

在野史中，伊藤博文是这样说的："今天你我已没有别的可以商量，就'割与不割'四字可谈。"意思差不多，总之一句话，就是一横到底，你接不接受完全不在考虑范围之内。

李鸿章计穷虑极，心酸不已，私下里流着眼泪对科士达说："万一谈判不成，只有迁都西安，和日本长期作战。日本必不能征服中国，中国可以抵抗到无尽期，日本最后必败求和。"

迁都再战本是国内主战派如文廷式等人的意见，他们主张效仿在欧洲战争中打败拿破仑的俄国沙皇亚历山大一世，退出北京再战。平壤兵败后，李鸿章即赞同此说，现在眼看谈判陷入僵局，已到人为刀俎、我为鱼肉的地步，他很自然地又想到可以这么做。

只是清廷根本无法接受"谈判不成"的结果。其时山东半岛、辽东半岛已经沦陷，京畿门户洞开，一旦谈判破裂，战火势必将继续蔓延至京城，这是清王朝建政中原两百多年以来最担心的事情。对于迁都西安打持久战，整个王朝都没有做好这方面的准备，光绪和慈禧暂时亦无此打算。在此期间，总署试图争取俄、英、法等国出面干涉，压服日本，然而事与愿违，盛宣怀电告李鸿章："这边给各国公使都分别打了招呼，但都没人肯出力相助。"

情急之下，清廷甚至还想将台湾抵押给日本，以免其被日本夺占，并要求与英国政府就此事进行谈判。眼看日胜中败已成定局，英国此时的国内舆论已明显偏向日本，英国政府根据国防部情报局和海军部的调查，认定台湾没有什么战略价值，日本领有台湾，于英国并没有损失。

英国对台湾战略地位的这种错误判断，被认为"标志着远东的英国时代开始走向完结"。不过这都是后话，彼时英国政府并不认为自己将因此吃大亏，他们决定支持日本对台湾的占领，中方抵押台湾的提议被英国外交大臣金伯雷拒之门外。

外援无着，又无劲旅前来保卫京畿，除了定约，已别无他途，4月14日，在伊藤博文限定的最后一天，光绪给李鸿章发来指示："原来希望争得一分有一分之益，如果实在不能再商议，就遵前旨与之定约。"

李鸿章接旨后，尚不甘心，一面打算抓住仅剩不多的机会，再次要求日本让步，一边仍寄望于借助列强的干涉来挽回损失。他在给盛宣怀的电报中道出了这种复杂心情："伊藤两次发出哀的美敦书（即最后通牒），声称已不能再商量。现在我们约好明天会晤后，就把条约定下来，欲保京城，不得不如此，以后看如何想办法运动各国。"

当天，中日在春帆楼举行了第五次也是最后一次谈判。李鸿章在谈判桌上拼尽全力，陆奥注意到，"李鸿章自到马关以来，从来没有像今天会晤这样，不惜费尽唇舌进行辩论的"。

因为知道和约的大致结构已难以变动，所以李鸿章主要从赔款、割地两个问题着手，他先要求伊藤减少五千万赔款，五千万不行，又要求减少两千万："无论如何，总请再让数千万，不必如此口紧……又要赔钱，又要割地，又管齐下，你们出手太狠，使我方太过不去。"

伊藤予以拒绝。李鸿章又说："赔款不肯减少，那么我方所出利息当可免掉了吧？"

伊藤还是笑着摇头。李鸿章无计可施，只能豁出老脸，不顾自己与伊藤、陆奥都有着二十岁左右的年龄差距，置德高望重于度外，向两人苦苦哀求，甚至请伊藤将减掉的赔款，作为他回途的旅费。

伊藤依旧不肯相让。李鸿章对他说："讲和就应当彼此相让，你办事太狠，才干太大。"伊藤答道："这都是打完仗之后的必然结果，不得不如此。若要说到才干，我万万赶不上中堂。"

见伊藤不吃自己的激将法，李鸿章话锋一转，又希望能少割地："赔款既不肯减，地可稍减吗？说到底，你们不能一毛不拔。"伊藤摇头："两样都不能减。"

对于李鸿章的软磨硬缠，伊藤博文极为反感，遂出言嘲弄道："议和不是市井买卖，彼此争价，这样做，实在不成体统。"陆奥宗光事后也说："此等举动，以李之地位而言，实有失其体面。"

李鸿章的性格其实颇为高傲，他在国内又是权倾朝野的重臣高官，即便在国际社会，也是知名人物，现在由平时的受人尊敬和仰望，一下子沦落到要当面受人嘲弄的地步，其心理上需付出的代价以及所要承受的压力，是常人难以想象的。然而因事关重大，出于个人使命的考虑，更为国家民族利益计，李鸿章此时此刻早已顾不上这些了，他捡起与伊藤之间事实上已不存在的个人私谊，再次苦苦央求对面这位比他小近二十岁的谈判对手，情景之寒碜可怜，足以令人泪下："我并非不签订此约，不过请你方略减一些，如能少减一些，我就签订此约。这也算是贵大臣给我的留别之情，将来我回国，会时常记及此情。"

令李鸿章失望的是，伊藤仍以"两国相争，各为其主"，表示"万难少让"。郁闷之下，他忍不住对着伊藤放出"狠话"："如此口紧手辣，将来必当被记住的。"言下之意，你伊藤现在固执己见，逼之过甚，将来难免也会自食苦果。

李鸿章在首次谈判发表长篇谈话时，就曾软中带硬地指出，中方虽然是战败国，也已接受战败的事实，但凡事都应适可而止，若日方始终不肯放弃过分要求，中国人"将永远不忘复仇，即使和平恢复之后，此种恶感，将深深印于脑海，以致不能涂去"。应该说，李鸿章的这番告诫用心良苦，他关于中日关系的预言日后也得到了历史的验证，但遗憾的是，当时的日本要人却几乎无人相信和接受，即便伊藤博文这样出类拔萃的政治家亦缺乏此种远见。

面对李鸿章的指责，伊藤只是打了个哈哈："我与中堂交情最深，因此在和约上已经多让，我国人必将骂我，不过我愿为此承担责任。"随即又胁迫道："请于停战期前赶紧结束谈判，不然索取的条款会更多，这不是我个人的意愿，是我举国之意。"

除了短视贪婪、自认为可以为所欲为外，伊藤博文之所以表现得如此冷酷无情，还因为他已经从情报部门获得了清廷和李鸿章之间的全部电报内容，从而掌握了清廷的谈判底线，故而在谈判中分毫不肯相让。仅以占领台湾的日期为例，日方条款限定一个月内，李鸿章要求宽限时日，对伊藤博文说："这已经是你们的口中之物，又何必太急？"伊藤博文笑道："台湾虽是我口中之物，但未到肚中，难以充饥。"

这次谈判时间长达五个小时，李鸿章以古稀之年、伤痛之躯，使尽浑身解数，不惜再三恳求至每一细节，但根本就撬对方不动，伊藤博文执意不肯做丝毫让步。

至下午7点半，谈判方告结束。李鸿章和伊藤博文互相握手告别，李鸿章边笑，边对伊藤说："未曾想阁下竟是如此严酷执拗之人。"伊藤亦笑答："当此商议国家大事之际，也是出于不得已。"

一行人走出春帆楼时，已到上灯时间，天完全黑了。李鸿章在与伊藤告别时，虽然脸上带笑，但其实内心充满无限的无奈、悲凉以及愤慨，他明白，随着谈判的结束，自己以及身后的故国都将被这茫茫黑夜所逐渐吞噬。

归　来

1895年4月17日，李鸿章怀着十分遗憾和内疚的心情，遵旨与伊藤博文签订了众所周知的《马关条约》，条约签订的次日，他即含泪忍悲，带着使团一行人匆匆登轮回国。

20日，使团抵达天津，当轮船驶入天津大沽码头时，大沽炮台上炮声隆隆，向李鸿章致敬，岸边，直隶官员列队迎接，弁勇举枪敬礼。随李鸿章同船回津的美籍顾问科士达，对此深感疑惑和吃惊："他们为总督举行了一个大的欢迎会，好像他不是签订屈辱的和约，而是胜利归来。"

这种表面的欢迎和排场，对李鸿章来说，则一点都不陌生，现场所刻意制造出来的热烈气氛，不仅没有使他原本沉重的心情稍事舒缓，反而更加令人抑郁不安。

按例，李鸿章回国后即须回京复命，但是当他回到自己的衙署，接见幕僚，并阅读近期的公牍信函后，他越发清楚自己的不利处境。经过一番考虑，李鸿章决定派随员星夜进京，给总署呈送约本，自己则留在天津请假养伤，以静观其变。

当晚，李鸿章写折向朝廷请假，同时奏报谈判经过。夜深人静，回想在马关与日本人周旋的一幕幕场景，李鸿章再次为自己的力不从心感到"又愧又惧"。盘点得失，他最觉得内疚的，莫过于"赔款数目虽比原来减少，但还有两亿两；奉天以南虽挽回数处，但辽东半岛营口等处，都没有能够争回来。"割让台湾同样令李鸿章扼腕，概因台湾并没有被日军实质性占领，却仍只能眼睁睁地看着它成为日本人的"口中之物"。当然，李鸿章也明白，日本人对台湾垂涎已久，可谓志在必得，日军若是想先行强占台湾并不困难。

李鸿章已经能够预料到，《马关条约》及其甲午战争可能彻底改变中日两国的国运——日本得到如此多的赔款和土地，势必"如虎添翼"，中国则"后患不堪设想"。眼前是毫无办法，只能寄望于未来，李鸿章为此在奏折中恳切寄语，希望朝廷能够从中汲取教训，用变法来遏止本国的颓势，"内外臣工齐心协力，及早变法求才，自强克敌"。

《马关条约》签订后，还需中日两国的元首批准，李鸿章在和伊藤博文签订时，双方就议定 5 月 8 日在烟台互换批准书。日方当然没有问题，就拿赔款来说，《马关条约》的赔款换算成日元，共计达三亿日元，这还不包括所谓驻军费，而当年日本全国的财政收入也不过才一亿日元，等于日本什么都不干，就一下子拿到了未来三年的全国财政收入，因此明治天皇在御览《马关条约》后欣喜不已，他在中日签约后的第三天，即 4 月 20 日（当天李鸿章才刚刚抵达天津）就批准了和约。

中国方面则是完全不同的情形。作为自中英《南京条约》以来最严重的不平等条约，《马关条约》条款之苛刻以及对中国的损害程度，皆前所未有。要知道，从第一次鸦片战争、英法联军攻进北京，再到《伊犁条约》的签订，把历次大小赔款都加一起，总数还不到五千万两，这次却超过两亿两，竟然达到四倍以上。割地包括了辽东和台澎，面积也远远超过《南京条约》对香港一隅的割让，是过去从来不会设想，也想象不到的。

光绪此前虽予批准，但并没有完整看过条约文本，及至看完总署转呈的约本，思前想后，一时又悔又恨，当即拒绝"用宝"，也就是在约本上盖上自己的玉玺。

消息传出，神州大地之上，更是犹如发生了一场大地震，各阶层士民无不悲愤交集。全国十八个地方督抚，有十个都反对履行和约。两江总督张之洞一周之内，两次致电总署，力陈和约将给中国造成严重危害，请求代奏阻止议和。内地两大前线战区的军政负责人，辽东半岛的帮办北洋军务提督宋庆，山东半岛的山东巡抚李秉衡，不管先前仗打得好还是不好，也均上书要求拒约再战。

在京城，翰林院联衔上奏，内阁官员联名条陈，认为日本提出的割地、赔款等各条款，乃"五洲所未有之奇闻，三千年未有之变局"，如照此签约，必将造成列强蜂拥而入，瓜分中国的严重后果。

正在北京参加会试的各省举人，集会推举康有为起草万言请愿书，要求朝廷拒和、练兵、迁都、变法，举人们在万言书上集体签名，然后呈递都察院，这就是历史上著名的"公车上书"（"公车"特指入京会试的人上书言事）。据专家考证，"公车上书"事件其实是由翁同龢等中枢权臣设计策划并煽动而成的，并不完全是士子出于忧愤的自发行动，其目的就是要否决和约的批准。

皇帝的条约

在朝野上下一片"毁约再战"的声浪中，光绪下决心想要废约，甚至表示要"亲率六师，与贼决一死战"。为了弄清慈禧的态度，取得其支持，光绪命枢臣偕奕劻请见皇太后，面陈和战事宜，不料一向喜欢揽权的慈禧却让太监传懿旨："今日偶然感冒，不能见，一切请皇帝旨办理。"第二天，军机大臣再次求见，慈禧依然避而不见，通过太监传懿旨说："和战事关重大，两者都有弊端，我不能决断，还是令枢臣妥商一策为好。"

随着光绪亲自往见慈禧，试探着向她详细介绍了"西迁之议"。所谓"西迁之议"，也即迁都西安打持久战的方案，清廷若是要"毁约再战"，势必得做好这方面的准备。慈禧听后微笑着摇了摇头，说："没有必要。"又说，"和战之局你做主，要不要西迁，我做主。"

慈禧对"毁约再战"虽然没有直接发表意见，但断然拒绝迁都西安的态度，表明她实际倾向于批准和约，只是不肯揽下相关责任而已。接着，光绪又按照慈禧"令枢臣妥商"的指示，命翁同龢、李鸿藻、孙毓汶等人到身体不好、正请假养病的奕䜣家中会商。在这次会商中，孙毓汶主张按期批准互换和约，而按照翁同龢事后日记所载，奕䜣"大意已偏在和字"，即同样倾向于批准和约。

毋庸置疑，李鸿章也是希望迅速批准条约的。作为甲午战争的直接指挥者，同时也是条约的直接签订者，二者都让李鸿章深刻体会到，战场上的成败利钝，非口舌所能济事，而从中日双方的情况，特别是清王朝自身的情况来看，战争确实是没法再继续下去，和约必须迅速批准，只有这样才能最大限度减少损失。他一面电催总署，指出日本人贪欲无底，若是不在规定期限内换约甚而毁约，只会刺激其胃口变得更大，他们也正在为此积极准备，伊藤博文在谈判中的战争威胁，绝非虚言恫吓；一面授意盛宣怀致函王文韶、翁同龢，强调批准和约乃是目前唯一可行的权宜之计，要想赢得喘息以退为进，只能如此。

鉴于慈禧一推二六五，成了"甩手掌柜"，和约最终能否批准，决定权已完全取决于光绪。此时的朝野氛围，很容易让人联想起十几年前的崇厚案。当年崇厚出使俄国，签订《里瓦吉亚条约》，事后不但条约被否定，崇厚自己还被革职拿问，并被定为斩监候，只等秋后处决，还是李鸿章上书为其宽减，最后才得以免除死罪。

当然，马关签约与崇厚案的性质完全不同。崇厚是在未得清廷批准的情况下，自己做主签约的，清廷给崇厚定的罪名中，最主要的就是"违训越权"。相比之下，在马关谈判的整个过程中，李鸿章既未擅权，也未越权，随时都把日方的威逼条件和自己的意见电告清廷，请求指示。那一期间，他与清廷的电报每天往来不断，极为频繁，用科士达的话来说，"签字前每一个字都电达北京，皇帝根据军机处的意见，才授权签字"。

尽管如此，但既然光绪已经起过"毁约再战"的念头，便没有谁能保证把这个念头不会变成现实，甚至他在一怒之下，将李鸿章推出来，使之成为第二个崇厚，也未可知。李鸿章对此甚觉惶恐，而且他也知道各省督抚及大部将官都在上奏，极力反对批准《马关条约》。在这种情况下，他本人虽有意"为这个条约申辩并催促批准"，但也不免犹豫徘徊，用科士达的话来说，"他（指李鸿章）在暴风雨的面前，似乎丧失了勇气"。

在无所筹谋的情况下，李鸿章决定请科士达代替他进京说项。科士达是议和法律顾问，且有美国政府的官方背景，李鸿章认为总署应该会听取他的意见。科士达临行之前，李鸿章为他详细介绍了总署每一位大臣的性格及其政治背景、见解，并派自己的幕僚伍廷芳做他的帮手兼翻译。及至科士达到京，李鸿章担心伍廷芳的出现会令朝廷反感，又临时替以美国公使的翻译。

科士达进京后，立即会见并对总署大臣们进行说服，竭力让他们"深知皇帝批准和约之必要"。在交流过程中，科士达重点强调"条约已不是李鸿章的条约而是皇帝的条约了……假如他（指皇帝）拒绝批准的话，那在文明世界之前，他将失掉体面，对于皇帝的不体面，军机大臣是应负责的"。

不管是先前盛宣怀致函，还是后来科士达进京，显然都起到了一定的作用，因为就连翁同龢都不再觉得"毁约再战"是个好主意了。

在"毁约再战"得不到慈禧、后党以及多数枢臣支持的情况下，光绪指令在前线督师的刘坤一和王文韶（自李鸿章被召入京担任头等全权大臣起，即由王文韶署理直隶总督、北洋大臣），要他俩汇报一下"各路军情战事，究竟是否可靠，各抒己见，据实直陈"。

光绪虽曾声言要亲率大军一战，但他毕竟也不是只凭感情用事的毛头小伙，知道能否再战，还得看前线部队的实力和士气如何，他给刘、王下达指令，实际就是想寻求他们的支持。然而收到复奏后，光绪失望了，刘、王在复奏中，连以往口头主战的腔调都变了，二人推说事关大局安危，应请军机大臣等通盘筹议，请旨定夺，可见二人对于战争继续下去都心中无底，缺乏信心。

三国干涉还辽

"毁约再战"难以实施，光绪又指示李鸿章就割台、赔款问题，继续电商伊藤博文"通融更改"，其中最主要的是割台问题，因《马关条约》中，最让朝廷和国人难以接受的，就是台湾这么大一个行省的割让。李鸿章则回电表示已无继续商谈的空间，并说明国际条约并非儿戏，自己作为《马关条约》的签订者，在谈判中固然要"能减一分是一分"，但等到棒槌落下，就不能再轻易提及更改条款了，"以一口说两样话，徒被外人诋毁和讥笑"。

李鸿章的回复令光绪非常生气，当着枢臣们的面，以哀凄的语气抱怨道："割去台湾，将丧失天下人心，朕还怎么做天下之主呢？"孙毓汶答以前线屡战屡败，不能不割台。光绪当场为之暴怒，斥骂李鸿章在前线指挥军事时"赏罚不严"，才导致战争失败，有此恶果。见皇帝龙颜大怒，引得诸臣连连引咎自责。

换约的期限一天天临近，光绪连日组织军机处、总理衙门诸大臣进行磋商，但都得不出明确结论。光绪终日徘徊、无法决断，弄得整个人都憔悴不堪。

这时，自马关谈判期间就试图寻求而不可得的外援，却突然自动找上门来。1895年4月23日，俄、德、法三国驻日公使根据各自政府的训令，向日本政府递交照会，以有害于中国首都的安全及将来远东的永久和平为词，要求日本退送辽东半岛，并限十五天内做出答复，这就是"三国干涉还辽"。

俄国是"三国干涉还辽"的发起者。甲午战争爆发期间，由于认为战争不仅未触及其根本利益，而且还可以利用日本来斩断中朝传统关系，从而为它向朝鲜扩张势力扫清道路，所以俄国口头上虽曾向李鸿章表示要对日本加以限制，但在实际行动上并没有什么表示。及至中国败局已定，在正式获悉日本提出的议和条件后，俄国才发现战局的发展，已经大大超出了自己的原有意图——日本将独霸朝鲜，俄国并没有从中占到多大便宜。这倒还罢了，最让俄国感到坐立不安的，还是其中割让辽东半岛的条款。

辽东半岛背依东北腹地，其地域虽然狭小，但在历史上就是海陆通衢的战略要地。对其时的俄国政府而言，听任日本得到辽东，就意味着对俄国远东扩张政策的挑战，如若不加以干涉，自己今后在远东就可能永远被日本压着，吃不到什么肉了。俄国财政大臣、实际主持外交的维特为此强调："决不可听任日本渗透到中国的心脏，让其在辽东半岛攫得立足点……为俄国最大利益着想，必须维持中国的原状。"他力主强迫日本放弃辽东半岛，并坚决地表示："如果有战争的必要，我们就坚决行动。"

还在马关谈判进入最后阶段时，沙俄就打着"维护中国领土完整"的旗号，把反对日本割占辽东的态度，通知各欧美大国，并征求他们的意见。

甲午战前，远东地区主要是英俄争霸。德国在远东的商业利益不大，但作为后起的欧洲军事强国，并不等于德国不想在远东分一杯羹，与此同时，德皇威廉二世又有意在中国沿海建立一个基地，只是还没有选定合适的地方。甲午战争爆发后，德国表面装作对远东不感兴趣，暗地里却在盘算如何乘机大捞一把，俄国为了中国辽东的事找上门来，正中下怀。

对德国而言，如果能够帮助中国索回辽东，就可以堂而皇之地以中国"恩人"的身份，向中国索取一块基地作为"酬劳"，从此正式参与远东角逐。这是一方面，另一方面，俄国一直是德国争霸欧洲的对手，此前还与法国建立同盟，共同对抗德国。德国认为在这时配合俄国对日本进行干涉，可以将俄国的视线向东方转移，把这股"祸水"引向远东，并对俄法同盟起到削弱作用。

俄国是从东部威胁德国安全的主要国家，德国也时时担心俄国会打它的主意。早就摸透德国心思的俄国政府，在向德国发起"干涉还辽"提议之前，就开始许诺会保证德国边境的安全，有了这一保证，德国也就打消顾虑，痛痛快快地投入"干涉还辽"的行列中来。

另一个响应俄国提议的是法国。法国是俄国的欧洲盟友，长期在欧洲与俄国联手对付德国，它之所以加入干涉行动，既是为了牵制俄、德，以防这两个国家搞到一起，同时也有与德国一样，借此示惠于中国，向清廷邀功索赏，从而扩大在华势力的用意。

其他几个涉足远东的大国，英国已完全倒向日本。随着甲午战争进入尾声，看到日本已成为稳稳的赢家，英国更是竭力讨好日本，更何况它和俄国还是远东争霸的对手，所以对于俄国"干涉还辽"的提议，很自然地就予以了拒绝。美国虽在远东也有扩张，但一直以来主要都是跟在英国后面捡便宜，分享权利，说它当时只是英国在远东的一个不起眼小伙计，也并不为过，英国既然不参加干涉活动，美国也就追随于后，对俄国说了不。

俄国在欧美各国中只做通了德、法的工作，三国打着各自的小算盘，决定采取共同行动，劝告日本不要永久占领辽东半岛，不过直到中日签约《马关条约》，干涉行动也没有能够真正付诸实施。

这是一番什么样的景象啊

此次俄、德、法向日本递交照会，是"三国干涉还辽"的第一个外交行动。获知消息后，帝党又产生了新的希冀，并由此想到是否也可借机将台湾收回，甚至修改条约。

1895年4月30日，在光绪召见军机大臣商议时，翁同龢、李鸿藻便提出施以"批准宜缓"之策，也就是延期批准和约，在此期间，借助俄、德、法的力量，迫使日本放弃台湾和辽东半岛。

自甲午战争以来，请欧美大国进行调停和干涉，本是李鸿章和后党的一个固定套路，鉴于收效甚微，所以大家对此所抱的希望都不大。李鸿章在马关被迫签约前夕，曾惦记着签约后，要"想办法运动各国"，指的也主要是钳制日本或弥补中方损失，并没有奢望到还可以推翻已定和约。除翁、李外其他军机大臣，或为后党，或接近后党，他们也都倾向于按期批准和约，并对翁、李的办法表示怀疑。翁、李十分不悦，双方自然免不了又是一场论战。

光绪本站在翁、李一方，此时又觉得死马当活马医，翁、李的办法未尝不可以一试，于是不顾其他枢臣的反对，特派总署大臣往见俄、德、法驻华公使，并电饬中国驻这些国家的公使，让他们与所在国外交部进行密商。

俄国很快就做出了反馈，对于要日本交回辽东半岛一事，本就在其计划之中，但却拒绝在台湾问题上为中国出力。事实上，俄国对于辽东和台湾的态度是截然不同的：辽东是踩着了它远东政策的尾巴，台湾则暂时还不在其远东扩张的范围之内，日本占领台湾，俄国是无所谓的，非但如此，它甚至还主动怂恿日本予以占领，因为借此可以将日本势力从自己身边引开。

俄国是"三国干涉还辽"的牵头国家，它怎么做，其他两个国家也随之采取统一步骤，三国除辽东外，拒绝在和约的其他条款上向日本施压。

帝党争取外援的努力至此化为泡影，与此同时，日本不断催促中国尽快批准条约。内外交逼之下，光绪焦灼万状，计无所出，至5月2日，终于被迫批准和约。在相应的朱谕中，光绪承认"去年仓促开战"，开战后，虽然清廷征兵调饷，不遗余力，但水陆两军，无一胜绩，"到今日，关内外情势更加紧迫，（日军）北则进逼辽沈，南则直犯京畿"。光绪说他作为皇帝，对和战各自的流弊进行了比较，两害相权取其轻，所以才决定批准和约。

《马关条约》及其甲午战败，是光绪和帝党含着眼泪必须吞下的一枚苦果。翁同龢在接旨时，当场"战栗哽咽，承旨而退"，及至退朝，翁同龢来到光绪的书房，君臣二人又忍不住相顾挥泪，翁同龢在日记中哀叹："这是一番什么样的景象啊！"

这边清廷顶不住日本的压力，那边日本却也被"三国干涉还辽"给逼到了墙角。与以往的调停或者口头干涉不同，干涉国特别是俄国此番动了真格，俄国在采取外交行动的同时，为了对日本进行武力威慑，还加强了其在远东的军事力量，德、法两国也都相应增强了各自派驻远东的海军力量，三国军舰在中国沿海和日本海不停游弋。

三国之中，又以俄国最为来势汹汹。早在一个月前，俄国政府就向远东派遣了二十一艘军舰，组成远东最大的一支舰队，另派三万陆军侵入中国东北——俄国舰队奉有在二十四小时内随时可能出动的密令，就在日本天皇批准《马关条约》的当天，驻黑龙江地区的俄军也接到命令，要求做好出征准备，这显然是真的要准备与日本开战了。

日本对俄德法的出面干涉自然十分不满，但这三个国家均为欧美军事强国，没一个好惹，以日本的军事实力，"不仅对三国联合的海军无法应付，即使单独对抗俄国舰队也无把握"。更不用说日本虽在甲午战争中取得完胜，但到战争结束时，其财政和军事物资也已显得极端困难，前线部队尤其海军疲惫不堪，一句话，继续打中国或还有余，打干涉国则全无胜算。

日本不敢跟干涉国直接叫板，便转而在外交上争取英美等国的支持，但英国一看俄德法抱团，害怕因此发生战争，马上表示中立，其他国家亦持同一立场。这样一来，日本也顿时陷入了内外交困的窘境，不能不做出让步，1895年5月4日，日本政府正式发表声明，表示愿意放弃辽东半岛，并在三天后向俄德法致送了书面意见。

看到声明后，光绪及帝党自有喜从天降之感，于是又随之生出了依靠列强干涉推动改约的侥幸心理。按照翁同龢、李鸿藻"批准宜缓"之策，清廷正式向日方提出了延期换约的要求。然而这回日本人不让了，对于伊藤博文等人来说，明明都已经是咽到肚子里的"口中之物"了，居然还要被逼着吐出来，内心本来就够憋屈了，哪里还肯再让你得到半点便宜，他们内部确定："对于三国（俄德法），纵使最后不能不让步，但对于中国则一步不让。"5月5日，日本政府声明，它虽然可以放弃对辽东半岛的永久占有权，但中国也必须交给日本一笔"偿金"也就是所谓的"赎辽费"，同时对于清廷延期换约的要求，坚决反对。

这时已实现干涉目标的俄德法三国，也反过来帮日本说话，劝告清廷按时换约。无奈之下，5月8日，换约限期的最后一天，清廷以伍廷芳为代表，同日本代表伊东美文治在烟台履行了换约手续，《马关条约》正式生效。

第十六章　挺　经

马关最后一次谈判，李鸿章在尚未与伊藤博文正式"讨价还价"之前，二人曾有一番对话。李鸿章称："如此狠凶条款，签押又必受骂。"伊藤："随他们胡说去，如此谈判重任，他们又有谁能够担当得起？"李鸿章："事后又将群起攻我。"伊藤："说便宜话的人处处皆有。"

李鸿章所言，自有唤起伊藤的同情，进而促其让步的目的，但也再明白不过地流露出对自己将来处境的担忧。伊藤的回答，固然是在安慰李鸿章，为自己拒绝让步做铺垫，但他说的那几句话，也并非没有见地。

甲午战败，实非一人之责，李鸿章只是身处其中，贵为国家重臣并参与指挥而已。他奉命出使日本时，大局已定，作为一个败国之使，其结果是不言而喻的。具体到马关的整个谈判过程，李鸿章施展才智，据理力争，巧为周旋，虽对大局无补，但也有所收效，表现可以说是有胆有识而无错，其不惜"以血报国"的举动，更显示出一种对国家的忠诚以及牺牲精神。

有人曾拿曾纪泽使俄与李鸿章使日做对比，对李鸿章进行谴责和非难。然而这种对比很难说是公允的，概因二者背景和条件完全不同。曾纪泽在彼得堡谈判时，左宗棠刚刚率西征军彻底摧毁阿古柏政权，也就是说已取得了军事胜利。彼得堡谈判期间，左宗棠又屯兵中俄边界，时刻准备与俄军"誓死一战"，若无此实力作为后盾，曾纪泽又如何能在谈判桌前做到理直气壮、从容不迫？与之相反，李鸿章赴马关谈判前，中国在军事上已彻底失败，海陆军全线崩溃，日军随时准备兵进直隶平原，甚至攻占北京，处于这种严峻形势之下，就算是把谈判者由李鸿章换成曾纪泽（其时早已去世），又能有多大的施展空间？再者，就算是由曾纪泽签订的《伊犁条约》，也还在不平等条约之列，当时中国虽根据条约收回了伊犁，但也因此付给俄国九百万卢布的赔款，并被割去了一大片领土。

身存而名已丧

尽管李鸿章在奉命出使日本前，就已知道自己承担的是一个吃力不讨好的角色，对于世人的各种谩骂和批责，也已有着一定的心理准备，但等到真正面对时，那滋味无疑比原来想象得还要更加难以忍受。

马关签约的消息一传到国内，便引得群情激愤，李鸿章成为众矢之的。同光年间，中国国内已有很多大报，一个常年待在本乡的私塾先生在读到《申报》的相关报道后，忍不住责骂："李合肥误国之罪，与秦桧相比，有过之而无不及。"其实《申报》的报道尚属客观平实，其余报纸却没这么客气，它们对和议和李鸿章无一不是猛烈抨击，其中以《新闻报》最为尖刻，李鸿章曾读此报，读后长久无法释怀。

及至李鸿章回国，各种指责和攻击更是喷薄而至。朝廷言官纷纷上折，要求追究甲午战争的致败之由、误国之责，他们或含沙射影，或指名道姓，把满腹怨愤之情几乎都一股脑地倾泻在李鸿章一人身上，这个骂李鸿章"误国"，那个骂李鸿章"屈从日本"，还有指责李鸿章是"汉奸"，直欲将其惩办治罪的。昔日同僚们亦纷纷与李鸿章划清界限，时在天津的直隶布政使陈宝箴，就拒绝拜会李鸿章，一听到李鸿章可能复任直隶总督，便立即抛下"李公早上抵任，我傍晚就挂冠离职"之语，大有与李鸿章从此不同戴天之势。

在民间，则早已形成"国人皆曰可杀，万口一词"的舆论氛围，恨不得将李鸿章这个"汉奸卖国贼"食肉寝皮，以雪奇耻大辱者，大有人在。当时京城有十三位享有盛名的京剧大家，即"同光十三绝"，其中苏丑演员刘宝山，因为戏好演技高，各班争邀，最忙时一天要赶三包（赶包是梨园行话，指赶场），故而人称"赶三"。现场抓哏向来都是丑角的基本功，刘赶三乃此中高手，他出语精妙，胆子也大，连皇上、太后、亲王、贝勒，都敢当场"砸挂"（由相声中引申出的一种喜剧手段，指通过讽刺、取笑某人来达到搞笑的效果)。据传刘赶三为了嘲讽李鸿章,把他在甲午战争中被朝廷处分,"摘去头品顶戴,拔去三眼花翎,剥去黄马褂子"的事,搬上了舞台。恰逢李家人在台下看戏,认为刘赶三这是在恶语骂人,遂告至衙门。刘赶三被拘去打了板子,回家后抑郁好长日子,直至一病身亡,有人遂撰联云:"赶三已死无苏丑,李二先生是汉奸。"此联上联的意思是,刘赶三代表了苏丑表演的巅峰,这个人死了,苏丑也就没了,下联所说的"李二先生"即指李鸿章,因李鸿章在家排行老二,故民间又称李鸿章为"李二先生"。

联成之后,一时流传甚广,北京官场暗地里直接称李鸿章为"汉奸李二"。然而据考证,刘赶三在李鸿章受处分前一个多月就死了,一个已经死去月余的人,怎么可能在台上"砸挂"李鸿章呢?可见所谓刘赶三嘲讽李鸿章,是根本没有发生过的事,它的出现和一再流传,实际是人们在借刘赶三之口,发泄对"李二先生"的愤恨。

众口铄金,积毁销骨,连李鸿章的女婿张佩纶也不能谅解老丈人,认为马关签约之后,李鸿章已经是"身存而名已丧",其他事尚可,唯有此事,他没法为李鸿章辩护。李鸿章亦为之抑郁不已,自叹:"七十老翁,蒙汉奸之恶名,几有求生不得,求死不能之势。"

因为担心李鸿章受到严厉惩罚,张佩纶特地通过他在清流时期与李鸿藻建立的老关系,致函李鸿藻,请其帮忙保全李鸿章,说"此老能否避开不测之祸,只在于您一句话"。李鸿章的兄长李瀚章则连忙来信提醒,建议他在此危难之际,寻机告老还乡。

李鸿章没有选择告老还乡,但也迟迟未到京复命。回天津后,他一共向朝廷请了二十天的假,在二十天假期结束时,他又上折请求再延假一个月,也得到了朝廷的允许。在这三十天的假期里,李鸿章并不能真的安心养伤休息,除了必须承受巨大的舆论压力以及汹汹骂名外,他还受命要对《马关条约》后的一系列善后事宜进行处理,其中最紧要的就是台湾的交割和辽东半岛的归还。

自台湾被割让的消息传至宝岛后,台湾民众如"暴闻轰雷,惊骇无人色",人们先是"奔走相告,聚于市中,夜以继日,哭声震动四野",继而鸣锣罢市，并拥入巡抚衙门，高呼："宁战死失台，决不拱手而让台！"李鸿章原本打算以台湾民众这种强烈的反割台情绪为理由，推迟台湾的交接，但日方却以割让台湾作为履约的首要条件，极力催促中国派代表前往台湾商谈交接事宜。

尽管李鸿章已经呈虎落平阳之势，然而帝党清流派仍不肯善罢甘休，必欲去之而后快。"割台"被认为是一个进一步对李鸿章进行打击和羞辱的极好机会，1895年5月18日，刑科给事中谢儁杭奏请派李鸿章、李经方父子进行台湾的交割，这篇奏折对李氏父子可谓是极尽讽刺挖苦之能事，先说他们"既能够定割地求和之策，自然具有'用夷变夏'之才"，又说他们"值此大功将成之际，岂有置身事外，毫不关心，作逍遥派之理"，最后说，现在派李氏父子交割台湾，正好可以"实现他们的志向"。

鉴于李鸿章还在假期中，完全可以以枪伤未愈为由，拒绝赴任，翁同龢、李鸿藻力主派"小李"也就是李经方独往，于是当日便有电寄谕旨，命李经方与日本办理割台事宜。

因为是李鸿章之子的关系，李经方早就饱受清流派的攻击和弹劾，与父亲一道自日本返回国内后，指责他卖国的谣言更是闻风而起，比如"借款百万给日本人打仗""所娶小妾即睦仁（日本天皇明治的名字）的外甥女"。如果说刘赶三嘲讽李鸿章的段子还有一点影子，有关于李经方的这些谣言全都荒诞不经、查无实据，然而却不胫而走，令李经方极为苦恼。

已经让儿子受到连累，若是再前往"割台"，岂不是更要令其陷于泥潭而不能自拔？前途堪忧不说，没准性命都难保。李鸿章护犊心切，通过科士达和总理衙门大臣张荫桓联系，又请英美公使出面，希望朝廷能够免除相关任命，然而均被告知"无法可想"。无奈之下，他只好致电总署，称李经方"神志不清，肯定难以完成此艰巨任务"，请旨收回成命。

光绪看到总署的转奏后，旋即发下谕旨，指责李鸿章企图为儿子免除责任，训斥李鸿章"身膺重任，在这种关头，怎么可以置身事外"，并命李经方迅速赴台，不要再寻思推脱，否则"唯李经方是问，对李鸿章也要予以追究"。

面对朝廷的严旨，李经方只得硬着头皮赴任。6月2日，李经方一行换乘小船，登上日舰"横滨丸"号，与日本代表办理了交割台湾事宜。

不出所料，因以李鸿章之子的身份而办理"割台"，李经方再度遭受舆论的口诛笔伐，且之后终身都背负骂名，整个人都变得郁郁寡欢。李经方虽非李鸿章的亲生儿子，但李鸿章一向视如己出，相当喜爱和看重。毫无疑问，伤害李经方也就等于伤害了李鸿章，乃至更甚，然而至此境地，李鸿章亦只能一边愤愤于"半生名节，被后生辈描画都尽"，一边哀叹"环境所迫，无可如何"。

赋　闲

三十天假期也要结束了，李鸿章无法再滞留于天津，便初步定于6月12日进京。恰在此时，日本使臣林董将来中国，总署转来光绪电旨，命李鸿章和王文韶在天津与林董谈判，以解决《马关条约》签订后遗留的商约以及辽东半岛问题，"不必先令来京"。

孰料林董表示他是日本驻华公使，商约必须到北京去谈，于是李鸿章又奉谕进京。7月29日，李鸿章抵京。次日，与枢臣同受光绪召见。光绪一开始还慰问李鸿章伤势是否痊愈，但紧接着便话锋一转，斥责李鸿章身为重臣，办事不力，并且语气严厉地诘责道："两万万之款从何处筹措？台湾一省送与外人，失民心，伤国体。"

皇帝大概忘了，"两万万之款"和"台湾一省送与外人"，都是经他亲自批准的，李鸿章不过是受命签字而已，甚至若不是李鸿章在日本拼死力争，赔款割地还不止这么多。然而面对光绪的责难，李鸿章此时已百口莫辩，只得引咎自责，唯唯而退。

皇帝的召见，已令李鸿章甚为难堪。更为可惧的是，在翁同龢及顽固派大臣徐桐等人的支持怂恿下，翰林院代递六十八人连衔折，严参李鸿章。如此多的官员集中参劾一人，在有清一代，恐怕是绝无仅有的，而最高层显然也早就受到了影响——根据日本驻华外交人员发回国内的情报，李鸿章在拜谒皇帝时，不仅遭到严厉诘责，而且他提出的任何建议，也都被光绪弃之如敝屣，"皇上极为震怒，对李氏所言，一事也不采纳"。

是日，光绪传旨，李鸿章留京，入阁办事，王文韶授直隶总督兼北洋大臣。所谓入阁办事，也就是仅仅保留文华殿大学士的头衔，以全勋臣脸面，换言之，李鸿章被正式免职了。这个安排表明，李鸿章在彻底失去朝廷的信任和重用之后，已从独当一面、掌握水陆兵权、坐镇畿辅的重臣而一落千丈。

从当时日方所获情报来看，原本的结果可能更坏，光绪最初是想对李鸿章予以重惩的，后来改变主意，还是碍于慈禧才得以保全。然而正所谓"死罪可免，活罪难逃"，文华殿大学士本为学士之首，不过这只是虚衔，一般情况下，还必须担任其他兼差比如军机大臣，才能参与军国要政，李鸿章并无任何兼差，作为一个专职同时也是空头的大学士，他在朝中也就基本只能处于赋闲状态。此等尴尬处境，连洋人都能看出来，伦敦《特报》在评论中一针见血地指出，在和议既定的情况下，让李鸿章入阁办事，绝非是要重用他，不过是"借此以夺其权柄，所谓飞鸟尽而良弓藏"。

"少年科第，壮年戎马，中年封疆，晚年洋务，一路扶摇。乃无端发生中日交涉，于一生事业，扫地无余。"这是李鸿章对自己大半生遭遇的评点。在甲午战争之前，他的人生确实足够辉煌：二十四岁即成为科场得意的青年才子，之后再点翰林，在赢取功名这条路上可谓一骑绝尘；投笔从戎，先后平定太平天国、捻军，其间所立下的赫赫战功，已足以当得起军事家的威名；在中外交涉中长袖善舞、折冲樽俎，总署不向其咨询便不能定夺，清廷"外交智囊"的称号舍我其谁；竭力推动洋务运动，尤其在曾国藩、左宗棠等先后去世后，更成为全国洋务事业的实际最高主持人，在洋务运动中所取得的非凡建树，使得"同治中兴名臣"的荣光实至名归。

"受两朝之重寄，驰四裔之高名"，这一切，都因为甲午战争土崩瓦解，如梁启超所言，"李鸿章盖代之勋名，自中日之战没"。甲午战争向被称为是晚清政治史的一道分水岭，这场战争不仅加深了民族危机，而且也改变了甲申易枢以来清廷的政治格局。战后，针对中枢在对日和战决策上的失误，户部尚书翁同龢、礼部尚书李鸿藻提出严厉批评，大批京官积极附和，声势浩大的"清议"势力由此再度兴起，并对中枢造成极大压力。

据时人所言，甲午前慈禧宠信孙毓汶，甲午后转而信任奕劻和荣禄，没了慈禧这个保护伞，孙毓汶难以承受朝野舆论和帝党给予的压力，不得不称疾乞休。徐用仪主要依赖于孙毓汶为他撑腰，孙毓汶一出局，光绪便趁机将这名后党骨干也逐出了军机处。

此前恭亲王奕䜣早已卧病在床，不理政事，随着孙、徐等人开缺，朝中能帮和肯帮李鸿章说话的人已然寥寥无几。李鸿章与海军本不可分割，但清廷很快就撤销了海军衙门和北洋海军的编制，于是在以后十余年内，中国军队的编制序列中，便只有各地水师，而没有海军。与之相应，洋务运动也随着李鸿章在政治上的失势而迅速宣告失败，以轮船招商局为例，这座被李鸿章称为"开办洋务四十年来最得手文字"的企业，经营情况变得极其糟糕，直至走向衰亡。实际上，轮船招商局的命运并非特例，几乎所有在李鸿章主持下创办的洋务企业，都有着相似遭遇，所以也有人把北洋舰队的覆灭，视为洋务运动破产的标志。

从年轻时目睹西洋火器的威力开始，李鸿章就以自立自强为目标，着力推动洋务运动。在过往的三十多年中，几乎每一项新式举措，无论是最初的采购船械，还是后来的办实业、筑铁路、开煤矿直至兴学堂，李鸿章都投入了一般官僚所不具备的热情和精力，擘画筹算，无不与焉，这些洋务举措也都无一例外地浸润着他的心血。如今，所有努力全都毁于一旦，如同一个人做了一场美梦，醒来之后，眼前什么都没了。

贤良寺

北京拥有众多历史悠久的佛教圣地，贤良寺便是其中的一座。贤良寺的前身为康熙帝十三子允祥的怡亲王府，允祥性格沉稳、行事谨慎，在康熙帝晚年的夺嫡之争中，他站在皇四子胤禛一方，力助其夺得皇位。胤禛即雍正帝，在雍正登基后，允祥又协助雍正处理重大政务，深得雍正嘉许。

允祥信佛，曾留遗言"以邸作佛宫"。允祥死后，雍正按其遗言，舍宅为寺，将怡亲王府改建成了寺庙，又根据允祥的谥号"贤"，亲自给寺庙取名为"贤良寺"。乾隆年间，贤良寺自原址迁往冰盏胡同（亦称冰碴胡同），该寺庙环境优雅，春有海棠，秋有芙蓉，"四时风日好"，一年四季都点缀得有模有样，且因临近紫禁城，闹中取静，寺中主持又很善交际，故成为封疆大吏入京陛见时的首选居所，李鸿章对于此地也青睐有加，他第一次奉召进京时便在寺内下榻，后来更是习以为常，凡到京出差办事，皆借寓贤良寺。

李鸿章奉旨留京后，因在北京并无房产，也就只好继续寄居贤良寺。为保证自身安全，初入贤良寺的李鸿章采取了韬光养晦的策略，他行事低调，很少外出访亲拜友，也不喜欢接待来访客人。另一方面，由于他手无实权，既不能预闻朝政，又负众谤于一身，时受政敌和舆论的攻击，旧日同僚也多侧目而视，门生故吏纷纷叛离，自然而然，其门户也就十分冷落。那时节，人世间什么叫作世态炎凉，什么叫作忧谗畏讥，什么叫作苦闷无聊，可算是都让这七十老翁尝了个遍。

虽然无论个人境遇还是事业，都已处于有生以来的最低谷，但李鸿章依旧保持着他在军营时养成，实际也是由恩师曾国藩部分培养砥砺而成的那些生活习惯。他每天早上七点左右起床，早饭后即批阅公文、办理公务，公余则读书和练习书法。午饭后，照例要锻炼和午休，他的锻炼就是脱去长衫，身着短衣，背着手，在廊下散步。散步时从走廊的这一端走到那一端，往返数十次，有一个仆人在旁边记数，听到仆人大声禀报"够了！"，他才掀帘入室。接着他要上床午睡一到两个小时，醒来与幕僚谈话至日落，晚饭后稍看会书，回些信，便早早就寝。

传闻李鸿章在赴马关谈判前，曾拜访白云观的通灵道人，道人指《松雪道德经》示意。不知是不是因为这一暗示，抑或是受了传统士大夫于仕途受挫后，往往皈依老庄的影响，这一期间，李鸿章常常翻阅《庄子》，曾在李家任家庭教师的幕僚范当世则说，李鸿章在直隶任内，喜看《管子》，甲午后喜看《庄子》。

曾国藩有一段时间亦曾饱受攻击诋毁，人生因此陷入低谷，后来他通过学习老庄之学，使自己舒缓过来，晚年的曾国藩更是急流勇退，主动裁撤湘军，已完全没有了在官场与人竞逐的欲望。李鸿章同样有借助道家人生观，以解脱失势苦闷的心理需要，但与乃师不同，他并未忘怀于政治舞台——在读《庄子》的同时，他还在读《资治通鉴》，后者正是一部集中历代治乱兴亡教训，以便从中取得借鉴的政治百科全书；与幕僚谈话，时时纵论时政，臧否人物；英国传教士李提摩太三次来访，希望通过李鸿章认识恭亲王奕䜣，李鸿章予以热情款待，谈到国家事务，李鸿章直言现任枢臣们"对国外事务一无所知"，而光绪帝也是"毫无主见"之人，其欲参与国事的心情显露无遗。

当然，李鸿章暂时是参与不了国事的，非但如此，别人还在惦记着他仅存的最后一个官位——文华殿大学士。

这个"别人"，正是李鸿章的头号政敌翁同龢。有清一代，官拜大学士，即为"入阁拜相"，翁同龢虽然位高权重，但却因无缺可补，一直未能入阁拜相，现在眼看李鸿章闲居落拓、众叛亲离，便产生了顶补李鸿章缺位的想法。

文华殿大学士高居汉臣之首，但因李鸿章既不管部又不入军机，便仅剩其表面之尊荣，俗语称之为"陪人吃饭"的"伴食宰相"。翁同龢则不然，他是户部尚书、军机大臣，又是帝师，如果再配上大学士或至少是协办大学士的身份，那就是妥妥的"真宰相"了。问题在于，李鸿章不是孙毓汶，尽管已落魄如斯，几乎谁也不待见，但他却丝毫没有要主动辞职的迹象。

怎么办？派说客！袁世凯来了。

秘传心法

袁世凯之所以能够得到迅速升迁，与李鸿章的提拔重用是分不开的，李鸿章对他有知遇之恩，但袁世凯是个心眼活络的现实主义者，李鸿章失势后，便立即改换门庭，竭力攀缘翁同龢、李鸿藻、荣禄等达官显贵，以为进身之阶。见翁同龢觊觎相位，意欲诱逼李鸿章空出此位，他赶紧投其所好，主动承担起了这一为翁氏火中取栗的任务。

这天，袁世凯上门了。李鸿章虽闲居贤良寺，甚少出门，但对于袁世凯在京中到处托人找关系，另栖高枝的事，也早有耳闻。所谓树倒猢狲散，自李鸿章本人失势后，北洋系也遭到重大打击，北洋系统的人物在半年内都一一去职，李府旧日的门生故吏，此时另谋出路者非止袁世凯一人，从李鸿章的角度来说，并不是不能理解，他所不能容忍的是，袁世凯竟然求到了翁同龢的门下。李、翁乃政治场上的死敌，翁同龢常借机压制李鸿章，李鸿章对翁同龢亦心怀不忿，此事早已尽人皆知，袁世凯找什么靠山都可以，唯独不能倚翁某为靠山，因为这就相当于是在打李鸿章的老脸，犯了当时官场的大忌。李鸿章由此开始疏远并冷淡袁世凯，但当天袁世凯是以旧僚的身份登门拜访，借的名义是看望老上司、老恩公，伸手不打笑脸人，李鸿章当然也不能将其拒之门外。

袁世凯来时，李鸿章正与幕僚吴永闲聊，吴永随即避入别间，李、袁分宾主入座，袁世凯在稍作寒暄之后，为李鸿章鸣起了不平："中堂当年铁马金戈，为朝廷立下汗马功劳，如今朝廷却只给予内阁首辅的空名。虽然中堂每天也随同上朝请安，但实则无所事事，这就如同让一个人寄居他乡一样，朝廷这样做也太不合适了。"

铺垫完了，袁世凯就直奔主题，向李鸿章"建议"："中堂大人不如暂时告假还乡，归隐林下，等到朝廷再遇到难事，必定会闻鼓鼙而思将帅，不能不倚重老臣，在这种情况下，中堂再次出山，则名正言顺，届时不仅能挽回昔日的声望，还可以抬高身价。"

李鸿章何等老辣，打袁世凯说第一句话起，他就已听出端倪，之后越听越生气，不等袁世凯把话说完，便大声喝止："停，停！慰亭（袁世凯字慰亭），你这是给翁叔平（翁同龢字叔平）当说客来了吗？"随即毫不客气地揭穿了翁同龢的用心："他孜孜以求，想要得到协办大学士的位置，我要是请辞开了缺，以次推升，就可以腾出一个协办，那他就可以安然顶补了。"

"你告诉他，叫他休想！"李鸿章未给对方一点辩白的机会，袁世凯既然开门见山，他也就单刀直入，"旁人要是开缺，让他得了协办，那不干我事。他想补我的缺，万万不能！诸葛武侯有言，'鞠躬尽瘁，死而后已'，这两句话我还配说。我一息尚存，决不无故告退，决不奏请开缺。"

末了，李鸿章也没忘记对袁世凯痛加训斥，并搬出大道理，把袁世凯替其"鸣不平"的话又赐还给他："臣子对君上，哪能说三道四，计较这计较那的？什么叫作合适，什么叫作不合适？这种花言巧语，别在我面前显摆，我是不会受你们愚弄的！"

袁世凯面红耳赤，却又根本不敢反驳，只得低头认错，唯唯而退。袁世凯走后，李鸿章余怒未息，把吴永招呼进来问："刚才那个人，你认识吗？"吴永答："知道，但并不熟悉。"李鸿章恨恨地说："这真是个小人！他为了巴结翁叔平而来我这里做说客，说得天花乱坠，无非是想要骗我乞休开缺，好给翁叔平让出一个协办大学士的位置。我偏不告退，叫他想死！"

当年的湘淮军将帅，从曾国藩到李鸿章、左宗棠诸人，都是出了名的不服输。与太平天国和捻军的死缠烂打，让他们练就了一股屡败屡战的劲头，曾国藩曾经反复讲，时势再困难也要"挺住"，李鸿章如今重温这一说法，称之为"挺经"："当年我老师（即曾国藩）教我'挺经'，这次倒正可以用上，我是要传我老师衣钵的。我就是要和他们挺着，看他们还有什么招？"李鸿章告诉吴永，他刚才之所以要当面训斥袁世凯，就是要免得袁世凯再来啰嗦，"我在官场摸爬滚打了几十年，什么事情没有经历过，我难道还会受这种人的捉弄吗？"

连袁世凯都碰了钉子，派其他人做说客自然更不行了。翁同龢无计可施，其有意把李鸿章赶出北京，以便补其缺位的计划，亦只能宣告失败。

一直到死，李鸿章都未把他的大学士交出去，也未被朝廷放归乡里。究其原因，如李鸿章自己所说，他始终以其师曾国藩的"秘传心法"挺经作为精神武器，绝不主动开缺休致，他不动，别人就很难动得了他。另一方面，李鸿章虽被闲置，但慈禧、奕䜣都还念着他过去的功劳，在关键时刻仍会予以保护，这客观上也使得李鸿章的政敌们不得不有所收敛，无法用赶尽杀绝的办法来对付他。

裱糊匠

"拼命做官"曾是李鸿章初入仕途时的标签，据说他还讲过这样一句话："天下最容易的事就是做官，倘若连官都不会做，那也太愚蠢了。"然而至李鸿章晚年，地方官已经做到了第一督抚，若论在朝为官，也已经是首席大学士，且为有清以来，唯一获文华殿大学士殊荣的汉人，做官方面，此老可谓是已做到了极致，且年逾古稀，为何还如此醉心仕宦，执着官场，眷恋权位？

学而优则仕，封妻荫子，然后功成身退，本是中国士人梦寐以求的至高理想。如果说李鸿章年轻时尚觉得做官容易，甲午后从权力顶峰跌落下来，总该知道为官者越是居于高位，失败的可能性便会越大，惨败的结局也会越多的道理了吧。这个时候，为何还不能急流勇退，在确保身家性命无虞的同时，也继恩师曾国藩之后，给天下仕人再树一个理想标杆？

有人推测，李鸿章执意不退，是因为他在年轻时曾发宏愿，在官爵上一定要超过曾国藩。李鸿章作为文华殿大学士，其官职自然在曾国藩之上，但曾国藩的爵位是侯爵，李鸿章尚是伯爵，"公侯伯子男"，伯爵比侯爵要差一等，所以李鸿章觉得自己还得继续做官，以便超过曾国藩。

世人如此解读李鸿章，恐怕并非其本意，也低估了李鸿章超人一等的眼界和器量。事实上，李鸿章一方面极力推崇曾国藩，誓言要继承乃师衣钵；另一方面，也认为曾国藩的道德功业和文章学问之高，是他这个弟子无法超越的，甚至他还检讨自己年轻时不学无术，后来对于学问又学不进去，平时做事，"全凭一股虚骄之气，任意糊弄，其实没有根底"。试想，他既能如此深刻地进行自我反省，又岂能还记得或在乎阅历不足时的一句大话？

西方一位学者在研究李鸿章时，认为逃避责任，不求有功，但求无过，本为彼时官场的一大积习，唯李鸿章是个异数，"李似乎是追求责任，他从来不逃避不愉快的任务，并总能指望他采取主动"。这位学者还提到了韩愈对李鸿章的影响，"他赞赏韩愈，似乎是遵从他的教诲，在面对政敌和公众反对的斗争中决不退缩"。

确实，李鸿章对位列唐宋八大家之首的韩愈特别推崇，他曾致函弟弟李鹤章："我生平最喜欢读的文章，乃是韩愈的《论佛骨表》，取其'气盛'，三弟你也可以经常读一读。"

《论佛骨表》是韩愈劝谏唐宪宗的一份奏折，唐宪宗当时派人把藏在法门寺护国真身塔内的释迦牟尼舍利指骨取出,迎进皇宫内供奉了三天,韩愈知道皇帝是想借此祈求长寿,乃上表反对,认为礼佛求福纯属虚妄,甚至要求将指骨"投诸水火,永绝根本"。唐宪宗读后自然火冒三丈,一怒之下,便将韩愈贬为了潮州刺史。

李鸿章所说的"气盛",贯穿于《论佛骨表》这篇忤逆龙鳞的雄文。"气盛"者,气势宏大,豪壮顽强,敢言人之不敢言,若将"气盛"延伸到处世哲学,则可以诠释为能为人之不能为,特别是对于自己欲完成而未完成的事业,勇于担当,且不分顺境逆境,也不问成败利钝,都一定要坚持到底。

毋庸讳言,李鸿章终其一生都保持着"气盛"式的社会责任感和使命感,不论何时何种情况,决不轻易言退。如果说在甲午前,李鸿章就从未产生过功成身退想法的话,甲午后更不可能了——对于甲午战争的失败和洋务事业的破产,他拊膺叹息而又心有不甘;对于清廷面临的重重危机,他忧心忡忡而又欲设法予以挽救。

清廷敢决定跟日本一战,其实皆缘于拥有北洋海陆军,后者也是李鸿章能放手推进洋务运动的基础,可是战争一起,北洋陆军却一触即溃,就连曾被国人引以为豪的北洋海军,在屡经挣扎之后,最终也走向了全军覆灭的命运。为什么会出现如此不幸的结局?在贤良寺的日日夜夜里,李鸿章对此进行了反复思考,他最后告诉幕僚吴永,不是当初创办北洋海陆军的出发点错误,也不是他李某无能,而是他在办事过程中受到了内外的诸多牵制,根本放不开手脚。

吴永曾随李鸿章赴马关谈判,他有一个特殊身份,即曾国藩的孙女婿,李鸿章由此视其为自家子弟,两人几乎无话不谈。在与吴永的对话中,李鸿章打了一个很形象的比喻,他把清廷比作是一间破屋,把自己比作是裱糊匠,裱糊匠仅有修葺之责而无改造破屋之权,他的淮军、北洋海军、洋务运动也都被限制在这一范围内,仅属于糊裱的"纸片",而不是撑起房屋的梁柱。当着吴永的面,李鸿章发出了如此浩叹:"我办了一辈子的事,练兵(训练陆军)也,海军也,都是纸糊的老虎!"

屋子虽破,但有纸片"东补西贴",至少外表是看不出来的,而且就算人家明知屋子外面系由纸片糊裱，但因为不知道屋里面用的是何等材料，所以也不会认为房屋不牢。其间当然免不了遭遇有小小风雨，将纸片击破几个窟窿，不过好在裱糊匠能随时补葺，也还可以凑合着对付过去。

最怕的是什么呢？最怕的是有人走上来，不由分说，哧啦哧啦撕纸片，让那些"纸糊的老虎"现出原形。这时裱糊匠无预备纸片可补，或者补不胜补，而屋主人既未准备好对破屋的改造方案，临时亦来不及改造，结局就必然是真相败露，不可收拾。

世人将甲午兵败的责任皆归咎于李鸿章，李鸿章内心不服，在他看来，"屋主人"仅把他的角色安排为"裱糊匠"，临到头来，怎么能要求一个"裱糊匠"为屋子的年久失修负责？

李鸿章这么想当然不无道理，回到现实中，他看上去曾风光无限，但其实权力有限，因为他始终没有能够进入朝廷的权力中枢，而从清代政体来说，空挂大学士之名，却未进入军机处，就不能称之为"真宰相"。李鸿章推动洋务运动，更多靠的还是他的声望及能力，故而他一失势，洋务运动即告休克。

甲午战争打响时，李鸿章真正能够掌握和调动的，也仅限于北洋海陆军，何况北洋海陆军在其发展过程中，还受到了重重忌惮和压制，使得他始终无法按其本身意愿来对北洋海陆军进行改造壮大。在李鸿章看来，此为这两支军种尤其陆军在实战中不堪一击的重要原因。

至于外交谈判及签约，作为朝廷倚重的大臣，李鸿章的那些思想主张，和也好，战也罢，自然会对最高决策者有相当影响，但影响毕竟只是影响，最终的决策者是慈禧和光绪。公平地说，不管是从个人利害关系出发，还是就马关谈判的实际操作过程来看，李鸿章都不可能漠视朝廷的意图而自作主张，人们过度指责李鸿章，其实是在很大程度上高估了他的政治能量。

维新变法

甲午战争令李鸿章"裱糊匠"的角色原形毕露并垮得一塌糊涂，同时这场战争也彻底改变了中日两国的历史走向：日本凭借在战争中获得的巨额赔款及其开拓的广阔市场，国力快速上升，成为唯一能够与西方列强并驾齐驱的亚洲国家；而中国这个曾经的亚洲老大，不仅三十多年的和平发展红利走向终结，国际地位也一落千丈，随着大国崛起幻觉的破灭，鸦片战争以来因"同光中兴"而恢复的自信，亦在这场战争中丧失殆尽。

正如梁启超所说："吾国四千余年大梦之唤醒，实自甲午战败，割台湾，偿二百兆以后始也。"在救亡图存的新政治语境下，以康有为、梁启超为首的一批士人学子开始崭露头角，时人称之为"康党"，也就是今人所说的维新派。

维新派对"祖宗之成法"表示怀疑，希望对之进行革新，此即"维新变法"。维新变法除囊括过去洋务派的各种主张外，又进行了延伸和拓展，其中最为突出的一点是：洋务派所讲的变法，主要尚局限于创办军事工业和民用工业；而维新变法则将内容伸展到了思想政治和制度领域，开国会、设议院、废科举、兴学堂等皆在此列。

对于维新变法，李鸿章基本持肯定和支持的态度。在他看来，甲午战败的重要原因之一，正是出在成法未变和风气未开。

成法未变带来的直接问题是"政杂"，官僚制度过于坚固和僵化，往往使有为者失位，无为者有位。李鸿章幕府精英云集，比如伍廷芳，此人曾留学英伦，精通西方政治法律，还在香港担任过要员，任职期间颇有建树，这样的人才却只因未进入科举系统而不得进入高层。能够进入高层的，是翁同龢、李鸿藻以及和他们类似的那些人。翁同龢是状元，李鸿藻也是翰林院编修出身，二人皆为科举金字塔尖上的人物，学问都不错，但他们在实际政务处理上皆很平庸，洋务更是一窍不通。让他们解决问题束手无策，拖起后腿来倒是一个顶两，甲午战争期间，李鸿章对翁同龢大光其火，也正是因为他对此早已积郁已久。

风气未开则贯穿于整个洋务运动的过程之中。西方曾出版过一本《李鸿章回忆录》，虽是伪作，但其中对李鸿章"一个孤独的、无奈的先行者"的刻画却相当传神。事实上，对于李鸿章的洋务主张、洋务思想、洋务事业，过去多数臣僚都不以为然，在李鸿章不得不对其洋务思想保持低调的情况下，朝中亦无人敢公然唱随，以致李鸿章创办洋务三十余年，犹如在演独角戏,自叹:"尝苦有倡无和。"李鸿章的旧日幕僚、深知幕主处境的吴汝纶,亦为之叹息:"李相之欲变自强,持之数十年,无人应和,历年奏牍可覆按(即可查)也。"

风气未开又与"言多"一一对应。在李鸿章既往的洋务实践中,几乎每一步都要受到阻挠和牵扯,尤其帝党清流更是毫不放松,他们一半是出于无知,对世界形势毫无了解;一半是出于对西方先进科技的恐惧,"恐不利社稷",因此攻击谩骂起来不遗余力。按照改良派学者王韬的说法,其时"以西法为可行者不过二三人,以西法为不可行、不必行者,几乎盈廷皆是"。处于这种环境和氛围之下,李鸿章的洋务事业可谓举步维艰,他所惨淡经营而获得的那一点点洋务成果,与其实际勾画的洋务蓝图也相距甚远。马关订约时,李鸿章曾叹息着对伊藤博文说:"阁下在贵国所兴之事(指明治维新),功效显著,鄙人也久愿在敝国仿照实施,但可惜只要一说到新学,便一言难尽。"

要说维新,要说变法,李鸿章可以算是最早的维新派,也是最早的变法派,但他从未能够解决"成法未变、风气未开"的问题,而这场由"康党"掀起的维新变法运动,却对症下药地给出了方子。李鸿章深受触动,在与女婿张佩纶交谈时感叹:"不变法,国家就不能保全,何谈个人身家性命?"

与此同时,维新派的主张也在原先形同顽固派的帝党清派中引起强烈反响,连作为帝党清流领袖的翁同龢,思想都发生了很大变化——从甲午战争起,翁同龢便开始接触维新派的思想,并试图从中找到挽救危局的有益办法。战后,他亲自走访康有为,索取和阅读其所著书籍,"自是翁(翁同龢)议论专主变法,比前若两人"。

在翁同龢、张荫桓等帝党要人的影响下,光绪对于维新变法主张表现出浓厚的兴趣,至此,帝党的政治态度发生集体转向,一跃成为维新派的重要支持力量和盟友,翁同龢甚至成为"公车上书"的幕后策划者之一。换言之,帝党如今不仅不阻挠变法,而且还是变法的助推手,这是令李鸿章感到欣慰之处,然而让他感到特别郁闷的是,帝党能容得下变法,却依旧容不下实为变法首倡者的他李鸿章本人,以致他不仅被迫沦为了旁观者,甚而连表达支持的愿望都受到了限制。

1895年8月，在康有为的鼓动下，由帝党要人文廷式出面，在北京组织了强学会，借以宣传维新变法。李鸿章对强学会"讲中国自强之学"，表示赞赏，除默许强学会将会址设在自己倡建的安徽会馆外，还主动捐款银两千两作为入会经费。11月，康有为在上海成立强学会，并出版《强学报》，李鸿章又捐款一千两。不料，强学会在帝党成员陈炽的倡议下，却拒绝了李鸿章的捐款和入会请求，其理由是李鸿章在甲午战争中"虽身存而名已丧"，说白了，就是嫌他名声太臭。

李鸿章一番热情被泼冷水不说，还公开遭到排斥和羞辱，受此刺激，本能地会感到不满，因而对人说他"已含怒矣"。不过这并未导致李鸿章与强学会为敌，毕竟他捐款支助强学会是真心之举，并非为了投机取巧。再者，他也明白，帝党和张之洞系洋务派在强学会中起着主导作用，"主之者内有常熟（指翁同龢），外有南皮（指张之洞）"。翁同龢是李鸿章的多年政敌，张之洞虽已与李鸿章同为洋务派，但出身清流的张之洞，在攻击李鸿章方面也向来不会手软，他李鸿章就算是勉强入会，这些人再加上文廷式等，免不了还要喋喋不休地借机追究他在甲午战争中的责任。

李鸿章转而参加了由维新派人士汪康年、罗振玉组建的农学会，表明他对维新变法的支持态度没有改变，与此同时，面对帝党几乎不停歇的攻击和排挤，他也不再逆来顺受。

文廷式作为北京强学会的领袖人物，向来都是帝党官员中上疏抨击李鸿章最严厉者，早在甲午战争期间，就曾上疏抨击李鸿章"昏庸骄蹇，丧心误国"，请旨予以罢斥，战后又拟奏稿七篇，指责李鸿章父子通敌卖国，必欲将李鸿章完全掀翻而后快。这七篇奏稿被置于文廷式的枕箱中，尚未正式上奏，李鸿章获知后，感觉忍无可忍，遂以其人之道还治其人之身，授意其子李经方的儿女亲家、御史杨崇伊也上疏弹劾文廷式。杨崇伊依其意写成奏章，并经李鸿章审阅修正，李鸿章当时说："这些人（指文廷式等）死活要和我过不去……看他们还做得成官否？"又对人说："劾我诸人，皆不安矣！"杨崇伊不久即上疏抨弹文廷式，请求立予罢斥。慈禧本就瞧文廷式不顺眼，看过杨的奏折后，立即勒令光绪将文廷式"革职永不叙用，并驱逐回籍"。

强学会也没有能够维持多久，其始作俑者仍是杨崇伊，不过这次纯属杨的个人行为，与李鸿章毫无关系。杨崇伊上奏弹劾强学会，要求予以严禁，此举正中后党下怀，这时的后党日趋顽固保守，乃至已取代原先与之对立的帝党清流，成为一股新的守旧势力，他们对强学会由北京发展到上海，声势愈来愈大，感到憎恨不已，慈禧借此强迫光绪下令封闭了强学会。时为两江总督的张之洞，一看苗头不对，立刻转舵，封禁了上海强学会和《强学报》。

还　辽

李鸿章年轻时也有过受挫和不得意，当时曾有一个自称来自九华山的高僧，给他相面，称其贵不可言，后来李鸿章果然飞黄腾达，只是自此再未见过那位高僧。

李鸿章所居贤良寺本为海内名刹，建寺不久，雍正即在寺内设立藏经馆，遍召海内高僧云集寺中，整理校对历代藏经（即佛经），至乾隆时，终于刊刻而成海内闻名的佛教经典《乾隆版大藏经》。各地寺庙皆以迎请贤良寺大藏经回去供奉为荣，但贤良寺的大藏经也不是随随便便就能请到的，九华山某寺庙的僧人到京后，便托关系托到了李鸿章的门下，请其为自己写介绍信。一听说是九华山的和尚，李鸿章立刻想起了当年那位高僧，便把此僧叫来，问他高僧如今在哪里。九华山寺庙极多，再说当初李鸿章相面时，高僧留下的身份信息可能也很少，所以对方根本答不出来，但他既是在场面上走的和尚，看人脸色说话这套自然是拿手好戏，当下便顺着李鸿章的意思言道："您说的那位高僧，不是别人，正是地藏王菩萨化身啊！"

九华山本是地藏菩萨的道场，说高僧是地藏菩萨变化来到人间，倒也说得过去。李鸿章一听大为高兴，不仅亲自写介绍信，而且还命贤良寺主持去有关部门打通关节，最终，在李鸿章的帮助下，那座寺庙的僧人终于得以早早就领到了大藏经。

这些都是清代笔记里记载的故事，真假已经很难考证，但它与李鸿章不甘久居散地、归于沉寂，希望重获朝廷信任、东山再起、重游宦海的愿望倒是重合的。

闲居贤良寺期间，朝廷仍需李鸿章以全权大臣的身份，参与《马关条约》中商约的商定以及辽东半岛的归还。1895年9月30日，李鸿章与新任驻华公使林董就新订商约进行谈判，林董提出条约原稿，双方围绕原稿展开磋商。

光绪对商约的期望，是将利权损失降至最低限度，作为中方谈判代表的李鸿章也竭尽全力，抱着"能争回一分，则为亿万小民多留一分生计"的目标去力争，然而现实与美好愿望背道而驰，日本依然欲壑难填，李鸿章即便绞尽脑汁、费尽唇舌，亦很难奢望对方立刻做出让步。

虽然是所谓的全权大臣，但李鸿章实际很难获得皇帝及成员调整后的中枢的信任，同时也得不到来自上方的任何明确指令，在必须以《马关条约》为前提并受其诸多牵制的情况下，要想空凭口舌就迅速争回利权，谈何容易。李鸿章与林董谈判多日，对于条约原稿未能删改一字，谈判陷入僵局，只得暂时搁置，光绪对此颇为不满。

"还辽"倒是顺顺当当，未起多大波澜。民间有一种传言，李鸿章在马关谈判时，被伊藤博文威逼过甚，遂奋然退席，对别人说："李某闻名全球，决不受此奇耻大辱，我一定要报复！"此后李鸿章潜回京师，与俄使秘密相商，在李鸿章的竭力"怂恿"下，俄国与德国联手进行干涉，制止了日本割占辽东。因为李鸿章干了这件事，等他再回马关，便遭到了行刺。

传言牵强附会，与事实相去甚远，"三国干涉还辽"并非由李鸿章穿针引线，他在马关被刺与"还辽"也没有关系。不过李鸿章对于"还辽"成功倒是早有预见，他在天津休假养伤时，有一天看外国报纸，上面有文章译述了一条日本的谕令，此谕令乃是日本政府针对三国干涉还辽，为安抚国民而专门颁发。李鸿章阅后立即致电总署，说我在马关谈判时就警告过伊藤博文等人，日本不割辽东便罢，执意要割的话，俄国等国一定不会不管，现在日本政府肯把辽东还给我们，显然是为三国威胁所致。他根据自己的国际政治经验，分析日本这个时候发谕令不过是借此掩饰窘态，给自己找台阶下罢了，并预计从此之后，在"还辽"这个问题上，"必无变局，可想而知了"。

不出所料，10月14日，李鸿章与林董会商辽东交还事宜，经过交涉，中日双方最终达成协约，清廷以付出三千万两白银"赎辽费"的代价，换取日本归还辽东半岛给中国。

辽东之所以能够归还，乃出于俄、法、德三国的联合干预，但三国与日本在还辽问题上是撇开清廷、单独协商的，与其说是三国干涉还辽，还不如说是四国协商还辽。从始至终，清廷都没有发言权，只能被动地接受结果，中日所谓会商，说穿了不过是对这一结果进行落实而已，李鸿章在其中所能起到的作用微乎其微。

李鸿章只能继续等待机会。翌年，机会终于来了，俄国沙皇尼古拉二世即将举行加冕典礼，各国均派员前往祝贺。之前俄国老沙皇亚历山大三世病逝，尼古拉二世刚刚即位时，中国曾派遣正在京述职的湖北布政使王之春，以头品顶戴的身份赴俄唁贺，此番打算再派王之春出席，但却被俄国以王之春位卑望轻，不足以当此重任为由拒绝。

在赴俄特使被打回票的同时，俄国政府特电清廷，要求另外简选"亲王以上的皇室亲贵代表之"。清廷皇室亲王之中，懂洋务的仅奕䜣一人，奕䜣长期卧病，就算想去俄国也去不了，总署跟俄国驻华公使喀西尼交涉，喀西尼表示赴俄专使也不一定非是亲王不可，但必须拥有亲王都有所不及的声誉和资望："皇帝加冕，俄国最重之礼也，所以从事致贺的人，必须是一个国家中最著名的人，在各国之中都有声誉才行。"他的意见是："王之春人微言轻，不足担当这个重任。可胜任者，只有李中堂（李鸿章）。"

光绪向不待见李鸿章，而且派谁为赴俄专使这件事，好像也用不着洋人指手画脚，但俄国这时对于中国的意义已于往日不同，自然它的要求也就不能不予以认真对待了。

联俄制日

《马关条约》签订后，中国政府在偿付赔款方面压力极大，就在清廷感到为难之际，俄国自愿以年息四厘的低利贷，向中国借银一万万两，借款数额之大，利率之低，均令清廷喜出望外。

俄国在中国人的视野里，曾经是一个冷僻荒寒的北方大国，两国关系也谈不上好，自康熙朝开始，便边境纠纷不断。没想到在中国被打落尘埃、无人相助之时，它却主动拉上德国、法国，为中国仗义执言，并不惜通过战争威胁，使得已经失掉的辽东半岛重又复归原主。此举在引起中国人极大好感的同时，也使得朝野上下对俄国刮目相看，认为俄国在西方世界很有权威，有登高一呼，众山响应之能，加上这次承借巨款，俄国的新形象一下子就树了起来，与同为中国近邻的日本一比，更是显得光彩照人。

日本通过《马关条约》对中国造成的严重损害不言自明，其中仅赔款一项，就足以让中国财源为之枯竭，但它却给日本带来了巨大的经济繁荣，甚至在日本经济著作中还有"赔款景气"的时代专用名称。依靠勒索中国的大量银两，日本人一夜之间成了亚洲乃至世界的暴发户。现在马关的春帆楼前立有一块石碑，上面赫然刻着"今之国威之隆，实滥觞于甲午之役"几个大字，伊藤博文和陆奥宗光成了日本的民族英雄，春帆楼谈判会所外的小院里，至今立着两人的半身铜像。

马关之耻，春帆楼之恨，永远埋在了中国人的心里。甲午后，中日两国朝着完全相反的方向发展，一个日益沉沦，一个快速崛起，快速崛起的日本在日益沉沦的中国面前，越来越咄咄逼人，无论是索取赔款，还是攫取利权，都丝毫不肯放松，李鸿章对此深有感慨："日本将成为终世之患！"

旧恨新仇，令中国民众产生出强烈的仇日情绪，"联俄制日"也逐渐成为甲午之后清王朝的主流认识。一些地方督抚纷纷进言，其中以两江总督刘坤一说得最为明确，他认为相对于其他各国，现在对大清国威胁最大的莫过于日本，日本企图占领中国东北的野心积蓄已久，而俄国与东北接壤，它是最不愿意看到这种情况的，换言之，俄国和日本之间存在利害冲突。刘坤一建议趁俄国现在向华示好之机，设法与其订立密约，结为盟国，如俄国真能帮助中国"攻倭胁倭"，不妨从新疆拨几座城池给它作为答谢。

湖广总督张之洞亦有类似主张，在他看来，中国与俄国立约结盟，乃中国当今的"救急要策"。为此，他提出，只要俄国肯帮助中国"攻倭胁倭"，或者是南疆某几个地方，或者是北疆的数座城池，都可以拿出来送给俄国，并允许俄国向中国内地推广商务，以此作为交换。

是时，疆吏呼之于下，廷臣应之于上，恭亲王奕䜣"主倚俄"，认为俄国值得信赖依靠，即便翁同龢也对联俄结援感兴趣，在光绪面前吹风说："联俄结俄之事，同和（翁同龢自称）也视为必然。"最高层方面，慈禧素主亲俄，对俄国发动"三国干涉还辽"更是感恩不尽，当年冬天即给予俄舰到胶州湾的"过冬"权。至于光绪，如同李鸿章所评论的那样，在国事上本没有什么主见，见上上下下特别是慈禧、翁同龢、奕䜣等都赞同"联俄制日"，便也就欣然采纳了此策。

"联俄制日"自此成为清廷对外政策的重点。现在既然俄国公使言明只有李鸿章才有资格担当赴俄专使，光绪就不得不重新予以考虑，并单独与翁同龢商讨此事，但商量来商量去，一时却难以做出最后决断。

见清廷迟迟未有答复，俄国干脆来了个打破天窗说亮话，俄皇尼古拉二世特电慈禧太后，表示李鸿章才是俄方认为最合适最满意的专使人选。慈禧于是亲传懿旨，指示让李鸿章出使俄国，至此，事情方成定案，御史胡孚辰被选定为给朝廷找台阶的角色，他上奏称王之春资望太轻，似宜派李鸿章前往。1896年2月10日，光绪以慈禧太后懿旨的名义，改派李鸿章为正使，前署湖南巡抚、已因病开缺的邵友濂为副使，命他们组团赴俄。

此时已是阴历腊月二十七，春节一过，2月14日，即阴历正月初二，李鸿章上《恳辞折》，以年老体弱、路程遥远，害怕自己因力不胜任而"有伤于国体"为由，请求皇帝"收回成命，别简贤员"。

此行要策

有近代学者把慈禧派李鸿章访俄，看成是慈禧基于李鸿章过去所立功劳，对他的一种奖赏，即所谓"酬庸"，清代笔记中亦有"赏遣李合肥出访欧美"的记述。这类见解颇有些令人费解，也不太符合实际，要知道，李鸿章时年已经七十四岁，在那个"人生七十古来稀"的年代，交通和生活条件都十分有限，派一个高龄老翁出访海外，不啻对其身体状况的极大考验，明明是苦差事，哪里称得上"酬劳"？再者，李鸿章在前一年马关谈判时受了重伤，按理仍需调养，不宜远行，更不用说是万里奔波跋涉，前往陌生国度了。

还有人把访俄看作是李鸿章就此出山的一个机会，认为符合他打破沉寂、重返政治舞台的愿望。然而，在国内政界，与洋人打交道乃至出访国外素来都不算什么好差事，甲午之后尤其如此，当时还流行着一种说法，即所谓洋人只知中国有李鸿章而不知有北京朝廷，因此即便是从忧谗畏讥的角度考虑，李鸿章也必不愿轻易接揽这类吃力不讨好的活。

虽然李鸿章在《恳辞折》中所列举的理由都客观存在，但对于朝廷而言，派李鸿章赴俄已是定案，自然不能允许他不去。光绪降旨慰勉，一再坚持原议，翁同龢也一反常态地主动走访李鸿章，与其商谈如何密结外援，实际上就是在做李鸿章的工作，说服他动身赴俄。

君命如山，李鸿章见实在无法推脱，这才表示"不敢爱惜自己的生命，唯担心不能完成使命……一息尚存，万程当赴"。

"将李合肥遣赴外洋"的消息传出后，海内外为之震动，在很多国人眼中，李鸿章这个七十老翁继马关谈判后，又要远涉重洋往赴俄国为使，其举动足以惊世骇俗。与此同时，一篇由李鸿章的文案幕僚于式枚代笔，李鸿章亲自审定的《谢恩疏》，在经由宫门抄（清代官报，也称邸报或邸抄）流出后，也迅速"传遍九城，万人争诵"。

在这篇《谢恩疏》中，李鸿章分析国际形势，认为当今世界列强角逐纷争，犹如战国七雄并立，已形成合纵连横之局，中国应审时度势，重视并搞好外交，而他本人则将效法儒家所推崇的大夫七十远聘异国的精神，不辞艰险，竭力完成使俄重任。朝廷对李鸿章的意见和态度表示赞赏，进而又根据总署的奏请，给李鸿章增补了两项任务，即：出使德、法、英、美四国，亲递国书，以固邦交，其中对于德、法两国，要特别感谢他们在"三国干涉还辽"中所起作用；与出访各国商量增加关税事宜，为支付给日本的巨额战争赔款开源。

1896年2月28日，慈禧在便殿召见李鸿章，双方密谈达数小时之久，但其详情从未公开披露。《异辞录》是清代一本具有较高史料价值的掌故杂记，作者刘体智系工部尚书孙家鼐之婿，有机会了解到许多高层内幕，据他在《异辞录》所载，慈禧召见李鸿章时，问了一个问题："你知道此次使命的意义所在吗？"

祝贺沙皇加冕、联络德法英美、协增关税，乃朝廷直接交给李鸿章的三大任务，除此之外，李鸿章不好再妄加猜测，遂只得回答："不知道。"

"中国败于日本，你个人蒙受了奇耻大辱，国家也一样。"慈禧对李鸿章说，"现在命令你西行，联合欧洲，抵御日本，你必须谨慎对待，切勿懈怠。"

从慈禧所下达训令的内容来看，她所要求李鸿章的，已不单单是把祝贺加冕这件事应付过去这么简单，而是还要把清廷"联俄制日"的政策落到实处，即借此机会，与俄国建立军事同盟，甚至联络德法英美等国的外交活动，也被囊括到了"制日"体系——除了"联俄制日"，也要"联西制日"！

在朝野响彻一片的"联俄"呼声中，李鸿章从未对"联俄制日"公开表态，但其实之前他就已经推行过"以俄制日"外交，只不过"以俄制日"与"联俄制日"虽仅一字之差，背景和目的却并不相同。

甲午战争前以及战争爆发后，直至马关谈判期间，李鸿章本着"以敌制敌"的外交理念，曾再三托西方大国出面调停和干涉，其中对俄国寄望尤甚，"以俄制日"即源自于此，但因为种种原因，"以俄制日"等外交运作最终都归于了无效。从"三国干涉还辽"起，俄国突然自动成为"制日"选项，带给李鸿章的惊喜和绝处逢生之感，与普通国人相比，应该说，并没有太大不同。如果说有什么区别，那就是作为一个具备国际视野的政治家和外交家，李鸿章理应比个个争言"联俄"的国人，甚至是刘坤一、张之洞等人看得更多更远，也想得更深更透彻。

从地缘政治的角度出发，甲午战争前，英俄争霸且英国占据上风，乃是远东格局一个显著特点，那时英国尚亲中，但在战时和战后，英国便抛弃中国，转而推行亲日政策。作为英国在远东的主要竞争对手，加上对日本崛起的警惕和担忧，俄国自然会走相反道路，即"亲中远日"，它最终联合德法干涉还辽，又向中国提供低息贷款，本质上说都是远东国际政治变化的必然结果。

在甲午后的远东格局中，朝鲜实际已被置于日本控制之下，并成为日本染指中国东北的跳板。日本被三国逼着归还辽东半岛，"吐出口中之物"，并非心甘情愿，其觊觎东北之心依旧，这一局面，李鸿章比谁都明了。问题在于，甲午战败后的中国，更无力量保全东北，如何解决东北危机？照李鸿章看来，仍然只有拿出自己的撒手锏，即"以敌制敌"之术。

甲午前，除俄国外的西方大国多少在朝鲜都有利益，尚坐视不顾，它们与中国东北既非近邻，亦无利害关系，又怎么能指望它们"制日"？只有俄国，紧靠东北，对于这一区域受到日本的直接威胁，绝不可能听之任之，其发起"三国干涉还辽"即为明证。

对于朝廷"联俄制日"的外交政策，李鸿章是完全能够接受和认同的。慈禧显然也已经真正看懂了李鸿章所上《谢恩疏》，并接受了其中的合纵连横、"以敌制敌"之术，她与李鸿章那几个小时密谈的焦点，自然都集中于"联俄制日"、与俄结盟的重大外交战略问题。李鸿章后来到上海登船准备出国，江宁洋务局总办、前外交官黄遵宪登门拜访，李鸿章向他透露："联合西洋，牵制东洋，是此行要策。"

无妄之灾

就在慈禧召见李鸿章的次日，光绪连下三道圣谕，正式任命李鸿章为赴俄专使。圣谕下来后，李鸿章欣然受命，朝廷于是改派总理衙门大臣张荫桓接任缘由李鸿章负责的中日商约谈判。

张荫桓是当时公认的外交家、洋务专家。翁同龢等清流人士虽仇视李鸿章及北洋系，但因他们自身不懂洋务，所以不免也要招揽洋务专家为其所用。张荫桓即为翁同龢所赏识，翁同龢的辈分、资历、官职、声望皆在张荫桓之上，但翁请张办事，却在函中署称"吾兄""我兄"，有时竟称"吾师"。

由于得到帝党清流的垂青和极力推荐，张荫桓给光绪留下了极好印象，这给他的谈判带来了很大便利,后经长达半年时间的谈判,中日终于达成新的商约,此即中日《通商行船条约》。

自《马关条约》以来的中日谈判,本质上都是国家实力的综合较量,个人在其中所能起到的作用实在有限,李鸿章如此,张荫桓亦然。尽管与日方的条约原稿相比,张荫桓在国体利权、海关税源方面已经争回了一些民族权益,以致谈判结束后,日本政府因对谈判结果不满,还做出了将林董召回国内的决定,然而不管张荫桓怎么努力,他都不可能像当年曾纪泽使俄那样,完全满足中国国内舆论的期待。于是毫不意外,张荫桓也被戴上了各种帽子,有说他专擅的,有说他揽权的,更有说他在谈判中受到巨额贿赂的,还有人就直接说他是和李鸿章一样的"卖国贼",张荫桓不胜困扰,自谓这些非议特别令人寒心,以后凡是碰到对外谈判签订这类事,他都要想方设法绕着走,以免再遭受"无妄之灾"。

李鸿章中途被从商约谈判中调开,算是机缘巧合地避开了一个被舆论称为"奉旨卖国"的苦差。只是自《马关条约》之后,凡仍从事外交者,遭遇内部明枪暗箭都是随时随地的意料中事,李鸿章在拟定出国随员名单时,便与李鸿藻等人发生了冲突。李鸿章有意携带长子李经方随行,李鸿藻不以为然,朝廷接受李鸿藻的意见,但又怕李鸿章不高兴,便加恩特赏李鸿章的次子也是嫡长子李经述(李经方为继子)以三品衔,派他以参赞官的名义随侍赴俄。

李鸿章要携李经方随行,不是为了要给儿子加官晋爵提供方便,而是确有用得着之处。帝党清流却以此为由,欲再次掀起"倒李"风潮,翰林院编修丁立钧、翰林院侍读张百熙相继上书,借抨击李经方,对李鸿章发起弹劾。他们说李经方与英、日暗中勾结,在马关谈判中出卖了国家利益,继而称李鸿章素来与英、日交好,派他使俄,只会破坏"联俄"这一国家大计,因此建议换人。

李鸿章对此非常不满。丁立钧、张百熙之辈,在帝党清流中都只不过充当马前卒的角色,起着指挥作用的是翁同龢、李鸿藻。翁同龢就怕李鸿章不肯赴俄,自然不会再在里面推波助澜。李鸿章深知内情,于是便直接找到李鸿藻,与之进行激烈辩论,绝不肯相让。他同时上疏,指出李经述乃是一介书生，没有外交经验，出国只能照顾自己的饮食起居，而李经方从小学习英文，后又曾出使英、日，熟悉外国情形，让其随行，可以照料途程，酬应宾客，其作用是李经述和其他人无法取代的。至于言官说李经方须为马关谈判负责，李鸿章强调，马关谈判极其艰难，且所有办理事务，均由他李鸿章"相机酌夺，请旨遵行"，李经方其时没有任何决定权，也不应为此负责。

不管李鸿藻在与李鸿章辩论时是不是服气，也不管朝廷究竟相不相信李鸿章的话，既然朝廷已经确定李鸿章是赴俄的唯一人选，便只能继续借重于他，遂俯允其请，加派李经方随行。

这下，李经方、李经述皆得随父远行，一个可协助办理公务，一个照料生活起居。毕竟将以高龄在海外长途跋涉，两个亲人的随行和协助，令李鸿章十分高兴，自云："万里遐程，两儿并侍，亦差可慰老怀。"

憧　憬

1896年3月1日，李鸿章入朝请训，辞别皇帝。两天后，李鸿章离京南下，朋友同僚数十人相送，并在东大门为其设宴饯行。当天天气不佳，狂风大作，饯行宴设在室外棚中，棚子被吹得哗哗作响，几乎让人以为它要拔地而起了。风沙也吹进了棚子，众人连眼睛都睁不开来，桌上的杯盘在蒙上尘土后，菜已经没法吃了。

天公不作美，但李鸿章的兴致却非常好，丝毫未受天气影响。他笑称："我每次出门远行，不是碰到狂风，就是遇上暴雨，走个海路，也总是有惊涛骇浪。"大家见他高兴，便也说："中堂丰功伟绩，所以连雨师、风伯这些神灵，都会前来饯行。"

临别之际，李鸿章始终显得精神矍铄，意气风发，状态与前一年赴日本谈判前已大不相同。

在《恳辞折》中，李鸿章曾说他在马关遇刺时受重创，至受命时仍未痊愈，"伤病时发，步履软弱更甚于前，连走路都要让人搀扶"。其实并没有那么严重，李鸿章一向身强体健，经过一段时间的休养，基本已能做到行动自如。另外,时隔一年,所处环境也不一样了,赴日前正遭遇甲午惨败,可以预见到的是国家将因战败而任人宰割,个人事业亦将随之跌入谷底;如今则多的是憧憬,即为饱受战争失利困扰的国家寻找机遇,赢得重生,同时自己也借此再干一番事业。

3月14日,李鸿章经天津抵达上海,准备起航出发,其欧美之行甫一公布,即备受世界瞩目。过去中国虽也多次派使臣出访国外,但李鸿章系名义上的内阁首辅,后者被西方等同为"首相",认为是"清帝国最显要的官职",加上他又是清廷正式任命的"钦命头等出使大臣",故而以使臣而论,其级别之高已大大超出以往,外国评论也称"这样第一等的中国大员出使外国,是一件很稀奇的事情"。

除了官职显赫、身份特殊,李鸿章的个人魅力也不容忽视。事实上,李鸿章不仅是他那个时代最了解西方的中国高级官僚,在国际外交场合,他也几乎是唯一受到西方尊重的清王朝重臣。李鸿章对此亦抱有极大自信,他对吴永说:"我办外洋交涉数十年,不敢说外国人如何仰望于我,但各国朝野,也总算知道中国有我这么一个人,他们有的愿意与我见见面,谈一谈,也是人之常情。"

时在中国的美国传教士林乐知援引欧美报刊媒体的报道:"各国将合肥(李鸿章)视为最洞察事理、明智睿哲的中国人,现在他竟然以垂老之年远游海外,各国都认为这将有助于和中国的睦邻友好。"各国如此关注李鸿章环游欧美,当然不仅仅止于所谓的"睦邻友好"这么简单,而是还别有所图。

十九世纪,西方产生了一种极端民族主义理论,所谓"黄祸论"。"黄祸论"宣扬黄种人对白人形成威胁,主张白人联合起来对付黄种人,七八十年代欧美对华工的迫害以及排华浪潮中,"黄祸论"均在其中推波助澜。甲午战争后,西方掀起一股新的"黄祸论",人们担心,在已经掌握西方技术的日本"领导"下,原本衰弱但地域庞大的中国也将迅速崛起,两国团结一致,将矛头对准西方,届时历史上蒙古西征欧洲的"黄祸"将卷土重来。

从1895年起,德皇威廉二世和俄皇尼古拉二世便不断就"黄祸"问题进行通信、交流，威廉二世还特意请画家创作了一幅油画《黄祸图》赠给尼古拉二世，并下令印刷，广为散发。《黄祸图》所画内容，是一个象征日耳曼民族的双翼天使站在悬崖上，手执宝剑，告诫欧洲各国的保护神，"黄祸"已经来临，必须迎击。在天使手指处，象征日本的"佛祖"骑着象征中国的"火龙"，正向欧洲步步逼近。画面上，天空乌云密布，地面城市燃烧，以表现欧洲因此所发生的浩劫，威廉二世还一本正经地在上面题词："欧洲各民族联合起来，保卫你们的信仰和家园！"

正如李鸿章接受慈禧训令，欲"联俄制日""联西制日"一样，无独有偶，西方认为抵制中日共同崛起，并联手攻西的最省劲办法，也是对中日进行分化瓦解。"三国干涉还辽"里面，其实就已经有类似手法的影子，日本原本单方面开出的"赎辽费"是五千万两白银，最后经三国联手干涉，被迫降至三千万两，这不能不说是西方拉拢中国、打压日本的一个具体表现。

正是在这种思潮的影响下，西方人士对于李鸿章的此次欧美之行给予了极高期待，英、法、德各国纷纷来电，邀请李鸿章首先前往该国访问。因为法、德是"三国干涉还辽"的参与国，李鸿章此行须代表清廷对两国致以谢意，于是便打算经由法、德转赴俄国。俄国得知后，怕被法、德得了先手，赶紧由驻华公使喀西尼出面，与李鸿章商量还是先赴俄国。李鸿章本以赴俄为重点，遂对喀西尼的提议表示欣然同意，并接受了俄方所提供的具体路线及其行程。

3月28日，李鸿章率随员乘坐法国邮船"爱纳斯脱西蒙"号，从上海启程，开始环游欧美五国之行。

邮船经过香港、越南、新加坡，然后一路西行，穿越红海和苏伊士运河，近一个月后，抵达预定行程中的第一站——埃及塞得港。

借地筑路

李鸿章访俄，已超越了原先致贺沙皇加冕的表面意义，其实质是欲乘机建立针对日本的军事同盟，结强邻以自保，不过这只是清廷及李鸿章单方面的想法，俄国对此会有怎样的意图、动机与要价，在中国使团出发之前，清廷所有参与决策的核心人物都并不太了解，至多也只能限于猜测。

俄、法、德三国自干涉还辽后，法、德皆"居功求报"，前者与清廷签订了中法界约、商约，将原在云南边境上的孟乌、乌得等地划归法属越南，并攫得通商、开矿、修路等许多特权。后者与清廷签订了汉口、天津租界条约，在中国沿海沿江取得了据点。作为干涉还辽的发起国和主要国家，俄国却迟迟未有大的动静，这倒不是它忘了向中方索要报酬，而是其胃口及其要价，比法、德都要大得多。

早在1891年，俄国开始兴修西伯利亚大铁路，这条铁路西起莫斯科，东至海参崴（原为中国领土，中俄签订《北京条约》时被割让给俄国，并改名符拉迪沃斯托克），横贯欧亚两大洲，沙俄试图借此在远东取得比其他欧洲国家更大的优势，即控制太平洋海域。至1895年，西伯利亚大铁路已修至靠近中国东北的外贝加尔地区，这时关于之后铁路的走向问题，出现了两种不同意见：一种意见是沿黑龙江修到海参崴，这种方案当时在技术条件和资金等方面，还存在困难；另一种意见是横穿中国东北，被称为"借地筑路"计划，该计划得到了俄国财政大臣维特的支持。

围绕不同意见，俄国政府内部发生了激烈争论，最终沙皇认可了"借地筑路"计划。当年俄国工程师便开始进入中国东北境内勘测路线，勘测结果表明，直接穿越中国东北，比黑龙江路线缩短了五百四十公里，可节省大量资金，工程进度也将大大加快，而且还可通过修路对中国东北实施最大限度的影响。

俄方的勘测是在未经清廷同意情况下的擅自行动，如若真要在中国东北修建铁路，没有中方的正式同意，是行不通的，其他有志于远东竞逐的大国也不会答应。于是俄国驻华公使喀西尼奉命投石问路，向总署递交照会，以修建西伯利亚大铁路为由，正式要求对中国东北进行路线勘测，其如意算盘是只要中方同意勘测，即可顺藤摸瓜地提出"借地筑路"计划。

未料总署立即以中国将在东北自造铁路作为回应，拒绝了俄方要求。原因并不奇怪，东北对于清廷而言，是龙兴之地，其重要性仅次于京师，总理衙门大臣不管懂不懂洋务，都不敢随便开这个口。双方几经谈判，终无结果，俄国政府接着又向中国驻俄公使许景澄提出了一个新方案：中俄合办铁路公司，共同在东北建造铁路，尽管俄方诡称不会因此侵权中国主权，但还是遭到了许景澄的断然拒绝。

俄国外交部不甘心计划落空，不久仍电令喀西尼与总署商办"公司之议"。他们本来想接着在北京就此进行谈判，但考虑到若在北京大张旗鼓地谈判此事，众目睽睽之下，对己不利，又恰值尼古拉二世将要举行加冕典礼，于是便决定借中方使节前来致贺之机，专门围绕"借地筑路"计划，和中方举行一场秘密谈判。

既然要进行谈判，谈判代表就不能是小角色，李鸿章既是中国洋务派的代表人物，同时也是当时唯一有能力在国际谈判桌上，与各国进行谈判斡旋的清廷重臣，自然成为俄方首选。清廷最终决定答应俄国要求，派李鸿章出访，其实也已经做好了与俄国谈判的准备——虽然双方其实诉求各异，即中方是想通过谈判建立军事联盟，而俄方是想通过谈判实现"借地筑路"，但至少在这一点上似乎已经找到了共同语言。

李鸿章赴俄的路线及行程，由维特和喀西尼所预定，维特是第一次世界大战以前欧洲杰出的外交家之一，可见俄国政府对中国使团的重视。因为害怕其他欧洲国家觊觎，对"借地筑路"计划进行干涉，维特、喀西尼在设计路线行程时，即以使李鸿章"在到达俄国以前，不要涉足任何欧洲国家"为出发点，进行了周密安排，等到中国使团按其指定路线自上海出发后，维特又担心李鸿章在途中被英、德或其他国家"截"去，为此建议派沙皇的亲信、有李鸿章有私交的乌赫托姆斯基亲王为特使，在苏伊士运河口抢先将李鸿章"截"至俄国。

尼古拉二世接受了维特的建议，但他希望此事要悄悄进行，乌赫托姆斯基在和维特密商后，首先佯装前往西欧，之后才偷偷乘船前往塞得港。当中国使团到达塞得港时，乌赫托姆斯基"从天而降"，将他们接到一艘事先准备好的俄船上，并一路随船专程陪同进入俄境，直至在俄国黑海港口城市敖德萨登岸。

在敖德萨，李鸿章身边增加了一队俄国士兵，这是维特专门为李鸿章所派的荣誉护卫。中国使团还受到了俄海陆军领袖及北方长官的盛大欢迎，俄国黑海舰队司令普列琴柯亲率海军官兵，在港口的检阅台上鸣礼炮，并奏俄罗斯国歌和《丹陛大乐》，在礼炮和音乐声中，俄罗斯国旗、龙旗随之冉冉升起。

《丹陛大乐》系中国宫廷音乐，只有在皇帝举行朝会、受贺、大婚、颁诏等重大典礼仪式上才会进行演奏，因其时中国尚无国歌，故而采用了此乐。龙旗则是在1888年即北洋海军正式成军的那一年，有感于外交活动中无国旗可挂，李鸿章特地奏请慈禧批准，并亲自负责设计而成的中国国旗。

听着庄严恢宏的《丹陛大乐》，看着迎风飘扬的龙旗，感受着异国的高规格礼遇，刚刚经历过马关屈辱的李鸿章想必是百感交集，别有一番滋味在心头，他在致总署的电文中说："刚刚抵达敖德萨，俄国水陆提督及地方文武对我接待很恭敬……"

内　幕

按照原先行程，中国使团到达敖德萨后，第二站便是俄皇加冕地莫斯科，但尼古拉二世考虑到加冕典礼期间，每天都会有各式各样的庆典，不利于举行秘密谈判，于是决定在加冕典礼举行之前就完成谈判，谈判地点被确定为圣彼得堡，而维特则被指派为谈判代表。

在李鸿章一行人乘坐专列快车抵达圣彼得堡车站时，维特亲自前去迎接，并全程予以接待。当时有人告诫维特："同中国官员谈判，首先就是不要着急，因为一着急，他们就会以为是风度不好，什么事都要干得从容不迫，一切都要遵从各种中国礼仪。"鉴于之前的"投石问路""公司之议"都被打了回票，维特深以为然，认为与李鸿章谈判，确实应"貌为镇静，徐徐而入，不可开门见山"。

按照这个准则，维特不仅不让旁人甚至外交大臣罗拔诺夫参与进来，而且在与李鸿章初次见面时，对于谈判事宜也闭口不谈，唯在接待程序和细节上不敢马虎，做了精心准备和安排。

首先是盛大隆重的欢迎仪式，接着维特又邀请李鸿章吃茶点，吃茶点时组织了乐队、歌舞进行表演，并有专门的礼宾司仪予以主持。按照外交惯例，公开场合吸烟是不礼貌的，但考虑到李鸿章一向都有吸烟的习惯，在用过茶点后，维特还主动请李鸿章吸起了他从国内带来的烟袋。

到了住宿的时候，李鸿章没有下榻于通常的国宾馆，而是应邀住进了一个名叫巴劳辅的商人的私宅。当时很多俄国茶商在与中国的茶叶贸易中获利甚丰，也因此喜欢上了中国文化，巴劳辅就是这样具有代表性的俄国著名茶商，他不仅按中国式样装修了自己的宅邸，本人还会写中国字，奏中国音乐，家庭成员的饮食服饰甚至语言也全都跟着中国人学。

走进宅第，李鸿章首先看到的是一座中式大牌楼，上面插满龙旗，中间竟嵌着他李鸿章的巨幅画像，再看室内陈设，八仙桌、太师椅、琴桌、条案、书桌，全都是清一色的中国家具，连顶箱立柜都是硬木做的。巴劳辅一家对李鸿章给予了最隆重的接待，巴劳辅还派包括小女儿在内的家族子弟四人，为李鸿章献花球祝寿，这一切都让李鸿章有了宾至如归的感觉，"感到很愉快，几乎忘记了自己在异乡他国"。

维特对李鸿章优礼相待，自然是为了和李鸿章套近乎，以便对方能在谈判中做出让步。李鸿章乃是外交和谈判的老手，且有当年崇厚案的前车之鉴，当然不会不知道俄方的盛情款待之中，一定还包含着复杂内容。

通过私谊来拉近距离，从而获取正规场合得不到的东西，本是一个重要的外交手段，过去李鸿章和伊藤博文之间就曾书信酬答，以致还被一些不懂外交的人攻击。见维特对自己极尽尊重和照顾之能事，李鸿章亦投桃报李，对维特特别客气，但随着互相之间越来越熟悉和了解，他们各自都看出，"一些客气和礼节"对对方不起作用，便都抛弃了这些刻意的客套，开始坦白直率地进行谈话。

在此期间，俄国外交大臣罗拔诺夫在与李鸿章见面时，特地将之前中方并不知晓的一个内幕告诉了他：俄国本来是想做到无偿将辽东归还中国的，是德国认为中国应该支付那三千万"赎辽费"，后来"赎辽费"成为事实，系俄国"屈服于德国的压力"的结果。

德国系干涉国之一，俄方在借"内幕"邀功的同时，自然也有排斥德国等其他西方国家，在李鸿章心目中造成只有俄国才会真正"帮助"中国的印象。

1896年5月3日,维特与李鸿章举行了首次正式会谈。一上来维特便又大摆功劳,"详细谈到最近我们(指沙俄)对于中国的帮忙",称"由于我们的努力,才保持了中国领土的完整"。

在李鸿章连声道谢后,维特向他保证,"我们既然宣布了保持中国领土完整的原则,将来也要尊重这个原则",为此,"在发生紧急情况时,我们将会给予中国以军事援助"。

维特的这句话是李鸿章特别爱听的,也是他此次使俄的真正目的,但随后维特便话锋一转,说到"俄国的兵力目前都集中于欧洲部分,在欧洲的俄国和符拉迪沃斯托克(海参崴)之间没有铁路",因此,在相应铁路修建起来之前,俄国承诺给中国的军事援助也将无法兑现。

会谈终于进入了此次中日谈判的主题和实质,即"借地筑路":通过黑龙江、吉林两省修造一条铁路,与俄国横穿西伯利亚的远东铁路接轨,进而与海参崴相连。

双管齐下

维特不愧是欧洲顶级的外交家和政客,明明是俄国出于自己在远东进行扩张的需要,才决定要"借地筑路",但他却偏偏摆出了一副纯为中国着想、有利于中国的姿态。

在充分渲染铁路的重要性,将它说成是中国能否从俄国获得军事援助的关键后,为真正打动李鸿章,维特不忘重提让对方刻骨铭心的甲午战争:"中日战争期间,我们确曾从符拉迪沃斯托克派遣一些军队,但因没有铁路运输,行动过于迟缓,以致当他们到达吉林时,战事已经结束了。"

"为维护中国的领土完整,必须有一条路线尽可能最短的铁路,这条路线将经过蒙古和满洲的北部而到达符拉迪沃斯托克。"除了军事援助,维特还论证了这条计划中的铁路将给东北经济带来的好处,最后让李鸿章无须顾虑日本的感受乃至干涉,"日本对于这条铁路大概会采取一条赞同的态度,因为这条铁路将把日本和西欧连接起来,日本近来已经采取了西欧的文明"。

至此，李鸿章完全明白了俄方用意。其实就在谈判的前一天，即5月2日，李鸿章已经接到了总署的电报，内容正是总署与俄国驻华公使喀西尼交涉的经过。

俄国政府双管齐下，这边让维特与李鸿章谈判，那边则让喀西尼与总署交涉。此时总署内部多由翁同龢、张荫桓经办，再与奕䜣、奕劻会商，翁同龢、奕劻不通洋务，奕䜣病卧在家，实际经办者仅张荫桓一人。在喀西尼道出他的"公司之议"后，张荫桓仍以中国将在东北自造铁路，铁路公司也将自办，无须由俄方代筹款、代荐公司作答。喀西尼一听，跳了起来，说要是这样的话，俄国将与日本结盟。张荫桓立即指出喀西尼此言大谬，绝非俄国政府本意。

喀西尼无言以对，但又称如果中国不与俄国合办铁路公司的话，也不能与其他国家合办铁路公司。张荫桓说这个你放心，铁路公司一定由中方自办，并已打算从黑龙江运送铁路的修建用料。

喀西尼见张荫桓不肯松口，表示将向俄国外交部汇报中方的态度。张荫桓以总署的名义给李鸿章发电，一者是让他心里有个准备，因为估计俄国也会向他提同一要求；二者是将"中国自办"的原则告知于他，并希望李鸿章坚持这一原则。

按照总署指示，李鸿章很明确地告诉维特，东北境内的铁路要修，但必须"中国自办"，而不能由俄国或其他国家插手。

维特自然也已收到喀西尼的电报，对此早有准备。他向李鸿章强调，这条铁路是为了中国能够抵御日本，"本来想要借路速成，借以缓解中国的倭患"，时不我待，得争取在最短时间内修筑成功。中国自己修也不是不行，可是按照中国的经济实力和办事效率，几时才能修好呢？"今中国虽认自办铁路，但素习糊涂，恐怕十年无成！"

不管维特说得如何头头是道、天花乱坠，李鸿章依旧毫不相让，坚持这条铁路应由"中国自办"。维特眼见正面无法突破，便又退而求其次，提出可由俄国代荐公司承办铁路事宜，用以加快中国境内铁路的修成。

"由俄方代筹款、代荐公司"亦在总署拒绝之列，李鸿章遂坦率相告，俄代荐公司与俄自办公司根本就是一码事，这对中国主权将产生损害，而且各国也必然会竞相加以仿效，故而不能应允。

费了半天心机和口舌，犹不能达成目的，维特不免沮丧，他在会谈结束时说："如果这也不同意，那也不答应，自办又遥遥无期，俄国便打算在铁路修到尼布楚一带后就停工，以后继续等待开工的机会，但是从此俄国就不能再帮助中国了。"

碰了钉子后的维特，虽然没有像喀西尼那样，以与日本结盟相要挟，但"从此俄国就不能再帮助中国"这句话，还是让李鸿章认识到了问题的严重性，并给他造成了很大的思想压力。

李鸿章赴俄之行的真正任务，是按照慈禧训令，设法与俄国结盟，但是很显然，朝廷和李鸿章所希望的中俄军事结盟，却并非出自俄国本意。概言之，俄国可以与法国结盟，也可以与德国结盟，甚至还可以与日本结盟，它们之间结盟了就是互助的关系。中国？一个刚刚遭遇惨败、衰弱不堪的亚洲国家，在国家实力上与俄国完全不对等，对俄国而言，与这样的国家结成军事同盟，不仅无法增强实力，还会带来额外风险。

额外的风险，需要额外的补偿，这一点，中国决策层并不是没有想到。大家也都知道，所谓的"联俄制日"，说白了，其实就是"乞俄制日"，李鸿章出国前，刘坤一、张之洞等人提到从新疆割地，以及另外附加扩大通商等条件给俄，实际就是要在"乞俄"的过程中，换取俄国"制日"。问题在于，这些预想现在看来，注定只是一厢情愿，俄国不会仅仅满足于获得新疆的某个地方或几座城市（尽管那也是它想要的），就眼下来说，它已经把"借地筑路"作为中俄缔约、建立军事同盟的先决条件，即你不借地，我就不允结盟，甚至今后如果日本再抢夺你的辽东，我会扭头就走，只装看不见。

见一见沙皇

李鸿章深感棘手，当即电告总署请示。总署之所以回绝喀西尼痛快干脆，是因为认为"从此俄国就不能再帮助中国"，甚至与日本结盟，非俄国政府本意，及至看了李鸿章的请示电，才知道俄国谈判代表亦持同一主张。

如此一来，众人便都不知道该怎么办了，包括总署在内，满朝大臣讨论多次，都拿不出任何有效的办法，李鸿章也就始终无法得到朝廷的明确指示。

此次出访海外，李鸿章的随员中除李经方等中方干员外，还有一批外籍顾问，后者囊括了所有到访国，其中就有俄籍顾问。通过俄籍顾问等渠道，李鸿章了解到维特是最获沙皇信任的大臣，而在与维特打交道的过程中，维特留给李鸿章的印象，是此人对自己的才略很有自信。

皇帝的最大宠臣，且又拥有超强的自信心，这种政治人物就有可能独断专行，会不会"借地筑路，相互帮助"之议，也只是维特单方面的意思，而非沙皇本意呢？在抵达圣彼得堡后的三四天内，李鸿章已经见过了不少帝俄要人，但除了维特，并没有第二个人曾向李鸿章谈及筑路之议，首次谈判结束后，李鸿章两次会见俄国外交大臣罗拔诺夫，罗拔诺夫亦未提及此事，这使李鸿章更加怀疑维特可能只是自作主张，"借地筑路"不是俄国的定策。

如果不是俄国的定策，就可以如实汇报总署，像回绝喀西尼那样回绝维特，反之则仍须慎重对待，孰去孰从，不亲自见到沙皇，听听他的说法，是无法做最后决定的。于是，李鸿章便一面"摆出各种搪塞的理由"，以应对维特的步步进逼；一面为防止谈判破裂，递话给维特，让维特产生出这样一种印象，即他李鸿章本人赞成"借地筑路"，前提是必须让他见一见沙皇。

对于中俄秘密谈判，原本沙皇是不准备直接出面的，但李鸿章的态度让维特明白，若不把沙皇搬出来，对方就不可能做实际让步，故而应其要求，力劝沙皇与李鸿章面议。

1896年5月4日，沙皇尼古拉二世在红村宫行营接见了李鸿章。李鸿章在觐见时，呈递国书和敬贺加冕的礼物，并代替光绪皇帝念颂词，感谢沙皇在干涉还辽中所起的作用。

沙皇对李鸿章招待备至，皇后与李鸿章握手，宴会上又向李鸿章敬酒祝福。李鸿章在国内觐见慈禧，尚需匍匐于地，且不敢仰视，虽然这主要是因为东西方规矩习惯不同，但亦可见李鸿章所受礼遇之高，李鸿章自己也说，其规格已超过其他各国使节。

这次接见系公开的礼节性会见。其时各国使节和记者均云集圣彼得堡，考虑到稍有风声即易泄露秘密，沙皇当天除了向光绪、慈禧母子致以问候外，未涉及其他问题。

直到三天后，即5月7日，沙皇才以"回宫验收礼物"遮人耳目，破例再次秘密接见李鸿章。为了保密，李鸿章亦应俄方要求，只带李经方一人随行，并由其充作翻译。

会见结束后，维特及其他一些人去向沙皇祝寿，只见沙皇满面红光，用很低的声音对维特说了一句："我见了李鸿章，而且向他说过了。"

沙皇对李鸿章"说过"的，自然是劝说对方同意"借地筑路"。之前维特就认为，只要李鸿章见了沙皇，就能答应下来，现在见沙皇如此神情，便理所当然地认为事情已经板上钉钉，八九不离十了。为防夜长梦多，走漏消息，维特急于定案，1896年5月8日，即沙皇与李鸿章密谈的第二天，他便与俄国外交大臣罗拔诺夫一起，继续与李鸿章进行谈判。

沙皇在密谈中提出，"借地筑路"由俄法合资、俄国实际掌握管理权的俄法道胜银行承办并妥议章程。二人根据沙皇意旨，要求李鸿章按此条件答应"借地接路"（即"借地筑路"）。出乎他们意料，同时也令他们大失所望的是，这一要求却被李鸿章当场婉拒，理由是中国东北北部"高山丛莽，人迹不通"，且此事须向国内"请旨定夺"。

双刃剑

与沙皇会谈后，李鸿章也依例向总署做了报告。按其所述，沙皇表达的基本意思与维特相同，区别在于语气更委婉一些，其主张比维特也要更"和厚"。所谓"和厚"，主要是指沙皇保证俄国"地广人稀，绝对不会侵占别人尺寸土地"，东北所接铁路"由中国节制"，援助中国对抗英、日等。

沙皇作为俄国国主，一言九鼎，他的话自然不可能是随便说说的。随着沙皇态度明朗，"借地筑路"之议证明确系俄国政府本意，但是到了这一步，李鸿章却并不像维特所以为的那样，就能放胆应承，"同意这件事儿"了。

没有甲午之败和马关签约，李鸿章在国内的声誉不至于一落千丈，并在朝中完全失势，对于谈判签约，他可以说是有着极为深刻的痛苦记忆，故而此次出使俄国，只会比以往更加小心谨慎——按照朝廷旨意和慈禧训令，为了"联俄制日"的需要，李鸿章虽可便宜行事，但涉及东三省路权，他仍须时时考虑到，年轻气盛的光绪皇帝能否同意，朝中要员们会采取什么态度，总署意见如何。

一句话，"借地筑路"是大事，非李鸿章一人所能定夺，若不事先请示总署并得到同意，他是绝对不会，也不敢擅自与俄方达成任何协议的。事实上，从与维特首次开始谈判起，李鸿章即逐项随时向总署汇报请示，未有任何越权之举。对李鸿章而言，与沙皇见面，只是拿来给他和总署作参考，以便重新进行考虑的前提条件，而不是说当着面听沙皇一说，就真的能让他下定决心同意"借地筑路"了。

俄方要求"借地接路"，李鸿章所希望的则是建立军事同盟，他向罗拔诺夫询问，沙皇在前一天所称的"援助"是否可以确证。罗拔诺夫的回答是他并未得到沙皇的相关谕旨，只知道如果中国希望得到俄国的援助，就得在中国东北接筑铁路，否则不方便，为此还必须另外签订一份"华有事俄助"的密约。显然，俄方已明确将清廷同意"借地接路"作为中俄建立军事同盟的先决条件，按照罗拔诺夫的说法，亦可看成俄方欲以签订"华有事俄助"的密约来换取"东省接路权"。

从中方角度出发，要想真正实现"联俄制日"，就必须把俄国宣称对中国实行军事援助的口头允诺，用条约形式固定下来，使之成为军事同盟性质的法律条文。见俄方无意在"借地接路"上退让，为达成联俄目的，李鸿章遂致电总署，提出："可否先订援助，后议公司，请代奏候旨。"

总署在回电中未就李鸿章的提议表态，仅指示李鸿章与俄国商谈从黑龙江运料的问题。运料是自筑铁路的关键，由此可以看出，清廷仍坚持自筑铁路。

李鸿章希望"先订援助"的请求，虽然还没有得到总署同意，但那边俄国人却已经先行动起来。5月13日，俄方将所称"华有事俄助"的密约变成文字，拟定了一个初步大纲，并面交李鸿章转呈清廷。大纲确认了中俄共同对日的军事同盟关系，规定如果中国领土或俄国远东滨海各省被日本进攻，两国均有互相保卫的义务，"借地接路"自然也被放了进去："为了将来能够快速转运俄兵御敌，以及接济军火、粮食，商定于黑龙江、吉林边境接造铁路，直至海参崴。"

此时，李鸿章关于"借地接路"的态度实际已发生动摇。这是因为他意识到，若始终与俄方各说各话，不肯付出一笔重大代价的话，俄国不仅将拒绝结盟，而且还会带来诸多莫测后果，正如他在给总署的电文中所言："如果拒绝，俄方必然怀恨在心，而且将会对我国造成危害。"

作为必须付出的代价，"借地接路"乃是一把双刃剑：按照俄方的援助承诺，当中国受到日本威胁时，铁路固然便于俄国提供援助，但同时也会造成引狼入室的问题，即如果沙俄对中国东北也起了非分之想，这条铁路同样可以给他们提供运输便利。更何况，让俄国人在中国境内修建铁路，将直接导致"路权"模糊不清，以后有了争议，俄国人就会有借口武装"维护"其权益。

地不能不借，路不能不筑，但主权亦不能因之损失太大，而且还得防备一旦有事，俄国军队借助铁路，直捣中国京师。李鸿章煞费苦心，在两难之间不断进行斟酌和平衡。

俄国一开始提出由俄国财政部来修筑或管辖铁路，后来又拿出了中俄合办铁路公司的方案，沙皇则提出由俄法道胜银行承办铁路。李鸿章综合考虑，决定由中国政府入股，与俄法道胜银行合组一个铁路公司，负责铁路的所有建造、管理事宜。在他看来，这样做可以对俄国进行一定程度的监督牵制，俄国在得不到中方同意的前提下，至少不能毫无忌惮地利用东三省路权进行渗透。再者，将铁路的修建变成商业行为而非政府行为，也可起到遮人耳目，避免因此得罪其他列强，从而引起它们的嫉妒和觊觎的作用。

鉴于这些考虑，在接到大纲后，李鸿章未再直接拒绝，而只是在"借地接路"款中增加了两层意思：第一层是俄方不得借筑路侵占中国土地和侵犯中国主权，第二层就是成立私营性质的合组公司。

俄方对此虽不乐意，但见李鸿章态度坚决，也只好接受。李鸿章随即将修改后的大纲电达总署，5月14日，总署电示李鸿章，乐见中俄互助条约尽快签订，但坚持"自主接路"，以期争取外援和保护路权并举。

李鸿章遵旨向罗拔诺夫转达清廷意见，罗拔诺夫断然表示，如果铁路的事没有着落，互助条约就不用再商量了。

签 字

中方不同意借地，俄方就不同意结盟；俄方不同意结盟，中方就不同意借地，双方似乎形成了一个死循环，交涉因此变得非常紧张和困难。

5月18日，李鸿章到达莫斯科，随后参加尼古拉二世的加冕典礼。加冕典礼在克里姆林宫内举行，各国都派了庆贺使团，来自七十多个国家的贺臣按序入宫庆贺，在这一列队序列中，李鸿章被安排在首位，同英国王子、德国亲王、日本皇弟等平起平坐，不少国家的皇帝、酋长都排在他的后面。李鸿章还被沙皇授予两枚镶满钻石的头等宝星勋章，其他贺臣虽也有被授予宝星勋章者，但不是镶着红宝石，就是镶着蓝宝石，唯独没有钻石。钻石与否，代表着级别，说明在场贺臣，谁得到的荣誉都没李鸿章高，李鸿章在克里姆林宫可谓风光一时。

沙皇接待李鸿章，一方面优礼有加，给予非同一般的殊荣；另一方面又不过分张扬，俄国《政府公报》报道李鸿章的消息最少，其目的不外乎是怕引起其他列强的猜忌，从而导致秘密谈判的消息外泄。事实上，直到李鸿章在莫斯科参加加冕典礼，谈判始终在紧张进行当中，双方不断进行交涉，大纲也屡经修改，到了最后，总署被迫在原有立场上退却，即放弃"自主接路"，同意俄国在中国境内筑造铁路。

5月下旬，李鸿章认为已无任何回旋余地，也没有再争执下去的必要，遂致电总署，让总署尽快定夺。收到电文后，总理衙门大臣翁同龢、张荫桓，会同奕䜣、奕劻、李鸿藻、荣禄等人，对修改后的妥协大纲进行了复议和讨论，决定按此定案，并请旨得到允准。29日，翁同龢亲至张荫桓处，给李鸿章拍发了"准与俄定密约"的电旨。

双方商定大纲以后，接着就要具体草拟条约。维特虽是沙皇宠臣且实际操控俄国外交政策,但他毕竟是财政大臣,不能完全越俎代庖,至少技术方面仍得由俄外交部主持,因此,维特把与李鸿章商定的大纲交给罗拔诺夫,由后者负责起草条约。

罗拔诺夫身为外交大臣,对起草条约的事自然是极为精熟,条约很快就起草好了,名为《御敌互相援助条约》(也称《中俄密约》)。维特看后完全同意,对于密约的六条内容,未增一条,未删一句。之后,罗拔诺夫将密约呈请沙皇御览。次日,沙皇将原稿退还,亦未有任何增删。

到了此时,维特才突然发现有个地方不对劲。因为按照维特原意,同时也是中俄达成一致的意见,中俄同盟是专门用来对付日本的(至于沙皇在与李鸿章密谈中所说还要对付英国,在初步大纲中就已排除),但是密约里写的,却是中俄军事同盟要对付"日本国或与日本同盟之国"。如此一来,条约中两国互相保卫的范围以及针对的敌人,就不仅止于日本了,而是无论任何国家进攻中国,俄国都有出兵援助的义务。维特认为这会使俄国承担不必要的风险,并招致许多欧洲国家的反对,进而在欧洲陷入孤立。

俄国本来并不愿意与中国结成军事同盟,说白了,只是要以此为代价,来换取"借地接路"。罗拔诺夫可能是太急于求成,希望以此打动中方,但在维特看来,仅仅为了"借地接路",就要让俄国与欧洲其他列强为敌,其代价着实过于高昂,况且与中日谈判的初衷,以及双方已经达成的大纲也不相符。

维特感到此"漏洞"关系重大,必须予以纠正,但具体负责起草密约的罗拔诺夫,不论资望还是地位均在维特之上,更重要的是,人家已经请你审阅过,当时让你修改,你不改,现在沙皇都已经御览通过,又说有问题,你这是弄的哪一出?

在不便直接让罗拔诺夫修改的情况下,维特只好去跟沙皇说,建议删去"或与日本同盟之国"几个字。沙皇听后表示赞成,并令罗拔诺夫照办。在此之后,因为认为不会有什么问题,且还要负责就其他细节继续与李鸿章交涉,故而维特也就没有马上找罗拔诺夫再复核一下。

1896年6月3日,中俄在莫斯科举行了《中俄密约》的签字仪式。仪式上,密约文件被誊录为一式两份,供中俄双方传阅。主持仪式的罗拔诺夫起立发言，称对于密约，中俄双方都已非常熟悉，无须细读条文即可签字，但如果有人愿意再看一遍，也无妨碍。

对于罗拔诺夫后面的那句话，其他人都没在意，只有维特由于有过发现"漏洞"的事，抢先拿起己方那一份文件仔细阅读，想再检查一下还有没有什么错漏，结果不看不要紧，一看大为惊诧，原来"或与日本同盟之国"几个字竟然还没有删掉！

维特大惊失色，急忙找到正在主持仪式的罗拔诺夫，把他叫到一边，将这件事小声告诉他。罗拔诺夫用手敲着前额："唉呀，真糟糕，我忘对秘书讲了！"

罗拔诺夫终究是个外交老手，擅长随机应变，面对意外情况，并不惊慌。他看了看表，已经是十二点一刻，便轻敲几下，招来侍役，说："我们现在进餐！"接着转向李鸿章和在场的其他人："现在已经过十二点了，让我们先进餐，否则菜就不好吃了，我们吃完后再签字。"

在众人都依言前去进餐之际，罗拔诺夫特地留下两位秘书，将文件重新誊录一遍，并做了改正。等大家用完午餐，再回来签字时，摆在桌上的已经不是原来那两份条约文本。李鸿章及其他中方出席人员均未发现异样，在确认无误的情况下，李鸿章与罗拔诺夫、维特分别代表两国政府，在已被改动的《中俄密约》上正式签字。

这一细节一直无人知晓，直到维特后来写回忆录，才首次予以披露。有人由此抨击俄国人使用了江湖骗子式的"调包计"，李鸿章等人则被讥笑为外交艺术不高明，受了骗上了当，犹不自知。平心而论，就俄方来说，"调包计"固然不属于教科书式的外交程序，但也并非他们在故意设置骗局，只是设法填补"漏洞"而已。至于中方，由于李鸿章事先并不知道俄方在草约时出现了如此重大"漏洞"，不像维特心里有一个疙瘩，所以未能抢在他前面，在传阅过程中看到有问题的那几个文字，也不是不能理解，以此为依据，指责李鸿章及其参与谈判人员不敬业不认真不高明，未免有些求全责备。

退一步讲，就算李鸿章在签约前发现了"漏洞"，俄方也还是可以拒绝签字，或要求改正后再签字，甚至是已经签了，也不予批准。毕竟"漏洞"

与双方的大纲和之前达成的共识是相悖的,届时,限于中俄地位的不同,中方也还是只能屈从于对方,唯一的区别,可能仅仅是会让俄方看起来更尴尬和更被动一些而已。

作为谈判对手,维特对李鸿章的评价并不低,他在回忆录中这样写道,"李鸿章是十分率真而且认真的……以李鸿章的智力和常识来判断,他要算这些人中很卓越的一个"。

受贿案

《中俄密约》是一项中俄共同对付"潜在敌人"日本的防御同盟条约,其中俄国在中国东北"借地接路"亦是远东国际事务中的敏感点,故而在条约签订后,双方均秘而不宣,两国除极少数机要大臣曾参与商讨过外,其他人一概不知。

俄国政府俟双方代表一签字,即予以批准。李鸿章对俄国的访问宣告结束,接下来尚需启程前往其他欧美国家访问,因此另派随员携带约本专程送往北京。1896 年 7 月,军机大臣李鸿藻、翁同龢将约本转呈慈禧太后、光绪皇帝,朝臣们围绕约本又进行了一番激烈辩论,最后在当月 9 月予以批准。

在两国都已批准的前提下,9 月 8 日,中国驻俄公使许景澄,奉命在圣彼得堡与俄方谈判签订中东铁路(即密约所议铁路,也称东省铁路或东清铁路)章程,至此,《中俄密约》的法定手续才全部履行完毕。9 月 28 日,中俄双方在北京换约,密约正式进入实施阶段。

虽然中俄双方都对《中俄密约》守口如瓶,但世上没有不透风的墙,从俄国驻华公使喀西尼与总署进行"公司之议"的交涉起,消息就已经逐渐泄漏,并引起外人揣测和国人注意。

还在李鸿章尚停留于莫斯科之时,便有英国使者前来向他进行探询,李鸿章极力掩饰,说所谓中俄谈判缔约纯属谣言,他还告诉另一位法国人:"中俄之间实无密约,但两国确实交情深厚,可以用如胶似漆来形容。"后来李鸿章到德国访问,又有德国报馆记者采访他:"国际社会传说有中俄订立密约，这是真的吗？"李鸿章立即回答："密约万无其事，借地筑路是有的。"

10月，李鸿章尚未结束欧美之行回国，上海的英文报纸《字林西报》突然披露了一条重要消息，称李鸿章同俄国人签订了《中俄和约》，并公布了全文。此《中俄和约》被认为就是《中俄密约》，但当时俄方已对约本采取了严格的保密措施，中方也同样如此，据说文本被锁在慈禧卧室的一个特制橱柜里，相关电稿则一直被李鸿章藏在密室里，《字林西报》的记者再怎么神通广大，又怎么可能获得全文？

实际上，这个所谓的条约全文，并不是真正的密约原文，而是根据中俄谈判过程中所传出的各种小道消息而编造的"假新闻"，因消息来源最早起自于喀西尼，故而这份伪造的《中俄和约》也被称为"喀西尼条约"。

在内容上，《中俄密约》只有六条，"喀西尼条约"则有十二条。与《中俄密约》相比，"喀西尼条约"除了"中国允许俄国将西伯利亚大铁路延伸至中国境内"，还有"中国将山东胶州租借给俄国"，以及"将旅顺大连提供给俄国海陆军驻泊"等，却唯独未包含《中俄密约》中所强调的中俄两国在军事上的互助同盟关系，对于中东铁路与俄国军援之间的逻辑链，亦未加以提及和说明。这样一来，"喀西尼条约"自然显得比此前清廷签订的任何一份不平等条约都更糟糕，一经披露，舆论大哗，继《马关条约》之后，声讨李鸿章之声再次不绝于耳。

有人断言，李鸿章之所以在中俄谈判中步步退让，并在"喀西尼条约"上签字，是因为接受了俄方的重金贿赂，还有人猜测是随李鸿章出访的李经方受贿而成。如果说这些都仅仅只是基于"喀西尼条约"的情绪化反应，后来俄国居然也有人认定李鸿章受贿，于是"李鸿章受贿"的传闻开始不胫而走。

李鸿章涉嫌受贿案的首位俄国"证人"，是当时俄国外交部的副司长沃尔夫。他在自己未发表的回忆录中称，李鸿章在签订密约时，收受了两百万卢布的贿赂，之后，"带着这个签了字的条约和袋子里的两百万卢布返回北京"，此事还让他有感而发："在东方，良心是有它的价钱的。"不过沃尔夫的"证词"却遭到了很多学者的质疑，原因是《中俄密约》从谈判到最终签约，都只有极少数核心人物参与，沃尔夫按其身份，不过是一个副司长，也根本不算俄国外交部的核心人物，他的说法，很可能只是道听途说。此外，他关于李鸿章"带着两百万卢布返回北京"的描述，也很不严谨。事实是，6月3日签约后，李鸿章并未直接"返回北京"，而是继续踏上了访问欧美各国之路，直到四个月后，他才回到中国，这种常识性的纰漏显然更增加了沃尔夫"证词"的不可靠性。

罗曼诺夫系维特的机要秘书、财政办公厅主任，维特死后，他写了一本名为《俄国在满洲》（中译本为《帝俄侵略满洲史》）的书，书中也为李鸿章受贿案提供了"证词"。其"证词"之一，就是他亲见了维特去向沙皇祝寿，看到沙皇满面红光，并和维特低语的一幕，罗曼诺夫由此猜测沙皇可能是贿赂了李鸿章。罗曼诺夫还提到，因为在密约谈判初期，李鸿章提出了"种种困难之点"，于是维特后来就向李鸿章允诺，称如果这次筑路事能够实现，李鸿章便可得到三百万卢布的酬金，在这种情况下，密约才得以顺利签订。它的依据是，在密约签订后的第二天，俄方就匆匆拟定了一份"议定书"。"议定书"中涉及三百万卢布的开支计划，罗曼诺夫认为这就是李鸿章收到的那笔贿赂。

先说罗曼诺夫的第一个"证词"，其最大漏洞在于，沙皇行贿李鸿章云云，仅仅只是罗曼诺夫单方面的猜测，别说他并没有亲眼看到沙皇行贿，就连沙皇到底对李鸿章说了些什么，他都不知道。

李鸿章基金

身为维特的亲随，罗曼诺夫自然应该知道一些内幕，但他毕竟不是当事人。密约真正的俄方当事人，且对全程具有发言权的，其实只有一个维特。

1903年，维特失势，转任有名无实的俄国大臣委员会主席。此后爆发日俄战争，至1905年，俄国战败，维特率俄国代表团与日本缔结和约，同年，已经六十六岁的维特开始写回忆录。维特回忆在他和李鸿章签订密约不久，欧洲就有传闻，说中国大臣李鸿章因为中国东北铁路修建权的事，好像收受了俄国政府的贿赂。维特对此予以坚决否认，直指这是谣言，按照维特的陈述，"李鸿章当时在彼得堡没有得到任何贿赂，李鸿章根本没有谈到什么贿赂"。

作为欧洲顶尖的外交家和政治家，维特为人处世向有公正之名，即便在清算其政治死敌的财务时，亦不因私怨而冤枉对方，对于李鸿章究竟是否受贿，要让维特做到实事求是，自也不难。更何况，在俄国当时已经战败，李鸿章也已不在人世，毋庸为政府或尊者讳的情况下，以维特的身份，实无必要在回忆录中公开撒谎。

其实，贿赂谈判要人以达到某种目的这件事，在国际交往中本不鲜见，尤其对于俄国而言，更不是什么难以启齿的事，甚至为了国家利益而重贿其他国家官员，本身就是俄罗斯人毫不避讳的传统做法。比如在维特当红时期，为了达成向美国出卖阿拉斯加的成交协议，俄国政府就曾大肆行贿美国官员，有研究资料表明，"为了确保条约（即该成交协议）获得通过，沙皇的公使显然给国会一些重要成员送了钱"。

贿赂谈判要人毕竟是非常手段，一般都是在交涉双方各持己见、相持不下的情况下，一方急于达到其目的，才会采用。阿拉斯加案即是如此，当时阿拉斯加在世人眼里，是个没有多大价值的不毛之地，俄国就怕美国对购买此地不感兴趣，所以才会不惜行贿。李鸿章案则不同。要知道，早在中俄谈判前，清廷"联俄制日"的外交政策就已经形成，朝廷内外重臣的意见基本一致，大家都希望与俄国在对日问题上达成某种共识，从而借助俄国势力御日。从这个角度上来讲，与俄订约，清廷乃是积极主动的一方，其结盟意愿比俄方来得更为迫切。尽管对于俄国"借地接路"的要求，清廷并不情愿，但仅一个"从此俄国就不能再帮助中国"的压力，就已经让它承受不住，答应俄方要求是必然的。

换句话说，俄方根本用不着对李鸿章行贿，李鸿章在密约签订前也基本没可能受贿，那他是否有可能在事后受贿呢？研究者发现，罗曼诺夫所说的"议定书"和三百万卢布开支计划都真实存在，而且这份"议定书"就是经维特批准同意，由罗曼诺夫与俄法道胜银行董事会共同签署的文件。"议定书"由此成为史学界证明李鸿章受贿的最重要依据，以及俄方资料中多处记载李鸿章受贿的书面来源，而这三百万卢布也因此被戏称为"李鸿章基金"。

然而在近年对"议定书"的进一步深入研究中，人们又发现事情也并不是如原来想象的那样。"李鸿章基金"确系由俄国政府贷给俄法道胜银行，并存于银行账户的钱，但从"议定书"的内容来看，它并不是为了促使李鸿章在密约上签字的贿赂款，而是为了保证密约的落实，也即保证中东铁路的正常动工、修筑和竣工的专项活动经费。

俄国政府支出"李鸿章基金"的真实意图，是因为当年中国官场普遍存在明一套暗一套的"办事风格"，而且俄方也知道清廷接受"借地接路"时本身就不情不愿。他们害怕中方虚与委蛇，甚至以耍滑头、无限拖延的办法，来对工程建设进行变相阻挠，以致耽误工期，影响西伯利亚铁路在中国过境，为此才想出了这么一个"入乡随俗"的办法。道胜银行董事会成员乌赫托姆斯基对此说得很明确：使用"李鸿章基金"是必要的，否则，"这些中国人会认为自己上了闻所未闻的大当而从中作梗"。

按《俄国在满洲》所载，"李鸿章基金"在密约签订后的第二年，也即1897年，才开始"支付给中国人"。从1897年至1902年，共支付过五次，"中国人"共得到一百七十多万卢布，一直到李鸿章去世六年多后，三百万卢布还剩下一百二十多万未支付。

至于李鸿章是否从"李鸿章基金"中受贿，虽然国内至今还找不到相关记载和具体细节，但这就不光有罗曼诺夫进行了指证，维特的回忆录以及近年来解密的俄文档案，均对此予以了确认。最新研究成果表明，李鸿章一共收受了一百六十多万卢布，且有整有零，分两次收受：第一次是在1897年5月，由乌赫托姆斯基专程来华，"万分小心"地送到李鸿章手中，为一百万卢布。乌赫托姆斯基还从北京发消息说："不能再拖了，老头儿等得不耐烦了。"第二次是在1898年，李鸿章收受了六十多万卢布。

将李鸿章受贿数额与"李鸿章基金"最后所余账目相对照，可以发现款项中间存在明显缺口，显然有受贿嫌疑者并非仅李鸿章一人。至于还有谁会从中受贿，从俄国设置"经费"的目的来看，当时凡能对中东铁路修筑工程形成实际障碍者，如奕劻、翁同龢、张荫桓、许景澄甚至包括李鸿章的随员等，都应在被怀疑之列，而俄文档案中也明确记载，1898年俄国人在向李鸿章行贿时，也同时贿赂给张荫桓五万多卢布。

李鸿章受贿一事，至少有愧于一个外交官的职业操守，无疑会成为李鸿章人生中的重要污点之一。但多人从"李鸿章基金"中受贿，且付款时间如此"漫长"，以致直到李鸿章去世多年后，仍没有清账，这都足以表明，"李鸿章基金"既不是专门针对李鸿章所设，与签订密约也无联系。换句话说，李鸿章此番受贿绝不会是中俄用以交换"借地接路"的条件。

李鸿章本人虽然从未自诩两袖清风，却也绝不是一个贪官，他一生虽饱受清流派攻击，但在贪腐方面从未受到过任何官方指控，也没有任何过硬的史料可以证明他涉贪受贿。李鸿章从"李鸿章基金"中受贿一事，或许可以更多地理解为，他是在"借地接路"已成既定事实情况下的"不收白不收"——你就算不收，沙俄也要这样做，既然已经不可阻挡，倒不如设置点障碍，收取点好处。如此思维，倒也符合李鸿章年轻时就形成的"痞子腔"风格。

还是近代学者郭廷以分析得最为透彻："李之签约与否，似非贿赂所可影响。他殷望能报复日本加诸他的耻辱，重振他的勋望，对于三百万卢布未必感到太大兴趣。"如其所言，俄国的巨额贿赂不可能左右李鸿章的价值观，并对其发挥决定性作用，尤其甲午之后，李鸿章已经与日本结下难以轻易化解的国仇家恨，他奉命签订《中俄密约》的出发点，就是要借俄国的力量对抗日本，"目的在于避免日本侵华事件重演"。一句话，让李鸿章签这种条约，是根本不需要用金钱来收买的。

回到《中俄密约》签订时的背景和实际情况上来，应该说，它并不是俄国单方面压迫中国的结果，而是中俄双方根据各自所需，通过利益交换，最终达成的协议，性质上是平等的。李鸿章从谈判到最终签字，虽然皆属奉旨行事，但就他在其中所扮演的角色和起到的作用而言，当年整个清王朝都无人可以替代，也无人能够比拟，说明他在与列强斡旋的过程中，的确有其高明的过人之处。

密约签订后，尽管社会舆论将伪造的"喀西尼条约"炒得沸沸扬扬，一些不知内情的官员如山东巡抚李秉衡、河南巡抚刘树棠等，也上疏对条约表示反对（实际反对的自然也是"喀西尼条约"），然而清廷参与决策的核心人员，上自慈禧，下至刘坤一、张之洞等一班重臣，均认为李鸿章签订密约，使得"联俄制日"的外交政策得以真正落地，乃是为国家立了一大功。

李鸿章自己亦认为，中俄交涉已经成功，"联俄制日"的计划很快就能实现，清廷可借此有效缓解甲午战后东北乃至整个国家所面临的外部危机，进而为国内复兴争取一个相对较长的和平期。

第十七章　环球之旅

李鸿章在莫斯科致贺和进行秘密谈判时,一位法国人曾问他,访问欧洲的目的是什么。李鸿章自然不会说是"联合西洋,牵制东洋",对于协增关税等具体事务,他也没有提及,法国人得到的回答是,他访问欧洲,除庆贺沙皇加冕外,主要是对各国进行学习考察,以便回国后可以借鉴其中的经验,甚至"改弦而更张"。

李鸿章所言,虽不在朝廷所授具体任务之列,却是他的心里话。从李鸿章的言论和具体行动来看,他出访欧美,确实不是光用"以敌制敌"(也包括"联俄制日"在内)等寥寥数语可以简单加以概括的,其中更带有反思战争,以及感悟西方先进的文明,为屡遭战乱破坏的中国赢得重生等多重意涵。

还在内战时期,李鸿章就经历过第二次鸦片战争,以后是中法战争直至最近的甲午战争,除第二次鸦片战争外,后面的外战,李鸿章都曾代表清廷参与对外交涉。这使他一方面不得不承受因国家屡败屡战、屡战屡败所带来的屈辱、沮丧和内心焦虑;另一方面又不像某些清流派同僚那样,对击败过中国的列强只是一味排斥和仇恨,而是希望通过向敌人和对手学习,求得战败的原因,从而为民族的再生寻找机遇。

在李鸿章看来,此次出访欧美,恰好就是这样一个学习和寻找机遇的极好机会。正如他在出国前对幕僚吴永所说:"所谓百闻不如一见,我借此周游一番,看看各国现象,心里可以有个数。"

考　察

　　俄国是李鸿章考察西方行程的第一站。逗留俄国期间，他既和俄国君臣交游，又不忘进行社会考察。下诺夫戈罗德号称俄国的贸易之都，俄国最大的博览会，同时也是东欧最重要和最出名的博览会。李鸿章慕名特地赶去参观，并且一连参观了好几天，据维特说，这位清国大臣在博览会上，"对一切都感到好奇，陈列机器设备那部分，使他特别感到惊奇"。

　　李鸿章曾被戈登称为最热心于西化的中国人，他所推行的洋务运动，就是想要"借用洋器洋法"，将西式工业化移植于中国，李鸿章对最新的机器设备感到好奇和格外留意，自然一点都不奇怪。不过到了十九世纪后期，俄国工业的总体水平已远远落后于西欧与美国，其中德国、美国作为后起之秀，发展更为迅猛，甚至超过了曾经号称"世界工厂"的英国。

　　德国就是李鸿章要考察的第二站。1896 年 6 月 5 日，李鸿章及其随员离开俄国，乘火车一路西行，途经华沙，于 13 日抵达德国首都柏林，下榻于凯撒大旅馆。次日，李鸿章驱车前往柏林皇宫，晋见德皇威廉二世，呈递国书，并在此过程中致颂词，对德国干涉还辽、帮助中国训练军队、购械铸船表示感谢。

　　16 日，应德皇之邀，李鸿章到其行宫参加国宴。国宴已毕，德皇请李鸿章到校场检阅御林军。当晚，李鸿章还在德璀琳、汉纳根这两位德国幕僚（汉纳根为德璀琳长婿）的陪同下，参观了附近的来复枪厂。来复枪也即线膛枪，李鸿章早在上海率淮军作战时，就接触到了这种被他称为"洋枪"的枪械，那座德国来复枪厂内所生产的产品，比他先前看到的自然更加先进。李鸿章看得兴致勃勃，每至眉飞色舞时，便拱手向工厂主称羡不已，并且说："回国后，必向贵厂购取一切器械。"

　　尽管李鸿章对兵工厂兴趣浓厚，但给他留下更深印象的还是白天的校场检阅。接受检阅的御林军不仅装备精良，配备着各种新式武器，而且训练有素，不管演练何种阵法，皆动作娴熟、缓急有序，让李鸿章大开眼界。

　　李鸿章也练过兵，他所一手经营所成的淮军曾是中国最精锐的部队，但什么都怕比，即便在淮军鼎盛阶段，与眼前的德军一比，亦有望尘莫及之感。差距竟然如此之大，难怪会在甲午战争中溃败得不成样子啊！李鸿章不觉失声长叹，他指着御林军，感慨不已地对德皇说："我要是有十营这样的军队，就已经够用了，更何况若照此法进行武装和训练，还可以多多益善呢，到那时，还怕什么跳梁小丑威胁我中华！"

德皇点头称是，并主动建议："中国亟须照此方法练兵，以图自强，在这方面我很愿意提供帮助。"他还提醒李鸿章："武备学堂为建将根基，你需要特别加以留意。"德皇的建议和提醒令李鸿章颇为动心，事后，他电告总署，指出：德皇"和俄皇一样好武，而其在练兵用武上所付出的辛劳，还超过俄皇，这就是德、俄两国所以能够称雄的原因啊！"

中国在洋务运动中，也曾大规模建设包括兵工厂在内的各种工厂企业，西洋军械也买了不少，为什么就不能称雄？李鸿章此前一直在思考这些问题。早在十九世纪七八十年代，在对洋务运动和明治维新进行比较后，他就发现，己方的发展趋势"不仅远逊西洋，甚至不如日本"。他当时的结论是，日本的明治维新系由国君主持，"臣民齐心合力"；反观洋务运动，只能由像他这样的"一二外臣"进行主持，且未能得到中央最坚定的支持，因为帝党清流的阻挠和牵制，常常"朝议夕迁，早作晚辍"，各种革新举措要么被下令废弃，要么落得中途而废的结果。

作为一个高度集权的东方国家，洋务运动和军队建设，若没有国君的支持和亲自主持，注定将步履艰难，前景暗淡。李鸿章所说德俄两国皇帝皆好武，德皇更甚，故而才能成为军事大国，实有所指。要知道，清朝皇帝本来也是"好武"的，作为王朝奠基者的努尔哈赤、皇太极自不待言，后来开创盛世的康熙、乾隆也都通晓军事，甚至于现在的恭亲王奕䜣，年轻时亦是文武兼优，骑马射箭样样精通。

作为一个国君，平时不"好武"，既不加强武备，也不清楚本国真实的军事实力，临到头来，却又受人蛊惑，轻言战事，焉能不败？当然，这不光是国君的问题了，实已成为国内军政圈的一大弊病。此前在给新疆巡抚陶模的一封信中，李鸿章曾愤愤地写道："十年以来，文武官员全都耽于娱乐嬉戏，以致酿成此变（指甲午兵败）。平时我一提武备，上面就说我铺张浪费，甚至禁止购械购船，等到外交上出现问题，明明知道打不过对方，却仍在众人的喧哗声中轻于一掷,于是终于到了一发不可收的地步!"

往事已矣,来者可追,李鸿章相信甲午战败给举朝上下巨大震撼和刺激的同时,也必然能够促使皇帝以及内外臣工知耻而后勇,积极求新求变,这一点在他签完《马关条约》返回天津后,给朝廷的奏折寄语中已经说得很明白。至于李鸿章自己,虽经历了重大挫折,但老骥伏枥,始终壮心不已,欧美之行更是激发了他东山再起、重振国力的豪情。

重新开始后,如何才能避免不重蹈覆辙?根据甲午教训和此次考察的所见所得,李鸿章的心中已经有了一些初步轮廓和方案。比如检阅德国御林军和德皇的提醒,就让他认识到,光是购买和配备西洋军械还不够,只有引入西方军制,才能超越现在的淮军,真正建立起一支能够跟国际接轨的新一代陆军,而等到他与德国的一位大人物见面,这种认识就更明确了。

俾斯麦

在李鸿章所下榻的凯撒大旅馆,寝室墙壁上高悬着两张大幅照片:左边是李鸿章,右边是德国前首相俾斯麦。三十多年前,俾斯麦是普鲁士首相兼外交大臣,他手腕强硬,极力主张通过王朝战争的道路统一德国,人称"铁血宰相"。德国统一后,兼任德国首相的俾斯麦在欧洲声名显赫,但因与德皇威廉二世意见不合,很快被迫辞职,此时正在汉堡附近的一座庄园内,过着养花种草的隐居生活。

李鸿章从未像俾斯麦那样真正当过帝国首辅,但他凭借自己的声望和能力,曾经深刻影响大清朝的内政外交,故而时人亦称其为"东方俾斯麦"。对于"原版"的俾斯麦,李鸿章一向甚为倾慕,现在既然来到德国,当然要前往一晤。人们也乐见这一历史性的聚会,伦敦《中国新闻报》报道说:"此次李鸿章垂老远游,来到德国,俾斯麦亦早闻李鸿章大名,两人机缘巧合一处,怎能不见面?"

1896年6月27日,李鸿章专程赶到汉堡附近,对俾斯麦进行了拜访。俾斯麦也深知李鸿章,两人可谓一见如故,在宾主对话中,李鸿章首先向俾斯麦请教:"中国要想实现复兴,请问有何良策?"俾斯麦答道:"承阁下相问，可惜两国相隔太远，我对贵国政务平时又未曾留意，实在无法明断。"

俾斯麦当然不可能对中国的动向一无所知，他选择避而不答，恐怕还是这个问题让他颇为尴尬和沮丧，毕竟他曾以复兴德意志为己任，其时却已被德皇扫地出门，不居政地，无柄无权，现在别人问他如何"复兴"，他能怎么答呢？

正因为俾斯麦有此心结，所以当李鸿章问第二个问题时，他就立刻产生了共鸣——李鸿章的这个问题是："请问何以胜政府？"李鸿章其实就是在问："在我们那里，政府、国家都在给我制造困难和障碍，我不知道该怎么办才好，请问你有什么好办法吗？"

"反政府是不行的。"俾斯麦直言相告，"如果最高层（指皇帝）完全站在您这一方，有许多事情您就可以放手去做；如果不是，那您就无能为力了。任何臣子都很难反抗统治者的意愿。"

在这里，俾斯麦说得其实就是他自己。俾斯麦能统一德国，建立殊勋，靠的是现任德皇威廉二世的爷爷威廉一世对他始终如一的支持，结果威廉一世一死，俾斯麦不仅难有作为，甚而还面临着兔死狗烹般的下场，弄到最后只能灰溜溜地主动下野。

李鸿章听罢颇为唏嘘。堂堂"铁血宰相"，看似长期大权在握，但其实他的权力主要也来自皇帝的信任重用，中国文献中称为"得君"。连俾斯麦都被困在"得君"这个笼子里，连俾斯麦都知道，作为臣子，"胜政府"是不可能的，这个道理和现实，李鸿章又岂能不明白？

一边是不能"胜政府"，一边是还需在"政府"之下做成事，李鸿章把自己既往遇到的难题摆在了俾斯麦面前："如果皇帝一直受他人影响，接受他的意见，那我怎么办？"

俾斯麦听罢，半晌无语，忽然用法语嘀咕了一句："跟我们这里一样。"接着又恢复用德语说道："在我当首相的时候，也常遇到这种情况……"

"为人臣子，总不能与政府相争，因此各国大臣，凡遇到和政府发生龃龉的情况，要么只能俯首从命，要么就是不顾个人利害，直言相谏。"俾斯麦给出了如是答案，看来面对几乎一模一样的困境，他也没什么更好的办法。

与俾斯麦相比，李鸿章并未退隐，很有可能，朝廷还会予以重用，甚至鉴于变法图强的需要，授其以更大权柄，让他直接以首辅的身份，代表政府进行革新，这种事也未必就不会发生。李鸿章由此问俾斯麦："如果从政府角度出发，请问该如何励精图治？"

这句话一问，仿佛立刻就将俾斯麦带入了"铁血宰相"时代，他干脆利落地答道："以练兵立国基，舍此别无他法，兵贵在精而不在多，五万足矣！"

李鸿章闻言大为振奋。当年的洋务运动就是以军事变革起步的，他也正在构想以再练新军为开端，启动新的变革，俾斯麦的话正合其意，遂马上回应道："中国练兵不缺兵源，挑选五万精兵绝非难事，中国缺的是没有合适的教练和军制。"他接着又说，"现今世界上的精兵，没有能跟德国相比的。我现在虽然没有官职，也不像在直隶时掌握兵权，但回国之后，必将依照贵国的军制训练新军，希望届时贵国能够帮助我国聘请教练。"

俾斯麦频频点头，并不忘针对中国军队通常分散各地驻扎的弊病，指点李鸿章："一国的军队，不必分驻，分则力弱，不如驻中枢，扼要害，如此，紧急的时候就可以调动自如。"李鸿章听后，亦深以为然。

李鸿章、俾斯麦惺惺相惜，彼此谈得十分投机。分别时，李鸿章特地给俾斯麦留言："仆闻王盛名十余年，不过如空谷之应声耳。今乃觌面见之，直如剑气宝光，不敢逼视。"

这是两位"铁血宰相"第一次也是最后一次见面。两年后，俾斯麦在其庄园内悄然辞世，这位令李鸿章都感到"如剑气宝光，不敢逼视"的世界级风云人物，自从赋闲后，便再未能被现任德皇威廉二世召回，亦未能参与国政，在他的墓碑上赫然刻着一行字"冯·俾斯麦侯爵，威廉一世皇帝的忠实的德国仆人"，显示其至死都对"得君"一事不能释怀。

算　计

李鸿章在日本马关挨的那颗子弹，一直留在左颧骨内未取出，俾斯麦在和他对话交流时，了解到了这一情况。恰好前一年德国物理学家伦琴发明了 X 射线（中国当时译为照骨术），俾斯麦便介绍他去进行 X 射线检查。于是在拜访俾斯麦的第二天，李鸿章便在德国官员的陪同下，去柏林医院接受了 X 射线检查。该院院长亲自为李鸿章检查，拍片后，发现李鸿章的左眼下确实有一颗子弹，而且形状清晰。李鸿章问能不能将这颗子弹取出，院长表示医院完全具备做手术的技术和能力，但考虑到李鸿章的年龄问题，还是建议不做手术为好。

对于为他做检查的 X 光机，李鸿章深感神奇，临离开医院时，特地向陪同的德国官员提出，希望德国能够出售一台 X 光机给中国。院长一听，马上说他们愿意让李鸿章无偿带一台回中国。由此，李鸿章不仅成为中国历史上第一个接受 X 射线检查的人，而且又成了第一个把 X 射线设备引入中国的人。

李鸿章在柏林医院得到的优待，只是他在德国访问过程中发生的一个小插曲。事实上，德国政府给予李鸿章的待遇可谓非比寻常，隆重程度和接待规格之高，甚至都还在俄国之上——在李鸿章下榻的凯撒大旅馆，房间茶几上摆着李鸿章喜欢抽的雪茄烟，庭院长廊上挂着他爱听其声的画眉鸟，连这些细节都能考虑得如此周到，其他就可想而知了。

德国盛情款待李鸿章，除了有将他与本国的俾斯麦并列，对其较为敬重外，各界都还有自己的如意算盘。比如在当时流行西方的"黄祸论"的影响下，从威廉二世开始，德国社会便产生了一种担心，即认为在已经西化的日本的"领导"下，庞大的中国龙也会迅速崛起，从而与日本联合起来，共同对西方社会形成威胁。在人种危机感的驱使下，采取中国式的"合纵连横"手段，对停战后的中日两国进行分化瓦解，乃是一种很正常的心态。

李鸿章访德期间，德国政府殷勤接待自不待言，连德国媒体和民众对于李鸿章的来访也热情有加，兴趣浓厚。偏巧十几天后，日本外务大臣山县有朋也来到德国进行访问，山县有朋是除伊藤博文之外日本最有权势的元老，但他却在德国受到了冷遇，其待遇与李鸿章形成鲜明对比。伦敦记者就此事采访山县有朋，问及他是否会因待遇不同而嫉妒李鸿章，山县有朋明知德国厚此薄彼乃事出有因，但也不便点破，只得自我解嘲道："中国乃大国,李鸿章又是举世闻名的人物,德国举行盛大仪式欢迎他,是应该的,我不会嫉妒他。"

除了"合纵连横",德国政府的另一个图谋是想从远东地区分到更多的蛋糕。德国在远东的角色原非无足轻重,甲午战争之后,作为干涉还辽的"酬劳",经其要求并得以在汉口、天津建立租界,从这时候开始,德国才真正参加远东角逐,然而德国政府并不以此为满足,仍在捉摸着,"从心怀感激的中国得到一块地方,作为海军基地和加油站之用"。

早在李鸿章出访欧美前,德国驻华公使绅珂就奉命向总理衙门正式提出让与一个军港的要求,但遭到婉言拒绝。德国外交大臣马沙尔亲自出马,与中国驻德公使的许景澄(许景澄同时兼任德俄两国公使)商讨这个问题,亦未能达到目的,此次李鸿章来访,马沙尔便欲旧话重提,通过李鸿章要到军港。

李鸿章也自有李鸿章的算计,和马沙尔会面后,他先是重申了感谢德国干涉还辽,紧接着便话锋一转,表示在甲午战争开始出现苗头之时,德国在中日之间便更偏袒日本,否则,当"一个有准备的日本毫无理由地侵犯一个完全没有准备的中国"时,就无法解释一向与中国友好的德国为什么会无动于衷了。

马沙尔闻言大惊,急忙辩解称根本没有这回事,德国在甲午战争之初未采取行动,主要应归咎于英国首先采取了一个"绝对漠视的政策",但是战后他们马上进行了补救,因为如果德国不参加干涉,日本绝不会在辽东问题上让步。

听马沙尔说到此处,李鸿章便把他在访问俄国时,俄国外交大臣罗拔诺夫所说的德国如何偏袒日本,首先要求中国支付三千万赔款的"内幕",原样复述了一遍,指出德国不仅在战时,就是在战后甚至一直到现在,仍存在偏袒日本的心理。

鉴于在三国还辽过程中,中国被排除在谈判会场之外,其实并不知道真实的内幕,李鸿章对俄德两国不同的说法都只能姑妄听之,但这并不妨碍他采用和俄国政客相似的打法——俄国人言之凿凿,说你对我不义,那你在我面前,还能再提什么过分要求?

果然马沙尔又急又气,对"内幕"连连加以否认。最后双方终于回到了实质性问题,即德国是否应该在中国拥有一个军港。马沙尔不能再以所谓"还辽有功"进行要挟,只能反复强调,德国在中国获得军港,有助于"维持东亚均势及中国完整"。

均势制衡本是李鸿章"以敌制敌"策略的重要组成部分。在与马沙尔会谈前,他其实已经知道对方要跟他谈什么,并且认真考虑过其间的利弊。李鸿章认为,"对中国来说,出让这样一个基地的坏处,不如保持与德国友好的好处来得大"。也就是说,在"以俄制日"得到实现的基础上,若再添上一个"以德制日",保险系数将更大。他唯一觉得担心的是,"如果德国得到这样一个军港,其他国家将提出同样的要求",不过后者是可以到时候再视情况而定的。

出让军港可以考虑,但必须有所交换。李鸿章希望知道,德国"是否将更积极地支持中国",马沙尔做了肯定的答复,并提出以租借方式获得军港的设想。李鸿章觉得在这个基础上,双方便有可能取得谅解,遂表示自己将尽力使这一谅解能够达成。

照磅加税

相比于政界,德国商界也对李鸿章抱有极大期望。在李鸿章掌权时期,中国曾是德国军火器械的大主顾,商界希望李鸿章这次访德后,中国仍能够从德国订购大批武器,因此纷纷邀请李鸿章参观他们的军工企业。

继参观来复枪厂后,李鸿章又参观了曾替中国制造"定远""镇远"的伏尔铿造船厂,并专程赶赴鲁尔流域的埃森,参观了与中方有过长期合作的克虏伯公司。李鸿章既往向克虏伯公司订购了大量火炮,在中法战争中,克虏伯后膛钢炮曾建立奇功,即便到了甲午战争,克虏伯炮也是北洋海军和沿海炮台在火力方面的唯一优势。这家世界闻名的军工企业在七十年代初成立时,雇工不过百人,至李鸿章前往参访时,已将近十万人,其规模、技术、设备、管理、产品,均让李鸿章赞不绝口。

如果能够由自己来负责重整中国军备,李鸿章自然仍倾向于德国的军工产品，但他回国后，真的能"得君"吗？李鸿章自己可以抱有这一期望，却没法给热情有加的德国商界打包票。他只得发表公开声明，表示此次德国之行，的确见识到了德国军工制造业的发达，自己也怀着钦敬的心情，等他回国后，将会向皇帝如实报告，今后有机会定来德国采购军火。言外之意，其实就是叮嘱德国商界不要抱希望太大，以免希望逾大，失望逾大。德国商界至此才如梦方醒，明白李鸿章已非昔日大权在握的大清国重臣，此行也并非为订购军火而来。

德国人想做李鸿章的生意，李鸿章却也有跟德国人谈谈经济问题的打算，后者正是他此次出访海外，除与俄国建立军事同盟之外，另外一个最重要的任务：提高关税。

至十九世纪下半叶，关税已成为清政府的一个重要收入来源，甚至有人说，如果没有关税，清廷难以管理国家不说，甚至都无法生存下去，但当时中国的关税税率，乃是过去在列强武力逼迫下，不得不签订的"城下之盟"的一部分，也即所谓的"协定关税"：第一次鸦片战争，英美通过不平等条约，剥夺了中国的关税自主权，从此以后，中国海关税率的任何修改，都必须征得签约国的同意；第二次鸦片战争，英法又逼着清廷签订"海关税则"，规定了"值百抽五"（即百分之五）的超低关税，且必须一律"照银计征"。

十九世纪中期，随着第一次世界经济危机的爆发，世界各国纷纷建立关税壁垒，对进口货物征收重税，用以保护本国经济，唯有中国海关税率不得自行调整，这使中国成了世界最低的"关税盆地"，几乎相当于自由港。另外，其时银价跌得也很厉害，在清廷被英法逼着确定关税税率时，一金镑尚可兑换白银三两，甲午后一金镑已可兑换白银六两，三十年内，白银几乎贬值了一半，这就是所谓的"磅亏"。"磅亏"意味着中国的实际关税只有百分之两点五，再度刷新了世界最低纪录。

甲午前，关税拿得少也就算了，甲午后，中国需向日本支付高达两亿两白银的战争赔款及三千万两的"赎辽费"。清廷在四处告贷的同时，就不得不打关税的主意了。正如中国海关总税务司赫德所说，"我们需要财政收入，一个铜板的损失也经受不起了"。

提高关税,使其成为新的经济增长点,遂成为朝野之热望。赫德奉命拟定了一个"照磅加税"的方案,按此方案,关税有望增加一倍,即"值百抽十",虽然也只能补上"磅亏",但对早已捉襟见肘的中央财政而言,无疑是一个莫大的助力。

李鸿章出使欧美,清廷对外公布的任务多属礼仪性质,仅与欧美各国协商提高关税一项,事关国家核心利益,自然也是李鸿章希冀取得突破和成果的重点。早在俄国时,李鸿章便已就"照磅加税"与俄方协商。俄方给予了尚属积极的回应,一方面表示理解,说这是中国的主权所在,理所当然应该支持和配合;另一方面又表示为难,称自己与中国的双边贸易额很小,跟英国没法相比,如果英国肯加税的话,俄国加税毫无问题。

德国已经是关税谈判的第二个国家。在与德国外交大臣马沙尔会谈时,李鸿章把赫德方案交给对方,并指出"照磅加税"完全合理,"如果列强不许中国增加关税,中国必定在财政上破产"。马沙尔没法否认中国关税确实太低的事实,但他的态度和俄国如出一辙,一个劲地推说英国在远东商务中占的份额最大,只有英国先同意加税,德国才能跟进。

都说西方人重利,加税直接涉及一个"利"字,自然是一项不容易见效的苦差事。李鸿章与马沙尔进行了两次谈话,每次谈话都长达数小时之久,但都未能取得任何实质性进展。

新　政

在德国访问二十多天后,1896年7月4日,李鸿章一行离开德国,转往荷兰。此时荷兰国王刚刚逝世,其女被拥立为新国王,由于尚未成年,便暂时由皇太后摄政。皇太后及幼主亲自宴请李鸿章,宴会后,举行了歌舞晚会,当晚又在海滩上空放起焰火,让人啧啧称奇的是,焰火竟然在天空中组成了"千岁李鸿章"五个汉字。按照东方帝国的规矩,皇帝是万岁,李鸿章顶到天花板也只能称"千岁",由此可知荷兰方面对李鸿章的敬重,以及事先所做功课之足。李鸿章既高兴又感动,当即赋诗一首:"出入承明四十年,忽来海外地行仙。华筵盛会娱丝竹,千岁灯花喜报传。"

7月8日，李鸿章一行离开荷兰，驱车到达比利时。次日，比利时国王接见李鸿章，并予以盛情款待。比利时虽与荷兰属于一个类别，皆为欧洲小国，与中国的利害关系不大，但却不容小觑——比利时乃世界上最早一批开始工业化的国家之一，欧洲大陆的第一座炼铁高炉、第一条铁路都是在比利时兴建的。其时的比利时又正处于全盛期，比该国国土大八十倍的非洲刚果，居然还是比利时国王的"私人领地"！

国家不是"大"就一定强，也不是"小"就一定弱。比利时国王在接见李鸿章时，就和他谈了在华投资修建铁路的问题。在比期间，李鸿章像在德国时一样，参观了兵工厂和最新枪炮，观看了专门为他组织的军事演习。有趣的是，他在参观过程中对一尊新式大炮产生了浓厚兴趣，赞不绝口，迟迟不肯离去。兵工厂厂长见其十分喜爱，便表示愿意赠送一尊给李鸿章。李鸿章顺水推舟道："烦劳您送抵京城。"本来就这么一说，没想到这位厂长很认真，事后真的奏请国王，并在国王帮助下，于当年冬天将大炮运抵了北京。

7月13日，李鸿章一行从比利时抵达法国巴黎。依访问俄、德之例，次日李鸿章前往法国总统官邸——爱丽舍宫，晋见了法国总统富尔，呈递国书，并就干涉还辽之举，代表中国皇帝向法国总统致谢。

李鸿章在法国逗留了半个月，参观了不少地方，其中法国银行给他留下了深刻印象，这座大型银行创立于拿破仑时代，黄金储备量在当时已居世界首位。此时李鸿章除练习新军外，也已经在考虑如何实施以富国强民为目标的"新政"。在他看来，"新政"排在首位的就是修建铁路和开发矿山，"中国今欲整顿一切新政，唯铁路为第一枢纽"，这是洋务运动想做但没有做好做彻底的地方。修建铁路也包括兴办其他各种实业，都需要筹集足够的启动资金，李鸿章因此在参观时，特地向银行总办透露，将来中国可能向法国大举借债。

以借贷方式引进外资，固然是解决资金的一个办法，但借贷必须抵押。不过李鸿章发现，法国银行也贷款给俄国，却不要任何抵押，唯贷款给中国，则一定要以关税作为抵扣。他立即向银行总办指出了这一点，并问银行在贷款方面为何给予中俄的待遇不同，"这岂非不信任中国？"总办矢口否认，他的理由是给中国的贷款需要发行债券去筹集，如果法国人对中国的信用持怀疑态度，那么这种债券就会无人购买，款也就难以筹齐了。

总办的意思，不是他们银行不信任中国，是法国人不信任中国，当然其言外之意，还是说中国的信用度不够，只是讲法更客气更好听一些而已。

一方面是要投入巨资实施"新政"，以保证下一次与日本这样的强敌作战，不会再度遭遇惨败的厄运；另一方面还得继续为上一次战败"买单"，支付巨额赔款，这样大的资金缺口，总不能光靠借贷，更何况已经拿不出借贷所需的抵押物，增加关税之迫切和紧要，由此可知。李鸿章在俄、德乃至后来的荷兰、比利时访问时，都一个不落地谈了"照磅加税"，对方的态度如出一辙，即都表示理解和支持，但又都把责任推到英国头上，声称只要英国那里有了成例，它们皆会依例办理。法国亦是如此，不管李鸿章怎么争取，就是不肯单独与中国进行实质性谈判，只想跟在英国后面"随大流"。

英国似乎成了解决问题的关键。事实也确实如此，当时英国的对华贸易已占到中国对外总贸易额的百分之八十以上，"各国商务，英为领袖"，且不说俄、德、法、荷、比等诸国都已保证唯英国马首是瞻，退一万步来说，即算它们全都反悔，只要英国人点了头，加税问题也已经解决大半。

底　牌

1896年8月2日，李鸿章一行乘专轮横渡海峡，进入英境。前来迎接的是中国驻英公使龚照瑗等人，英国政府未派人迎接，实际上，此前中国使团乘船途经香港时，作为宗主国的英国在招待方面，对李鸿章也不热情，其原因就是英俄在远东竞争激烈，看到甲午后中俄关系密切，英国政府自然一肚子不满。

以外交姿态来说，李鸿章认为有报复一下英国人的必要。3日，使团抵达英国首都伦敦，按照行程安排，当天要游览伦敦市容，向导本拟把众人带到热闹市区去，但李鸿章坚持非参观东伦敦平民巷不可。看完那些陋巷，李鸿章意有所指地朝着向导感慨："原来你们英国也有不少穷人嘛！"

英国政府的冷漠态度，已经决定了接下来的"照磅加税"必然很不好谈。在伦敦，李鸿章先后拜会了英国首相兼外交大臣索尔兹伯里、维多利亚女王，如果说拜会女王尚属礼仪程序，拜会索尔兹伯里就是谈实质性话题了，双方密谈了一上午，从中英两国的经贸合作谈到外交政策，直至增加关税。谈及增加关税问题，李鸿章希望英国能做个表率，并告知只要英国答应"照磅加税"，其他各国就没有拒绝之理，但索尔兹伯里却说，必须要等两次鸦片战争中的相关条约到期，才能谈这件事。

索尔兹伯里的话令李鸿章极为不满。其实日本原先和中国一样，实行的也是"协定关税"，不过在甲午战争前，日本已经成功地与英国完成了税则修改谈判，提升了税率，可见所谓须等条约到期再议，只是推脱之辞。李鸿章当即语带讥讽地说道："只听闻贵国一味迁就日本，却没有听说日本要给予贵国什么厚报。现在贵国仍不肯以待日之道以待敝国，而英国人又如此歧视东土（指中国），真是令我们华人太失望了。"

李鸿章滔滔不绝地与索尔兹伯里辩论了很久，索尔兹伯里虽表示欣赏他的见解，但始终以加税直接涉及英国切身经济，将影响英国经济为由，拒绝将加税谈判纳入中英双方的中心议题。

事情未能得到解决。隔了几天，8月8日，李鸿章收到总署的紧急电报，要求他再做努力，"切实与英国商议增税事"。

14日，李鸿章求见索尔兹伯里，两人进行了闭门会谈。这次英国首相承认关税的确过低，也没有再坚持要等相关条约到期再议，但他却为谈判设置了新的先决条件，说是要咨询上海等地英国商会的意见。李鸿章立即指出，甲午战争前，英日修约改税，并没有听说要征询商会意见，为何英国政府那时能够乾纲独断，现在对待中国就不同了呢？

索尔兹伯里有些狼狈，连忙分辩称，这都是时任英国首相金伯理的错，是金伯理贸然答应了日本人，结果引起在日英商的不满，到处投诉。他还说，为这件事，金伯理已经把肠子都悔青了。

在第一次会谈失败后，英国报纸曾透露，索尔兹伯里对于加税谈判推三阻四，其实是算计着要利用"照磅加税"，从中国索取交换条件，用以扩大英国的在华特权，只是一时不愿明言而已。在就偏袒日本的政策进行一番真真假假的辩解后，索尔兹伯里终于亮出了他的底牌：只有中国先行取消厘金等，双方才有可能就"照磅加税"进行谈判。

李鸿章硬着头皮再次求见英首相，本来也已做好心理准备，看英国人会索要什么样的交换条件，届时"权轻重而量长短，可许则许"，但一听是要求取消厘金，心里不由得一沉，因为关于厘金，他根本没有任何可退让的空间和余地。

厘金是一种商业税，它原本是镇压太平天国运动时期的权宜之计，清廷创办厘金，最主要目的就是补助军饷，战争年代，湘淮军的军饷多来源于厘金。战争结束后，厘金按理应该取消，但此时清王朝从中央到地方对于厘金的使用，都早已经是一个萝卜一个坑，根本舍弃不得，于是厘金不仅没有被废除，还被固定下来，成了经常性正税。

厘金虽重点针对国内贸易，但洋货进入内地，或洋商贩运土货出口，也要"逢关纳税，遇卡抽厘"，洋商们对此极为不满。英国政府首先通过刺刀威逼，在中英《天津条约》中加入了用以取代内地厘金的"子口税"。子口税在海关进行征收，因其最高税额仅为关税一半即百分之二点五，故又称"子口半税"。

虽然有了子口税，但因洋货在中国内地的零售分销业务，大多仍需由华商来完成，故而在现实中，子口税并没有能够完全取代厘金。为此，在"马嘉理案"发生后，英国便又胁迫中国签订了《烟台条约》，规定租界可免收洋货厘金。

《烟台条约》是在李鸿章主持下签订的，该条约暗含了一个套，即以同意租界内对洋货免收厘金，换取在租界外对洋货征收厘金的事实权利。英国人吃了个哑巴亏，裁汰厘金的最终目的没能实现，这次索尔兹伯里见李鸿章二度登门，显然是急于达成加税一事，便干脆把取消厘金和增加关税放到一起，摆出了一副一手交钱一手交货的姿态。

骊龙颔下珠

厘金固然让洋商不爽，但受伤害最大的，其实还是中国本土的农工商业，尤其是商业。商界对此怨声载道，要求裁撤厘金的呼声不绝于耳。与此同时，因厘金取诸地方，也用于地方，地方政府对厘金征收的积极性极高，甚至是过高，为了确保厘金的征收，甚至不惜牺牲田赋、盐税等中央税收，与中央政府进行恶性竞争。

李鸿章的幕僚马建忠、薛福成等人，都曾撰文指出厘金"病商殃民"，说明官方对此早有认识，清廷内部此前也已经几次商讨过"裁厘"问题，但最终均以议而不决告终。

厘金的名义税率是"一厘"，即"值百抽一"（百分之一），然而在实际执行过程中，多数省份所收税率都在百分之五以上，而且自厘金制度产生以来，厘金收数一直呈现稳中渐长的趋势，厘金也由此成为继田赋、盐税之外的最大税种。甲午前李鸿章兴办洋务企业、创办北洋海军，没有一个离得开厘金收入；甲午后厘金的支出，除军费、宫廷开支外，还被越来越多地用于归还对日赔款的外债本息。如果骤然废止厘金，又没有其他可靠税源来予以代替，这么巨大的资金缺口该如何弥补？可以想见，中央和地方政府都将因此深陷经济危机，甚至导致最终无法正常运转。

当着索尔兹伯里的面，李鸿章承认厘金的确是一种"苛政"，不利于商业，但当下中国情况特殊，乃救急之时，若是先停厘金而不加关税，则中国的财政状况将更为困难。

索尔兹伯里依旧再三推却，李鸿章不得不低声下气地解释了很长时间，强调中国的稳定和发展，最符合英国的根本利益，中国倘若财政破产，对英国是极为不利的。他恳切希望英国从大局出发，同意"照磅加税"，促成中国利用增税的收入，"以筑铁路，以造铁舰，以铸各种机器"，情急之下，他甚至表示，只要英国能够这样做，中国将"永不忘英国玉成之德"。

令李鸿章感到失望的是，索尔兹伯里始终不肯松口，李鸿章无可奈何，最终失望而归，他在向清廷报告会谈经过时说："沙（即索尔兹伯里，中文译名亦称沙里士保）甚疲滑。"

中国有"骊龙颔下取明珠"的典故，是说取珠之人只有乘黑龙（骊龙）睡着时，才能从其下巴底下取出明珠。英国《泰晤士报》对此加以引用，一针见血地指出，"关税乃骊龙颔下珠"，意谓中英关于关税的会谈已经彻底失败。

关税谈判乃是李鸿章出访欧美的重要目的之一，而英国的态度又是决定关税谈判能否启动的关键所在，中英会谈失败，实际意味着中国与欧美各国关于关税的谈判都将难以启动。李鸿章心情之沮丧失落，可以想见，《泰晤士报》以理解的态度报道："固无怪中堂（李鸿章）之愁锁双眉矣。"

从帮助清廷镇压太平天国运动起，英国政府为了维护自己在远东的利益，开始与中国建立实质性的战略合作伙伴关系。在此后的三十年中，中英关系曾经几成东西方合作的典范，但却因为日本问题，中英间出现了巨大的裂痕，而从中英会谈的结果来看，两国之间的这种裂痕应该是再也难以弥合了。

李鸿章访问欧美，见了不少政要，但被认为他真正想见，同时也真实地反映了其内心世界的只有三个人，这三个人除了德国的俾斯麦、美国的格兰特外，就是英国的戈登。

戈登在任常胜军管带其间，虽因苏州杀降案，曾与李鸿章闹得很不愉快，不过那只是他们合作中的一个小插曲，之后两人便又重归于好。戈登见证了李鸿章马上征战的辉煌时刻，最重要的是，他和赫德一样，都曾经是中英合作的标志性人物。

其时戈登已在苏丹战死，李鸿章特地到戈登纪念馆、圣保罗大教堂进行凭吊，并敬献花圈。花圈的挽联上写着："李某敬赠中国良友、英国名将戈登"。在那一刻，李鸿章有一点应该是非常清楚的：戈登已死，中英关系再难回到从前，国际社会的合纵连横，英国是再也指望和依靠不上了。

小巫见大巫

相对于其他西方国家，英国政府在对李鸿章的接待方面起初较为怠慢，尔后又坚决拒绝"照磅加税"，让这位老人备尝了国际政治的冷暖炎凉。不过自李鸿章抵达伦敦后，他所得到的礼遇还是相当高的，维多利亚女王在接见他时，特赠予"维多利亚头等大十字宝星"，值得一提的是，李鸿章还是首个获此殊荣的非英籍人士。

英方为李鸿章安排了一系列参观行程，把他的时间表排得满满当当。

作为当时世界上的第一海上强国，参观英国海军自是应有之义。英国每年都要在朴次茅斯军港举行一次海军大检阅，维多利亚女王特意邀请和安排李鸿章参加检阅，但当李鸿章一行抵达朴次茅斯时，检阅已经结束，大部分舰队已经散去，回到各自的驻防地，只有四十七艘军舰尚停泊于军港。

在英国官员的陪同下，李鸿章乘坐专轮，先环绕着舰队转了两圈，接着驶入舰队进行检阅。当李鸿章所乘专轮驶入港口时，为表示对李鸿章的欢迎和尊敬，"维多利亚"战舰特地鸣礼炮十九响，接着，李鸿章每至一舰，各舰均降旗致敬，所在舰的军官则率全体水兵肃立于甲板之上，极其认真地接受其检阅。

四十七艘军舰中，有二十七艘铁甲船（战列舰）、二十艘巡洋舰。各舰"分列两行，如山之立"，且"行列整肃，军容雄盛"，其中仅仅是铁甲船，就足以令李鸿章感到震撼和惊讶：怎么会有如此多的大铁甲船同时停泊在一个军港呢？

眼前就像是有着许多"定远""镇远"，李鸿章恍若身在梦中，不禁既伤感又佩服。伤感的是，自己多年苦心经营、平生为之骄傲、曾经也拥有"定远""镇远"这样大铁甲船的北洋海军，在甲午一役中已经全军覆灭，再不可复现。感慨的是，真是不看不知道，一看吓一跳，北洋海军与英国海军根本不在一个级别，二者相比，岂止是"小巫见大巫"？

如果说检阅海军一度令李鸿章为之黯然神伤，接下来参观造船厂，则让他暂时从痛苦记忆中摆脱出来。对于造船厂各式各样的舰船，李鸿章都表现得兴趣浓厚，并虚心向工程技术人员求教。在乌里池造船厂参观时，李鸿章对该厂的水雷分厂有着特别的兴趣，他不仅详细询问了水雷制造的方法、如何订购及价格等，甚至于还希望能够亲自施放一枚水雷，而从李鸿章与技术人员的问答中可以看出，他之前对于水雷知识亦曾有所涉猎，绝非毫无所知的门外汉。

眼前的舰船和水雷，再次激发了李鸿章重整中国海军的雄心和抱负。英国阿姆斯特朗公司乃世界顶尖的军火企业，它既是英国最重要的舰船制造基地，同时也是英军火炮的重要供应商。该公司与中日海军都有着特殊渊源，"吉野""浪速""高千穗"等日舰，皆为阿姆斯特朗产品。北洋海军本来也在阿姆斯特朗公司订购过军舰,这就是"致远""靖远",只是后来中止了,甚至阿姆斯特朗公司也曾向中国推销与"吉野"同形制的军舰,可惜又未被接受,否则的话,甲午战争可能就是另一种局面了。

在阿姆斯特朗公司创始人、已经八十三岁高龄的阿姆斯特朗的亲自陪同下,李鸿章兴致勃勃地参观了这个庞大的军火帝国。当一行人来到公司所属的埃尔斯维克船厂时,只见厂内到处都悬挂着龙旗,李鸿章一走进去,便引起工人们的群起欢呼。这时厂内正在修建两艘铁甲船,其中一艘的买主是智利。甲午战争爆发后,中日两国都向海外紧急采购军火,智利也是拟采购的对象之一,智利自己建造的舰船质量不行,当时有意向中国转让其正在阿姆斯特朗订造并即将完工的军舰,但英国以中立为由,对此予以拒绝。那艘军舰最后还是被日本给买走了,李鸿章所看到的这艘正在建造中的军舰,系智利方面为自己补订所用。

另一艘在建铁甲船,由日本直接订制。该舰拟定载重一万两千吨,续航能力可达万里,从数据来看,性能已全面压制北洋海军的"定远""镇远",无疑是其时世界上最先进的一类战舰之一。后来有人查阅资料,发现它就是后来参加日俄战争的"八岛"号战列舰。

李鸿章被"八岛"所吸引,向阿姆斯特朗询问此为何国所订购,阿姆斯特朗明知中日恩怨,深恐对李鸿章造成刺激,因此没肯说出"日本"一词。李鸿章何等聪明,一看阿姆斯特朗那欲言又止的样子,便明白了其中原委,他接着又询问了"八岛"的造价,虽然亦未说破,但话语中已明显包含着深深的隐忧。

"造价为一兆英镑。"阿姆斯特朗答道。按照同期汇率,一兆英镑约合白银七百三十五万两。当初李鸿章在德国船厂订购"定远""镇远",造价合银不过才三百四十万两,现在一艘最新铁甲船的造价竟然已相当于过去四到五艘的总和。李鸿章闻之瞠目结舌,良久都回不过神来,他心里很清楚,未来中国一定还会向阿姆斯特朗订购舰船,但如果经济危机迟迟得不到解决,要想和日本在同一水平线上竞争,是很困难的。

解决经济危机,有赖于外交取得突破,但在"洋人论势不论理",政府层面的交涉频频陷入僵局的情况下,作为中外公认的"懂外交"之人,李鸿章必须重寻破局之法。

"他像来自另一个世界的身材奇高、容貌慈祥的异乡人。"一位英国人以仰望和钦慕的口吻,这样描述他所看到的李鸿章,"他的神采给人以威严的感觉,像是某种半神、半人、自信、超然,然而又文雅和对苦苦挣扎的芸芸众生的优越感。"

与其政府不同,李鸿章的来访在英国商民中引起了极大的关注和期待,甚至是可以拯救英国工商界和百姓生活的东方贵族。此事倒也并不奇怪,毕竟英国政府和商民的考虑角度并不会完全一致,简单来说,英国工商界渴望的是尽快在东方开拓更大市场;老百姓则巴望着搭上经济发展的快车,进而改善自己的生活——正如李鸿章在东伦敦平民巷所看到的,"英国也有不少穷人嘛!"

在英国的一般商民看来,李鸿章能近乎以一人之力,在思想保守、经济落后的东方古国,推动洋务运动以及经营北洋海陆军,堪称奇迹,同时这也说明要让中国彻底接受"通商兴国"政策,李鸿章是唯一值得信赖之人。英国《泰晤士报》认为:"四万万华人中,实无其匹。"《伦敦特报》云:"中国大臣,不乏老成持重,而具大见识,开大智慧,展旋乾转坤手段,扶中国以趋前路者,断推中堂一人。"

多数人相信李鸿章这次返国后,一定可以再掌权柄,重新成为中国诸大臣中的"领袖",并且也必会更加支持中英间的贸易往来,从而确保英国仍为中国的第一市场。总之,大家都期盼着李鸿章能成为真正的"东方俾斯麦",为英国人的在华商业活动进一步解除束缚,也因此,在英国商民心目中,李鸿章的人格魅力变得不可阻挡,仿佛真的成了上帝派来下界,用于解救他们英国"芸芸众生"的天使了。

破局之法

由于立场和看法不同,英国媒体对于首相拒绝中国"照磅加税"的要求,令李鸿章失望而归一事,持严厉批评态度。媒体指出,中国要求增税,本在情理之中,政府又已认同,既如此,就该玉成其事,这对英国来说,也只是举手之劳，而且只要关税增加了，中国还能不尽快取消厘金吗？反倒是拒绝增税，将导致中国无法取消厘金。他们认为，政府官员目光短浅，拒绝增税的做法，恰恰是对英国商业利益的最大伤害，此举将造成中英两败俱伤，而非互利双赢。

英国媒体代表了英国工商界的呼声，伦敦汇丰银行自行斥资六千英镑，在水晶宫为李鸿章举行盛大招待会，出席作陪者多达三百人，烟火公司经理还独具匠心地打出了"李中堂福寿无疆"七个大字，令李鸿章极为感动。从英国工商界的盛情中，李鸿章敏锐地看到了机遇所在：没有坚实的军事力量，仅仅凭借"笔舌"与西方大国进行正面交涉，确实很难取得突破，但若换一种思维方式和角度，从西方人热衷的商务着手呢？东西方体制不同，虽然英国媒体和工商界的意见，暂时还不能左右政府思维，可是时间长了，等到让英国工商界真正尝到了甜头，那时就算政府自己不为所动，它也顶不住舆论压力，自然而然地将在增税问题上做出让步。

正是"山重水复疑无路，柳暗花明又一村"，李鸿章由此找到了展开外交攻势的一项利器，那就是借助中西通商，谋求共同利益。应该说，他能找到这一破局之法绝非偶然。实际上，早在同治皇帝当政的时代，李鸿章就在给朝廷的奏折中提出，时至今日，已不可能关闭国门而安然生存，只有顺势而为，和西方国家"立约通商"，才是解决中西冲突的唯一办法——贸易是双边的，打开国门参与世界商品经济往来，在富强自己的同时，也等于制约了别人，这样的制约甚至强过武力！

在英国工商界举办的招待会上，当听到商人们说要到中国开拓市场时，李鸿章立即开明地吐出了"实具同心"几个字。他用孙子"富之教之"的典故，盛赞英国乃"极西富教并兴之国"，是一个经济文化教育都极其繁盛的西方大国，"天下不可端倪之物，尽在英伦"。与此同时，他又指出，中国作为"极东之国"，虽然经济落后，但物质资源丰富，如果能用一条"同心宝带"，把两国联结起来，运用英国的科学技术来开发中国的物质资源，就可成全一件让两国互利双赢的大好事，且这一模式还推广开来，作为中西友好合作的典范。

李鸿章在演讲中当场表示，自己通过此次访问英国等欧美国家，眼界为之大开，回国之后，只要有幸得掌大权，一定会为中英开展商务合作竭尽全力，"以一人之所知，补一国之所缺，分在则然，责无旁贷"。

李鸿章说到做到，为了今后能够更好地扩展中英贸易，随后几天，他连续参观了伦敦商业总局以及英国国家银行、邮政总局等。伦敦商业总局对李鸿章的到访也做了细致周到的准备，除在总局门外高悬龙旗外，还召开了千人欢迎大会。总办在颂词中，盛赞了中国的悠久文明，并表示李鸿章到访英国，关系着"大东方与极西方"的商务振兴，李鸿章亦投桃报李，保证自己"在世一日……必竭力以劝中国，必使工艺商业有进无退"。

在邮政总局，听说电报局有工作人员三千人，李鸿章颇受震动。电报业本是他在洋务运动中着力推动的一项事业，然而就同北洋海军与英国海军的区别一样，双方仍旧还是"小巫见大巫"。电报的现场操作则更令李鸿章感到震撼：法、德电报局向李鸿章致敬的电报转瞬即至；发报人员当着李鸿章的面，将六十八字的电报发至上海轮船招商局，仅仅二十五分钟后，就收到了盛宣怀的回电。

在李鸿章参观走访英国工商企业的过程中，还有一件事值得一提，那就是英国海底电缆公司向李鸿章赠送了两条长一尺的英美大洋电缆线。事情不大，但其实极富象征意义——英美之间铺设大洋电缆，在当年曾被认为是一项不可能实现的浩大工程，仅仅首次跨洋电缆的长度就足以绕地球十三圈，但在屡败屡试、经历各种难以想象的困难后，终于还是获得了成功。

英国电报公司经理在给李鸿章的祝福辞中，曾谈到，李鸿章对于中国的筑路、开矿等有利民生的事业，无不走在前沿，为此"遭到各方面的阻碍，深知中堂独为其难"。对于李鸿章而言，用中西通商的方式，推动中西文明的共通、互容，其难度甚至超过在中西相隔的大洋之间铺设电缆，其中既有事业探索的不易，更有来自内部的重重羁绊和掣肘。李鸿章本人亦深知这一点，但依然怀抱着"知其不可而为之"式的执着，他总结说：自从辞华赴俄之日起，便感到前半生事业已经可以打上句号了，但在游历英国等欧美国家后，自己长了见识，也平添动力，又感到可以重整旗鼓，再次起航了。他日回国，必要将后半生都投入"无涯之大事"中，希望相较于前半生所做过的那些事，对中国的发展能起到更大帮助。

那件著名的黄马褂

1896年8月22日,李鸿章一行离开英国,乘坐"圣·路易斯"号邮轮,横渡大西洋,开始对其环球之旅中的最后一站——美国进行访问。

在李鸿章出访欧美后,西方迅速刮起了一股"李鸿章旋风"或称"中国旋风"。出现在西方民众面前的李鸿章,既有他们想象中"东方俾斯麦"该有的神秘和高贵,但却又不像寻常大清官吏那样拘谨和迂腐,因而极受媒体和各界的欢迎。欧洲报纸把李鸿章与俾斯麦、格兰斯顿(英国前首相,李鸿章访英时也曾专程拜访)并列,称为"当今天下三大老",其中格兰斯顿八十八岁,俾斯麦八十二岁,李鸿章七十四岁,在"三大老"中,李鸿章还是最年轻的,正当"风华正茂"。一名学者这样描述当时的情景:"他(指李鸿章)那超过一米八的高大身躯,以及雍容的气质、坦率的谈吐,令西方朝野为之倾倒"。

这时的中国其实依旧保守落后,但在"李鸿章旋风"的影响下,中国却被成功地塑造成了一个开明、强大的东方国家形象。华人在西方的形象亦由此改变,过去欧美报刊都刻意丑化华人,把华人脑后拖着的辫子称为"猪尾巴",视其为丑陋粗鄙的代表。在此之后,华人第一次开始以健康、正面的形象,出现在不少欧美产品的广告中,连美国的《纽约新闻报》这样的大报,都将李鸿章阅读该报的漫画,作为了报社的形象广告,图上文字写的是"李鸿章从来没有错过《纽约新闻报》"。

在李鸿章到访美国之前,随着他对欧洲数国的访问,其访美的新闻价值已经不断发酵,另一方面,中国使团虽非第一次出访美国,中国本身也有驻美公使,但像李鸿章这样具有广泛国际影响力的中国高级官员访美,在中美外交史上尚属首次,美国及欧美各国媒体因此对李鸿章访美进行了事无巨细的全方位追踪报道。8月23日,即李鸿章离英的第二天,《纽约时报》驻英记者即用醒目标题"李鸿章已经起航了",向本国发回报道,该报道还有一个副标题:"这位伟大的中国政治家现在正在去美国的路上"。

作为旨在吸引读者眼球的花边,各国报纸都报道称,李鸿章在从中国出发前,家人恐其不测,为免老人客死于他乡,专门准备了一副"华丽"

的楠木棺材随行，此其一；其二，李鸿章身上还穿着一件"时尚"的黄马褂，连发行量高达百万的法国第一大报《小报》，都用头版的整版篇幅，刊登了李鸿章身穿黄马褂的大幅彩色画像。

通过《小报》等报纸的挖掘报道，西方读者得知，原来，在那个遥远的东方国家，黄马褂居然对官员具有非凡的意义：政府将黄马褂赏赐给一个官员，代表着旷世恩典；如果这个官员在战场上打了败仗，只要脱去他的黄马褂，就等于责罚了他；当黄马褂被重新还回，则意味着他重获信任。

在甲午战争前后，李鸿章的黄马褂就是这样穿了脱、脱了穿，颇富戏剧性。不仅如此，由于李鸿章被西方人视为中国开明革新派的领军人物，他的黄马褂更是俨然已成为西方衡量大清政治气候的风向标——平壤失守后，美国《纽约世界报》刊登了一幅漫画，画中邮差送来"禁止李鸿章穿黄马褂"的命令，而李鸿章的黄马褂已被丢弃于地。这幅报道李鸿章被褫夺黄马褂的漫画，曾被西方人普遍解读为大清政治寒冬到来的象征。

未几，李鸿章又被赏还黄马褂，西方猜测李氏行情可能已经看涨。马关谈判中，欧美报纸都实时报道了李鸿章被刺事件，刺杀事件惊心动魄，也令西方读者为之浮想联翩，李鸿章和他那件血染的黄马褂因而多次登上各大报纸的版面。

待到李鸿章身穿黄马褂，以高规格出访欧美，西方立即视之为大清政治风向扭转的标志。美国记者报道李鸿章出席沙皇加冕典礼时，特别指出，"中国皇帝的特使穿着满人的黄马褂"。此次《纽约时报》从英国发回新闻报道，也没忘记提及李鸿章"那件著名的黄马褂"。

我想访问美国

8月28日，美国官方预计李鸿章将在这一天抵达纽约，于是当天便成了纽约市民"大喜的日子"，许多人为了能够一睹李鸿章的风采，甚至不惜在接近海港、码头的街头通宵露宿。

天刚亮，人们便倾巢而出，涌向李鸿章即将登岸的曼哈顿区港口码头。美国记者赶到现场时看到，海港码头附近早已是万头攒动，"所有靠近美国航运公司码头的地方都已人满为患"。再往稍远处观瞧,每一个能看得到码头的大楼窗口内,也全都挤满了观众,每一座高楼楼顶上则都站满了人,特别是百老汇大厦楼顶,因为能俯瞰"圣·路易斯"所停泊的哈德逊河,更是人声鼎沸。

"窗口、树上、路灯柱上、港内所有船的船顶上,都挤满了人,真是人山人海。"《纽约时报》称,李鸿章受到了美国历史上"史无前例的礼遇"。此情此景,令见多识广的记者都情难自禁,美国世界新闻社的一位女记者"激动地流了不少热情愉快的眼泪",她在描述当时情景时,评价"这是美国有史以来,民间自动热烈欢迎外国嘉宾,最虔诚且破天荒的大场面"。

上午9点,经过整整六天的海上航程,乘载李鸿章一行的"圣·路易斯"邮轮终于出现在火岛(纽约东侧的狭长海岛)以东十五英里的急难救生站。在清楚地看到邮轮桅杆上所挂的龙旗的一刹那,码头沸腾了,人们如同潮水一般地迅速涌至岸边。《纽约时报》据此报道:"人们都想一睹清国总理大臣的风采,因为此人统治的人口,比全欧君主们所统治的人口的总和还多(李鸿章并非总理衙门大臣,但因为他长期主持外交,故西方媒体都理所当然地以为总署由其主导,且以为他对清国拥有绝对的统治权力)。"

10点30分,"圣·路易斯"驶过火岛,此时众多拖船、汽船和汽艇追踪着一艘载有记者的警察巡逻艇,实际形成了一个非正式的欢迎仪式。一小时后,"圣·路易斯"驶入纽约港口,一百多艘大小各异的船舰鸣着汽笛,护送在邮轮周围,形成了"一道壮观的水上表演阵势"。

这些都还只是民众自发式的欢迎,就政府层面而言,亦给予了李鸿章"国宾礼遇"。官方派来港口迎接的,是一支由几十艘白色军舰组成,号称美国海军最强阵容的舰队,在邮轮到来之前,舰队已装饰一新,在港口排列成威武队形。当"圣·路易斯"从舰队前驶过时,舰队司令邦斯所在的旗舰"纽约"号发出十九响礼炮,一旁还有不少迎宾彩船助兴,甚至连大银行家摩根的私人汽艇也特地赶来,主桅上挂满了色彩缤纷的飘带。

在美方检疫官完成例行检查后,美国东部陆军司令卢杰,带领助理国务卿诺克赫尔等一众要员,登上"圣·路易斯"迎接中国贵宾。年迈的李鸿章本由随从搀扶,但一看到卢杰,便立即摆脱搀扶,把手伸得老远,健步走过去，与卢杰紧紧握手。美国媒体迅速捕捉到这一细节，认为李鸿章此举"与美国的做派很相像"。

　　宾主简单寒暄后，李鸿章先是表示希望早一点见到拟来纽约的美国总统，继而突然话题一转，说他在法国时，法国人曾试图劝他经马赛和苏伊士运河回国，但被他回绝了。随即，李鸿章加重语气道："我告诉他们，我想访问美国！"

　　这时美国与法国的关系很不好，距李鸿章访问欧美后仅仅两年，美、法就爆发了短暂的军事冲突，时称"准战争"。李鸿章显然注意到了这一点，访美本在他的行程计划之内，法国人建议他直接回国，又被他断然回绝这件事，先不管真假，既然是说给美国人听的，便只有一个用意，那就是在让美国人听得舒服的同时，使自己变得更为主动。这种外交技巧或曰手段，应该说在西方外交场上并不鲜见，例如李鸿章访俄时，俄国人就已用过一次，只是作为东方尤其是中国的外交家，能够犹如相声中"砸现挂"（指即兴表演）一样，把它运用得游刃有余，则非李鸿章莫属了。

　　卢杰反应也很快，马上妙语作答，说李鸿章此次越洋访问美国，就像是一个国际大家庭里的大哥哥，前来探望远方的弟弟。

　　就各自的建国史来说，中国要做美国的"大哥哥"绰绰有余。当然如果就国力而言，就另当别论了，但卢杰神情谦逊，仅这种态度就已经达到了李鸿章想要的预期效果。

　　两人谈兴正浓，外面突然响起炮声，李鸿章经询问后，得知仍是欢迎他的礼炮，显得更加高兴，一边继续和卢杰闲谈，一边用长烟斗吸着雪茄——长吸斗是中国的，雪茄是美国的，一个出色的外交家于举手投足之间，往往浑身都是戏，李鸿章这一与众不同的吸烟方式，似乎也正暗合了计划中他所希望达成的某个目标。

　　甲午战争后，李鸿章已无内力可恃，全凭合纵连横的外交攻略。经过访俄第一站的运作，中国已与俄国结成军事同盟，确保了"联俄制日"政策的落地，但从李鸿章日后的言行来看，基于中俄相邻，且历史上一直都有领土纠葛，他其实对于"联俄"一直存有很深的戒心，只是为了对付日本这个大敌，避免日本侵华事件重演，才不得不行此权宜之计。

作为战略高手，李鸿章不可能只看眼前，还得看长远。从长远来看，在英美法德俄诸列强中，他真正信得过且最想依靠的，其实是美国。

美国在处理对华问题上，有一个既定政策，这就是美国首任驻华公使蒲安臣所提出的"合作政策"。毋庸讳言，"合作政策"的出发点，首先是为了维护美国在华利益不致受损，但在客观上，它却也为中国保持领土完整提供了助力，因而这一政策对于中国也最为有利。

甲午战争后，从中国的第一大敌日本，到和日本眉来眼去的英国，再到"干涉还辽三大国"俄德法，全都或明或暗地对中国领土有想法，不是要割地，就是要租地，唯有美国，仍将"合作政策"视为最佳平衡方案，强烈反对在领土上对中国进行侵夺。在这种情况下，建立和巩固中美之间的战略伙伴关系，以取代中英之间曾经有过的类似关系，并用中美关系来牵制中日、中英、中俄等关系，便成了一项比较可行的方案，同时它也是检验李鸿章访美能否成功的一个重要标志。

李鸿章此次出访欧美，除了秘不外宣地与俄结盟外，实质性的任务只有提高关税一项，但后者因为在英国这个关键环节卡了壳，导致各国都决定采取观望态度。在尔后的在美活动中，李鸿章与美国国务卿奥尔尼会谈了半个多小时。涉及提高关税，奥尔尼表示："各国若同意加税，美国无不服从。"对中方而言，这显然也是空洞的官方外交语言，难以令人满意。

李鸿章并不气馁，也可以说，自中英会谈受挫后，他就已经重设目标——英国政府暂不肯在"照磅加税"上让步，那就借力打力，以推进中英通商的方式，促使其政府最终改变态度；只要英国同意"照磅加税"，其他国家都无理由再拒绝，加税将是水到渠成的事，美国亦不会例外，而眼下，发力点只有一个，那就是"联络邦交"，把中美关系推向应有的高度。

卢杰说中美是兄弟国，这一比喻甭管到底恰不恰当，却正合李鸿章此时之意，也难怪他的心情会那么愉悦了。

黄马褂

与卢杰在两百多名美国骑兵的迎接下，李鸿章下船坐上一辆四轮敞篷马车，美国助理国务卿诺克赫尔陪他坐在前排，卢杰坐在后排，一行人前往李鸿章下榻的第五大道饭店。

大街上早已形成了几道人墙，人山人海，几乎水泄不通。当四轮马车经过百老汇大街时，夹道欢迎和观看马车的人流如同潮涌，"真成了曼哈顿街头一道难见的奇景"；行进至纽约证券交易所，交易所的经纪人聚集在一起，热情欢呼，交易所屋顶还挂起了只有欢迎国宾时才悬挂的四面旗帜；在行进至第五大道时，记者看到，有六位妇女从二楼窗户前伸出龙旗，向游行队伍不停挥动。

面对热情的欢迎人群，李鸿章亦频频挥手致意。一路上，他非常关注对东方人来说闻所未闻、见所未见的各种新机构，保险公司、邮电局大楼等建筑都引起了他的格外注目。

根据纽约警方提供的数据，当天有五十万人参与或观看了这次规模盛大的迎宾游行，除了李鸿章本人的仰慕和好奇者外，估计其中也有相当一部分人，是被"带棺随行"的传闻以及"那件著名的黄马褂"吸引而来。

《纽约时报》随后采访了中国使团的发言人，证明"带棺随行"根本不存在，"这是一个编造的故事"。"那件著名的黄马褂"则是真的，因为就穿在李鸿章身上。《纽约时报》记者登船采访，趁卢杰与李鸿章通过翻译在作寒暄的时候，仔细研究了黄马褂，结果发现李鸿章是在全套朝服之外罩黄马褂，从着装的角度出发，他不明白在朝服外再罩黄马褂，有什么必要，因为"这种马褂除了有点像披肩，看不出有什么实际的用途"。

其时已是8月下旬，纽约的气温有时会达到华氏近百度（摄氏三十八至三十九度），可谓酷暑逼人，但李鸿章身上的黄马褂却密不透风，而且仅记者看到的就有两套，里面应该还有。记者感到颇为纳闷：难道中堂大人不怕热？

李鸿章怕不怕热，当然怕热，但清廷对于公开场合的黄马褂着装有着严格规定，他必须做到一丝不苟，并以此代表国家尊严和形象。与此同时，为了拿到中美关系这张大牌，李鸿章也并没有把穿黄马褂的严苛和不变通移用到外交中去，而是主动接近美国民众，积极了解美国社会和文化，同时也以开诚布公的态度,帮助对方了解自己的国家和文明。

8月28日中午,美国总统克利夫兰结束休假,乘坐游艇专程赶来纽约,29日,他正式接见李鸿章并接受其递交的国书,随后又在前国务卿惠特尼的私人寓所里为李鸿章举行了盛大午宴。其后,李鸿章在美的日程安排开始变得十分紧凑,每天不是参观项目和接受采访,就是会见各界人士,即便如此,他仍腾出时间,专门拜谒了美国已故总统格兰特的陵园。

"我在各国还有许多老朋友,以往都主持过国政,在办事和私交方面,我与他们都很投合,现在大多已经退居山林了,我顺便拜访他们,也是一件快乐的事情。"李鸿章曾对幕僚吴永如是说。格兰特就是这样一个能够跨越大洋、语言和种族障碍,为李鸿章所看重的故交。十几年前,卸任总统后的格兰特偕妻子环游世界,访至中国,李鸿章在天津会见并与之恳谈,两人彼此欣赏、惺惺相惜。受李鸿章的委托,格兰特还出面对中日琉球纷争进行了斡旋调解,虽未成功,但也已尽力。

如今李鸿章也作环球之旅,孰料等他到美国回访格兰特,老友已然天人相隔,这让李鸿章伤感不已。格兰特陵园位于哈德逊河边的河滨公园,李鸿章前来凭吊时,陵园还没完工,李鸿章的到来,使得这里成为自格兰特葬礼后最为隆重热闹的日子,据估计,围观者超过了八万人。

在美军仪仗队的护卫下,李鸿章向灵柩献上了用月桂树叶扎成的花圈,并致被媒体称为"饱含敬意的最真诚的悼词"。

格兰特在调停琉球问题失败后,给李鸿章写过两封信,信中除介绍日本的新气象外,主题都是"我甚盼中国自强"。而今他的这一美好祝愿并未能够成真,不仅琉球最终未能逃过被日本吞并的命运,就连台湾也因甲午战败而被割让。站在格兰特的灵柩前,李鸿章百感交集,既痛又愧,不禁怆然泪下。李鸿章的这一举动,令美方陪同人员甚至李鸿章自己的随从人员都始料不及,更让美国人为之感动的是,李鸿章在行安息礼(基督教丧礼中的告别礼,肃立默哀)后,"很虔诚地站直了身体,用极其悲伤的声音低吟道:'别了'"。在场的所有人都被这一幕深深打动,现场记者立即记录下了这一"最意味深长的告别"。

手杖缘

因为有着与格兰特的特殊情缘，李鸿章抵美之日，格兰特之子即专门登船迎接，李鸿章亦特地探望了格兰特的遗孀茱莉亚。茱莉亚设宴款待李鸿章，并邀请美国工商界名流百余人作陪。

散席时，茱莉亚突然拿着丈夫生前所使用的手杖，走上了台。这是一根很名贵的手杖，通体雕刻暗纹，装饰华丽，上面有一颗拇指大的钻石，周围镶有一连串小钻石，"晶光璀璨，闪闪耀人目"。此物乃格兰特卸任总统时，美国工商界为了表彰他在南北战争中的功绩，特意赠送给他的纪念礼物。

当年格兰特、李鸿章首次见面时，李鸿章就注意到了他的手杖。李鸿章是一个很开明的人，一向注重观察欧美的流行风尚，他向格兰特要过手杖，反复赏玩，爱不释手。格兰特见此情此景，就通过翻译问李鸿章："中堂喜爱此杖？"并说，"中堂大人既然喜欢这根手杖，我本当奉送，但这根手杖是我总统卸任时，美国工商界送给我的礼物，代表着国民公意，不便私自送人。不如等我回国后，将此事公之于众，如大家赞同，即随后寄赠，以附中堂雅意。"

李鸿章以为格兰特是舍不得将手杖送人，所谓须事先征得国人同意云云，只是托词，便也再未予强求。渐渐地，他已经忘记了此事，没想到这次在美国又会重见旧物。

睹物思人，李鸿章为之唏嘘不已。茱莉亚向出席宴会的客人讲述了丈夫与李鸿章的交往和友谊，并和盘托出了这根手杖的故事。她告诉李鸿章，丈夫回国后，一直惦记着手杖的事，但因为事务繁杂，始终没找到机会与工商界的朋友商量，直至临终前，手杖的事成为格兰特的一个遗憾，他为此特别嘱咐妻子，一定要帮助他履行当年对李鸿章许下的诺言。

茱莉亚接着面向众人，大声说："今天适逢李先生来访，我恳问诸位，你们是否同意把这根手杖转赠给李先生？"待她说罢，出席者一致鼓掌赞同。于是茱莉亚当众双手举杖，将其赠予李鸿章。

李鸿章没想到格兰特夫妇如此慷慨守信，深受感动，同时这段手杖缘也给他留下了极其美好和珍贵的记忆，此后李鸿章经常会向人炫耀这根手杖。常在李鸿章左右伺候的吴永发现，自李鸿章回国，这根宝贝手杖就几乎从来没有离开过老爷子，就算是吃饭写字时不得不暂时搁下，也一定要放在自己座位的旁边，"爱护如至宝"。

中国古代有一则佳话。春秋时，吴国公子季札出使北方，途经徐国，徐国国君非常喜欢季札身上的佩剑，可又不好意思开口。季札看了出来，但因他还有出使的任务，佩剑乃使臣必备的礼节用具，故而未即时相赠。待到他完成使命返回吴国时，便特地途经徐国，欲将佩剑赠与徐君，不料，却得知徐君已经去世。季札深感遗憾，他来到徐君墓前凭吊，并将佩剑解下来，悬挂在墓边的松树上，以践行自己内心对徐国国君做出的承诺。

这就是著名的"季札赠剑"。格兰特夫妇与李鸿章之间的手杖故事，就像是"季札赠剑"的国际版本，格兰特如同季札一般的优秀品格皆彰显其中。

国际交往亦要讲求诚信，无论外交私交，皆是如此。李鸿章在拜谒格兰特陵园时，为了纪念和格兰特之间的友情，曾向陪同的纽约市长斯特朗提出想做些什么，斯特朗建议他送花，李鸿章表示花只能开几天，而树是不朽的，能够象征一个人的最高成就，于是决定在陵园里种一棵树。可能是由于陵园正在筹建的原因，送树的计划没有能够立刻施行，但李鸿章牢记于心。一年后，陵园落成，他特地嘱咐中国驻美公使杨儒，代表他在陵园内种植了一棵中国常见的树种——银杏树。

今天这棵银杏树犹存于格兰特陵园，位置就在原来停放格兰特灵柩的地方，下有一块一米见方，用青铜铸造的铜牌，上镌中英两种文字说明，中文系杨儒所题铭文："太子太傅、文华殿大学士、一等肃毅伯合肥李鸿章……敬为……葛兰脱（即格兰特）……种树"。

李鸿章拜谒格兰特陵园，虽是出于和格兰特的私交之谊，但也有意无意地起到了"以私交促外交"的作用和效果，特别是通过美国媒体观察入微的报道，李鸿章个性鲜活、开明睿智的形象跃然纸上，而这显然是在给他背后所代表的国家不断加分。正如《纽约时报》所评价的那样，美国之所以给予李鸿章以国宾待遇，"不仅表明了他个人所具有的崇高尊严，同时也表明了大清帝国的伟大"。

你在美国富有吗？

从细节处展露个性魅力，进而塑造和提升自己所代表国家的形象，是李鸿章访美的一个重要特征。

早自李鸿章乘坐"圣·路易斯"前往美国的路途中，《纽约时报》等美国媒体便随船采访，并做了题为"李总督海上旅行趣闻"的报道。在记者笔下，李鸿章"对妇女尤其友善，也很喜爱儿童"，记者还发现，李鸿章特别喜欢与同船的西方旅客交谈，甚至当一个高大的西方人非要拍他的背，并称他为"老头子"的时候，作为国内听惯了"大人"尊称，且普通吏民都对之敬重有加的高官，李鸿章脸上虽露出了不满的神情，但也并未恼怒。

李鸿章实际上不懂包括英语在内的任何外语，除了通过翻译与西方人交流外，他的诀窍之一，是事先找翻译学几句最常见的见面客套语，强记在心，应酬在口。由于他阅历深，经验丰富，善于察言观色，因而仅仅靠着这几句临时现学的客套语，往往就能迅速博得对方的好感，并营造出融洽的交流氛围。一位美国记者这样描述道："他（李鸿章）能很轻松地与人交谈，而又不会使与他交谈的人感到紧张……"

梁启超所著《李鸿章传》是迄今为止流传最广、知名度最高的李鸿章传记，梁启超在书中提及一则逸事：李鸿章访问欧美期间，多次问及别人的年龄和家产几何。虽然随从人员告诉他，这是西方人最忌讳的，不宜多问，但李鸿章却并不把随从的告诫放在心上，依旧我行我素。

在梁启超所写的这则逸事中，李鸿章似乎是一个不顾外交礼仪，不讲礼貌，而且不听别人劝告的鲁莽之人，西方人最不爱听的问题，他还偏要问。表面来看确实是这样，据"圣·路易斯"餐厅里的一名乘客说，李鸿章对与之交谈的每个西方人，都会问同样三个问题，即"你是做什么的？你能挣多少钱？你住的地方离纽约有多远？"在船上会见卢杰时，李鸿章出其不意地分别问卢杰和一同前来的退役将军威尔逊"你在美国富有吗？"以及"你多大岁数了？"卢杰和威尔逊起初都有些尴尬和窘迫，幸得翻译解释说，这在中国是个很礼貌的问题，目的是关心对方，乃友好的表示，两人这才释然。

从当时的报道来看，西方舆论对于李鸿章这种不分场合、风俗和贵贱，不仅不回避年纪、薪水等涉及隐私的问题，而且还喜欢刨根问底的做法亦颇有微词。梁启超认为李鸿章执意如此，是因为他"根本不把西方人放在眼里，将一切玩之于股掌之上"，且不懂外交礼仪。

应该说，过去李鸿章受中国正统思想的影响，对于西方人确有轻蔑、轻慢的一面，但那应该是在甲午战争前或者更早之前，其后则少见他对西方人有任何不尊重的表现，且此时又身负联络邦交的使命，很难想象他在重要外交场合会采取过于轻率的态度。

李鸿章不懂外交礼仪？自上海时期开始，李鸿章操办洋务已达三十余年，和无数外国使节、商人、传教士打过交道，身边洋幕僚众多（这次访问欧美也同样带了不少洋幕僚）。洋务运动期间，中国向美国派遣"留美幼童"，向英国派遣学习海军的船政学堂学员，其中许多人都是由李鸿章亲自挑选并派出的，这些留学生回国后得不到安置，也基本由李鸿章安排在其手下供职。可见李鸿章了解西方文化的途径和渠道非常之多，他对于欧美的了解，在当时的中国官员中应该是最好的，怎么可能不知道欧美人不问年纪、薪水的习惯呢？

或曰，李鸿章在美国还有其他失礼举动，比如他不分场合地吸烟，"甚至在女士船舱内也吸"，又如他不时要咳痰和吐痰，因为随意在地上吐痰，还被管理人员罚了款。这些恐怕都不是他真的不懂，或者随行人员没提示他，而是他在国内已经形成这种生活习惯，一时难以纠正，甚至还可能是为了维护自己所认为的文化自尊，他根本不想予以纠正。

出于东西文化隔阂，加之置身于异质文化的交际氛围之中，李鸿章出现一些礼仪失误原本在所难免，事实上，若互换一下环境，从中国传统文化的视角来看，西方人也一样会做出各种令中国人啼笑皆非的事。问题在于，交流方式涉及双方的沟通，已不单单只是礼仪失误，谈话中所要注意的细节也与吸烟和吐痰等不同，别的不说，仅从李鸿章与卢杰见面握手那一"美国做派"就可以看出，他在这方面是认真了解研究过，而且下过功夫、做过准备的。

这个钻石是哪里来的

　　为什么李鸿章一定要按照他的方式来问一些问题？作为一个求知欲极强的政治家，他之前只是通过间接经验来了解西方，亲历其境和亲眼见识欧美社会，对他来说是第一次，也极可能是最后一次。在这种情况下，他忍不住要抓住眼前的一切机会，亲口问问题，亲耳听回答，从西方人自己的口中了解信息，这种心情不难理解。

　　另一方面，从社交学的角度来说，问别人问题，虽然需要尊重对方的习惯和喜好，但有时过于顾忌，反而显得不够真诚和深入，同时也会错过一些重要信息。据载，李鸿章在英国参观一家大工厂时，就曾问工头："您管理这么大一座工场，一年有多少收入？"工头回答说："除了薪水，其他就没有了。"李鸿章立即指了指这位工头手上的钻石指环说："那么这个钻石是哪里来的？"此一问答被欧人传为奇谈，它可以与梁启超的另一个记述相验证：李鸿章办事态度最为认真，每遇到一个问题，一定要再三询问，毫无疏忽。

　　李鸿章在访美过程中，最喜欢问美国人问题。他初次拜访纽约市长斯特朗时，斯特朗只是在一开始找到机会，问了李鸿章一个礼节性的问题，接下来全是李鸿章在提问。李鸿章在市政办公厅看到了一幅华盛顿的画像，在详细询问华盛顿的情况，并仔细研究了华盛顿的辞职声明和离职演说后，他问斯特朗，为什么华盛顿在制定宪法时没有加上一条有功公民可以授予公爵、伯爵、子爵等头衔。斯特朗解释说，这与美国宪法反对贵族等级差别的立法精神相抵触。李鸿章紧接着追问道："那么贵国在奖赏有军功的军人时，就不给爵位了？"斯特朗回答："不给爵位，只给军功勋章。"听到此处，李鸿章立即表示，华盛顿和格兰特一样，都是最伟大的美国人，相比之下，俄国和其他一些欧洲国家的人，虽有公爵、爵士等头衔，但他们却正努力使自己成为商人。

　　通过李鸿章与斯特朗的对话，不难看出，李鸿章既会问美国官员的年纪、薪水，也会问他们的制度、管理，甚至是他们对于宪法的理解。李鸿章显然是带着思考来问问题的，仔细推敲，可以发现他实际是想弄明白：

美国这一套政治制度，到底是怎么运作的？如果没有爵位，会用何种激励机制来代替？

在李鸿章访问布鲁克林市（当时为独立城市，现为纽约的一个区），与该市市长沃斯特交谈时，同样展示出这一谈话风格。他先是礼貌地称呼沃斯特为"市长大人"，接着就问沃斯特："多大年纪啦？原来做什么的？是不是富人？怎样赚钱的？当市长的薪水又是多少？"之后，他又问沃斯特，是不是穷人也可以当市长。在沃斯特回答任何人都可以后，李鸿章显得十分惊讶，之后又问沃斯特怎样管理运作市政府，沃斯特也一一如实作答。

李鸿章与斯特朗、沃斯特的对话，发生在同一天，他对这两位美国政要所提的问题，也是互相关联衔接在一起的，为的就是全面了解美国制度从上到下的运作方式以及激励机制等，其间实在看不出有不把美国人放在眼里，要将其"玩之于股掌之上"的意思。

"他（李鸿章）从不显得傲慢。他是那种从不向他人提出什么要求，但又总能获得满足的那类人。"美国记者的这一描述，说明人们与李鸿章交流时，虽然一开始可能感到困惑和不解，但因为李鸿章态度诚恳，有交流了解的诚意，故而没人对此过于介怀。在"圣·路易斯"海上航行的那六天里，同船旅行的美国旅客都因与李鸿章同船而感到高兴，觉得这是"永远难忘且愉快的一次旅行"，李鸿章被公认为是一位"和蔼可亲并受人欢迎的人物"。李鸿章登陆访问，记者一路随行，在记者们笔下，李鸿章也始终是"面容慈祥的总督"，记者们因此对李鸿章的生活起居甚至包括其厨师长、私人医生等，都怀有极大的兴趣。

李鸿章既不停地"问"，也不停地"看"和"听"：参观尼亚加拉水电站，看到当时规模最大的五千匹马力发电机，他对有关耗资、利润问题进行了详细询问；听了美国铁路控制系统的介绍，他大为惊异，表示回国后一定要采用这一系统；在美国财政部，他亲自参与销毁了旧币，还怀着很大的好奇心，参观了钞票印刷的全过程。

在李鸿章眼中，美国就像是一个朝气蓬勃的年轻人，在访美期间所参加的所有活动中，他对美国出现的新科技、新事物最感兴趣，并且由衷感慨："在今天这个制度下，大学、铁路和电报将越来越普及。"

李鸿章也很关注美国的人文风气。他在布鲁克林访问时，马车队与一个骑自行车的小姑娘不期而遇，小姑娘叫约瑟芬，当年只有十二岁，看到马车队后，她开始骑车追赶。此时中国社会依旧保守闭塞，家庭伦理对女子的要求是"三从四德"，尤其上流社会家规森严，女孩通常都被养在深闺，根本不允许在外面抛头露面，像这样一个小姑娘独自骑自行车在大街上狂奔的景象，在中国人眼中完全难以理解，也不可想象。

　　李鸿章立即起意要亲自和约瑟芬交谈，希望了解她的家庭背景，进而了解美国的社会和文化。不过当天李鸿章的行程实在过于紧张，他即将出席一个大型招待会，大批美国政要、商人正在招待会上等着他，他不能不顾外交礼仪，让主人苦候多时，自己却站在街边通过翻译和小姑娘聊天。于是李鸿章便让马车队稍停，派翻译前去询问了约瑟芬的姓名，并邀请她晚上到旅馆交谈。

　　据美国报纸报道，当晚，约瑟芬如约来访，却因为去晚了，被告知李鸿章已经休息，不见客了。约瑟芬非常失望，留下一张字条后，懊丧而去，自此一直到离开美国，李鸿章与小姑娘再未有机会见面。

　　梁启超在《李鸿章传》中评述李鸿章："从来不轻易许诺，一旦许诺就一定会履行诺言，是一个言行一致的人。"重信守诺是李鸿章与其美国老友格兰特的共同之处，回国后，他特地给约瑟芬写了一封信，信中为自己的爽约表示抱歉，作为补偿，他将慈禧太后所赐、上绣"万事如意"四字的一个香袋，赠予约瑟芬，并在信的末尾写下："祝你幸福！你的朋友、良好祝愿者李鸿章"。

　　在美国社会，就算是总统给一个平民小姑娘写信赠物和交友，亦属平常，但对于李鸿章就不一样了，认真说起来，他这么做，其实同样是典型的"美国做派"。

　　在使用"美国做派"的同时，李鸿章一如既往地没有忘记树立本国形象，向西方介绍中国引以为豪的传统和文化，在给约瑟芬的信中，他以老祖父的口吻，劝导约瑟芬，"若你双亲健在，你要孝顺他们"，又以带着自豪的语气写道："我想我国比西方人更为强调孝道，这使得我们中国成为世界上历史最悠久的国家。"

重头戏

李鸿章访美不仅爱"问",也擅"答"。9月2日,在其下榻的华尔道夫饭店,李鸿章召开记者招待会,接受了十二名记者的联合采访,回答美国新闻界提出的各种问题,他也由此成为中国高官中以记者招待会方式面对记者的第一人。

作为李鸿章访美的一大重头戏,美国新闻界和民众希望能够从招待会里管中窥豹,了解李鸿章对于美国及其中国社会的系统看法。记者首先问李鸿章:"美国做得不够好的地方是什么?"李鸿章回答:"只有一件事让我吃惊或失望,那就是你们国家有形形色色的政党存在。"

李鸿章访问英国时,舆论曾批评他对英国的政治制度不甚关心,只对枪炮和铁路电报感兴趣,认为这是一种舍本逐末的做法。站在李鸿章的角度,他对于近代工业特别是军事工业发展的了解,至少在中国国内,已无人能出其右,加之出访的行程安排又极其紧凑,想侧重考察欧美工业发展及科技进步,自不难理解,但这并不是说李鸿章对于"政教",也即欧美的民主政治制度,就熟视无睹了。

事实上,李鸿章对于西学的涉猎,早已经超过了对铁路、矿山、电讯、商业、机器生产与军事工业的留意。七十年代,他曾珍藏幕僚马建忠留法时给他的上书,其书谓"欧洲之强不全在船坚炮利,而政治法律亦有关",第二年曾纪泽出任驻英、法公使,李鸿章即将此书秘示于曾,意在让曾除留心西方的军事、工商外,亦需关注其政治法律。在此之后,他更是通过阅读各类记述,特别是重点研读郭嵩焘、曾纪泽、薛福成三人的海外日记,对于欧美"政教"有了初步认识。

出访欧美期间,李鸿章结合先前的认识,亲自对欧美"政教"做了考察。在英国时,他特意访问了作为西方民主制度象征的议院,当时他先到下议院,坐在特设的座位上,旁听议员议论国事,随后又来到上议院,观看议院特设的国王宝座,并向上议院议员岱文山详细询问了议院规制。来到美国后,李鸿章同样对美国的政治制度表现出浓厚兴趣,与纽约市市长斯特朗、布鲁克林市市长沃斯特的交流,都是为了对此进行了解。

总的来说，李鸿章对于欧美"政教"是肯定的。李鸿章过去曾一再对权臣疆吏中僵化固结的风气提出批评，对朝中任人唯亲、使贤达无路请缨的现象也表示过不满，这些都被他归结为"上下不能一心"，是中国政治的一大弊病。经过对比，李鸿章发现欧美"政教"恰是能够对症下药，令朝野做到"上下一心"的"善教"，在他看来，欧美各国之所以能够富强，就是因为最终"善教发为善政"，使得国民"齐力合作"，进而"无事不举，积富为强"。他还欣喜地表示，对于欧美"政教"，自己过去只是"心领而未能亲眼看见"，这次则是"见所见而去，尤胜于闻所闻而来"，意即收获颇多。

另一方面，李鸿章又是一个有着实际操作经验的行动派，熟谙大清的政治运作，这就决定了他在予以肯定的同时，还会从中西不同的国情，对欧美"政教"进行观察和审视，他对美国政党的批评即源自此。

"形形色色的政党"有什么不好？李鸿章的理解是会使"国家出现混乱"。他同时还提出，"国家安全在于对各政党能有效地进行制衡"。

李鸿章所言，引起与会者的会心一笑，在记者们看来，李鸿章的这种回答显然是"天真"的——分权制衡原本就是美国政治制度的一个基本原则，在美国政治架构和设定中，正是由"形形色色的政党"代表着不同的民众利益，进而表达不同民众团体的利益诉求。

当然，李鸿章有此认识亦无可厚非，他在推进洋务运动的过程中，饱受清流顽固派的攻击掣肘，有着切肤之痛。在英国议院旁听议员辩论时，李鸿章觉得那简直是一窝蜂似的吵架，这可能让他认为，欧美政党与中国朝野的各种集会和派别区别不大，对政府的革新决策只会起到成事不足、败事有余的拖后腿作用，沿用大清传统的治理思维，自然应对其进行制衡。

在李鸿章看来，各政党减少分歧，联合起来为国家助力，是最好的。他反问在场记者："你们的报纸能不能靠国家利益，将各个政党联合起来？"

这句话虽与西方政情不符，但也等于抬升了媒体的地位，恰到好处地恭维了一下记者和报社，于是又牵出了一个新的话题。一名记者问李鸿章："阁下，您赞成将美国的或欧洲的报纸介绍到贵国吗？"

李鸿章回答，中国已经办有报纸，"但遗憾的是，中国的报纸不愿将真相告诉读者，他们不像你们的报纸讲真话，只讲真话。中国的报纸在讲真话的时候十分吝啬，他们只讲部分的真实……"

李鸿章的话立刻在会场上掀起了一阵小高潮，记者们除了欣赏其幽默坦诚的语言风格外，还一致认定李鸿章的"清国报纸不讲真话"，是在批评清廷体制不让清国报纸讲真话。

原来李鸿章具有这样的眼光与见识，身为大清官吏，竟然也会指责清廷，推崇新闻自由和舆论监督！众人颇为兴奋，会后《纽约时报》在报道时，评价李鸿章在回答问题时，"态度非常坦诚、谦虚"。而"中国的报纸不讲真话"，也由此成为李鸿章一句流传甚广的名言。

事实上，这不过是因双方思想隔阂而造成的另一个误会。李鸿章矛头所指，正是西方记者的中国同行，而根本不是他们臆想中的清廷及其体制。

中国近代报纸始于十九世纪上半叶，主要集中在上海、广州、香港等口岸城市，这些中文报纸除登载商业信息外，也会刊文报道时事，由于信源不实、片面吸引读者等原因，错报、误报层出不穷。李鸿章在其政治活动中，经常受到中文报纸"不讲真话"的困扰，远的不说，就说这次访问美国中的花絮之一："在布鲁克林遇到骑自行车的小姑娘约瑟芬"。

对于"约瑟芬事件"，中美报纸都进行了报道，中国方面报道的是上海的《点石斋画报》，不仅有文字，还配有漫画，其名为"傅相逸事"。按"傅相逸事"所述，当天傅相（李鸿章）在纽约某酒楼凭栏下望，突见一美貌少女骑"独轮车"飞奔而至。李鸿章大悦，立即命人将此少女请至酒楼之上，二人晤谈良久。少女"言语玲珑，如乳莺啼晓"，李鸿章兴致勃勃，便以此处非说话场所为由，另约少女至其寓所畅谈。

《点石斋画报》并没有派记者随行采访，"傅相逸事"是对美国报纸的相关报道进行综合翻译后，由编辑整理出来的文字。但这篇文字显然已经按照编辑自己的兴趣，以及他们对读者口味的判断，对原报道进行了"加工"，其中的多数情节皆为庸俗想象，"言语玲珑，如乳莺啼晓"更是中国古代言情小说中最常见的描写套路。

如果"傅相逸事"标明系纯虚构的八卦，倒也罢了，关键是它还打着新闻报道的幌子，内容虚实相间，即虚构中又掺杂了一点事实的影子，这样就很容易让读者误认为是真事。比如"逸事"的后半段说道，少女如约来到李鸿章的寓所，因李鸿章已熟睡，二人未能见面。后李鸿章回国，仍对少女念念不忘，又写信又赠香包。编辑在此处特加评论，说李鸿章"未免有情乎！"

在《点石斋画报》编辑的篡改、曲解和"妙笔生花"下，"傅相逸事"活脱脱成了俗不可耐的"傅相艳史"。这样的所谓"新闻"，读者看了可能觉得舒服有趣，但离真相已经相差了十万八千里。

对李鸿章而言，他原本用于了解美国社会和文化的行为，居然被解读成了罔顾国事、贪恋女色，此类报道多了，很容易被清流派拿来作为对他进行口诛笔伐的武器，也可能给他的交涉活动带来不必要的麻烦，甚至影响朝廷对他的信任以及外交方面的判断决策。

"中文报纸多刊载不实信息"，不仅是李鸿章，曾国藩、左宗棠等洋务派大佬也均持这一认识。李鸿章平时很注意从洋人所办的英文报纸中搜集资讯，曾命专人搜集、翻译此类报纸，除自留一份外，还定期送总署一份，但中文报纸却不包括在内。对于中文报纸，李鸿章就算是看，重视程度也不高，原因即在于此。

摩天大楼

"在美国的所见所闻中，最感兴趣的是什么？"这是继"美国做得不够好的地方"之后，第一个可视为个人观感类的提问。

出乎有些记者的意料，李鸿章给出的答案既不是"政治制度"，也不是"工业技术"，而是"摩天大楼"！

在十九世纪以前，即便在欧洲，建造的房屋也很少有超出五六层的。进入十九世纪，特别是从十九世纪后期开始，随着材料和技术条件方面的突破，美国开始率先出现一批批高楼，当时的人们仰视这些高楼的顶端，觉得它们已耸入云霄，因而将其称为"摩天大楼"。

李鸿章从纽约港上岸起，就注意到了摩天大楼。这些二十层甚至更高一些的摩天大楼，让他感到非常惊讶，自云"我在清国或欧洲，从来都没有见过这样子的高楼"。其时楼房的高度就是技术和经济实力的象征，美国能建造摩天大楼，说明在技术和经济实力方面已经超过欧洲，李鸿章把摩天大楼作为他在美国最感兴趣的器物，足见其眼光之老辣独到。

李鸿章对摩天大楼感兴趣，但却认为中国还不能建造这么高的楼。理由是在中国，台风对高楼的威胁更大，高楼建起后，很快就可能被台风吹倒，同时高层建筑需要如美国这样好的电梯配备，不然会很不方便，而目前中国也做不到。

摩天大楼不错，但要复制到中国，尚需从中国的现实国情出发，一步步来，过于急切和鲁莽，将被台风所吹倒。这基本反映了李鸿章对于学习西方工业技术乃至"政教"的见解和态度，美国记者们接下来的问题涉及教育，比如在中国国内是否全民能够接受教育，妇女是否应该接受教育，李鸿章在一一作答时，其实就沿用了"摩天大楼论"的认识。

中国现时的教育无法惠及全民，只有富家子弟才能付得起学费入学，穷人家的孩子往往没有机会上学。至于妇女教育，中国目前还没有招收女孩的公立学校，也没有更高一级的教育机构，只有那些有经济承受能力的家庭，才可以为女孩聘请家庭教师。李鸿章向记者们坦承了中国国内的教育现状，并将造成这种状况的原因，归结为风俗习惯的不同。

所谓"风俗习惯"，说穿了，就是中国重男轻女的传统思想，以及教育是富有阶层的特权这一社会现实。李鸿章认为中国落后的教育状况亟须改变，他当场勾画未来，表示要学习美国的教育制度，实现教育改革，在未来建立更多的学校，但这殊非易事，所以又主张，应将美国教育制度中"最适合我国国情的那种"引入国内。

在表示对于美国的摩天大楼最感兴趣前，李鸿章还说了一句："我对我在美国所见到的一切都很喜欢，所有事情都让我高兴。"这当然是客套话，并不完全代表李鸿章的心声。一位观察细致的美国记者注意到，李鸿章在访美结束后，选择了经加拿大而非美国西部作为回国路线，便问李鸿章为什么要这么做。李鸿章虽然解释称自己年纪大了，自然要选择较短的路线，但他仍然直言不讳地道出了真正原因：华人在美国没有受到公正对待！

维护海外华人利益，是李鸿章主持外交时期的一贯宗旨，当年成功解决秘鲁华工案，乃是其外交生涯中颇为值得称道的成就之一。从那个时候开始，由于美国不断发生周期性经济危机，美国政府也拟限制华工赴美，格兰特访美时即带来了这一诉求。李鸿章当时表示如果琉球案能调停成功，中方可以仿照古巴、秘鲁的办法，通过与美国订立专约的方式，对华工赴美进行有条件的约束。后来格兰特调停失败，此事遂没了下文，但美国的排华行动并未中止，而且逞愈演愈烈之势。

1892年，美国国会通过了由议员格力提出的所谓《格力法》，该法案旨在禁止华工入美不说，还试图使驱逐留美华人合法化。李鸿章早有耳闻，对此持强烈的反对态度。

鸦片战争后，随着禁止国人出洋的律条不宣而废，美国招募了大批华工开发西部。这些华工从事着开矿、垦荒、修建铁路等最繁重的劳动，促成了美国西部的崛起和繁荣，然而到头来却成了被迫害和虐待的对象。李鸿章这次宁愿绕道加拿大，也不经美国西部回国，就是要借此表达自己的不满和抗议。

这不是自由

李鸿章知道美国是一个号称自由、民主的国度，他以子之矛，攻子之盾，指出排华行为恰恰是对自由民主原则的沾污。

当着记者们的面，李鸿章颇有些激动地直斥《格力法》"是世界上最不公平的法案"，他所说的"最不公平"，并非无的放矢，而是引用了西方经济学中商品自由竞争和自由贸易的概念，"所有的经济学家都承认，竞争促使全世界的市场迸发活力，而竞争既适用于商品，也适用于劳动力"。

李鸿章得知，《格力法》的出台，受到了爱尔兰移民欲独霸加州劳工市场的影响，只是因为在劳工市场上，爱尔兰移民将华工视为强大的竞争对手，欲通过非市场方式排挤华工，才使用了这一"阴招"。李鸿章于是从美国人的经济利益出发，给他们算了一笔经济账——

美国专利最多，发明的东西比任何其他国家的总和都多，在工艺技术和产品质量方面，也领先于欧洲。可是美国却竞争不过欧洲，为什么呢？就因为美国的产品比欧洲贵。美国的产品为什么比欧洲贵？因为美国的劳动力贵。为什么美国的劳动力贵？因为美国排挤华工，不让他们在农场干活，"这是你们的失误！"

在李鸿章看来，华工的使用成本，之所以比爱尔兰和美国其他旅裔的劳工更低廉，只是因为华人比他们更勤俭而已，其他旅裔的劳工仇视华人毫无理由。最重要的是，自由市场竞争本身就需要廉价的劳力，只有这样，顾客才能以低廉价格购买到高质量的商品，"你们把廉价的华人劳工逐出美国，究竟能获得什么呢？"

李鸿章事先已经获悉，美国即将进行新的总统选举，他因此废止《格力法》，或至少对《格力法》进行较大修改。接下来，李鸿章又进一步回答了美国资本在华的出路问题。在回答这一问题时，他再次运用了他那令人惊讶的经济学知识："只有将货币、土地、劳动力有机地结合起来，才会产生财富。"与此同时，他还展露出与国际认识趋同的国家主权意识，强调美国到华投资，管理权必须由自己掌握。

最后，李鸿章特别强调："所有资本，无论是美国的还是欧洲的，都可自由投资。"这是一句颇具水平和眼光，甚至已经远远超越其所在时代的话，也是李鸿章在此次访问欧美期间所提出的重要主张，事后《纽约时报》直接将李鸿章称为"清国改革运动之父"。

招待会结束的第二天，即9月3日，李鸿章一行乘火车前往费城。得知他即将离开纽约，欢送人群纷纷拥来，竟从第五街排到了二十三街出口处，可谓盛况空前。《纽约时报》据此报道并评价说："在一般美国人心目中，皆一致尊崇李鸿章的形象，就是活生生的孔夫子。"将李鸿章比作孔夫子，实在显得有些不伦不类，恐怕李鸿章自己也无法接受，但李鸿章在美国知名度之高，以及受欢迎程度之大，于此可见一斑。

费城是美国《独立宣言》的签署地。在费城，李鸿章参观了美国立国时的国会、独立厅、自由钟等名胜，并去了费城的唐人街。

李鸿章在唐人街受到华侨的热烈欢迎，据说还在唐人街的一家中国餐馆用了中餐。费城百姓听说李鸿章在唐人街吃中餐，也兴致勃勃地涌来看热闹，大多数人进不了餐馆，便一边在门外、窗外探头探脑地往里看，一边向华人打听李鸿章所吃菜肴的菜名，由于上的菜很多，有些连窗外的华人也不知道名字，但笼统地将不认识的菜称作"杂碎"。

由于"杂碎"出现的频率最高，等李鸿章吃完离开，洋人们把其他菜名全忘了，只记住了"杂碎"这一道菜。为了迎合顾客们的兴趣，餐馆老板们灵机一动，纷纷将自己的餐馆改名为"杂碎"馆，并根据李鸿章旅美期间的中餐菜谱，出品了一道以肉丝炒菜丝为主、名为"李鸿章杂碎"的新菜目。多年后，梁启超游历美国，发现仅纽约一地，居然就有三百多家中西餐馆推出了"李鸿章杂碎"。

告　别

9月3日下午，李鸿章一行乘车前往美国首都华盛顿。次日，李鸿章访问国会，不巧适逢国会夏日休会，只参观了国会图书馆，未能亲眼看见国会的运作，对于一直很想对美国政治制度多一点了解的李鸿章来说，这不能不说是一个遗憾。

尽管如此，李鸿章的心情并没有受到太大影响。访美期间，通过对华盛顿事迹的了解，李鸿章对其非常感佩。在离开美国前，他特地通过美联社向美国民众发表了一份临别致词。在致词中，他认为世界历史上有三位伟人：分别是法国的拿破仑、中国的帝尧（即中国古代传说的尧帝）、美国的华盛顿。李鸿章说，拿破仑建立了帝国（法兰西第一帝国），但是很快就被摧毁了；帝尧也建立了帝国（实际尚为部落联盟），但接着就由他自己统治；华盛顿建立了一个"伟大的国家"，可是自己却让于一旁，由其他人来统治。言下之意，华盛顿超过拿破仑、帝尧，可为世界第一伟人，其钦佩之情，溢于言表。

因为对华盛顿抱着莫大的敬意，置身于这座以华盛顿名字命名的城市，李鸿章的心情自然会很不一样。9月5日，一行人到街上观光城市市容，一群男孩看到他们后，大声喊其名字。李鸿章在乘坐"圣·路易斯"赴美时，也曾被人这样喊过，当时他曾露出不悦之色，但这次听到后，却只是笑了笑，然后开玩笑地向男孩们挥了挥手杖。

访问布鲁克林时，那个骑着自行车的小姑娘约瑟芬，曾以她的无拘无束和自由奔放，引起李鸿章强烈的好奇心。在用水泥砌成的华盛顿大街上，李鸿章再次惊奇地看到，许多女子正骑着自行车来来往往。见李鸿章的目光被骑自行车的人们所吸引，有人当场送了一辆自行车给他，李鸿章十分高兴。虽然作为不良于行的垂暮之人，他没法亲自骑车，但仍然让随从上去进行了尝试。

9月6日，李鸿章一行告别华盛顿，乘美国政府特备专列前往英属加拿大。李鸿章说到做到，没有放弃任何一个为在美华人移民争取权利的机会，在归程中故意绕开美国加州和西部，以示对美国歧视和虐待华工的抗议，并呼吁美国废除《格力法》等排华法案。

抵加后，李鸿章从多伦多转往西海岸的温哥华，接着搭乘美国太平洋轮船公司的轮船，横渡太平洋，踏上了归途。9月28日，轮船行抵日本横滨，李鸿章一行准备在此处换乘轮船招商局的"广利"号轮船。

甲午战争后，因中日地位发生变化，国家实力此消彼长，李鸿章在日本社会的声望及影响力已大不如前。在此时的日本人眼中，这位曾经的"黑头宰相"纵使再有才华，也不过是清廷这根朽木的代表而已。不过仍有不少人对李鸿章持欣赏乃至推崇的态度，日本近代著名思想家德富苏峰就是其中之一，在他看来，寻常人在经历甲午战争的惨败后，不死也要脱层皮，但李鸿章却能在内受朝廷重谴，外需支撑残局的情况下，挺身而出，担任与日议和的使命，尔后在马关又不幸被刺，但犹能从容处置，不辱使命，其表现相当了不起。李鸿章此次欧美之行也得到德富苏峰的高度评论，认为他以古稀之年，出访各国，游历欧美，看上去对之前所经历的各种挫败惨痛，似乎已毫不介意，"彼之不可及者，在于是"。

德富苏峰在日本舆论界处于核心地位，连皇室、首相、军部对他都要另眼相看，他对李鸿章的看法实际就代表了日本政府对李鸿章的态度，因此，李鸿章的乘船刚抵横滨，日本政府即向其发出了登岸邀请。

德富苏峰说李鸿章心胸豁达，不肯言败，这没错，但要说他对过往毫不介意，那就错了，至少李鸿章对日本不仅介意，而且非常介意，从《马关条约》签订之日起，他就发誓日后决不踏上日本国土一步，即"终身不履日地"。

对于日本政府的登岸邀请，李鸿章丝毫不为所动，甚至自锁其门以示拒绝。在多方邀请未果的情况下，日本外务部只得改为派人看望，出于外交礼节的考虑，李鸿章不能不见来使，但也仅止于在船上接见而决不登岸。

他既坚决不肯上岸，便只能从海面直接登上"广利"，然而当小船开过来摆渡时，李鸿章一看是日本船，又予以拒绝。最后，大家没办法，只好在两船之间架上一块木板，然后冒着危险将他扶过船去。于是，李鸿章便在晃晃悠悠的海面上，迈着蹒跚的步子，一步一步、慢慢腾腾地挪到了"广利"。

10月3日，李鸿章乘"广利"返抵天津，在大沽口登陆。至此，整个行程正式结束，李鸿章也由此成为中国历史上第一个完成环球之旅的朝廷重臣。

李鸿章此次出访欧美，历时半年之久，其间经过四大洲（亚洲、非洲、欧洲、北美洲），横渡三大洋（印度洋、大西洋、太平洋），水陆行程达九万多里，遍访欧美八个国家（俄国、德国、法国、荷兰、比利时、英国、美国、加拿大），尤其是重点访问了当时欧美五大强国（俄、德、法、英、美），其时间之久、行程之长、规模之大，在当时的外交史上都是罕见的。作为一个时年已经七十四岁的高龄老者，能成功地完成这一环球之旅，实属不易，在清代乃至中国古代历史上均无先例可循。因此，李鸿章的出访活动，不仅堪称十九世纪后半叶世界外交史上的一件大事，同时也为他个人晚期外交生涯增添了一大亮色。

第十八章　运气会更好吗

踏上故土，李鸿章的心情无比激动复杂，虽然并无传闻中的"带棺随行"，但毕竟已是古稀之年，在海外奔波辗转那么多天，水土能服、身体无恙，最后又得以安然返国，免不了会产生"喜得生还"之感。苏轼在一首词中写道"还朝如梦中"，如今李鸿章也有了相似的体会，自云："有东坡还朝如梦中之慨！"

这已经是李鸿章第二次出国，没有像第一次那样背负令人沮丧的条约之耻，光是这一点，就已足以令李鸿章神清气爽。检点出访活动的得失，朝廷所直接下达的三大任务，除了"协增关税"被拒外，"祝贺沙皇加冕""联络德法英美"按部就班，都没有出什么差错。当然后面两项也只是履行表面程序，李鸿章所真正要完成的是落实清廷的外交政策和慈禧太后的训令，即"联合西洋，牵制东洋"。这就有了签订《中俄密约》以及加强中美关系，按照李鸿章的盘算和规划，前者可通过与俄国建立军事同盟，在短期内遏制日本；后者则可通过"合作政策"的扩展延伸，在更长时间范围内，对包括日本在内的列强进行牵制。

中俄军事同盟已经建立，"合作政策"未来亦可指望，回到天津后，李鸿章颇有信心地对黄遵宪说，自此以后，为国家争取"二十年无事"的"天下太平"，应该没有什么问题。

召　对

李鸿章是实力外交论者，过往的惨痛教训也一再警醒他，如果国家实力不济，就算在外交上再怎么使尽手段，到后来亦只能落入被人宰割的下场。在环球之旅中，他虽说只是浮光掠影地在各国之间进行了穿梭访问，但毕竟亲历了欧风美雨，亲睹了西方的文明、富强和进步，在大开眼界的同时，他对中国和欧美国家差距之大，也有了更深切的体会："各国强盛，中国贫弱，亟需设法。"

"每于纵观之际，时增内顾之忧"，在给旧日幕僚吴汝纶的信中，李鸿章坦承自己每次看到西方强盛的景象，都会增加对国情的忧虑，同时直言，西方各国强盛的秘诀，乃是能"上下一心，积富为强"，而中国贫弱的原因，则是"政杂言多，生财无方"。他回忆起，胡林翼生前曾经说过，"使我多财，天下事尚可为"，当时他很认同，但现在却认为胡林翼这句话不全面，光会"生财"还不行，"政杂言多"导致上下不能一心，这个问题也必须解决，而且要放在"生财"前面优先解决，否则天下事仍不可为。

洋务派的多数代表人物，从曾国藩到左宗棠等，从其所受教育以及正统观点出发，都觉得洋人只是厉害在船坚炮利，没有人会认为西方政治还有可取之处，他们所倡导的洋务运动，也不过是借西方的巫术来对付西方的巫师，即仅取其"术"，而根本不认同其"道"。李鸿章从其自身实践和遭遇出发，能够承认欧美不仅在经济上，而且在政治制度方面也优于中国，并且将政治摆在经济前面，显然已经大大超越了其他洋务领袖们的认识水平，也说明他的思想已从传统的经世致用发展成为更为系统的洋务主张，并与国内维新派的思想趋同。

只有实施维新变法，才能加快洋务进程，也才能巩固已取得的洋务成果，确保不重蹈甲午战败的覆辙。随着李鸿章对各国的逐一考察，他越来越体会到维新变法的时不我待，"若不亟图变法，广开利源，则束手待毙矣"，同时他从欧美和日本的实践中，也看到了中国变法的胜利曙光，"日本实行变法以来，不过也才二十年"。

在李鸿章访问欧美期间，中国知识界关于维新变法的各种讨论方兴未艾。李鸿章虽然身处异国，但仍能通过各种信息渠道予以了解，并予以了积极关注。讨论中有一项涉及教育改革和人才培养的问题，礼部尚书孙家鼐上奏提议设立京师大学堂，"中学为主，西学为辅；中学为体，西学为用"。李鸿章对此特别有感触。早在光绪初年，在兴办洋务的过程中，他发现洋务人才奇缺，推究原因，是读书人全在钻研"时文小楷"（指科举考试的应试），西学乏人问津，他为此慨叹八股帖式无法培养新时期的有用人才，遂自己在天津创立了如北洋大学堂一类的新式学堂，后又聘请通达西学的严复出任总教习。他在出访美国，发表那次著名的答记者问时，更是表示中国要从美国教育制度中选取最适合中国国情的部分，进行相应改革。

对于孙家鼐的提议，李鸿章不但赞成，而且认为应该裁并全国书院而改为学堂，分门分年学习功课，学成就授予官位，并暂停其他的仕进之途。他认为，如果真能这么做的话，说不定过个二十年，就真能像日本明治维新那样，"风气变而人才出"。

李鸿章很希望能由自己主持维新变法，当然它的前提是必须能够重掌大权，由"伴食宰相"变为"真宰相"，或退而求其次，像洋务运动时那样，还督直隶，"坐镇北洋，遥执朝政"。可是究竟能否重掌大权，并不取决于他的努力和愿望，而完全取决于是否"得君"，能不能受到皇帝和朝廷的重用。在德国与俾斯麦的会面，或多或少给李鸿章留下了一丝心理阴影，连"铁血宰相"都难遂其志，他李鸿章的运气会更好吗？在提笔对孙家鼐奏疏发表赞成意见后，李鸿章忽然笔锋一转，叹息这仅仅是空言罢了，对前景的隐忧之意尽在其中。

在天津休息两周后，1896年10月17日，李鸿章进京复命。尽管李鸿章的此次环球之旅几乎轰动欧美，但对于中国的政治外交却并未造成任何波澜，朝廷最初居然都没有搭理他。

那种最不好的预感终于还是成真了。不仅李鸿章极为失望和失落，热切希望清廷能够对李鸿章"优加信任，重畀大权"，倚之为长城的欧美各国，也均有措手不及之感，并为之鸣不平。19日，《纽约时报》报道："自从清国北洋大臣李鸿章出洋访问回国后，一直受到清廷冷遇，而他自己也对此深表厌恶。因此，他已经打定主意，决定向皇帝陛下请辞，退休去过安静的生活。"

21日，李鸿章终于获准请安召对。尽管对自己的处境已有充分心理准备，但当天见到光绪皇帝时，李鸿章仍然急不可耐地把这段日子以来在国外的见闻和不安,向皇帝倾吐而出,并在强调各国的强盛与中国的贫弱之后,建议朝廷立即实施变法,以追赶西方列强。

出乎李鸿章的意料,光绪听后,只说了一句"与恭亲王商办",就再没下文了。李鸿章久历宦场,立即就听出这不过是一句敷衍之语——恭亲王复出后,虽在名义上掌握中枢,但早已褪去过往的盛气,加之身体不好,所以甲午后即对时事不太过问,"与恭亲王商办"只是"我对你的意见不感兴趣"的客套话罢了。

《纽约时报》报道李鸿章欲请辞退休,这是站在李鸿章的角度,为他打抱不平。事实上,李鸿章不是俾斯麦,他从未想过要退归林下,但面对皇帝如此冷落,为避免难堪和尴尬,他也只得像所有不受君王待见的老臣一样,以"年老衰病,无法胜任本职"为辞,主动请退。

李鸿章以年迈之躯出使海外,并不是他自己哭着喊着要去,而是皇帝非得让他去,如今好不容易回来了,没有功劳尚有苦劳,这个时候免其职务,着实说不过去,于是光绪见状又连忙安慰了李鸿章两句,并没有接受他的请退。

皇帝这一态度,不知是受其老师的影响,还是相反。最喜欢写日记的翁同龢在同一天的日记中,只记录了李鸿章递交国书、宝星,没有一句他与李鸿章之间的特别对话,这与他当初主动走访李鸿章,说服其动身赴俄时的姿态亦有天壤之别,其态度如此,对于李鸿章口中的变法,翁同龢自然也与光绪一样,完全不以为然。

总理衙门

三天后,即 10 月 24 日,光绪降下谕旨,命李鸿章在总理衙门大臣上行走。

朝廷的中枢权力机构为军机处,相比之下,总理衙门只是一个为适应与洋人打交道而专设的外事机构,实际权限很小。总理衙门大臣又分为三类。第一类是总理各国事务亲王、郡王、贝勒,奕䜣、奕劻两位亲王担当此角色,并实际主管总署。第二类是总理衙门大臣,以军机大臣兼任。第三类才是总理衙门大臣上行走,该职务相当于见习大臣,通常由内阁、各部院堂官内特简,按照正常的政务处理程序,他们没有资格阅看奏折,更没有资格拟定意见和参与军政决策,因为后者乃军机大臣的特权。

李鸿章身为功勋卓著的老臣,又是首席大学士,居然被分配去总署全职当差,并且还被列在了第三类,消息一传出,连李鸿章刚刚访问过的那些西方国家,都觉得不可思议,并有清廷已不可救药之感,正如美国传教士林乐知撰文所述,"中堂为各国尊敬之人,中国乃闲置投闲,实不啻开罪各国也"。

更加让人意想不到的是,就在李鸿章受命于总理衙门大臣任上行走的同一天,他又受到了一次严重处分。

原来就在李鸿章请安召对的当日,他曾顺道径游圆明园,凭吊废园遗址。不想慈禧、光绪正在主持对圆明园的修复,每隔数日,光绪必亲临督视,所以该园已非废园而成皇家禁地。24日,有人揭发此事,光绪于是明发上谕,以"擅入圆明园禁地游览,殊与体制不合",将李鸿章交礼部议处。部议的结果,是将李鸿章予以革职,因"得旨加恩",才"改为罚俸一年,不准抵销"。

且不说李鸿章是元勋老臣,即便是一般使臣,在万里远归,根本不知道圆明园里面正在修复的情况下,贸然入游,也属情有可原的范畴。可是朝廷仍然毫不客气地予以明发处罚,丝毫没有打算给元老留面子。李鸿章受此打击之重,并不亚于被安排进总署充任闲职,以至于一向好强的他,在别人来访时,也不禁流露出了"悲哀和心酸"的神色。

大清从来都是人治社会,朝廷的处罚亦如是,处分一个人,所谓按章办事只是一个由头而已。鉴于国际舆论要求重用李鸿章的呼声很高,朝廷似乎是在借此对外释放一个政治信号,即李鸿章不会获得重用,同时此举提醒和敲打李鸿章的用意也很明显。

终于还是沦落到了和俾斯麦一样的下场,甚至比俾斯麦还不堪,毕竟德皇威廉二世还知道给前朝老臣留体面。李鸿章心中的郁闷和失落可想而知,他明白自己已无可能"得君",出国前以及在国外游历时,曾经以为可以重新做一番事业的大志,在现实面前也彻底变成了一个并不好笑的笑话。

李鸿章一连数日都待在贤良寺，没有去总理衙门报到，但他终究是一个闲不住、不服输的人，总想用人生最后的精力再做点事，同时借此证明自己的价值。接受新职第八天后，也即11月1日，人们在总理衙门见到了前来上任的李鸿章。让众人诧异的是，此时的李鸿章看起来身体健康，精力充沛，毫无颓唐无力之感，显然，他已经自行调节好心理和状态，准备在其有限的职责范围内，参与总署事务的处理了。

总理衙门的全称是总理各国事务衙门，又称总署或译署，清廷的外交以及铁路、开矿、借债等洋务事宜，皆集中于这一机构。在"三千年未有之大变局"的形势下，总署本应是个极其重要的部门，但朝廷并不真实重视，除了发生外交纠纷时用得着外，其余时间总署如同"冷宫"。

总署对于外交和洋务，也基本处于应付状态，而且还没人做。李鸿章赴任总署之前，相应差事都推给户部侍郎张荫桓；李鸿章来了之后，便推给他俩。李鸿章如果因为特殊情况，需在贤良寺居所内办公（主要与外国公使见面），而张荫桓又偏巧不在时，总署也就相当于瘫痪了，"应画稿件、应发文电，无人过问"。

你们不干，我来干！李鸿章本就不怕事，也爱做事，正式入职总署后，他在对同事大臣多表不屑的同时，几乎每天都以"舍我其谁"的态度，积极参与着各种事务的处理。

据说有一次法国公使来到总署，责问总署为什么一开始说要向法国订购枪械，等到快签字了，却又改成了向别国订购，并表示总署言而无信，要求仍与法国签字订购，否则就以影响中法邦交论，"即便因此挑起战争，亦在所不惜"。

见法国人以发动战争相挑衅，在座的总理衙门大臣皆又惊又怕，面面相觑，除李鸿章外唯一懂洋务的张荫桓亦默不作声。

李鸿章自被派入总署，又遭罚俸后，已深知帝党清流等政敌始终对己耿耿于怀，"忌者犹不能相忘"。幕僚吴汝纶劝他采取"韬晦"之计，遇事虚与委蛇，以免受到居心叵测之含沙射影者的伤害。李鸿章接受了这一建议，平时只是埋首做事，总署开会，大多时候也是默坐不作一语，并不主动发表意见，为的就是避免锋芒毕露，遭人忌恨打击。

看到众人没有一个敢发声，李鸿章终于忍不住表示，订购应以价格为前提，且此前也未签订购合同，此事与邦交并无必然联系，如再执意，亦可从他国价低处订购。

李鸿章所言，即遵循他的"循理外交"，即大家都要按规矩办事。法国公使遂无言以对，怏怏而去。

借外债

甲午战争后，由于巨额赔款及洋务运动停滞乃至倒退等原因，中国国力更加贫弱，国际地位每况愈下，西方各国也包括日本，都不把中国放在眼里。翁同龢在自订年谱里哀叹，各国公使来总署，总是肆意咆哮叫嚣，其态度已不能和从前相比了。

诸如法国公使上门挑衅之类的事，那个时期经常发生。公使在时，众人不敢硬顶；等到公使一走，才无不愤然作色，论及国家前途，个个表现得忧心忡忡。

其时中国所面临的内外部形势，比李鸿章出访海外时，更为严峻险恶。李鸿章访问德国时，德国曾提出要在中国租借军港，李鸿章权衡利弊，出于"均势制衡"和"以德制日"的需要，认为未尝不可，前提是必须有所交换。不料人算不如天算，由于两名传教士在山东巨野县被杀，德国以此为由，直接强占了胶州湾，中国在一无所得的情况下便失去了一个良好军港。事情还不止于此，当初对于要不要租军港给德国，李鸿章最大的顾虑就是各国会不会争相仿效，所以才要以交换条件的方式来设限。果不其然，看到德国轻而易举就拿到了胶州湾，加入远东角逐的列强全都按捺不住了，俄国要谋占旅顺、大连，英国要谋占威海卫，法国要谋占广州湾，一时间，群魔乱舞，中国陷入了被瓜分的危机。

按翁同龢所说："衡量时局，诸臣皆挥泪，是何气象，负罪深矣！"挥泪诸臣中当然也包括李鸿章。李鸿章虽靠口舌驱退了法国公使，但却深感在"强权即公理"的时代，如果只是徒恃笔舌之争，终究无补于时艰，他断言中国"本可不贫不弱，唯在亟图变计而已"。

好在面对巨大的民族危机，已不是李鸿章一个人作如是想了。光绪亲自下达谕旨，要求变革，官员士子也为之展开了激烈讨论，二者的焦点都集中在修铁路和开矿上。修路开矿因此被视为甲午后国家富强的首要政策，并逐渐成为清国上下的共识。

修路开矿本就是洋务运动的一个重要目标和内容，李鸿章曾多年进行呼吁和努力，只因顽固守旧派的阻挠，一直进展较慢，现在看到时机似乎已经成熟，自然乐于促成。李鸿章过去的幕僚盛宣怀刚刚受命督办铁路总公司，李鸿章便借助自己在总署办事的便利，"指导"盛宣怀推动修路开矿等诸项事宜。

铁路和矿务都是对资金技术要求很高的行业，而彼时的清廷却既乏资金又无技术，因此明明着急着修路开矿，却无从着手。相对而言，技术的难题还好解决一些，最根本的是政府手里没钱。本指望通过修改关税来缓解财政困难，但在关税谈判碰壁、短时间内关税无法增加的情况下，这一希望已化为泡影。西方解决资金问题，通常还会考虑筹集商股，然而中国的商业资本并不发达，且甲午后的清廷在威信和公信力方面下滑严重，又不掌握现代的金融手段，要想顺利地从民间吸收到大笔资金，极其困难。

官款难请，商款难筹，可走的道路就只剩下了借外债。洋人重利，自然不肯无条件将钱借出，如果没有关税、厘金、盐税等进行抵押，他们就会要求以路权和矿权本身作为抵押，或投资参股。后者最让李鸿章为之头疼，因为他对之没有任何决定权，可供其施展和发挥的空间，与担任直隶总督时期亦不可同日而语。

总署自亲王以下共有八位大臣，其权势都在李鸿章之上，然而他们均另有要职，心思和精力都不集中在总署之内。恭亲王奕䜣自洋务运动初期即主持总署，重入总署后，依然还是最重要的决策者，但他整日病卧家中，极少露面，用李鸿章的话来说，这位老亲王对于总署事务"浮光掠影，毫不用心"。奕䜣以下，权势最大的当数户部尚书翁同龢，但翁同龢既不懂外交，也不晓洋务，论事只知道捡芝麻，至于西瓜，别说捡，都不知道在哪里，所谓"专讲小过节，不问大事"。翁同龢后面是吏部尚书李鸿藻，他比翁同龢更迂腐，乃至"不知洋务为何事"。剩下懂洋务、能办事的总理衙门大臣，仅户部侍郎张荫桓一人,其余就连由总理衙门章京起步、可算是总署老人的礼部侍郎吴廷芬,都当着甩手掌柜,对总署事务能敷衍就敷衍。

总署平常进行决策时,采取的是集体负责制,即必须每位堂官签字同意,一件事才能通过,由于总理衙门大臣几乎全是不管事的和外行,致使总署很难做出一个像样的决策。涉及借洋债以修路开矿,因其必须出让权利,易受人指责,总理衙门大臣们更是唯恐避之不及,奕䜣、翁同龢等人都是能不批就不批,能不答应就不答应,李鸿章为卢汉铁路建设筹资,以及与英商合作开矿等计划,均因此而夭折。李鸿章对此虽心有不甘,却又无可奈何,退朝回到贤良寺,与幕僚吴永聊及这些,每每拊膺长叹,其焦急愁苦之意,溢于言表。

在修路开矿难以启动的同时,偿还赔款一事又已迫在眉睫。中国的甲午对日战争赔款及"赎辽费",总计达两亿三千万两白银,中日双方约定分三期付清,其中仅第一期就要付八千万两,而当时清廷全年总收入尚不足八千万两,根本无法偿付赔款,无奈之下,便只能以举借外债来偿款。

"三国干涉还辽"后不久,俄国承揽了第一期借款,鉴于本国国库现金储备不足,俄国遂拉上法国,成立俄法道胜银行,共同向清廷借款,此即"俄法借款"。翌年也就是 1896 年,英、德两国又承办了第二期借款,此即"英德借款"。这两期借款,客观上帮中国解了燃眉之急,但截至 1897 年开春,清廷仍有八千七百万两的赔款未支付。按照相应条约规定,从中日换约起,若中国能够在三年内(即 1898 年 5 月 8 日前)偿清赔款,则赔款的利息全免(算下来,总共可节省利息一千多万两)。另外,在赔款未交清前,日军还占据着威海,其驻军费由中方支付,每年驻军费也有五十万两之多。这样一来,清廷自然得赶在限期前,加紧筹借第三期外债,以便免去利息,并促使日本从威海卫撤军。

借债偿款本是户部的活。身为户部尚书的翁同龢,首先和张荫桓商量,因借款还得减去折扣等费用,张荫桓提出必须借一亿两银子才够,但具体到由谁来借这一亿两银子,张荫桓却未立即应承下来。翁同龢又属意时任总理衙门大臣、曾在户部任职的敬信操办,他也不愿意接手,无奈之下,翁同龢只好找上了李鸿章。

射来了冷箭

翁李乃众所周知的冤家对头。自李鸿章入总理衙门后，翁同龢处处予以排挤，这使李鸿章的处境更加孤立。李鸿章本以"韬光养晦"自处，遭翁排挤后，益发小心谨慎，他在贤良寺除处理公事和接待外国公使外，一般情况下，很少接待来访客人，致使其门庭极为冷落萧条。

与此同时，翁同龢却又不得不依靠李鸿章。原因是翁同龢既不喜欢也不善于和洋人打交道，但职责所在，又不能完全回避对外交涉，这样就必须找人给他当交涉挡箭牌。过去翁同龢主要拉拢张荫桓，然而随着张荫桓羽翼已丰，渐渐地也没那么听话了，翁同龢使唤不动，于是只能转而请李鸿章为之出力。

抛去个人恩怨，李鸿章对翁同龢的办事能力也相当不屑，私下指责他拘泥于小节，不问大事。第三期借款无疑属于事关国家利益的大事，李鸿章对此非常看重，他因此没有像其他人那样找借口推脱，而是很痛快地一口应承下来。

前两期借款能够较为顺利，实际是有中国海关收入作为担保，到此时，中国信用度最高的关税、厘金、盐税等多已抵押殆尽。当李鸿章向俄国探询再次对华借款的可能性时，发现俄国的借款条件滞碍难行，他转而决定筹借商款，也即向欧美国家的商人或银行家借款。

如果是在甲午战争之前，由李鸿章出面筹借商款，成功的可能性应该说是很大的，因为知道他可以拍板做决定，做出的承诺也能兑现，如今则不然，世人都清楚，李鸿章实际已无权参与中枢决策，由他牵头筹借的商款，其信用度自然大打折扣。

李鸿章个人的政治影响力已然不够，就希望尽可能地得到中枢支持，偏偏这时候有人却朝他射来了冷箭，而此人不是别人，正是总署除李鸿章外的另一个"洋务专家"——张荫桓。

张荫桓年轻时连个秀才都没考上，系捐班出身，靠捐纳银钱才走上仕途。一个捐纳出身，又无赫赫军功的官员，原本前景并不被看好，幸运的是他后来遇到了李鸿章。李鸿章本人虽是科举正途出身，但用人总是从解决实际问题出发，并不计较和看重属下的出身。张荫桓熟知洋务，办事能力突出，史书中称其为"一时异才"，李鸿章因此对张荫桓十分器重，一有机会就予以保举。

同光时期有"帝师王佐，鬼使神差"的说法："帝师"指做皇帝的老师，"王佐"指军机处和总理衙门章京，"鬼使"指驻外公使，"神差"指神机营差使。人们认为这四种差使颇不易得，然而升迁速度也都特别快。具体到张荫桓，"帝师""神差"他是靠不上边的，能让他快速迁升的，只有"王佐""鬼使"两种渠道。当时多数科举正途出身的官员都不懂，也不屑于办理洋务，张荫桓只要能够充任"王佐"或"鬼使"，就不愁没有展现自我、飞黄腾达的机会。

甲申政变后，张荫桓先以一介未经科考、未历京曹的道员，入京任总理衙门大臣上行走（也就是李鸿章的现任职务），当上了"王佐"。之后虽因遭人嫉妒而迅速解职，然在次年又被任命驻美国、秘鲁、西班牙三国使节，当上了"鬼使"。三年期满回国，张荫桓迅速蹿升至户部右侍郎，再次进入总署，任总理衙门大臣。

晚清末造，与张荫桓经历相仿者，仅丁日昌一人，这两位堪称"异数"的名宦，也都受到了李鸿章的知遇之恩——在张荫桓的升迁过程中，虽然推荐保举他的地方大吏并不是只有李鸿章，然而李鸿章在其中所起到的作用却最为关键。

张荫桓固然才气夺人、精明强干，但秉性却不够厚道。李鸿章握有实权时，他与李鸿章来往密切，并积极为李鸿章之子李经方联系出任驻日公使之事。后来李鸿章逐渐失势，以致屈居于张荫桓这个门生故吏之下，而张荫桓却借助翁同龢而深受光绪信赖，并一度为慈禧所信任，由户部右侍郎转户部左侍郎兼管三库事务，"一身兼负外交、财政之重责任"，成为皇帝身边的红人。从这时候开始，张荫桓恃宠而骄，气焰日益嚣张，做事也变得非常霸道，根本就不把李鸿章放在眼里。据刘体智在《异辞录》中记载，平时在总署，李鸿章对张荫桓所议某事稍有不同意见，他就会来一句："老师你错了！"之后不由分说，便派人按自己的意旨行事，李鸿章连与之分辩的机会都没有。

在总理衙门诸大臣中，论办事能力，李鸿章只认可张荫桓一人，但说到私谊，两人之间实已日趋冷漠。

少有的失态

李鸿章在心急火燎地筹借商款时，张荫桓正作为特使，前往英国，参加英国女王即位六十周年庆典。虽然身在国外，但张荫桓也没忘记借款事宜，他给国内寄来奏折，否定了李鸿章向洋人筹借商款的主张，并对李鸿章的办事方法和办事能力都隐隐提出了质疑。

奏折先送到总署，因为内容敏感，总署本不打算送呈御览，但由于恭亲王奕䜣的坚持，还是呈送给了光绪。这对李鸿章而言，是一个重大打击，想到自己本已受到皇帝厌弃，过去曾大力提拔的门生故吏，如今还不顾情面给皇帝上这样的奏折，真有雪上加霜、腹背受敌之感。

至此，李鸿章联系的商谈更加艰难。不久，张荫桓回国，他立即直接插手借款事宜，称李鸿章的做法只会导致"声名扫地"而没有任何结果，主张仍通过英国公使向英国借款。

张荫桓的主张得到了翁同龢的支持。在筹借商款已经无望的情况下，面对政治对手近乎压迫式的打法，李鸿章不得不做出反击，掉回头重新向俄国求贷。俄国见有机可乘，提出了颇为苛刻的条件。俄国的借款条件传出后，震惊英国朝野，英国公使窦纳乐奉命来到总署，提出了比俄国更为苛刻的借款条件。

一波未平，一波又起，俄、法获悉英国的借款条件后，立即表示强烈抗议。俄国驻华公使格尔思甚至出语恐吓清廷，声称"若中国不借俄款而借英款"，"必问罪"。

本来说还是照第一、二期那样，跟英国或者俄国借款，没想到英俄两国居然借端要挟，争执不下。总署打算向英俄各借一半，但英俄又都不同意。总理衙门诸大臣被弄得焦头烂额，不知该如何是好。为摆脱困境，张荫桓提出干脆两不相借，对英俄一个都不得罪的主张，获得了翁同龢、敬信等人的赞同。

都不借，那怎么还款？恰好此时有人上奏，建议以发行公债的方式，在国内自筹资金。户部奉旨连日展开讨论，决定按此法施行，为此发行了总额为一亿两的"昭信股票"。"昭信股票"由张荫桓亲自命名，意为昭示政府信用，但问题恰恰出在这里。由于清廷在民众中早已失去威信，致使认购者寥寥，即使后来通过硬性摊派，也只搜刮到一千万两。

眼看还款期限将近，清廷只好再举外债。因为张荫桓倾向英国借款，故而清廷决定以延续第二期借款的名义，与英、德两国签订借款合同（"英德续借款"）。本来翁同龢还顾虑俄国会像原来一样，表示不满乃至强烈抗议，殊不知俄国正欲强租旅顺、大连，为了缓解由此带来的国际压力，已不再纠结于此了。

在翁同龢、张荫桓、敬信等联系英、德借款时，李鸿章尚在四处奔走，进行比较权衡。众人认为俄国的借贷条件苛刻，他就又去找法国谈，在法国表示愿意提供借款后，李鸿章赶紧在第一时间致信翁同龢。翁同龢的答复是十天后再议，并最终告知他户部与英、德的借款合同已经拟好，不能再变了。

商贷说不行，要重找英、俄，明明英国的借贷条件比俄国更苛刻，又偏偏选的还是英国。李鸿章空忙了一年多，面对这一令人无语的结果，难抑愤怒和失落，以至于早已能够做到喜怒不形于色的他，也出现了少有的失态。张荫桓看在眼里，他在当天的日记中写道："傅相（李鸿章）以借款有成，甚怒，既嗔子斋（敬信），复嗔余（张荫桓）。"

又过了三天，要与英、德正式签约借款合同。张荫桓不无报复之意地向李鸿章发出一同前去的邀请，出乎意料的是，李鸿章"欣然"同意。

在云淡风轻背后，其实满满的都是当事者对现实的惆怅和无奈。李鸿章事后对盛宣怀的感慨，也正好解释了他为什么会"欣然"同意："此事政府毫不留心，不知道要多方权衡，然而事情到了这一步，已不可能中途停止，也只好这样了。"

翁同龢

翁同龢虽然支持了张荫桓的对英借款方案，但其实两人也已渐渐疏离，直至形同路人。

那段时期,翁同龢以帝师行走于军机处和总理衙门,表面上不仅光绪,就连慈禧都对他言听计从,以致李鸿章在家信中感叹,"两宫唯命是从"。然而实际上,慈禧对汉臣始终都留着一手,对李鸿章如此,对翁同龢亦然。李和翁之间还有区别,李鸿章从不参与帝后两党之争,翁同龢却是帝党魁首,慈禧对其权力影响自然不会不有所戒备。早在李鸿章准备出访海外时,慈禧就下令撤去了毓庆宫汉文书房,由于此前已撤满文书房,汉文书房再撤,也就等于掐断了翁同龢与光绪"造膝独对"的机会,翁氏内心之失落与沮丧,可想而知。

翁同龢平生引以为傲之处,除了皇帝的宠信,剩下来的就是所谓清誉了。可是在李鸿章已被剥夺全部实权、恭亲王奕䜣又多半时间告假、极少过问政事的情况下,原本以清流自居、不愿涉足洋务的翁同龢,也只得硬着头皮走上了对外交涉的前台,与李鸿章、张荫桓一起处理纷繁复杂的各种洋务,并接待那些骄横跋扈的外国驻华公使。时间一长,李鸿章、张荫桓挨过的骂,包括翁同龢本人过去对于李鸿章等洋务派的指责,如今也都一一落到了他自己身上。当时民间流行一副联语,谓"宰相合肥天下瘦,司农常熟世间荒"。"宰相合肥"代指李鸿章,"司农常熟"即翁同龢(翁为江苏常熟人,司农是对户部尚书的称呼),联语把李鸿章、翁同龢放在一起进行讽刺挖苦,这是以前从来没有过的。翁同龢有苦难言,在日记中哀叹:"终日在犬养虎豹丛中,可谓恶劫。"

由于自始至终都感到不自在、不情愿,翁同龢对总署事务逐渐产生出抵触情绪,以致发生了皇帝多次劝谕,他也执意不肯主动与外国公使交涉的事件。一向对翁同龢眷倚极重,日常政务多有咨询的光绪帝,因此开始感到不满,认为翁氏狂悖无理,对其能力也产生了怀疑。另一方面,翁同龢在处理外交、洋务事宜时,因经验不足和知识匮乏,不得不依赖于张荫桓,几乎无事不与之商量,张荫桓亦勇于任事,乐于揽权。天长日久,张荫桓日益为光绪所重视和信赖,并得以"权重一时"。后人有评,认为张荫桓实乃"甲午至戊戌间之幕后大人物",此消彼长间,翁同龢与张荫桓、光绪帝都产生出芥蒂,彼此的分歧也越来越大。

翁同龢一度很欣赏康有为,曾极力向光绪举荐,但他并不完全赞同康有为的变法主张,对于光绪把关注目光集中在康有为身上,也不无嫉妒心理。因康有为是小臣(时为工部主事),无专折奏事资格,所以其书籍都由翁同龢代呈光绪,然而当光绪让翁同龢再去拿书时,却遭到了拒绝,理由是他与康有为平时没有来往。光绪很奇怪,忙探问究竟,翁同龢回复称康有为"居心叵测",并说康有为的《孔子改制考》便是其证明。

《孔子改制考》是一部为维新变法制造舆论的书,康有为主张的维新变法既已为光绪所接受,翁同龢现在将书和康一概否定,光绪自然很不满意。第二天,光绪又向翁同龢索阅康有为的著作,这显然是在给对方台阶下,孰料翁同龢却并不领情,还是像昨天那样予以答复。光绪再也按捺不住,当场予以动怒诘责。

见皇帝发了火,翁同龢又建议光绪传总理衙门代呈康书。光绪摇摇头,让张荫桓办理这件事。翁同龢对于张荫桓替代自己在光绪心目中的地位,积怨已久,一听又是张荫桓,马上醋意十足,表达不满。

在皇帝面前,公然表达对其过于宠信某位大臣的不满,自然会引得皇帝的极为不快,也因此埋下了君臣决裂的导火索。1898年5月29日,恭亲王奕訢病逝。奕訢临终前,光绪和慈禧曾三次亲临探视,据说奕訢对翁同龢没有一句好话,特别指出他应为甲午战败负责,认为翁战前主战而不备战,既失外交良机,又陷本已落后的海陆两军于险境,"所谓铸九州之铁不能铸此错者"。

奕訢的遗言无疑给光绪、慈禧都留下了极深印象。此后不久,因张荫桓遭弹劾,光绪让翁同龢出面力保张荫桓,翁同龢一面表示"与张荫桓无隙,不曾参与弹劾",一面却不愿附和光绪的意见去"推重张荫桓"。次日,光绪不顾翁同龢的反对,在张荫桓的安排下,下旨决定择日与康有为正式见面,翁同龢与光绪、张荫桓、康有为的关系由此彻底破裂。

西花厅会谈

往前推四个多月,翁同龢与康有为正是关系最亲密的时候,翁同龢在光绪面前推荐康有为,"请皇上举国以听"。光绪非常想破格召见康有为,但为守旧力量所阻,只得让总理衙门先传问康有为,于是总署便遵旨在西花厅约见了康有为,"以客礼相待",向其询问有关变法的具体事宜。

参与约见的总署要员共有五人,除了翁同龢、张荫桓,还有荣禄、廖寿恒、李鸿章。

荣禄以追随醇亲王奕譞创办神机营起家,他的仕途也一直较为顺达,但因资历浅显,直到甲午前,还只是担任西安将军,属于旗员中的边缘角色,并无实权可言。甲午后,由于受到慈禧的特别信任,荣禄才得以一路飙升,先是兼任总署和督办军务处,继而又以兵部尚书升协办大学士。翁同龢求大学士而不可得,对之颇为羡慕嫉妒,乃至在日记中大发感慨,认为"荣禄在后而协揆",是一个"异数"。

荣禄无论是在总署的位置、所兼任的兵部尚书之职,还是受慈禧的宠信程度,都与以前的孙毓汶重合,实际就是继孙毓汶之后新的后党中坚,他所代表的自然也是此时后党的政治立场。于是当与康有为会谈开始后,荣禄首先表态,一上来就堵了康有为一句:"祖宗之法不能变!"面对荣禄的下马威,康有为只能回答:"因时制宜,实在是不得已。"

廖寿恒原为军机大臣,刚刚才兼任总理衙门大臣,他入军机是由翁同龢引荐的,其观点立场和行动基本与翁保持一致。发现荣禄对变法持反对态度,廖寿恒连忙引导康有为进入正题,问他:"应当如何变法?"康有为说:"应当变法律,而应以变官制为先。"

李鸿章对此深有共鸣,早在十九世纪八十年代末,他从整顿吏治的角度出发,便提出了"易官制"的主张,并将"易官制"放到"变法度"的首位。当时日本的明治维新正进入高潮,政府展开大规模的官制改革,除颁宪法、开国会外,又仿照西方,设立了陆军、海军、农商、递信(主管交通、通信、电气等事务)诸省。李鸿章对此表示完全赞同,他认为中国的官僚体制自秦汉以后,便出现了"政杂"的问题,官制冗繁,效率低下,应与日本一样进行官制改革,做到"一官办一事","大官少,小官多"。

可惜李鸿章的这些主张当时乏人问津,这令他不禁感叹中华帝国"文守千年",竟然没有多少人看出体制的弊病所在,更无人敢于站出来大声疾呼和倡导政体改革，进而开始为大清王朝的前途担忧，认为整个王朝如同"弊絮塞漏舟，腐木支大厦"，"稍一倾覆，后果就不堪设想"。

因此，当康有为认为官制改革势在必行，且将其作为维新变法的首要任务时，李鸿章如遇知音，随后他便紧接着康有为的话，追问道："若把政府现有六部全部撤掉，相关规章制度是不是也要全部废弃？"

见有人问到了点子上，康有为有了发挥空间，遂侃侃作答："今天的法律官制，都是一统之法，中国积弱，乃至面临覆亡的命运，都是因为这些东西，实在应当尽数撤去。即使一时不能尽去，也应当斟酌改定，只有这样，新政才可推行。"

李鸿章老成持重，对于康有为的作答，未当场明确表态，在之后长达几个小时的会谈中，也始终不动声色，没有再发言。不过在场众人都已看出，他对待康有为及维新派的态度，与荣禄完全不同。

西花厅会谈是李鸿章第一次与康有为见面，他与维新派的直接交往也由此开始。维新派对于李鸿章的态度较为复杂：一方面，维新派与帝党关系紧密，在他们眼里，李鸿章仍旧脱离不了"汉奸李二"的形象。维新派骨干谭嗣同直言不讳："吾人积愤于国耻，痛恨于和议，而以怨毒集于李之一人。"他认为甲午前的中国政局"日暮途穷，百政废弛，诚足恶矣"，并将其归罪于李鸿章。梁启超也曾说李鸿章"于政治上为公敌"，后来在其所著的《李鸿章传》中，又做过"李鸿章实不知国务之人也"的评价，并说"李之受病，在不学无术"。李鸿章参加强学会被拒，固然是出于帝党方面的提议，但也足以说明康梁等人不愿与之结盟。

另一方面，李鸿章毕竟与后党顽固派不同，特别是他的见识和才能，与其他朝中大吏形成鲜明对比，维新派对此不可能视而不见。谭嗣同谈到李鸿章时，引述了张之洞的话，说"香帅（张之洞）尝叹息：'无怪乎合肥之得志也！遍览朝廷内外，大小人臣，学问、品行、心术都不得好，然问以大小数百种，其左中前后之炮界荡然无存，稍知之者，唯一合肥，国家不用而谁能用乎？'"这实际上就是谭本人对李鸿章的肯定。无独有偶，梁启超也有着较为类似的观点，他认为当今二品以上的官员，特别是年龄超过五十岁的大吏，几乎没有一人能比得上李鸿章。

维新派在内心里知道李鸿章的分量，而且此时的李鸿章虽无实权，但其在国际社会的声誉和影响力依旧，用梁启超的话说，"五洲万国人士，几见于李鸿章，不见有中国"，"外国论者，皆以李为中国第一人"。维新派初出茅庐，极需借力，故而表面保持距离，暗中却与李鸿章过从甚密。根据已知资料，继西花厅会谈后，康有为又在张荫桓的寓所与李鸿章一起吃过饭。李鸿章很少在贤良寺的居所接待访客，而梁启超却得以到李家做客，并向李鸿章毛遂自荐，表示如能用他与康有为出使日本，必能打通中日外交管道。

维新派人士中，与李鸿章关系最密切的，当属徐仁铸。徐仁铸时为翰林院编修，乃当时著名的"维新四公子"之一，被称为青年翰林中熟悉时务的后起之秀。徐家杰的孙子，是徐仁铸的另一个身份。徐家杰为李鸿章的同年，当初李鸿章参加会试时，突患疟疾，幸得徐家杰照料，才得中进士，李鸿章因此对徐仁铸予以了格外关照，徐仁铸经常到李鸿章家中吃饭，甚至进出李宅可以排闼直入而无需通报。

因为有这种关系，维新运动期间，吴汝纶竟然以为李鸿章在为维新派出谋划策。近两年后，康有为致书李鸿章，除表示李"向来既无仇新党之心"外，还称呼李鸿章为"维新之同志"。梁启超也曾在信中对李鸿章说："公之所以待启超者，不可谓不厚，所以爱启超者，不可谓不深，每念及此，无以为报。"多数维新派人士在有关变法的追述中，对帝党维新派以外的朝中大员，特别是阻碍变法者均大张挞伐，独对李鸿章未有一句刻薄之词。

欲速则不达

站在李鸿章的角度，他虽然对变法始终抱着同情、理解和支持的态度，但随着了解的深入，他与维新派之间开始出现越来越多的分歧，对于"康梁版"变法能否成功，他也逐渐开始产生怀疑。

首先是变法路径。对于"康梁版"变法的基本方向，李鸿章并无疑义，他也早就有意利用维新运动来加速洋务进程，以期改变成法和风气，但对于康梁等人所设计的变法路径,他却并不完全赞同。西花厅会谈清晰地表明了这种意见分歧,即康有为主张旧法尽撤、旧例尽废,李鸿章虽也主张旧法应变,但绝对不能同意维新派"举数千年先主相传之法,一扫而灭之,唯西洋是效也"。

其次是变法缓急。对于变法,维新派有着书生式的一厢情愿和急于求成的心理,作为领袖的康有为尤其如此,力主"用激烈雷霆式的手段来变法,扫荡桎梏,冲决罗网",为此,他甚至不惜亲自动手,牵强附会地炮制出一套孔子改制理论,并写成《孔子改制考》一书。

与维新派不同,李鸿章是一个具有丰富政治运作经验的大吏,尤其三十多年的洋务实践,更使他对国内保守、僵化的整体思想氛围,传统体制的桎梏,以及专制文化和文化的强大惯性,有着深刻认识,他也清楚地知道,要对传统的政治运作程序、官僚制度等进行变革,其难度有多大。有鉴于此,他主张应以循序渐进的方式进行变革,"华人之效西法,如寒极而春至,必须迁延忍耐,逐渐加温"。

"逐渐加温"是李鸿章在访问英国时就提出的。当时针对中西发展的差距及不同国情,他在演讲中还强调,中国人口众多,要在短时间内追上西方,达到与其不相伯仲的程度,是做不到的,"天下纵有笨伯,亦断不敢谓今日言之,明日成之也"。

在李鸿章看来,维新派的问题就在于不顾客观条件的限制,急于求成。他打了个比方,"擎琉璃冷盏以探汤,有不猝然破裂乎",如果不先给冰冷的琉璃盏加加温,骤然拿它去盛沸水,琉璃盏能不破裂吗?

拿康有为炮制孔子改制理论来说,这就是一个极冒失的过激举动。翁同龢对《孔子改制考》不满,并非出于个人偏见,事实上,在帝党内部,对此持不满和反对态度的,远不止翁氏一人。当时各省以湖南的维新运动最为轰轰烈烈,湖南维新运动的倡导者陈宝箴、黄遵宪皆为帝员成员,他们均对孔子改制之说不以为然。甚至在维新派内,康有为的这套理论也难以使人们倾心相从,连身为康有为学生的梁启超都说,自己的老师"好引纬书,以神秘性说孔子,启超亦不喟然"。

维新变法能否取得成功,重点不在于考证它的主张是否合乎圣人之道,而在于各方面能否接受。说得直白一点,就是要让"潜在的反对者"转变为支持者,同时减少"积极的反对者"所施加的阻力,李鸿章将之称为"法非人不行"。

在新的政治格局下,后党已站在帝党维新派的对立面,成为维新变法"积极的反对者",新旧两派之外的官民,其实多为维新变法"潜在的反对者"。抛开"潜在的反对者"不谈,仅仅帝党维新派与后党的力量对比就极不均衡。维新派多为缺乏阅历的士人学子,即便作为领袖的康有为,入京当工部主事也没几天,用李鸿章的话来说,康有才能是有才能,但终是"经院书生"。帝党倒是由朝廷命官组成,不过除了翁同龢、张荫桓等少数人外,多数都还只是小京官。相比之下,后党的势力要大得多,荣禄虽未入枢,但兼任总署和督办军务处,在恭亲王奕䜣去世、翁同龢被逐之前,除了他俩,朝中能够参与要政决策的只有庆亲王奕劻、李鸿藻、荣禄。当然最重要的还是,支持维新的光绪只是顶着一个皇帝虚名,尚未拿到全部实权,朝中最后的决定权掌握在慈禧太后手中,而后党恰恰以慈禧为尊!

正是由于守旧势力过于强大,所以维新变法要想往前推进,就得有一个"逐渐加温"的过程,过于激烈和过于迅速的行动,常常会适得其反,不仅可能导致"潜在的反对者"转变为"积极的反对者","积极的反对者"转变为"势不两立的阻挠者",还会造成内部的分裂,所谓欲速则不达。

戊戌变法

在翁同龢与光绪、张荫桓、康有为决裂前后,新旧两派之间的矛盾已非常尖锐,京城气氛极为紧张。原本继强学会被封禁后,维新派又在北京发起成立了略具政党规模的保国会,在后党接连不断的弹劾、诽谤与恫吓下,保国会也被迫解散,维新派亦随之准备离开北京。

光绪和维新派认为,变法的最大阻力来自慈禧太后,他们要按照自己的意愿进行变法,就必须向慈禧要事权。维新变法的复杂和危险性在于,它不仅牵涉到新旧之争,还与帝后之争紧紧纠缠在一起。慈禧作为实际的最高当政者,她真正担心和害怕的,并不是变法本身,而是光绪和帝党会不会利用变法，从其手中完全夺取权力，进而逾越她所能容忍的最后底线。

1898年6月10日，借恭亲王奕䜣病逝之机，慈禧对整个中枢进行了一次大调整：荣禄升任大学士，管理户部事务，所遗协办大学士、兵部尚书，由刚毅接任；崇礼接任刑部尚书、步军统领。通过这次调整，后党在中枢的话语权得到增强，尤其荣禄、刚毅本就权力不小，升职后地位变得更加重要，鉴于二人一向都对维新变法持反对态度，慈禧的用意已十分明显。这种情况下，大规模推行变法的时机其实并不成熟，但次日光绪仍以慈禧已同意"不内制"为前提，颁布《明定国是诏》，正式宣布开始维新变法，因当年为戊戌年，故也称戊戌变法，维新运动由此被推向高潮。

同为维新的支持者，对于光绪的这一谕旨，翁同龢与张荫桓的反应却大不相同：翁同龢有所保留，认为"西法不可不讲，圣贤义理之学尤不可忘"，强调"不可忘旧"；张荫桓则是一个劲地拍手叫好，称此谕旨将使"政令一新"。

清末小说《续孽海花》的作者张鸿，署名燕谷老人，时为总理衙门章京，作为维新运动的亲历者，《续孽海花》对史料的运用比较忠实、慎重。在书中，梁启超说："龚师傅（影射翁同龢）太胆小，于官场中趋避之术太工，他只可以做承平良相，绝不可能做救时名相。"梁启超和康有为商定，暗中拥戴"小燕（指张荫桓），以为后备"，在他们看来，张荫桓近来"圣眷优隆"，已取代翁同龢，成为光绪皇帝的第一宠臣，且此人"既有雄心，必能尽力，而其才也足济之，似比着常熟（翁同龢）之谨小慎微，能有作为"。

这段描述所录，虽未必全是当事人的原话，但基本反映了翁张对于维新变法不同的处理方式，以及维新派对于翁同龢的看法和态度，即翁氏瞻前顾后，不但不堪一用，而且已成为推进变法的一大障碍。

既是障碍，对于跃跃欲试的康梁、张荫桓乃至光绪而言，翁氏便成了必欲去之而后快的对象。另一边，因帝党之争，慈禧早就想对翁同龢动手，发现光绪亦对翁同龢不满，自然乐享其成。6月15日，维新变法刚刚开始，慈禧即下懿旨，免去翁同龢一切职务，将其逐回原籍，永不叙用。

光绪与翁同龢有近二十年的师徒情谊，可对于翁同龢被逐，光绪的态度却极其冷淡。且翁同龢被开缺回籍当日，正值其六十八周岁生日，其意不言自明。身为两朝帝师、国之重臣，一度煊赫无伦、权倾朝野，未料临到头来竟遭如此毫不留情的罢斥，朝局之风云诡谲，直令人目瞪口呆。在京官员们对此议论纷纷，都觉得"可叹可忧"。

李鸿章同样震惊不已。诚然，翁李之间有着很深的矛盾，明里笔仗嘴仗打了几十年，暗里翁同龢给李鸿章使的绊子也不少，然而李鸿章却并不希望对方以这种方式倒下。更重要的是，就维新变法的前景而言，翁同龢被逐出京城，也绝非好事。

在原有的中央决策核心层面，奕䜣生前已意气全消，对于维新不仅不热心，还极为反对；李鸿藻年迈多病，且不像翁同龢那样思想有所进步，仍停留在清流阶段；奕劻是后党，荣禄更是维新的积极反对者。除去他们，只有翁同龢一个人能为维新说话，他一出局，面对顽固守旧势力的挑战，本就不占优势的帝党维新派将逾显薄弱。事实上，翁同龢落马，就是后党抓住帝党维新派内部的裂缝，对之展开的一次降维式打击。令人唏嘘的是，光绪年轻性急，做事空有热情，张荫桓恃才放旷，一心揽权；而康有为等又都是初出茅庐，缺乏历练的书生，彼时彼刻，他们还根本想不到后果会有多么严重。

再者，翁同龢不仅领袖帝党，同时也是帝党与维新派之间联系最紧密的一个环节。他的另一个好处是毕竟沉浮宦海多年，有其老于世故、谨小慎微的一面，对于维新变法的处理方式，也与李鸿章有相似之处，即都主张变法宜渐进，并坚持调和两宫，不使光绪与慈禧的关系过于僵化乃至恶化，这一点从对于光绪谕旨的反应中就可以看出。相形之下，张荫桓新贵骤进，对于变法"求治太急进太锐"，对于两宫扶此抑彼，在李鸿章看来，他自己都"恐难久于其位"，又怎么能对变法起到保障作用？

出于个人私怨，李鸿章过去也曾向帝党展开反击，比如通过后党之手，罢逐文廷式，但从维新变法的大局着想，他自然希望加强维新阵营的力量和声势，而不是相反。李提摩太来北京时，奕䜣尚在世，李鸿章当时感慨地对他说："现在满朝文武没有几个真正懂得世界大势的。"并介绍李提摩太去见奕䜣、翁同龢、孙家鼐。

对于维新变法，如果说翁同龢是支持者的话，奕䜣实际上属于"潜在的反对者"；孙家鼐和李鸿章一样，虽不介入帝后党争，但也倾向于支持变法。李鸿章将他们介绍给李提摩太，即是说这三人都是已懂得世界大势、"稍明新学"的极少数重臣，其中亦不无通过李提摩太说服奕䜣成为变法的支持者，同时巩固孙家鼐继续支持变法之心的用意。

翁同龢被逐当天，总理衙门章京、与李鸿章有着上下级关系的张元济，前去谒见光绪，出门后恰巧碰到了李鸿章。张元济是帝党成员，所谓帝党，并非铁板一块的政治团体，就如同张佩纶在成为李鸿章女婿之前，政治上虽为清流骨干，然而却与李鸿章私谊甚笃一样，张元济与李鸿章也接近于忘年交。李鸿章在人际关系方面，对同辈或许苛刻，对后辈却常显温情，他很是赏识张元济，李鸿章在张荫桓寓所与康有为吃饭时，张元济就曾同席作陪。

见到张元济后，李鸿章除了问他是否知道翁同龢被逐一事外，便是一个劲地叹气，显得忧心忡忡。李鸿章知道事情不妙，但他手中没有实权，无法进行干预，只能暗自着急——在光绪下达《明定国是诏》前后，朝廷已经两次进行人事大调整，但这两次重要的人事安排，都没李鸿章的份！

据说恭亲王奕䜣在其遗言中，一共向光绪和慈禧推荐了四个人，其中李鸿章排在第一位，奕䜣说他"积毁销骨"，意思是承受了太多毁谤和责难。除李鸿章外，另外三人分别是京内的荣禄和京外的张之洞、裕禄，奕䜣认为四人"可任艰危"。

翁同龢被罢斥后，李鸿章频频被慈禧召见，国外观察家一度认为他"似有权力增长之倾向"，甚至猜想李鸿章"可能已经内定为直隶总督"。然而事与愿违，第二次人事大调整，升职名单中依旧没有李鸿章的踪影。朝野呼声很高、奕䜣所力荐的张之洞，亦未能调京。奉旨"来京陛见"，随后又任军机大臣、总理衙门大臣、户部尚书，接替翁同龢职责的，是王文韶。王文韶乃有名的官场老滑头，向来既不做实事，也不得罪人，他进入中枢，对各方以及变法与否，都毫无影响和作用。

至于奕䜣所荐荣禄、裕禄，则一个不缺，都得到提升：荣禄从王文韶手中接过了直隶总督兼北洋大臣职位，完全取代了昔日李鸿章在北洋的地位和权力；原任四川总督的裕禄进京，在军机大臣上行走。

显然，慈禧仍在继续谋篇布局，在此番人事调整中得便宜的也依旧是后党和满族大员。李鸿章既不被看成是后党的一员，又因其是汉臣且"积毁销骨"，自然难以真正获得信任和重用。

保　护

尽管处于帝后两党及维新派的夹缝之中，且受到各派系的共同猜忌和程度不同的排挤，但李鸿章内心仍对维新寄予厚望，并在暗中尽可能地对康梁等人进行保护。

1898年6月16日，翁同龢被逐的第二天，光绪在颐和园仁寿殿召见康有为、张元济等人，详细询问了变法的有关步骤和措施，并任命康有为总理衙门章京上行走。

此一任命背后其实还另有内幕。得知光绪欲提拔康有为后，荣禄极力反对，他让刚毅设法对康有为进行抑制，说："如果皇上要赏给康有为大官做，你就顶着，不要给。要给，也只能给他一个小小的差事，以挫其锐气。"等到光绪询问军机大臣们，该授康有为以何职时，本来亲近翁同龢、康有为的廖寿恒准备为其请赏五品卿，但军机大臣需排班按次序奏事，刚毅排班在廖寿恒之前，便按照与荣禄的密谋，抢先提出让康有为担任总理衙门章京上行走。光绪见刚毅态度坚决，也只好同意如此办理。

李鸿章得知内幕后，甚为康有为感到惋惜。光绪在召见康有为前，已单独召见了李鸿章和荣禄，当着光绪的面，荣禄对康有为进行了参劾，这让李鸿章更为不安。召见结束，谢恩出来，李鸿章碰到了康有为，此时李鸿章连脸色都变了，他叹息着把自己所知道的上述情况，都告诉了康有为，要他留神小心，言罢又叹了口气。

光绪在提拔康有为的同时，破例让他得以专折奏事。帝党与维新派最高一级的联络渠道由此被打通，后党对此极为敏感和忌讳，慈禧面责光绪："以远间亲，以新间旧，徇一人而乱家法。"光绪则反驳道："儿宁忍坏祖宗之法，不忍弃祖宗之民，失祖宗之地，为天下后世笑。"帝后之间的互驳，显示母子之间已出现了日渐对立，甚至势如冰炭的可能，但就像对待翁同龢出局一样，光绪本人及其维新派对其后果，明显都估计不足。荣禄因被授直隶总督，依例谒见光绪皇帝请训，正好碰上光绪再次召见康有为，光绪问康有为有何事奏对，康有为竟然答道："把二品以上阻挠新法的大臣杀他一两个，新法自然就可以顺利实施了。"

荣禄听了康有为的话，对康有为的憎恶及敌意可想而知。等到康有为退出，他问光绪康有为此人如何，光绪则叹息着说康是个能人，荣禄自然愈加不满。

不久，荣禄到颐和园谒见慈禧。而李鸿章因慈禧赏他食物，要向太后谢恩，遂与荣禄同被召入。荣禄向慈禧告状，称康有为"非法乱制"，又说皇上如果偏听偏信，必坏大事。荣禄想让李鸿章和他一道劝说慈禧，用以整治康有为。李鸿章心知肚明，他不希望康有为倒霉，可又不愿轻易得罪荣禄和慈禧，于是便向慈禧叩头，称"皇太后圣明"。这是王文韶辈"政坛不倒翁"的常用招数，说穿了，就是敷衍搪塞，李鸿章是干实事的人，极少这么做，但为了不做违背自己心愿的事，也只能姑且为之。

李鸿章对于康有为的保护，与他对维新变法基本方向的认可，是紧密联系在一起的。由维新派所主张，光绪下诏要求推出的各项变法措施，如整军经武、奖励工商、废八股、兴学堂等，皆为李鸿章多年主张和追求的目标，其中康有为关于将科举考试中的八股改为策试的见解和举措，更得李鸿章的赞赏。当李鸿章听说废八股遭到许多读书人的反对，直隶八股士人甚至放风要刺杀康有为时，特地派其幕僚于式枚前往康处，劝康"养壮士，住深室，简出游以避之"。

在废除八股的同时，光绪又按照康有为等人的提议，饬京师和各省一律举办学堂。李鸿章对此也极为支持，尤其重视成立京师大学堂，甚至早在出访海外途中，孙家鼐的相关提议就已经引起了他的关注。京师大学堂进入筹办阶段后，李鸿章劝孙家鼐请康有为出任总教习，并与孙家鼐一起推荐美国传教士丁韪良出任了西学总教习。

风　波

面对维新变法中所呈现的"都门新政，遐迩耸观"景象，李鸿章一方面表示出由衷的赞赏和高兴；另一方面，由于其失权落暮的处境，他已无法像洋务运动时期那样，成为这一舞台上的主角，大部分时候，他都只能表现出一个旁观者的沉默。

京师大学堂是李鸿章参与其中的少数新政之一。丁韪良后来说："戊戌举办的各种新政，唯设立大学堂一事，李鸿章认为最关重要，赞助甚力。"然而大学堂的筹办并不顺利。按照光绪御旨，孙家鼐任管学大臣，学堂章程由张荫桓代表总署负责起草，张荫桓委托康有为代为起草，康有为又将其交给梁启超代笔、并提供了创建思路。

康梁等人只是初登政坛，政治上其实并不成熟，但偏偏功名心又都太盛。这份由梁启超代笔、康有为授意的学堂章程草案，在人事安排、课程设计等方面，处处为"康梁版"的班底与学说留方便之门，尤其是权力架构上，更是将管理学堂事务的全部权力赋予了总教习，管学大臣反而成了摆设。李鸿章从一开始接触到这份草案，就觉得不妥，担忧康梁眼高手低，只是"窃东西皮毛"。果不其然，孙家鼐看到章程草案后，勃然大怒，认为康梁这样设计，完全可以用"别有用心""居心叵测""张狂之极"等词汇来形容，目的就是要架空自己。

孙家鼐原本对康有为极为推崇，至此双方反目，康有为也失去了即将到手的总教习席位，加上孙家鼐终究"不能窥西学堂奥"，大学堂的筹备经费不足等因素，给大学堂的筹办和管理增加了很多困难。

后果还远不止此。在与康有为反目之前，孙家鼐曾列名北京强学会，参与活动，对设立京师大学堂等尤其热心。李提摩太经李鸿章介绍见到孙家鼐时，孙家鼐亲口告诉他，自己已经陪光绪皇帝读了两个多月的《泰西新史揽要》。《泰西新史揽要》是由李提摩太翻译、李鸿章作序的一本国外著作，专讲十九世纪西方各国发展历史，政治经济改革都有涉及，李提摩太听了孙家鼐的话，当时大为惊喜。

然而就因为这场风波，孙家鼐与康有为派闹僵，对其维新思想也产生了看法。在梁启超拟定的大学堂章程由总署上奏后不久，孙家鼐上奏对康有为所著《孔子改制考》等书提出质疑，并弹劾康有为学术不端，建议"老其才，折其气"。此事虽经光绪亲自调解，但孙家鼐对康有为的反感与对立情绪不仅没有得到缓解，反而还越来越强烈，他对于维新变法的态度，也由"积极的支持者"滑入了"潜在的反对者"行列。

孙家鼐与翁同龢同任光绪帝师，其职权尽管不能与鼎盛时的翁同龢相比，然而在朝中的政治影响力亦不容小觑。他成为变法"潜在的反对者"，不能说为维新派树一敌，可也等于少了一大奥援，有论者甚至认为孙家鼐的转变，"在很大程度上深刻影响了1898年中国政治走向"。

维新派缺乏政治操作的阅历和经验，往往不懂或无视中国传统政治体制中的运作规则，同时又急于求成。从下达《明定国是诏》起，不过才一百零三天，但在维新派的策划下，光绪已发布涉及变法措施的上谕一百八十四条，平均每天就有一条甚至更多，一时间，"令如流水"，"书朝上而夕下"。当时的通讯条件下，要把如此之多的上谕内容传达下去，就已经极其困难，更别说还要在幅员辽阔、效率又极其低下的官僚体制内进行运作执行了。此外，相关的变法措施涵盖了政治、经济、军事、文教的方方面面，可谓是眉毛胡子一把抓，根本分不出轻重缓急，具体到每一条措施，大多又只有空泛的目标，而无具体的实施细则或配套方案，以至于很容易让旁观的外国人产生出错觉，以为"皇帝和他身边的幕僚，似乎并不在意如何操作、如何落实"。深谙中国国情的海关总税务司赫德，则指出"皇帝的方向是正确的"，但其团队"缺乏工作经验，他们简直是以好心肠扼杀了进步——他们把足够九年吃的东西，在三个月之内都填塞给了胃，而全然不顾它的容量和消化能力"。

李鸿章的旧日幕僚吴汝沦仔细阅读上谕中所载的变法措施后，致函李鸿章："都下近多新政……见所拟章程，则皆少年无阅者所为。"即便是直接参与变法的张元济，也觉得"近来举动，毫无步骤，绝非善象，恐怕终不能持久，只是不知道程度多少而已"。李鸿章看在眼里，忧在心头，慨叹"康梁版"的变法，"不过敷衍门面而已"。

沉　默

变官制是维新变法的重要内容,西花厅会谈中,曾被康有为着重强调。如日本明治维新那样实行君主立宪,是维新派变官制的本意,但鉴于光绪未能掌握全权以及帝党式微的状况,他们只是提出了裁并闲职冗员的官制改革。1898 年 8 月 29 日,光绪据此颁布谕旨,下令裁撤詹事府、通政司、光禄寺等十余处闲散衙门,淘汰冗官,并著六部办理。

诏书既下,六部中的礼兵刑工四部均持观望态度,吏部尚书徐桐、户部尚书敬信更是明确表示反对,致使谕旨迟迟落实不下去。光绪大为光火,命李鸿章及其他内阁大学士商议该如何处理。

六部拖延不办甚至反对,有其客观原因。由维新派拟定的裁并措施,在他们自己看来,已是比较温和的举措,然而涉及人事,所谓的温和也会变得冰冷严厉。除此之外,相应措施一旦落实,包括十余处衙门的"冗官"在内,连带失业者将达万人,因此消息传开后,"朝野震骇,颇有民不聊生之戚"。外国观察家认为,"这些计划假若严格地来解释,与在中国政界实施七个革命差不多"。

素来人事最为复杂,何况是一个涉及面如此之大、影响如此之大的改革,推行前,势必要做大量的调查研究和说服疏通,指望靠一纸圣旨,就强制推行下去,定会梗阻不前。李鸿章本是官制改革的倡导者和支持者,他重事功而不重虚名,自然也不会觉得闲散衙门的那些冗官设置有什么实际作用,但即便要淘汰,也要给腾出来的官员提供一个新的上升空间和渠道,否则的话,便只会使京官"进路弥窄",出现人才闲置和浪费的问题。

经过再三斟酌,李鸿章会同其他大学士上了一折一片。在折、片中,他们一方面承认裁并冗员是当务之急,另一方面建议"不能冒昧从事",主张将闲散衙门并入翰林院、内阁和六部,裁并各员则由吏部"酌量分别补用"。

这是李鸿章在维新变法中遵旨所上的唯一折、片,而且是以联名方式,所幸相关建议和主张都获得了光绪首肯,下诏准行。只是在此之后,李鸿章便再未对官制改革或其他新政公开发表过意见,而这又都与维新派过于激进,使得帝后矛盾及冲突日益激烈有关。

按照康有为在西花厅会谈中所提出的政改纲领,"变官制"后紧接着就是"变法律",他的计划是设立制度局,"开制度局而变法律"。"法非人不行",维新派并不是真的不懂这个道理,他们设制度局,其实就是为了彻底变更中枢权力机构,并使维新派及其盟友帝党都得以参加中央和地方政权,但与康梁拟大学堂章程一样,此议过于理想化,目的性也过于明显,帝党的那些老官僚一看就看出来了,又岂肯将权力拱手相让?

设制度局的问题一经提出,即引得"京朝震动,外省悚惊,谣谤不可听闻"。制度局设立与否,也因此成为帝后两党争斗的焦点,慈禧和光绪均十分重视。光绪下令军机处和总理衙门议复制度局,军机处领班大臣、礼亲王世铎,总署总领大臣、庆亲王奕劻,秉承慈禧旨意,在领衔复奏中找出种种借口,对制度局进行阻挠,使得此案遭到了实质性搁置。复奏是军机大臣和总理衙门大臣会议的结果,李鸿章时在总理衙门,自然要参与讨论,但他终席未发一言,更未与世铎、奕劻等人有任何争执。

李鸿章赞成"变官制""变法律"的方向,却不赞同维新派大刀阔斧、罔顾一切的变法策略和鲁莽行径。再者,在宦海中经历了那么多的风风雨雨、起起落落,如他自己所说,"混了数十年,何事不曾经验",他一眼就能看出,设立制度局一事非同小可,已经关系到慈禧、光绪一直潜伏进行的最高权力再分配问题,矛盾之尖锐复杂达到顶点。李鸿章既非慈禧的后党,也不受光绪宠幸,夹于两者之间,即便做不偏不倚状,稍有闪失和舛误,亦会动辄得咎,甚至陷入万劫不复的境地。在这种情况下,作为个人来说,自然最好是谨言慎行,保持沉默,以免轻蹈是非之窝,致罹不测之祸。

就在维新变法运动进入高潮之际,李鸿章过去的老对手、卸任日本首相的伊藤博文,以私人身份访华。维新派对于伊藤的到来十分欣喜,康有为向光绪称颂伊藤"为亚洲异才",并请光绪重金礼聘伊藤作为国事顾问,要让伊藤指导变法。

戊戌政变

　　李鸿章与伊藤都已经一致认识到,"康梁版"变法操之过蹙、失于急激,后果堪虑,而帝党维新派风头正盛,并没有什么人对此进行检讨。

　　1898年9月7日,光绪由内阁明发上谕,免去李鸿章总理衙门大臣上行走一职。作为一个曾封疆开府、位列一等伯爵和首席大学士的风云人物,李鸿章对于被免职,自然不会太过惋惜。他诧异的是,自己在总署的这个小小差使无论如何算不上"冗员",而且就职以来,也未曾有过明显过错,为何也要被一声不响地给裁掉?想来想去,李鸿章怀疑是张荫桓在皇帝面前说了坏话。盛宣怀人脉极广,他从北京探得消息,证实是因为李鸿章得罪了庆亲王奕劻和张荫桓所致,推测大致过程就是张荫桓实施了暗算,而奕劻没有阻止。

　　张荫桓是李鸿章的故僚,李鸿章对其有知遇之恩,甚至可以这样说,没有李鸿章昔日的一力荐举,就没有张某的今天,如今居然这样恩将仇报,人心险恶至此,李鸿章真的是无话可说了。另一件事也让李鸿章感到很是郁闷和揪心——从光绪颁布《明定国是诏》起,变法已历两个多月,其间为了响应朝廷求贤的举措,很多人获得登进。李鸿章的长子李经方曾出使英、日,阅历甚广,既是"帝师王佐,鬼使神差"中的"鬼使",又最合维新之需,然而帝党维新派均视而不见,李鸿章执掌北洋时,门生故旧半天下,此时亦无一人出面保举,而任由李经方赋闲在外。

　　在给李经方的家信中,李鸿章颇有激愤之意,他还坦言面对日益激烈的帝后矛盾,以及不知会走向何处的时局,自己身心俱疲,早有相机求退之心,现在既被皇帝赶出总理衙门,也正好借此"静养避谤"。

　　李鸿章重又回到了贤良寺,其间除短暂赴山东勘查河工外,一直闲居于寺内,基本足不出户。虽然如此,他也并未一蹶不振。时任总理衙门章京上行走、李经方的故僚郑孝胥,到贤良寺拜访李鸿章,亲眼见李鸿章"精神不衰",回家后就在日记上写:"此老热犹未退,怪哉!"

　　李鸿章被免职十四天后,即9月21日,慈禧突然发动宫廷政变,史称戊戌政变。在这次政变中,李鸿章的姻亲、御史杨崇伊又一次扮演了重要角色，正是他首先发难，写了奏请慈禧重新训政、中止皇帝新政的密折。据时人记载，杨崇伊写好密折后，给李鸿章看，请他联名，但遭到了李鸿章的拒绝。杨崇伊随后想让总理衙门大臣王文韶、廖寿恒给他转呈慈禧，王文韶不肯得罪皇帝，廖寿恒本就偏向帝党，两人都不敢发或不肯发。杨崇伊一不做二不休，当下赶赴天津，与时任直隶总督兼北洋大臣的荣禄商量，终于得到了荣禄的支持。荣禄联系庆亲王奕劻，由奕劻将杨崇伊的密折递入。慈禧看完密折后，在奕劻、荣禄等人的鼓动下，马上从颐和园赶到紫禁城，实施了政变。

对于这场政变，除密谋和发动者外，几乎所有人都措手不及。在与慈禧关系已极度紧张、预感到"朕位且不能保"的情况下，光绪对于政变的来临倒已有所警觉。政变前四天，他即命康有为出京赴沪督办官报，后又由维新派成员林旭带密诏，要康"迅速出外，不可迟延"。李鸿章通过自己的消息渠道，也有山雨欲来风满楼的预感，在康有为奉命出京时，特地派人"慰行"，对之加以保护。

政变当日，慈禧宣布重新训政，幽禁光绪。看似轰轰烈烈的维新变法运动，在仅仅维持了一百零三天后，即随着这场突如其来的宫廷政变而告夭折，史称"百日维新"。北京街头人心惶惶，到处流传着光绪驾崩、李鸿章复职等消息。张元济跑来找李鸿章，说："现在太后和皇上意见不合，你是国家重臣，应该出来调和才是。"李鸿章随即叹了口气。张元济知其有难言之隐，没敢再多说话，便告辞而去。

张元济不知道的是，李鸿章别说调解帝后，就连他自己都已经有了性命之忧。

臣就是康党

李鸿章很早就避免将自己卷入帝后之争中去，所以尽管他赞同和支持维新变法，但出于自我保护，一般情况下，很少公开发表相关观点和看法，也绝不在公开场合下显示出对变法运动的热情。由于他始终给人以这样一种不明确、暧昧的印象，以致连接近他的张元济事后都说："对于变法之事，他（李鸿章）既不甚赞成，也不反对。"

具体到平时的行事，李鸿章更是小心：同维新人士的交往，皆在私宅之间；推荐康有为任京师大学堂总教习，仅相商于孙家鼐；裁并詹事府等衙门，乃遵光绪诏命而办理。

尽管如此，李鸿章仍然很难把自己的思想完全包裹起来而不为人知，特别是他在维新变法期间，曾说过"我不如康有为"这样的话，此言就难免贻人口实。据李鸿章的侄婿孙宝瑄追述，自李鸿章说过这句话后，"京城的人大多把他（李鸿章）看作为康有为的同党"。

"康有为的同党"也即所谓"康党"，政变后，这是一个很大的罪名，足以致人死罪，京中也因此谈"康党"而色变。有人嫉恨李鸿章或想以此迎合上意，便上奏章，弹劾李鸿章实际是"康党"。慈禧召见李鸿章时，也首先问及他对康梁的看法，而李鸿章故作贬词。

政变发生时，康有为已经离京，随后便乘英国船经香港前往日本。梁启超则避入了日本公使馆，在伊藤博文的支持和安排下，日本公使林权助未得东京指令，先斩后奏，将梁启超也秘密送往日本。慈禧于是反问李鸿章："既然你说他们无足轻重，为什么外国人还要予以庇护，跟我为难？"李鸿章巧言回复："外国人不通中国国情，错把他们当成国士，才容许他们驻留，不过外国人最终应该还是会识破其本来面目的，到时候恐怕赶他们走还来不及呢。"

慈禧并不好打发，她对李鸿章的态度很不满意，突然质问道："有人指控你是康党！"说完便向李鸿章出示了相关弹章。

出乎慈禧及在场其他人的意料，李鸿章处变不惊，不仅不为自己辩解，还坦然承认："臣确实是康党！"

环境已经如此险恶，居然还敢承认自己是"康党"，这不是主动把自己放到刀尖上去了吗？就在众人惊诧疑惑之际，李鸿章又继续不慌不忙、泰然自若地说道："废立之事，臣未参与，臣只是觉得六部实在应当废除！"

李鸿章多年宦海颠簸，具有老练的政治手腕和成熟的官场应酬技巧，快速和巧妙地应付一切突发事变，也已几乎化为一种本能。他心里很清楚，慈禧最关心的，其实并非法变与不变，而是后宫权力之争；注重的首先不是臣下对变法的观点,而是其是否参与了帝党维新派的实际政治活动。

政变前,已传出"康党"在谋划废掉慈禧,这也是慈禧要发动政变的一个重要诱因和理由,因此李鸿章一上来,就向慈禧表白自己既不知道,也从未参与废掉慈禧的"阴谋",自然也不会是弹章中所揭发的"康党"。

李鸿章这里所说的"废六部"也就是他所倾向的官制改革,自然应属于维新变法的"新法"范畴,而保存六部,则属"旧法"。他坦率承认,以"新法"代替"旧法",确实是他一直想要做、而未能做成的:"如果旧法能使国家富强,那么中国不早就强大了吗,怎么还会等到今天?现在要把凡主张变法的人都指为康党,那臣确实无可推诿,臣就是康党!"

慈禧的政治观点趋向保守不假,但她作为实际的最高当权者,并不甘心国家就此沉沦落后,以致被列强所欺,这是她与顽固派的一个重要区别,否则她也就不会冒可能失去权力的风险,放手允许光绪做变法的尝试了。李鸿章正是抓住了慈禧的这种心理,才在她面前如此侃侃而谈。当然能在那个时间和氛围下说出那一番话,其中所需的胆识和气魄,亦非一般官吏所能为。

听李鸿章说完,慈禧沉默良久,之后果然并未再予以深究,而是把谈话内容移到了别的话题上。

保 护

为安定人心,慈禧对维新变法的处理,不是说凡参与维新变法的都要予以惩处,主要还是看对方是否为"康党",以及卷入帝后党争的深浅程度。李鸿章从未参与帝、后中任何一派,即便政治意见上有所偏向,也从未到让任何一派无法容忍的程度,所以他本就不在慈禧予以追究和处罚的名单之内。这一点从慈禧只是对李鸿章出示弹章,而不是先行进行处分上就可以看出来,推究她与李鸿章此番对话的用意,也不过是在使用权术故技,对李鸿章这样具有一定影响力,且政治态度上居于中立的朝中大佬进行试探兼敲打而已。

同样,孙家鼐、廖寿恒也都有过偏向于维新派的举动,但他们并未过度卷入帝后党争，也因此都没有受到慈禧的追究和惩处，最多就是从此不予重用。相反的例子是张荫桓，他本不属维新派，但他和光绪、康有为都走得太近，到了维新变法期间，已成为光绪身边第一宠臣，"蒙眷最隆"，甚至取代了翁同龢原有的地位，虽不入枢府，而"权在军机王大臣以上"。在政变后的第四天，张荫桓即被慈禧下令逮捕入狱，在所有被捕的帝党维新派人士中，他是职位最高的一个。

张荫桓前一年曾作为特使，参加英国女王即位六十周年庆典，并被英国授予勋章。听闻张荫桓可能被处以死刑，英国驻华公使窦纳乐认为杀张有损英国形象，遂几次向总理衙门提出抗议，之后又致函日本公使林权助，请其一道营救张荫桓。林权助受窦纳乐之托，在伊藤博文的鼓励下，决定找李鸿章帮忙。

1898年9月25日，林权助举行晚宴，李鸿章受邀与会，但为慎重起见，林权助还是选择夜访贤良寺，向李鸿章提出了救张的请求。李鸿章开始并不乐意帮这个忙，但在林权助强调"如杀张，将引起列强之干涉"后，意识到列强都正抢着租借中国沿海港湾，"杀张"正可作为英日下一步伸手的借口，他开始紧张起来，并答应出手救张。

此时荣禄已奉旨进京，任军机大臣、总理衙门大臣，在执掌军政大权的同时，参与对政变的后续处理。按照林权助的建议，李鸿章给荣禄写信，以杀张可能引起英日干涉，劝说他借早朝之机向慈禧进言。最终，经慈禧同意，张荫桓被从"康党"名单中剔除，处罚也由死刑改为流戍新疆。

得到李鸿章保护的帝党维新派人士，还有张元济、徐致靖等人，不过与出于压力才不得不搭救张荫桓不同，这些人都是李鸿章不避嫌疑，主动出手相救的。

张元济是李鸿章在总署的忘年交，此番遭到革职，李鸿章不仅派人前去慰问，还让盛宣怀在上海给张元济安排了差使。徐致靖时任礼部右侍郎，他是与李鸿章关系最密切的维新派人士徐仁铸的父亲。9月28日，谭嗣同等六名被捕的维新志士，被慈禧下令斩杀于北京菜市口，史称"戊戌六君子"，本来徐致靖也在其中，而且在慈禧的斩决批文中还名列第一。

慈禧对维新变法的处理，不是说凡参与维新变法的都要杀，主要还是看对方是否为"康党",以及卷入帝后党争的深浅程度。徐致靖、徐仁铸父子皆为维新派,徐仁铸作为"维新四公子"之一,只是像张元济一样被革职罢官。徐致靖则不同,他受儿子徐仁铸之托,曾向光绪推荐康有为、梁启超、谭嗣同诸人,慈禧自然不会轻易放过他。

李鸿章与徐致靖的父亲、徐仁铸的爷爷徐家杰交情深厚,获悉徐致靖被捕,便也同样求到荣禄门上,请他想方设法予以搭救。荣禄很卖李鸿章的面子,真的去向慈禧说情。慈禧初听责怪荣禄是在为帝党维新派开脱,荣禄则早有准备,申诉说徐致靖只是个书呆子,根本不懂新政,而且在维新变法开始后的三个月里,光绪皇帝连一次都没有召见过他(真实原因是徐致靖双耳重听,别人跟他说话得有意提高声音,光绪怕隔墙有耳,为保密起见,所以才没有予以召见)。

慈禧立即派人查询,查询后回报属实,慈禧脸上这才稍有转色,也才给荣禄面子,动笔将徐致靖的"斩立决"改为了"斩监候"。

康　梁

与作为"康党"魁首的康梁相比,谭嗣同、徐致靖等都尚算是次一等的角色,但康梁在政变时都得以逃往日本,慈禧对此始终心有不甘。在她的要求下,李鸿章宴请了伊藤博文及随员大岗育造,用以说服日本引渡康梁。

但实际上,甲午战争后,中日的对外战略都发生了根本性转变,中国一意"联合西洋,牵制东洋",把防御矛头对准了日本,而日本在经历"三国干涉还辽"后,发现以其一国之力治东亚有余,敌西方却不足,推出的却是"维新输出"政策。所谓"维新输出",实质是试图在东亚打造一个以日本为中心的新秩序,以便在远东角逐中与其他列强抗衡,而其名义上则是参照日本明治维新的模式,辅助东亚各国,走入近现代国家行列。所以,此次伊藤访华即负有"维新输出"的使命,维新变法失败后,他对康梁等维新人士加以保护,也是寄望于维新派日后可以东山再起,这种情况下,他自然不会同意引渡康有为。

而在李鸿章看来，康有为缺少阅历，能力一般，但假以时日，将来仍可以大有作为。李鸿章也如此看待梁启超，甚至相比于康有为，他对梁启超寄望更大。据梁启超自述，在其流亡日本期间，李鸿章曾三次委托伊藤博文等人，向他致以慰问，并嘱以"精研西学，历练才干，以待它日效力国事，不必因现时境遇就失去初心"等语。这让梁启超颇为动容，特地致书李鸿章，对于他以"赫赫重臣"的身份，"不避嫌疑，不忘故旧"表示感激。

尽管李鸿章对"康梁版"变法的方式不以为然，并把维新派的失败明确归咎为"变法太急，用人不当"，但他并没有因此而否定维新变法本身，特别是其发展方向。随着百日维新的夭折，光绪在变法期间所颁布的上谕多被废除，已经开始实施的各项举措，如官制改革、各省设立学堂等也被全部停止执行，仅保留了京师大学堂一项，"大变新政，又成守旧世界"。目睹此情此景，李鸿章心中更多的还是惋惜与不安。以他的见识和眼光，肯定知道这样一成不变的旧局面，是注定维持不下去的，因此以康梁为代表的这批富有朝气、通达时务，精于西学而又立志革新的年轻人，在中国将来的政治生活中很可能再次发挥作用。这是李鸿章在政变发生后、维新派失势溃散的情况下，仍冒着风险进行保护，甚至暗中与之保持联系的一个重要原因。

第十九章　危机四伏

戊戌政变后，李鸿章是否将受到重用，成为外界关注的一个热点。英国公使窦纳乐致电英国外交大臣，猜测李鸿章"或许重新登台"，但大概率不会主掌总理衙门，但没过几天，他又再次致电英国外交大臣，传达北京街头的流言，称李鸿章"绝不会得宠"，原因是跟外国人走得太近。在此之前，时任湖广总督的张之洞，也根据他从京津收到情报，推测李鸿章"恐仍难重用"。

1898年11月13日，结果出来了：李鸿章忽奉慈禧懿旨为勘河大臣，前往山东踏勘黄河河工。

黄河自咸丰年间改道以来，屡有溃决，地处最下游的山东，受灾尤甚。当年夏秋，山东黄河决口，数十县被淹，受灾乡民无数，甚至浮尸敝水。李鸿章为文华殿大学士，名义上仍是国之重臣，而且他对于治河也已有相当经验，在其执掌直隶总督近二十年的时间里，很重要的一个常规政务，就是治理永定河。李鸿章的昔日幕僚吴汝沦在为其编奏议时，就表示洋务和直隶河工赈务是李鸿章"定力所注，他人有办不到者"。通过流血政变重新训政后的慈禧，急需收买民心、稳定局面，他派李鸿章应此差使，显然有借此显示自己重视灾情、关心灾民之意。

问题在于，此时正值初冬，当时交通条件又很差，等李鸿章一行到达山东时，就是隆冬季节了。让一个年迈老臣（李鸿章时年七十六岁），冒着风雪严寒，出京奔波数月，还要在漫长的黄河工段勘察河工，实在有些说不过去。李鸿章自己也觉得难堪其任，给朝廷上了一个奏折，恳请改变成命，另派大员负责此事，但却未被慈禧批准。

根据吴汝沦的分析，李鸿章奉命勘河，固然是因为朝廷知道他治河有方，然而同时也"似有忌者出之于外"。

苦差事

随着帝党垮台，顽固派大为得势，军机处由顽固派大臣、枢中"元老"刚毅把持，另一个有名的顽固派大臣、大学士徐桐也开始参与朝政。荣禄虽为后党中坚，但严格来说并不算顽固派，他在政变后进入军机处，与刚毅时有摩擦，在办理政务也时常受到掣肘。连荣禄都是如此，李鸿章这位曾经的洋务领袖可想而知，再加上他在维新变法运动期间又有"康党"嫌疑，顽固派中的一些人本能地对之产生出忌恨心理。吴汝沦所称的"忌者"，就是指的他们。

先前"忌者"曾纷纷上奏弹劾李鸿章为"康党"，虽然慈禧并未因此处分李鸿章，使其得保平安，但顽固派岂肯就此轻易放过他，"跟外国人走得太近"，以及在慈禧面前说李鸿章坏话，确保他"绝不会得宠"等传言和消息源，皆源自此。在这种情况下，慈禧命李鸿章充任苦差，实有变相责罚并部分满足顽固派要求的目的和用意。换句话说，戊戌政变后，李鸿章不但没有受到什么重用，反而还得承受他那个年龄不该再有的辛劳和折磨。

李鸿章是爱做事的人，对于这样一个自己并不情愿，而且还明知吃力不讨好的苦差事，他虽然心中抱怨甚深，但在实际行动中却依旧予以认真对待，一如既往地表现出勇于任事的态度。行前，比利时水利工程师卢法尔被其特别邀请随行；多年的部属、幕僚周馥，被李鸿章评价为"才识宏远，沉毅有为，能胜艰巨"，本来周馥在《马关条约》签订后，即以身体病弱自请免职，此番也被李鸿章力邀出山相助。这一期间，找李鸿章"效力"的人络绎不绝，其中不乏洋员，但李鸿章感到这些人很多都用不上，有些就只是来捞好处的，便一一予以婉拒，并在回信中强调，此行只是"查勘而非办工"，没有什么油水可捞。

1898年12月11日，李鸿章一行抵达济南。按照卢法尔的建议，李鸿章派周馥等人带着北洋武备学堂的绘图学生，分赴黄河上下游及各海口，重点测绘全河情形,并采取近代科学方法,研究沙从何处而生,水由何处而减,以探讨根治方法。

其间,李鸿章不顾隆冬严寒、年老体弱,亲率卢法尔等人,对重点河段进行了勘测。这种办事的认真劲头和吃苦精神,与一些浑浑噩噩、唯难是避、敷衍塞责,甚至置灾民死活于不顾从河工河务中谋取私利的官员,形成了鲜明对比。

1899年4月,李鸿章结束了其历时四个月,驰驱达两千余里的履勘河工行程,返京复命。根据勘察和测绘情况,在广泛听取各方面意见后,李鸿章拿出了"大治""救急"两套方案:前者是治本的长期方案,后者仅是治标的短期方案。他希望"大治"能够被选用,但猜测朝廷出于经费不足等原因,可能还是只会青睐"救急"。果然,朝廷在会商后,如其所料地选择了最简单的"救急"方案,决定分段就紧要地方对黄河进行抢修。

如果能先把"救急"方案落实下去,也算是为灾民办了一件好事,但廷议时,却因户部拮据而难以支付所需款项。李鸿章极力推荐周馥督办黄河工程,并与荣禄达成了共识。荣禄已经奏请朝廷授周馥为河道总督,周馥在李鸿章的劝说下,也留在北京等待任命。明明是水到渠成的事情,孰料任命又在军机处受阻,周馥壮志难酬,不免长叹:"人之遇合,有不可思议者。"

河工经费难以如期加拨,又没有熟悉河工的大员督办,所谓治标云云,势必流于空谈。吴汝纶从一开始,就断言李鸿章此次勘河"终归敷衍"。亲身参与其中并劳心费力的李鸿章,自然更是忧心忡忡。在给友人的信件中,他颇为担心也很有预见性地表示,黄河如果再次决口,虽然看上去只是地方受灾,但决不能说不关乎全局。言下之意,黄河一旦泛滥成灾,老百姓饥寒交迫、流离失所的情况过于严重,就极可能激发起全国性的民变,届时后果不堪设想。

心灰意冷

李鸿章的忧国忧民,似乎从来没有能够得到上层的充分理解和关注。从这件事上,他也明白,自己已被彻底地打入了冷宫。

在李鸿章回京后不久，《申报》登载了一条关于他的消息，称他在复命时乞退，不过没有得到慈禧的允准，荣禄也以"鞠躬尽瘁"挽留。留是留了下来，然而在此后的八个月里，李鸿章并未被委以新职，于是便只能继续闲居贤良寺，过着深居简出如隐士一般的生活。

对于闲不住的李鸿章而言，1899年的这个夏天，无疑成了他入仕以来最为黯淡的一段时光。在这段岁月里，他几乎没有任何参与军国大政的机会，以至于世人都已慢慢忽略了他的存在。其时，俾斯麦已于前一年去世，被时人称为"东方俾斯麦"的李鸿章，显然要比以往任何时候，都更能体会这位德国前首相的落寞与惆怅。

9月中旬，长子李经方给李鸿章写来家信，告知了李瀚章病逝的消息。李瀚章是李鸿章的兄长，也是他最后一个手足兄弟，兄长的去世，令李鸿章倍感悲凉和萧瑟。在此之前，曾在中枢支持过李鸿章的孙毓汶已在家中弃世，孙家鼐、廖寿恒因遭排斥，也皆有去志。李鸿章耳闻目睹，终于也开始有些心灰意冷，言语中也罕有地产生了退意。

进入秋天，一场大雨似乎冲刷了李宅的晦气。11月24日，赋闲已久的李鸿章忽奉上谕，被任命为商务大臣。

一度无人问津的贤良寺顿时喧闹起来，人们纷至沓来，或为恭贺奉承，或为求调谋职。早已看透人情世故的李鸿章，对这些应酬自然不太放在心上，前者委以漫应，后者则一概拒绝。除了国人，外国人也纷纷登门拜访，甚至与李鸿章商谈本该与总署商量的交涉事宜。在他们看来，李鸿章出任商务大臣，无疑是个好消息，是清朝在商务方面的一大进步。

李鸿章青壮年时有着洋务运动的实践，暮年游历欧美，在亲眼对比西方之富强与中国之衰弱后，对商务的重要性认识更深。在《谢恩折》中，他指出邻邦日本的兴起，也是得益于商务的振兴，同时又痛言自鸦片战争起，中国开埠通商已有六十载，然而却始终商务不兴，经济上的利益尽为列强所得，而且情况还在继续恶化，"几于江河日下，不可挽回"。分析原因，李鸿章认为是官商阻隔，"官薄待商，商不信官"，他指出中国幅员、民众、物产皆倍于日本，如果经营得法，"当非东西国可比"，言下似乎对出山后重整商务显得胸有成竹。

奏折是如此写的，私下里李鸿章却远没有这么自信和乐观，他在给友人的信中透露出实情："中西情形很不一样，事权也大不相同"，商务大臣的任命，不过"提空名而无实际"。

确实，上谕中对于李鸿章这个"商务大臣"设定了任务，即前往各通商口岸考察商务，可是如何考察，具体考察些什么，都没有明确，当然更谈不上让他整顿商务了。李鸿章在《谢恩折》中的阐述，其实只是他自己的一种想法，事实上李鸿章很清楚，新的任命无实可务，徒有空名，与贤良寺"养闲""伴食"的处境相比，也只是五十步与一百步的距离而已。

朝廷既然根本没想重用，派李鸿章"考察商务"的真实用意何在？原来就在1899年夏天，康有为在美洲成立了保皇会。在保皇会的推动下，美洲、南洋、日本的华商借给光绪祝寿之机，纷纷提出归政光绪的要求。11月12日，即李鸿章被任命为商务大臣的前十二天，正值慈禧的寿辰，美洲、南洋、日本华商又再次呼吁归政光绪，有时甚至数万人联名。面对这种局势，清廷便特派李鸿章以"考察商务"为名，前往各埠，"宣布太后德意，及两宫和好，劝侨民勿听党人煽惑"。

慈禧一面设法应付海内外舆论，一面却又在另打主意。早在戊戌政变后的第四天，光绪曾颁下谕旨，称自己身体不适，至今未愈，希望"内外臣工"推荐名医，从那时候起，有关光绪身体欠佳的消息便被不断散布。光绪身体不好，本来并不能算一个新闻，李鸿章在政变前就听闻光绪身体虚弱，可能会得肺痨。问题是，政变后光绪已被幽禁于瀛台，完全失去了人身自由，所谓光绪颁旨，不过是慈禧在借他的名义发话而已。显然，这一谕旨以及社会上关于光绪健康状况的各种传言，并不像它们本身看起来那么简单。

慈禧虽然通过发动政变，从光绪手中夺回了全部朝中大权，但光绪只要活着一天，对慈禧及助其发动政变的顽固派而言，就意味着巨大的威胁，这是世人都能看得明白的事实。于是几乎所有人都理所当然地想到，慈禧正在谋划着什么，以报复光绪之前对她的"谋划"（即康梁等具体谋划的废立慈禧计划）。

废　帝

有关光绪病重的消息传得越多，其在中外所激起的反弹也就越大。海外纷传慈禧宣称"帝病重"，实际是要对光绪采取"谋害法"，弄得中国驻外公使都不知该如何解释。曾为李鸿章幕僚、时任中国驻英公使的罗丰禄，为此给李鸿章发来电报，希望他能随时向其传递确凿信息，以便及时辟谣。李鸿章觉得此事确实非同小可，便欲求见慈禧摸个底，但屡次求见，均被拒之于门外。

继李鸿章之后，两江总督刘坤一也发电上奏，希望慈禧和光绪能"尊亲共戴""维系民心"，以防中外悠悠之口，并提醒慈禧，母子不合可能引发外国的"兵端"。

李鸿章其时无职无权，慈禧或许还可以置之不理。刘坤一就不一样了，他是实权派督抚，在军国大事上有着一定的发言权。这还不算，就在刘坤一电奏的同一天，英国公使窦纳乐亦以半官方的身份向总署施压，明确表达了保全光绪的主张，并要求派法国医生入宫，以验看光绪究竟是否病重。与此同时，在离紫禁城不远的东齐民巷内，已经陆续聚集英国、法国、德国、意大利、日本、俄国、美国、奥匈帝国等八国近三百人的军队，这在慈禧一方看来，显然具有示威和恫吓之意。

两天后，慈禧即命内务府大臣每日带医士为光绪诊病。外界一度认为，封疆大吏的劝谏以及各国的干预已经成功，实际却并非如此，慈禧虽然打消了立即谋害光绪的意图，但又生出了改"谋害法"为"废立法"的念头，也即废掉光绪，另立新帝。慈禧办寿辰当天，面对各地华侨要求归政光绪的巨大声浪，中枢大臣向慈禧进言，认为这股吁请归政的风潮皆由康梁所指使，"不杀康、梁不可行大事"，所谓"行大事"，指的就是废除光绪。

慈禧一心想要废帝，但是，对内，她担心遭到刘坤一等督抚的反对乃至声讨；对外，又害怕列强群起干涉。相比之下，督抚尚可靠处分、免职等办法解决，洋人却不是她随便想怎样就怎样的，因此之故，慈禧急于试探各国的态度，可是经过戊戌政变，张荫桓等懂洋务或稍懂洋务的官员已全部遭到清洗或排斥，顽固派对洋务一窍不通，且与洋人交恶，根本无从打探。这时候慈禧便想到了李鸿章，荣禄奉命走访贤良寺，和李鸿章一直谈到吃晚饭。晚饭后，荣禄屏退左右，向李鸿章传达了慈禧废黜光绪的旨意，并希望他能够出面到各国驻京使馆探听消息，为慈禧一方最后定案提供依据。

李鸿章此时深感慈禧并不真正信任自己，加上年事已高，久居深宫，受包围在她周围的顽固派影响太大，若是他李鸿章继续留在京城的话，继续赋闲，难得重用不说，还可能被迫卷入帝后党争这一至为敏感，甚至有关身家性命的泥坑。商务大臣一职，虽可帮助他远离京城这个是非之地，但终究是个空衔，做不成什么事，与刘坤一那样的督抚完全不能相提并论。

官场上的沉沉浮浮和不断打磨，早已让李鸿章形成了随时窥测方向、最后果断行动的本能。他立即不失时机地向荣禄提出："我早已成了闲人，很少与使馆交往，而且这是内政，让我这样一个闲人去问人家，有失国体。不如任命为我总督，届时各国公使一定会前来祝贺，这样我就可以顺便探探他们的口气了。"

荣禄听后点头称是。以公而论，李鸿章的这个要求显得合情合理：一个无实权的官员，确实难以同外国使节交谈朝廷大事。洋人最重实际效果，即便是像李鸿章这样的前实权派人物，若是无利可图，他们也决不会看在什么私交友情的份上，向你透露任何秘密。

从私交上来说，荣禄和李鸿章的关系一直不错。荣禄入军机处后，慈禧已另授裕禄为直隶总督，但北洋各军仍归荣禄节制。如果李鸿章提出他想当直隶总督，荣禄或许心里还会感到不舒服，怀疑对方是不是醉翁之意不在酒，有重温"坐镇北洋，遥执朝政"美梦的企图，然而李鸿章说了，他只是申请授予总督官职，以方便询问各国的态度，并非一定要当直隶总督不可，荣禄自然就不致产生戒心了。

甲午战后，清廷再无时间和金钱，去打造一支与北洋海军同等规模的近代化海军，加上陆战惨败，被认为是甲午战败的主因，于是便开始大力发展新式陆军。武卫军由此应运而生，该军以聂士成、宋庆两部为基本班底，再由袁世凯负责编练一部分，前者为北洋淮军所余精锐，后者练兵所用将弁，包括袁世凯自己在内，也几乎全部出身于淮军行伍和北洋武备学堂。这支以淮系成分为主体的武卫军,如今已由荣禄直接控制。对荣禄来说,让李鸿章恢复实权,对于他更好地笼络武卫军的淮系旧属,以增加自己对军事实力的控制,显然是颇为有利的,因此荣禄回去后,除如实向慈禧汇报外,也极力撺掇慈禧满足李鸿章的要求。

一箭双雕

慈禧听后,经过仔细权衡,认为可以答应李鸿章的要求,并拟授予其两广总督之职。

自刘坤一电奏后,慈禧对手握兵权的疆臣大吏心存顾忌,为了防止他们群起反对"废立",遂进行了一系列大的人事调整,陕甘总督、云贵总督、广东陆路提督、山东巡抚相继被召进京,两广总督谭钟麟、两江总督刘坤一亦已在被召进京的计划之中。在已经空出和即将空出的督抚位置中,两广总督所辖的广东紧邻香港,洋商众多,中外交涉日益繁杂,不懂洋务者很难在那里做官,李鸿章自是最佳人选。更重要的是,维新派在海外气势日甚,他们在华侨、华商中得到广泛支持,而侨民、侨商又大多数都是广东人,所以广东同情维新派的人很多。慈禧认为,广东人心浮动,局面不稳,只有像李鸿章这样资望甚高且皆通中西的大吏才镇得住。

尽管李鸿章百般掩饰,尽量不露痕迹,但他的态度、观点已悉为慈禧所掌握。慈禧清楚地知道李鸿章从思想上是赞成和同情维新的,这也是在政变后,她不但未起用李鸿章,还派其去山东踏勘黄河的原因。在予以冷落和变相责罚的同时,慈禧也在暗中对李鸿章进行观察。李鸿章在推辞不掉的情况下,依旧去了山东,关键是还很认真;闲居贤良寺那么长时间,至少表面上没有任何怨言,始终安分守己地待在家里,甚少主动与人交际。这些慈禧都看在眼里,故而已有起用李鸿章之意,不过终究还是有些不太放心。

自1899年夏天以来,以康有为为首的保皇党在海外华商中活动频繁,屡次掀动归政风潮。慈禧恨之入骨,清算"康党"之心愈加强烈,并因此发出了"购康、梁",即出重金设法逮捕康梁的命令。李鸿章出任商务大臣,本身就包含有"购康、梁"的目的,因为此前慈禧曾派人出使日本,尝试引渡康梁，当时用的名义也是"考察商务"。

站在慈禧的立场和角度，这完全可以看作是一个一箭双雕之计：既让李鸿章为镇压"康党"出力，又将其置于不能不明确表明态度的风口浪尖之上；既可作为对李鸿章的进一步考验，又能将其"拉下水"，强迫他与自己一起站到维新派的对立面。授命李鸿章督粤，实际上是这种权术思维的延续。

得知慈禧有意让李鸿章督粤，荣禄立即表示赞同。同为受慈禧宠幸的军机大臣，荣禄与刚毅的关系越来越紧张，甚至已达到了水火不容的程度。朝廷因财政窘迫，特派刚毅作为钦差大臣，南下江苏、广东，以整顿地方财政之名，行筹措军饷之实。不久前，有奏折称，刚毅在广东拿到的"报效银两"颇为可观，慈禧对此很重视。广东本是财赋之区，但谭钟麟以下大小官吏皆以贪黩闻名，导致该省财政也出现了拮据，在这种情况下，刚毅仍能搜刮到一定油水，说明刚毅与谭钟麟的关系绝非一般。

谭钟麟是刚毅那边的人，李鸿章则与荣禄有着不错的私交。在荣禄看来，若以李鸿章接替谭钟麟为粤督，岂不就可以拆他刚毅的台，使刚毅欲在集资问题上赢得慈禧赏识，与己争宠的设想破产？

慈禧觉得李鸿章督粤合适，荣禄极力唱和，此事也就得以迅速敲定下来。1899年12月19日，原已受命为商务大臣的李鸿章尚未出行，便被改任为署理两广总督，同日，原两广总督谭钟麟被召进京。

李鸿章被授予署理两广总督后，不出所料，外国驻京使节纷纷前往李宅致贺。李鸿章尚未来得及"试探"，英国公使窦纳乐就首先提问："据说贵国要废掉大皇帝，果真有这件事吗？"李鸿章大惊失色，连忙摇头予以否认。

之后，李鸿章又假装在"无意之中"向另外一些国家的使节谈起了废光绪、立新帝问题。除俄国公使外，多数公使的态度都如出一辙，即一方面承认这是中国内政，他们"理无干涉"；但另一方面又暗示反对"废立"，说他们的国书都是递交光绪皇帝的，如果另立新君，须请示本国政府。

李鸿章弄清楚各国态度后，立即告之荣禄。荣禄本来也不太赞成贸然废帝，在他的劝说下，慈禧只得把"废立"的事暂且搁置下来，转而接受了荣禄所提出的不必过于着急，可先立"大阿哥"，慢慢再夺得皇帝"大统"的折中建议，也即所谓"立储"之策。

非常之变

在李鸿章被任命为粤督前后，礼部尚书廖寿恒以"足疾"告假，不予政事；协办大学士、吏部尚书孙家鼐则因病被免职。李鸿章比孙家鼐还大四岁，但却奇迹般地得以时来运转、东山再起，官运的大起大落，实在令人嗟叹。1900年1月7日，只经过短短十几天的准备，李鸿章便怀着"一息尚存，不敢不勉"的雄心壮志，在次子李经述的搀扶下，精神饱满、意气飞扬地离开京城，登舟南下。

慈禧令李鸿章督粤的重要使命之一，乃是镇压"康党"。任免状下达的次日，她即以光绪之名，诏谕各省督抚，要求严密缉拿康梁，其中对"沿海一带""海疆各督抚"做了特别强调，这话显然就是说给新官上任的李鸿章听的。李鸿章对此自然心知肚明，但内心依旧不改对维新派的理解和同情。前维新派成员张元济被革职后，是由李鸿章安排到上海，在盛宣怀所创办的南洋公学当了译书院院长。

1月16日，李鸿章到达广州，次日接印视事，正式坐上了粤督的交椅。没过几天，北京朝局骤变，两江总督刘坤一抵京陛见并正式交卸政务，慈禧随即在仪鸾殿召集王公大臣，以光绪多病、未有子嗣为由，宣布立端郡王载漪之子溥儁为大阿哥（相当于太子），承嗣同治皇帝，史称"己亥建储"（当年为农历己亥年）。

李鸿章在离京赴粤前向荣禄辞行，荣禄告以"非常之变，恐在目前"，所谓的"非常之变"，就是他向慈禧所献的"立储"之策。李鸿章当时一听，便知道慈禧、荣禄"废立"之心不死，想改换其他手法。他反对任何形式的"废立"，但又不愿意因此卷入高层的内部权斗，因此不等荣禄说完，就予以喝止，并提醒荣禄，"非常之变"将会引发各国干涉，进而导致"无端动天下之兵"。

李鸿章的警告，显然未能阻止慈禧、荣禄最终将"立储"之策付诸实施。古语道"一物失称，乱之端也"，"己亥建储"一出，海内外舆论都将"立储"视为"废帝"的前兆。虽然慈禧在立储当日即设宴招待各国公使，希望他们前来表示祝贺，但各国公使不仅不公开表示支持，还要求继续依例觐见光绪帝，日本甚至发出警告，称如果慈禧要废帝，日本一定干涉。国内同样人心沸腾，上海电报局总办经元善联合各省在沪绅商一千两百多人，联名致电总理衙门，以"名为立储，实则废立"，公开反对"立储"，并将电文刊诸报刊。

慈禧惶惶不安，可又不敢得罪洋人，气急败坏之下，严令将经元善等人逮捕治罪，但经元善等人早已闻风逃往澳门。慈禧获悉后，把一股无名之火都倾泻于康有为、梁启超，一时捉不到活人，便颁旨命李鸿章将康、梁在广东本籍的祖坟铲平，"以儆凶邪"。李鸿章接到谕旨后，迟迟不肯执行，并以香港新党正号召"勤王"、计划攻打省城广州为由，奏请暂缓行事，以免激起事端。

李鸿章的这番理由，自然不能入慈禧之耳，她通过总署严斥李鸿章"瞻顾彷徨"，办事不力，并警告说如果再借故拖延，"唯李鸿章是问"。常驻北京的李经述等人也通报李鸿章，告知"太后很忌讳'新党勤王'四个字"并"对暂缓平坟极有意见"，劝他早点落实平坟一事。

从朝廷下旨毁坟，到进行斥责，其间相隔了一个多月，可见李鸿章确实一再拖延。眼看朝廷催得越来越紧，非办成不可，李鸿章不得已，这才派人把康有为的祖坟挖了，然后据此上报交差。

倦倦之意

"己亥建储"后，梁启超同康有为密议函商，决定推进"武装勤王"计划，并力主先夺广东，建立政府，争取外援，"先绥内政"，然后挥师北指，"去救皇上"。

李鸿章所说的"新党勤王"，指的就是康梁的这一计划。梁启超在计划中坚持首先取粤，势必要同粤督李鸿章发生冲突，为此，梁启超给李鸿章写了一封长信，感谢他在戊戌政变后对自己的"殷勤垂爱"，同时又试图游说李鸿章，劝他站到反慈禧阵营一边。

李鸿章过往反对过光绪，也反对过慈禧，但他其实都只是反对光绪和慈禧的某些决定，而非反光绪和慈禧本人。这是由李鸿章从小接受的教育以及业已形成的理念所决定的——在他的头脑里，纲常伦理，重如泰山；忠君观念，根深蒂固。梁启超居然要游说李鸿章反慈禧，可见他对李鸿章的性格和为人并不了解，维新派在政治上的幼稚亦显而易见。

李鸿章嘱侄婿孙宝瑄代为复信，回绝了梁启超的游说。按照一个粤督的角色定位，这样的回绝似乎应该疾言厉色才是，但让梁启超感到诧异和不解的是，信中的口气颇为温和，且颇有"倦倦之意"，这让梁启超颇有些摸不着头脑，"不知何故"。

督粤期间，李鸿章在追捕康梁方面始终留有余地的态度，不仅获得了康有为对他一分为二的评价，而且引起了孙中山的好感。

孙中山与李鸿章的交往，可以追溯到甲午战争之前。彼时孙中山用整整一个冬天的时间，构思撰写了八千余字的《上李鸿章书》，之后托人介绍，千里迢迢从广东赶到天津，投书李鸿章，希望能借其力"仿行西法，以筹自强"。那时的李鸿章手握北洋实权，虽坐镇天津，却被认为可遥执朝政，属于中国权力中心的一部分，更重要的是，李鸿章作为各项洋务事业的主要推动者，与其他保守顽固的大吏迥然不同，对孙中山这一类拥有新知识的青年颇具吸引力。

孙中山在上书时曾说，他们这些人进行革命有两种途径，一为中央革命，一为地方革命，中央革命较地方革命"事半功倍"。孙中山认为，如果李鸿章能够听他的话，采纳他的观点，那么他就可以借此进身，实行中央革命，"办起来，也未尝不可挽救当时的中国"。问题是，即便在甲午战争后，即便是对于维新派推出的多数措施，李鸿章都尚觉得过于激进超前，孙中山所说的"革命"和排满，怎么可能被李鸿章认同和接受？

孙中山满怀信心上书，结果扫兴而归，李鸿章既未接见他，也没有理睬书中的主张。当然也幸亏他是给李鸿章这样一个胸怀宽大的开明大员上书，最多只是不予理睬罢了，若是换一个人，说不定还会上纲上线，以"谋反"之罪，立马要他的脑袋呢！

上书一事让孙中山对"中央革命"不再抱有期待，甲午后他先在檀香山创立兴中会，接着又以广州为策源地，组织了第一次武装起义。广州起义失败后，孙中山流亡海外，又由其同乡刘学询（刘、孙的籍贯皆为广东香山，即今中山市）作为中介，再次与李鸿章建立了交结。

最危险的敌人

刘学询是中国近代史上一个具有传奇色彩的人物。此人进士出身，却擅长赌博，并曾承办闱姓彩票。所谓闱姓，即科考中试者的姓氏，闱姓彩票是将科举应试者的名字印在彩票纸上，定价出售，购买者在彩票上填选他认为可能中榜者的名字，发榜后，按猜中的多少兑奖。就是依靠承办闱姓彩票，刘学询得以致富，之后，他又以钱财作为敲门砖，疏通关节，打通了仕升之路。

康有为对刘学询的这些行径颇为不满，入京后替人代拟弹章，便以刘学询作为弹劾的对象，刘、康由此结怨。

刘学询在官场上如鱼得水，早在甲午前后，他就受到两广总督李瀚章以及时任广东巡抚的刚毅赏识，刚毅在中央得势后，更称刘学询是"中国三人才"之一，刘学询由此"颇为当道倚重"。戊戌政变后，刘学询通过巴结李鸿章的姻亲杨崇伊，向慈禧献上"联倭杀康"之计，以达到既投慈禧所好，又借此报得私仇的目的。在慈禧采纳后，刘学询又在刚毅的推荐下，直接赴日参与"联倭杀康"计划的实施。

李鸿章被任命为商务大臣后，实际也负有诱捕康梁的使命，他特地奏明将此事仍交由刘学询办理，并就此与刘学询建立了密切联系。

刘学询与康有为势不两立，却和孙中山私交甚笃，有人认为，正是因为刘学询的建议，才导致李鸿章决定"罗致"孙中山。联系当时情况，刘学询可能是提出了相关建议，但最终是否拍板，还得由被建议者自己定夺，更何况李鸿章这样阅历深厚、深谋远虑的政治家，自然更要左思右想。

孙中山学贯中西，既熟悉"圣贤六经之旨"，同时对"今之所谓西学者既已有所涉猎"，从其上书起，李鸿章应该对此已有印象。此后孙中山策划和组织的那些反清活动，抛开政治见解上的分歧，李鸿章亦能看出这是一个有改革进取精神、且敢作敢为的青年。如同对待康梁等维新派一样，李鸿章有爱才之心，希望将孙中山这样的通变之才和豪杰之士招纳过来，用以推动国内的变革和振兴。

戊戌政变后，慈禧的注意力几乎全都集中在康有为及其领导的保皇党身上。康有为说他"只反对伪临朝，不反清室"，但恰恰慈禧最痛恨康有为的就是这一点，因为所谓"伪临朝"，指的就是慈禧，康有为触中了帝后之争最敏感的区域，也触中了慈禧的痛处，严重威胁到了她的地位，故而慈禧对康有为仇怨极深，必欲诛之而后快。在这种情况下，若是招抚康有为乃至于梁启超等维新派的其他重要成员，便很难操作，而且康梁既然把宝押在光绪身上，自然也不会轻易就范。

孙中山、康有为虽同与清廷对立，但从性质上说，孙中山才算是清廷最危险的敌人，因为康有为尊皇复辟，只保皇，不反大清；孙则不然，他是激烈的革命党首领，倡导反满革命，矛头直指大清。然而此时革命党在海内外的宣传不多，李鸿章无从知道孙中山的反清立场会那么坚定和不可动摇，他在很大程度上恐怕还是把孙中山视同于和康有为差不多的政治异议分子。更重要的是，革命党尚处于众寡势弱的初期发展阶段，声势和实力都远不如保皇党，对清廷并未构成直接威胁，不为当朝所重视，对孙中山加以"罗致"或者说是招抚，较易得到慈禧的谅解和允准。

正是基于这些复杂的考虑，李鸿章在尚未被任命为粤督时，即让刘学询在东京以同乡身份秘密会见孙中山，其后又通过刘学询函约孙中山，但孙中山未能函复，也没有前来和李鸿章会面，这次"罗致"孙中山的活动遂以失败而告终。

不久，刘学询回国，与李鸿章交往更加涉繁。李鸿章受命署理两广总督之日，朝廷即下谕将刘学询交李鸿章"差遣使用"。李鸿章用人向来唯才是举，除了个人才干外，不太计较对方的门第出身、清誉如何等其他因素。刘学询能文能武、亦官亦商，和盛宣怀、丁日昌、张荫桓等差不多一个类型，虽然他常常受到御史言官的口诛笔伐，却完全符合李鸿章的用人标准。再者，刘学询在中央有刚毅等人作为后台，与朝廷声息互通，非普通僚属可比，在地方，他本是广东绅商代表，掌握广东绅商的心态，李鸿章想要在广东站稳脚跟，势必也要有所借助，故而他对刘学询非常器重，视其为心腹幕僚。

1900年4月24日，李鸿章得以补授两广总督实缺。而粤督的实缺位子尚未坐热，就传来了义和团运动扩展至直隶境内的消息。

义和团的前身为"义和拳"，它最初兴起于山东，正如李鸿章奉旨履勘河工时所忧虑的，严重的水旱灾害造成了大的饥荒，而大的饥荒又直接推动了义和团运动的发展。当年春天，清廷命袁世凯署理山东巡抚，派其督师入鲁，将山东义和团暂时镇压了下去，但到了5月，山东义和团的残余力量逐渐向直隶转移，并与直隶义和团汇合一处，声势更加浩大。

清末两广有"盗甲天下"之称，有一段时间，连英国商轮在广东水面都不断被劫，英国驻华公使为此还向总署发出照会，称鉴于广东盗风甚炽，英军只能自行"剿匪"。两广的所谓"会匪""盗贼"，与孙中山的兴中会、康有为的保皇会皆有联系，而无论是革命党还是保皇党，又都把广东作为其军事计划的重点。革命党组织广州起义、保皇党发动"武装勤王"，都注意联络两广的会党和绿林豪杰，同时革命党、保皇会也尚未像后来那样尖锐对立，二者之间曾有过"合作"的接触和商洽，李鸿章不断得到相关情报。

在义和团运动的刺激下，两广也开始变得危机四伏，李鸿章要想维持广东秩序，其难度比原来更多更大，同时他还不得不思考这样一个问题，即如果会党绿林、革命党、保皇党利用义和团运动的混乱局势，在两广实现大联合，相互提携、共同举事，进而造成燎原之势，局面该如何收拾？

招　抚

古人将贪官污吏搜刮民财形容为"刮地皮"，言其所过之处，寸草不留，安徽人当时也称匪盗为"地皮"，李鸿章沿袭本乡土语，将"刮地皮"的贪污语义转为剿匪，声言"地皮须刮得干净"。为了"刮干净地皮"，他设立了专门的缉捕机构——缉捕总局，并在各地开设派出机构，以便就地审判。接着，经奏请朝廷批准，李鸿章又得到了"暂复就地正法旧章，以遏制广东盗匪日炽"的政策，这意味着，本来要报经中央的死刑审判权，被完全下放到了地方。

据后来的八国联军统帅、德国人瓦德西在日记中记载，仅仅半年时间，被李鸿章处决的"盗匪"就多达五六万人，平均每个月的处决人数高达近万。刀磨得如此飞快,虽然尚不能从根本上解决两广的"会匪""盗贼"问题,但却有效地扼制了两广会员起义的发展。

李鸿章当年靠与太平天国、捻军搏战起家,对付一般的会党绿林可以说驾轻就熟,但保皇党、革命党则不然,其处理得复杂和困难程度非同一般,而且从李鸿章自己的政治理想出发,他也不愿对这两派进行过度打压,所以在对付保皇党、革命党的过程中,李鸿章相对就比较慎重和具有策略性,基本不用铁腕政策,没有采取过特别敌视和大肆搜捕的行动。

李鸿章在年轻时就是"剿""抚"并用的老手,鉴于对康有为的"招抚",他仍然做不了主,便把"招抚"重心放在了孙中山身上,这实际上也是他出任商务大臣时"罗致"孙中山的直接延续。

李鸿章首先让驻东京的驻日公使与孙中山进行接洽,表示:"值此国家危难之际,愿与孙氏会晤,共计匡救天下之策,务请来粤一行。"刘学询见状也主动请缨,对李鸿章说,他与孙中山相识有年。李鸿章老成持重,公众场合没有明确表态,只是"点头"而已。刘学询心领神会,在李鸿章同意给予孙中山三万元作为活动经费后,他给孙中山写了一封信,谓:"傅相(李鸿章)因北方拳乱,欲以粤省独立,思得足下为助,请速来广东协同进行。"

在通过驻日公使、刘学询这两个渠道传达信息后,孙中山果然产生了兴趣。前一次面对李鸿章的"罗致",孙中山之所以毫不动心,是因为那时大家都知道李鸿章已无实权,且自上书失败后,孙中山就已放弃了通过大员来实施"中央革命"的想法,对于"招安",他根本就嗤之以鼻。这一次则不同,李鸿章不仅重掌地方大权,而且他在毁坟事件的表现以及对革命党、保皇党均示以"怀柔"的手法,又让孙中山产生出李鸿章是汉族官僚,与满族贵族毕竟不是一条心,可以予以争取,共同反对清廷的幻觉。

另外,刘学询在其中也起到了很大作用。刘学询信中所谓"粤省独立",其实是他自己招孙来粤心切,背着李鸿章跟孙中山说的,虽非李鸿章本意,但却很让孙中山为之动心。孙中山此前正策划在南方再举义旗,可这时除广东惠州地区的会党外,多数会党绿林都不愿听革命党驱策,即使是长江流域的会党首领,尽管曾一度加入兴中会,然而等到唐才常领导的维新派自立军起事,他们还是附和了自立军。孙中山深感自身力量的不足,对于借助李鸿章之力，共谋"粤省独立"自然会寄予更多期望。

"此举设使有成，也是大局之福，所以不妨一试。"孙中山如此认为，遂乘船从日本横滨启程，前往香港，但他同时对李鸿章的承诺又有些将信将疑，深怕他以谈判为名，对自己进行诱捕。

自1896年起，迫于孙中山可能归国策划起义，在清廷的压力下，港英当局曾对孙中山颁下为期五年的驱逐令。1900年6月6日，孙中山一行抵达香港，由于驱逐令尚未期满，香港警署通知孙中山，不准其登岸，于是他们只能待在船上，等候消息。李鸿章得知孙中山抵港后，大开中门，表示愿与孙中山在广州晤谈，还特派幕僚曾广诠率"安海"号炮舰前去迎接。孙中山出于安全考虑，并未登舰，而是指派享有治外法权的日本人宫崎寅藏、清藤七郎、内田良平代行赴会，自己则邀集香港兴中会会员到船上，商议发动惠州起义事宜。

当夜，宫崎寅藏等人被接至刘学询的公馆进行谈判。宫崎等人在谈判中提出两项要求：一是特赦孙中山并保障其人身安全，二是给予贷款十万两。后者刘学询当场应允，前者他也立即回禀李鸿章，李鸿章的答复是他将亲自保证孙的人身安全，至于特赦，随后他将奏请慈禧予以通过。

谈判结束，宫崎等人乘军舰返回，进入香港港口时，却发现孙中山的坐船已经启碇，正向法属越南西贡开去。宫崎等人拼命挥帽呼叫，也没有人回应。显然，孙中山还是心存戒心，生怕出现突然变故，所以才有意避往西贡。

孙中山到西贡后，确定周围环境相对安全，这才直接致电刘学询探询谈判情况，并致函在香港的革命党人布置"分头办事"，即继续准备武装起义和策动李鸿章"两广独立"。

就在孙中山对于前景满怀期待之际，全国政局突然发生重大变化，李鸿章暂时也再顾不上"招抚"孙中山了。

剿　抚

戊戌政变后，因遭到各国的强烈反对，慈禧被迫搁置了"废立"计划，转而"立储",但"立储"也不获各国的支持,慈禧由此对保全光绪帝的洋人极其反感,其间连经元善反对"立储"及事后逃往澳门,她都认为是洋人指使所为。这时的慈禧实际已成为顽固派之首,那些顽固派大臣本就坚决反对西学,现在便也跟慈禧一样,因"废立""立储"事件而更加痛恨洋人。

义和团运动兴起的背景十分复杂,但其直接原因却是仇外和"反洋教",这一点正好契合了顽固派排外的政治理念和倾向,顽固派知道自己没有力量独立抗衡各国,于是便想依靠义和团的"民心""民气"。在这种情况下,义和团也顺应形势,将其最初的口号由"反清复明"改成了"扶清灭洋"(或称"助清灭洋")。

义和团旨在"灭洋",令各国既惊又怒,早在一两个月前,它们就要求清廷对义和团加以严厉镇压,如若不然,将不惜自己出兵"平乱"。英、美、法、德几个欧美大国的驻华公使,更是奉本国政府密令,联合发出通牒,限令清廷在两个月内把义和团"剿除"干净,否则将派水陆各军代为"剿平"。

尽管各国不断发出警告甚至恫吓,但慈禧仍由最早对义和团的一意主剿,逐渐倾向主抚,清廷也随之放松了对义和团的控制。1900年5月,在一些顽固派官员的支持下,义和团逐渐分成东西两路,向京、津进发,队伍浩浩荡荡,"扶清灭洋"大旗遮天蔽日。各国驻华公使对此进行联合抗议,要求清廷立即制止拳民入京,同时"电本国,请派兵来京"。5月28日,英国、法国、德国、意大利、日本、俄国、美国、奥匈帝国等八个国家一致决定,以"保护使馆"的名义,准备调兵进入北京城,解救"使臣"。随即这些国家的驻华公使将这一决定照会清廷,在要求提供运输便利的同时,进一步予以威胁,指望清廷能立即主动"剿除"义和团。

在洋兵逼京的现实威胁下,清廷主抚的立场也发生了动摇,受直隶总督裕禄派遣,副将杨福同率部对义和团进行了有限度的镇压,而义和团则一面组织抵抗,一面开始对铁路进行拆毁。

5月31日,身在汉口、时为铁路督办大臣的盛宣怀,向李鸿章发来电报,称杨福同在前往镇压"拳匪"(义和团)的途中,被"拳匪"打了个伏击,身受重伤,之后"拳匪"又毁坏了卢汉铁路。李鸿章立即回电,除询问铁路被破坏的具体情况外,重点关心杨福同的伤势是否致命。

李鸿章固然心疼铁路被毁,但正如他之后向盛宣怀所指出的,"清议"(此处指徐桐等排斥洋人和洋务的顽固派)本就反对修建铁路,现在义和团毁坏铁路,正好满足了他们的心愿,故而毁路一事对朝廷不会造成太大压力。杨福同伤亡与否就不一样了,副将在武职中秩从二品,仅次于提督和总兵,这样一位高级将领活着还好,若是死了,后果可就严重了,因此他让盛宣怀查明后赶快向他报告,"盼续电"。

不久,李鸿章得到报告,原来杨福同在中伏的时候就已被击杀。凭借在内政外交核心圈子里浸润多年所练就的政治敏感,李鸿章马上意识到,此事件将对朝廷产生较大冲击,主剿和主抚两派的矛盾亦会由此激化。

在义和团运动兴起后,朝廷对于如何处理义和团,一直都缺乏明确和统一的政策,朝中官员也分成了泾渭分明的两派:一派主剿,一派主抚。主剿派除大学士荣禄外,还有军机大臣王文韶、户部尚书立山、兵部尚书徐用仪、吏部左侍郎许景澄、内阁学士联元、太常寺卿袁昶;主抚派则包括端郡王载漪(即立为"大阿哥"的溥儁之父)、庄亲王载勋、辅国公载澜、大学士徐桐、协办大学士刚毅等,主要都是一群顽固派官员。杨福同被杀的消息传至京城后,两派果然都大受震动,但和李鸿章所预计一致的是,它们之间的分歧反而变得更大了,争论也更加激烈——荣禄销了病假,以京畿地区的义和团已势大难收,不剿不足以稳定局势为辞,在朝堂之上与主抚派大闹,继而在慈禧召对时,他又向慈禧详细指出主抚派如何误事,希望老太后能够站在自己一边。

在中央剿抚两派争执不下的情况下,主剿派得到了东南地方督抚的支持,刘坤一、张之洞均通过各种渠道,表达坚决剿办的主张。盛宣怀虽非封疆大吏,但握有东南洋务设施的财经实权,因此也不容小觑,6月3日,盛宣怀电奏朝廷,请派武卫军聂士成部迅速剿灭义和团,同时致电李鸿章,希望李鸿章与刘坤一、张之洞一样,电奏请剿,"切实敷陈",在荣禄等人的支持下,促使慈禧早下剿办的决心。

接到盛宣怀的电报后,李鸿章却显得颇为踌躇,直到次日才复电盛宣怀,一面悲愤地慨叹,"时事还能问吗?"一面则又说,"看样子也不是我们这些外臣能予以匡救的"。

自杨福同被杀事件发生起,发往两广总督府的各路函电可谓络绎不绝。与李鸿章互通信息的,除了盛宣怀这些亲信故僚、中央大员荣禄、奕劻等,封疆大吏有刘坤一、张之洞、袁世凯等,此外还有驻外使节和赫德等洋员,如此庞大的上层关系网,使得李鸿章不仅能够最为迅捷地捕捉义和团的动向,而且也能及时了解朝中动态。

戊戌政变后,顽固派通过"同声附和"慈禧,已在朝中实质性垄断重权。李鸿章掌握到的情况是,荣禄虽列名首辅,又统领武卫军,但荣禄一派的力量反不及彼,在剿抚问题上亦是如此。最关键的是,此时慈禧倾向于支持主抚派,"决议不将义和团匪剿除"。正是因为明知慈禧已有定议且主抚派占据上风,李鸿章思前想后,才暂时放弃了电奏请剿,决定观察一下再说。

"神 功"

1900年6月上旬,北京邻近各县的义和团分批进入北京城,北京成为义和团运动的中心,各国公使再次要求慈禧斥退顽固排外大臣,剿灭拳民。此时外界注意到,军机大臣兼顺天府尹赵舒翘以及军机大臣、协办大学士、兵部尚书刚毅,都已被朝廷先后派往涿州。

涿州是义和团占据和控制的第一个州城,涿州之行被舆论解读成是对义和团的"宣慰"活动,目的是解散拳民,荣禄也密电李鸿章表示,拳民此番若是解散便罢,要是不解散,朝廷即一意主剿。李鸿章却认为义和团发展到这个地步,即便"宣慰"亦恐无济于事。他一眼看穿了刚毅等人想利用拳民以达一己之私的算盘,而且也知道荣禄在密电中所言,只是他自己的意见,并非"圣意",故而对这次解散拳民的行动不抱太大希望。安徽巡抚王之春致电李鸿章,建议他迅速向朝廷敷陈补救办法,李鸿章以"内意主抚,电奏无益"答之,仍旧不愿公开介入剿抚两派之争。

事实上,涿州之行表面上的"宣慰"和解散拳民,并非朝廷真意。慈禧为顽固派所惑,一心想的仍然是如何控制和利用义和团,以对付让她又恨又怕的洋人。可是慈禧又拿不准义和团到底能不能为己所用,以及义和团和许多顽固派官员所宣扬的"神功"是否真实，为此，她才特派赵舒翘和都察院左副都御史何乃莹前往涿州，在打探义和团虚实的同时，对其各种各样的"神功"进行当面查证。刚毅本不用去涿州，但这位力主支持义和团杀灭洋人的顽固派首领，唯恐赵舒翘到涿州看到情况后发生动摇，于是在赵舒翘、何乃莹出发的次日，也亲自赶往涿州。

赵舒翘本质上不属于刚毅一类的顽固派，经过一天的考察后，他已明显看出所谓"神功"全是假的，根本不能相信，然而刚毅来到涿州后，却力言这些神功"可恃"。赵舒翘老于世故，他虽和刚毅等人所想不同，但又与刚毅一党来往甚密，赵舒翘也正是靠刚毅之力，才在军机处顶替了廖寿恒原来的位置。赵舒翘深知，刚毅、载漪等实权人物都坚持义和团神功"可恃"，慈禧本人实际也倾向于利用义和团来对抗洋人，他不敢当面揭穿刚毅，在表示刚毅所见并非没有道理后，便离开涿州，先回京报告去了。刚毅则留在涿州，与义和团商议合作事宜，之后才赶回京城。

赵舒翘生怕为当道所忌，竭力想要保住自己的地位和顶戴，但他也知道义和团"神功"真实与否，关系慈禧的最终态度和决策，此事非同小可，因此回京向慈禧汇报时，也不敢完全谎报，只是尽量把话说得含糊其词、模棱两可，希望以此蒙混过关。问题是慈禧受到刚毅等人的影响，居然认为赵舒翘复命的意思就是义和团"神功可恃"，开始相信义和团的各种"法术"真能刀枪不入，打败和杀灭配备先进武器的洋人了。

慈禧原非头脑简单的当政者，对于义和团问题，其实经历了一个反复犹疑、再三权衡利弊的过程，之前虽然她倾向为抚，但一直摇摆不定，时而主剿，时而又主抚。直到"神功"得到确证，慈禧才大胆做出决定，要招抚义和团与洋人对抗，以此根绝维新隐患。正是因为这些原因，所以慈禧后来才说自己是受了蒙蔽，上了一些大臣的当。

1900年6月9日，慈禧调武卫军中同情义和团的董福祥部入驻北京城内。李鸿章一度曾寄望于荣禄，认为"荣（禄）拥兵数万，当无坐视"，殊不料此时的荣禄与赵舒翘一样，慑于慈禧、载漪等人的压力，已不敢力谏，致使由其统领的武卫军，反而给义和团撑起了腰。

在取得"合法"地位、并得到董部支援后，义和团开始成群结队地涌入北京。拳民们在城内成群结队、持刀持械、游行街市,一边高呼"灭洋"口号,一边大肆焚杀,"大火烧,大火烧"的喊声通宵不绝,又有人沿街叫唱:"铁蚕豆,炒个熟,先杀鬼子后烧楼!"短时间内,北京城里的房屋被烧毁四千余间,到处火光熊熊,三街六巷,犬吠人叫,惊恐不已。各国使馆人员,以及麇集于东交民巷使馆区和西什库教堂内的外国传教士、教民,更是成为众矢之的,所有人轻易不敢外出一步,惶惶不可终日。在这种情况下,各国军舰二十四艘骤集天津,英国、法国、德国、意大利、日本、俄国、美国、奥匈帝国等八国也开始正式启动调兵入京方案,从6月10日起,天津租界的八国军队一共派出两千人,组成联合特遣队,由英国东亚舰队司令、海军中将西摩尔率领(故而也称西摩尔联军),率先向北京进发。义和团拳民沿途拦截,京津交通为之断绝,一时谣言盛行,又造成了大规模的社会恐慌。

在外交层面,原本能够起到沟通缓冲作用的总理衙门,此时不再被外国使团所信任,其地位被迅速边缘化,而由于未能通过交涉,阻止洋兵进京,总理衙门的表现又被慈禧认为过于软弱,以致逐渐失去了她的眷顾和信任。6月10日,总理衙门大臣廖寿恒遭到罢免,端郡王载漪受命入主总署,总署由此亦被主抚派所控制。

主抚派虽主张借义和团"神功"打洋人,但也不敢轻易言战,随着西摩尔联军向北京推进的警报声不断响起,其内部立刻乱了阵脚,包括载漪、刚毅在内,王爷大臣们谁都拿不出"一个正经主意",一些官员虽然空喊"与洋人拼命",实际并无具体办法,支持主抚派的慈禧一贯精明能干,也开始显得手足无措。见时局有失控之势,作为地方主剿派的代表,刘坤一、张之洞、盛宣怀一致认为,须调李鸿章入京,才能挽救危局。盛宣怀直接致电李鸿章,吁请李鸿章出山,并说"师若回北洋,似可速了",次日,盛宣怀又电寄刘坤一、张之洞,称"目前唯有电傅相回北,内乱外衅,或可渐弭",建议三人联合电奏李鸿章入京。

同一时间,总税务司赫德亦给李鸿章发来电报,惊呼"京城局势危险已极","中国危亡即在旦夕",请李鸿章电奏慈禧,促成清廷"将各使馆保护万全,并宣明凡有臣工仇视洋人之条陈,朝廷必不为所摇惑"。李鸿章见已不能再保持缄默，这才采取折中办法，将赫德的来电内容转给总理衙门，再由总理衙门转奏慈禧，从而借助外人之口，委婉地表达了自己的意见。

廊坊落垡之战

1900年6月11日，西摩尔联军乘车抵达直隶的落垡车站。见铁路被义和团破坏严重，联军下车修路，遭到拳民的袭击。联军虽击退了拳民，但因必须边修路边行军，导致速度极慢，自然无法再按原计划抵达北京。当天，因迟迟见不到八国联军的踪影，各国使馆协商派一人出城打探消息。日本使馆书记官杉山彬自告奋勇担当此任，结果被董福祥部发现，命丧当场。消息传出，各国使馆大哗，驻华公使群起责问总理衙门，清廷拿不出任何有效措施。至此，各国对中国的态度已基本确定，而中国对外国的态度却一直犹豫未决。

次日，西摩尔联军进至廊坊车站。廊坊到北京的直线距离约为六十多公里，其时火车的时速为三十多公里，也就是说，正常情况下，联军两至三个小时后就能到达北京。然而这时廊坊以西的铁路已被义和团全部撬出、烧掉或扔掉，以致"在视线可及之处的铁路路基已成了一条马路"，而且京津沿线的义和团正纷纷向落垡、廊坊附近集结，很明显，他们的目的已不仅是阻止联军进京，还准备切断联军的后路，一举而歼之。西摩尔联军只得停止前进，与义和团进行对峙，义和团虽未立即发起进攻，但始终在监视着列车，只是保持着一定的距离而已。

当天，荣禄借局势突变，以应对危局为由，向军机处提出了速调李鸿章接任直隶总督的建议。此议若成，便意味着中央主剿派将扳回一局，慈禧和主抚派对此心知肚明，眼看西摩尔联军已被阻于廊坊，荣禄的建议便被搁置了起来。

6月13日，西摩尔联军和义和团之间开始出现零星战斗，联军在落垡和廊坊车站分别建立了两座炮台，由武装列车在两站之间来往呼应，气氛极为紧张。14日，义和团袭击并打死了五名脱离列车的意大利士兵，接着又向廊坊车站的列车发起猛烈攻势。西摩尔联军虽在上午击退了义和团的进攻，但从下午到第二天，落垡车站又连续遭到义和团的围攻，与廊坊之战相比，其战斗规模和激烈程度有过之而无不及。一直到二十世纪七十年代，研究学者在落垡附近各村采访尚健在的义和团拳民，这些拳民印象最深的，仍是用大抬杆攻打落垡车站。

西摩尔联军系由天津租界的八国驻军临时拼凑而成，算不上是西方的精锐部队，西摩尔又是海军将领，不擅陆战。廊坊、落垡两战下来，联军虽然得以守住了车站，伤亡远远小于义和团，但伤员却也装了一部列车，以致战斗结束后，不得不停下来清理伤亡。更重要的是，联军在战后士气低落，连西摩尔本人都认为，"如果义和团拥有足够武器的话，那么他的军队就会被全部彻底歼灭"，在这种情况下，联队再无率部进军北京的勇气和战斗力，西摩尔只得率联军主力从廊坊回驻落垡，之后又决定撤回天津。

6月15日，廊坊落垡之战告一段落。就在这一天，慈禧应荣禄之请，谕李鸿章"迅速来京"（同时召谕赴京的还有袁世凯），两广总督由广东巡抚德寿兼署。

李鸿章接到赴京的谕旨后，虽做了一些北上的姿态，并表示要"立即遵旨北上"，但却迟迟未离开广州一步。李鸿章对此给出的解释，是"粤省士民坚留"。这倒并非他凭空杜撰，自李鸿章督粤后，广东绅商确实都把稳定秩序的希望寄托在了他的身上。据当时的《中国旬报》报道，在获悉清廷"特召粤督李鸿章入都"后，由于担心"粤省盗患"死灰复燃以及北方动乱将扩展至两广，"粤省绅商纷纷禀留"。有资料说，广东绅商愿意提供两千五百万两白银的巨额现款，作为发动挽留李鸿章的经费，有的广州商人甚至发出威胁，说要躺在李鸿章的车轮前不让他走，李鸿章在给朝廷的报告中，也一再称"粤民遮道攀留"。

李鸿章自言"津沪路梗，粤民呼吁攀留"，只是道出部分实情，滞留广州的最主要原因，其实还是因为他自己对北上存在着极大顾虑。

在慈禧的上谕中，只言召李鸿章、袁世凯进京，关于赴京目的，却没有给予任何明示和解释，同时也没有授予两人相应职权。这自然给人充分的想象空间，时人评论说："召此重臣而用轻轻四字（指'迅速来京'），无怪人言孝钦（慈禧）有杀李之意。"周边幕僚也因此皆劝李鸿章"郑重"行事。

李鸿章拥有强大的信息网络，与荣禄等人始终未中断联系，他应该不会相信慈禧召其北上，是为了要杀他。旁观其他史料，则可佐证慈禧召李为"议和"，召袁为"剿拳"，在"借拳攻洋"的总形势未变的情况下，此举显然是想把李、袁作为防备万一的棋子，特别是召李北上，意在万一京津战况不利，就利用其经验和影响力充当外交要冲，以缓和业已紧绷的中外关系，将纠纷重新拉回到外交解决的轨道上来。

　　问题在于，李鸿章的观点是，要阻止外患，势必"先剿内匪，再退外兵"，即只有坚决镇压义和团，保住使馆和洋人，才能让各国退兵，但慈禧和战不定，就算他去了北京也没用。通过北京传来的消息，李鸿章得知，载漪、载澜、刚毅等主抚派王公大臣不顾外患压境，一味鼓动慈禧继续"联拳灭洋"；奕劻、荣禄等既不同意"主抚"，又不敢违逆慈禧，虽以中间派的立场努力试图扭转朝局，然亦无济于事；武卫军董福祥在得到刚毅的"主抚令"之前，坚决拒绝'剿拳'（剿灭义和团）。

　　李鸿章对主抚派深恶痛绝，然而又憾之无法挽救："国事竟为这些人所把持，外臣只有焦急而已。"他推断，一旦董福祥与拳民合攻东交民巷，势必大乱，将直接导致"各国合力进攻我国，亡国危机迫在眉睫"，但届时自己就算身在北京，也势单力孤，无兵无权。

　　义和团在其所传播的民谣中，发誓要除掉"一龙""二虎""十三羊"，"一龙"是光绪，"十三羊"是朝中的十三位主剿大臣，而"二虎"指的就是李鸿章和荣禄。如果朝廷一面催促李鸿章迅速入京，一面却还是继续放纵义和团，李鸿章即刻应诏北上无异于飞蛾扑火，不仅难以改变朝局，甚至连自己的人身安全都难以保障，故而他才选择了继续坐观待变，并向频频促其赴京的盛宣怀解释："国事太乱，政出多门，鄙人何能为力？"

庚子战争

　　如李鸿章所料，慈禧意在纵拳，用义和团来杀灭洋人，达到"废立"目的的决心并未改变。而且，对外宣战毕竟是大事，慈禧即便已经完全相信义和团"神功"无敌，但对后果如何仍胸中无数，不敢贸然做出决断，于是便决定通过举行御前会议的方式，围绕对外的和战问题进行讨论。

1900年6月16日，第一次御前会议，主和、主战两派进行了激烈辩论。主和派认为，中国衰弱不堪，甲午战争时敌日本一国尚且不能，同时向各国宣战，必将自取败亡。至于主战派所依仗的义和团，未经训练，不懂战阵，武器简陋原始，无法抵御列强的坚船利炮，其自恃的"法术"也根本靠不住。光绪甚至说："让没有经过训练的百姓去打仗，是视百姓生死为儿戏。"主战派毫不相让，赵舒翘、刚毅等人从涿州等处带回的报告，不仅被慈禧所轻信，也成为主战派与主和派辩论的重要依据：义和团聚众无数，势力了得，更兼呼风唤雨，刀枪不入，念咒语，驱鬼神，法术无边。如果利用他们去驱杀洋人，则无往而不胜。

激辩未有结果。次日，远在广东的李鸿章听闻英国从香港派船，分运枪炮队约千人北上，所带粮食、军火足用两个月，有夺据大沽炮台之说，便立即给直隶总督发去电报，让其密为防备。可惜李鸿章得到这个情报已经迟了，事实上，当天各国联合舰队就攻占了天津大沽口炮台。

甲午战后，北洋除了重编的武卫军外，已无像样舰队，大沽口炮台等是仅剩的海防标志。大沽口炮口配备着李鸿章督直时期购买的克虏伯大炮，"该炮台之炮火，有异常之准之矣"，战斗中，英、德、俄等国的多艘炮舰被炮弹击中或击穿，联军伤亡达到了两百多人。随着大沽口炮台的陷落，李鸿章耗二十余年之力所建的海防"楼阁"，亦瞬间崩溃，昔日所花的心血至此全部化为灰烬。

各国舰队发动大沽口之战，本是为了维持和打开交通路线，以便对业已失败的西摩尔联军实行增援，但由于蒙受了重创，使得他们已不可能立时集结大军，去打开一条援救西摩尔联军的通道。尽管如此，大沽口之战的打响，不仅意味着中国与各国之间已进入事实上的战争状态，而且在炮台失守后，京津门户大开，八国联军续增兵力，大举登陆只是时间问题。

形势发展之速，令人猝不及防，恰好此时荣禄又收到了一条伪造的洋人照会，称各国公使已联合决定向清廷提出四项要求，除了"指明一地令中国皇帝居住""各国代收各省钱粮""代掌天下兵权"外，最让慈禧无法接受的，还是"勒令皇太后归政"。

各国反对废帝立储，已使慈禧愤恨无比，现在听说还要强迫她归政，无异于火上浇油。

在17日的御前会议上，群臣全都痛哭起来。慈禧咬牙切齿地说洋人既已决定开战，大清亡在目前，既然战亦亡，不战亦亡，则不如一战而亡更好。此言一出，主战派官员自然情绪激昂，纷纷表示愿效死力，即便主和派和夹在中间的官员，迫于形势，也只好随声附和，于是慈禧便派徐用仪到各国使馆，劝其下旗归国。

在多少年前的中法战争中，面对困境，慈禧其实也说过类似的话，但那时她尚是清醒的，如今则不同，在强烈的恐惧感和权斗意识的驱使下，慈禧逐渐丧失应有的理智。接下来虽然又连续开了两天的御前会议，但已完全失去了其原先听取两方面意见后，再决定取舍的初衷，慈禧不但根本听不进主和派的一些正确意见，而且还将主和派大臣全都视为"光绪的人"，是在和她过不去。

6月19日，第四次也是最后一次御前会议，气氛极其紧张。会议一开始，慈禧就明确表示准备向"万国"开战，但又说"诸臣有何意见，不妨陈奏"等语。既有言在先，翰林院侍读学士朱祖谋便明确表示："拳民法术，恐不可恃。"一位满族大员立刻打断他说："拳民法术可恃不可恃，臣不敢议，臣特取其心术可恃耳。"内阁学士联元坦率言道："如与各国宣战，恐将来洋兵杀入京城，必致鸡犬不留。"联元说完，慈禧已经勃然变色，不须她亲自开口，已经有人代其斥责联元："联元这说的是什么话？"

光绪本是维新运动的支持者，兼之各国又反对"废立"，自然极度抵制与"万国"为敌，而且他也清楚与洋人开战的严重后果，但此时他的处境已如同囚犯一般，纵使被允许出席御前会议，亦无丝毫皇帝的权威可言。眼看着开战之势已成，光绪情急之下，立即下座，拉着总理衙门大臣兼吏部左侍郎许景澄的手说："许景澄，你是出过外洋的，又在总理衙门办事多年，外间情势，你通知道。这能战与否，你须明白告诉我。"

"闹教堂伤害教士的交涉，向来都有办过的，"许景澄具实陈述，"如若伤害使臣，毁灭使馆，则情节异常重大，即国际交涉上，亦罕有此种陈案，不能不格外审慎。"

光绪在慈禧面前不敢明言自己的主张,才想到找以"通洋务"著称的许景澄,欲以此打动慈禧。听许景澄一番痛陈后,光绪悲从中来,拉着许景澄的手,忍不住哭了起来,许景澄见状也涕泣不止。站在许景澄身旁的太常寺卿袁昶,曾多次上书,一直反对招抚义和团向洋人开战,他被这一场面深深打动,遂不顾利害,走到光绪、许景澄身边,一边坚持不能向"万国"开战,一边也落下泪来。

君臣三人团聚共泣的情景,非但没能打动慈禧,反而大触其怒,慈禧决定孤注一掷,向各国开战。许景澄随后奉命通告各国公使,限其二十四小时内离京。

第二天,也即 1900 年 6 月 20 日,慈禧正式发布对外宣战诏书:"与其苟且图存,贻羞万古,不如大张挞伐,一决雌雄。"

史称慈禧同时向英、法、俄、德、日、美、意、奥、西、荷、比十一国(与出兵的八国相比,多了西班牙、荷兰、比利时三国)宣战,然而宣战诏书上却并没有指明向哪一国宣战,更没有具体说是十一国,只笼统地称"彼等",实际是向洋人宣战,向全世界宣战。因 1900 年是中国农历庚子年,所以这场战争被称为"庚子战争",国人亦称之为"庚子国变""庚子国难"。

此乱命也,粤不奉诏

清廷发布宣战上谕的当日,德国公使克林德欲赴总理衙门理论,途中为武卫军所杀,与此同时,武卫军和义和团围攻使馆之战也正式打响。本已险象环生的局势,变得越发不可收拾,荣禄为之心惊肉跳,急忙驰电各省疆臣,指出"以一弱国而向十几个强国寻衅","两国交锋,不斩来使",这些道理,即便不是智者,也是应该明白的,但"两宫"(指慈禧)看来心意已定,很难说服,唯有指望疆吏们各尽其心了。在给李鸿章的电报中,荣禄更是直接告诉他,"对北京的谕旨不必继续予以重视"。

作为李鸿章在这一时间的主要眼线,盛宣怀也给李鸿章发来一份电报,电报文头注明"千万秘密",上面说此时"朝政皆为拳党把持,文告恐有非两宫所自出者"，意思是认为宣战上谕不代表慈禧的真实意愿，而是已把持朝政的"拳党"矫诏所为。盛宣怀此电报所流露出的，其实更多的是东南地方大员在面对宣战诏书时，一种集体的震惊和愤怒情绪，它与荣禄的那些电报相应，无疑强化了包括李鸿章在内的督抚们对宣战诏书的抗拒心理。

慈禧作为经历过各种复杂权斗的当政者，在发布宣战诏书之前，又下令各省督抚"各就本省情形，通盘筹划……事事均求实际"，并要求"各督抚互相劝勉，联络一气，共挽危局"。

慈禧的这道上谕与宣战诏书一前一后，在同一天发布，内容上却有很大出入，这本是慈禧自己给自己留的"余地"，也正好为东南督抚质疑宣战诏书以及之后倡导东南互保，提供了依据。

当然，就算是这样，宣战诏书毕竟也是在慈禧听政的情况下，发布的官方正式文件，不论是谁，若是要公开对抗其旨意，仍然需要极大的勇气、胆量，以及必不可少的政治决断力。就在慈禧发布宣战诏书的次日，即6月21日，清廷宣布与各国进入战争状态，之后向南方各省发出电报，要求封疆大吏们率兵北上勤王，共同灭洋。

李鸿章深知国家忧患日深，军力积弱已久，"若不量力而轻于一试，恐数千年文物之邦，从此已矣"。与之前在公开场合始终三缄其口不同，在接获"北上勤王"的圣旨后，李鸿章的反应可谓出奇的明快、果断，他迅速给清廷复电，复电内容很简单，只有八个字，但却是十九世纪与二十世纪之交中国历史上最著名的一句话："此乱命也，粤不奉诏。"

"乱命"意即悖谬的命令。接着，李鸿章又给盛宣怀去电，气愤地表示："这份诏书不但是'乱命'，而且还是假托皇帝之名的'矫旨'，广州方面绝对不能执行！"他还让盛宣怀向刘坤一、张之洞进行秘密传达。

北京政局已完全失去平衡，到了这个时候，尽快恢复宣战前"中外相安"的不轻易开衅的局面，防止政局继续出现剧烈动荡，是足以压倒一切的大事。基于此，李鸿章才不惜冒与慈禧翻脸的危险，毅然决然地将自己的砝码投给了已经落败的主和派。与此同时，凭借几十年积累的政治经验和敏锐谨慎的政治风格，李鸿章也注意相应策略，"矫旨""乱命"这两个词汇就是他参考盛宣怀"千万秘密"电文所示，精心选择的政治术语，因为把朝廷之"旨"定为不真实的"矫旨""乱命",这就不能算反叛。

1900年6月22日,李鸿章在广州对记者说,拳民仅系愚民,慈禧系受人愚惑,这就进一步表明了自己"不奉诏"的立场。为了不给各国落下口实,他同时强调,对于义和团的起事,外国传教士和教民不能辞其责。至于八国联军突破大沽,是否可认定为清廷已实质性对外宣战,李鸿章也予以了断然否认,他指出皇室未备战,就不能认定为宣战,而且"越俎代庖"地说,之后皇帝还将遣散拳民,并与各国议和。

李鸿章在东南登高一呼,"首倡不奉诏之议",拒绝对外宣战,引得万众瞩目,进而又被各方视为拯救危局的救星。老幕僚周馥来电说:"北事危,非师莫解,中外如望岁。"朝野上下盼望李鸿章北上解围的心情,竟然像等待除夕夜一样迫切,就当时的舆情而言,此言也并不算夸张——除主战派外,其他几乎所有疆吏群臣,都对李鸿章北上表示出极大关切,认为其"早到一日,朝廷早安一日矣"。6月23日,刘坤一、张之洞、盛宣怀等联名上奏朝廷,要求"电诏李鸿章派为全权大臣",请朝廷催促李鸿章尽快到京,以全权大臣的身份与各国议和。

面对"国人望李傅相如望岁"的期待,李鸿章本人也做好了入京准备,特地电告山海关守将宋庆,告知自己准备由秦皇岛登岸,并叮嘱周馥之子周学熙备车马,在北京贤良寺收拾行馆。与此同时,李鸿章一连五次电奏朝廷,冒死恳请"先定国事,再议办法",指出北上的前提必须是朝廷决意平定内乱,但让他失望的是,这五次电奏都如同石沉大海,没有任何回音。

就在宣战上谕发布的次日,武卫军聂士成部与义和团合力,在天津的北仓、穆庄重创西摩尔联军。武卫军内部共分五军,聂士成部为前军,即武卫前军,武卫前军是甲午战后淮军仅剩下的精锐,配备着德式重机枪,"治军多效西法,战斗力极强",联军方面也称"自与中国交战以来,从未遇此勇悍之兵"。西摩尔联军被武卫前军打得丢盔卸甲,只得乘夜逃往天津,因直隶总督裕禄将战绩归功并大赏于义和团,而武卫前军则分文无赏,故而此战被与之前的廊坊落堡之战归并在一起,称为"廊坊大捷"。

在"廊坊大捷"之前,天津老龙头火车站也遭到武卫军和义和团的合力攻击。老龙头车站是天津城的交通枢纽,是西摩尔联军从天津出发时的站点，也是各国在天津驻防军援救西摩尔联军的必争之地，虽然驻防军在援兵的帮助下，最终守住了车站，但也不可能再去救援和接应西摩尔联军。

"廊坊大捷"、天津老龙头火车站等战斗，犹如给慈禧及其主战派打了一针兴奋剂，同时也继续误导了慈禧的战略判断，使其头脑越来越昏热。6月24日，慈禧谕令山西巡抚毓贤尽杀洋人。北京义和团随之大屠教民，全城因此陷入极为疯狂和恐怖的状态。两江总督刘坤一致电李鸿章，告知北京城内已有数万拳民，"来去如蝗，万难收拾"，而且"两宫诸邸左右，一半均系拳会中人，满汉各军营卒，拳会中人也占到大半"。袁世凯也电示李鸿章："内廷左右皆拳匪，王公贝勒皆设坛，内城紧闭，每日只开半座城门，且仅限半天。"

随着顽固派在朝中的益发得势，荣禄与刚毅的矛盾已达到白热化，刚毅公开声称"荣禄之势力一日不倒，则使馆一日不能攻克"。荣禄在京内百般谋划，但和战皆不可恃，心情极为沉重，为此屡电李鸿章，询问有何解救之法，实际就是希望他能够尽速赴京相助。刘坤一在将荣禄的窘境转告李鸿章的同时，亦指出时下政局已经到了"病在腹心，几不可治"的程度。他预计各国大军很快就会兵临北京城下，"以一弱国而抵拒数个强国，危亡立见"，因此"痛哭百叩以请"，催促李鸿章急速北上，"另筹切实办法"，以挽救危局。

然而看到北方局势一片混乱，京城已被极端顽固派和义和团完全掌控时，李鸿章越发感到自己若贸然北上，不但凶险无比，而且对于挽救时局也毫无用处，于是只能暂时搁置入京计划。他在复荣禄的电函中说，你们这些重臣尚不能挽回危局，"鄙人又何敢担此危局"。在给刘坤一的复电中，李鸿章也做了同样的表示，并且激愤地说："兵匪（指武卫军和义和团）仍力攻使馆，政府悖谬至此，万难挽救，我去京城又有什么益处？"

第二十章　不归之旅

1900年6月中旬，针对北方不断加剧的混乱局面，盛宣怀越来越担心战火南移。作为当时著名的"红顶商人"，盛宣怀有许多个人企业，且主要都集中在江南地区，于公于私，他都不愿意南方受到战争的破坏。在与美国驻上海总领事古德诺磋商后，盛宣怀想到了"东南互保"的办法。所谓"东南互保"，是指南方督抚在不支持义和团的灭洋行动、不奉宣战之诏的前提下，承认各国可派兵保护上海租界，同时以此作为交换，要求各国确认长江及苏杭内地归各省督抚保护，各国不得在此区域范围内进行军事活动和采取其他过激行动。

限于个人的声望不足，盛宣怀希望能由自己昔日的老恩师、被他称为"毕生第一知己"的李鸿章领衔宣布，并与刘坤一、张之洞共同出面发起"东南互保"。在给李鸿章等人的电文中，他强调，若不如此变通处理，"不仅东南同毁，挽回全局即难"。

东南互保

事实上，还在北方大乱未起之时，盛宣怀即称"北事不久必大坏，留东南三大帅以救社稷苍生"，他所说的"东南三大帅"即李鸿章、刘坤一、张之洞。李、刘、张不仅鼎足而立，而且原来分属不同派系，即李是淮系，刘是湘系，张是清流出身的"新洋务派"，三人互不服气，以往在国家大事上也常观点对立，甚至相互攻讦。然而自义和团剿抚之议起，他们开始"联络一气"，加上盛宣怀不停地在中间穿针引线，俨然已结成了一个松散的南国轴心联盟。三大帅中，李鸿章作为历经道、咸、同、光四朝的元老重臣，无论政治资历、威望、胆量还是人脉关系，都远超刘坤一、张之洞。刘坤一、张之洞在刚刚接到宣战诏书时，尚有些犹豫，不知道怎么办才好，正是李鸿章的表态使他们下了决心，不仅对朝廷的宣战不予理睬，而且极力主和。因此李鸿章在三大帅中实际处于领头羊的关键地位，世人亦有"微鸿章，东南且乱"之说。

对于盛宣怀"东南互保"的倡议，李、刘、张均表赞同，他们都明白，在这场对外战争中，中国实难取胜，因而必须想方设法减少战争带来的损害，同时保全东南疆土，尽力不使各国在华利权受到损失，也可留为大局转机，为日后的和谈打下基础。至于领衔宣布一事，两广并非"东南互保"的核心区域，且李鸿章重任在肩，无意因涉身"东南互保"而转移北顾的目标。刘坤一、张之洞也都不想让李鸿章胶着于"东南互保"的棋局之上，而应该挽狂澜于既倒，控制和影响整盘棋局。最后，盛宣怀亦放弃让李鸿章领衔宣布的初衷，建议昔日恩师"仍遵前旨，迅速起程"进京，"以清君侧、护两宫为要义"。

在得到三大帅的支持和同意后，6月26日，盛宣怀及上海道余联沅与各国驻沪领事会晤，就"东南互保"举行磋商。

义和团在北方的迅速发展，不仅在政治上给各国以沉重打击，同时在经济上也令其蒙受了极大损失，出口中国的洋货在通商口岸堆积如山，根本卖不出去，尤以上海及长江下游城市为甚。由于担心南方也受到义和团运动的冲击和影响，致使其在南方的利益雪上加霜，因此各国对于"东南互保"均持赞成态度。当天，双方便正式出台并向清廷呈核了《中外互保章程草案》，次日，各国驻沪领事共同发表声明，宣布各国不对长江地区用兵，至此，中外互保协议宣告生效。

就现存至今的李鸿章电稿来看，截至呈核《互保章程草案》，一月之内，他与盛宣怀的往来电函达四十八封之多，超过同时期李鸿章和其他任何人的联系，足见李鸿章对"东南互保"的充分关注，不过按照事先的商定，他并没有在呈核上列衔，而是改由刘坤一、张之洞号召。刘坤一两江总督辖区是江苏、江西、安徽，张之洞湖广总督辖区是湖南、湖北。最初

"东南互保"也仅限于这五省。之后，盛宣怀又利用其担任邮传大臣的职务便利，频发电报，对其他各省督抚游说也共同实行"东南互保"。在盛宣怀的努力下，福建、浙江、广东、四川甚至山东等省都加入了这一行列，"互保"的范围不再仅仅局限于名义上的东南，华南、西北以至华北部分地区都有参与，其范围几占半个中国，被有些士绅称之为"半壁山河的长城"。

"东南互保"就实质而言，是在清廷与八国联军的战争中保持中立，属于不折不扣的"抗旨"行为，有的观念保守的疆吏自然会对此不以为然。李鸿章既是"东南互保"的积极参与者，其两广总督辖区内的广东、广西，本应都在"东南互保"之列，但广西巡抚黄槐森反对"东南互保"，没有在会奏时列衔。不唯如此，黄槐森还打算上疏弹劾刘坤一、张之洞，指称他们私自与洋人约和，使敌军得以专顾北方，直攻京师，贻误大局。黄的这份弹章由袁世凯代奏，但袁世凯觉得罪名太重，偷偷地告知了刘坤一、张之洞。刘、张闻之甚为不安，急忙问计于李鸿章。李鸿章是两广总督，黄槐森虽有对本省的自主权，但毕竟也受其节制，李鸿章立即电告袁世凯，让他不必为黄槐森转递弹章，同时通过广东巡抚德寿，以毁教堂为由上告黄槐森，迫使其离职，以此保护了刘、张及"东南互保"之局。

刘坤一当时曾担心，若是不转递黄的弹章，将来黄槐森以隐匿不报为由进行弹劾，可能引起朝廷诘责，反而被动。李鸿章说："我想好了，如果朝廷降罪，由我一人承担。"出乎意料的是，清廷并未因此降罪三大吏或袁世凯，事情不了了之。事实是，在接到《互保章程草案》和李鸿章等人对此的会衔奏折后，慈禧的态度就很耐人寻味，她非但没有怪罪，反而还嘉许以李鸿章为首的督抚们"老成谋国"，称"东南互保"与朝廷的意见正好一致。

慈禧虽公开"向各国宣战"，但她只是想利用义和团与洋人开仗，以解对洋人"多管闲事"的心头之恨，其实内心对洋人固有的那种又恨又怕的心理并未因此减少半分。她对于"东南互保"的态度，从客观上看是因为朝廷疲于应对北方乱局和八国联军的进攻，已无法对地方尤其是远离中央的南方各省实施有效控制；从主观上说，则是在做两手打算的准备，并为自己预留后路，万一战事不利，还可以凭借"东南互保"，赶紧向各国求和！

重回北洋

慈禧在所发上谕中，除对"东南互保"不予怪罪外，亦不忘督促督抚们筹兵备战，"如有疏失，唯各督抚是问"。可以想见，如果"廊坊大捷"等好消息继续不断传来，北京使馆区能够如期攻克，恐怕就不会再有"东南互保"什么事了。然而战争的进展并不如意：天津武卫军与义和团一起，持续对紫竹林租界发起进攻，租界洋人伤亡惨重，一度出现了英提督也被打死的传闻，但紫竹林租界终究还在联军手中；宣战后，尽管清廷给北京义和团发放了粳米两万石、银十万两，并命令武卫军董福祥部（武卫后军）与义和团一同攻打使馆区，但因武卫后军没有大炮，截至1900年7月初，使馆区仍旧打不下来，不仅如此，义和团的所有"神功"在洋枪洋炮面前还露了馅，统统都失灵了。

战前，津沽一带的八国联军共有一万五千余人，但据各国的军事专家观察，仅保持大沽至天津一段，就需要两万兵力，进攻北京则需要五万至十万左右的兵力，也即是说，以各国原有的在华军事力量，保持大沽至天津一段都够呛，根本无余力进攻北京，西摩尔联军进兵北京失败，铩羽逃回天津租界，即是明证。在对形势重新进行评估后，各国决定大幅度增加在华兵力，7月初，德国首先派陆军元帅瓦尔德泽（即瓦德西）来华，以接替西摩尔的联军总司令一职，其余七国也都对华增兵，尤以俄、英、日三国出兵最多。

慈禧一开始就缺乏与各国打到底的决心和底气，见状立刻慌了，心中的天平迅速向"求和"倾斜。在保持战争状态的情况下，清廷通知各驻外使节继续留任，并向所在国政府发声明，表示中国"即使自不量力，又何至于仗恃'乱民'向各国挑衅？"在把开战责任全都推在义和团身上后，又承诺会保护使馆，以及保证"设法相机自行惩办"义和团，乞求各国政府予以体谅。7月3日，清廷直接向俄、英、日三国发出国书求和，同一天，以"事机紧迫"为由，命李鸿章遵照前旨，迅速来京，不得稍有迟延。

由于因南北通讯断绝，李鸿章到11日才获悉清廷给驻外使臣的电旨，12日才几乎同时收到清廷的国书和上谕。这让他意识到清廷内抚外战的政策可能已发生重大变化，对义和团的扶持有望转为"惩办"，而屡催赴京意在"和"字，似乎也已呼之欲出。

此前在李鸿章看来，八国联军侵华是"内乱"招致了"外辱"，中外能坐在一起谈判的首要前提，就是清廷必须改变内抚外战的政策，必须与义和团进行切割。李鸿章的态度非常坚决，清廷一天不改变政策，他就一天不会北上。事实证明，这种慎重是正确和完全必要的。如今既然已看到曙光，李鸿章决定择日北上，先乘船经香港赴上海。

就在启程的前一天，即16日，他从袁世凯处得知，原来早在8日，朝廷即已接受荣禄的建议，实授他为直隶总督兼北洋大臣。朝廷这一任命，堪称众望所归。刘坤一就曾指出，朝廷催令李鸿章北上，但却并未指授具体方略，即便有北上之后就调任北洋的传言，但也没有任何凭据，在这种情况下，李鸿章"只身进京，如何着手处理？不但于大局无补，且恐怕刚入直隶境内，就会落入'拳党'手中"。正是出于荣禄、刘坤一等中央及地方大吏的力请，慈禧才终于妥协，决定授李鸿章以实权。自此，李鸿章的北上之行也才拥有了名正言顺的职位，同时这也意味着他在时隔五年之后，又得以再任总督之首，重掌北洋大权。

往日的显赫和荣耀似乎都将随之复归，许多后世的史家因此都从"恋权"的角度出发，认为李鸿章是在待价而沽，非得等到实授直督及北洋大臣，才肯动身。实际并非如此，且不说在时间顺序上，应是李鸿章决定北上在前，获悉实授直督及北洋大臣在后，就说如今的直督及北洋大臣，其处境也已今非昔比。

从袁世凯那里，李鸿章得到的另外一个迟来的消息，聂士成已于9日战死于天津南门外八里台。聂士成作为硕果仅存的淮军名将，不仅精于筹谋，"练兵有力，统兵有道"，而且每战必亲临一线，身先士卒，在官兵中颇有威信。虽然清廷向天津先后调派了大批部队，但能当大敌者，也仅聂士成统率的武卫前军和马玉昆统率的武卫左军（前身为宋庆的毅军）。

在天津战役的前期，当两军逼近紫竹林租界时，八国联军方面见形势恶化，且援兵未到，被迫挂白旗，意在要求停战。聂士成向直隶总督裕禄请示说，这是个好机会，现在应该通过外交调停，不能再打了，如果再打下去，敌人的援兵一到就不好办了，早用外交议和，也免得老百姓受苦。然而裕禄此时已加入主战派阵营，他仍严令武卫军继续进攻紫竹林。未几，八国联军援兵赶到，形势出现翻转，情势果然日渐紧张。因聂士成对义和团的态度偏向主剿派，对外则倾向于主和派，又镇压过义和团，义和团遂视之为敌，就在聂士成率部在前线奋勇抵御八国联军时，义和团却挟持并杀害了他的母亲和妻儿。聂士成两面受敌，悲愤莫名，在感到势难挽回的情况下，他毅然换上官袍，亲自骑上战马，率部向八国联军发起自杀式冲锋，最终中炮而亡。

在聂士成死后不久，其上级原直隶总督裕禄即因兵败被革职留用，未满一个月，又被迫服毒自杀。作为裕禄的继任者，李鸿章比谁都明白，此时担任直隶总督，就如同是坐上了火山口，等待自己的绝不会再是烟花美景、泰和晏安，而必将是满目疮痍、重重险阻。

水鸟外交

李鸿章自受命北上开始，就深知此行关系重大，风险重重，成功与否，除了朝廷对内剿抚和对外和战的政策外，各国对于和战以及他个人北上的态度，也极为关键。早在清廷公布宣战诏书后，李鸿章便在第一时间分别致电日、德、俄、英、法五国公使，请公使们探询所在国政府对和战的态度，以及对于他所提"先靖内乱，再议善后"方案的看法。

最早被探询的国家是日本。李鸿章因为与伊藤博文和时任日本外相的青木周藏都认识，故而寄望很大，但此时伊藤博文在第三次组阁后已经下台，中国驻日公使李盛铎往见青木周藏时，所得答复也不过是标准的外交辞令。当着李盛铎的面，青木只是催促李鸿章早日入京，调外交"办匪"，但对于停战请求，却以"非一国所能主持"相推诿，李盛铎反复与之商议，青木充耳不闻。

而与德国沟通，其态度强横。他们怀疑李鸿章能否北上，并像日本一样，表示"停兵难以遽议"。此外，英、法对李鸿章北上也不支持，其中尤以英人反对最力。香港时为英国殖民地，两广是香港的腹地，长江流域又是英国的在华势力范围，英国人担心，李鸿章一旦北上，北方动乱会迅速扩大至长江流域和两广，进而波及香港。英国外交部认为，如果李鸿章继续留在广州，相比于前往北京，对于维护当地秩序会更有效，因此希望他在"即日北上"和"坐镇两粤"问题上再仔细斟酌，实际就是不愿他离粤。

在多数国家均不予支持的情况下，只有一个国家的态度最为缓和，反馈也最令李鸿章满意，这个国家就是俄国。

自义和团事起，俄国的对华政策即刻意区别于他国：在八国联军中，俄国派兵最多，但并未要求争夺联军总司令一职，为的是避免"在中国人面前显得是个责任者"；俄国政府在派兵参加联军统一行动的同时，将俄军行动限定于解救各国公使馆、保证俄国人在华北的生命财产安全，以及支持清廷"剿杀"义和团。这些政策要点，均来自俄国外交大臣穆拉维约夫的提议，并已经过俄皇尼古拉二世的同意。在大沽口之战中，曾有两艘参战的俄国军舰被炮弹击穿，招致重创，但在中国驻俄公使杨儒奉李鸿章之命前往探询时，俄国不仅大度地对其在大沽口之战的损失表示"不介意"，而且仍承认清廷为中国的合法政府，愿"一意保全中国"。

对于李鸿章北上议和，俄国亦表示关切和欢迎。当时圣彼得堡的外交界广泛流行一个观念，即李鸿章是"对俄国有利的中间人"，是目前可参与谈判的"独一无二的人物"。在这一观念的影响下，俄国财政大臣、实际主持外交的维特，寄望于通过李鸿章的北上和谈判，解决目前中国北方的危机。李鸿章当年访俄时，曾作为特使迎接他的乌赫托姆斯基亲王，则向李鸿章发来密电，除转述尼古拉二世"不与其他西方国家联合办事"的宗旨外，还计划如有必要，将亲自赴华参与交涉。

李鸿章鉴于此，在给朝廷的报告中，他强调"此次俄调兵最多，各国当推为领袖"，认为如果真如此，"似乎应将俄引为援助"。李鸿章和俄国人在各自需要的时候，找到了对方，可谓是一拍即合。俄国政府电令其驻华公使，设法策动慈禧召李鸿章"回京定乱"，维特则直接致电李鸿章，主动提出可派军舰护送他北上，并答应在李鸿章到京后，继续给予帮助。

作为一个老练的政治家，李鸿章对于外交政治领域的"车马未动，粮草先行"已经运得用相当熟稔。在暂缓进京、静观局势期间，他从未停止北上的相应准备事宜，后世史家引用日本的外交辞令，将其称之为"水鸟外交"，意指像水鸟一样，"水上不动，水下快划"，表面看起来静止优雅、四平八稳，私底下却拼命地进行活动运作。虽然在此期间，李鸿章只探询了日、德、俄、英、法五国，但这五国是"八国联军"中派兵的主要国家，俄、日、英的派兵数量更居于前三位，探询了五国，也就等于摸清了各国的底牌。

舍我其谁

1900年7月16日，李鸿章将总督关防、盐政印信和王命旗牌，移交给兼署两广总督的广东巡抚德寿，然后在制台衙门与文武百官告别。次日，李鸿章结束了他在广东仅半年多一点的任期，离开广州，坐舟北上。

自雍正朝以来，天字码头便是广州指定的官方码头，但凡官员走水路至广州或离开广州，都要经由此地。当天，素来庄严整肃的天字码头，更是一派阵仗威严的气氛，将军、巡抚以下官员及广东方面的显要人物，纷纷聚集于岸边的日近亭，送别李鸿章。

在贴身侍卫的搀扶下，李鸿章颤颤巍巍地走过跳板，登上招商局"安平"轮，之后在甲板的小藤榻上坐了下来。船要等待潮涨才能开，利用等候起航的这段时间，李鸿章请前来送行的南海知县裴景福入见，并与之有了一番让人印象深刻的对话。

前来给李鸿章送行的官员很多，裴景福只是个知县，为何却能得到李鸿章的特别青睐？事情还要从八年前的冬天说起，那年冬天，裴景福调任广东当知县，路经天津。当时甲午战争还未开始，李鸿章尚为直隶总督兼北洋大臣，裴景福是安徽人，知道李鸿章重视乡情，裴景福便去总督府拜望老乡。刚刚坐定，李鸿章就大声问他："你想刮广东地皮吗？"安徽人称匪盗为"地皮"，但裴景福一下子没弄明白"刮广东地皮"是什么意思，因缺乏思想准备，他当场就蒙住了。

八年后，李鸿章督粤，裴景福还在广东，而且还是知县，不过是从其他县调到南海县而已。当他以南海县令的身份晋见李鸿章时，李鸿章问他：

"你再任首邑（即县令），为政先从哪里着手？"裴景福这时早已理解李鸿章所谓"刮地皮"，就是剿匪的意思，南海县匪情严重，李鸿章督粤后首重剿匪，故而才会有此一问，于是他便一本正经地答道："先刮南海地皮。"李鸿章立刻想到了与裴氏初次见面时的情景，于是问道："十年（实际为八年）了，还没有忘记我说过的那句话吗？"裴景福不卑不亢地答道："这是您给我的命令，也是您给我的告诫，我怎么敢忘呢？"

裴景福做了八年地方知县，都不能得到提升，用裴景福自己的话来说，是因为其性格"戆且隘"，在上司面前过于刚直，不懂转圜。有一次，李鸿章要将裴景福治下的一名陈姓把总撤职，裴景福表示反对，极言陈把总缉捕颇为得力，不应撤换。李鸿章起初很不高兴，说："我身为堂堂总督，连一个把总都不能撤了？"裴景福性子上来了，比他还来火，说："如果确实赏罚公平，你杀了他也可以，何况是撤呢？"说完气呼呼地扭头就往外走。李鸿章马上意识到自己以势压人的不对，遂追出门外，用手杖相招道："好商量，何必动气。"裴景福这才回屋，向李鸿章道歉，李鸿章也听取他的意见，不再坚持将陈把总撤职了。

裴景福对李鸿章的宏阔大度极为钦佩，李鸿章亦对裴景福信任、器重有加，因为这层关系，李鸿章才会在开船前，破格请裴景福谈话。时值盛夏，天气炎热，裴景福登上船后，一眼就看到李鸿章身着一件蓝短衫，正闭着眼睛倚在藤榻之上。裴景福首先对李鸿章调任直隶总督表示祝贺："外洋有电，诸领事皆额手称庆。"这是裴景福的恭维客套之语，并不完全是实情。在李鸿章宣布即将启程北上赴任直督后，除俄国外的其他国家对此都态度消极，英国港英当局对此尤感愤懑和惊慌。英国首相兼外交大臣索尔兹伯里、香港总督卜力，均通过英国驻广州领事，以"留在广州，对和平事业最为相宜"，劝告李鸿章重新考虑北上的决定，李鸿章则客气地予以婉拒。

前方艰险，遍布荆棘，但北方危机的不断蔓延，朝野上下的急切期盼，使得李鸿章不能也不愿再偏安于岭南。听到裴景福的话后，他缓缓地睁开双眼，用抑扬顿挫的声音说道："舍我其谁也！"那种非凡的气魄和担当，令在场众人均肃然起敬。继而，李鸿章盯着裴景福，意味深长地对他说："广东头大城中，情况紧急时，可以依赖的人，有几个呢？你能任事，取信于民，为地方消除祸患，看来督抚还不如州县之官！若能够扼制内乱，又何至于招来外侮，你们要多努力！"

说是闲谈，其实是纵论时势，裴景福借机问李鸿章，大局自此会不会不可收拾。李鸿章勉强以乐观的口吻说："百足之虫，死而不僵，我朝厚德，人心未失，京师虽然发生了如此重大的变故，但大清的根本尚未动摇。"他对几个开明的地方督抚寄予期望，"幸有袁慰庭（袁世凯，字慰庭）主持山东，香涛（张之洞，号香涛）、岘庄（刘坤一，字岘庄）一向都有定见，他们必能联络，保全上海，不至于一蹶不振。"

裴景福又问李鸿章对于京师安危的看法。根据对八国联军兵力集结情况的分析，李鸿章推断京师最危急的时候应该是九到十月之交，但聂贡亭（聂士成，字贡亭）已阵亡，马、宋（马玉昆、宋庆）诸军都已零落不堪，对敌军的牵制必不得力。再者，英日此次派兵均很多，尤其日本因距离中国最近，调兵自然也最为迅速，加上英军相助，李鸿章估计到八九月，京师恐怕就已不能保全了。说到此处，他眼中含泪，忽然用手杖触地，怆然言道："内乱如何才能够制止得住？"

当一日和尚撞一日钟

李鸿章素来胸有城府，晚年更是沉着冷静，喜怒不形于色，即便是让他承受了巨大伤痛和悲凉的甲午战败，也"未尝以郁闷之色示人"。这种情绪失控的情况极为少见。在场的人无不动容失色，同时大家对于国家前途也都生出了茫然之感，个个心头如灌铁铅。默然良久，还是裴景福率先打破沉默，安慰式地说："按照国际公法，敌兵即便入京，也不能对我们无礼。"李鸿章点点头："你说的对，但就怕无人主持，自己先动摇了。"裴景福道："您何不就此向朝廷陈奏？"李鸿章说，他到上海后就会马上具折陈奏，但就怕无济于事。

裴景福此时欲起身告辞，李鸿章问左右潮涨没有，得知尚未潮涨，便对裴景福示意还可以多聊一会。裴景福于是又问道："万一都城不守，您入京后该怎么办？"李鸿章对此早就经过深思熟虑，他认为若北京失守，待他入京后，各国必然会要求"剿除'拳匪'以示威"，"纠出首祸以泄愤"，并以此作为要挟，尔后再索取军费、赔款。裴景福问各国大约会索取多少军费、赔款，李鸿章表示他对此也不能预料，"唯有竭力与之讨价还价，请求放宽推迟索赔期限，而且还不知道能不能做到。"至此，李鸿章再次流露出对前景的绝望和无奈，凄然说道："我能活几年？当一日和尚撞一日钟，钟不鸣了，和尚也就死了。"他边说边流泪，裴景福亦随之悲伤不已。

二人接着谈及了中国将来的复兴问题，裴景福又问道："若国难得到解除，您将先做什么事？"李鸿章皱着眉头说："事定之后，中外局面定会为之一变，我国唯有专心解决财政问题才行，偿款不清，国家就无法成其为国家了，若求治太急，反而会让自己陷入困境。"

说到"偿款"，中国虽然号称地大物博，但年收入尚不及西方大国的一半，李鸿章认为，将来必须另外筹划更好的办法。裴景福也发表意见："多取多用，各国都是这样，取天之财仍还于天下，出入相当，世间万物皆循此理，有何不可？不过必须警惕利权被外人剥夺！"

"联军不足以亡中国，"李鸿章道出了他的另一个判断，"倒是国难平息之后，如何收拾残局，值得忧虑。"裴景福说："朝廷有您，是天下百姓之福。我有句话想跟您探讨，中国之弱，是弱于人，不是弱于法。人有得失，法无新旧，果得其人，可根据所需，使其为我所用；不得其人，虽博采古今，结合中外，也会滋生弊端。"

裴景福的观点，其实还是源于儒家"为政在人"的理论，与李鸿章主张维新变法的思想并不契合，但李鸿章并没有因此直接给裴景福泼冷水，而是笑着对他说："八股是旧的东西，策论才是新事物，自应取策论，弃八股，但你我都是八股匠，因此只能说旧话。"一番妙语，逗得哄堂大笑，原本显得沉重甚至有些压抑的现场氛围，也变得轻松了不少。

"君子主持国事，既不会炫耀自己国家的强大，也不会欺侮弱小之国，既不会因为国家有不足之处而自卑怯懦，也不会因为别国更强盛就感到害怕畏缩。"裴景福希望李鸿章能够以中国传统政治理论中的"正己以正天下""守常待变"，直面北上后的各种危险与挑战。李鸿章则叹息不已："国运所关，实有天命，以后的事情实在难以预料。"

涨潮了，江水湍急，波光粼粼，船开了，而李鸿章则许久都未开口，只是沉默着坐在那儿一动不动，仿佛睡着了一般。

两广独立

1900年7月17日，李鸿章乘"安平"轮离穗北上。不久，船在香港靠岸，在盛大的仪仗队和礼炮十七响的欢迎声中，李鸿章登岸，对香港总督及各国驻港领事进行拜会。

在婉拒英方让其留在广州的建议后，李鸿章即询问自己北上路过香港时，能否得到港督接见，英方表示欢迎。李鸿章不知道的是，香港总督卜力与他身边的幕僚刘学询串通好，起初竟有意将他强行扣留在香港，卜力甚至都已经在香港为李鸿章准备好了囚室。只是伦敦方面担心这么做，会使英国成为众矢之的，从而引来一连串的外交麻烦，才只得作罢。

卜力最后决定在李鸿章过港时，再作一次劝说和挽留。梁启超后来在他的《李鸿章传》中，为李鸿章当时的进退设想了上、中、下三策，其上策是"拥两广自立，为亚洲开一个新政体"，此即"两广独立"。卜力正是欲用"两广独立"来挽留李鸿章，其具体方案是拥李鸿章为王或总统，并联络流亡日本的孙中山来施行新政。

就在李鸿章登岸香港的前一天，孙中山已返抵香港海面，虽受驱逐令所限，无法登岸，但卜力表示，如果李鸿章答应了"两广独立"，即可允许孙中山上岸并同李会谈。

孙中山把两广作为革命策源地，可是筹划了几年的武装起义一直都不顺利，亦难以得到西方国家的援助，现在若能联合清廷重臣李鸿章，搞"两广独立成立共和国"，对于推翻清廷的革命而言，无疑是个难得的机遇，更何况，港英当局以李、孙合作为前提，似乎还答应可以给予资助，有什么理由予以拒绝？因此，尽管孙中山推断李鸿章接受"两广独立"的可能性不大，但还是对此存有侥幸心理，他一面在船上等候卜力与李鸿章会谈的结果，一面召开紧急会议，部署其拟议中的惠州起义事宜。

卜力很早就来到码头等候李鸿章。在呈给英国政府的电报里，他根据自己得到的情报，预计反清起义将于两周内在湖南和南方爆发，但是"造反者并不排外，并且希望在取得一定胜利后，得到英国的保护"。由此出发，卜力表示，如果能让孙中山与李鸿章合作，搞"两广独立"，对英国的利益将是再好不过了。李鸿章会愿意"背叛"清廷，在两广建立新政府吗？卜力只能把自己的揣测和传言作为判断："这个李总督正向这个运动卖弄风情，谣传他想自立为王或是当总统。"

李鸿章上岸后，即被迎候的卜力请入密室。一番寒暄之后，卜力对李鸿章离粤北上的决定表示遗憾，而李鸿章与把宣战诏书定义为"矫旨"不同，坚持召其北上的命令是由慈禧和光绪共同签署，也就是说具有充分的权威性和合法性，他必须遵从。

卜力敦促李鸿章改变主意，以保证维持南方的和平与安宁。李鸿章依旧婉拒，并转守为攻，宣称威胁广东和平的主要危险，不是来自其他地方，就是来自香港。他指出，香港已被革命党、保皇党等"颠覆分子"利用来作为基地，反过来力劝卜力对此加以禁止。

李鸿章之所以拜会港督，除了希望英国能对其北上予以支持外，另一个就是试探在中国未来统治者的选择问题上，英国将持何态度。离粤北上这一话题刚刚告一段落，李鸿章就直截了当地问卜力："英国希望谁做皇帝？"

卜力本来准备好提议李鸿章当皇帝，但没想到李鸿章如此单刀直入，一时倒不知说什么好了，只好按照正常外交辞令答道："如果光绪皇帝对这件事没有责任的话，英国对他在一定条件下继续统治，不会特别反对。"

"我听说现在西方持这样一个态度，如果义和团把北京的所有公使都杀了，各国就有权利进行干预，并宣布要立一个皇帝。"李鸿章似乎对卜力的回答并不满意，他继续逼问，"如果事情变成这样，你们将会选择谁？"

未等卜力作答，在停顿了一下后，李鸿章又补充了一句："也许是个汉人？"

下　策

让各国进行干预，重新选择中国皇帝，并且不排除汉人的选项，这在卜力看来，分明就可以推断为李鸿章已有称帝之心，或至少不是不乐意当皇帝。卜力暗暗心喜，他立即试探性地回答："西方大概会征求他们所能找到的中国最强有力的人的意见，看怎样做最好，然后做出决定。"

按照卜力的想法，此言一出，李鸿章就应该领会到，他本人就是西方所认为"中国最强有力的人"，接下来双方就可以进入正题，围绕"两广独立"以及拥李为王或总统，心照不宣地进行讨价还价了。这时卜力注意到，李鸿章眯起了眼睛，他觉得这是一种微笑，但随后的画面却让他不得不迅速纠正自己的错觉，李鸿章用东方式缓慢沉稳的语调说："慈禧皇太后是中国最强有力的人！"

卜力其实自始至终都没有听懂李鸿章的话。李鸿章前面一番议论的本意，并非觊觎皇帝宝座，而是出于稳定中国政局和善后的需要，希望包括英国在内的西方国家不要抛弃慈禧，卜力的表态让他很不满意，所以他才会明确告知对方：不管慈禧有什么过错，她仍是"中国最强有力的人"，或者说是"最有能力的统治者"。

会谈结束了，李鸿章没有接受卜力最后的劝说和挽留。卜力告知正在海面上焦急等待结果的孙中山："他（指李鸿章）无意冒险搞什么'两广独立'，而正准备扮演他将来在北京的角色，即充当中国的和平使者，或者是它的新统治者。"

孙中山自然倍感失望，孙中山的助手陈少白是"两广独立"的知情者和策划人之一，他此前已与随李鸿章北上的刘学询暗中联络，闻讯也颇不甘心，便又登上"安平"轮，欲请刘学询再次向李鸿章进言，然而刘学询无可奈何地表示，李鸿章"意志坚决，无法劝阻"。

"一个由十九世纪后半期的风霜雨露铸育出来的老人，只能属于十九世纪。"一位现代学人如此评述李鸿章。作为一个在崇尚宋学的家庭氛围中成长起来的仕宦子弟，李鸿章自六岁起，便接受了严格的儒家思想传统教育，到了他现在这个年纪，其人格结构已经相当稳定，非外力所能轻易撼动。在李鸿章的心目中，君臣之位是绝对不能僭越的，他忠于君主，忠于朝廷。疆吏即便手握大权，亦绝不可"窥测朝廷之迹"，这是他与西方人卜力、革命家孙中山的根本区别所在。让他搞"两广独立"，怂恿他当皇帝，他的价值观会本能地提醒他，那就是在造反，是流寇和坏人才做的事，身为国之重臣，绝不能动此"邪念"，所谓李鸿章有意成为"新统治者"，不过还是出于卜力自己的想象。

对于北上，李鸿章心意已决，"安平"轮驶离香港，继续往北方驶去。海风中夹杂着的燥热，不适合已经明显体弱的老者，随从们不时提醒李鸿章回舱房休息，但他却执意要在甲板上多坐坐。或许，他已经预感到自己时日无多，能够饱览大好河山的机会不多了，也可能是把海上的惊涛骇浪，当成了他即将面对的各种艰难险阻，在内心不断进行思考和权衡。

梁启超上、中、下三策，上策"两广独立"已经被李鸿章排除，中策是"督兵北上，勤王剿拳，以谢万国"，但李鸿章过去一手打造的北洋海陆军，早已在甲午战争中溃灭殆尽，现在身边没有一支强有力的亲信部队，如何"勤王剿拳"？剩下来的便是下策，"受命入京，投身虎口，即将为顽固党所害"。李鸿章采取的正是这个所谓"下策"，不过首先给他下马威的，还不是义和团或顽固派，而是洋人。

1900年7月21日，李鸿章一行抵达上海。刚下码头，众人就感受到了一种异样气氛，除本地官员外，前来迎接的外籍人士，仅寥寥几名海关职员，各国领事似乎事先已有默契，在这一天全都不见踪影，李鸿章甚至连礼节性的问候都没能得到。

显然，李鸿章的北上任命遭到了欧美国家的集体漠视。虽有俄国予以支持，双方已达成默契，但这也给李鸿章打上了"亲俄派"的标签。鉴于英俄远东对抗的背景，英国对此尤其不喜，在卜力挽留失败后，即将李鸿章的形象定位为"老迈阴谋家""无良心的政治家""擅长手段、不讲信用的旧官僚"，诸如此类。英国驻沪领事公开表示不欢迎李鸿章来沪，不仅拆下了用于欢迎李鸿章的彩坊，还不准李鸿章的两百余亲兵卫队登岸，直至解除卫队的武装后，才允许二十名随员进入租界，这一切，都是为了让"这个被外国人奉承惯了的高傲自大的清朝官员，这次不得不领教一下不受欢迎的苦头"。

京津危局

李鸿章是个爱讲排场的人，但此行也已安排得足够低调，登岸后，以简单仪仗径赴洋务局馆下榻。与洋人刻意的冷淡不同，南方督抚和大小官绅对于李鸿章的到来，表示了隆重欢迎，"节钺北移，中外祈庆"。这并不奇怪，在当时特定的环境下，李鸿章"舍我其谁"的担当及其举动，早已受到朝野的普通赞扬。时人说他"晚年因为中日一役，未免被舆论群起指摘，然自此番再起（指从广州启程北上），全国人士皆知扶危定倾，拯此大难，毕竟非公莫属"，因此李鸿章在国人心目中的形象顿时焕然一新，"渐觉誉多而毁少，黄花晚节，重见芬香"。就连很爱研究李鸿章的梁启超，虽然对李鸿章常有苛评，然而总体上还是佩服的，并以"天下唯庸人无咎无誉"来对之加以概括。

当天，在李鸿章下榻处，上海文武官僚及附近州县求见者络绎不绝，但除时任铁路督办大臣的盛宣怀、上海道余联沅、前任台湾巡抚邵友濂等两三个重要人物外，对于其他人，李鸿章一概拒见。

到上海后，因旅途劳顿等原因，李鸿章身体稍感不适，便准备在上海略作休养，再取道运河北上。抵沪第二天，刘坤一来电对李鸿章调任致贺，并询问李鸿章何时北上，李鸿章将自己的行程安排如实告之。不料此时长子李经述从德州来电，给李鸿章带来了"津亡京危"的坏消息。原来一周前即7月14日，八国联军就已攻陷天津，并向京师进逼，"溃勇、拳匪沿途抢劫，难民如蚁"，李经述慨叹："天津失守，北京如何还能支持？大事去矣！"

形势急转直下，李经述劝父亲"万勿冒险北上"，并建议如果朝廷严旨催促，则"由旱路徐徐前进，相机而动"。李鸿章深以为然，认识到"津门难入"，他随即改变主意，决定顺势以健康原因滞留上海。次日，袁世凯转来北京消息，称使馆区和各国公使都安然无恙，意指只要李鸿章来京，谈判不会受到太大影响，但李鸿章仍不愿冒险北上。

不久，李鸿章移寓刘学询宅邸，其间他以奏请送各国公使至天津为条件，在上海就地与各国进行谈判的设想，奈何各国驻沪领事依旧相约不来拜访。不唯如此，在英国的带动下，慈禧召李鸿章北上，还被各国理解为是俄国操纵的阴谋，反李北上也相应有了否定慈禧政权，以及否定这一政权在目前危机下，欲打通外交渠道努力的意味。驻沪领事们众口一词，说李鸿章其实并未接到北京的命令，理应继续留在广州，主持"东南互保"，而不是北上，又说各国公使都在北京，他们作为驻沪领事，无权与李鸿章在上海进行谈判。德国甚至还威胁要逮捕李鸿章，称如果李鸿章执意北上，他们"要立刻逮捕他，将其作为一个宝贵的人质"。

更令人哭笑不得的是，从前李鸿章在西方人眼里本是开明派的典范，但伦敦的《泰晤士报》及上海的英国人协会，却居然均视李鸿章为端郡王载漪的代表，认为其名为进步，实质阻碍中国社会的前进。他们主张必须请光绪出而主政，并由此反对优待李鸿章，说不清楚其受命北上究竟来自何人的授意。

李鸿章再三声明，他系奉密诏北上，不能不遵命，直隶总督的任命亦系慈禧亲自签发，但仍然未能被国际舆论所接受，也无法与驻沪领事们直接面谈。这不仅使在沪谈判难以进行，也令李鸿章对入京前景更不乐观。

自此，李鸿章开始闭门不出，除少数幕僚以及次子李经方随侍左右外，紧要事件多只与盛宣怀一人商议，并严禁家人随员泄漏身边之事。经过思考，在征求盛宣怀意见后，李鸿章决定在"此时京、津、沪均难以谈判"的情况下，建议朝廷赶快将各国公使安全护送至天津，以为善后使用外交手段提供方便。

1900年7月25日，抵沪的第五天，李鸿章致电袁世凯代奏朝廷，一面以身体不适，"连日盛暑驱驰，感冒腹泻，衰年孱躯，眠食俱废"为由，正式请求暂时在沪休养调理；一面献"送使赴津"之策。与此同时，李鸿章还拟派自己的姻亲、刚由苏州至沪的杨崇伊北上进京，谒见奕劻、荣禄并面奏慈禧，当面说明"送使出都，以便与各国议和"的必要性。

此时因为天津失守，京城已经乱成了一锅粥，因尚未接到袁世凯的代奏，朝廷已先于23日电谕李鸿章兼程来京，加上前面四次下旨，这已经是第五次催促李鸿章火速北上，谕令要求李鸿章接旨后，"无论水陆，即刻起程，并将起程日期速行电奏"。

26日，李鸿章接到天津海关道员黄建莞的来电，得知天津失守时，原直督裕禄仓皇退走，导致天津各库局所藏巨款被洋人抢劫一空。

裕禄和山西巡抚毓贤都是朝廷对内主抚，对外主战的积极践行者。就在朝廷实授李鸿章直隶的那一天，毓贤在山西诱杀外国传教士男女老少四十余人，因过于残忍和血腥，他自己也心有余悸地说："我头当准被洋人砍去。"然而同时又洋洋自得地对属下言道："我以一头换数十异族头，亦值得。"李鸿章为此痛骂毓贤"误国至此"，在李鸿章看来，裕禄也和毓贤一样"误国"，平常对国防建设不上心，事发时投端郡王载漪等人所好，一意指使武卫军会同义和团，对紫竹林使馆区进行围攻，看到天津守不住，又不未雨绸缪，只顾自己逃命。

在给黄建莞的复电中，李鸿章激愤地说："天津、大沽糜烂到这种地步，裕禄造的孽太大了！既然围攻紫竹林使馆区，洋人必定反咬一口，司道局所存款，为何不预先设法运寄保定省库？"

29日，李鸿章收到了朝廷的第六份催促北上电，其调子比先前更为严厉。朝廷的严旨催促，以及对京津危局的不忍坐视，促使李鸿章决定即刻北上入京，并在复奏中称颂："圣主知人，山河之幸。"然而，在收到李经述从德州发来的电报后，他又踌躇了。

成何世界

李经述的电报是7月27日发的，但是李鸿章31日才收到，电报内容是："内意信拳，非敌兵围京，断难议和，祈留一身以救全局。"即慈禧与义和团并未能够完全切割，李经述断言，不到敌军围困北京的那一天，议和就无法实现，他建议其父继续留在上海，待时机成熟再北上救局。

李鸿章只得缓行，但他又担心若真的等到北京被围，慈禧、光绪招致灭顶之灾。惶惶不安之中，李经述又于8月2日发来急电，告知载漪、董福祥辈利用"党拳煽乱"，连慈禧都已无力进行制约，他预计北京围城时，慈禧、光绪势必"西幸（西逃）"，故而劝李鸿章不必为此顾虑，"切勿轻身赴召，自蹈危机"。袁世凯同日也致电李鸿章，给他带来了另外一个坏消息：时任巡阅长江水师大臣的李秉衡，一度曾列名"东南互保"，但不久即力请募兵入卫京师，入京后，李秉衡受慈禧召见并得其倚重，成为主战甚力的勤王将领，与此同时，朝中主和派则遭到了残酷打压和报复，曾在殿前会议上与光绪共泣的工部左侍郎许景澄、太常寺卿袁昶,被斩杀于北京菜市口。

两份电文的内容尤其是许、袁被害,对李鸿章造成了不小的震撼。许、袁都是颇通时务的大臣,他们也不过是就和战提出自己的意见而已,竟因此落得人头落地,李鸿章在百感交集之余,忍不住惊呼"成何世界"。

除了"责以主和亲夷",朝廷并没有就杀戮两大臣给出一个令人信服的理由,乃至"天下伤冤,竟不知何故"。李鸿章猜测二人是"得罪拳匪",才导致慈禧动了杀机。不管怎样,这说明现在义和团运动仍处于高潮之中,慈禧的剿抚态度也依旧摇摆不定,反复无常。

义和团称教民或为洋人办事的中国人为"二毛子",按照义和团的定义,许、袁甚至包括他李鸿章,毫无疑问都在此列,且李鸿章还是义和团发誓要除掉的"二虎"之一。除了义和团的威胁之外,政敌也随时有可能予以加害,那些极端顽固派大臣犹如入了魔一般,对所有新派人物、大臣都恨得咬牙切齿。在二者的裹挟之下,以目前慈禧的状态,李鸿章不入京便罢,一旦入京,十有八九也会步许、袁后尘,落得一个身首异处的下场——在许、袁被处斩时,据说慈禧就已经列出一份黑名单,上有十多位大臣的名字,李鸿章赫然在列。

京城暂时是去不得了,李鸿章决定接受儿子的忠告,等到敌军兵临北京城下再说,他向李经述表示:"洋兵已前进,一月内大局可定。我将暂缓北上,即便因此遭到严厉谴责,也顾不得了。"

实际上,就在8月2日当天,清廷又发布了一道上谕,要求对已经"感悔投诚的教民",不得概加杀戮,对"各处匪徒,假托义民,寻仇劫杀者",将"分明查明,随时惩办"。这道上谕在外界的解读下,被作为了清廷内外政策发生根本性转变的依据。李鸿章当日亦具折,"密陈安危大计",强调在中外众寡、强弱悬殊的情况下,中方不能以卵击石,孤注一掷,而应"立简重臣,先清内匪,善遣驻使,速送彼军"。

然而随后传来的信息表明,京城形势并不乐观,主战的顽固派仍然极有势力,尤其载漪、刚毅等人对李鸿章十分排斥,甚至加以弹劾。在给时任中国驻英公使罗丰禄的电报中,李鸿章透露,在目下的朝廷之上,"事由端、刚（即载漪、刚毅）主持，与鄙意龃龉，不可救药，奈何！"在义和团的反对及顽固派的掣肘下，慈禧虽然倾向于依靠李鸿章对外谋和，但并不敢放手施行，以致"送使不实，剿匪不办"。李鸿章所献"送使赴津"之策至此完全泡汤，李鸿章亦只能紧急叫停拟议中的杨崇伊北上之行，以免让老姻亲去了白白送命。

1900年8月4日，李鸿章托袁世凯上奏朝廷，以"触暑腹泻，精神委顿"，恳求赏假二十天，在上海养病。身体状况当然不是李鸿章停止不前的最主要原因，在公开电文之外，他又给慈禧写了一封长达一千多字的密电，在密电中，李鸿章直言不讳地道出了自己请病假的真正动因："臣客寄江南，手无一兵一旅，即便不顾道途险阻，应命入朝，也不过是被乱臣贼子拿来剁成肉酱，因此臣只能暂且盘桓。"这里他所说的"一兵一旅"，并非只是指兵权，而是指在和谈期间必须授予其更为广泛的权力，若无此授权，李鸿章认为北上便只是在增加自己的生命危险。

当日，八国联军从天津出发，兵分两路，沿运河两岸，大举向北京进犯。眼看局势愈加恶化，慈禧越发感到只有李鸿章出面，才能收拾大局，三天后，即8月7日，她以李秉衡等人予以弹劾为由，驳回了李鸿章的病假奏请，同时作为对其密电的回应，授李鸿章为全权大臣，"即日电商各国先行停战"。

全权大臣

李鸿章抵达上海后，参战各国除俄国外，都拒绝承认他的谈判代表身份，其中英、德两国态度最为强烈，他们反对李鸿章的理由之一，就是指称李鸿章身份不明。清廷明确李鸿章的全权大臣身份，至此，各国驻沪领事再也无法"同声劝阻"李鸿章北上了。

8月9日，李鸿章收到授予全权大臣的电旨。刘坤一对局势洞若观火，闻讯立即致电李鸿章恭贺，并说："旋乾转坤，熙天浴日，唯公是赖。"李鸿章自己却显得比较清醒，慈禧一面任命他为全权大臣，授权其与各国议和；一面则派已成为主战派干员的李秉衡出京督师，与八国联军作战，据说李秉衡出京之日,"以红巾幂首,短衣红带,一如拳匪中的大师兄装束"。这让李鸿章意识到,慈禧在改变内抚外战政策方面,依旧摇摆不定,离最后下定决心尚有距离,主战派在朝中也仍然拥有很大的发言权,而只要这一朝局不变,所谓全权大臣只是徒具空名。知情者也在致李鸿章的电文中暗示:"端、刚锐气正盛,难与抗衡,除非等到其势挫计穷,否则不易接手。"

李鸿章决意再次缓行观望。8月11日,他致电军机处及总理衙门,表示要想挽回危局,就必须切实做到"送使"出京和"剿匪"两层,可是如今两件事,一件都没办,这使得他在跟洋人交涉受限,故而全权大臣一职"断非区区绵力所能胜任"。

那么,谁能够以全权大臣的身份,劝说洋人停战呢?李鸿章建议从慈禧身边"亲信晓事的王公大臣"中派人"会同筹谈"。所谓"亲信晓事的王公大臣",很明显指的就是载漪、刚毅等顽固派兼主战派。

顽固派外战无力,谈和更不是那块材料,然而他们在内部动起刀来却毫不迟疑。就在李鸿章致电清廷的当天,在载漪、刚毅等人的操控下,继许景澄、袁昶之后,主和的兵部尚书徐用仪、户部尚书立山、内阁学士联元也被处死,史称"庚子被祸五大臣"。

北上时机犹未成熟,面对朝廷的一再催促,李鸿章以"直隶、山西两省电线被全部拆毁,暂住上海,尚可与外洋往来通电"为由,继续滞留沪上。

打扮成义和团"大师兄"模样的李秉衡,领兵出征后,尚未正正经经地与八国联军交手,即如同雪球一般兵败崩溃,李秉衡只得服毒自尽,步了前直隶总督裕禄之后尘。李秉衡部溃败后,北京城周边再不能够防御八国联军的正规部队。

8月14日,八国联军进攻北京。在这种大型战事面前,缺乏正规训练的义和团根本指望不上,能上阵的果然只有武卫军董福祥部,但董部也被迅速击败。董部是北京城内唯一一支建制较为整齐的部队,董部不敌,便意味着再无更强的防守力量可守御北京。15日清晨,慈禧带着光绪等人,急急忙忙换了便装,分乘三辆马车,仓皇离开紫禁城,开始了一年零四个月的逃亡生活。

早在大沽失守后，京城就传出了"西迁说"，认为慈禧有事急时弃京西逃的预案。李鸿章也估计董部一旦遇到挫败，恐怕慈禧就会立马"西迁"，从保护京城及其善后谈判的大局出发，他反对慈禧仓促"西迁"。就在八国联军攻城的前一天，他在确证朝廷即将"西迁"的情况下，以电告参与"东南互保"的"同志诸帅"，要求联衔谏阻"两宫西幸"。然而这一倡议却遭到了张之洞的拒绝，在张的影响下，闽浙总督许应骙也表示不愿列名，李鸿章再三沟通解释，如此你来我往地发了三天电报，等到谏阻电奏发出，慈禧早就带着光绪逃离了北京。

不为遥制

据时人记述，南方只是知道京师陷落，却不知道慈禧和光绪的下落，由于各地督抚也都联系不上朝廷，甚至还有谣传，说慈禧和光绪已经殉难，弄得到处人心惶惶。两江总督刘坤一由此发起倡议，拟推李鸿章以类似"伯理玺天德"（对英语总统的译音）的名义，主持国政，以便暂时维持大局，应付外交。

经过密商，湖广总督张之洞等人都表示赞成，于是刘坤一将此事通知了李鸿章。李鸿章说："你们大家既然共同推举我，我也知道如今这个时候，没人愿意担当这样骂责，只要此事对国家有利，我不敢推辞。近日如果两宫仍无消息，我就先服从众议，勉强就职，不过一旦探得两宫安全的讯息，我将立即奉还大政，守我臣节。"恰好第二天众人就收到了"两宫"已行至某处的报告，刘坤一的倡议遂自行中止。

1900年8月18日，李鸿章收到袁世凯的电告，得知八国联军入京后，各国使馆已解围，但京中无人主持，希望李鸿章能火速乘船沿海北上，设法议和，挽救危局，并说若再晚一点，京城恐怕会被焚之一尽，"大清存亡，唯公是赖"。

国势已处于一触即溃的状态，遥望朝局，李鸿章心急如焚。此时各国在经过一段时间的观察以及权衡之后，已经接受了李鸿章北上的选择，但在各国中，一直有要求慈禧归政于光绪的声音，其中尤以英、日最为强烈。李鸿章深知"归政"乃慈禧的心病，国家弄到这个地步，也正是因此而起，若再纠结下去，会更加不可收拾，故而他并不希望慈禧的地位受到威胁，在英、日等驻沪领事面前，一再保全慈禧。

此后，荷兰公使克罗伯又特地由京抵沪，与李鸿章会晤，告知各国公使仍拟让慈禧归政光绪。各国公使痛恨慈禧，首先就是因为她怂恿义和团进攻使馆区，李鸿章为此竭力替慈禧开脱，称"'拳匪'发难"后，慈禧慑于义和团势力太大，怕祸起腑肘，影响社稷安危，"不得已徐图挽救"，才对义和团不"剿"而"抚"，其真正的矛头并非针对各国使馆。

李鸿章对慈禧并没有彻底丧失信赖，但在对外维护慈禧地位的同时，他在内部亦未因为明哲保身，进而故意绕开慈禧的重大失误和问题不提。张之洞拟了一份致上海各国领事的电稿，其中说"康党"散布谣言，"诬谤"慈禧，并称慈禧"素多善政，尤重邦交，岂有袒匪之理"。张之洞想请李鸿章会衔发出，但被李鸿章婉言谢绝，坚持不肯替慈禧讳过。

李鸿章不仅勇于在朋僚之间表明自己对慈禧的这种态度，甚至还敢于直言要求慈禧"效法禹汤，先下罪己之诏"。后者是一个极为大胆的举动，李鸿章这么做，无非是要敦促慈禧彻底改变态度，以认错赢取主动，在给列强一个交代，博取其信任的同时，也间接保证他本人北上后的安全系数。

在李鸿章的一再催促下，加之形势所迫，8月20日，逃亡途中的慈禧不得不以光绪名义发布"罪己诏"。而且，此时朝廷为求尽快达到与洋人讲和的目的，终于决定将"不为遥制"这道尚方宝剑一并授出。8月24日，朝廷发出电旨："上谕全权大臣李鸿章，着准其便宜行事，将应办事宜迅速办理，朕不为遥制"。

李鸿章由此成为真正意义上的全权大臣，对内可摆脱主战派的阻挠，按照自己的意图进行议和，对外则完全具备了代表朝廷进行和谈的条件，然而即便到了这一步，各国对其代表资格问题仍旧存在不同意见：俄、美是正方，两国对于李鸿章作为和谈代表均无异议；德、日是反方，尤其德国更是强烈反对，德皇威廉二世甚至辱骂李鸿章是"狗"，对他进行了人身攻击，说"我希望还可以捉到他，倘英国人禁锢了这只狗，则俄国人就不能与他交涉了"；英国先表示应由被认为亲英、日的刘坤一、张之洞主持议和，后又对李鸿章予以默认，但有英方背景的海关总税务司赫德，却指名应由奕劻出面"商议大事"。

各国的不同态度，使李鸿章深感独木难支，必须加上奕劻、刘坤一、张之洞、荣禄，一并前去议和，这样既能向各国显示清廷议和的诚意，又能巩固内部的主和势力，避免因为自己势单力孤，凶多吉少，导致以后的议和过程再经反复。8月25日，李鸿章致电"行在"（即慈禧逃亡途中的居住地），以日本外相青木提出要求为由，请求添派奕劻、荣禄、刘坤一、张之洞一起，同为全权大臣，参与议和。

在"东南三大帅"中，张之洞的资历最浅，胆子和魄力也最小。在清廷旨意明确下达前，得知自己可能随同和议，张之洞原本想要予以推辞。然而刘坤一那边随即传来消息，形势越来越紧张，德续调重兵，英调兵驻沪，日在厦门挑衅，列强各占先着，伺隙而动，他认为，在这种情况下，只有群策群力，尽快议和，国家"尚可弱而不亡"，张之洞这才同意加入北上议和行列。

早已无计可施的慈禧，迅速接受了李鸿章建议。8月27日，奕劻被授"便宜行事"全权，令"即日驰回京城"，与各国使臣商议大事。31日，又增派刘坤一、张之洞为议和大臣，"随时函电会商"。除了荣禄因故缺席外，李鸿章所奏请的另外三人已全部到位，英、日获悉遂做出让步，同意有条件地接受李鸿章为议和大臣。

我这条老命拼得过

在已经充分掌握议和全权，并且将主和的亲王大臣捏合在一起后，李鸿章方才得以放开手脚。1900年9月1日，清廷谕令李鸿章拿出扭转局面的确凿办法，他次日即奏请抢修电线并明发"严剿拳匪，以靖人心"的上谕。

在李鸿章看来，"拳乱实为本朝二百四十年未有之奇祸，亦为历代史乘所罕见"，应予剿办，"官不剿不能保民，官不剿而留为外人代剿，更不能为国"。应该指出的是，李鸿章对义和团的态度比较复杂：一方面，他痛心于拳民大多被清廷中一帮别有用心的王公大臣所利用，其义举反而加速了国家的危机；另一方面，他也看出了拳民"愚忠"之可敬，在具体处置措施方面，并不同意像袁世凯所主张的那样予以残酷镇压。说到底，李鸿章所谓的"严剿"其实是为了不贻人口实，他真正在意的，还是惩办首祸王大臣和保护各国公使安全，以便和谈得以开展下去。

9月7日，朝廷做出回应，正式发布"剿匪"谕旨，将主要责任诿卸于义和团，指责义和团"实为肇祸之由"，声称"今欲拔本塞源，非痛加铲除不可"。

次日，慈禧以光绪名义发出电旨"罪在朕躬，悔何可及"，命李鸿章"即日进京，会商各使，迅速开议"，并且反复劝说李鸿章，北上之行"不仅是国家安危所系，同时也是国家存亡所系，要扭转乾坤，非奇才不能胜任"。

李鸿章已确定将离沪北上，不过在此之前，他还要确保国家不会被各国所瓜分。保护各自在华使馆和侨民安全，本是各国侵华的最初理由，但到此时为止，欲望的闸门已被打开，各国均心怀鬼胎：英国想趁机独占长江流域和华南地区，日本欲借此迈出其掌握亚洲霸权的第一步，沙俄妄图独占东北，德国则想伺机扩大其在华特权，认为"这是发展东亚商业之最大的希望"。

李鸿章清楚地认识到这一点，他在给袁世凯的一份电报中断言："乱不靖，则瓜分之势必成！"为了阻止各国的瓜分企图，在沪期间，李鸿章使出浑身解数，对各国采取了不同策略，竭力打通外交关节：与俄国秘密交涉；请美国、法国进行调解；向德国道歉；对日本打同文同种的"种族感情牌"；告英国以将努力保护其在长江流域的商业利益为词。

李鸿章的做法被法国殖民部长称为"鸿章之分化联盟政策"，他的这一外交努力在短期内取得了很大成果。9月13日，海关驻伦敦办事处税务司金登干，在回答赫德关于欧洲是否要瓜分中国的电询时，说："各国显然仍拟支持清王朝，不主张瓜分。"维护慈禧地位关系到最后的议和能否举行，这一问题也已得到解决，金登干告诉赫德："英国舆论主张维持光绪皇帝，给慈禧太后以个人安全，但反对英国政府承认她"，不过这只是英国舆论的意见，"至于俄国等则倾向于支持她（指慈禧），必要的条件包括惩办祸首、赔款、保证今后对各国友好等。"

一番心力总算没有白费，在仔细权衡中外形势后，李鸿章认为北上时机已经成熟，遂决定航海北行。当张元济劝他勿再为清廷效力时，李鸿章以其一贯的果断口吻说："你们小孩子懂什么，我这条老命拼得过！"

李鸿章向各国驻沪领事通告了自己的北上日期。自天津沦陷后，海防已阻，各国海军司令官对此开会讨论，除德国外，都允许他通过海上防线，其中俄、美尤其表现积极，俄国答应派舰护送，美国则承诺将电告京津统兵将军，沿途对李鸿章提供保护。

既然各国已允许李鸿章北上和谈，为其保留了外交解决的机会，就进一步说明各国暂时没有或不敢有瓜分中国的打算。自来到上海起，李鸿章几乎日日处于惊心动魄的危急时刻，如今经过步步为营的应对，时局总算慢慢明朗，他可以安然北上了。

9月15日，李鸿章正式从上海启程北上。他本已接到朝廷谕旨，说海关总税务司赫德会安排军舰，护送他北上，但结果赫德因故并未遵旨执行，李鸿章只好接受俄国人的建议，由俄军护送赴津。考虑到天津进口须有各国保护接待，才可以畅行无阻，而自己身上又有"亲俄派"的嫌疑，直接乘坐俄舰易遭各国敌视，李鸿章决定仍乘招商局"安平"轮，只由一艘俄国军舰沿途护送。

随着汽笛声鸣响，李鸿章晚年最惊心动魄、艰难困窘，同时也使他备受后人诟议的这段不归之旅又开始了。

赴　津

1900年9月18日，李鸿章乘"安平"轮抵达塘沽，在一群俄国军官的欢迎和保护下登岸。不出所料，即便李鸿章没有乘坐俄舰，各国官兵仍对俄国军官"为什么对中国人如此尊重感到奇怪"，一个站在码头上的德国军官，甚至因为俄国军官"穿上礼服欢迎这么个人物"，"非常粗鲁地表示莫名其妙。"

俄国保护李鸿章北上，与其区别于西方各国的对华政策是一致的，但其背后却隐藏着极其险恶的用心，那就是入侵东北。应该说，李鸿章对此并非没有警惕，在签约《中俄密约》后，他曾多次告诫实际主持外交的俄国财政大臣维特，要求俄国不要沿中东铁路南下，并警告说如果俄国南下，"就可能掀起政治风暴"，引起中国人的抵抗。

义和团运动开始后，东北义和团开始拆毁中东铁路，李鸿章深恐此举成为俄国入侵东北的借口，急电东北三省将军，请他们禁止毁路，然而迟了，俄皇尼古拉二世已以保护中东铁路为名，派十万俄军乘机侵入东北。至李鸿章离粤赴沪时，俄军先后制造了海兰泡惨案，并强占江东六十屯（两案合称"庚子俄难"），李鸿章抵达上海后，才得知消息，对此当然不能容忍，遂请促俄国专使就此进行会晤，但却未能如愿。

在李鸿章离沪北上前，俄军已攻占了哈尔滨。问题在于，这时的清廷已经自身难保，根本无力顾及东北，与此同时，俄国却成为各国中相助中国最为积极的国家，维特不仅表示可帮助中方与其他各国迅速议和，而且俄国也已从北京撤兵。李鸿章与刘坤一、张之洞会商后，都倾向于先争取俄国之助，解决眼下的议和，之后再回过头来，与俄国就入侵东北进行交涉。三人为此联衔上奏清廷，称："俄财相维特可以相助，千载时机，绝不可失。"

就李鸿章来说，他对借俄之力实出于不得已，因为除此之外，并无其他更好的选择。在俄军的保护下，李鸿章暂住于塘沽的海防公所，之后在与俄国陆海军司令会晤时，他对俄国从北京部分撤兵表示感谢，同时又力劝俄军暂缓进攻沈阳。

9月19日，李鸿章又由俄军护送到达天津，为其住所担任门岗的是俄国卫队，而且保卫制度很严格，出入必须有出入证，以防闲杂人等接近。李鸿章并不情愿接受俄国的这种"特殊礼遇"，因为他知道俄国人这么做不仅需要己方付出相应代价，而且还会使自己身上"亲俄派"的标签更难去除，从而增加议和的困难。在会见英籍的天津海关税务司杜德维时，他询问总税务司赫德为何没有遵照清廷谕旨，安排军舰从上海接他到大沽，并说如果赫德能遵旨照办，他也就不需要让俄舰护送，因而引起他是"亲俄派"的流言了。

李鸿章还会见了过去的洋幕僚、德国人德璀琳。德璀琳提醒他，担任八国联军统帅的德国人瓦德西，在未来的谈判中将是一个主要人物。不久，瓦德西抵达天津，李鸿章急不可待地谋求与之会晤，但瓦德西却按照德国政府的指令，以"只管战事，不管交涉"为由，拒绝了李鸿章的请求。德国新任驻华公使穆默，虽然在上海已与李鸿章来往过两次，然而到津后，也同样拒绝与李鸿章进行晤谈。

德国人连个面都不肯见，显然是想拖延停战议和进程，为八国联军继续"用武"创造条件，而李鸿章根据他所得到的最新情报，八国联军还将进攻保定。停战谈判必须尽早举行，当务之急是要进一步采取措施，为停战议和铺平道路。在李鸿章的电请下，清廷降旨，向俄、德、日致送国书，希望"尽捐嫌隙"，"早定和议"；就俄国从北京撤兵一事，正式向其致谢，并借机请俄国劝说德国采取同样的行动；趁德军尚未全到北京，赐祭先前被杀的德国公使克林德，无非是让德国人消消气，不再对中方穷追猛打。

慈禧在逃亡之初，顽固派仍在"行在"中据有话语权，慈禧还命端郡王载漪入枢，辅国公载澜充御前大臣。其时李鸿章尚未离沪赴津，对此消息大感不安。他原已奏准荣禄（北京沦陷后退守保定）为议和全权大臣，但荣禄并不愿意加入议和交涉，其理由是行在没有主和派主持，就怕主战派继续掣肘。李鸿章认为荣禄"所虑极为周密"，慈禧身边确实需要有一位能影响慈禧，牵制顽固派的实权人物，以便协调内外，促成和议，又考虑到因武卫军参与围攻使馆，各国公使对荣禄都有所不满，"不肯接待"，遂奏准荣禄返回行在，"入值办事"。

在推动荣禄返回行在的同时，李鸿章以利于议和为缘由，联合东南督抚，对顽固派发起猛烈进攻。早在他从上海启程前，即与刘坤一、张之洞、袁世凯会衔，密奏"清君侧"，请求惩治"肇祸"诸大臣："统率拳匪"的庄亲王载勋、协办大学士刚毅、右翼总兵载澜、左翼总兵英年；"庇纵拳匪"的端郡王载漪；查办义和团不实的刑部尚书赵舒翘等。

李鸿章等人在奏议中明确，惩治"肇祸"诸大臣也是各国领事的共同看法，强调此事乃"各国公愤所在，断难偏护"，如果迁移不办，"恐各国变其宗旨，愈之愈不可收拾"。慈禧显然受到了触动，9月19日，她在召见随行军机大臣时，面斥载漪，刚毅等见状都深感"圣怒不可测"，一个个都噤不敢言。李鸿章得到这一信息后，迅速判断出载漪、刚毅等已"势挫计穷"，完全失宠了，遂致电清廷，在敦促"议处首祸诸臣"的同时，特别强调要将"端王逐出军机"。

果然，慈禧接电后，立即允其所请，革去载勋等人的爵位，撤去载漪的军机处大臣等一切差使，至于载澜、英年、刚毅、赵舒翘等，则分别轻重，严加议处。至此，清廷高层主和势力取得了绝对性胜利，议和的趋势更是不容置疑。

洋人的世界

1900年9月29日，李鸿章专程造访了自己曾坐镇长达二十五年的直隶总督府。经历过战乱之后，昔日的直隶衙门已是一片废墟，目睹着眼前残破不堪的景象，联想到国破家亡的艰难局势，这位年垂八旬、饱经沧桑的老人忍不住痛哭失声。

因前任直隶总督裕禄已经自杀，李鸿章又迟迟未北上就任，布政使廷雍被朝廷委任为护理直隶总督。10月1日，李鸿章遵旨"恭设香案，望阙叩头"，接受了由护督廷雍派人送来的钦差大臣及直隶总督关防、盐政印信。

10月5日，在略作筹划后，李鸿章由俄军护送，自天津乘船北上，于11日抵达北京。此时的北京已不再是那个繁华富庶的大都会，而是已像天津一样，沦落为"一片罗列着萧条残物的荒野"，举目四顾，皆"蹂躏不堪，除宫殿外，无一免者"。

按照一位西方人的说法，从八国联军攻破北京城的那一天起，"复仇女神来索取不可避免的报应"，便成为联军分内的事。在进行肆意洗劫之后，联军又在北京城内划分区域，实行分段占领、分界管辖。居住在各国界内的百姓，不拘贫富，各于门前插白布旗一面，属于某一国的地界，便在旗上用洋文书写"大某国顺民"，有的则用汉文书写"不晓语言，平心恭敬"

纸条，贴于门前，更有甚者，还按某国旗号样式，仿作小旗，插于门前。

一眼看上去，整个京城都几乎变成了洋人的世界。只有两个小院落，被联军宣布为"属清国政府管辖"，这两个小院落，一个是庆亲王奕劻府邸，另一个是李鸿章寓居的贤良寺。即便是这两个地方，其实亦在各国武装的控制之下——奕劻府邸外有日本兵持枪护卫，贤良寺外则有俄国兵荷枪实弹地日夜把守，正如当时的西方报纸所言，奕劻"如一囚徒"，而李鸿章"实际上是受到礼遇的俘虏"。

参加议和谈判的两位全权大臣，奕劻虽以亲王之尊而列名于前，但无论资望还是能力，均与李鸿章相差悬殊，他不但不敢在李鸿章面前妄自尊大，甚至还怕因与李鸿章合作不好，受到慈禧的责难和"外国窃笑"，因此甘让李鸿章主事，并颇为诚恳地向李鸿章表示："我公（指李鸿章）系国家柱石，实为当今不可少之人。凡事均须借重，本爵恭听指挥耳。"

李鸿章本勇于任事，又正值非常时期，奕劻"事事尽让"，他便也毫不犹豫地揽到自己身上。所有发往行在的电奏和给各国的照会，全部出自李鸿章之手，有的电奏照会甚至是先发出去，尔后才告知奕劻，连跟随李鸿章的随员看在眼里，都有李鸿章已经"大权独揽，左右无人"之感。

李鸿章抵京后就立即拜访各国公使，请求尽早议和，但都遭到毫不留情的拒绝。其时整个清王朝已虚弱至极、奄奄一息，李鸿章乘轿从贤良寺出发，其轿夫随从皆衣衫褴褛，各国看在眼里，便认为中国"既已一败涂地至此，还打算议和？老实听从各国命令吧！"

此时的清廷流亡政府恃奕劻、李鸿章"为泰山"，已到了"望电报如饥渴"的程度，慈禧自述："我一日不见京电，便觉无措。然每一见电，喜少惊多，实令胆怯。"得知议和请求遭到各国拒绝，慈禧坐立不安，一再电令奕劻、李鸿章与各国公使"开议并商停战"。李鸿章在各国公使面前屡吃闭门羹，只得与奕劻另辟蹊径，特请赫德以"撤兵停战"为要点，重新拟了一份照会底稿，经审定后送交各国公使，并希望商订日期开始议和。不料各国公使收到照会后，竟然称"这些建议是狂妄的"，拒绝加以考虑，议和事宜再次搁浅。

10月17日，八国联军统帅瓦德西到达北京。瓦德西并未与义和团、清军打过仗，他的联军统帅一职，是德国人把克林德被杀一事拿来大做文章，强行为他谋取的。这位在联军攻破北京后才姗姗来迟的所谓联军统帅，一入北京，便大模大样地住进了原作为慈禧寝宫的中南海仪銮殿。李鸿章求见，瓦德西依旧按照德国政府"对待中国人切勿让步，切勿急于表态"的指示，拒绝会见，更没有想要议和的意思。

在此后将近一个月的时间里，瓦德西在各国公使中穿梭活动，唆使公使们和他一样对华采取强硬态度。不仅如此，他还采取武力扩张政策，派联军向京城周边地区实施攻掠，进而控制了西至山西，东至山海关，北至张家口，南至正定的直隶广大区域，并不时扬言要渡过黄河，攻击时在西安的清廷流亡政府。

惩办"祸首"

"李鸿章之外交术，在中国诚为第一流矣；而置之世界，则瞠乎其后也。"梁启超的这句评价，前半句是事实，后半句却未必中肯。即便是李鸿章自己，作为一个实力外交论者，对于弱国外交家的艰难也深有体会，他曾颇有感触地说："国际上没有外交，全在自己立地。譬如处友，彼此皆有相当资格，我要联络他，他亦要联络我，然后够得上交字。若自己一无地步，专欲仰仗他人帮忙，即有七口八舌，亦复无济于事。"

北京城中的李鸿章，就处于这样一种国家已毫无地位和资格，自己如入虎狼之地，纵算巧舌如簧，亦无济于事的境地。对于瓦德西的冷脸相向和联军的我行我素，李鸿章毫无办法，只能忍受屈辱，苦苦哀求各国公使说情，劝阻"联军毋庸西去"，同时继续谋求与瓦德西直接会晤。

这一时期，清廷彻底改变立场，进一步对纵容义和团的"肇祸"王公大臣予以追究，成为李鸿章推动议和和停战的重要资本。在到达北京的次日，他就与奕劻会衔奏请从严惩办"祸首"，认为只有这样做，才能阻止联军西犯，否则后果不堪设想。清廷指示李鸿章和奕劻就惩办"祸首"问题提出具体意见，候旨定夺。经过再三斟酌，李鸿章和奕劻复奏，建议将"祸首"加重"至圈禁发遣为止"。

不料各国公使对此并不买账，他们要求将所有涉案王公大臣一律予以正法。就李鸿章个人的情感来说，在保全慈禧本人不被追究的前提下，他是希望借洋人之口，迫使朝廷诛杀和放逐官场中那些最顽固保守、盲目排外的王公大臣的。问题在于，正法一旦涉及朝廷贵胄，就关乎清室脸面，这样的处分在慈禧那里很难通得过，再者，奕劻自己也是王公，免不了会有兔死狐悲之感。两人经过商量，一面与各国公使交换意见，一面电请驻外公使进行斡旋，希望在迅速议和的同时，能够减轻处分，但他们的努力并没有任何效果，各国拒绝和议，瓦德西指挥联军继续西犯。

李鸿章、奕劻立即电告慈禧，将各国公使的要求做了陈述。慈禧对此很是不满，说："经朝廷磋商，载漪等人最多只能到圈禁、遣戍为止，洋人仍不罢休，实在令人愤恨。"

愤恨归愤恨，惩办"祸首"的问题不解决，议和就连影子都看不到，而且此前李鸿章等人为求尽早恢复社会秩序，将损失降到最低限度，已请求各国尽量宽大，将她慈禧从惩办名单中删去了。这些慈禧心里都是很清楚的，故而在纠结一阵后，她仍不得不考虑组织朝廷臣僚重拟载漪等人的罪状。1900年11月11日，荣禄到达西安，入参枢密，在他的劝说下，三天后，慈禧发布谕旨，宣布对"肇祸诸臣"升级惩处，借以"服天下之心，而释友邦之憾"，其中包括载漪革爵，与载勋等一起交宗人府圈禁，以及赵舒翘革职留任，毓贤发往极边充当苦差等，只有刚毅因已经病死，得以免于议处。

清廷的这番姿态，终于产生了一定效果。11月15日，瓦德西终于接见了李鸿章、奕劻，在谈话中，李鸿章、奕劻要求尽快开始谈判，瓦德西声称"和议之事，可望于短期之内实现"，并"明白宣布"联军将在直隶过冬，他同时要求清军撤出直隶，理由是直隶是他的"占领区域"，只有清军撤出，他才能"停止一切敌视行动"。

20日，瓦德西进行回访，当面交给李鸿章一份联军占领区域图。李鸿章看完图后，虽觉得占领区域"过于宽广"，但为了尽快争取和局，仍密令直隶清军照此行事，且强调不得与联军"接战"，以免给对方提供挑衅滋事的借口。

瓦德西方面已经松了口，然而各国公使对于清廷此次惩办"祸首"仍不满意，认为"祸首"中无一人正法不说，还未涉及董福祥。他们联合发出声明，坚决要求处死载勋等人，并惩办毓贤、董福祥，否则"和议断难望成"。

　　事实上，不仅各国公使，就连李鸿章和东南督抚，也都觉得慈禧袒护清廷亲贵，对"肇祸诸臣"的处分有避重就轻之嫌。他们对荣禄回到行在后的作为甚感失望，觉得在李鸿章、奕劻"楮柱于外"时，荣禄并没能起到"斡旋于内"的作用。荣禄则专门致电解释，一面替朝廷辩解，一面又为自己表功，说朝廷之举，乃是他"婉切上陈"的结果。李鸿章对此非常反感，在给盛宣怀的电报中，毫不客气地讥讽荣禄一回行在，便又露出了一贯善于逢迎讨好慈禧的嘴脸，"颇自居功，圆媚可卑"。

《议和大纲》

　　此时驻俄公使杨儒从俄国财政大臣维特口中得知，若和议不成，各国有"截秦运道"（意即攻占西安）或另立政府的打算。李鸿章深知慈禧的软肋所在，眼看和议重又陷入僵局，迟迟无法取得进展，遂与奕劻会衔，在将各国公使照会内容电告清廷的同时，报告了这则情报。慈禧最怕被各国抛弃，阅读来电后，震惊不已，荣禄也深感"事机紧迫"。经过一番权衡，清廷发布上谕，除坚持"懿亲不加重刑"外，同意将毓贤予以正法，对董福祥处以革职留任的处分。

　　这一惩办方案与各国的要求实际仍有很大距离。除此之外，各国还提出了"两宫回銮"，并将其作为议和的先决条件，慈禧深恐受制，坚持联军不撤，就决不回京。李鸿章、奕劻左右为难，就在这一形同噩梦般的推拉过程中，由于心理压力巨大，劳累过度，李鸿章在去拜会英、德公使后回贤良寺的路上受了风寒，致使一病不起。

　　此前各国公使经过反复协商，其实已就《议和大纲》基本达成一致，只是在故作拖延，好漫天要价。现在见李鸿章突然病倒，他们唯恐清廷再也无人出来收拾烂摊子，便开始有些沉不住气了，也因此不再坚持将严惩

"祸首"和"两宫回銮"作为议和的先决条件。

1900年11月24日,奕劻代替病卧在床的李鸿章,前往西班牙使馆,会晤英、法、俄、德、日、美、意、奥、西、荷、比十一国公使,互换全权证书后,各国公使将《议和大纲》交给奕劻,要求"把它送交皇帝,并努力获得对它的迅速答复"。

《议和大纲》共十二条,即后来《辛丑条约》的雏形,按此实行,中国的基本主权在很大程度上都将为各国所牢牢控制,就连各国公使自己也承认"这个条款太苛刻",但他们却扬言《议和大纲》在原则上"万万不能有一字改动",并威胁说:"我们的责任虽然在重修旧好,但军官们以穷兵黩武为能事,他们想直捣西安。中国政府如果同意了条款,自奉旨签约之日起,战争就算结束。"

当着各国公使的面,奕劻唯唯连声照办,但回到寓所后便连声叹息,认为朝廷肯定不会同意,接着便派人将《议和大纲》送给李鸿章过目,请李鸿章拿主意。李鸿章在病床上了解《议和大纲》的内容后,果断吩咐儿子:"立即电奏西安,奏稿须用重笔。"

根据李鸿章的意见,除将《议和大纲》上奏外,另由奕劻主稿,电奏朝廷,特别强调"存亡之机,间不容发",恳请慈禧和光绪"迅速乾断,电示遵行"。李鸿章、奕劻唯恐慈禧不允,又电请荣禄等军机大臣"权衡利害轻重,径请施行"。

毫不意外,在《议和大纲》及李鸿章、奕劻的电文传至西安后,朝臣们都感到条件太苛刻,无法接受。荣禄慨叹,《议和大纲》一旦从文字变成现实,"将来中国的财力兵力恐怕会为彼族占尽,中国不成为一个不能行动的大痨病鬼,就不会结束"。慈禧更是怒气冲冲,坚持不肯答应。过了一天,李鸿章、奕劻又发电催促,慈禧气呼呼地说:"两个全权大臣只知道责难君父,不肯向各国据理力争。我既不管,皇帝也不管,由他们办去吧!"

得不到朝廷的即刻答复,李鸿章、奕劻心急如焚,生怕和谈因此失败。瓦德西在这种时候还火上浇油,对李鸿章说:"阁下用心良苦,但已经计穷力竭,屡次请示都得不到朝廷的批准。现在罪人还盘踞在朝廷执掌大权,我想亲自带兵去把他们捉来,老是滞留在北京,实在无所作为。"李鸿章闻言大惊失色,连声央求:"你再等我三天,如果不获朝廷之命,你再出师也不晚。"

情急之下,李鸿章、奕劻再次电奏慈禧:"联军马上就要渡河西上,西安是必定保不住的。瓦德西说他连上次的惩办意见也不能接受,将要亲自去西安逮捕罪魁。"又直述己见:"载漪等人造成如此大乱,就算洋人不要挟,朝廷也不能不严惩。他们不是口口声声杀身以纾国难吗?现在又何惜一死呢?"

慈禧至此深感事态严重,这才不得不表示:"敬念宗庙社稷,关系至重,不得不委曲求全。"12月27日,清廷电复奕劻、李鸿章,除要求对一些具体细节予以磋商外,"所有十二条大纲,应即照允"。

《议和大纲》获得清廷批准,议和本应大有进展,然而半路却杀出个程咬金,随着湖广总督张之洞的电奏,一场风波又使得议和出现了夭折的可能。

波　折

张之洞在电奏中,力主对《议和大纲》中外国驻军津沽和削平大沽炮台的条款进行修改,同时为了防止各国武力挟制"两宫",他建议"暂缓回銮",并定行都于长江上游能行小兵轮的武汉至荆州一带,这样在情况有变时,可以做到水陆两便。

张之洞提出要修改条款的几个地方,其实荣禄也提到了,但荣禄深知奕劻、李鸿章的艰难处境,"可怜奕、李,名为全权,与各国开议,其实彼族均自行商定",然后才将《议和大纲》交给奕、李,"无所谓互议也"。按照荣禄的意见,朝廷的电复是原则上接受《议和大纲》,之后再在细目即具体条款上进行修改。张之洞的电奏不然,他是先不接受《议和大纲》,坚持只有改好了细目,才能与各国画押。

然而张之洞的建议还是得到了朝廷的赞许,慈禧随即命李鸿章、奕劻停止对《议和大纲》画押,并与张之洞、刘坤一电商,对细目进行修改。

前面朝廷已批准《议和大纲》,李鸿章、奕劻也已将此事通知各国公使,现在却又反悔说不能画押了,要修改细目,各国岂肯轻易答应?果然,清廷的游移立即引起了各国的警觉，公使们开会要求李鸿章、奕劻签署一份正式议定书，同时向各国使馆提供一份清廷批准《议和大纲》的上谕，且每份上谕上都必须盖有"御宝"（即皇帝印章），说只有等这些文件齐备后，才能确定继续进行和议的日期。

李鸿章、奕劻本已处于交涉困境，刚刚看到一点曙光，未料又被弄到焦头烂额。二人都对张之洞极为不满，认为张之洞原先对作为议和全权大臣就怀有畏难情绪，不得已才加入，此后又没有北上，什么麻烦事都不用处理，等到这边和议稍有眉目，才从半路杀出，指指点点，高谈阔论，以致议和局势被其瞬间搅混。奕劻致函荣禄，称张之洞"忽发高论，各使哗然，又添许多波折"，怨愤之情，跃然纸上。

张之洞的"高见"虽然主要是想保住中国的"自主之权"，但亦打着个人的小九九，其在长江上游建行都的主张，首倡于前八国联军统帅、英国海军中将西摩尔，为的是把清廷置于英国势力范围和英国控制之下。而张之洞这一提议是因他所说的武汉至荆州一带，乃湖广总督管辖范围，将清廷行都设于自己辖境，有利于自己的政治地位，以便取代直隶总督而成疆吏之道。

国家已到如此危亡境地，居然还藏着这样的私心，张之洞与李鸿章等人的眼界高低，可谓高下立判。李鸿章、奕劻久历宦海，岂能不知，他们在将张之洞所论各点中认为不切实际的部分摘出来，予以逐一电驳后，特别以"銮舆固然不能随便游幸，各国公使尤不可能听我调度"，指出其设行都的建议，"尤属谬论偏见"。

过去因为政见、个性等不同，李鸿章与张之洞就不太对付，只是因为大局严峻，才在"东南互保"等方面临时达成一致，现在驳来驳去，两人似乎又重新回到了互相都看不惯对方的氛围之中。李鸿章说他以为"张督"在外多年，总要多点阅历了，却不料"仍是二十年前在京做书生时的习气"，只知夸夸其谈，而全然不知局中处事的艰难。张之洞最听不得别人说他是书生，闻言也颇为恼火，立即反唇相讥，说："合肥谓鄙人书生习气，诚然，但书生习气似较胜于中堂习气。"

这种已上升到人身攻击的所谓电商，自然商量不出任何结果。李鸿章很清楚,在此内外皆危之际,无论是高谈阔论还是争论不休,都不能扭转危难,如果还坚持不画押,甚至指望使用拖延战术,谈判即刻就会破裂,结果只能将大清朝拖入无休止的战乱。

1901年1月6日,李鸿章、奕劻上奏清廷,强调既然已经颁诏批准,就应当对负责谈判的全权大臣予以信任,否则,"全权无权,不但不能商榷撤兵,而且不能制止其进兵,关系利害太大"。至于刘坤一、张之洞,二人虽同为议和全权大局,但都远在南方,对京城的复杂敌情未必了解,若照朝廷的意见随时与之电商,恐怕只会耽误事。

联军在京城屯兵数万,有随时扩大战争的能力。李、奕提到瓦德西又有分兵四出的迹象,为不发生意外,他们表示在下次各国公使会晤时,将依旧按照前旨(即批准《议和大纲》的谕旨)办理。所谓"联军兵威"不提便罢,一提就足够令慈禧、荣禄胆寒,1月10日,清廷无奈之下,只得回到最初的态度,电旨允准将《议和大纲》画押,但也指示李、奕在画押之后,仍须对细目进行修改。

15日,李鸿章、奕劻遵旨在《议和大纲》正式签字画押,并于次日将各国所索要的这份正式议定书连同"用宝谕旨",一并送交各国公使。值得注意的是,文件中还有一份相当于备忘录的"条款说帖",从"条款说帖"的内容上看,李、奕基本上接受了清廷和荣禄、张之洞对《议和大纲》细目所提出的修改意见,只是对其中有些问题持有异议,比如惩办"祸首",清廷和荣禄主张从轻,而李、奕坚持从严,又如削平大沽炮台,荣禄希望撤去炮位、兵丁,但保留空炮台,李、奕则赞成平毁,认为"门户之防,本不可靠……似仍以自强为善为要"。

"惩 祸"

清廷批准《议和大纲》后,希望各国能够早日撤军,但直到李、奕画押,联军也没有要撤兵的意思。各国的态度很一致,那就是必须亲眼看到惩办"祸首",且必须把赔偿的数额定下来。

"惩祸"是阻碍和谈进展的首要和关键问题,各国均认为清廷对于"祸首"的惩罚过轻。李鸿章、奕劻按照清廷"分别重轻,尽法尽惩"和"懿亲不加重刑"的旨意,与各国公使反复"磋磨",但对方始终态度强硬,寸步不让。2月13日,在各国的强烈要求下,清廷接受李、奕的建议,第三次下诏惩办"祸首",下旨赐载勋自尽,载漪、载澜发新疆监禁,毓贤正法,董福祥革职缓办,英年、赵舒翘加恩定斩监候(后均赐自尽)。

按照各国要求,"庚子被祸五大臣"即许景澄、袁昶、徐用仪、立山、联元也被处死,同时被清廷"开复原官,以示昭雪抵偿之意"。次日,慈禧下诏,说出了那句著名的话:"量中华之物力,结与国之欢心。"

然而,即便如此,各国对于惩办"祸首"中仅毓贤一人被当众正法,仍甚感不满,瓦德西再次扬言要调兵出京攻击。李鸿章、奕劻见状,一面与各国公使反复磋商;一面危词电奏,劝朝廷继续加重惩办,称"姑息数人,坐令宗社危亡,殊为不值"。2月21日,清廷被迫第四次下诏,对曾经偏袒过义和团的官员痛下杀手。至此,清廷前后已公布了三批"首祸"名单,共惩处各级官吏一百多人,使得清王朝的权力层都因此出现了大空洞。各国这才感到完全满意,中外就惩办"祸首"的问题达成协议,从而扫除了签约中最大的一个障碍。

早在各国取得一致意见、出台《议和大纲》之前,俄国代表曾提出先同中国订立条约,以了结东三省归还问题,这就是所谓的"俄约",与各国议和则被称为"公约"。"俄约"遭到各国公使的反对,之后在俄国的要求下,清廷任命驻俄公使杨儒为全权代表,在彼得堡与俄国就"俄约"进行谈判,并指示杨儒在谈判过程中随时与李鸿章、奕劻商议。

谈判开始后,俄国公使正式提出书面约稿,约稿表面答应将东三省全部归还中国,实际却通过多项条款的设置,不仅意欲攫取东北的"兵权、利权、派官之权",而且还企图将蒙古、新疆乃至整个中国北方划为其势力范围。消息传出,中外大哗,在远东与俄国有着激烈竞争关系的英、日等国,更是大受触动,它们感到俄国吞并东北于己不利,遂一面向俄国提出质询,一面提醒清廷切勿屈就。清廷为此电谕李鸿章、奕劻,指出"东三省签约问题,关系重大",让李、奕进行统筹,或者同俄国使节慢慢商量,或者联络英、日等国,拿出一个妥当办法,原则上"既不要激怒俄国,也不要激起各国公愤"。

这时俄国为了诱使清廷就范,改换手法,以退为进,在对原约稿稍作删减后,将其作为最后约稿交给杨儒,并限定十四天内签字,不得更改一字,"逾期不画押,东三省永远不还,以后遇事俄亦不能助华"。李鸿章的考虑是先把东三省要回来,同时利用俄国抵制其他列强,让它在关键时候为中国说话,因此主张只需对约稿稍作删改,即签字订约。

清廷方面恳请俄国"展限改约"(即放宽签约期限并允许改约),但被俄国断然拒绝,英、日等国虽然力劝清廷拒签"俄约",然而也未采取任何实际行动对俄国施压。在这种情况下,清廷不得不电谕李鸿章、奕劻,准备按照李鸿章的建议,就"俄约"画押,颇具戏剧性的是,仅仅过了三天,清廷突然意识到"不忙于画押('俄约')仅仅只会激怒于俄,但若画押,则会引起各国群起效尤,其祸更速"。于是马上指示杨儒,让他转告俄国政府,要求展限改约,说是这样做"无碍公约",同时电谕李鸿章、奕劻,令二人通知各国公使:"中国不敢急着于'俄约'画押,请先议公约。"

俄国对清廷的这一做法自然很是不满,财政大臣维特致电李鸿章,扬言"从此应绝交",还威胁说他已经交代俄国驻华大使,令其在讨论"公约"时,态度要转为强硬甚至凶恶。李鸿章非常担心俄国真的实施报复,甚而再不肯归还东三省,因此那段时间极为紧张,以致举止失常,一连三天都郁郁寡欢。他还特地致电俄国亲王乌赫托姆斯基,诉说苦衷,请其劝俄皇尼古拉二世"宽宏大度,仍守不占中国土地原议,等公约定后,再行画押"。

俄国在恼羞成怒一阵后,也渐渐冷静下来,1901年4月6日,俄国政府发表声明,宣布交收东三省的谈判暂停,等清廷稳定后再继续进行谈判。见拒签"俄约"没有如意想中那样引起大祸,李鸿章这才松了口气,"心始释然"。

近乎天文数字的赔款

"公约"方面,在惩办"祸首"问题解决后,"赔偿"成为中心议题。"赔偿"的数额问题,全部是由李鸿章所带随员及续调官员徐寿朋、周馥等人来谈的，这些人大多是李鸿章的老部下，之前对于李鸿章只是"进退唯诺，一味尊崇"，现在变成主角，客观上是因为旷日持久的谈判已令李鸿章心力交瘁，他已经没有力气长时间与洋人争来争去了。

公务之余，李鸿章的话变得越来越少，此时的他完全就是一个年迈体衰的老者，昔日那种精力充沛的状态已再也不可复现。尽量如此，在得知各国的要价后，李鸿章仍不得不强打起精神，竭力与公使们进行交涉——各国要求赔偿四亿五千万两，分三十九年还清，年息四厘，毫无疑问，这是一个近乎天文数字的赔款！

不出意外，李鸿章的多次交涉都未能成功。按照各国的说法，当时中国人口是四亿五千万，人们以此设计，"人均一两，以示侮辱"，所以他们坚持决不能少。在赔款减不下来的情况下，张之洞又来电"添乱"，他建议让各国"分年免利"，也即免去赔款的利息。李鸿章认为张之洞的意见"实在迂腐"，各国公使既不肯减赔款，又怎么舍得"免利"？他和奕劻复电张之洞："偿款免利，我们万万争取不到，或者您倒可以想想别的办法。"李鸿章另嘱张之洞今后不要再发"空论长电"，毕竟电报每个字都得花费四角银元，实在太贵，凡事可以摘要发出，以节省经费。

在与德国公使谈判后，李鸿章希望能通过赔偿问题的解决，促成瓦德西及德军作为表率首先撤回国。他电奏清廷，提醒说如果瓦德西和德军不肯先撤，各国必定观望，而按照各国照会，"迟一天则多兵费一百万，到秋后须多赔百余兆"，既如此，"我们就不应该过分与他磋磨"，早点打发联军走，倒相当于是减少了赔款或利息。

5月28日，清廷在百般无奈的情形下，颁旨允准了赔偿方案，以关税、盐厘、常关（亦称钞关，即内地关卡税）收入作为抵押。在赔偿问题有着落后，德国公使于6月1日通知瓦德西正式撤军，3日，德军首先从北京启程回国。

7月初，在中俄关于交收东北三省的谈判停顿三个多月之后，清廷根据刘坤一的建议，谕令奕劻、李鸿章照会除俄国外的各国驻京公使，以公议迫使俄国从东北撤军。李鸿章原本最擅使用"以敌制敌"之术，但他凭借入京以来的经验，认为这种办法已经难以起到作用，故仍主张与俄国重开谈判。

这时英、日筹议建立反俄同盟，尤其日本国内反俄情绪日益高涨，日军陆军也在积极备战。俄国由于尚未做好与日本作战的准备，被迫对日妥协，决定从东北部分撤军。8月11日，俄国公使格尔思派人会见李鸿章，提出商订交还东三省的三项先决条件，即俄国有议论东三省之权；（"俄约"）画押前不让他国预知；不听他国指使。俄国的意思很明确，就是还可以签约归还东三省，但必须阻止英、日等国的干预。李鸿章表示"这个问题必须请旨才能遵行"，并且要求"酌量删改"原约。

李鸿章请示后，清廷感到三项先决条件难以接受，指示李鸿章先与俄使"婉切商办"改约，以"不夺我兵权及地方自主之权"为限。李鸿章不以为然，复奏指出，"不夺我兵权及地方自主之权"等，在谈判开始后，自必力争，但现在的问题是要设法启动谈判，倘若谈判未开，先与俄使"婉切商办"改约，"恐怕到一百年之后也不能妥定约章，东省将永远不还矣"。

围绕先决条件产生的僵持，使得"俄约"谈判继续陷于停顿之中，而此时"公约"谈判则已接近尾声，签订"公约"的时机日趋成熟。李鸿章从各国公使那里得到的信息是，公使们对于"公约"的总结条款都已签字确认，"断乎不能更改"，若能及早就"公约"画押，除德兵外的京城洋兵将于画押后五日之内全部撤离，直隶洋兵除留下护卫数处道路者外，其余也将于十日之内撤尽。8月23日，奕劻、李鸿章奏请"立准画押，以保大局"，并提醒朝廷，再不画押，"恐怕会别生枝节，一国悔议，各国效尤，后患何堪设想"。

27日，清廷电谕奕、李："公约业已定议"，可以即行画押。

多病之人

1901年9月7日，是正式签订和约的日子。此前两天，李鸿章已患感冒，鼻塞声重，精神困倦，但自入京以来，他以衰年而膺艰巨，忧郁积劳，时病时愈，几以为常，因此未遵医嘱，仍抱病前往西班牙公使馆画押。

当天，奕劻、李鸿章代表清廷与十一国正式签订了《辛丑条约》。在近代史上，《辛丑条约》是赔款数额最多、主权丧失最严重的一个条约，达到了清末不平等条约的顶峰，成为"将来无数困难问题发生之源"。条约中仅赔款一项就令人咋舌，四亿五千万两的本息再加上地方赔款，总数超过了十亿两白银，史称"庚子赔款"。因为"庚子赔款"，中国政府的重要税收，除田赋外，几乎全被各国控制，海关和盐务税收机构也因此沦为了各国收款的代办机关。

李鸿章在画押时的心境可想而知，一向驾轻就熟、挥洒自如的笔毫，变得重如千钧，写出来的字也随之显得分外黏滞沉重。在《辛丑条约》的画押处，"李鸿章"三个字挤在一起，看上去既虚弱无力，又辛酸悲苦。因为难以辨认，很多人甚至还以为李鸿章签的是自己爵位"肃毅伯"中的"肃"字，猜想他是要回避本名，以在朝廷受封的身份来落下这个耻辱的款。

签约结束，带着满腔悲愤和无奈返回寓所后，李鸿章的病情骤然加重，寒热间作，痰咳不止，饮食不进。清廷闻讯，"着赏假二十日"，让他"安心调理，期早就痊"。

在李鸿章休养期间，八国联军开始从京城撤退，慈禧、光绪从西安准备回京。李鸿章虽在病榻之上，仍不能完全静养，而必须和奕劻一起，继续就相关事宜与各国公使洽谈。

9月22日，距《辛丑条约》签字后半个月，李鸿章上奏清廷，在汇报交涉经过、条约内容后，说了一句画龙点睛的话："臣等伏查近数十年内，每有一次构衅，必多一次吃亏，上年事变（指庚子国变）之来尤为仓猝，创深痛钜，薄海惊心。"他希望清廷自此以后，能够"坚持定见，外修和好，内图富强"，认为这样或许还可渐有转机，"譬如一个多病的人，善自医调，犹恐或伤元气，如再好勇斗狠，必有性命之忧矣"。

如今李鸿章和清廷一样，都成了多病之人，最需要的都是"善自医调"，但对于李鸿章来说，还有许多事情等待他出面处理。10月3日，觉得病情已经好转，在依旧"身体软弱，腰腿酸痛"的情况下，李鸿章奏请销假。

结束休养后，李鸿章立即恢复了中俄谈判。这场中俄谈判已经变成了一场马拉松式的国际谈判，俄国为了避免英、日等国的干涉，又增加了要求中方向华俄道胜银行转让路矿权益的内容。10月10日，华俄道胜银行驻北京代表波兹德涅耶夫，向李鸿章提出了银行协定草案，坚持先订银行协定，然后再订撤军条约。李鸿章非常愤怒，明确表示不能把东北全境交给一个银行去支配，同时他也只会就东北矿产资源的租让权同俄国进行谈判。

与俄国的交涉已经极其艰难，偏偏此时奕劻又奉旨前往河南迎銮，北京局面和剩下的交涉全都留给李鸿章独自承担，这对一个身体尚未完全恢复的人而言，自然不是什么好事。李鸿章的健康状况开始每况愈下，久坐腰酸，稍动即大便失禁。

10月30日，李鸿章前往俄国驻华使馆谈判，双方发生了争吵，致使李鸿章心情很是郁闷，回到寓所后就吐血，且血呈紫黑色。经德国医生诊断，系胃血管破裂，必须静养，只能服食鸡汤、牛奶、参汤等流汁。

自此李鸿章的病情持续恶化。自联军撤退后，李鸿章又在总布胡同里找了一处宅第，总布胡同因明朝的总捕衙门曾设在那里而得名，时称"总捕胡同"，至清末才改为"总布胡同"。李鸿章原本是两边住，有时住贤良寺，有时住总布胡同，但按照中国人的传统习惯，若有个三长两短，应当在家中寿终正寝，贤良寺更像是行辕，故而病重后，李鸿章便移住总布胡同，且再未返回贤良寺。

尽管脱离了办公地点，然而因为奕劻不在，怕事情耽搁，李鸿章又总是不遵医嘱，起床办事。据随员记录，李鸿章的语言表达能力已明显减弱，心神也似乎有些恍惚，但所论皆公事时事。老幕僚吴汝沦说："傅相遍体皆老，独脑气不老。"

这期间，俄国公使还曾上门，站在李鸿章的病榻前，就银行协定签字一事予以相逼，李鸿章未肯退让，导致病情加重。11月5日，李鸿章之子李经述、李经迈致电盛宣怀，介绍了李鸿章的状况，认为这样下去，老父的身体恐怕难以支撑。他们请盛宣怀密电枢府，将李鸿章的病情如实报告，以争取朝廷给假休息。

"中外以此老为孤注，亦宜加以护惜，留以有待。"二李在电报中如是说。事实上，李鸿章的健康状况早已牵动朝野，如吴汝沦所说："此公关国休戚，祝其长生者，殆尽天下也。"

6日，清廷发布谕旨，"著赏假十日"。李鸿章的情况当天也似乎有所好转，为其诊治的美国医生满乐道记录，"出血已经基本得到控制……李鸿章心情愉快且不再疼痛"。可是因为李鸿章仍违背医嘱坐起来工作，结果导致身体又迅速恶化，而且势头很猛，他之前的看似好转也被解读为可能是"回光返照"。

临事方知一死难

一旦走到了"回光返照"这一步，也就危在旦夕了。意识到自己可能将不久于人世，李鸿章即刻向儿子李经述口述遗折，呼吁清廷"举行新政，力图自强"。

在具体国事方面，李鸿章最放不下的，除了"未知两宫肯回銮否"，就是与俄谈判及促其归还东三省。当年李鸿章主持签订了《中俄密约》，他曾信心满满地断言，此约可为国家争取二十年太平，其实在他与英国签订《烟台条约》时，也曾说过同样的话。只不过《烟台条约》签订后，英国确实在二十年内再未寻衅生事；《中俄密约》签订后则不然，距此两年不到，俄国即强租了旅顺、大连，过了两年，又借义和团运动之机，出兵东北，赖着不走。很多人由此认为李鸿章确实老了，天真地想抱俄国大腿，结果却落了个"联俄"不成反被戏弄的下场，连对李鸿章颇为同情的黄遵宪，也埋怨李鸿章"老来失计亲豺虎"。

被外界视为"亲俄派"的李鸿章，真的对俄国深信不疑？他是没有办法呀！《烟台条约》时，大清朝尚处于"同治中兴"之际，这才是英国在二十年内不致生事的深层次原因，《中俄密约》则是以甲午惨败、国力极度孱弱为背景，其时内外交困、风雨飘摇，用俄国来抗衡日本这个公认最危险的敌国，以此达到"以敌制敌"的效果，乃是李鸿章不得已的选择，也是那个时期稍有见的的大臣，包括刘坤一、张之洞等人的共识。

不妨做个假设，倘若《中俄密约》后国家真能乘日本被俄国等国家牵制之机，老老实实地对内励精图治并加以克制，又岂会有俄国强租旅、大以及出兵东北之事？须知，俄国的两次出手都非完全无缘无故，前者是德国传教士在山东被杀，使得德国强占胶州湾，又招致俄国以"帮助中国人摆脱德国人"为名，强租了旅、大；后者没有义和团毁路，俄国纵能够修建中东铁路，也找不到出兵东北的正当理由。

从这个角度上来说，不是李鸿章的预言和判断力不行，而是其言不听、其人不用所导致的必然结果。事实上，李鸿章对俄国一直保持着清醒的认识，在他看来，作为强邻且嗜土成性，有着强烈扩张欲望的沙俄，终是中国之患，而非中国之福，对俄国也只能是策略性的利用。

周馥在《辛丑条约》签订后已回任直隶布政使，他是李鸿章极为信任和器重的老幕僚之一。李鸿章在给周馥留下的遗言中，就谈到了其真正的对俄态度及其策略："我国将来如长此贫弱，唯有联俄，倘能富强，则宜拒俄。"也就是说，在国家依旧贫弱阶段，还必须用俄国来牵制他国，特别是日本，一旦国家能够自立，便须果断甩开，与之保持距离。

中俄谈判尚毫无进展。之前李鸿章的主张是积极与俄谈判，先把东三省要回来再说，他明白时间拖得越长，要回来越不容易，相应需付出的代价也就越高，果然，俄国后来又提出了订银行协定等，证明李鸿章并非多虑。今后如果俄国继续狮子大开口，导致谈判不成，索回东三省无望，该怎么办？谁都知道，中国已经根本没有可能靠武力独自收复东北。李鸿章对此也已有所准备，他认为日本对于中国而言，仍是最凶恶的敌国，而东三省则是日本首先有可能染指的地方，围绕东北，日、俄必有一争，要想保住东三省，这是一个机会。在遗折中，他建议对于"俄国势力伸展到满洲"，"中国不妨袖手旁观"，并分析道："日本不会甘心这巨蛇野猪的侵入，一有时机，必定与俄国相争。两虎相斗，彼此都筋疲力尽，这就是中国的良机，届时便可借欧美的力量恢复满洲，这就是以毒攻毒的妙法。"

众所周知，三年后爆发了日俄战争，日本倾举国之力战胜了俄国，俄国被迫将东北归还给清廷。日本虽然也想和俄国一样强占东北，但出于英美等国的制约，只是从俄国手中得到了中东铁路长春以南段包括旅顺、大连在内的权益。李鸿章"以毒攻毒"之策得到了历史的验证，当然其后日本在东北的存在，又带来了一系列新的威胁和麻烦，然而这毕竟已大大超出了李鸿章可预估的能力范围。

"当一日和尚撞一日钟，钟不鸣了，和尚也就死了。"这是李鸿章从广州起锚北上前，对南海知县裴景福说的话。没有想到，一语成谶，大好河山尚满目疮痍，肩负重担的敲钟和尚却已经走到了人生的尽头。李鸿章感慨万千，口占一绝："劳劳车马未离鞍，临事方知一死难。三百年来伤国步，八千里外吊民残。秋风宝剑孤臣泪，落日旌旗大将坛。海外尘氛犹未息，请君莫作等闲看。"

吟完遗诗后，李鸿章随即昏迷不醒，身边的人见状大哭："还有话要对中堂说，您不能就这么走了！"也许是听到了大家的呼唤，李鸿章又睁开了眼睛，众人宽慰他道："俄国人说了，中堂大人去之后，绝不与中国为难。还有，两宫不久就能抵京了！"这是李鸿章系于心头的大事，他都能听得到、听得懂，只是此时已不能说话了，也不再能够吐痰。

留京办事大臣那桐闻讯，知道李鸿章凶多吉少，急忙致电军机处，奏报李鸿章病危的消息，并请朝廷预备重臣接替李鸿章；给奕劻发电，向他通报情况；给周馥发电，要他迅速来京照料。慈禧闻之当场落泪，说："大局未定，倘有不测，再也没有人可以分担了。"

1901年11月7日晨，北京天气骤变，秋风萧瑟，满街落叶犹如撒落的冥币一样刺目。等周馥赶到时，李鸿章已穿上了殓衣，虽又醒来，但却处于呼之能应、口不能言的状态。

延至中午，李鸿章一直都睁着眼睛，迟迟不愿闭上。守在身旁的周馥哭劝道："老夫子有什么心思放不下，不忍离去呢？您所经手还没能了结的事，我辈可以办妥了结，请放心去吧。"这时李鸿章忽然睁大眼睛，嘴唇微微颤动，似乎还想说什么，但又说不出来，唯有两行清泪夺眶而出。周馥大恸，一面哭号，一边用手替老恩师抚上眼睑，至此，李鸿章的双眼方才合上，须臾气绝。

当天，慈禧、光绪两宫正在回銮道经河南的途中，这时他们接到电报，李鸿章已于午刻逝世，慈禧大受震动，神色异于往常。随两宫同行的吴永，曾在贤良寺陪伴过李鸿章很长时间，则自述在得知噩耗，其感觉就如同被一块大石头压在心坎里一样，特别难受，连眼前看到的花朵，颜色都立刻变得凄惨悲凉起来。据吴永观察，除两宫外，随扈人员乃至太监卫士，也无不面面相觑，惊愕不已，"如梁倾栋折，骤失倚恃"。

历史从不允许假设，但是如果当初李鸿章的洋务运动以及他所追求的维新变法，不受到多方掣肘阻挠，还会有甲午惨败、庚子之祸吗？是不是每每只有到一地鸡毛，需要有人出来收拾残局、承担责任之际，人们才能真正体会到一个大臣元老对于国家安危的价值？曾为李鸿章幕僚的严复写下一副挽联，可谓道尽了其间无尽的遗恨："使先时尽用其谋，知成功必不止此。倘晚节无以自见，则士论又将何如！"